김인식 교육학 [illegible] 강좌 계획

시기	강좌	강의 안내	교재
1–2월 [8주]	ET 기본 콕콕 1단계	• 교육학의 기본 내용을 [illegible] 는 과정 • 암기학습 '쪽지시험' – 키워드 암기 시작 : 정규수업 후 매시간 수업 내용을 기반으로 중요 내용의 키워드 쪽지시험 실시 • '거꾸로 수업 지도' – 수업결손 방지 : 스터디를 조직하여 스터디원 간에 상호 교수 & 그날 수업 내용 중 의문사항에 대해 김인식 교수님이 피드백 제공(2022년 모든 수업에 '거꾸로 수업 지도'반은 동일하게 운영) ※ 정규 수업 + 암기학습 쪽지시험 진행(직·인강생 제공) (신설)	2023 대비 ET 김인식 교육학 논술 콕콕 1, 2
	영역별 특강 (인강 제공)	교육사(한국사/서양사), 2015 개정교육과정, 교육행정	프린트물 및 기본서
3–5월 [10주]	ET 심화 콕콕 2단계	• 1~2월 강의 수강생과 이전에 교육학을 수강한 경험이 있는 재수생 이상을 위한 수업 (수업 분량이 많아 10주 수업으로 진행) • 기본 내용을 바탕으로 논술에 출제될 만한 내용을 중심으로 이론의 깊이를 완성해 감으로써 자신감을 갖는 과정 • 암기학습 '쪽지시험' – 키워드 암기 + 이론 풍부화 : 정규수업 후 매시간 수업 내용을 기반으로 중요 내용에 대해 자신의 말로 개념을 짧게 정리하는 형식의 쪽지시험을 실시하여 실제 논술시험에 대비 – 실시 후 점검이 끝나면 귀가 ※ 정규 수업 + 암기학습 쪽지시험 진행(직·인강생 제공) (신설)	2023 대비 ET 김인식 교육학 논술 콕콕 1, 2
	영역별 특강 (인강 제공)	• 교육사(한국사/서양사), 2015 개정교육과정, 교육행정 • 1–2월 수업 분 중 교육통계, 연구파트	프린트물 및 기본서
5–6월 [6주]	ET 핵심 콕콕 3단계	• 임용 객관식·논술 기출문제 분석과 함께 교육행정고시 기출문제를 참조하여 『ET 김인식 교육학 논술 콕콕 맵핑노트』를 활용하며 핵심 키워드가 무엇인지를 확인하고 논술의 서·결론 쓰기 연습을 통해 서론과 결론을 쓰는 것에 대한 두려움을 없애는 단계 • 이를 위해 매시간 수업 내용을 기반으로 개념을 다시 한번 점검하는 쪽지시험과 함께 논술 중 가장 어렵다는 서론과 결론을 써보는 연습을 통해 자신감 UP(첨삭 병행) ※ 정규 수업 + 암기학습 쪽지시험 진행(직인강생 제공) (신설)	2023 대비 ET 김인식 교육학 논술 콕콕 1, 2 / 맵핑노트
6월	공개 모의고사 (6월 3째주)	실제 시험처럼 OMR 답안지에 작성해보며 진행	프린트물
7–8월 [8주]	ET 문풀 콕콕 4단계	• 출제빈도가 가장 높은 문제의 형식에 맞춘 문제풀이 형식의 논술문제를 통해 논술 작성 • 서브노트를 이용하여 내용 정리 + 그 내용들 중 문제풀이를 통해 자신의 지식을 완성시킴 = 실제 시험의 형식에 적응해 가는 과정 • 첨삭도 병행하여 본 수업을 통해 논술에 대한 체계적인 자신감 Full-up! ※ 정규 수업 + 암기학습 쪽지시험 진행(직·인강생 제공) (신설)	2023 대비 ET 김인식 교육학 논술 콕콕 만점 서브노트
9–11월 [10주]	ET 모고 콕콕 5단계	• **9월(4주)** : 엄선된 문제를 가지고 영역별 모의고사를 실시하는 과정으로 실전에 대비하여 고득점을 획득하기 위한 전략 – 영역별 모의고사는 모의고사 실시 전 영역별 내용을 미리 스스로 정리하도록 하기 위함 • **10–11월(6주)** : 통합 실전 모의고사를 실시함으로써 실전과 동일한 문제를 경험하도록 하며, 나머지 시간에는 스스로 정리할 시간을 부여 • 2주에 한 번 정도 첨삭이 이루어지고 결과를 피드백 ※ 정규 수업 + 암기학습 쪽지시험 진행(직·인강생 제공) (신설)	프린트물
11월	핵심특강	교육학 총정리 특강(수강생 무료 / 비수강생 유료)	서브노트

※ 강좌 계획은 상황에 따라 변경될 수 있으며, 세부 계획은 강좌별 수업계획서를 참조

해커스임용
김인식 ET
Excellent Teacher
교육학 논술
콕콕 2

해커스임용

김인식

약력

충남대학교 교육학과 졸업
충남대학교 대학원 교육학박사

현 | 해커스임용학원 교육학 대표교수
침례신학대학교 유아교육과 겸임교수(2017~현재)
(주) ET 교육학논술연구소 대표이사

전 | 대전외고 등 대전시내 중등 공립학교 교사(1987~2000)
중부대학교 유아교육과 겸임교수(2005~2013)
박문각임용고시학원 교육학 대표교수(2006~2019)
아모르임용학원 교육학 대표교수(2020)

저서

고등학교 윤리과 수행평가의 실제(1999, 원미사)
교육학개론(2011, 양서원)
ET 김인식 교육학 논술 상/하(2014, 2016 박문각에듀스파)
김인식 교육학 객관식 기출분석(2016, 특수교육PASS)
시험에 바로 써먹는 개념집(2019, 미래가치)
ET 김인식 교육학 논술 톡톡 1~2(2019, 박문각)
ET 김인식 교육학 논술 톡톡 영역별 서브노트(2019, 박문각)
ET 김인식 교육학 논술 따까뚜까 1~2(2020, 북이그잼)
ET 김인식 교육학 논술 따까뚜까: 영역별 서브노트(2020, 북이그잼)
ET 김인식 교육학 논술 콕콕 1(2021, 해커스패스)
ET 김인식 교육학 논술 콕콕 만점 서브노트(2021, 해커스패스)

주요 논문

중학교 자체평가 도구 개발에 관한 연구(1991, 석사학위논문)
고등학교 교사 수업평가에 관한 연구(1998, 박사학위논문)
상황변인에 따른 고등학생의 교사수업평가 분석(1999, 교육과정연구)
고등학생의 학업성취에 영향을 미치는 관련변인에 대한 회귀분석(2001, 교육학연구)
학생의 수업평가 방법에 의한 학교교사와 학원강사의 수업 질 분석(2003, 교육학연구)
유치원 교육실습에서 교육일기 쓰기가 예비유아교사의 교사 효능감, 교육신념 및 교사가 느끼는 조직건강에 미치는 효과(2011, 한국산학기술학회논문지)
사회적지원, 부부갈등, 자기효능감, 양육스트레스와 영아기 어머니의 양육행동간 경로분석(2012, 한국산학기술학회논문지)
유아교사의 영양지식, 질병예방지식, 식이자아효능감 및 유아식생활지도 간의 관련성(2012, 유아교육학논집)

상훈

교육리더 부문 고객감동 & POWER 수상(2013, 스포츠서울)
교육혁신 부문 한국을 이끄는 혁신리더 대상(2013, 2015, 2017, 2018, 2019, 뉴스메이커)
교사임용학원 부문 대한민국 미래경영대상(2016, 헤럴드 경제)
전문직 교육 부문 대한민국인물대상(2016, 2019 대한민국 인물 대상 선정위원회)
혁신교육 부문 대한민국 혁신한국인 & 파워브랜드 베스트어워드(2016, 2017 월간 한국인)
대한민국 교육서비스 부문 교육산업대상(2017, 헤럴드 경제)
교육서비스부문 소비자 만족 브랜드 대상 1위(2017, 조선일보)
우수강사 표창(2017, 침례신학대학교)
혁신리더[교육산업]부문 2019 자랑스러운 혁신한국인 & 파워브랜드 대상(2019, 월간 한국인)

기본에 충실한 이론으로 교육학 논술 만점을 **콕콕!**
Excellent Teacher가 전하는 **합격의 메시지**

"너는 마음을 다하여 여호와를 의뢰하고 네 명철을 의지하지 말라. 너는 범사에 그를 인정하라 그리하면 네 길을 지도하시리라." (잠 3:5-6)

또 다른 새로운 해를 맞기 위해, 저는 오늘도 내가 가야 할 길을 묵묵히 걸어나갑니다. 늘 겸손하고 겸허하게, 지금의 나 된 것에 감사하며, 지금의 자리를 사랑하고 최선을 다하는 것만이 현재의 나 자신에게 해 줄 수 있는 최상의 것이기 때문이지요.

지금의 내가 가야 할 길이 무엇인가를 되짚어 보면, 그것은 아마도 노량진을 지키고 교사가 되고자 하는 여러분을 보살피는 것일 겁니다. 나를 쳐다보는 예비교사들의 수많은 눈동자, 그들의 눈동자에는 미래가 담겨있고, 자신들이 가르쳐야 할 아이들의 눈동자가 담겨 있음을 압니다. 그냥 예비교사 한 사람의 눈동자가 아닌, 미래의 많은 제자들 눈동자까지 담고 있는 아주 소중한 것이지요. 언제나 이들에게 무엇을 심어줄 수 있고, 어떻게 인도할 수 있을까를 항상 고민합니다.

이러한 생각들의 출발점은 수업에 사용할 훌륭한 교재를 만드는 것이라는 결론에 이르렀습니다. 논술의 핵심은 논술을 쓰는 기술보다 논술에 담길 자신의 주장을 논리적이고 합리적으로 펼칠 수 있는 것에 있습니다. 따라서 기본적인 개념에 충실할 필요가 있음을 직시하고, 그에 맞도록 기본개념을 탄탄하게, 나아가 그 이론이 학교현장에 시사하는 바는 무엇일지에 대해 서술하고자 하였습니다.

〈ET 김인식 교육학 논술 콕콕 2〉 교재의 특징은 다음과 같습니다.

첫째, 최신 경향이 반영된 교육학 기본 이론을 체계적으로 정리하여 수록하였습니다. 기출 되었던 이론에 기출연도를 표시하여 최신 기출경향을 쉽게 파악할 수 있으며, 중요한 교육학 이론을 엄선하여 교육학 기초를 탄탄하게 다질 수 있도록 구성하였습니다.

둘째, 파트별 핵심키워드로만 구성된 구조도로 키워드 암기학습이 가능합니다. 각 파트를 학습하기 전, 구조도를 통해 이론의 흐름을 한눈에 파악할 수 있으며, 학습 후에는 구조도를 통한 인출연습으로 핵심키워드를 암기한다면 논술형 시험을 철저하게 대비할 수 있을 것입니다.

셋째, 〈기출에 기반한 교육학 논술 Key-Word〉 핸드북을 수록하였습니다. 과목별 기출 키워드를 기반으로 교육학 뼈대를 잡을 수 있는 핵심 구조도를 핸드북 안에 모두 담았습니다. 작고 가벼워 이동 시에도 간편하게 학습할 수 있고, 시험장까지 가져가서 핵심만 빠르게 훑어보아도 좋습니다.

우리 교사들 손에는 수많은 생명이 달려있지요. 그것도 지는 꽃이 아닌, 이제 막 피어날 꽃들이라는 것이 더 큰 무게로 다가옵니다. 우리 교사들은 그들의 생명을 살려야 하고, 그래서 더 많은 꽃을 피울 수 있도록 도와야 한다는 사명이 있습니다. 저 또한, 내가 가르치는 다음 세대의 교사들이 진정한 교사가 될 수 있도록, 그래서 그들이 만나는 아이들이 정말로 행복해질 수 있도록 도와야 한다는 생각입니다. Excellent Teacher가 되기 위해 노력하는 저의 사랑하는 제자들을 떠올리며, 저는 오늘도 감사한 마음으로 노량진 연구실을 지키고 있습니다.

저는 언제나 지금 – 여기에서 무엇이 최선인지를 생각하며 내가 할 수 있는 일에 온 힘을 쏟으려 합니다. 물론 이 교재도 그러하지만, 여전히 허점 투성임을 고백합니다. 그래도 이러한 작품이 나타나게 된 것에 늘 감사하며, 나의 사랑하는 가족과 이웃, 그리고 내가 몸 담고 있는 봉사단체들의 구성원들에게 감사함을 전합니다.

저자 **ET 김인식**

목차

목차

이 책의 활용법

01 다양한 학습요소로 교육학 이론을 머리에 콕콕!

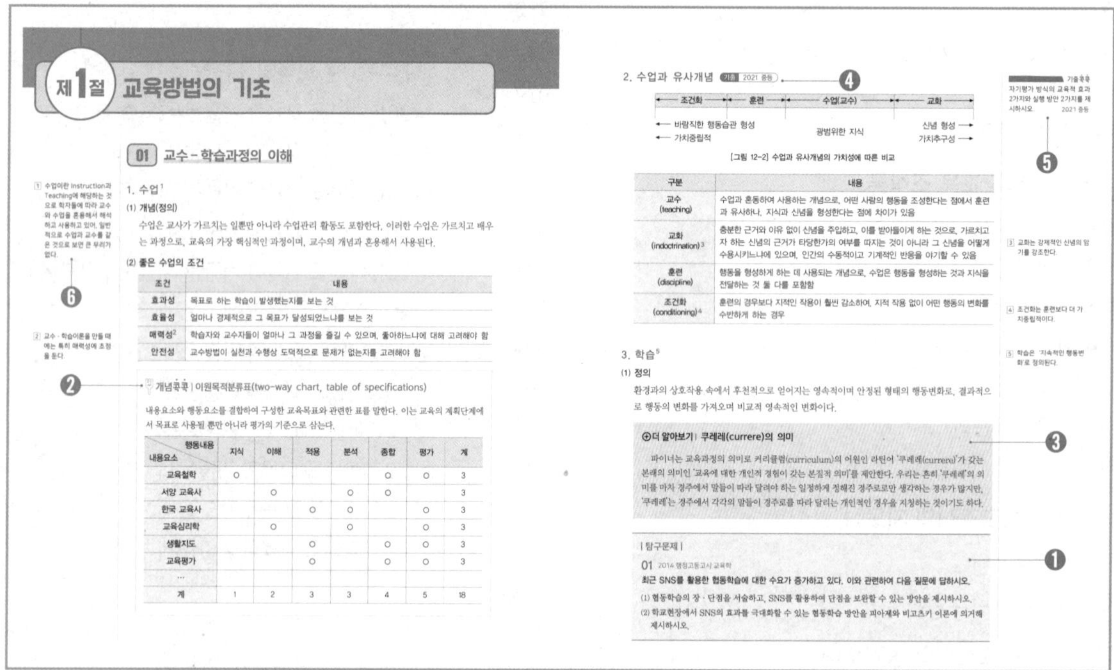

제1절 교육방법의 기초

01 교수 - 학습과정의 이해

1. 수업[1]

(1) 개념(정의)

수업은 교사가 가르치는 일뿐만 아니라 수업관리 활동도 포함한다. 이러한 수업은 가르치고 배우는 과정으로, 교육의 가장 핵심적인 과정이며, 교수의 개념과 혼용해서 사용된다.

(2) 좋은 수업의 조건

조건	내용
효과성	목표로 하는 학습이 발생했는지를 보는 것
효율성	얼마나 경제적으로 그 목표가 달성되었느냐를 보는 것
매력성[2]	학습자와 교수자들이 얼마나 그 과정을 즐길 수 있으며, 좋아하느냐에 대해 고려해야 함
안전성	교수방법이 실천과 수행상 도덕적으로 문제가 없는지를 고려해야 함

[1] 수업이란 Instruction과 Teaching에 해당하는 것으로 학자들에 따라 교수와 수업을 혼용해서 해석하고 사용하고 있어, 일반적으로 수업과 교수를 같은 것으로 보면 큰 무리가 없다.

[2] 교수·학습이론을 만들 때에는 특히 매력성에 초점을 둔다.

개념콕콕 | 이원목적분류표(two-way chart, table of specifications)

내용요소와 행동요소를 결합하여 구성한 교육목표와 관련한 표를 말한다. 이는 교육의 계획단계에서 목표로 사용될 뿐만 아니라 평가의 기준으로 삼는다.

내용요소 \ 행동내용	지식	이해	적용	분석	종합	평가	계
교육철학	○				○	○	3
서양 교육사		○		○	○		3
한국 교육사			○	○		○	3
교육심리학		○		○		○	3
생활지도			○		○	○	3
교육평가			○		○	○	3
…							
계	1	2	3	3	4	5	18

2. 수업과 유사개념 기출 2021 중등

[그림 12-2] 수업과 유사개념의 가치성에 따른 비교

구분	내용
교수 (teaching)	수업과 혼동하여 사용하는 개념으로, 어떤 사람의 행동을 조성한다는 점에서 훈련과 유사하나, 지식과 신념을 형성한다는 점에 차이가 있음
교화 (indoctrination)[3]	충분한 근거와 이유 없이 신념을 주입하고, 이를 받아들이게 하는 것으로, 가르치고자 하는 신념의 근거가 타당한가의 여부를 따지는 것이 아니라 그 신념을 어떻게 수용시키느냐에 있으며, 인간의 수동적이고 기계적인 반응을 야기할 수 있음
훈련 (discipline)	행동을 형성하게 하는 데 사용되는 개념으로, 수업은 행동을 형성하는 것과 지식을 전달하는 것 둘 다를 포함함
조건화 (conditioning)[4]	훈련의 경우보다 지적인 작용이 훨씬 감소하여, 지적 작용 없이 어떤 행동의 변화를 수반하게 하는 경우

기출콕콕 자기평가 방식의 교육적 효과 2가지와 실행 방안 2가지를 제시하시오. 2021 중등

[3] 교화는 강제적인 신념의 암기를 강조한다.

[4] 조건화는 훈련보다 더 가치중립적이다.

[5] 학습은 '지속적인 행동변화'로 정의된다.

3. 학습[5]

(1) 정의

환경과의 상호작용 속에서 후천적으로 얻어지는 영속적이며 안정된 형태의 행동변화로, 결과적으로 행동의 변화를 가져오며 비교적 영속적인 변화이다.

⊕더 알아보기 | 쿠레레(currere)의 의미

파이너는 교육과정의 의미로 커리큘럼(curriculum)의 어원인 라틴어 '쿠레레(currere)'가 갖는 본래의 의미인 '교육에 대한 개인적 경험이 갖는 본질적 의미'를 제안한다. 우리는 흔히 '쿠레레'의 의미를 마치 경주에서 말들이 따라 달려야 하는 일정하게 정해진 경주로로만 생각하는 경우가 많지만, '쿠레레'는 경주에서 각각의 말들이 경주로를 따라 달리는 개인적인 경우을 지칭하는 것이기도 하다.

| 탐구문제 |

01 2014 행정고등고시 교육학

최근 SNS를 활용한 협동학습에 대한 수요가 증가하고 있다. 이와 관련하여 다음 질문에 답하시오.

(1) 협동학습의 장·단점을 서술하고, SNS를 활용하여 단점을 보완할 수 있는 방안을 제시하시오.
(2) 학교현장에서 SNS의 효과를 극대화할 수 있는 협동학습 방안을 피아제와 비고츠키 이론에 의거해 제시하시오.

❶ 탐구문제

5급 행정고등고시 교육학 기출문제를 수록했습니다. 학습한 이론을 적용시켜 보며 답안쓰기를 연습하고, 중요 키워드를 암기할 수 있습니다.

❷ 개념콕콕

출제 가능성이 높은 핵심 개념을 상세하게 설명하여 꼼꼼한 개념 학습을 돕습니다.

❸ 더 알아보기

한 번에 이해하기 어려운 개념이나, 알아두면 학습에 도움이 되는 이론을 정리하였습니다.

❹ 기출연도 표시

기출되었던 개념에 기출연도를 표시하여 기출 이론을 쉽게 파악할 수 있도록 하였습니다.

❺ 기출콕콕

기출된 개념과 관련된 기출문항을 제시해주어, 기출문제를 직접 확인할 필요 없이 기출 문장을 확인할 수 있습니다.

❻ 각주

이해하기 어려운 개념에 대하여 각주 형식을 통한 부연설명을 제공하였습니다.

02 핵심키워드로 구성된 구조도로 핵심만 콕콕!

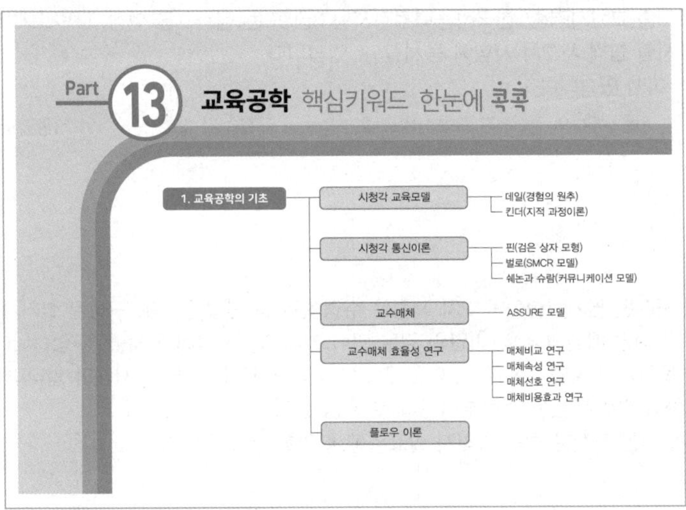

파트별 핵심키워드를 한눈에 파악할 수 있도록 구조도 형식으로 수록했습니다. 학습 전에는 이론의 흐름을 한눈에 파악할 수 있으며, 학습 후에는 인출연습을 통해 키워드 암기학습이 가능합니다.

03 기출에 기반한 키워드 핸드북으로 교육학 뼈대를 콕콕!

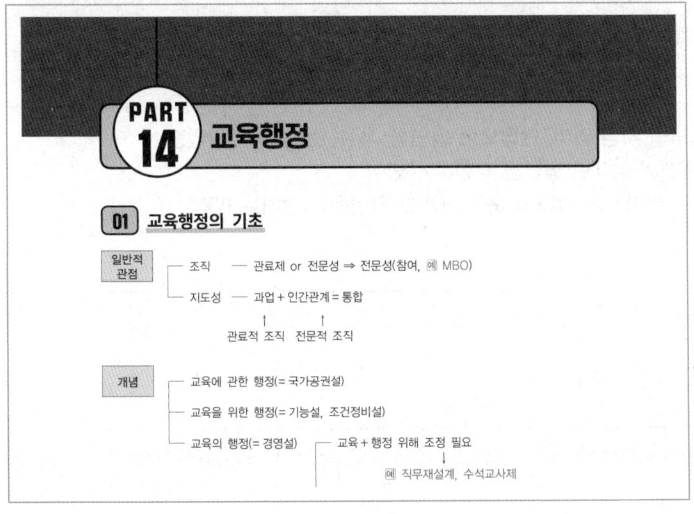

과목별 기출 키워드를 기반으로 구조화한 키워드 핸드북을 수록하였습니다. 기출 키워드를 중심으로 교육학 흐름을 간단하게 파악할 수 있으며, 작고 가벼워 이동 시에도 간편하게 학습할 수 있습니다.

중등임용 시험안내

* 임용시험에 관한 자세한 정보는 시 · 도 교육청별로 상이하므로, 응시하고자 하는 시 · 도 교육청 홈페이지의 공고문을 꼭 확인하세요.

1. 임용시험이란?

- 임용시험(중등교원)은 '중등학교 교사 임용후보자 선정 경쟁시험'의 준말로, 교사로서의 전문적인 능력을 평가하여 공립(국, 사립) 중등학교 교사를 선발하는 시험입니다.
- 임용시험에 응시하기 위해서는, 2개의 자격증(교원자격증, 한국사능력검정시험 3급 또는 심화 3급 이상)이 반드시 필요합니다.
- 임용시험은 1년에 한 번만 진행되며, 1차 시험 합격 시 2차 시험에 응시할 수 있습니다.
- 임용시험은 1차 시험과 2차 시험으로 나누어져 있습니다.

※ 선발예정과목 중 '비교수 교과(보건, 사서, 영양, 전문상담)'의 경우, 각 교육청별로 초 · 중등을 구분하지 않고 선발하여 최종합격자의 임용이 각 교육청 임용계획에 의하는 경우도 있음

2. 시험 유형 및 배점

- 1차 시험은 기입형 · 서술형 · 논술형으로 구성된 필기시험이며, 2차 시험은 수업실연 및 면접 등으로 구성된 실기시험입니다.
- 1차 시험(교육학, 전공)의 성적이 각 과목별 해당 배점의 40% 미만인 경우 과락으로, 2차 시험에 응시할 수 없습니다.
- 부득이한 사정으로 2차 시험에 응시하지 못하거나 불합격한 경우, 다음 연도에 다시 1차 시험부터 응시해야 합니다.
- 최종점수는 '1차+2차 시험 성적'을 합산하여 점수가 높은 사람부터 차례로 최종 합격자가 결정됩니다.
- 1차 시험 성적은 1차 합격자 발표일에, 2차 시험 성적은 최종 합격자 발표일에 확인할 수 있습니다.

1) 1차 시험

교시	1교시: 교육학	2교시: 전공 A		3교시: 전공 B	
출제 분야	교육학	교과교육학(25 ~ 35%) + 교과내용학(75 ~ 65%) ※ 비교수 교과는 교과내용학에서 100% 출제			
시험 시간	60분 (09:00 ~ 10:00)	90분 (10:40 ~ 12:10)		90분 (12:50 ~ 14:20)	
문항 유형	논술형	기입형	서술형	기입형	서술형
문항 수	1문항	4문항	8문항	2문항	9문항
문항 당 배점	20점	2점	4점	2점	4점
교시별 배점	20점	40점		40점	
총 배점	100점				

- 기입형: 주로 풀이과정을 작성하라는 별도의 지침 없이, 단답으로 답안을 작성하는 방식(= 단답형)
- 서술형: 2 ~ 3가지의 답이 이어지도록 문장의 형태로 답안을 작성하는 방식
- 논술형: '서론 – 본론 – 결론'의 전체적으로 이어지는 하나의 틀을 가지고 답안을 작성하는 방식

2) 2차 시험

시험 과목	시험 시간	총 배점
교직적성 심층면접, 수업능력 평가(교수 · 학습 지도안 작성, 수업실연), 실기 · 시험	시 · 도 교육청 결정	100점

* 2차 시험은 시 · 도별/과목별로 시험 과목, 출제 범위 및 내용 등이 다르므로, 응시하고자 하는 시 · 도 교육청 홈페이지의 공고문을 꼭 확인하세요.

3. 시험 과목

시험 과목		출제 범위(비율) 및 내용
1차 시험	교육학 (1교시)	• 교육학은 공통 과목이므로, 모든 응시자가 응시해야 합니다. • 2012년 12월 28일에 임용시험이 개정된 이후, 교육학 과목의 시험 형태가 객관식에서 논술형으로 변경되었습니다. • 교육학 세부 과목: 교육학개론, 교육철학 및 교육사, 교육과정, 교육평가, 교육방법 및 교육공학, 교육심리, 교육사회, 교육행정 및 교육경영, 생활지도 및 상담
	전공 A, B (2, 3교시)	• 전공 A(2교시) 및 전공 B(3교시)는 '기입형+서술형'의 문항 유형으로 출제됩니다. • 전공 과목은 ⓐ 교과교육학(출제비율: 25～35%)과 ⓑ 교과내용학(출제비율: 75～65%)으로 구성되어 있습니다. ⓐ 교과교육학: 교과교육학(론)과 임용시험 시행 공고일까지 국가(교육부 등)에 의해 고시되어 있는 총론 및 교과 교육과정까지 ⓑ 교과내용학: 교과교육학(론)을 제외한 과목 ※ 외국어 과목은 해당 외국어로 실시 ※ 비교수 교과는 교과내용학에서 100% 출제
2차 시험	교직적성 심층면접, 수업능력 평가(교수 · 학습 지도안 작성, 수업실연), 실기 · 실험	• 외국어 전공과목인 경우, 해당 외국어로 실시됩니다. ※ 교직적성 심층면접에서 외국어 과목은 일정 부분을 해당 외국어로 실시 • 비교수 교과의 경우 교직적성 심층면접으로만 100% 실시됩니다.

4. 응시원서 접수 안내

1) 응시원서 접수 방법

- 응시원서는 시 · 도 교육청별 온라인 채용시스템을 통하여 인터넷으로만 접수가 가능하며, 방문/우편 접수는 불가합니다.
- 접수기간 내에는 24시간 접수하며, 접수마감일은 18:00까지 접수가 가능합니다.
- 응시원서 접수 마감시간에 임박하면 지원자의 접속 폭주로 인하여 사이트가 다운되거나 속도가 저하되는 등 마감시간까지 접수를 완료하지 못할 수 있으므로 미리 접수하는 것이 좋습니다.

2) 접수 준비물

구분	내용
한국사 능력검정시험 3급 또는 심화 3급 이상	국사편찬위원회에서 주관하는 한국사능력검정시험의 3급 또는 심화 3급 이상 시험 성적이 필요하며 제1차 시험 예정일로부터 역산하여 5년이 되는 해의 1월 1일 이후에 실시된 시험에 한함 ※ 한국사능력검정시험 급수체계 개편으로 제46회 시험 이전 응시자는 3급, 제47회 시험 이후 응시자는 심화 3급의 인증등급이 필요함 ※ 2023학년도 중등교사 임용시험의 경우 2017.1.1 이후 실시된 한국사능력검정시험까지의 성적에 한함 ※ 1차 시험 예정일 전까지 취득한 인증등급(3급 또는 심화 3급) 이상인 인증서에 한하여 인정함
사진	최근 6개월 이내 촬영한 3.5cm x 4.5cm의 여권용 컬러 증명사진(jpg, gif, jpeg, png로 된 30KB～100KB 사이즈)
응시료	시 · 도 교육청별로 상이함

* 교원자격증 또는 교원자격취득예정증명서/교직과정이수예정확인서는 1차 합격자 발표 이후 합격자에 한해서만 제출합니다.
* 스캔파일 제출 대상자는 원서 접수 시 입력내용과 동일한 각종 증명서류를 스캔하여 반드시 파일 첨부로 제출해야 합니다.

⚠ 응시원서 중복 지원 금지: 아래 17개 시 · 도 교육청 중 본인이 응시하기 원하는 1개의 지역에만 지원 가능합니다.
서울특별시 교육청, 부산광역시 교육청, 대구광역시 교육청, 인천광역시 교육청, 광주광역시 교육청, 대전광역시 교육청, 울산광역시 교육청, 경기도 교육청, 강원도 교육청, 충청북도 교육청, 충청남도 교육청, 전라북도 교육청, 전라남도 교육청, 경상북도 교육청, 경상남도 교육청, 제주특별자치도 교육청, 세종특별자치시 교육청

중등임용 1차 시험 미리보기

1. 1차 시험 진행 순서

시험장 가기 전	• 수험표, 신분증, 검은색 펜, 수정테이프, 아날로그(바늘시계) 손목시계를 반드시 준비합니다(전자시계, 탁상시계 및 휴대전화는 반입 불가). • 중식시간 없이 시험이 진행되므로, 필요할 경우 간단한 간식(또는 개인도시락) 및 음용수를 준비합니다. 참고 • 유효 신분증: 주민등록증, 운전면허증, 여권, 장애인등록증 • 수험표: 이면지를 사용하여 출력할 수 없고, 컬러로 출력해야 하며, 수험표 앞/뒷면에 낙서 및 메모 금지 • 검은색 펜: 답안지는 지워지거나 번지지 않는 동일한 종류의 검은색 펜만을 사용해야 하며, 연필 또는 사인펜 사용 불가
시험장(시험실) 도착 및 착석	• 시험 당일 정해진 입실 시간까지 입실 완료하여 지정된 좌석에 앉아야 합니다. 참고 시 · 도별로 입실 시간이 상이하므로 시 · 도 교육청 홈페이지의 공고문을 꼭 확인하세요. • 시험장 입구에서 수험번호, 선발과목을 확인한 후 시험실 위치를 확인합니다. • 시험실에 부착된 좌석배치도를 확인하여 착석합니다.
시험 준비 및 대기	• 매 교시 시험 시작 후에는 입실과 퇴실이 금지되므로, 화장실을 미리 다녀옵니다. 참고 부득이한 사정(생리현상 등)으로 시험 시간 중 불가피하게 퇴실할 경우, 해당 시험 시간 중 재입실이 불가하며, 시험 종료 시까지 시험본부 지정 장소에서 대기하여야 합니다. • 시험실에 모든 전자기기(휴대폰, 태블릿 PC, 넷북, 스마트워치 등)를 포함한 소지(반입)금지물품을 반입했을 경우, 전원을 끈 후 시험 시작 전에 감독관에게 제출합니다(시험장 내에서 이를 사용 또는 소지할 경우 부정행위자로 간주하여 처분함). • 소지품, 책 등은 가방 속에 넣어 지정된 장소에 두어야 합니다. • 보조기구(귀마개, 모자 등)는 착용이 불가합니다.
답안지 및 시험지 배부	• 감독관의 지시에 따라 시험지의 인쇄상태를 확인합니다(인쇄상태 확인 후 시험 시작 전에 계속 시험지를 열람하는 행위는 부정행위로 간주됨). • 감독관의 지시에 따라 답안지의 상단 부분을 작성합니다.
시험 시간	• 총 3교시로 나눠서 시험이 진행됩니다. – 1교시 교육학 09:00 ~ 10:00(60분) – 2교시 전공 A 10:40 ~ 12:10(90분) – 3교시 전공 B 12:50 ~ 14:20(90분) • 답안지 작성 시간이 시험 시간에 포함되어 있으므로 시험 시간을 고려해가며 문제를 풀고 답안을 작성합니다. • 시험 종료종이 울리면 답안지를 제출합니다(시험지는 제출하지 않음).
쉬는 시간	• 총 2번의 쉬는 시간이 있습니다. – 1교시 후 쉬는 시간 10:00 ~ 10:40(40분) – 2교시 후 쉬는 시간 12:10 ~ 12:50(40분) • 쉬는 시간에는 화장실을 다녀오거나, 준비해온 간식을 먹으며 휴식합니다. • 다음 시험이 시작하기 전 미리 착석하여 대기합니다.
시험 종료	• 전체 시험이 종료되면 감독관의 지시에 따라 퇴실합니다. • 시험 전 제출한 소지(반입)금지물품이 있을 경우, 물품을 받은 뒤 퇴실합니다.

2. 교육학 논술 시험 답안지(OMR) 작성 시 유의사항

구분	내용
답안지 관련 정보	• 답안지는 총 2면이 제공되며, 답안지 수령 후 문제지 및 답안지의 전체 면수와 인쇄 상태를 확인하여야 합니다. • 답안지 사이즈는 B4 사이즈이며, 답안지 용지 재질은 OMR 용지입니다.
작성 시간	• 별도의 답안 작성 시간이 제공되지 않으므로, 시험 종료 전까지 답안 작성을 완료해야 합니다. • 시험 종료 후 답안 작성은 부정 행위로 간주됩니다.
답안란 상단 작성 및 수정	• 답안지 모든 면의 상단에 성명과 수험번호를 기재하고, 검은색 펜을 사용하여 수험번호를 해당란에 '●'로 표기해야 합니다. • '●'로 표기한 부분을 수정하고자 할 경우에는 반드시 수정테이프를 사용해야 합니다. • 답안을 작성하지 않은 빈 답안지에도 성명과 수험번호를 기재 · 표기한 후, 답안지를 모두 제출합니다.
답안란 작성	• 답안지에 제시된 '응시자 유의사항'을 읽은 후 답안을 작성해야 합니다. • 답안은 지워지거나 번지지 않는 동일한 종류의 검은색 펜(연필이나 사인펜 종류 사용 불가)을 사용하여 작성해야 합니다. • 답안의 초안 작성은 초안 작성 용지를 활용할 수 있습니다. 참고 • 초안 작성 용지(B4사이즈, 총 2쪽)는 문제지에서 분리하여 사용함 • 교육학 초안 작성 용지는 답안지로 인정하지 않음 • 문항에서 요구하는 내용의 가짓수가 제한되어 있는 경우, 요구한 가짓수까지의 내용만 답안으로 작성해야 합니다(첫 번째로 작성한 내용부터 문항에서 요구한 가짓수에 해당하는 내용까지만 순서대로 채점함). • 답안 작성 시, 해당 답안란 내에서 가로 선을 그어 답안란의 줄을 추가하거나 세로 선을 그어 답안란을 다단으로 구분할 수 있습니다. • 답안지에는 문항 내용을 기재하지 않습니다. • 아래에 해당하는 답안은 채점하지 않습니다. – 다른 문항의 답안란에 작성한 부분(문항 번호를 임의로 수정하는 경우, 맞바꿔 작성한 부분을 화살표로 표시하는 경우 등) – 문항에 대한 답안 내용 이외의 것(답안의 특정 부분을 강조하기 위한 밑줄이나 기호 등) – 답안란 이외의 공간(옆면, 뒷면 등)에 작성한 부분 – 내용이 지워지거나 번지는 등 식별이 불가능한 부분 – 연필로 작성한 부분, 수정테이프 또는 수정액을 사용하여 수정한 부분 – 개인 정보를 노출하거나 암시하는 표시(성명 및 수험번호 기재란 제외)가 있는 답안지 전체
답안 수정	• 답안을 수정할 때에는 반드시 두 줄(=)을 긋고 수정할 내용을 작성해야 합니다. • 수정테이프 또는 수정액을 사용하여 답안을 수정할 수 없습니다. • 답안지 교체가 필요한 경우, 답안 작성 시간을 고려해야 합니다. 주의 • 시험 종료종이 울리면 답안을 작성할 수 없음 • 답안지 교체 후에, 교체 전 답안지를 폐답안지로 처리함

* 교육학 전용 답안지(OMR)는 해커스임용 사이트(teacher.Hackers.com)의 [학습자료실] 〉[과년도 기출문제]에서 무료로 다운받으세요.
* 더 자세한 답안지(OMR) 작성 시 유의사항은 한국교육과정평가원 홈페이지(www.kice.re.kr)에서 확인하세요.

한눈에 보는 교육학 논술 출제경향

1. 기출연도별 논술 제시문 출제경향 분석

시험	스토리텔링	제시문 형태	출제 내용		영역
2013학년도 특수 추가	학습동기 유발 – 원인과 해결책	교사와 학부모 상담 대화문	지능이론 – IQ해석		교육심리
			동기이론 – 원인, 해결책	기대×가치이론	
				매슬로이론	
2014학년도	수업에 소극적인 이유와 해결책	초임교사와 중견교사대화문	동기 미유발	잠재적 교육과정 관점	교육과정
				문화실조 관점	교육사회학
			동기유발 전략	협동학습 차원	교육방법
				형성평가 활용 차원	교육평가
				교사지도성 차원	교육행정
2014학년도 전문상담 추가	부적응 행동 해결 & 수업효과성	성찰일지	청소년 비행이론 – 차별교제이론, 낙인이론		교육사회학
			상담 기법	행동중심 상담	생활지도와 상담
				인간중심 상담	
			수업 효과성 전략	학문중심 교육과정 근거	교육과정
				장학활동	교육행정
2015학년도	우리 교육의 문제점과 개선방안	분임토의 결과 발표	교육목적 – 자유교육 관점		교육의 이해
			교육과정 – 백워드 설계 특징		교육과정
			동기유발 위한 과제 제시 방안		교육심리 & 교육방법
			학습조직 – 구축 원리		교육행정
2015학년도 전문교과 추가	교사의 과제 – 학교이해 & 수업 이해	학교장 특강	기능론 – 선발 배치 기능 및 한계		교육사회학
			학교조직 – 관료제와 이완결합체 특징		교육행정
			교수 설계 – ADDIE(분석, 설계)		교육방법
			준거지향 평가 – 개념과 장점		교육평가
2016학년도	교사 역량 – 수업, 진로지도, 학교내 활동	자기개발 계획서	경험형 교육과정 – 장 · 단점		교육과정
			형성평가 – 기능과 전략		교육평가
			에릭슨 – 심리적 유예 개념		교육심리
			반두라 – 간접적 강화 개념		
			비공식 조직 – 순기능과 역기능		교육행정
2017학년도	2015 개정 교육과정 구현방안	학교현장 목소리	교육기획 – 개념과 효용성		교육행정
			교육과정 재구성 – 계속성, 계열성, 통합성		교육과정
			학생참여 수업 – 구성주의 수업(학습지원과 교수활동)		교육방법
			내용 타당도 – 개념		교육평가
2018학년도	학생 다양성 고려한 교육	교사 대화문	워커 교육과정 – 명칭, 학교 적용 이유(특징)		교육과정
			PBL – 학습자 역할, 문제 특성과 학습 효과		교육방법
			절대평가 – 명칭, 개인차에 대한 해석		교육평가
			성장 · 능력 참조 평가 – 개념		
			동료장학 – 명칭, 활성화 방안		교육행정
2019학년도	수업개선을 위한 교사의 반성적 실천	수업 성찰 기록	가드너 다중지능(세부적)		교육심리
			타일러 학습경험 선정 원리		교육과정
			잠재적 교육과정 개념		
			척도법(평정척도법)		교육연구법
			문항내적합치도		교육평가
			변혁적 리더십		교육행정

2020학년도	토의식 수업 활성화 방안	교사협의회 자료	비고츠키 – 지식론, 지식 성격, 교사와 학생역할	교육과정 & 교육방법
			영 교육과정 시사점	교육과정
			중핵교육과정 – 명칭과 장단점	
			정착수업 원리	교육공학
			위키활용 수업(웹기반수업) 문제점	
			스타인호프 – 기계문화 명칭, 해결책	교육행정
2021학년도	학생의 선택과 결정의 기회를 확대하는 교육	편지형식	스나이더 교육과정 운영 관점 – 충실성 · 형성 관점	교육과정
			자기 평가 – 교육적 효과와 실행방안	교육평가
			온라인 수업(인터넷 활용수업) – 학습자 분석과 환경 분석의 예	교육공학
			토론 게시판 활성화 방안	교육방법, 교육공학
			의사결정 모형 – 합리모형, 점증모형	교육행정
2022학년도	학교 내 교사 간 활발한 정보 공유를 통한 교육의 내실화	대화문	교육과정 – 수직적 연계성 의의, 교육과정 재구성 방안	교육과정
			교육평가 – 진단 방안, 평가결과 해석 기준 (성장 · 능력 · 준거참조 평가)	교육평가
			교수전략 – 딕과 캐리의 교수전략 개발 단계 전략, 온라인 수업 고립감 해소 방안	교육방법, 교육공학
			교원연수 – 학교 중심 연수 종류 및 지원 방안	교육행정

2. 내용 영역별 기출 출제 현황

내용 영역	학년도											
	2013 (추가)	2014	2014 (추가)	2015	2015 (추가)	2016	2017	2018	2019	2020	2021	2022
교육의 이해	○				○							
교육철학												
서양 교육사												
한국 교육사												
교육사회학		○	○	○								
교육심리학						○			○			
생활지도와 상담		○										
교육과정		○	○		○	○	○	○	○	○	○	○
교육평가			○	○		○	○	○	○		○	○
교육통계												
교육연구									○			
교육방법			○	○	○		○	○		○	○	○
교육공학										○	○	○
교육행정		○	○	○	○	○	○	○	○	○	○	○

학습 성향별 맞춤 학습법

개별학습 | 혼자 공부할 때, 학습효과가 높다!

- **자신에게 맞는 학습계획을 세운다.**

  교재의 목차를 참고하여 자신에게 맞는 학습계획을 세워 시간을 효율적으로 활용할 수 있도록 합니다. 월별/주별/일별로 계획을 구체적으로 세워 스스로 점검합니다.

- **교재를 꼼꼼히 학습한다.**

  해커스임용 교재로 핵심 내용을 꼼꼼히 학습합니다. 학습 중 교재에 관하여 궁금한 사항이 생기면, 해커스임용 사이트의 [고객센터] > [1:1 고객센터] 게시판에 질문합니다.

- **해커스임용 사이트를 적극 활용한다.**

  해커스임용 사이트를 적극적으로 활용하면 수험정보, 최신정보, 기출문제 등 참고자료를 얻을 수 있습니다. 또한, 학습 시 부족한 부분은 해커스임용 동영상 강의를 통해 보충할 수 있습니다.

스터디학습 | 여러 사람과 함께 공부할 때, 더 열심히 한다!

- **자신에게 맞는 스터디를 선택하고 준비한다.**

  자신의 학습성향 및 목표에 맞는 스터디를 선택하고, 스터디 구성원들끼리 정한 계획에 따라 공부해야 할 자료를 미리 준비합니다.

- **스터디 구성원들과 함께 학습하며 완벽하게 이해한다.**

  개별적으로 학습할 때, 이해하기 어려웠던 개념은 스터디를 통해 함께 학습하며 완벽하게 이해합니다. 또한, 학습 내용 및 시험 관련 정보를 공유하며 학습 효과를 높일 수 있습니다.

- **스터디 자료 및 부가 학습자료로 개별 복습한다.**

  스터디가 끝난 후, 스터디 구성원들의 자료와 자신의 자료를 비교하며 학습한 내용을 복습합니다. 또한, 해커스임용 사이트에서 제공하는 다양한 학습자료를 활용하여 학습 내용을 보충합니다.

동영상학습 | 자유롭게 시간을 활용해 강의를 듣고 싶다!

- **자신만의 학습플랜을 세운다.**

  해커스임용 사이트의 샘플강의를 통해 교수님의 커리큘럼 및 강의 스타일을 미리 파악해 보고, 수강할 동영상 강의의 커리큘럼을 참고하여 스스로 학습계획을 세웁니다.

- **[내 강의실]에서 동영상 강의를 집중해서 학습한다.**

  학습플랜에 따라 공부해야 할 강의를 듣습니다. 자신의 학습속도에 맞게 '(속도) 배수 조절'을 하거나, 놓친 부분이 있다면 되돌아가서 학습합니다.

- **[학습 질문하기] 게시판을 적극 활용한다.**

  강의 수강 중 모르는 부분이 있거나 질문할 것이 생기면 해커스임용 사이트의 [고객센터] > [문의하기] > [학습 질문하기] 게시판을 통해 교수님께 직접 문의하여 확실히 이해하도록 합니다.

학원학습 | 교수님의 생생한 강의를 직접 듣고 싶다!

- **100% 출석을 목표로 한다.**

  자신이 원하는 학원 강의를 등록하고, 개강일부터 종강일까지 100% 출석을 목표로 빠짐없이 수업에 참여합니다. 스터디가 진행되는 수업의 경우, 학원 수업 후 스터디에 참여하여 학습 효과를 높일 수 있습니다.

- **예습과 복습을 철저히 한다.**

  수업 전에는 그날 배울 내용을 미리 훑어보고, 수업이 끝난 후에는 그날 학습한 내용을 철저하게 복습합니다. 복습 시 이해하기 어려운 부분은 교수님께 직접 질문하여 완벽하게 이해할 수 있도록 합니다.

- **수업에서 제공하는 자료를 적극 활용한다.**

  수업 시 교재 외 부가 학습자료를 제공하는 경우가 많으므로, 해커스임용 교수님의 노하우가 담긴 학습자료를 자신만의 방식으로 정리 및 암기합니다.

Part 8

교육과정

Part 8 교육과정 핵심키워드 한눈에 콕콕

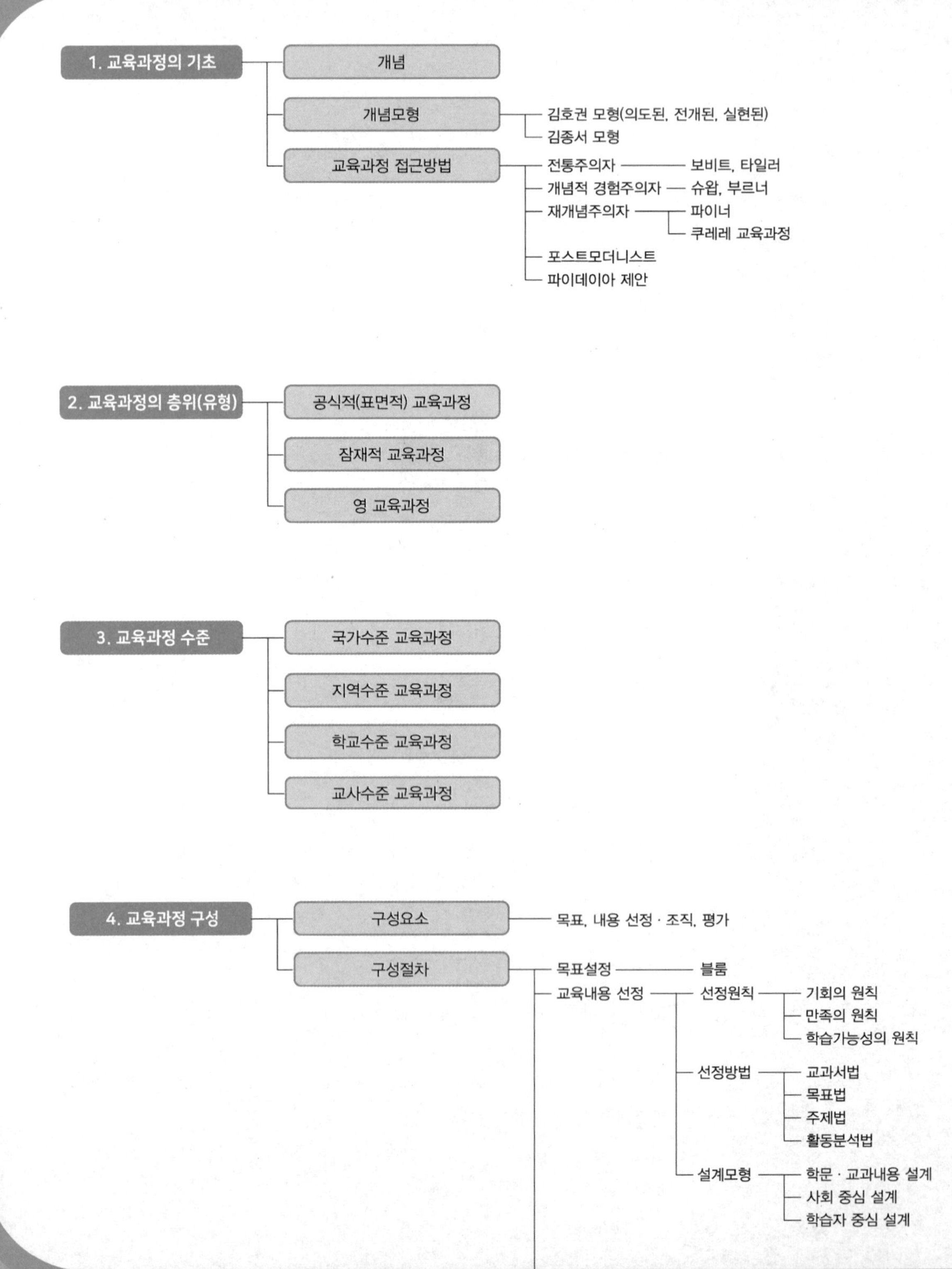

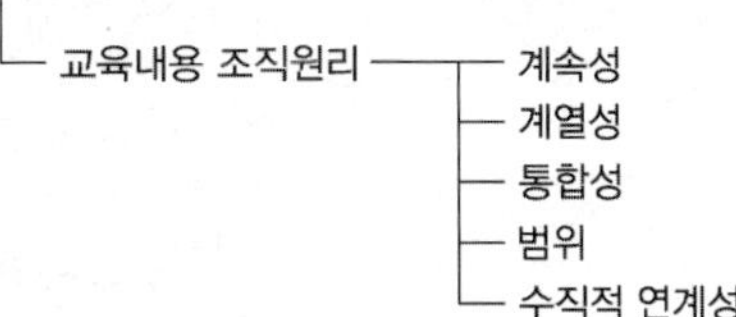
교육내용 조직원리
계속성
계열성
통합성
범위
수직적 연계성

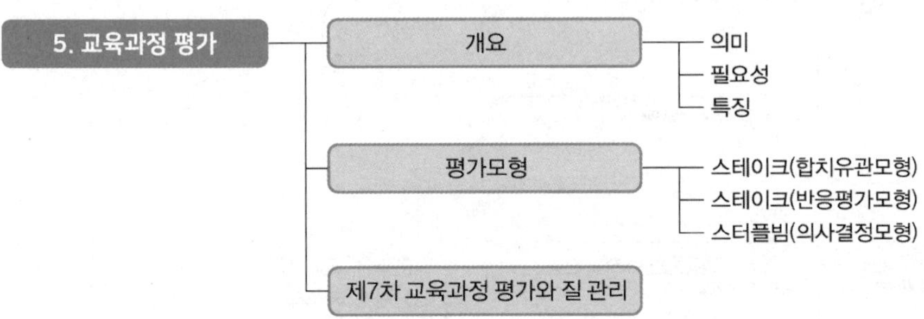
5. 교육과정 평가
개요
의미
필요성
특징
평가모형
스테이크(합치유관모형)
스테이크(반응평가모형)
스터플빔(의사결정모형)
제7차 교육과정 평가와 질 관리

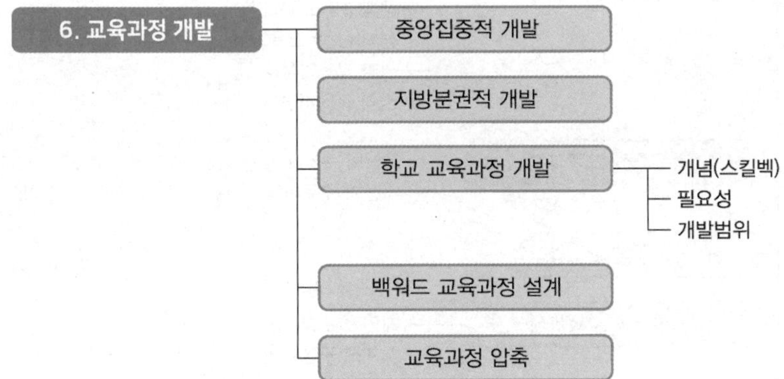
6. 교육과정 개발
중앙집중적 개발
지방분권적 개발
학교 교육과정 개발
개념(스킬벡)
필요성
개발범위
백워드 교육과정 설계
교육과정 압축

교육과정 핵심키워드 한눈에 콕콕

- 7. 교육과정 개발 모형
  - 타일러(합리적 모형)
  - 타바(확장된 목표모형)
  - 워커(숙의 모형)
  - 아이스너(예술적 모형)
  - 스킬벡(학교중심 모형)

- 8. 교육과정 실행 · 운영
  - 실행관점(스나이더)
    - 목표 충실성 관점
    - 상호적응 관점
    - 형성 관점
  - 운영수준

- 9. 교육과정 유형
  - 교과중심 교육과정
    - 분과형 교육과정
    - 상관형 교육과정
    - 융합형 교육과정
    - 광역형 교육과정
    - 교과의 통합적 운영
  - 경험중심 교육과정
    - 활동중심 교육과정
    - 생활영역 교육과정
    - 생성(현성) 교육과정
    - 광역 교육과정
    - 중핵 교육과정
  - 학문중심 교육과정
    - 지식의 구조 + 발견학습
    - 나선형 교육과정
  - 인간중심 교육과정
  - 구성주의 교육과정
    - 개인적 구성주의
    - 사회적 구성주의
  - 중핵 교육과정

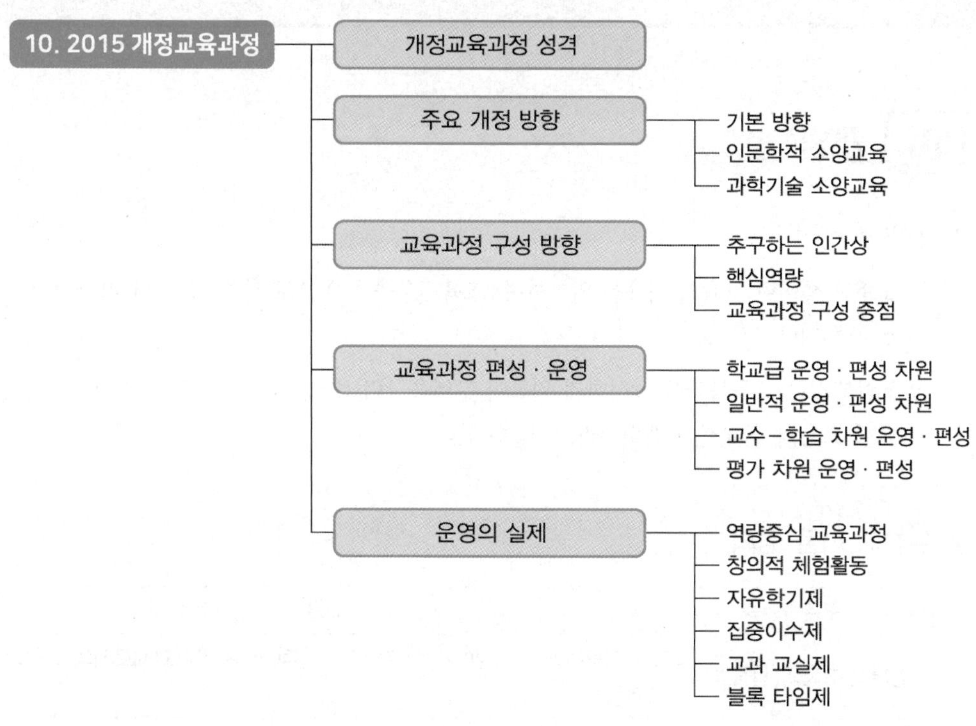
10. 2015 개정교육과정
개정교육과정 성격
주요 개정 방향
기본 방향
인문학적 소양교육
과학기술 소양교육
교육과정 구성 방향
추구하는 인간상
핵심역량
교육과정 구성 중점
교육과정 편성 · 운영
학교급 운영 · 편성 차원
일반적 운영 · 편성 차원
교수-학습 차원 운영 · 편성
평가 차원 운영 · 편성
운영의 실제
역량중심 교육과정
창의적 체험활동
자유학기제
집중이수제
교과 교실제
블록 타임제

제1절 교육과정의 기초

1 교육과정은 무엇을 가르치고, 배울 것인지에 관한 것이다.

2 경험중심 교육과정은 학생의 욕구와 흥미를 반영하여 교사가 미리 만든다. 단, 생성 · 현성 교육과정은 미리 만들지 않는다.

01 개념[1]

1. 일반적 정의

① '교육과정'이란 교육의 내용을 의미하며, 교육내용을 무엇으로 간주하느냐에 따라 여러 유형으로 분류된다.

② 교육과정은 교육목적을 달성하기 위하여 무엇을 선정해서, 어떻게 조직하여 가르칠 것인지에 대한 교육의 전체적인 계획이라고 할 수 있다.

2. 유형에 따른 정의

구분	내용
전통적 교육의 입장	학교의 지도하에서 학생에게 가르쳐지는 일체의 교과나 교재로서의 교육과정 ⇨ 교과중심
진보주의 교육의 입장	학교의 지도하에서 학생들이 가지게 되는 모든 경험으로서의 교육과정 ⇨ 경험중심[2]
신본질주의 입장	구조화된 일련의 의도된 학습결과로서의 교육과정 ⇨ 학문중심
인본주의 입장	학생들이 학교생활을 하는 동안에 가지게 되는 경험의 총체로서의 교육과정 ⇨ 인간중심

3. 교육과정 개념의 변천

구분	정의	실체	개념의 넓이	내용
교과중심 교육과정 (1920 ~ 1930)	교수요목	문서	매우 좁음	• 학생 입장에서는 학습해 나갈 코스이며, 교사 입장에서는 가르쳐야 할 코스로, 교육내용의 체계를 의미함 • 학교에서 가르치고 배우는 내용의 체계를 의미함
경험중심 교육과정 (1930 ~ 1950)	지도된 경험	경험	넓음	• 학교의 지도하에 학생들이 가지게 되는 모든 경험과 활동의 총체로 봄 • 학생들이 학교의 계획과 지도하에 갖게 되는 모든 경험을 교육과정의 정의로 받아들임
학문중심 교육과정 (1960 ~ 1970)	지식탐구 과정의 조직	문서	좁음	• 일련의 의도된 학습결과로 봄 • 학문적 체계와 탐구방식을 강조하는 방향으로 조직되어야 한다는 일련의 구조화된 의도(목표) 또는 학습결과라고 정의함
인간중심 교육과정 (1970 ~ 현재)[3]	경험의 총체	경험	매우 넓음	• 구조화된, 즉 학생들이 갖게 되는 모든 경험과 활동의 총체로 봄 • 전인교육 실천계획으로서의 교육과정임

[3] 인간중심 교육과정의 '경험'은 경험중심 교육과정의 '경험'보다 의미가 더 크다.

02 개념모형

1. 김호권

구분	내용
의도된 교육과정	공약된 목표로서의 교육과정
전개된 교육과정	수업 속에 반영된 교육과정
실현된 교육과정[4]	학습성과로서의 교육과정

[4] 교육과정은 '실현된 교육과정' 수준까지 가야지만 진정한 교육과정이라고 할 수 있다.

2. 김종서

(1) 분류

구분	내용
국가 및 사회적 수준의 교육과정	국가 및 사회가 학생들에게 어떤 목적을 위하여 무엇을 가르칠 것인지에 대한 일련의 의사결정을 해놓은 문서를 말함
교사수준의 교육과정	• 교사가 어떤 목적을 위하여 무엇을 가르치려고 하는지와 가르치고 있는지를 말함 • 교육과정의 결정자는 교사임
학생수준의 교육과정	• 학생들이 학교생활을 하는 동안에 가지는 경험의 총체임 • 이 수준의 교육과정은 교육과정의 종착점이 됨 • 이 수준의 특성은 교육과정을 경험 자체로 본다는 것임

(2) 교육과정 수준 간의 관련성

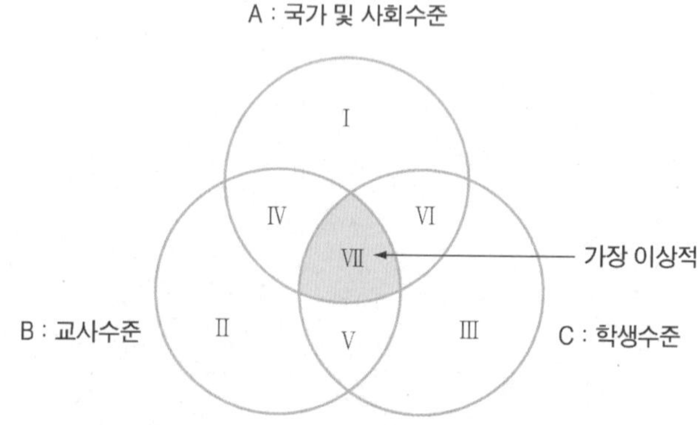

[그림 8-1] 교육과정의 수준

영역 \ 수준	A (국가 및 사회 수준)	B (교사수준)	C (학생수준)	비고
Ⅰ	○	×	×	좋지 않은 상태
Ⅱ	×	○	×	좋지 않은 상태
Ⅲ	×	×	○	잠재적 교육과정[5]
Ⅳ	○	○	×	좋지 않은 상태
Ⅴ	×	○	○	약간 좋은 상태
Ⅵ	○	×	○	좋은 상태
Ⅶ	○	○	○	이상적인 교육과정

5 잠재적 교육과정은 학교에서 가르치려는 의도가 없었으나, 학생들이 은연중에 배우게 되는 경험의 총체를 말한다.

03 교육과정 접근방법

1. 전통주의자[6](행동주의, 합리주의적 접근) – 진보주의적 관점+타일러(R. Tyler)

6 전통주의자는 실용적 가치의 실천적 성과를 중시하는 미국의 실용주의적 전통을 이어받고 있다.

(1) 개관

교육과정에 관한 전통주의적 이론의 발전은 1918년 보비트(F. Bobbitt)에 의해 비롯되어, 1949년 타일러가 절정을 이루었으며, 그 후 10여 년간 지속되다가 1960년대부터 거센 비판과 도전의 대상이 되었다.

(2) 특징

① 전통주의자들은 이론 개발이나 관련 분야의 개발에 있어서 기본적인 연구에 대한 관심보다는 학교현황과 교실수업에서의 실제에 관심을 주로 기울인다.

② 전통주의 모형은 교육과정에 관한 사고의 출발점을 교육목표로 두고, 그 이하의 절차와 활동은 목표를 효과적으로 달성하도록 돕는 수단으로 보아 목표를 대단히 중요하게 다룬다.[7]

③ 교육과정을 계획으로 보고 그 계획을 실현하기 위한 절차(목표설정 – 내용선정 – 내용조직 – 평가)의 중요성을 강조하므로 교육과정 개발과 계획에 초점을 두며 합리성과 논리를 강조한다.[8]

(3) 공헌점

전통주의 이론은 교육과정 개발의 모형과 전략을 창출시켰고, 그것을 실천가들에게 제공함으로써 교육과정의 개혁적 변화를 가져오는 견인차적 역할을 수행하였다.

7 예를 들면, 타일러의 교육과정 구성에 대한 4가지 기본적인 입장에 따라 정립한 '교육목표의 설정 ⇨ 학습경험의 선정 ⇨ 학습경험의 조직 ⇨ 평가'의 네 단계 순환 모형의 교육과정 개발절차를 들 수 있다.

8 목표에 맞는 행동이 가장 합리적이기 때문에 목표에 초점을 둔 교육과정 개발은 합리적이다.

(4) 비판점

① 잠재적 교육과정과 의미생산 등에 대해서는 무관심하였고, 교육의 과정에서 형성되는 사회적 관계와 같은 것은 무시한 채, 그저 고정적인 수준이나 절차에 따라 편성되는 교육과정의 기술적 합리성만을 추구하였다.

② 전통주의 모형은 목표를 우위에 두고 모든 교육활동의 목표달성을 위한 수단으로 취급하므로 재개념주의자들에 의하여 다양하고 신랄하게 비판을 받고 있다.

(5) 대표 학자

듀이(J. Dewey), 보비트(F. Bobbitt), 타일러(R. Tyler), 타바(H. Taba), 보샴(G. Beauchamp), 돌(R. Doll), 굿래드(J. Goodlad) 등이 있다.

(6) 보비트의 전통주의 이론 – 진보주의+행동주의적 관점

① 교육에 대한 관점

㉠ 교육은 생생한 생활경험에 실제로 참여하는 것이기 때문에 교육의 주된 기능은 학생들이 단순히 언어로 진술된 사실을 암기하는 것이 아니라, 실제 생활사태와 관련된 사고와 판단을 함양하는 것이어야 한다.

㉡ 효과적인 현대교육이란 시민들이 시민적 자질을 발휘하게 하거나 건강한 삶을 영위할 수 있도록 하는 것이다.[9]

9 성인의 입장에서 활동분석법을 사용하여 시민적 자질을 확인한 것으로, 이는 타일러에게도 동일하게 나타난다.

② 과학적 교육과정 구성

㉠ 교육과정은 앞으로 직업세계에서 유용하게 사용될 일련의 경험들을 상세하게 구성하는 것이야 한다고 보아 주지주의적 교과중심의 전통적 교육과정을 비판하고, 새로운 교육과정 구성을 주장하였다.

㉡ 성인 입장에서 아동들이 장차 생활하게 될 세계에서 필요로 하는 활동들을 밝혀내 가르치기 위한 목적으로, 활동분석법을 사용하여 현재 성인들의 활동내용을 조사하고 분석하는 것이 중요하다고 주장하였다.

㉢ 한편 그는 교육의 효율성 추구를 위해 아동들에게 필요한 것을 가르치되 개개인의 수준에 적합한 것을 가르쳐야 한다고 주장하여, 아동 개개인의 성장 · 발달보다는 교육과정 구성 그 자체와 사회질서의 유지에 초점을 두고 있다.

2. 개념적 경험주의자[10]

(1) 개관

① 개념적 경험주의자들은 1957년 10월 스푸트니크(Sputnik)호 발사 이후 미국의 교육개혁에 직접적인 영향을 미쳤다. 교육과정에 관한 연구에 있어서 자연과학적 방법에 기초한 논리와 탐구방법을 옹호하면서 생산적이며 경제적인 지식을 이루어야 한다고 주장하고 있다.

② 사실과 가치를 명백히 구분하여야 하고, 사실은 가설설정에서 시작하며, 자료수집, 검증과 해석으로 이어지는 단계를 통해 규명되고 개념화되어야 한다는 입장이다.

③ 전통주의자들의 교육과정 개발 이론들은 단순히 기술적인 처방적 교육과정으로서, 그 과정에는 경험적 합치와 논리적 근거로 규정되는 숙고가 결여되었다는 입장이다.

④ 개념적 경험주의 학자들이 뚜렷한 증거를 가지고 교육과정의 현상을 이해하려 하고 실제 문제에 접근한다고 해서 맥닐(J. D. McNeil)은 이 계통의 학자들을 경성 교육과정 학자(hard curricularists)로 부르고 있다.

(2) 특징

① 개념적 경험주의자들은 공통된 교육과정의 핵심적 질문을 '무엇을 연구하고, 가르치고, 학습시킬 것인가?'로 보고[11], 교육과정에 관련된 현상을 종합적으로 파악하며, 이러한 맥락 속에서 구체적이고 실제적인 하위문제들을 교육과정의 연구대상으로 포함시키고 있다.

② 교육과정을 규정하고, 교육과정에 관한 실천적 지침을 형성하는 과제에 있어서 교육과정의 실제적인 현상에 눈을 돌렸으며, 개념적 경험주의자들은 보통 인지심리학자이므로 내용에 기반(content-based)을 둔 이론을 강조한다.

③ 교육과정에 대한 연구방법은 가설을 설정하고, 엄밀한 데이터를 수집 · 해석하고 가설을 검증하는 과학적 방법을 교육과정 분야에 도입한다.

④ 경험과학적인 접근에 기초한 수업공학 및 수업설계에 관한 많은 연구들이 1960년대 이후 쏟아져 나왔으며, 교육과정에 관한 개념적 경험론들도 교육과정 이론화에 큰 기초가 되었다.

(3) 비판점

전통주의자들과 마찬가지로 교육실천가들에게 도움을 주고 있으나, 교육과정의 내용 자체나 교육과정과 사회와의 관계를 규명하지 못하고 있다.

(4) 전통주의자와 비교

① 개념적 경험주의자들의 이론적 특징은 전통주의자들의 견해와 크게 다르지 않지만, 보다 실증적인 연구에 기초를 두고 과학적이고 기술적으로 개념을 정립시켰다는 점에서 다르다.

② 개념적 경험주의자들도 문화적 유산인 학교지식을 보다 효과적이고 과학적으로 가르치는 방법에만 관심을 두었지, 교육과정 내용 자체나 교육과정과 사회와의 관계를 규명하지 못했다는 점에서는 전통주의자들의 견해와 큰 차이가 없다.

10 개념적 경험주의자는 목표달성을 위한 내용에 관심을 가지기 때문에, 실증적 입장이며, 일반적 목표를 구체적으로 달성하기 위해 경험적으로 증명해 보이는 것이다.

11 개념적 경험주의자는 목표달성을 위한 내용을 강조하므로 수업에 관심을 갖는다.

(5) 대표 학자

블룸(B. Bloom)[12], 브루너(J. Bruner), 버리너(D. Berliner), 포스너(G. Posner), 스테이크(R. Stake), 왈버그(H. Walberg), 슈왑(J. J. Schwab), 부참(G. A. Beauchamp) 등이 있다.

[12] 블룸의 내용목표분류학도 결국 목표보다 내용에 초점을 두고 있는 것이다.

(6) 슈왑의 개념적 경험주의 이론[13]

[13] 슈왑은 교실 내에서 교사 - 학생의 상호작용을 강조한다.

① 기본 개념

㉠ 교육과정: 학생들을 포함한 의사결정 대표자들이 심사숙고한 끝에 선택한 지식, 기술, 경험, 행동성향 등을 교사가 적절한 재료와 행동으로 서로 다른 학생들에게, 서로 다른 수준으로 성공적으로 전달하는 것이다.

㉡ 주요 관심: 학급 내에서 이루어지는 교사－학생 간의 상호작용과 이에 게재된 교육내용과 환경에 두었다.

② 교육과정의 구성은 교사, 학습자, 교과, 환경을 고려한 것이어야 하며, 동시에 이 4가지 요소가 상호작용하는 구체적인 의사결정과정인 숙의과정[14]을 고려해야 한다.

[14] 교사 - 학생 간 상호작용을 위해 교육과정을 구성하고, 이렇게 구성된 교육과정을 전개하기 위해 숙의를 중시한다.

3. 재개념주의자[15] － 전통주의(개념주의)에 반대해서 출현

[15] 재개념주의자는 신교육사회학적 관점으로 교육과정 사회학에 해당하며, 철학적 배경을 비판철학에 두고 있다.

(1) 개관

① 이 계통의 학자들이 대체로 역사, 종교, 철학, 문학 등 인문과학을 숭상하는 연성학문의 전통을 중시한다고 해서 '연성 교육과정학자(soft curricularist)'라고 불린다.

② 실천 위주의 교육과정 개발에 쏟고 있는 현장 교육자들의 관심을 교육과정의 이해 쪽으로 돌리기를 촉구한다.

(2) 철학적 배경

① 실존주의, 현상학, 정신분석학, 지식사회학, 신마르크스주의 이론 등에 기초를 두고 있다.

② 많은 재개념주의자들은 비판이론에 뿌리를 두고 있으며, 그들은 사회의 지배적인 사회경제적 계층구조와 교육과정이 그러한 구조를 영속화하는 데 기여하고 있음을 반성하고 비판하는 데 주력한다.

③ 비판이론은 마르크스주의(Marxism)와 신마르크스주의(neo-Marxism)이론에 뿌리를 두고 있다. 비판이론가들은 교육은 노동자, 가난한 자를 억압하는 사회질서의 일부로 현재 사태를 유지하려고만 한다고 주장한다. 그래서 교육은 이러한 상태를 깨우치는 억압, 자유, 해방을 강조해야 한다고 주장하며 이러한 사람들을 '교육과정 사회학자'라고 부른다.

⊕더 알아보기 | 교육과정 사회학(sociology of curriculum)

교육과정 사회학은 교육과정의 사회적 성격을 분석하고 평가하는 입장을 말한다. 일반적으로 교육과정은 가치와 규범으로부터 자유로운 가치중립적(value-free)인 것으로 바라보는 경향이 있는데, 이와 달리 교육과정 사회학은 거시사회와의 관련성 속에서 교육과정에 영향을 미치는 사회적 여러 요인들에 대한 연구의 필요성을 주장한다. 구체적으로는 '그것이 왜 공식적 지식으로 분류되어 학교에서 가르쳐져야 하는가?' 하는 교육과정의 이데올로기적 성격을 분석하고자 한다.

교육과정 사회학은 교육과정이 지난 수 세기 동안 현존 사회를 유지하는 데 필요한 특정 가치와 태도를 재생산하는 역할을 담당하였다는 점을 강조하고, 이는 1970년대 초반 영국에서 발달하였다. 영(Young)을 중심으로 한 영국의 소장 학자들은 아동의 교육적 실패와 교육과정 사이에 어떤 관계가 있는가를 탐구하였고, 구체적으로는 학교에서 교육적으로 가르쳐야 될 가치가 있는 지식으로 무엇이 선정되어 편성되고, 그것과 학교 밖 정치적 · 경제적 구조와의 관련성에 주목하였다.

그 결과 교육과정은 사회계층의 이해관계를 반영하고 있으며, 각 계급의 취향과 경험을 차등적으로 드러내 보이는 것에 불과하며, 사회의 가치와 질서의 표현으로 사회를 통제하는 역할을 담당한다고 주장하였다.

(3) 주요 관심사

① 기존 교육과정 활동의 부적절성을 비판하고 현행 교육과정을 재분석 · 판단하여 재개념화하는 것에 관심이 있다.

② 이들은 교육현상 전반에 걸친 이데올로기나 도덕적 쟁점을 분석하는 데 초점을 두고 있다.

③ 최근 교육과정 이론에서 잠재적 교육과정, 주도권, 재생산이론들의 용어를 만들어 내며 교육과정의 정치적 · 사회적 · 경제적 배경을 분석하고 비판하는 측면으로 다양한 연구관심을 보인다.

(4) 특징

① 기존 접근들에서 간과하였거나 의도적으로 무시하였던 교육내용의 이데올로기성을 분석하는 데 있어서 주목할 만하다.

② 공통의 주제는 자유 또는 해방[16]에 두고 있으며, 실존주의와 현상학의 입장을 취하는 재개념주의자는 해방이 개인의 내면으로부터 나온다고 본다.

[16] 재개념주의자들은 지배집단의 지식전수에서 피지배계급을 해방시키는 것에 관심을 갖는다.

(5) 대표 학자

파이너(W. Pinar), 애플(M. Apple), 프레이리(P. Freire), 지루(H. Giroux), 아이스너(Eisner) 등이 있다.

(6) 파이너의 재개념주의 이론

① 파이너의 관점

㉠ 학교교육의 비인간화와 소외현상을 비판한다. 우리가 현재와 같은 교육을 받음으로써 졸업장과 자격증을 얻고 학식을 쌓지만, 인간성은 조개껍질처럼 조각나게 된다고 주장하였다.

㉡ 교육의 기본 목표를 '인간의 해방'으로 규정[17]하고 해방이란 정치적 · 경제적 · 심리적 불공정성으로부터 자신과 타인을 자유롭게 하는 과정으로 본다.

㉢ 교육과정의 관심은 '개인'이며, 각 개인이 교육 속에서 갖는 내적 경험의 탐구에 초점을 맞추는 일이 교육과정 탐구의 새로운 출발점으로 본다.

㉣ 교육과정의 재개념화는 쿠레레(currere)이며, 이는 행위의 과정 그 자체[18]를 의미한다. 그 과정은 넓게는 학교 안과 밖의 우리의 인생이며, 그 인생의 경험 자체이다.

[17] 파이너는 인간의 진정한 해방에 관심을 가진다.

[18] 재개념주의 교육과정은 '삶의 세계(Lebenswelt)'라는 용어를 사용한다.

⊕더 알아보기 | 쿠레레(currere)의 의미

파이너는 교육과정의 의미로 커리큘럼(curriculum)의 어원인 라틴어 '쿠레레(currere)'가 갖는 본래의 의미인 '교육에 대한 개인적 경험이 갖는 본질적 의미'를 제안한다. 우리는 흔히 '쿠레레'의 의미를 마차 경주에서 말들이 따라 달려야 하는 일정하게 정해진 경주로로만 생각하는 경우가 많지만, '쿠레레'는 경주에서 각각의 말들이 경주로를 따라 달리는 개인적인 경우을 지칭하는 것이기도 하다.

'쿠레레'는 외부로부터 미리 마련되어 교육 속에서 아동들에게 일방적으로 주어지는 내용이 아닌 교육활동 속에서 아동 개개인이 갖는 경험의 본질인 것이다. '커리큘럼'이 외부에서 나에게 주어지는 하나의 자료라면, 내가 그 자료를 접하고, 읽고, 생각하고, 느끼며, 배우는 나의 모든 생생한 경험들이 바로 '쿠레레'인 것이다. 따라서 '쿠레레'로서의 교육과정 탐구는 목표를 설정하고, 과정을 설계하고, 결과를 평가하는 일과는 거리가 먼 활동들이다. 이는 오히려 그 자체의 독특한 탐구방식을 동원하여 교육경험의 본질을 규명함으로써 스스로 교육과정의 지식을 만들어가는 활동이다. 자신의 경험 속에서 교육과정의 자료를 보는 사람은 당연히 외부에서 주어지는 공식적인 가정들을 넘어서서 자기 나름의 의문을 찾게 되며, 그것은 곧 교육과정을 재개념화하고 재창조하는 계기가 되는 것이다.

'쿠레레'가 갖는 중요한 측면 한 가지는 정치적인 것이다. 우리가 갖는 교육경험의 많은 부분은 우리 스스로 선택한 것이기보다는 외부로부터 주어진 상황에서의 경험이 많기 때문이다. 또한 개인이 갖는 실존적 자유의 인식도 사회적 · 정치적 맥락 속에서 의미 지어지는 경우가 많다. 따라서 우리의 삶이 갖는 정치적 · 경제적 · 사회적 맥락과 그 의미를 생각하는 일도 중요하다.

우리가 갖는 교육경험의 본질을 분석하여 그 실존적 의미를 찾는 작업, 이것을 파이너는 '쿠레레의 방법론'이라 부른다. 쿠레레의 방법을 통하여 우리는 보다 깊은 의식에 도달할 수 있고, 보다 넓은 지혜로 교육현상을 바라볼 수 있다. 특히, 오늘날과 같이 실증주의적이고 행동과학적인 방법론이 교육연구의 주류를 이루는 상황 속에서 이 쿠레레의 방법은 교육연구에서 우리가 그동안 간과하던 부분인 교육 속에 존재하는 개인적 경험과 그 의미의 중요성을 회복시키는 계기가 될 것이다.

② 쿠레레로서의 교육과정

㉠ 개관

ⓐ 학생들이 가지게 되는 교육적 경험을 중요시하며 그들의 생활을 기술하고 의미를 분석하는 것에 초점을 맞춘다. 즉, 학생들이 교육을 받으면서 듣고, 느끼고, 생각한 모든 경험을 생생하게 그려내는 것이 바로 '쿠레레'이다.

ⓑ 학생들을 교육의 주체가 아니라 객체로 다루어 왔던 기존의 교육과정과는 달리, 학생들이 교육적 주체가 될 수 있도록 해주었다. 파이너는 이를 위해 교육과정이 학생들의 경험과 그것의 의미를 탐구하는 활동이어야 함을 주장하면서, 이러한 경험을 밝히기 위한 전략으로 쿠레레 방법을 소개하였다.

ⓒ '쿠레레 방법'이란 학습자가 스스로 자신의 교육적 경험을 분석하여 자신의 실존적 의미를 찾는 작업을 뜻한다. 파이너는 이러한 자신의 경험을 분석하고 실존적 의미를 찾기 위해 '회귀 ⇨ 전진 ⇨ 분석 ⇨ 종합'의 4단계 과정을 제시하였다.

ⓓ 학생들은 쿠레레의 4단계를 통해 자신의 교육적 경험과 생생하게 직면하게 되고 그러한 경험들이 어떠한 의미를 가지는지 그리고 어떠한 영향을 미쳤는지 알게 되었다.

㉡ 단계

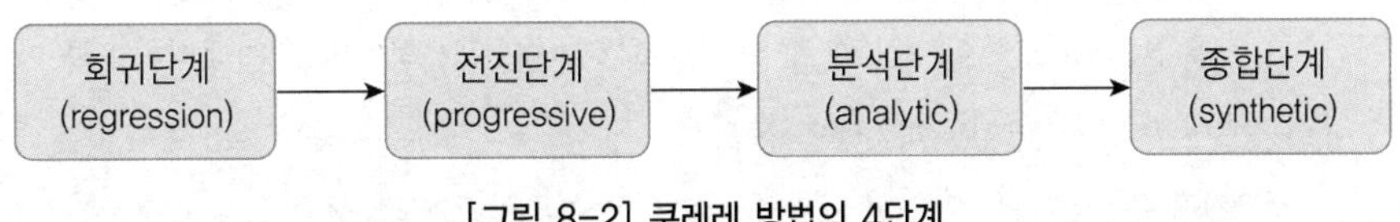

[그림 8-2] 쿠레레 방법의 4단계

ⓐ **회귀**: 과거를 현재화하는 단계이다. 회귀단계에서는 자신의 실존적 경험을 회상하면서 기억을 확장해 나간다. 특히, 이 단계에서는 과거의 경험을 '정보수집'이라는 차원에서 최대한 생동감 있게 묘사하는 것이 중요하다.

ⓑ **전진**: 미래에 대한 상상을 하는 단계이다. 전진단계에서는 자유연상기법을 통해 1년 후, 10년 후, 30년 후와 같은 미래의 모습을 상상해 보는 것으로 아직 현실화되지 않은 모습을 상상하며 과거가 현재는 물론 미래에 어떠한 영향을 미쳤는지 자각하는 단계이다.

ⓒ **분석**: 자기성찰을 통하여 과거 · 현재 · 미래를 동시에 펼쳐 놓은 후, 이들을 연결하고 있는 복잡한 관계를 분석하는 단계로 현상학적 방법을 통해 회귀와 전진을 거친 후 현재로 다시 돌아오는 것이다. 특히, 이 단계는 과거의 교육적 경험으로 형성된 자신의 삶을 분석하는 단계라고 할 수 있다.

ⓓ **종합**: 생생한 현실로 돌아가 내면의 목소리에 귀를 기울이고, 자신에게 주어진 현재의 의미를 자문하는 단계이다. 이 단계에서 주인공은 과거, 미래, 현재라는 세 장의 사진을 한 곳에 모은 후, 과거의 학교교육이 자신의 삶에 어떻게 도움이 되었는지, 지적 호기심이 자신의 성장에 어떠한 도움을 주었는지, 학교교육을 통해 개념에 대한 정교성이나 이해가 제대로 획득되었는지 자문하게 된다.

⊕더 알아보기 | 파이너의 교육현상 분석

파이너는 학교교육의 현상을 실존적 · 정신분석학적으로 분석한 결과를 12가지의 문제로 제시했다.

1. 공상적인 세계로의 도피와 거부

   학교교육의 특성인 통제성과 엄격성은 모든 아동들에게 획일적으로 적용된다. 따라서 학교의 제약에 견딜 수 없는 일부 아동들은 학교생활 중에 많은 시간을 개인적인 공상의 세계로 도피하는 경험을 가지며, 또 다른 일부 아이들은 자신의 자연스러운 공상까지도 억누르면서 억지로 현실에 집착하기 위해 애쓰게 된다. 그 어떤 경우도 아동들이 완전한 개인으로 성장해 가는 데 도움이 되지 못한다.

2. 타인의 모방을 통한 자아의 분열과 상실

   학교생활을 통하여 아동들은 끊임없이 타인을 모방하도록 강요받는다. 한 아동이 다른 사람을 모방하는 것은 모방과 동시에 자신에 대한 불만족과 거부를 학습하는 일이다. 아동들은 학교에서 자신을 타인의 눈으로 보는 법을 배우고 있는 것이다.

3. 자율성의 위축과 의존성의 증대

   아동이 학교에서 가장 먼저 배우게 되는 것은 스스로가 아무것도 모른다고 생각하는 것이다. 따라서 아동은 당연히 교사로부터 교육을 받아야 한다고 생각하게 되고, 그러한 생각은 자신의 필요나 욕구 자체도 잊어버린 채 맹목적인 의존과 복종의 심리만을 증대시키도록 만든다.

4. 타인으로부터의 평가와 자기애의 상실

   학교생활은 끊임없는 평가와 비판의 연속으로 이루어진다. 학생들은 시험에서 자신이 옳다고 생각하는 답을 찾는 것이 아니라, 선생님이 옳다고 생각하는 답을 맞혀야만 한다. 학교교육의 체계는 모든 아동이 모든 분야에서 동시에 '수'를 받을 수는 없으므로 대부분의 아동들은 학교에서 실패를 경험한다. 계속되는 실패의 경험은 결국 아동들이 자아존중감과 자기애를 잃어버리도록 강요하고 있다.

5. 인간관계 욕구의 왜곡

   아동이 갖는 자연스러운 인간관계의 욕구는 학교생활 속에서 방해받는 정도가 아니라 오히려 무참히 억압되고 있다. 교사와 학생 간의 인간관계는 수직적이고 제한적일 뿐이며, 아동 간의 관계에서는 협동보다 경쟁이 강조된다. 교육활동 속에서는 애정보다 훈육이나 벌이 더 좋은 교육방식으로 여겨지기도 한다. 이러한 상황은 결국 분노를 유발하고, 표출될 수 없는 분노는 자신과 동료에 대한 심리적 공격으로 전환된다.

6. 자기소외와 감각마비 현상

   학교생활은 아동들에게 신체적 · 정신적으로 고달픔을 준다. 끝없이 계속되는 이러한 고달픔은 아동들의 신체적 · 정신적 감각을 마비시키고 결국 잠재적인 불안을 이끈다. 또한 학교생활에서 강조되는 지적 긴장은 아동들이 자신의 감정을 무시하고 머리만을 중시하게 함으로써 자신의 내면세계로부터 들려오는 소리에 무감각해지도록 만들고 있다.

7. 자기 기준의 상실과 타인 지향성

학교생활을 통하여 아동들은 자기 기준을 버리고 타인 지향적 행동을 배우게 된다. 따라서 행동의 내적 동기는 사라지고 외적 동기가 지배하는 동기의 전도현상이 벌어진다. 그 결과, 아동은 부모나 선생님을 위해서 공부하고, 점수를 얻기 위해 책을 읽는다. 젊은이들이 돈을 보고 결혼을 하고, 출세를 위해 공부를 해야 된다고 생각하는 것은 이러한 타인 지향적 학습이 누적된 결과이다.

8. 참된 자아의 상실과 객관화된 자아의 수용

학교생활 속에서 아동들은 참된 '자기'가 되기보다는 '착한 학생', '공부 잘하는 학생' 또는 '문제아' 등으로 불리고 취급된다. 이러한 분류와 명명은 참된 주관적 존재로서의 아동을 객관화된 사물로 전환시킨다. 객관화된 자아는 안정된 모습으로 보일지 모르지만 그것은 죽어있는 것이다. 한 사물로 객관화된 인간은 자신의 주체적인 목적을 갖지 못하고, 오직 다른 사람의 지시에 응하며 움직일 뿐이다.

9. 지배자의 논리 수용과 거짓된 자아의 형성

학교생활 속에서 아동들은 교사와의 사이에서 생기는 갈등과 마찰을 피하고 그로부터 스스로를 보호하기 위해 교사의 논리를 일방적으로 받아들이거나, 거짓된 행동을 한다. 그것은 아동들에게 교사와 벌이는 한판의 게임과도 같은 것이다. 학교생활에서의 이러한 연속적인 게임은 아동들이 거짓된 자아를 형성하도록 만들며, 나아가 인생 전체를 진지한 참여의 관계가 아닌 하나의 가식적 게임으로 여기게 만드는 원인이 된다.

10. 학교교육의 집단성과 개인 세계의 상실

아동들의 학교생활은 교사의 주도로 집단 속에서 이루어진다. 이러한 집단 속에서 아동들은 개인적인 세계를 가질 수 없으며, 오직 무리를 쫓아다니는 양떼가 되어야 한다. 이들은 집단에서 마음대로 벗어날 수도 없다. 무리 속에서 조용히 외롭게 부지런히 쫓아다녀야만 하는 아동들은 자신을 돌아볼 겨를도 없고, 동료들과 친근한 관계를 맺는 일도 어렵게 된다.

11. 무관심으로 인한 존재 확인 기회의 상실

한 인간이 타인에게서 인정을 받을 때, 그것은 자신을 알고 자신에 대한 애정을 갖도록 하는 데에 결정적인 도움이 된다. 그러나 학교생활에서는 아동을 무시하고, 의심하며, 일방적으로 지시하거나 심지어 체벌을 가하는 일이 빈번히 일어난다. 아동들은 교사로부터 관심을 끌기 위하여 전략적인 행동을 하지만, 그것은 자신의 참된 모습이 아니다. 아동들은 심지어 학교에서는 아무도 자신을 알아주지 않기에 벌을 받으면서 자신의 존재를 확인하기도 한다.

12. 미적 · 감각적 지각능력의 둔화

미적 측면은 전혀 고려하지 않고 오직 효율성만을 고려하여 지어진 학교 건축물, 딱딱한 의자와 직선들, 획일적 · 기계적인 교과학습 등의 지속적인 반복은 아동의 미적 · 감각적 감수성을 둔화시킨다. 오늘날 학교교육은 모든 것을 생명 없는 객관화된 사물로만 취급하고, 모든 지식은 죽어있는 돌과 같은 것으로만 다루고 있다.

| 탐구문제 |

01 2011 행정고등고시 교육사회학

교육과정 사회학은 학교교육에서 다루는 내용 자체가 사회구조적 요인으로부터 영향을 받으며, 특히 사회의 불평등을 반영하고 고착시킬 수 있다고 주장한다.

(1) 이 주장이 구체적으로 어떻게 태동하여 변화하여 왔는지 기술하시오.

(2) 위의 주장을 학교교육과정의 사례를 들어 설명하시오.

02 2012 행정고등고시 교육학

다음 글을 읽고 교육과정 재개념주의자인 파이너의 관점과 애플의 관점에서 ICT 활용 수업에 대해 비판하시오.

> 정부의 ICT 활용 수업 권장 정책에 따라 초등학교 교실에서는 인터넷 사이트에 접속하여 수업하는 일이 늘어나고 있다. 특히 초등학교 교실에서는 하루 종일 인터넷을 활용하여 수업을 진행하는 교사들이 생겨나고 있다. 마우스만 클릭하면 교과서 내용이 화면에 나타나면서 수업이 진행되어 교사의 입장에서는 편하게 수업을 할 수 있게 되었다. 하지만 곰곰이 생각해 보면 이러한 현상은 점점 교사 자신이 설 곳이 없어진다는 것을 의미한다. 학생들의 입장에서도 온종일 모니터만 보다가 가는 것이기 때문에 교육적인 측면에서 문제가 된다.

19 포스트모더니스트는 전통주의, 개념적 경험주의, 재개념주의를 모두 거부하였으며 교육과정은 정해져 있는 것이 아니고 상황에 맞는 교육과정을 결정하여 사용하는 것이라고 본다.

4. 포스트모더니스트[19] – 다양성 강조

① 모더니즘이 세상을 알아낼 수 있는 기계로 본다면, 비해 포스트모더니즘은 세상을 불시적이고, 유동적이고, 혼란하고, 개방적이고, 상호관계적이며, 변화무쌍하며 결코 고정적일 수가 없다고 본다.

② 다원주의를 조장·확장하며 여러 장르의 혼합, 통합적인 교과의 창출, 목적 간 상이성의 인정, 대상 집단의 다양성의 권장 등을 강조하는 것을 의미한다.

③ 포스트모더니즘에서 가장 충격적인 점은 일시성, 불연속성, 분절성, 혼돈성을 전면적으로 인정하는 것으로, 여러 학문에서는 기본적이고 불변하는 구조가 없음을 시사하고 있다.

④ 교육과정에 대한 입장들은 결코 고정적이지도 않고 서로 무관하지도 않다고 보아 교육과정을 계속적으로 해체하고 재건설해야 할 필요가 있다고 주장한다.

* 박승배, 교육과정학의 이해, 학지사, 2007, pp.211~227

5. 파이데이아 제안 – 새로운 접근법*

(1) 『파이데이아 제안』의 역사적 배경

① 미국 교육이 직업주의와 전문주의로 전락한 것과 같이 교육의 주된 목적이 직업을 얻어 생계를 유지하도록 하는 것으로 변질된 것은 진보주의 때문이라고 공격하며, 진보주의를 날카롭게 비판하였다.

② 아들러와 허친스는 이러한 미국 교육을 구원하기 위해서는 인간의 존엄을 지키고 시민의 질을 향상시키는 교양교육이 강화되어야 한다고 생각하였다.

③ 이들은 교양교육이야말로 모든 사람이 받아야 할 최상의 교육으로, 직업적으로 전문화되기 전에 반드시 받아야 할 교육이라고 주장하였다.

④ 아들러는 12년간의 국민 공통 기본 학교교육 기간을 교양교육 기간으로 이용하려고 하였고, 이 기간에 제공되어야 할 교양교육의 내용을 총 84쪽으로 정리하여 1982년 소책자의 형태로 펴냈으며, 이것이 바로 『파이데이아 제안』이다.

(2) 『파이데이아 제안』의 요약

① 제1장 – 민주주의와 교육

㉠ '민주주의'라는 제도를 유지 · 발전시키기 위해서는 12년간의 공교육이 복선제가 아닌 단선제로 운영되어야 한다.

㉡ 가르칠 수 없는 아동은 없다. 오직 아동을 가르치는 데 실패하는 학교, 교사, 학부모가 있을 뿐이다.

② 제2장 – 오직 교육의 일부에 불과한 학교교육

㉠ 아들러에 의하면 교육과정의 궁극적인 목표는 인간을 교육받은 사람이 되도록 도와주는 것인데, 학교교육은 이것의 준비 단계에 불과하다고 지적하였다.[20]

㉡ 학교교육은 학습하는 습관을 형성해 주며 모든 학교교육이 끝난 후 계속해서 학습할 수 있도록 하는 수단을 제공할 뿐이라는 것이다.

[20] 학교교육을 교육받은 인간을 만들기 위한 준비단계라고 보는 것은 평생교육적 차원에서 언급된 것으로 보아야 한다.

③ 제3장 – 모든 학생에 대한 동일한 목표

㉠ 모든 아동은 단지 신체적 성장뿐만 아니라 일생을 통하여 모든 인간적 차원에서 계속 성장할 수 있도록 기대되어야 한다.

㉡ 민주주의를 유지 · 발전시키기 위해서는 시민의 의무와 책임을 수행하도록 '국민 공통 기본 학교교육'을 통하여 아동을 적절하게 준비시켜야 한다.

㉢ 아들러는 위의 3가지 목표를 가장 잘 달성하는 길은 '국민 공통 기본 학교교육'에서 일반적이고 교양적인 교과를 가르치는 것이라고 주장하였다.

④ 제4장 – 모든 학생에 대한 동일한 교육과정

㉠ 아들러는 유치원부터 고등학교 3학년까지의 국민 공통 기본 학교교육에서 모든 복선제와 선택과목제도를 배제하여야 한다고 주장하였다.

㉡ 선택과목제도와 전공제도는 대학에서 적절한 것으로 국민 공통 기본 학교교육 기간에는 전적으로 부적절하다는 것이다.

⑤ 제5장 – 초기 장애의 극복

㉠ 학교교육의 시작단계에서 모든 어린이들이 서로 비슷한 수준으로 준비할 수 있도록 불우한 환경의 어린이들에게는 최소한 1년, 바람직하게는 2~3년의 취학 전 교육이 국가 차원에서 제공되어야 한다고 제안하였다.

㉡ 그렇지 않으면, 아동들은 취학 전에 입은 결손으로 인해 학교에서 실패할 가능성이 높다.

⑥ 제6장 – 개인차

㉠ 개인차는 언제나 있지만 정도의 차이일 뿐이지 결코 종류의 차이는 아니며 개인차가 있음에도 불구하고 아동의 인간성은 동일하다.

㉡ 각 아동의 개인차를 고려한다는 것은 프로그램을 탄력적으로 운영하고 보충적인 수업을 제공할 필요가 있다는 것으로, 국민 공통 기본 학교교육에서 서로 질이 다른 교육을 제공해야 하는 것을 의미하지 않는다.

⑦ 제7장 – 문제의 본질[21]

21 제7장에서 문제의 본질로 교육의 질적 저하를 들고 있으며, 이를 해결하기 위해 제8장에서 교사교육의 필요성을 강조하고 있다. 이는 교육의 질적 저하를 막을 수 있는 가장 중요한 요건이 교사라는 것을 강조하는 것이다.

㉠ 아들러는 '모든 학생에 대한 동일한 교육과정'을 설정하는 것이 바람직한 국민 공통 기본 학교교육을 실현하는 데 하나의 필요조건은 되지만 충분조건일 수는 없다고 하였다. 문제의 핵심은 수업시간과 숙제를 하는 시간에 일어나는 학습의 질이라고 지적하였다.

㉡ 학생의 학습 질은 교사들의 질에 의존한다는 것으로서, 학생을 제대로 가르치기 위해서는 제대로 배운 교사가 필요하다는 논리로 이어진다.

⑧ 제8장 – 교사교육

4년 대학에서 일반 교양교육을 수료한 이후에 대학원에서 교사 자격증을 위한 과목을 이수하거나, 학교에서 현직 교사의 지도감독하에서 훈련을 받아 양성된 사람이어야 한다고 주장하였다.

⑨ 제9장 – 교장

㉠ 교장은 영문으로 'principal'이며 이 단어의 형용사적 의미는 '중요한'이다. 따라서 '중요한' 교사, 영국식으로는 '교사 중의 교사(head teacher)'가 교장이 되어야 한다.[22]

22 교사 중의 교사가 교장이 된다는 것은 서지오바니의 리더십 중 교육적 지도자의 개념으로 이해되어야 한다.

㉡ 교장에게는 강력한 교육적 지도력이 요청되는데, 이를 위해서 교장은 교사 채용 및 해고의 권한과 학생들이 마땅히 따라야 할 행동규칙을 만들어 강제할 수 있는 권한을 가져야 한다.

제2절 교육과정의 층위와 수준

01 교육과정의 층위

1. 공식적 교육과정(표면적 교육과정)

학교에서 공식적으로 가르치는 교과서 및 교수-학습자료, 국가수준의 교육과정 문서, 시 · 도 교육청의 교과과정 지침, 지역교육청의 장학자료, 학교의 교육방침 등을 의미한다.

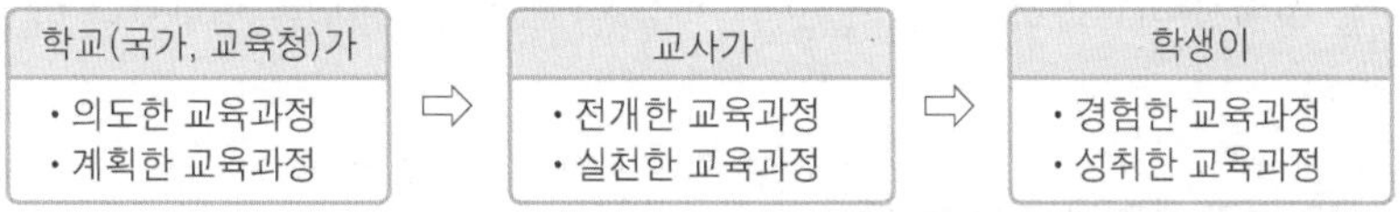

학교(국가, 교육청)가	⇨	교사가	⇨	학생이
· 의도한 교육과정 · 계획한 교육과정		· 전개한 교육과정 · 실천한 교육과정		· 경험한 교육과정 · 성취한 교육과정

[그림 8-3] 공식적 교육과정의 변화

2. 잠재적 교육과정(hidden curriculum) 기출 2014 · 2019 중등

(1) 개념

① 학교에서는 가르치려고 의도 · 계획하지 않았으나 학교의 문화풍토, 학교의 물리적 조건, 제도 및 행정조직, 사회 · 심리적 상황을 통하여 학생들이 은연중에 가지게 되는 경험의 총체이다.

② 학교교육을 통하여 학생들이 가지게 되는 경험 중에서 표면적인 교육과정을 제외한 학교에서의 전 경험과 관련 있으며 학교의 사태와 관련이 있다.

③ 학교의 역기능을 분석하여 이를 표면화시킴으로써 학교의 순기능을 확대 · 강화시키려는 교육적 노력에서 비롯되었다.

기출콕콕

수업에서 소극적으로 행동하는 문제를 잠재적 교육과정 관점에서 진단하시오. 2014 중등

잠재적 교육과정의 개념을 쓰고 예를 제시하시오. 2019 중등

(2) 특징

① 교사와 학생 간의 인간관계에 의해 이루어지는 학습을 통해 형성되는 교육과정으로, 교사의 정의적 행동, 인격적 감화, 도의적 · 인격적 품위가 큰 영향을 미친다.

② 학생들이 학교생활을 통해 은연중에 가지게 되는 태도, 가치관, 신념의 형성과 같은 정의적인 영역의 발달과 관련 짓는 것으로, '지겨운 조회'처럼 학교생활 속에서 오랫동안 반복적으로 행해지는 것들로부터 영향을 받는다.

③ 표면적인 교육과정을 제외한 학교의 전 경험과 관련이 있으며 학교의 전 사태와 관련이 있다. 요컨대, 잠재적 교육과정은 학생들이 학교교육을 통하여 얻는 경험 중에서 교사의 지도 아래 의도적 · 계획적으로 얻는 것 이외의 경험을 말한다.

④ 이러한 경험은 학교의 전 사태와 관련되어 있으며 바람직한 것과 그렇지 않은 것이 모두 포함된다. 이는 성격상 비교과적인 것이 많으며, 때로는 교과로부터 얻는 영향보다 더 큰 영향을 미치기도 한다.

* 권낙원 외, 교사를 위한 교육과정론, 공동체, 2011, pp.222~226

(3) 잠재적 교육과정과 표면적 교육과정*

① 표면적 교육과정은 학교에 의하여 의도적으로 조직되고 가르쳐지는 반면에, 잠재적 교육과정은 학교에 의하여 의도되지 않았지만 학교생활을 하는 동안에 은연중에 배우게 된다.

② 표면적 교육과정이 주로 지적인 것과 관련이 있다면, 잠재적 교육과정은 주로 비지적인 정의적 영역과 관련이 있다. 표면적 교육과정은 학교의 철저한 계획이 전제되어 있기 때문에 교과를 통하여 배우는 지적인 경험이 대부분이지만 잠재적 교육과정은 학생들의 흥미, 태도, 가치관, 신념과 같은 정의적 영역의 발달과 관련이 있다.

③ 표면적 교육과정이 교과와 관련이 있다면, 잠재적 교육과정은 학교의 문화풍토와 관련이 있다.

④ 표면적 교육과정은 단기적으로 배우며 어느 정도 일시적인 경향이 있지만, 잠재적 교육과정은 장기적 · 반복적으로 배운다는 점에서 항구성을 지니고 있다.

⑤ 표면적 교육과정은 주로 교사의 지적 · 기능적인 영향을 받으나 잠재적 교육과정은 주로 교사의 인격적인 감화를 받는다.

⑥ 표면적 교육과정이 주로 바람직한 내용인 데 반해, 잠재적 교육과정은 바람직한 것뿐만 아니라 바람직하지 못한 것도 포함한다.

⑦ 잠재적 교육과정과 표면적 교육과정이 서로 조화되고 상보적인 관계에 있을 때 학생의 행동에 강력한 영향을 미칠 수 있다.

⑧ 잠재적 교육과정을 찾아내어 이를 계획한다고 하여도 표면적 교육과정과 잠재적 교육과정의 구조는 변하지 않는다. 잠재적 교육과정은 학교제도가 있는 한 언제나 잠재하고 있다.

⑨ 표면적 교육과정 자체의 잠재적 기능이 있다. 표면적 교육과정과 잠재적 교육과정은 마치 동전의 양면처럼 표면적 교육과정이 있으면 잠재적 교육과정이 뒤따른다. 뒤따르는 잠재적 교육과정에 대한 계획을 세워 표면화하면 이에 따라 이전과는 다른 잠재적 교육과정이 나타난다.

| 탐구문제 |

01 2004 행정고등고시 교육학

학교장면에서 이루어지는 학습평가의 과정이나 결과가 학습자에게 미치는 영향은 크다. 평가의 과정과 결과가 학습자의 정의적 특성에 미치는 영향에 관해 잠재적 교육과정의 측면에서 그 중요성을 제시하고, 자아개념을 예를 들어 설명하시오.

(4) 연구의 의의

① 잠재적 교육과정 개념의 등장과 더불어 교육학자들의 관심이 의도와 계획(표면적 교육과정)에서 결과와 산출(잠재적 교육과정)로 옮겨가게 되었다.

② 잠재적 교육과정과 더불어 교육의 결과와 산출에 대한 관심이 증가함에 따라 의도 여부와 관계없이 교육활동으로 인해 나타난 모든 결과나 산출을 종합적으로 평가하고자 하는 탈목표 평가 관점이 등장하였다.

③ 학교교육의 효율성을 제고하기 위하여 공식적 교육과정과 잠재적 교육과정 간에 갈등이 발생할 경우 잠재적 교육과정이 공식적 교육과정보다 학생에게 더 강한 영향력을 미친다는 사실을 밝혀냈다.

(5) 공식적(표면적) 교육과정과의 비교

유형 특징	공식적 교육과정	잠재적 교육과정
조직성	학교의 의도적인 교육 및 지도	학교생활에서의 무의도적 학습
영역	지적 영역	정의적 영역
학습경험	교과와 관계됨	학교의 문화적 풍토와 생활경험
기간	단기 · 일시적 · 비영속적	장기 · 반복적 · 항구적
원인	교사의 지적 · 기능적 영향	인격적 감화
내용	바람직한 내용	바람직한 것과 바람직하지 못한 것 모두를 포함하며 반사회적 내용도 학습함
영향대상	교과서의 조직	흥미, 태도, 가치관, 신념
교사기능	지적 · 기능적 영향을 줌	교사의 인격적 감화 (교사는 학생의 동일시 대상이 됨)
상호관계	상보적일 때 가장 이상적임	

3. 영 교육과정(null curriculum) – 아이스너(Eisner)

(1) 개념

① 영 교육과정은 학교에서 소홀히 하거나 공식적으로 가르치지 않는 교과나 지식, 사고양식을 말하며, 학생들이 아직 경험하지 못한 것이다.

② 교육과정은 선택과 배제, 포함과 제외의 산물이기 때문에 영 교육과정은 공식적 교육과정의 필연적 산물이다.

③ 소극적 의미에서 보면 공식적 교육과정을 배우는 동안 학생들이 놓치게 되는 '기회학습' 내용이라고 할 수 있지만, 적극적 의미에서 보면 의도적으로 특정 지식, 가치, 행동양식을 배제시켜(excluded) 아예 접할 수 없도록 지워버린(nullified) 것이다.

④ 이처럼 영 교육과정은 가르칠 내용을 선택 · 포함시켜 학생들에게 배울 기회를 마련하기도 하지만 일부러 적극적으로 특정 내용을 배제 · 약화시켜 학생들이 배울 기회를 놓치게 만드는 기능을 수행한다.

예
- 과학 교과에서 진화론은 과학적으로 가르치나 성경의 창조론은 영 교육과정으로 묻혀 있음
- 자본주의 경제론은 상대적으로 나은 제도나 이론일지라도 구소련에서 사회 · 문화적으로 금기시된 영역이었기 때문에 가르칠 만한 것이 아니었음

기출콕콕

영 교육과정이 교육내용 선정에 주는 시사점 1가지를 제시하시오. 2020 중등

(2) 의의 기출 2020 중등

① 공식적인 교육과정 문서에 담긴 교육목적과 교육내용의 가치를 되묻고, 더욱 중요한 것이 빠지지 않았는지 살펴보도록 한다는 점에서 유용한 가치가 있다.

② 전인적 성장과 사회적 총체성에 비추어 볼 때 공식적으로 가르치지 않거나 소홀히 되는 영역은 교육과정 측면에서 중요한 영역일 가능성이 높다. 아이스너는 영 교육과정을 새롭게 조명함으로써 공식적 교육과정이 풍부해질 수 있다고 강조한 바 있다.

(3) 비판점

영 교육과정에 대한 고려로 인해 교육과정의 내용영역이 대폭 확대될 경우에는 교육과정의 구성 자체가 어려워질 수 있고(선택의 불가피성), 내용선택의 과정에서 평가하기 쉬운 내용만 가르칠 가능성이 있으며(교육의 비전문화), 소수의 이익집단의 압력으로 특정 영역이 내용 위주로 선택될 위험이 있다.

02 교육과정의 수준

1. 국가수준의 교육과정

(1) 국가수준의 교육과정이 요구되는 이유

① 국가는 국민교육의 보편성과 통일성, 기회균등, 일정 수준의 교육의 질 유지, 국가 간 경쟁 우위의 확보를 위한 수단으로서 국가 교육과정을 강조한다. 특히, 국민 보통교육으로 규정되는 초등교육은 많은 나라에서 의무교육으로 공통필수 교육과정을 취하고 있다. 우리나라도 국가 교육과정을 채택하고 있으며, 일정한 기간마다 이를 쇄신하여 법적 문서로 고시하고 있다.

② 세계화 시대에는 국가 이상의 문제와 과제들이 속출함에 따라 국가수준 교육과정이 더욱 중요해지고 있다. 세계화 시대에 질 낮은 국가 교육과정을 편성 · 운영하는 나라는 그만큼 그 졸업생들이 낮은 평가를 받게 된다.

(2) 특징

① 교육에 대한 국가의 의도를 담은 문서 내용을 말하는 것으로, 교육부장관이 교육법에 의거하여 결정 · 고시한다.

② 유 · 초 · 중등학교에서 편성 · 운영해야 할 교육과정의 목표, 내용, 방법, 평가, 운영 등에 관한 기준 및 기본지침을 담고 있다.

③ 국가수준의 교육과정은 정치적 · 사회적 · 문화적 통합과 국가의 시대 · 사회적 요구를 충족시키며, 전문인력, 막대한 비용, 장시간의 투자에 의해 만들어진다.

④ 국가수준의 교육과정은 각 지역이나 학교의 특성을 반영하지 못하며 일반적이다. 너무 구체적이거나 상세하게 규정되면 지역이나 학교의 자율성과 전문성을 해치게 된다.

(3) 개발

① 전국의 모든 학교에서 편성 · 운영하여야 할 일반적이고 공통적인 기준을 제시한 것으로, 내용 또한 일반적인 것이기 때문에 학교 교육과정 개발에 구체적인 지침역할을 하기 어렵다.

② 개발내용(학교에 재량권이 없는 것)

㉠ 교과편제에 나타난 교육과정

㉡ 교육과정 영역: 교과(군)+창의적 체험활동

㉢ 학교급별 교육목표

㉣ 교과군 기본교과와 교과 제시 순서

㉤ 시간배당기준(연간 최소 수업시간)

2. 지역수준의 교육과정(local curriculum)

(1) 개념

일정 지역에서 지역적 특성을 반영하여 결정하는 교육과정이다.

예 알래스카는 혹한에 대비하고, 사막에서 물을 얻는 지식을 가르쳐야 하고, 지진 다발 지역이나 분쟁지역에서는 위험상황에 대처하는 훈련이 필요하다.

(2) 특징

① 교육에 대한 지역의 의도를 담은 문서내용을 말하며, 국가수준과 학교수준의 교량역할을 한다.

② 각 시 · 도와 지역의 특성 및 실정, 필요, 요구, 교육기반, 여건 등의 여러 요인을 조사 · 분석하여 전국 공통의 일반적 기준인 국가수준의 교육과정을 조정 · 보완하고 그 결과를 학교 교육과정에 반영하도록 하는 데 목적이 있다.

③ 지역의 특수성과 지역교육청의 교육문제 해결능력 및 전문성을 신장하는 데 기여할 수 있다.

④ 시간, 인력, 비용 등의 부족으로 질이 낮아지거나, 지역 간 교육격차를 심화시킬 수 있다는 문제점이 있다.

(3) 개발

① 국가수준의 교육과정을 시 단위 또는 시 · 군 · 구 단위에서 지역의 특성 및 실정, 필요, 요구 등을 반영하여 지침의 형태로 구체화한 것이다.

② 각 시 · 도나 시 · 군 · 구에서 학교에 제시하는 각급학교 교육과정 편성 · 운영지침이나 실천 중심의 장학자료가 이에 해당한다.

1 학교수준 교육과정은 학교 상황에 따라 재편성할 수 있다.

3. 학교수준의 교육과정[1]

(1) 개관

① 학교의 실태와 학생, 학부모의 요구를 고려하여 교육에 대한 학교의 의도를 담은 문서를 말하는 것으로, 중앙정부가 개발한 교육과정을 채택 · 변용 · 재구조화하는 것과 관련된 학교의 권한 행사를 통해 나타나는 것으로 우리나라가 이에 해당한다.

② 학교중심 교육과정은 교육목표, 내용, 방법, 평가, 운영방식 등이 핵심으로 구성되고 있으며, 국가 · 지역수준의 교육과정에 의거하여 학교가 해야 할 편성 · 운영 · 평가의 영역을 제시한다.

③ 교사가 핵심적 역할을 담당하기 때문에 적극적 참여가 필요하다. 이때 가장 강조되는 점은 교사의 교육과정 계획의 자율성, 실천과정의 전문성, 실천결과의 책무성이며 사회적 책무성은 교과내용의 정치적 중립성이 요구된다.

(2) 개발

① 교과서 중심이 아닌 '교육과정 중심'의 학교교육을 추구하기 위해 필요하다.

② 학교 교육과정을 탄력적으로 운영하기 위해서 필요하다.

㉠ 교과서에 제시된 내용 순서대로 가르치기보다는 교육과정상 내용요소를 중심으로 교사가 그 순서와 내용의 양을 재조정할 수 있다.

㉡ 중학교와 고등학교에서 특히 주당 수업시수가 적은 교과목들을 모든 학기에 펼쳐서 편성하는 것이 아니라 특정 학년 또는 학기에 집중 편성하거나 교체 편성할 수 있다.

㉢ 수업시간표를 작성할 때 특정 요일에 특정 과목의 시간을 1시간씩 고정 배당하기보다는 필요에 따라 교과목 수업시간을 블록타임으로 편성할 수 있다.

(3) 운영방법(학교에 재량권이 있는 것)

① 교육과정을 풍부하게 하기 위해 교육과정 중심의 교육과정을 운영한다. 교과서는 하나의 자료에 불과하기 때문에 교과서 중심의 교육과정은 아니다.

② 교육학자의 이론을 현장에 맞게 변형하여 적용한다.

③ 교육과정 운영상의 특수 문제를 해결한다.

④ 학교의 실정에 맞는 특수한 교육과정을 개발한다.

⑤ 교과내용 제시 순서에 자율권을 부여한다.

⑥ 학습자 수준에 따른 교육의 종류와 깊이를 다양하게 운영한다.

⑦ 다른 학년의 내용이나 다른 교과의 내용을 연결시켜 가르칠 수 있다.

⑧ 교과서의 내용 중 필수요소[2]들을 선정하여 가르친다.

⑨ 분산되어 있는 교과의 수업시간을 연속해서 운영하는 블록타임제 운용이 가능하다.

(4) 학교수준 교육과정 운영 시 예상되는 변화

① 교과서 중심, 공급자 위주의 교육이 교육과정 중심, 교육 수요자 위주 교육으로 전환될 수 있다.

② 학교의 경영 책임자인 교장과 수업 실천자인 교사가 교육내용과 방법의 주인이 되고, 전문가의 위치를 확보하게 된다.

③ 지역 및 학교의 특성, 자율성, 창의성을 충분히 살려 다양하고 개성 있는 교육을 실현할 수 있다.

[2] 필수요소는 핵심적 지식을 의미하는 것이다.

(5) 학교수준 교육과정 운영의 의의 및 특징

① 단위학교에서는 상위 수준의 교육과정을 참고하여 학교 특성에 부합하는 특색있는 교육과정을 편성 · 운영해야 한다.

② 학부모와 학생, 교사의 특성이나 실태 등을 반영하여 학교 차원의 교육계획서를 작성해야 한다.

③ 단위학교에서는 학교 교육계획서에 교육과정의 편성 · 운영 · 평가 부문을 포함하여 학교 교육과정을 제시한다.

④ 학교 교육과정에는 교과별 · 학년별 · 학급별 교육과정이 상세하게 제시되어야 하며, 학교현장의 문제가 많이 반영되어야 한다.

⑤ 수준별 교육과정을 적용하는 교과는 심화 · 보충 학습을 위한 추가 시간이 필요할 경우, 재량활동에 배당된 시간 등 별도의 시간을 활용할 수 있다.

⑥ 학교 외부에서 개발한 교육과정을 학교가 채택하여 사용한 것에서부터 학교 자체에서 개발한 교육과정에 이르기까지 다양할 수 있다.

4. 교사수준의 교육과정

(1) 교사와 교육과정의 관계

① 학습에서 가장 중요한 결정은 학생이 하고, 수업의 많은 결정은 교사에 의해 이루어진다는 점에서 교사들은 '교육과정에 살을 붙이고 피를 돌게 하는 사람'으로 비유된다. '교사는 교육과정이다.'[3] 라는 명제는 교사가 교육과정의 성패를 좌우하는 결정적 위치에 있다는 것이다.

② 교육과정 연구개발 확산과정에서 교사의 참여 확대가 바람직하다. 학교수준 교육과정의 운영은 교사들의 적극적 참여가 관건이므로 교사배제 교육과정(teacher-proof curriculum)으로 운영되면 안 된다.

(2) 교사의 교육과정 전문성 향상방안

교사들이 교육과정 문제에 깊이 관여하도록 하는 것은 수업개선을 비롯한 전문성 향상을 가져오기 때문이기도 하지만, 더욱 중요한 것은 교사들이 학생의 입장을 대변하는 위치에 있기 때문이다.

3 '교사는 교육과정이다.'라는 말은 교사의 수준에 따라 교육의 질이 달라지는 것을 의미한다.

제 3 절 교육과정의 구성

01 개요

1. 교육과정 구성요소

요소	내용
교육목표	교육을 통해 달성하고자 하는 행동상의 변화
학습경험의 선정과 조직(교육내용)	교육목표 달성에 필요한 학습경험의 선택과 조직의 과정
학습경험의 과정(교수 – 학습과정)	교육과정의 정점으로서, 실제 학생들이 갖게 되는 학습 및 행동과정
평가	교육목표의 성취도를 검증하는 과정

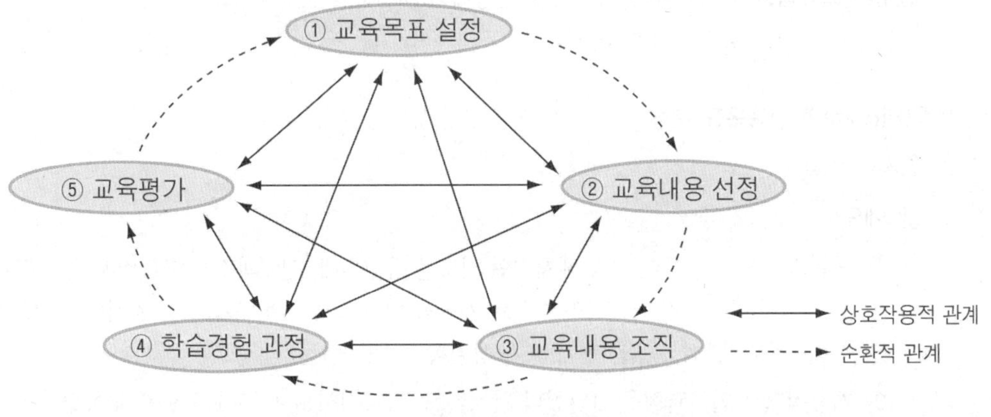

[그림 8-4] 교육과정 구성요소 간의 관계

02 교육과정 구성의 절차

[1] 목표가 구체적으로 설정되어야 행동도 구체적으로 되고, 평가도 명확해진다.

1. 교육목표의 설정[1]

(1) 목표의 개념

① 교육목표 설정 시 교육의 방향 제시, 교육내용의 선정근거 마련, 학습활동의 정당성 부여, 평가의 근거를 마련한다.

② 교육목표는 교육내용과 교수-학습과정, 평가 간의 일관성을 유지하게 해 준다.

(2) 교육목표의 설정과 진술의 일반적 기준

① 교육목표는 학습경험의 결정과 지도에 명확한 시사를 줄 수 있을 정도로 구체적이고 명확한 용어로 진술되어야 한다.

② 교육목표는 전인교육적 차원의 강조를 위해 넓은 인간특징의 변화를 충분히 포함할 수 있도록 포괄적이어야 한다.

③ 설정된 교육목표들 사이에는 철학적 일관성이 있어야 한다.

④ 교육목표는 실현 가능한 것이어야 한다.

(3) 블룸(Bloom)의 교육목표 분류

① 인지적 영역

㉠ 개요

ⓐ 블룸과 그의 동료들이 가장 체계적인 시도를 하였는데, 인지과정은 사고의 단순한 단계에서 복잡한 단계까지 위계적인 순서로 계급을 이루고 있으며, 복잡성의 원칙에 따라 '지식, 이해, 적용, 분석, 종합, 평가'로 구성된다.

ⓑ 계층적으로 인지과정을 나열한다 할지라도 그 과정이 문자 그대로 실제의 학습상황에서 계층적 질서를 따를지는 의문이다. 예를 들어, 학습자가 철저한 분석을 먼저 하지 않고, 지식을 적용할 수는 없다.

ⓛ 분류

1.00 지식(knowledge): 이미 배운 내용(개념, 사실, 원리, 방법, 유형, 구조 등)을 기억했다가 재생 또는 재인식할 수 있는 능력

1.10 특수사상에 관한 지식

1.11 용어에 관한 지식

예 중요한 통계용어에 관한 지식

1.12 특수사실에 관한 지식

예 특정 시대의 특징에 관한 상기와 재인하기

1.20 특수사상을 다루는 방법과 수단에 관한 지식

1.21 형식에 관한 지식

예 지도와 도표에 사용되는 표준적인 기호와 문법에 관한 지식

1.22 경향과 순서에 관한 지식

예 그리스 문화가 현대에 미친 영향에 관한 지식

1.23 분류와 유목에 관한 지식

예 여러 가지 기업체의 특색에 관한 지식

1.24 준거에 관한 지식

예 음식의 영양가를 판단하는 데 필요한 준거에 관한 지식

1.25 방법론에 관한 지식

예 공해문제의 해결에 과학자들이 사용하는 기술과 방법에 관한 지식

1.30 보편적 및 추상적 사상에 관한 지식

1.31 원리와 일반법칙에 관한 지식

예 생식과 유전의 생물학적 법칙에 관한 지식

1.32 이론과 구조에 관한 지식

예 인구증가에 관한 학설의 지식

2.00 이해력(comprehension): 어떤 추상개념을 알고 번역 · 해석 · 추론할 수 있는 능력

2.10 번역(translation): 기호를 언어로, 언어를 기호로 변환, 비유법을 보통말로 표현

예 영어의 문장을 한국어로 옮기기

2.20 해석(interpretation): 번역을 기초로 보다 고차적으로 상대적 적절성 정도를 구별하는 능력

예 건축설계도를 읽는 능력

2.30 추론(extrapolation): 번역, 해석을 토대로 추정 및 예측할 수 있는 능력

예 나타난 진술로부터 직접 추론해서 작품의 결론을 내리는 능력

3.00 적용력(application): 과거에 학습한 자료(개념, 규칙, 원리, 기술, 방법 등)를 새로운 상태에 적용하여 문제를 해결할 수 있는 능력

예 문항곤란도 공식을 이용하여 다음 자료에서 문항곤란도를 구하시오.

4.00 **분석력(analysis)**: 주어진 자료를 구성 부분으로 분해하고 부분 간의 상호관계와 그것이 조직되어 있는 방법을 발견하는 능력(유목분류)

예 가치판단과 사실판단을 구별할 수 있다.

4.10 요소의 분석(analysis of elements)

4.20 관계의 분석(analysis of relationship)

4.30 조직원리의 분석(analysis of organization principles)

5.00 **종합력(synthesis)**: 하나로 묶어서 새로운 의미체계가 성립되도록 종합하는 행동(새로운 아이디어 창출)

예 주어진 자료에서 잠정적인 가설을 형성하는 능력

5.10 독특한 의사전달의 창안(production of a unique communication)

5.20 조작의 계획과 절차의 창안(production of a plan or proposed set of operation)

5.30 추상적 관계의 도출(derivation of a set of abstract relations)

6.00 **평가력(evaluation)**: 어떤 특정한 목적과 의도를 근거로 하여 주어진 자료 또는 방법이 갖고 있는 가치를 판단하는 능력

예 작품의 전체적 질을 판단하는 능력

6.10 **내적 준거에 의한 평가(judgments in terms of internal evidence)**: 어떤 자료에 대한 일관성, 논리적 정확성, 결합 유무 판단

6.20 **외적 준거에 의한 평가(judgments in terms of external evidence)**: 특정 문항에 대한 주요 학설의 비교, 신념을 비판적으로 평가

② 정의적 영역

㉠ 개요

ⓐ 학습성과를 평가하려는 목적으로, 정의적 과정에 대한 확인과 분류를 크래스월(Krathwohl), 마샬라스(Massialas) 등과 함께 수행하여 위계적[2]으로 분류하였다.

ⓑ 내면화의 원리에 따른 감수, 반응, 가치화, 조직화, 인격화이다.

㉡ 분류

1.00 **감수(receiving)**: 학습자가 특정한 현상이나 장면 또는 문제, 주어진 여건, 자극의 존재를 의식하게 되는 것

예 김인식 선생님이 '김인식 교육학'을 강의하고 있다는 것을 들어 알고 있다.

1.10 **감지(awareness)**: 적절한 기회가 주어질 때 학습자가 어떤 것을 단순히 의식하는 것

1.20 **자진감수(willingness to receive)**: 최소한도로 주어진 자극을 피하지 않고 기꺼이 수용하려는 행동을 기술하려는 것

1.30 **주의집중(controlled or selected attention)**: 한층 더 높은 수준에서 하나의 새로운 현상에 관심을 갖는 것

2 블룸은 정의적인 것도 위계적이라고 보았으나, 위계적이라기보다는 심도의 개념으로 파악하는 것이 타당하다.

2.00 **반응(responding)**: 행함에 의한 학습으로 현상에 어떤 결과나 명확한 조작을 통해 얻어진 결과

예 '김인식 교육학'을 열심히 수강하고 있다.

2.10 **묵종반응(acquiescence in responding)**: 수동적으로 시작되고 주어진 상태에 복종하는 것

2.20 **자진반응(willingness to respond)**: 외부에서의 암시에 대한 반응이 아니라 선택에서 오는 자발적인 반응

2.30 **만족(satisfaction in response)**: 자진반응의 수준을 넘어선 단계에서 부가적인 요소, 승낙, 반응에 대한 동의 또는 자발적인 반응은 일반적으로 즐거움, 열정, 향락 등의 만족감 또는 정의적 반응을 수반한다는 것

3.00 **가치화(valuing)**[3]: 사물, 현상, 행동이 가치가 있다는 의미로, 행동을 이끌고 있는 기초적인 가치에 대한 개인의 확신에 의해서 동기화되고 있는 것

예 '김인식 교육학' 강좌가 너무 좋아 다른 사람에게 권장하고 싶다.

3.10 **가치수용(acceptance of a value)**: 같은 류의 대상, 현상에 대한 신념 또는 태도를 확인할 수 있는 반응의 일관성

3.20 **가치채택(preference for a value)**: 어떤 가치를 보유하고 있음을 기꺼이 아는 정도의 단순한 가치수용이 아니라, 개인이 그 가치를 충분히 확인함으로써 그것을 추구하고 바라는 것

3.30 **확신(commitment)**: 행동을 실제로 해보려는 참다운 동기

4.00 **조직화(organization)**: 여러 가지를 하나의 체계로 조직하고 그들 간의 상호관계를 결정하며, 기술적인 가치와 모든 경우에 통용되는 가치를 설정하는 것

예 '김인식 교육학' 강좌를 열심히 듣고, 다른 강좌가 좋다고 하는 사람에 대해 그렇지 않고 '김인식 교육학'이 좋다고 논쟁을 벌인다.

4.10 **가치의 개념화(conceptualization of a value)**: 가치의 일관성, 안정성에 추상적, 개념적인 성질이 추가된 것

4.20 **가치체계의 조직(organization of a value system)**: 학습자에게 하나하나 떨어져 있는 가치를 한데 복합하고, 이들을 서로 질서 있게 관계짓는 것

5.00 가치나 가치복합에 의한 인격화/내면화(characterization by a value or value complex)

예 '김인식 교육학' 강좌를 듣고 나도 김인식 선생님처럼 열정을 다해 강의하고, 학생들을 위하는 훌륭한 교사가 되겠다고 마음먹었다.

5.10 **일반화된 행동태세(generalized set)**: 어떠한 특정 순간에 있어서 태도 및 가치체계에 내적 일관성을 부여하는 것

5.20 **인격화(characterization)**: 여기서 분류된 목표는 총괄적이며, 일단의 태도, 행동, 신념, 이념 내에서 내적 합치성이 강조

[3] 가치화되면 타인에게 권장하게 되며, 조직화되면 논쟁이 가능해지고, 인격화(내면화)되면 가치롭게 여긴 것을 행동에 옮긴다.

③ 심리-운동적 영역

㉠ 개요

ⓐ 가장 낮은 단계에서 반사운동과 기본-기초운동으로 자연적으로 발전하며 일반적으로 교육학자들은 이 운동에 대해 관심을 갖지 않는다.

ⓑ 가장 높은 단계는 모든 종류의 생활을 개발할 수 있는 능력이며 인지능력과 감지할 수 있는 판별력 · 협응능력 등이다.

ⓒ 보다 높은 정신운동 과정은 인지 · 감정의 과정과 독립되어 작용하지 않는다.

㉡ 분류

1.00 **반사운동(reflex movements)**: 자신의 의사와는 무관한 운동

2.00 **기본-기초운동(basic-fundamental movement)**: 심리가 개입된 가장 단순한 반응
예 걷기, 서기 등

3.00 **운동지각 능력(perceptual abilities)**: 감각기관을 통해 지각 · 해석하고 환경에 대처하는 기능

4.00 **신체적 능력(physical abilities)**: 근육운동, 체력운동, 민첩성 등 연속 · 숙달운동에 필요한 기초능력

5.00 **숙련된 기능(skilled movement)**: 동작에 능률성, 숙달성, 통합성이 포함된 기능
예 레크리에이션 등

6.00 **동작적 의사소통(nondiscursive communication)**: 몸짓이나 표정을 통해서 의사를 전달할 수 있는 능력
예 발레 등

2. 교육내용의 선정

(1) 교육내용의 선정원칙

원칙	내용
기회의 원칙	교육내용은 교육목표 달성에 직결되는 학습경험을 학생들에게 실제적인 기회로 제공해야 함
만족의 원칙	학습경험의 과정에서 학생들이 만족감을 얻을 수 있는 경험이어야 함
가능성의 원칙	학교 시설 · 설비 및 학생들의 능력을 검토하여 달성 가능한 것이어야 하고, 학생들의 성장 수준에 맞고 행동 변화가 가능한 것을 설정하도록 해야 함
동경험 다성과의 원칙	한 가지 학습경험으로 여러 가지 교육목적을 동시에 달성할 수 있는 경험이어야 함
동목표 다경험의 원칙	같은 목표를 가지고 여러 가지 학습경험을 할 수 있는 경험이어야 함
기본 개념의 중시 원칙	폭발적인 지식 증가에 대처하기 위한 전이가 높은 지식의 구조, 기본 개념, 일반원리를 고려해야 함

(2) 선정방법

구분	개념	장점	단점
교과서법	논리적 · 체계적으로 분류한 지식을 각 교과별 · 학년별로 학습할 수 있도록 구성 · 편성	• 전문가에 의해서 구성되기 때문에 간편하고 지도가 용이함 • 중앙집권적 통제가 용이함	• 교육과정 구성에 교사, 학생의 참여 불가능 • 지역적 특수성이 고려되지 못함
목표법	• 목표 세분화에 따라 내용을 선정 • 인간활동과 사회기능을 강조하여 교육목표로서 민주시민의 양성을 중시	• 교육목표와 교육내용이 밀접하게 관련되어 교육목표의 달성이 용이함 • 인간활동을 중시하므로 생활적응능력을 배양함	• 목표 세분화에 대한 명확한 기준이 없음(성인사회 기준) • 지식형성이 어렵고 수업을 통해서 달성하기 곤란한 태도목표가 제시됨
주제법	• 학습주제에 따라 교육내용이 선정되는 방법 • 사회화를 주목적으로 함	사회를 종합적으로 이해하는 데 도움을 줌	성인생활 위주의 학습내용으로 통제적인 교수법에 빠질 우려가 있음
활동분석법	생활에 필요한 활동내용을 학습경험(지식, 기능, 태도 등)으로 선정하는 방법	성인의 입장에서 학생들이 배워야 할 교육내용을 과학적으로 분석하여 제시하고 생활 중심으로 구체화함	• 성인 중심의 교육과정에 빠지기 쉬움 • 학생의 요구, 흥미, 입장을 무시

(3) 교육내용 설계모형

① 학문 · 교과중심 교육내용 설계모형

구분	내용
학문구조 설계 (분과형 교육과정)	• 교과수준에서 이루어지며 각 학문들을 엄격하게 해석하여 수업시간표에 의해 분리된 교과들로 생각함 • 국가수준의 교육목적과 목표가 모든 학년간 학문분야에 걸쳐 명확히 제시됨 • 문제는 학생들이 한 교과에서 다른 교과로 이동하기 때문에 학생들의 욕구에 맞추어 수업활동이 진행되는 것이 아니라 배정된 교과시간에 따라 진행된다는 것임
학문병렬 설계 (상관형 교육과정)	단원수준에서 이루어지며 교육과정을 병렬 형식으로 설계할 때, 교사들은 자신의 수업을 다른 학문들의 동일영역에 대한 수업과 일치하도록 계열화함 예 국어교사가 2학기 초에 독립선언문을 가르치면 국사 교사는 2학기 말에 가르칠 3 · 1운동 단원의 지도계획을 수정하여 2학기 초에 가르치는 것으로 내용 자체는 변하지 않고 내용이 제시되는 순서만 바뀜
간학문적 설계 (융합형 교육과정)	• 몇 개의 학문에 공통되는 주요 개념, 원리(법칙), 탐구방법 등을 중심으로 새로운 교과를 만드는 방법 • 교과나 단원수준에 적용될 수 있음 예 제4차, 5차 교육과정에서 주제를 중심으로 묶었다가 제6차 교육과정에서는 개념과 탐구방법을 중심으로 묶은 초등학교 「슬기로운 생활」 교과는 다학문적 설계에서 간학문적 설계로 설계의 모형이 바뀐 것임
다학문적 설계 (광역형 교육과정)	교과나 단원수준에서 이루어질 수 있으며, 보통 유사하거나 인접한 학문들을 모아서 하나의 교과를 구성함 예 물리학, 화학, 생물학, 지구과학의 학문을 모아 과학이라는 교과를 구성

② 사회중심 교육내용 설계모형: 사회중심 설계는 사회의 유지와 개선을 목적으로 교육과정을 조직하게 되며, 이런 목적을 달성하기 위하여 사회적 요구를 분석하는 데서 출발한다.

③ 학습자 중심 교육내용 설계모형

구분	내용
흥미중심 설계	• 교육과정 설계에 학습자를 참여시켜야 한다고 주장하며 자신의 흥미와 사회적으로 가치 있는 것을 결합하는 능력을 가지고 있다는 믿음을 바탕으로 함 • 학생들의 흥미를 우선적으로 고려하여 교육과정을 설계하는 경우는 매우 드물지만, 흥미를 갖지 못하는 교육내용은 경험되지 못할 가능성이 높음 예 특별활동 중 클럽활동이나 중학교 선택교과는 학생들의 흥미를 바탕으로 설정되어야 함
관심중심 설계	• 관심과 흥미는 구별되며 흥미는 일시적인 감정의 표현이고 관심은 깊고 지속적인 감정임 • 흥미를 중심으로 교육과정을 설계하면 학생들의 변덕과 미성숙으로 인해 가치 있는 것을 전달하기가 어렵다고 봄 • 관심중심 교육과정은 학습자의 내적인 요구를 반영하여 설계함
중핵설계	• 중핵 교육과정은 가장 중요한 것을 중앙에 두고 나머지 것들은 이를 둘러싸고 중앙을 향하는 형태를 가짐 • 중앙에 위치하는 것이 교과일 경우에는 '교과중핵'이며, 해결해야 할 사회문제이면 '문제중심 중핵', 학습자들의 흥미 · 관심이면 '학습자중심 중핵'이 됨

3. 교육내용의 조직

(1) 조직원리 기출 2017 중등

기출콕콕
교육과정 조직원리를 제시하고 설명하시오. 2017 중등

① 계속성의 원리(종적)

㉠ 선정된 내용 및 학습경험의 조직에 있어 종적 관계를 표시하는 원칙이다.

㉡ 일정 기간 동안 교육내용 및 학습경험을 계속 반복함으로써 강화되는 효과를 얻고자 조직하는 것을 의미한다.

② 계열성의 원리(종적)

㉠ 교육내용의 종적 조직과 관계된 것으로 교육내용을 나선형이 되도록 조직하는 것으로, 선행 학습내용에 기초하여 다음의 교육내용이 전개되어 점차적으로 깊이와 넓이를 더해가도록 조직하려는 원리이다.

㉡ 계속성은 동일내용의 반복적 학습을 의미하고, 계열성은 수준을 높인 동일내용의 반복학습이다.

㉢ 계열화 방법

구분	내용
연대순 방법	시간의 흐름과 관련이 있을 때 의의가 있음
주제별 방법	내용을 여러 단위로 묶지만, 단원들이 상호독립적이기 때문에 학습자가 새로운 단원을 학습하기 전에 이전 단원에서 배운 정보를 활용할 필요가 없을 때 사용됨
단순에서 복잡으로의 방법	• 기초내용이 복잡한 내용의 앞에 오도록 순서 짓는 것을 말함 • 영어와 사회과, 과학과 등 거의 모든 교과에서 사용될 수 있음
전체에서 부분으로의 방법	• 전체에 대한 이해가 부분들을 이해하는 데 필수적일 때 사용됨 • 학습자에게 배울 내용의 개요를 먼저 소개하고, 학습자는 개요를 학습한 후에 전체의 더 작은 부분인 구체적인 정보를 배우게 됨
논리적 선행요건의 방법	• 어떤 내용을 학습하기 위해서 반드시 배워야 할 내용이 있을 때 사용됨 • 논리적 구조가 명확한 수학, 물리학, 화학 등의 교과에서 사용됨
추상성 증가에 의한 방법	학습자가 친숙한 교육내용으로부터 시작하여 점차 낯선 교육내용으로 안내되도록 배치함 예 개인생활, 가정 · 이웃 · 학교생활, 사회생활, 국가 · 민족생활의 순으로 배열된 것
학생들의 발달에 의한 방법	• 학생들은 인지, 정서, 신체 등에서 일정한 단계를 거쳐 발달한다고 생각하고 이 단계에 맞추어 교육내용을 배열함 • 피아제의 인지발달이론, 에릭슨의 사회심리 발달이론, 하비거스트의 발달과업이론 등은 이 배열방법의 기준이 될 수 있음

③ 통합성의 원리(횡적/종적)

㉠ 교육내용의 횡적/종적 조직에 관계된 것으로 학습경험의 강화와 반복을 의미한다.

㉡ 여러 영역에서 학습하는 내용들이 학습과정에서 서로 연결되고 통합되어 의미 있는 학습이 되도록 조직하는 것이다.

예 수학에서 배운 배율의 개념을 사회과의 축척과 관련지어 조직하는 것 등

④ 균형성의 원리(횡적): 여러 학습경험들 사이에 균형이 유지되어야 한다는 원리로, 교육내용 조직에 있어 일반 교양교육과 전문 · 특수 · 직업교육이 각급 학교의 기능과 목적에 따라 균형을 이루어야 한다.

⑤ 다양성의 원리: 다양하고 융통성 있는 경험을 통해 흥미 · 능력이 충분히 반영될 수 있도록 조직하는 것을 말하는 것으로서 학생의 특수한 요구를 반영하는 것을 말한다.

⑥ 건전성의 원리: 건전한 민주시민으로서 갖추어야 할 공통의 가치관, 이해, 태도, 기능을 함양시킬 수 있도록 조직해야 한다.

기출콕콕

수직적 연계성이 학습자 측면에서 갖는 의의와 범위 및 계열성 측면에서의 교육과정 재구성 방법을 제시하시오.

2022 중등

(2) 문서수준의 교육내용 조직원리 기출 2022 중등

구분	내용
범위 (scope)	• 횡적인 것으로 특정한 시점에서 학생들이 배우게 될 내용의 폭과 깊이 • 배워야 할 내용은 학교급, 학년, 교과, 과목에 따라 달라지고, 깊이는 대체로 배울 내용에 할당된 시간의 양으로서 간접적으로 표현됨
계열성 (sequence)	• 종적인 것으로 교육내용을 배우는 순서 • 어떤 내용을 먼저 배우고 어떤 내용을 나중에 배우는가를 결정하는 것 • 배워야 할 내용의 순서는 학교급, 학년, 학기, 월, 주, 차시별로 결정됨
수직적 연계성 (vertical articulation)[4]	• 이전에 배운 내용과 앞으로 배울 내용의 관계에 초점을 두는 것 • 특정한 학습의 종결점이 다음 학습의 출발점과 논리적으로 잘 맞물리도록 교육내용을 조직하는 것
통합성 (integration)	• 교육내용의 관련성을 바탕으로 교육내용들을 하나의 교과나 단원으로 묶는 것 • 수업의 효과를 높이기 위하여 관련 있는 내용들을 동시에 또는 비슷한 시간대에 배열함

4 수직적 연계성은 연계적인 논리적 계열성으로 예를 들면, 초등학교 교육과정은 중학교 교육과정과, 중학교 교육과정은 고등학교 교육과정과 자연스럽게 이어지도록 조직되어야 하는 것이다.

제4절 교육과정의 평가

01 개요

1. 의미

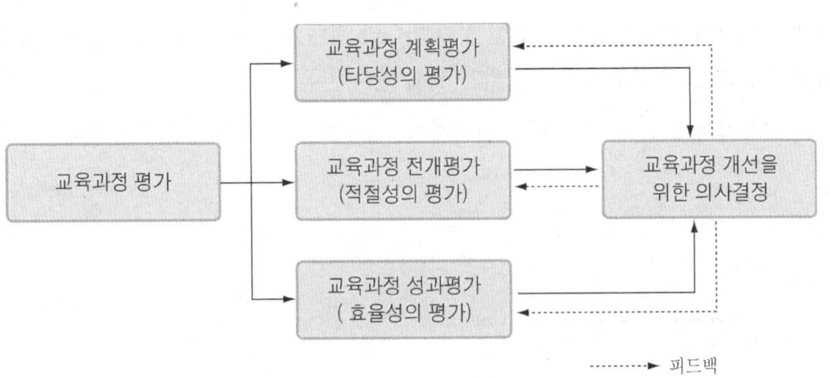

[그림 8-5] 교육과정 평가의 개념모형

① 교육과정 평가는 교육과정 프로그램에 대한 결과와 그 프로그램 속에서 일어나는 제반 사건을 체계적으로 검토하는 것이다.

② 교육과정의 전체적 또는 요소별 성과, 교육과정 속에 내재하는 여러 요소들의 성과 및 관계와 교육이 수행되는 과정에서 일어나는 제반 활동을 체계적으로 검토하는 것 모두를 교육과정 평가에 포함시킬 수 있다.

2. 필요성

① 설정된 목표의 타당성, 교육내용과 체제의 우선순위 결정, 교육과정 운영에 관련된 제반자원의 재분배 등과 같은 다양한 행정적 결정을 위함이다.

② 교육과정의 목적과 목표가 제대로 수행되었는지 여부를 알아보는 데 필수적이며, 교육과정의 개선을 위한 정보를 얻기 위함이다.

③ 교육과정의 계속 여부 결정에 필요한 정보를 정책결정자에게 제공하고 새로운 교육과정의 개발과 적용에 결정적인 역할을 하기 위함이다.

3. 특징

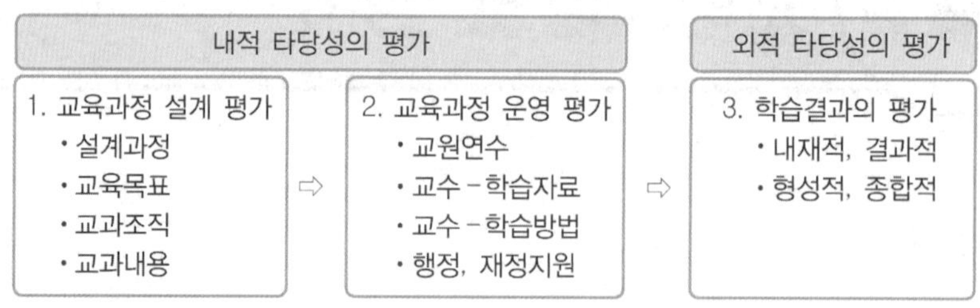

[그림 8-6] 교육과정 평가모형

① 학생 개개인의 교육적 결정을 위한 것이 아니라 전체 학생이나 학급, 학교에 공통된 교육내용, 방법에 관한 선택이나 결정을 내리기 위해 실시된다.

② 모든 교사가 반드시 평가에 직접 참여하지는 않으며, 주로 총괄평가로 행해진다.

02 교육과정 평가모형

1. 스테이크(R. Stake)의 합치유관모형(가치판단 지향적 평가모형)

(1) 평가를 위하여 수집하는 자료구분 방법

① 기술자료: 의도한 것과 관찰된 것이다.

② 판단자료: 기준과 판단이다.

(2) 자료수집 항목

① 기술자료와 판단자료는 다시 선행조건, 실행과정, 성과의 3가지 정보항으로 구분하여 합리적 근거와 함께 자료를 수집하는 것이 필요하다.

② 3가지 정보항

수집자료	내용
선행조건	학생과 교사의 특성, 교육과정의 내용, 교수자료, 학교의 시설과 조직
실행과정	학생과 교사, 학생과 학생 등의 무수한 만남과 상호작용, 교실에서의 강의와 토론, 숙제하기, 검사실시 등이 일어나는 활동
성과	학생의 학업성취도, 태도, 포부수준, 소요경비나 시설의 마멸상태, 적응력이나 전이효과 등

(3) 교육 프로그램에 관한 기술자료를 평가하는 방식

① 선행조건, 실행과정, 성과 사이의 연관성(유관성)을 살펴본다.

② 의도한 것과 실제로 관찰된 것 사이의 합치성을 살펴본다.

2. 스테이크의 반응평가모형

(1) 스테이크의 관점 변화

스테이크는 종합실상평가와 몇 년 뒤 제안한 반응평가에서 관점(강조점)의 변화를 보인다.

종합실상 평가		반응평가
교육활동의 전체적인 모습을 평가하는 데 있어 평가를 수행하기 전에 세운 평가계획에 의거, 자료를 체계적으로 수집할 것	⇨	평가의 진행과정 동안 여러 관련 인사와 논의하여 그들의 반응(요구, 제안)에 따라 어떤 정보를 어떤 방법으로 수집·분석할 것인지 결정하고 관찰한 그대로를 진술할 것

[그림 8-7] 스테이크의 교육과정 평가 관점

(2) 개념

① 창시자인 스테이크는 반응평가란 프로그램의 의도보다는 프로그램의 활동에 초점이 맞춰지며, 정보에 대한 청중의 요구에 따르고, 교실의 성공과 실패를 보고할 때 현재의 다양한 가치관이 언급되는 교육평가라고 하였다.

② 반응적 평가를 통한 평가자와 관련 인사 간의 지속적인 상호작용을 강조하였는데, 특히 평가자와 관련 인사 간의 지속적인 대화를 중시한다.

(3) 요구에 따른 평가의 예

만일 목적이 미리 진술된 목표의 도달을 측정하는 것이라면, 행동목표모형이나 의사결정모형이 적절하다. 그러나 목적이 전체 프로그램의 결과를 측정하는 데 있다면, 탈목표평가가 유용할 것이다. 또한 프로그램 개발을 도우려는 것이라면, 의사결정이나 반응 모형 같은 형성평가를 통합한 모형을 사용할 수도 있다.

3. 스터플빔(D. L. Stufflebeam)의 CIPP 평가모형(의사결정모형)

(1) 개념

평가를 의사결정의 대안들을 판단하는 데 유용한 정보를 기술 · 획득 · 제공하는 과정이라고 정의하면서 의사결정의 과정 · 상황 · 유형 · 절차 · 원리 등을 면밀히 연구함으로써 평가에 대한 새로운 관점을 제시해주었다.

(2) 평가의 4가지 유형(CIPP)

구분	목적	방법	변화과정에서 의사결정과의 관계
맥락평가 (C)	• 작동 전후 관계 정의 • 요구와 기회의 확인 및 사정 • 문제의 진단	• 맥락관계 기술 • 현실적이고 의도적인 투입 및 산출 비교 • 가능한 체제수행능력의 비교 • 현실과 의도 간 격차의 원인 분석	필요한 변화에 따른 의사결정을 위해
투입평가 (I)	• 체제능력의 확인 및 사정 • 가용한 투입전략 • 전략실행 설계	• 가용한 인적 · 물적 자원 기술 및 분석 • 해결전략의 기술 · 분석 • 적절성에 대한 절차 설계 기술 · 분석	해결전략, 절차상의 설계, 선정과 같은 변화활동의 구조화를 위해
과정평가 (P)	과정 중 절차상의 설계 또는 실행에서 결점의 확인 및 예측	• 활동할 때 나타나는 절차상 장벽의 점검 및 예기치 않은 장벽에 대처하는 민첩성 점검 • 프로그램화된 결정에 필요한 세분화된 정보 획득 • 실제적인 과정의 기술	프로그램 설계 및 절차의 실행 및 정지와 같은 과정 통제의 효과를 위해
결과평가 (P)	성과의 정보를 목표 · 맥락 · 투입 · 과정의 정보에 관계 지음	• 조작적으로 정의 짓기 및 목표와 관련된 준거의 측정 • 측정결과의 예정된 기준이나 비교적 근거와 비교하는 것	변화활동의 재순환을 위해

03 제7차 교육과정의 교육과정 평가와 질 관리[1]

1. 교육과정 평가의 목적

① 국가수준에서 주기적으로 학생 학력 평가, 학교와 교육기관 평가, 교육과정 편성 · 운영에 대한 평가를 실시하여 지방과 단위학교가 편성 · 운영하는 교육과정의 질을 관리하고자 하는 것이다.

② 교육과정 질 관리는 교육과정에 대한 국가의 역할이 끝나는 것이 아니라 지속적으로 교육과정을 점검하여 교육과정의 실효성을 높이고자 하는 데 그 목적이 있다.

2. 교육과정 평가의 종류

① **학교 학력 평가**: 학업 성취도를 평가하기 위하여 교과별, 학년별 학생 평가를 실시하고, 평가 결과는 교육과정의 적절성 확보와 그 개선에 활용한다.

② **학교 및 교육기관의 교육과정 편성 · 운영에 대한 평가**

㉠ 교육과정 편성 · 운영과 지원 체제의 적절성 · 실효성을 평가하기 위해 각급학교 및 교육기관에 대한 평가를 실시한다.

㉡ 평가는 교육과정의 편제, 시간(단위)배당, 편성 · 운영 지침의 적절성과 그 적용 효과에 중점을 둔다.

3. 교육과정 질 관리를 위한 국가의 노력

① 교과별로 '절대평가 기준'[2]을 개발 · 보급하여 학교가 교과 교육과정의 목표에 부합되는 평가를 실시할 수 있도록 한다.

② 국가수준의 평가 문항 은행을 구축하여 에듀넷 등 컴퓨터 통신망을 통해 학교가 평가에 이용할 수 있도록 한다.

[1] 제7차 교육과정은 교육과정 중심의 교육과정에 대한 질적 관리로서, 포스트모더니즘에 따른 성취기준(standards)을 관리하고자 하는 것이다.

[2] 제7차 교육과정은 교육과정 중심 교육이기 때문에 성취기준(standards)을 설정해 놓고, 그것에 근거하여 성취기준평가가 이루어진다.

제 5 절 교육과정의 개발

01 중앙집중적 교육과정 개발

1. 의미

① '중앙집중적 교육과정 개발'이란 무엇이 어떻게 가르쳐지고 평가되어야 하는지에 대한 결정이 국가의 상부조직에 의해서 내려지는 것을 의미한다.

② 주로 국가적으로 중요한 프로젝트에 적용되기 때문에 장기적으로 신중하게 진행되며, 최종 산물은 중앙의 통제를 거쳐 학교에 적용된다.

③ 중앙의 상급 기관은 개발된 교육과정이 모든 학교에 효율적으로 시행될 수 있도록 이를 체계적으로 전달하고 홍보하며 훈련시키는 일에 모든 노력을 집중하게 된다.

2. 중앙집중적 교육과정 행정의 장 · 단점

구분	내용
장점	• 새로운 교육혁신의 아이디어나 국가교육목표의 실현을 쉽사리 전국화할 수 있음 • 체계적이고 국가적 노력에 의해 질 높은 교육과정을 설계할 수 있음 • 교육과정의 학교교육 질 관리를 국가수준에서 용이하게 할 수 있음 • 통일된 학교교육 평가기준으로 전국의 학교수준을 균등하게 높일 수 있음 • 지방교육청 · 학교 · 교사의 교육과정 개발 노력을 절감할 수 있음 • 새 교육과정 적용단계에서 효과적으로 교사교육을 실시할 수 있음
단점	• 학교와 교사는 수업에 수동적이기 쉽고, 지식 정보의 매개체로 전락할 위험이 있음 • 정부 · 지역단위의 교육청 · 학교 · 교사관계에서 권위주의적인 맥락이 형성될 수 있음 • 한번 제정된 교육과정은 법규적인 권위와 개정에 대한 신중성으로 인해 획일화 · 경직화되기 쉬움 • 교사가 교육과정 문제로부터 소외되어 자신의 전문성 향상을 위하여 교육과정의 수업에 대하여 깊이 사고하기 어려움 • 지역 · 학교 · 학생의 특수성에 부합할 수 있는 다양한 교육과정의 시행이 어려움

02 지방분권적 교육과정 개발

1. 의미

① 국가수준의 교육과정을 시 · 도 단위 또는 시 · 군 · 구 단위에서 지역의 특성과 실정, 필요, 요구 등을 반영하여 지침의 형태로 구체화한 것이다.

② 각 시 · 도나 시 · 군 · 구에서 학교에 제시하는 각급 학교 교육과정 편성 · 운영지침이나 실천 중심의 장학자료가 이에 해당한다.

2. 지방분권적 교육과정 행정의 장 · 단점

구분	내용
장점	• 지역 · 학교 · 학생의 특수성을 고려한 다양하고 탄력적인 교육과정이 개발될 수 있음 • 지역단위의 교육청 · 학교 · 교사들에게 교육문제 해결의 자율능력을 키울 수 있음 • 지역단위의 교육청 · 학교 · 교사들이 교육과정 개발 참여로 전문성을 높일 수 있음 • 교육과정 개발의 다양한 접근방법들이 수용될 수 있음 • 학생들에게 그들의 필요에 따라 선택적인 교육과정을 제공할 수 있음
단점	• 전국적으로 합의할 수 있는 교육의 목표와 내용을 갖기 어려움 • 제작의 용이성 때문에 질적으로 수준이 낮은 교육과정이 되기 쉬움 • 지역 중심 · 학교 중심 · 교사 중심이 지나쳐서 새로운 교육혁신이 전파되지 못할 염려가 있음 • 지역, 학교 간의 차이가 심화될 가능성이 있음 • 국가수준에서 학교교육을 주도하고자 할 경우 정책시행에 한계가 있음

03 학교 교육과정 개발

1. 학교 교육과정에 대한 개념

(1) 스킬벡(Skilbeck)의 견해

스킬벡은 학교 교육과정을 '단위학교의 구성원인 학생의 학습을 위한 프로그램을 개별학교가 기획, 설계, 실행, 평가하는 교육과정'이라고 정의하고 있다. 이 정의는 교사와 학생수준에서 이루어지는 가치, 규범, 절차, 역할 등을 포함하는 교육과정 의사결정에 초점을 두고 있다.

(2) 우리나라

학교 교육과정은 '국가수준의 교육과정[1]에 근거하고 지역의 특수성, 해당 학교의 여건, 학생 및 학부모의 필요와 요구 등에 적합한 교육목표, 내용, 방법, 평가에 관한 단위학교 교육계획'이라고 할 수 있다.

[1] 국가수준의 교육과정을 각 학교상황에 맞게 변형해서 사용하는 것을 말한다.

2. 학교 교육과정의 필요성

① 교육의 다양성(variety) 추구
단위학교가 획일화된 교육내용과 방법, 교육환경에서 벗어나 학생, 교사, 학교의 실정에 적합한 다양한 교육형태로 변화시켜 나가기 위해서는 학교 교육과정이 필요하다.

② 교육의 적합성(suitability) 신장
지역이나 학교의 특수성, 교육실태, 학생 · 교사 · 학부모의 요구와 필요를 반영하여 해당 학교의 교육 중점을 설정 · 운영함으로써 학교교육의 적합성을 높일 수 있다.

③ 교사의 자율성(autonomy)과 전문성(professional expertise) 신장
학생들의 능력과 요구를 가장 잘 이해하고 학교의 지역적인 특수성을 가장 잘 알고 있는 교사들이 학교 교육과정 편성 · 운영과정에 능동적으로 참여하도록 유도함으로써 자율성과 전문성을 신장시킬 수 있는 기회를 제공해야 한다.

④ 학습자 중심의 교육 구현
교육 수요자의 다양한 요구와 흥미, 적성을 수용하고, 교육내용에 대한 학생의 선택권을 확대하기 위해서는 학생의 발달단계에 알맞은 당해 학교의 교육과정이 필요하다.

⑤ 교육의 효율성(effectiveness) 신장
전국 공통의 일반적 기준을 획일적으로 시행하게 되면 학생 개개인의 특성에 적합한 개별화 · 다양화 · 자율화 교육이 어렵게 되며 또한 교육과정의 융통성과 수업실제에서의 다양성을 확보할 수 없게 된다.

3. 필요성(특징)

(1) 교사의 자율성과 전문성 신장

① 교사들이 교육과정 개발과정에 참여함으로써 참여한 교육자들과의 상호작용을 통한 새로운 교육이론을 접할 수 있고, 자신의 견해를 조절 또는 수정할 수 있게 됨으로써 자신감이 고양되고 전문성이 증진된다.

② 교육과정 개발자 또는 연구자로서의 교사는 단위학교 현장에서 교육과정을 개발하는 학교 교육과정 개발체제를 통해 그들의 전문성과 자율성이 더욱 진작될 수 있다.

(2) 교육과정 적용의 실효성

① 교사의 협조 없이 국가가 교육과정을 고안하고 설계한다면 교육의 개혁과 개선이 이루어질 수 없게 되므로 교사는 새로운 교육과정의 계획 및 구성 등 의사결정의 모든 과정에 참여함으로써 주체적인 역할을 담당해야 한다.

② 교육과정의 궁극적 실행자인 교사가 단위학교 교육과정 개발과정에 적극적으로 참여할 수 있도록 제도적 측면에서 지원체제가 마련되어야 할 것이다.

(3) 교육과정 내용의 다양성과 적합성

학생들이 가진 특수한 생활방식, 능력, 배경, 흥미 등에 적합한 교육과정을 개발하고 실행함으로써 교육적 실효성을 보장해야 한다.

4. 우리나라의 학교 교육과정 개발범위

① 우리나라의 경우 학교 교육과정 개발은 법적 문서인 국가 교육과정 기준을 근거로 단위학교의 실정에 맞게 수정 또는 보완하는 정도에서 가능하다고 볼 수 있다.

② 우리나라 상황에서는 국가 교육과정 또는 국가 교육과정과는 상관없이 학교 교육과정을 개발한다고 볼 수 없다.

| 탐구문제 |

01 2006 행정고등고시 교육학

제7차 교육과정에서는 지역 및 학교의 실정과 요구에 부응하기 위하여 교육과정의 편성 및 운영에 대한 단위학교의 자율성을 확대하였다. 교육과정 재구성에 관하여 다음 질문에 답하시오.

(1) 단위학교 교육과정 재구성의 필요성에 대해 기술하시오.

(2) 단위학교 교육과정 재구성 방식에 대해 논하시오.

04 백워드(Backward) 교육과정 설계모형

1. 성립배경

[2] NCLB(No Child Left Behind, 낙오학생 방지법: 학습권에 대한 국가의 적극적 개입 법안)는 보상적 평등의 관점에서 낙오자를 방지하기 위한 법이다.

① 미국의 NCLB[2]는 세금으로 운영되는 교육기관이 학생들의 학업 성취의 효과를 증명하지 못하면 해당 관계자는 응분의 책임을 져야 한다는 책무성 정책이다.

② 저학년 때 문맹을 극복하는 것이 모든 교육 문제를 해결하는 지름길임을 깊이 인식하면서 수월성과 평등성을 모두 강조한 NCLB는 이러한 사회 및 정치적 배경 속에서 새롭게 등장한 성취기준(standards) 중심의 교육개혁운동에서 비롯되었다.

③ 백워드적 설계방법은 학습자에게 큰 개념과 큰 이해의 틀을 단원의 학습 시작부터 분명히 숙지시킴으로써 보다 근본적인 이해에 이르는 데 매우 효과적이라고 주장한다. 백워드 설계모형의 1단계인 바라는 결과 확인(큰 개념과 큰 이해의 틀의 확인)은 성취기준에서 비롯된다.

2. 성취기준중심의 교수-학습

[3] 학교중심 교육과정 개발은 결국 포스트모더니즘적 관점에서 나타난 현상이다.

① 성취기준중심 교수-학습과정의 질적 제고를 위한 개혁운동[3]은 궁극적으로는 학교중심 교육과정 개발과 평가를 대폭 허용하면서, 동시에 개별 학습자의 요구와 필요를 절대적으로 고려한다는 점을 강조한다.

② 학교가 철저히 수요자 중심의 교육과정을 개발하여야 한다는 논리가 지금의 성취기준중심 교육개혁의 근간이다.

③ 성취기준의 개념은 '학습자가 최소한이 아닌 반드시 알아야 하고 수행해야만 하는 일반적 정보 또는 기능의 기준 및 범주'로 통용된다.

④ 결론적으로 성취기준 중심의 교수-학습이란 구체적 내용과 활동 자체는 수단이며, 내용 성취기준에서 제시한 포괄적 개념과 이해를 바탕으로 중요하고 배울 가치가 있는 지식과 기능을 모든 학습자들은 배우고, 모든 학습자들이 그 학습의 질과 숙달을 수행 성취기준에서 제시한 수용수준에 도달할 수 있도록 교사에게 요구하는 것을 말한다.

3. 백워드 설계의 3단계

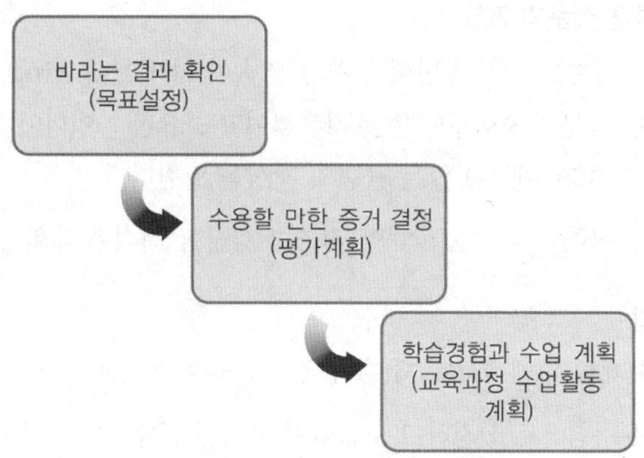

[그림 8-8] 백워드 설계모형의 개발단계

(1) 1단계 – 바라는 결과 확인(목표설정)

① 목표를 고려하고, 확립된 내용 성취기준을 검토하여 예상되는 교육과정을 살펴보는 단계이다.

② 학생들에게 가르쳐야 하는 내용을 결정하는 데 있어 영속적인 이해에 해당하는 내용을 우선순위로 가르쳐야 한다.

(2) 2단계 – 수용할 만한 증거 결정(평가계획)

① 학습이 성취되었는가를 입증하고 확인할 수 있는 평가의 증거와 관련한 단원이나 과정을 살펴보는 단계이다. 하지만 이러한 단원이나 과정을 단순히 교과서 내의 내용과 일련의 활동만으로 구성해서는 안 된다.

② 교사는 교육과정과 수업을 설계하기 전에 평가자가 되어 평가 계획을 생각해 보아야 한다.

(3) 3단계 – 학습경험과 수업 계획(교육과정 수업활동 계획)

① 명확하게 확인된 결과(영속적인 이해들)와 적절한 이해의 증거들을 가지고 교육자들이 수업활동을 계획하는 단계이다.

② 이러한 교수에서는 목적을 달성하기 위한 수단으로 교사는 바라는 결과와 평가가 확인된 후에 교수방법, 수업 순서, 자원과 재료와 같은 수업계획을 선택하고 구체화시킨다.

4. 백워드 교육과정 설계모형 구성요소

(1) 제1단계 – 단원목적과 질문의 개발

① 백워드 교육과정 설계모형의 첫 번째 단계는 '영속한 이해(enduring understanding)'이다. '영속한'의 의미는 학문의 중심부에 있는 기본적이고 중요한 아이디어, 개념, 원리를 뜻하며, 시간이 지나도 그 가치가 변하지 않는 불변의 지식을 말한다.

② 백워드 설계에서 이해의 의미는 학문에 기초한 항구한 지식에 대한 이해를 지칭한다.

(2) 제2단계 – 평가계획

① 제2단계인 평가 계획 단계에서도 제1단계에 상응하여 계획을 하여야 한다.

② 아직 무엇을 교육경험으로 선정하고 조직할지 모르는 단계이기 때문에, 성취기준에 의거한 단원 목적과 질문들을 가장 잘 대변하는 수행이 곧 이해를 증명하는 것이 되므로, 그 선정된 이해를 가장 잘 수행할 수 있는 과제(performance task) 개발에 중점을 두어야 한다.

③ 구체적인 이해의 특성에 맞추어 적절한 평가 계획을 세워야 학습자가 지금 어느 정도의 이해 수준에 도달해 있는지 가늠할 수 있으며 이는 평가의 타당도에 해당한다.

(3) 제3단계 – 학습경험과 수업내용의 개요

① 아이디어를 의미로 승화시키는 단계이다.

② 백워드 설계자는 학습자들의 흥미를 이끌어 내어 어렵지만 배울 가치가 있는 '큰 개념'을 오랫동안 기억하고 실생활에 활용할 수 있도록 지도안의 개요를 개발해야 한다. 백워드 설계가 단원 수준인 만큼 여기서 지도안은 계획안이 아니라 핵심적 아이디어들과 단계를 열거해 놓은 내용 개요와 같다.

③ 학습경험과 수업내용의 개요는 WHERE의 절차적 원리를 따른다.

[그림 8-9] WHERE의 절차

㉠ 교사는 높은 기대 수준 및 학습 방향을 제시한다(Where are we headed?).

㉡ 학습자들의 도전 의식을 고무하며 관심을 이끈다(Hook the students).

㉢ 수행과제를 투입하면서 주제를 넓게 탐구시킨다(Explore & Equip).

㉣ 높은 성취 수준을 수행하고 있는지 점검한다(Review & Rethink).

㉤ 성취의 증거들을 발표하고 전시한다(Exhibition & Evaluation).

5. 백워드 설계모형 구조의 특징 기출 2015 중등

(1) 타일러(R. Tyler, 1949)의 영향

① 타일러의 행동목표모형은 잘 알려져 있으며 백워드 교육과정 설계 주창자들은 '목적(바람직한 결과, 성취기준)에서 시작하여, 그 목적의 성취 결과로서, 학습의 증거(수행)를 마련하고, 교육 활동을 적절하게 계획하는 그 반대 방향의 설계 원리'를 주장하였다.

② 교육과정을 학교교육의 목적과 운영을 위한 청사진 개발로 보고, 제반 교육 활동을 이끌어 나가기 위한 목표와 준거 설정을 주요한 교육과정 개발자의 과업으로 본 타일러의 논거는 교육과정 분야의 주요한 지적 전통으로 남아있다.

③ 이상, 방향, 기대된 성과를 담고 있는 목표는 교육 현장에서 일어나는 모든 활동의 준거로 작용해야만 한다.[4]

(2) 브루너(J. Bruner, 1960)의 영향

① 타일러의 목표중심 교육과정 개발 방식이 백워드 교육과정 설계모형에 논리적 틀과 전개 방식의 우선순위 결정에 공헌하였다면, 브루너의 이론은 목표의 질인 '어떤 특성을 가진 목표 및 내용을 선정하여야 하는지'에 대한 지침을 제공한다고 볼 수 있다.[5]

② 양질의 교수-학습활동은 학문을 구성하고 있는 중핵적인 내용들이 지적 도구로 구성될 때 가능하다고 보며, 어떤 발달 단계에 있는 학습이라 해도 복잡한 현상의 원리를 훤히 꿰뚫어 볼 수 있는 안목을 계발시켜야만 한다고 강조한다.

③ 위긴스와 맥타이는 브루너의 학문중심 교육과정 이론을 '영속한 이해(enduring understanding)'란 용어로 집약하였다. 영속적인 이해란 '학습자들이 비록 상세한 것들을 잊어버린 이후에도 머릿속에 남아있는 큰 개념 또는 중요한 이해'라는 뜻으로 풀이된다.

④ 결론적으로 백워드 설계모형의 첫 단계인 '바라는 결과의 확인'은 브루너가 40여 년 전에 강조하였던 학문중심 교육과정과 같은 맥락이다.

(3) 평가의 지위와 역할 상승[6]

① 학습경험 또는 구체적 학습내용의 선정에 앞서서 매우 구체적인 평가계획안이 미리 마련되어야 한다는 점이다. 목적의 달성을 확인할 증거의 수집계획을 곧바로 세우는 것이 평가의 타당도를 얻는 데 중요하다고 생각하였다.

② 백워드 설계의 두 번째 단계인 '수용할 만한 증거 결정'은 수행과제 제작과 활용방안에서 형성평가 및 종합평가 문항 개발, 자기평가 방법에 이르기까지 모든 시나리오가 개발되어야 한다는 점이다.

③ 백워드 설계모형은 다양한 평가 도구를 타당하고 신뢰롭게 개발할 수 있는 '평가 전문가'가 '훌륭한 교사'의 이미지로 설정된다.

기출콕콕

백워드 교육과정 설계방식의 특징 3가지를 설명하시오.
2015 중등

4 타일러의 영향은 '목표설정'을 최우선에 두었다는 것이다.

5 타일러는 교육과정 구성의 논리, 브루너는 무엇을 가르칠 것인가 하는 목표설정에 영향을 주었다.

6 평가의 위치를 타일러는 종속변인으로 취급하는 데 반해, 백워드 설계는 독립변인으로 취급한다. 타일러는 수업에 의해 평가가 이루어지지만, 백워드 설계는 평가를 준비하기 위해 수업을 한다.

6. 정리

(1) 백워드 교육과정 설계모형의 요약

구분	내용
구조	• 타일러의 목표모형 • 국가, 주, 구 성취기준의 체계적 연결 • 교사 책무성
목적의 성격	• 브루너의 지식의 구조 • 영속한 이해 • 학문중심 • 나선형 교육과정
절차상의 특징	• 평가의 지위를 높임 • 목적과 평가의 일원화 • 다양한 평가방법 • 이해 = 수행평가
학습경험 선정 · 조직	• 경험적 연구 중심의 학습방법과 교수전략 • 아이디어를 의미로 승화 • WHERE

(2) 백워드 교육과정 설계모형 특징

① 전통적인 타일러의 목표모형을 근간으로 하고 있다. 상위수준의 교육목표가 하위수준까지 체계적으로 잘 연결되어야 하며 교사는 책무성을 가지고 이를 교실에 적용할 것을 요구한다.

② 백워드 설계는 브루너의 지식의 구조이론을 교수-학습의 궁극적 목적으로 삼으며, 학습자들이 학문의 기본적인 아이디어, 개념, 원리의 깊은 이해에 도달할 것을 중요한 지침으로 삼는다. 이는 학습자들이 단순한 사실적 지식의 암송보다는 고등사고능력을 배양하도록 강조한다.

③ 학문 또는 교과에 대한 학습자의 심오한 이해나 고등사고능력 기능은 바로 평가계획으로 연결된다는 점이 백워드 설계의 큰 특징이다. 다양한 평가방법들은 마지막 단계인 학습경험과 조직에서 계속적으로 실행되며, 학습경험과 수업단계의 특징은 학습자의 심리적 요소와 수업의 과학적 흐름을 잘 표방하는 WHERE란 절차를 통하여 조직된다.

05 교육과정 압축 기출 2022 중등

1. 개념

① 교육과정 압축은 정규수업의 상위 학습자에게 교육과정을 적응시키기 위해 고안되었다.

② 렌줄리와 레이스에 따르면, 교육과정 압축이란 일종의 교육과정 '재구성(modifying)' 또는 '핵심화(streamlining)' 과정으로, 학습자가 사전에 학습한 자료를 반복하여 습득하는 것을 막고 정규 교육과정에 대한 학습자의 도전수준을 향상시키며, 기초학습기술의 숙달을 보장하면서 심화 또는 속진형 학습활동의 기회를 마련해 주는 방안이다.

③ 교육과정을 재구성하는 수업기법으로 처음에는 영재나 재능아를 위한 교육 프로그램의 하나로 개발되었으나, 상위 능력수준의 학생들에게 적절한 교육과정 재구성 방법으로 발전하였다.

④ 압축은 정상적인 학업이수기간을 단축하는 것(예 3년 동안 이수해야 할 과정을 2년 안에 마치는 것)으로서, 시간 낭비를 방지하기 위하여 학생 자신의 능력에 비례하여 학습할 수 있게끔 허용하는 방식이다. 이 절차를 통해 생긴 시간은 학생들에게 적절한 도전적인 속진 · 심화활동을 제공하는 데 활용될 수 있다.

⑤ 상위 학습자들에게 불필요한 학습 반복을 막고 더 도전적인 학습기회를 마련해주기 위한 정규 교육과정의 재구성 전략을 말한다.

2. 목적

① 모든 학생들이 도전감을 느낄 수 있도록 학습수준을 조정한다.

② 심층적인 학습경험을 가급적 많이 하게 한다.

③ 다양한 심화학습을 정규 교육과정에 도입한다.

3. 방법

① **교육과정 압축(축약, curriculum compacting)**: 정규 교육과정의 주요내용을 체계적으로 정리하고, 정규교육과정의 수준을 높여서 도전감을 고취시키고, 적절한 심화활동 또는 촉진활동을 위해 시간을 배정한다.

② **교재분석과 교재에서 반복되는 내용 제거**: 어떤 내용을 심층적으로 가르쳐야 하는지와 어떤 내용을 삭제해야 하는지 결정하고, 어떤 자료들이 중요한지를 결정해야 한다.

③ **정규 교육과정에 심화내용 삽입**: 학습내용의 가장 대표적인 개념과 아이디어를 강조하는 것이 학문의 정수를 이해하는 가장 좋은 방법이라는 가정에 기초를 두고 있다. 대표적인 개념을 사용함으로써 교사들은 학문의 요지를 쉽게 이해할 수 있고 경제적으로 내용을 선정할 수 있게 된다.

기출콕콕
범위 측면에서의 교육과정 재구성 방법을 제시하시오.
2022 중등

제 6 절 교육과정의 개발모형

01 타일러(R. Tyler)의 합리적 모형 - 목표 지향, 목표 중심적

1. 개요

① 타일러의 모형은 교육목표, 교육경험의 선정과 조직, 당초 세운 교육목표가 어느 정도 달성되었는지에 대한 효율성을 알아보기 위한 질문에 대답하기 위한 모형으로 가장 잘 알려져 있다.

② 타일러는 교육과정과 수업은 하나의 과정이며, 이를 계획하기 위해 4가지 질문에 대답해야 한다고 주장했다.

㉠ 학교에서 달성하고자 하는 교육목표는 무엇인가?

㉡ 수립된 교육목표를 달성하는 데 유용한 학습경험은 어떻게 선정하는가?

㉢ 효과적인 수업을 위해 선정된 교육경험을 어떻게 조직할 수 있는가?

㉣ 학습경험의 효과성은 어떻게 평가할 수 있는가?

2. 개발절차[1]

교육목표의 설정 ⇨ 학습경험의 선정 ⇨ 학습경험의 조직 ⇨ 학습경험의 평가

[그림 8-10] 타일러의 교육과정 개발절차

[1] 타일러의 교육과정 개발절차는 목표가 설정되면 그 목표를 달성하기 위한 '선정 ⇨ 조직 ⇨ 평가'는 자동적으로 이루어지는데, 여기서의 목표는 명세적이어야 한다. 이 모형은 표면적 교육과정과 관련이 깊고 연역적이며 행동주의적 관점을 지닌다.

(1) 교육목표의 설정

① 교육목표 설정의 원천

㉠ 학습자에 대한 연구로서 학습자의 심리적 요구, 학생의 관심과 흥미에 대한 분석이다.

㉡ 현대사회에서 요구하는 것을 파악하기 위해 학교 밖의 지역사회, 국가, 세계를 잘 알고 고려해야 한다.

㉢ 교과 전문가의 견해를 고려해야 한다. 이러한 학습자의 연구, 사회요구 조사, 교과 전문가의 제언으로부터 잠정적 목표를 구성할 수 있다.

② 타일러는 학습자가 달성할 수 있는 것인지를 알아보기 위해 학습심리학을 통해 잠정적 목표를 거르고, 과연 그것이 교육적으로 추구할 만한 가치가 있는 바람직한 것인지를 판단하기 위하여 교육철학을 동원하여 걸러주어야 한다고 하였다.

③ 교육목표 설정의 절차[2]

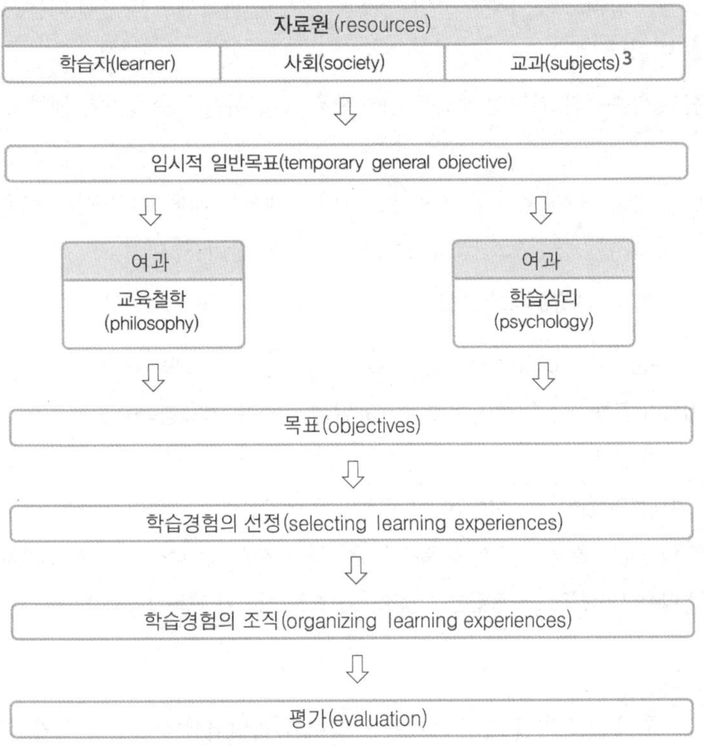

[그림 8-11] 타일러의 교육목표 설정 절차

④ 잠정적 목표를 학습활동으로 선정하는 기준

구분	내용
합의된 가치와 기능과의 합의성	특정 분야의 전문가 양성을 위해서는 특수 전문기관을 중시해야 함
포괄성	목표는 특정 학습자와의 사소한 행동을 다루는 것이 아니므로 보다 많은 사람들이 가치 있게 받아들이는 것을 포괄해야 함
일관성	목표는 서로 일관성이 있어야 함
달성 가능성	교육과정 개발자는 교사의 교수 가능성, 학습자의 학습 가능성을 고려해야 함
용이성과 경제성	지역사회 교수자원의 구입 용이성, 시설과 설비 및 비용을 고려한 목표를 선정해야 함

2 자료원을 통해 얻은 임시적 일반목표를 교육철학과 학습심리에 맞게 걸러서 구체적 목표를 설정하게 된다. '선정, 조직, 평가'는 목표에 맞게 자동적으로 이루어지기 때문에 타일러는 목표와 수업을 분리하지 않는다.

3 자료원은 '요구분석'에 해당하는데, 타일러는 자료원 중에서 상대적으로 교과를 중시하는 면이 있다. 이것은 학습경험 선정이나 학습경험 조직의 기준이 교과에 충실하기 때문이다.

(2) 학습경험의 선정

① 학습경험은 통상적으로 이해하고 있는 것과 같이 한 과목에서 다루게 되는 내용이나 교사의 교수활동은 아니다.

② 학습경험은 학습자와 외적 환경과의 상호작용으로, 학습은 학습자가 행한 행위를 통해서 이루어진다.

③ 학습경험은 학생들에게 무엇을 제공했느냐의 문제라기보다 학생들이 무엇을 경험했는가의 문제이므로 학습자를 중심으로 교육경험을 선정해야 한다.[4]

④ 학습경험 선정원칙 기출 2019 중등

구분	내용
기회의 원칙	학생이 교육목표 달성에 필요한 학습경험을 할 수 있는 기회를 제공해야 함
만족의 원칙	학생이 학습함에 있어서 만족을 느끼는 경험이어야 함
학습 가능성의 원칙	학습경험은 학생이 현재 수준에서 경험이 가능한 것이어야 함
일목표 다경험의 원칙	하나의 목표를 달성하기 위해서는 여러 가지 학습경험이 필요함
일경험 다성과의 원칙	동일한 학습경험을 통해 상이한 교육결과를 가져올 수 있음

4 어떤 것을 가르칠 것인가 하는 교수자 입장에서 학습자가 고려된 것이다. 이 것은 보비트의 활동분석법적 차원과 맥을 같이 한다.

기출콕콕
기회의 원칙과 만족의 원칙에 대해 설명하시오. 2019 중등

(3) 학습경험의 조직

① 학습경험이 교육적 효과를 가져 오려면 경험이 축적되어서 상승효과를 가져올 수 있도록 조직되어야 한다.

② 조직은 크게 시간적 관계와 공간적 관계를 고려한 수직적 · 수평적 조직으로 나눌 수 있다.

③ 학습경험 조직 기준 기출 2017 중등

구분	내용
계속성 (continuity)	주요한 교육과정 요소를 시간을 두고 연습하고 개발할 수 있도록 여러 차례에 걸쳐 반복적으로 기회를 주는 것
계열성 (sequence)	계열성은 계속성과 관련되지만, 그 이상의 것으로 같은 수준이 아니라 이해, 기능, 태도, 흥미 등이 조금씩 다른 수준으로 단계적으로 깊어지고, 넓어지고, 높아지도록 조직하는 것
통합성 (integration)	교육과정의 요소를 수평적으로 연관시키는 것

기출콕콕
내용조직원리를 설명하시오. 2017 중등

(4) 학습경험의 평가

① 평가과정이란 교육목표가 교육과정이나 학습지도를 통해 어느 정도 실행되고 있나를 확인하는 일이다.

② 평가는 변화를 알아보는 것이므로 두 번 이상[5] 이루어져야 한다.

③ 행동적 용어로 목표를 분명하게 진술하고 여기에 따라 행동을 표현할 기회이자 학생들이 학습 행위를 성취할 기회가 어떻게 주어졌는가를 밝힌 후에 적절한 평가도구를 구안한다.

5 평가가 한 번만 이루어질 경우 편견이나 오류에 빠질 수 있다. 변화를 위해서는 두 번 이상 평가해야 한다.

3. 합리적 모형의 장 · 단점

구분	내용
장점	• 어떤 교과 및 어떤 수업수준에서도 활용 · 적용할 수 있는 폭넓은 유용성이 있음 • 논리적 · 합리적인 일련의 절차를 제시하고 있어 교육과정 개발자나 수업계획자가 이를 따라하기 비교적 쉬움 • 학생의 행동과 학습경험을 강조함으로써 평가에 매우 광범위한 지침을 제공해 줌 • 교육과정과 수업을 구분하지 않고 '목표 ⇨ 경험선정 ⇨ 경험조직 ⇨ 평가'를 통합적으로 포괄하는 광범위한 종합성을 띠고 있음 • 경험적 · 실증적으로 교육성과를 연구하는 경향을 촉발함
단점	• 목표를 미리 분명히 설정한다는 것은 수업 진행과정 중에 새롭게 생겨나는 부수적 · 확산적 목표의 중요성을 간과한 것임[6] • 목표를 내용보다 우위에 두고, 내용을 목표달성을 위한 수단으로 전락시킨 면이 있음 • 무엇을 가르쳐야 할 것인지에 대한 대답을 회피하며[7], 교육과정의 실질적 내용이 어떤 것인지 가르쳐 주지 않고, 그것을 확인하는 절차만을 제시함 • 겉으로 평가할 수 있는 행동만을 지나치게 강조함으로써 잠재적 교육과정이나 내면적 인지구조의 변화, 가치와 태도 및 감정의 변화를 확인하기 어려움[8]

6 타일러는 목표가 명확한 표면적 교육과정만을 강조하고, 잠재적 교육과정과 영 교육과정은 소홀히 하였다.

7 타일러는 무엇을 가르칠 것인지에 대한 답을 회피함으로써 개념적 경험주의자들이 탄생하게 되었다.

8 타일러의 합리적 모형은 정의적 · 심동적인 면을 확인하기 어렵다.

9 타바의 모형은 목표설정을 구체적으로 확장시켰다.

02 타바(H. Taba)의 확장된 목표모형[9] - 타일러 모형의 승화

1. 개요

① 타바는 교육과정이 교사에 의해 개발되어야 함을 강조하며, 개발이 교수-학습단원을 만드는 것에서부터 시작되어야 한다고 하였다.

② 이 모형은 개발자들이 따라야 할 절차를 제시한다는 점에서 처방적 모형이지만, 단원개발에서 출발하여 교과구성으로 진행된다는 점에서 귀납적 모형이다.

2. 교육과정 개발모형

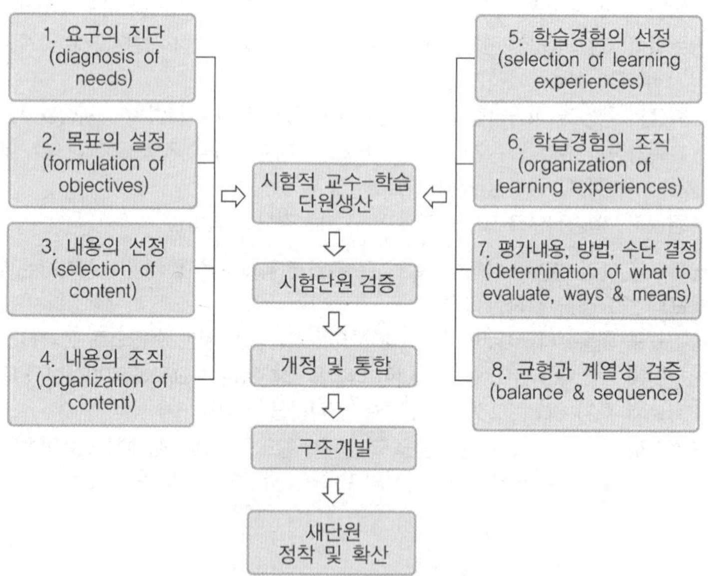

[그림 8-12] 타바의 교육과정 개발모형

(1) 1단계 - 요구의 진단

학생들이 무엇을 알고 무엇을 이해할 수 있으며, 그들이 어떤 기능을 가지고 있느냐, 어떤 정신적 과정을 그들이 성취했느냐 등을 진단하는 단계이다.

(2) 2단계 - 목표의 설정

① 교육과정 요소를 개발하기 위하여 기초가 되는 명확하고 포괄적인 목표를 설정하는 단계이다.

② 타바는 교육목표의 진술을 '행동과 내용'으로 나타내야 한다고 하였는데, 이 점에서 타일러와 의견을 같이한다.

(3) 3단계 – 내용의 선정과 조직

① 내용에 대한 교사의 깊이 있는 이해를 바탕으로 교육과정 내용을 선정하고 조직해야 한다.

② 내용조직과 선정을 위해서는 타당성과 의의, 내용의 여러 수준 간 적절한 구별, 어떤 발달수준에 어떤 내용을 적용할 것인가의 결정 등과 같은 목표 이외의 준거가 필요하다.

③ 학급에 있어서 계속성과 계열성의 중요성, 다양한 학습능력 등에 대한 교사의 깊이 있는 이해가 필요하다.

(4) 4단계 – 학습경험의 선정과 조직

① 학습의 원리를 응용하는 것뿐만 아니라, 개념성취의 전략과 학습의 계열화에 대한 이해를 바탕으로 적절한 학습경험을 선정하고 조직해야 한다.

② 학습될 내용을 적절한 학습경험으로 연결시키는 방법, 학습능력, 동기화 등의 문제도 교사가 고려하고 대처해야 하는 단계이다.

③ 이러한 측면에서 볼 때, 타일러가 교사의 측면에서 학습경험을 강조한 반면, 타바는 학습자의 측면에서 학습경험을 강조했다고 볼 수 있다.

(5) 5단계 – 학습성과의 평가

① 무엇이 평가되어야 하는지와 그것을 평가하는 방법과 수단을 결정하는 단계이다.

② 내용의 숙달, 해당 기술, 사고방식의 변화와 같은 학생들의 변화내용을 결정하고, 교육목적의 달성 정도를 규명하기 위해 목적에 제시된 가치에 따라 변화를 감정하는 단계이다.

3. 특징

① **처방적 모형**: 개발자들이 따라야 할 절차를 상세히 제시한다.

② **귀납적 모형**: 시험적 교수–학습단원 개발에서 출발하여 교과형성으로 진행된다.[10]

③ **역동적 모형**: 계속적인 요구진단을 통하여 교육과정 요소들의 상호작용을 강조했다.

④ 학습내용과 학습경험을 분리하였다.

[10] 타바의 교육과정 개발은 교사들이 각자 교실에서 최선의 프로그램을 개발하도록 한 다음, 각 프로그램들로부터 일반적 원리를 발견하여 새로운 교육과정을 계획하는 데 이용한다는 점에서 '귀납적' 성격을 갖는다.

03 워커(D. Walker)의 숙의모형

1. 개요

① 실제적 개발모형은 교사와 개발자들의 행동을 있는 그대로 관찰 · 기술하여 그것을 개발과정에 반영해야 한다고 보고 있는데, 이런 점에서 실제적 모형은 기술적(descriptive) 성격을 띠고 있다.

② 워커의 숙의모형은 교육과정개발위원회의 교육과정 의사결정을 위한 숙의(熟議)를 있는 그대로 자연스런 장면에서 조사하고 묘사하였다.

③ 교육과정개발위원회에 속한 사람들은 교육과정의 기본 원천인 교과, 학습자, 사회에 대한 탐구를 철저히 하는 것도 아니고, 목표를 먼저 세우고 교육과정을 개발하는 타일러 방식으로 일을 진행하지도 않는다. 워커는 그가 발견한 것을 교육과정 계획의 과정을 설명하는 틀로 개발하고, '자연스러운 모형(naturalistic model)'이라고 이름 지었다.

2. 개발절차 모형

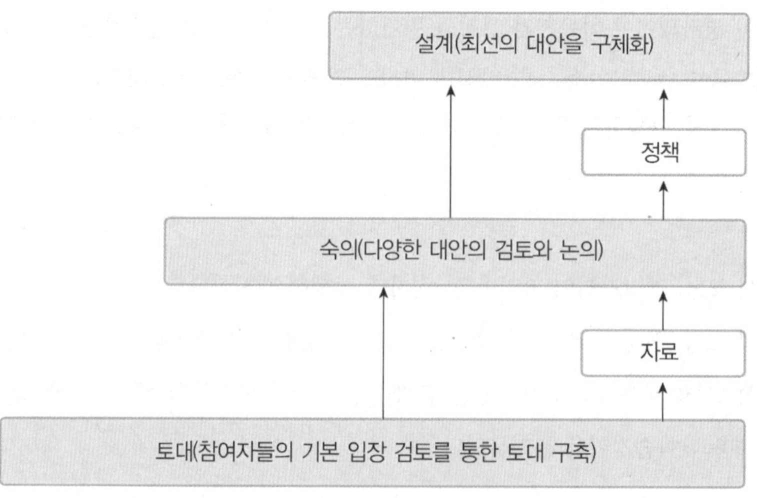

[그림 8-13] 워커의 숙의모형

3. 개발절차와 내용

(1) 강령(platform, 토대) 단계

① 출발점이라고 볼 수 있으며, 개발자들이 교육과정에 관하여 품고 있는 신념과 가치체계에서 교육과정 개발이 시작한다는 것이다.

② '강령(기본 입장)'이란 개발협의 때 드러나는 교육적 신념과 가치, 각종 교육이론, 교육목적, 교육과정 구상, 교육과정 개발절차, 자기가 속하여 이해관계를 대변해야 하는 집단의 전략, 자신의 숨은 의도 및 선호 등을 통틀어 가리키는 말이다.

③ '토대'는 일반적으로 다양한 개념(무엇이 존재하고 무엇이 가능한가에 대한 신념), 이론(존재하는 실체들 간의 관계에 대한 신념), 상대적으로 잘 설정되고 심사숙고된 목적(무엇이 바람직한 것인가에 대한 신념)으로 구성된다. 워커가 토대라는 용어를 사용하는 이유는 앞으로의 토론에서 기준 · 기초 · 합의의 발판이 되기 때문이다.

④ 참여자들의 기본 입장 검토를 통해 공감대를 형성한다.

(2) 숙의(검토, 토의) 단계

① 교육과정에 대한 공통적인 그림을 찾기 위하여 개발자들이 상호작용하는 단계로, 개발자들은 아이디어를 제시하고 협의하며, 개발자들 간 상호작용이 시작되면 숙의단계로 들어간다.

② 각 개발자들이 자신의 강령을 방어하고 아이디어를 제안하며, 자신의 아이디어를 명료하게 하고 합의를 이끌어내는 검토와 토의가 이루어진다. 다소 혼란스럽고 무질서한 것처럼 보이는 숙의의 단계가 지나면 상당히 명료한 합의를 이끌어낼 수 있다.

(3) 설계 단계

① 수업방법을 확장하고 실행을 계획하기 위해 개발자들이 논의를 통하여 교육과정의 구성요소를 결정하는 단계이다.

② 개발과정의 구성요소들에 관하여 최종 결정을 내리며, 구체적인 교육 프로그램을 만든다.

③ 교육과정 설계는 일련의 의사결정을 통해 구체화되며, 의사결정 과정에서의 선택을 통해 수업방법이 확정되며, 실행 계획의 수립이 이루어진다.

④ 숙의를 계속하면서 교육내용과 방법 등에 관한 최종 검토와 결정이 이루어진다.

기출콕콕

워커의 교육과정 개발모형의 명칭과 이 모형을 (학교)교육과정 개발에 적용해야 하는 이유 3가지를 논하시오. 2018 중등

4. 특징 기출 2018 중등

① 교육과정 개발 프로젝트의 경험에서 나온 것으로 교육과정 개발과정을 그대로 기술해 주는 기술적 모형으로 워커의 모형은 타일러 또는 타바의 모형보다 덜 선형적이다. 타일러 모형이 목적과 수단을 단선적인 것으로 파악하는 선형적-기계적 모형이라면, 워커의 자연주의적 모형은 덜 선형적이고 다소 유동적이다.

② 타일러의 모형에서는 의견이 수렴되고 종합되는 의사결정 과정이 강조되지 않는 반면, 워커의 모형에서는 개발 참여자들의 의견이 타협되고 조정되는 과정이 강조된다.

③ 워커의 모형은 결과보다는 의사결정 과정이나 절차에 초점을 두고 있기 때문에 자연주의적이고 과정 지향적인 성격을 지닌다.

④ 타일러 모형의 출발점은 목표였지만, 워커 모형의 출발점은 집단구성원이 공유하는 신념이나 이미지 체계인 강령이다.

⑤ 숙의과정에서 관료제의 엄격한 위계 및 의사소통의 통제권 등으로 인해 참여자들의 참여 범위가 제한된다면, 충분한 숙의는 이루어질 수 없게 된다.

⑥ 교육과정 개발과정이나 의사결정 과정에 정책적인 문제나 가치가 개입된다면, 참여자들 간의 숙의를 통한 교육과정 개발이 올바르게 이루어질 수 있을지 의문이 제기된다.

5. 실제적 개발모형의 장 · 단점

구분	내용
장점	• 교육과정을 계획하는 동안 실제로 일어나는 것을 아주 정확하게 묘사해 줌 • 참여자들이 다른 입장에 반응하고 숙의하기 위해 대화에 상당한 시간을 투자해야 할 필요성이 있음을 강조함
단점	• 교육과정 계획에만 초점을 맞추어, 교육과정 설계가 완성된 뒤의 문제에 대한 언급이 없음 • 대규모의 교육과정 프로젝트에는 적절한 계획이나, 소규모 · 학교중심 교육과정 계획에는 적절하지 않을 수 있음[11] • 교육내용에 대한 인식론적 입장이 결여되어 있음 • 숙의과정과 설계과정에서 왜 이 내용을 가르쳐야 하는지에 대해서는 의문을 제기하지 않음

[11] 토대가 작아지면 다양성이 줄어들기 때문에 적절하지 않을 수도 있다.

04 아이스너(E. W. Eisner)의 예술적 모형

1. 개요

① 1960년대에 행동적 교육목표와 전통적 학문교과를 지나치게 강조했던 학교 교육과정의 풍토를 강력히 비판했다.

② 교육과정에 대한 의사결정을 하는 사람은 실제에 대한 다양한 시각을 표현하는 예술가(전문가)와 같은 사람이라고 말한다.

③ 인본주의적이고 심미적인 관점에서 예술적인 교육과정 개발의 접근방법을 제시하였다.

2. 기본 입장

구분	내용
재개념주의적 입장	전통적 입장인 타일러의 견해를 부정하고, 현상학적 입장에서 사회적 실재(social reality)를 주관적 · 구성적 · 다원적인 것으로 보았으며, 개인이 의미를 구성하는 방법도 다양하다고 보았음
질적 연구의 지향	보편적인 법칙만을 찾으려는 경험-분석적 연구(전통적 입장)를 지양하고 질적 연구(재개념주의적 입장)를 도입하여 풍부하고 다양한 교육실재에 적용될 수 있는 다양하고 새로운 가정과 방법을 모색하였음
예술가적 교육과정 개발	교육과정에 대한 의사결정을 하는 사람은 교육실재에 대한 다양한 시각을 표현하는 예술가와 같아야 함
영 교육과정의 중시	그 동안의 교육과정이 전통적 · 학문적 교과만을 교육과정으로 선정해 온 전통주의적 입장을 비판하고, 영 교육과정이라고 할 수 있는 대중문화 같이 아주 중요하지만 교육과정에서 배제되어 왔던 내용도 신중하게 고려되어야 함
교육적 상상력의 중시	교사들이 학생들에게 의미 있고 다양한 학습기회를 제공할 수 있도록 교육목표와 내용을 변화시킬 수 있는 능력을 '교육적 상상력'으로 명명하고 이를 예술성의 은유적 표현으로 보았음
교사의 교육과정 개발 (선구자적 입장)	예술적 접근에서는 교육과정과 관련된 중요한 의사결정의 대부분은 학생들의 학습경험을 관찰하는 교사에 의해서 이루어져야 한다고 주장하며, 교사가 이를 숙의하고 실행하는 선구자적 입장에 있다고 보았음

3. 수업목표 설정방법

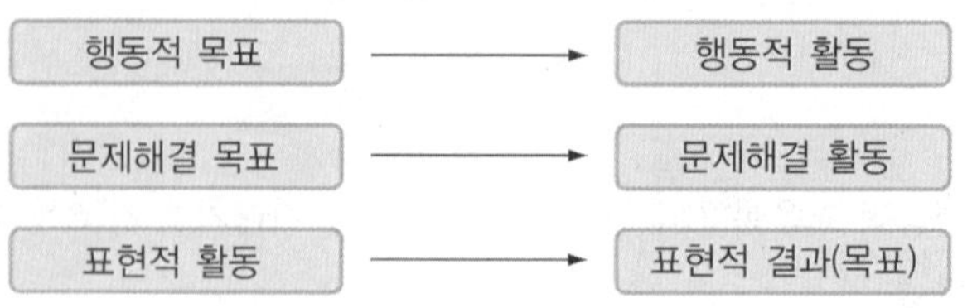

[그림 8-14] 아이스너의 수업목표 분류

(1) 행동적 목표

타일러의 행동적 목표와 동일하다.

(2) 문제해결 목표

① 행동적 목표의 경우처럼 모든 기준을 사전에 설정하는 것은 아니며, 문제해결의 조건을 명시하더라도 그 해결 상태는 제한하지 않는다. 또한, 학습자 개개인에 따라 다양하게 창출할 수 있는 잠재적 해결방안을 배제하지 않는다.

② 사전에 목표로 설정해 놓으면, 거기에는 한 가지 획일적 · 동질적 방안만이 학습되지만, 문제해결 목표는 지적 탐구의 인지적 융통성(cognitive flexibility)을 최대한 촉구하는 비명시적인 목표진술을 시도하는 것이다.

(3) 표현적 결과

① 표현적 활동이 표현적 결과에 선행하여 이루어진다는 점에서 앞의 행동적 · 문제해결 목표와 차이가 있다. 행동적 목표나 문제해결 목표에서는 목표가 활동보다 앞서며, 이 활동에 의해 결과가 도출되지만 표현적 활동에서는 활동이 결과보다 앞서며, 이 결과를 목표의 의미로 대체하여 해석할 수도 있다.

② 표현적 활동에서는 행동적 · 문제해결 목표와 달리 활동이 결과에 선행한다. 예컨대 영화관에 영화를 보러 갈 때, 사전에 행동적 목표나 문제해결 목표를 설정해 두고 들어가는 사람은 없을 것이다. 단순히 무엇인가 재미있을 것이라고 생각하고 영화를 보러 간다. 하지만 일단 영화를 보고 나오면(표현적 활동의 선행), 우리는 영화에 대해서 여러 가지 판단을 한다(연기자, 화면 처리, 음악, 색감 등). 이러한 판단은 사전에 우리가 갖고 있었던 여러 가지 기준에 의해 이루어지는데, 이렇게 생긴 판단이 바로 표현적 결과이다.

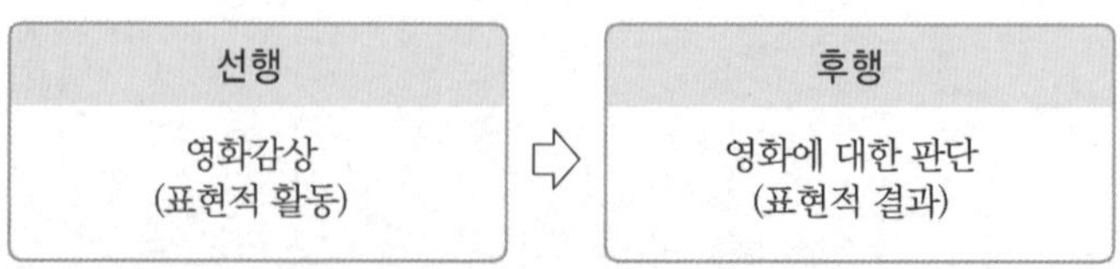

[그림 8-15] 표현적 활동과 결과

③ 교실상황에서는 사전에 설정된 행동적 목표 없이도, 수업의 과정을 거치고 나면 과거에 묵시적으로 형성된 여러 가지 기준을 바탕으로 수업을 통한 발전에 대하여 평가하게 되는 것이다.

④ 즉 목표는 반드시 학습활동 이전에 설정되어야 하는 것만은 아니다. 학습활동 중에도 얼마든지 목표가 형성될 수 있으며, 그렇게 형성되는 목표의 영역을 완전히 배제해서는 결코 안 될 것이라고 아이스너는 보고 있다.

⑤ 이러한 아이스너의 표현적 활동과 표현적 결과는 오늘날 획일화되고 있는 교수-학습목표와 결과에 대해서 다양화, 이질성, 개별적 독특성, 개인차 등을 강조하였다는 점에서 높이 평가할 수 있다.

(4) 3가지 형태의 교육목표 비교

종류	특징	평가방식
행동목표 (behavioral objectives)	• 학생의 입장에서 진술함 • 행동용어를 사용함 • 정답이 미리 정해져 있음	• 양적 평가 • 결과의 평가 • 준거지향검사 사용
문제해결 목표 (problem-solving objectives)	• 일정한 조건 내에서 문제의 해결책을 발견함 • 정답이 정해져 있지 않음	• 질적 평가+양적 평가 • 결과 및 과정의 평가 • 교육적 감식안 사용
표현적 결과 (expressive outcomes)	• 조건 및 정답 없음 • 활동의 목표가 사전에 정해지지 않고 활동하는 도중 형성 가능함	• 질적 평가 • 결과 및 과정의 평가 • 교육적 감식안 사용(교육적 비평력)

05 스킬벡(M. Skilbeck)의 학교중심 교육과정 개발모형

1. 개요

(1) 의의

교육과정 개발의 출발점을 추상적 상황에서 목표를 설정하는 것이 아니라 학교에서 일어나는 학습 상황을 비판적으로 평가하는 데 두고 있다.

(2) 타일러 모형과의 차이점

12 상황분석은 학교중심 교육과정 개발에서 오는 학교의 다양성을 인정해 주어야 한다는 의미이다.

① 교육과정의 계획에서 상황분석[12]의 단계를 추가하였다. 상황분석이란 교육과정이 개발되는 이데올로기, 인식론적, 심리학적, 사회적, 관리중심적 등 다양한 맥락과 교육과정 개발자에게 부과되는 내적 압력 및 제한점을 종합적으로 검토하는 것을 의미한다.

② 상황분석은 교육과정이 학교, 교사, 학생의 개별적 특성에 따라 다르게 구성되어야 한다는 점을 강조한다.

③ 스킬벡은 교육과정 개발자가 지각한 요구에 적절하다고 생각하는 단계에서 모형을 시작하라고 권고한다.

④ 교육과정 개발자는 순서에 상관없이 단계를 거칠 수 있을 뿐만 아니라 몇몇 단계를 결합하여 운영할 수도 있다.

(3) 성격

① 스킬벡의 교육과정 개발모형은 절차적 성격을 띠고 있으나 어느 단계에서든 개발자의 의도에 따라 시작할 수 있다. 교육과정 개발자는 교육과정 개발과정을 유기적 과정으로 보고 서로 다른 요소와 측면을 동시에 고려해야 한다.

② 스킬벡의 교육과정은 여러 상황이 복합적으로 얽혀져 있는 학교라는 유기적 조직에서 사용할 수 있도록 개발되었음을 알 수 있다.

13 스킬벡의 학교중심 교육과정 개발모형은 어느 단계에서든 시작할 수 있으며, 단계를 뛰어넘거나 결합할 수 있다.

2. 교육과정 개발모형의 단계별 특성[13]

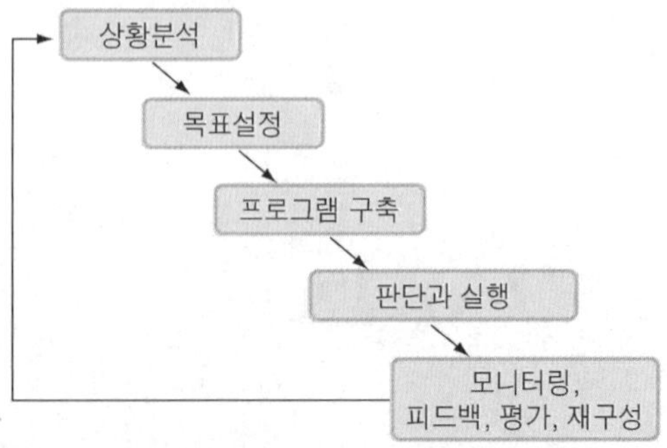

[그림 8-16] 스킬벡의 교육과정 개발단계

<table>
<tr><th>단계</th><th colspan="2">구분</th><th>내용</th></tr>
<tr><td rowspan="2">1</td><td rowspan="2">상황분석</td><td>외적 요인</td><td>• 문화적 · 사회적 변화 및 부모의 기대를 포함한 기대, 고용주의 요건, 지역사회의 가치, 부모, 자식 간의 인간관계의 변화, 이데올로기
• 교육제도의 요건 및 도전
예 정책, 시험, 지방 당국의 기대, 요구 또는 압력, 교육과정 프로젝트, 교육연구
• 가르쳐야 할 교과의 성격 변화
• 교사 지원체제의 잠재적 공헌
예 교육대학, 연구기관 등
• 학교 내의 자원 유입</td></tr>
<tr><td>내적 요인</td><td>• 학생: 적성, 능력, 분명한 교육적 요구
• 교사: 가치, 태도, 기능적 지식, 경험, 특별한 장점과 단점, 역할
• 시설, 장비를 포함하여 이를 강화하기 위한 물적 자원
• 기존 교육과정에서 인식한 문제점 및 결점</td></tr>
<tr><td>2</td><td colspan="2">목표설정</td><td>• 목표 진술은 기대되는 학습 성과의 종류를 포함하여 교사와 학생의 행동을 담고 있으며 이는 반드시 명료화된 '행동'일 필요는 없음
• 목표는 상황을 수정하는 결정을 나타냄
• 수정이 일어나는 주요 원인을 판단한다는 점에서 제1단계의 상황 분석으로부터 도출되었음을 알 수 있음
• 목표는 교육활동이 나아가야 할 방향에 대해 선호성, 가치, 판단 등을 암시 · 진술하고 있음</td></tr>
<tr><td>3</td><td colspan="2">프로그램 구축</td><td>• 교수－학습 활동의 설계
예 구조와 방법, 스코프, 시퀀스
• 수단－자료
예 도구 설명서, 자원단원, 교과서 등
• 적절한 연구 장면의 설계
예 실험실, 견학, 워크숍
• 인사발령과 역할 분담
예 사회변화로서의 교육과정 변화
• 학습시간표 및 규정</td></tr>
<tr><td>4</td><td colspan="2">판단과 실행</td><td>교육과정 변화를 야기하는 문제들
예 신 · 구 세대의 충돌, 저항, 혼란이 있을 수 있는 현재의 기관 속에서, 설계모형 속에서, 이 문제들을 미리 예측하고, 경험의 회고, 관련 있는 이론의 분석, 혁신의 이론, 그리고 상상력 있는 예언을 통해 문제를 해결함</td></tr>
<tr><td>5</td><td colspan="2">모니터링, 피드백, 평가, 재구성</td><td>• 조정 및 의사소통 체제의 설계
• 평가의 시간 계획
• 연속적인 평가의 문제
• 과정의 계속성 조절 및 유지</td></tr>
</table>

제7절 교육과정의 실행 · 운영

01 교육과정 실행

1. 교육과정 실행의 개념

① '실행(implementation)'이란 용어는 교육과정 또는 교수요목의 실제적 사용 및 교육과정이 실제로 이루어지는 것을 말한다.

② 교육과정 구성 및 개발과정에 대해 평가적 피드백을 제공해 주며, 그 자료는 교육과정의 수정 및 개선을 위해 유용하게 활용될 수 있다.

기출콕콕

충실성 관점의 장점과 단점 각각 1가지, 형성 관점에 적합한 교육과정 운영 방안 2가지를 제시하시오. 2021 중등

2. 교육과정 실행의 관점 – 스나이더(J. Snyder) 기출 2021 중등

(1) 교육목표 충실성 관점

① 특징은 특정 개혁 프로그램이 계획된 대로 잘 시행되었는지를 파악하고 그러한 시행을 촉진시키거나 방해하는 요소를 밝혀내는 것이다.

② 시행된 교육과정과 의도했던 목표 간의 유사성 정도에 따라 평가된다는 점이 핵심이다.

(2) 상호적응(mutual adaptation) 관점

① 교육과정 개발자나 이들의 연구결과를 학교 수업상황에서 실제로 사용하는 사람들의 활동에서 나타나는 양상으로, 교육과정 설계자와 이를 사용하는 사람 간의 상호교섭과 유연성 있는 관계가 전제된다.

② 상호적응은 개발자와 사용자 간에 이루어지는 바람직하고 합리적인 수정으로서, 성공적 실행을 보장하는 가장 효과적인 방식으로 구체화되었다.

(3) 형성(enactment) 관점[1]

① 교육과정은 교사와 학생에 의해 공동으로 만들어지는 교육경험이라고 할 수 있기 때문에, 충실성이나 상호적응 관점의 핵심이라고 할 수 있는 외부에서 만들어진 교육과정 자료나 프로그램 수업전략 등은 형성관점에서는 도구로서의 의미만을 지니고 있다.

② 교사의 개인적인 성장과 사기는 교육과정을 시행하면서 발생하는 구체적인 결과보다 중요하기 때문에 교육과정의 개발은 교실현장에서 시행되면서 형성되는 교육과정을 의미하는 것이다.

③ 새로운 교육정책이 실시되는 과정에서 제기되는 문제점은 교사에게 있어 문제해결을 위한 좋은 기회로 작용할 수 있다. 이 관점에서 볼 때, 교사와 학생은 학습의 특성과 과정을 결정짓는 핵심적인 위치에 있는 것이다.

[1] 형성 관점은 실현된 교육과정의 관점이다.

02 교사의 역할과 운영수준

1. 교사 행위자

① Paris는 교실수업 수준에서 교육과정을 구성하고 실행하는데, 교사 행위자(teacher agency)의 개념을 다음과 같이 설명한다.

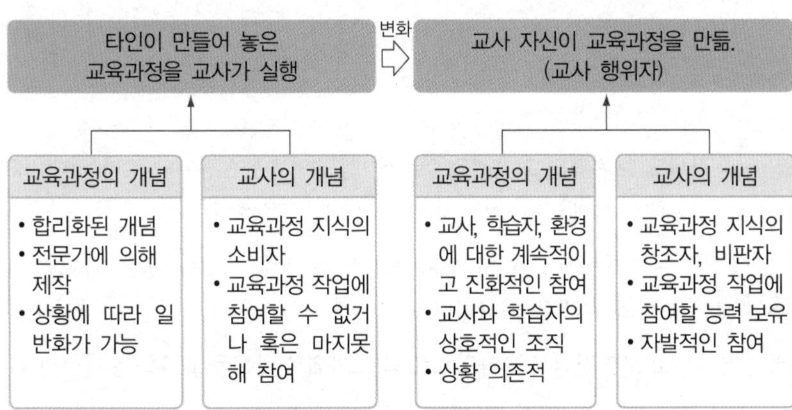

[그림 8-17] 교사 행위자의 개념

② 교사 행위자 개념이 시사하는 것은 교육과정에 대한 이해와 거기에 적합한 교사의 역할 또한 연계된다는 것이다. 따라서 능동적인 역할을 견지하기 위해서는 교육과정 지식의 소비자에서 창조자로의 전환이 필요하며, 자발적인 참여가 요구된다.

2. 교육과정 실천에 대한 교사의 입장

구분	내용
모방유지 수준	• 교육과정 개선을 위한 교사의 자율성이 없다고 판단하여 미리 준비된 자료를 아무런 평가 · 비판 없이 적용하는 수준 • A를 A로만 가르치며 창의적 변형을 가하려고 하지 않음
중간변형 수준	• 교육과정 자료의 변형 · 조정 · 적용의 필요성을 인식하는 수준으로서, 교육과정의 변화에 뛰어들고 싶어 함 • A를 A′로 가르침
창의적 개발수준[2]	• 자료의 선택과 적용 및 새로운 개발에 자율성 · 전문성을 발휘하는 수준 • A로 제시된 내용을 A″ + B 또는 A″ + C로 가르침

[2] 창의적 개발수준은 교육과정 중심의 교육과정 운영으로서 교육과정 풍부화에 해당한다.

제8절 교육과정의 유형

1 교과중심 교육과정은 전통적 교육과정으로서, 교과서의 지식을 강조한다.

01 교과중심 교육과정[1]

1. 개요

(1) 개념

① 가장 전통적이고 보편적인 교육과정으로서, 동양의 4서 3경이나 로마 시대의 7자유과(seven liberal arts)에서 유래되었으며, 지식의 체계를 존중한다.

② 교육과정은 교수요목(course of study)으로 정의되며, 교육과정은 '학교의 지도하에 학생이 배우는 모든 교과와 교재'를 의미한다.

③ 가장 전통적이고 보편적인 교육과정으로 각 교과별로 학생을 교육하는 지식의 계열을 의미한다.

(2) 철학적 배경

본질주의와 주지주의 교육철학을 배경으로 한다.

(3) 기본 입장

인류문화의 계승 · 발전이라는 교육의 문화적 기능을 중시하며, 각 교과는 그 자신의 논리와 체계가 있다고 본다. 여기에서 말하는 교과란 인류문화유산의 계통적인 조직체를 말하는 것이다.

(4) 특징

① 학생에게 일률적인 교재를 제공한다.

② 지식과 기능의 신장에 중점을 둔다.

③ 주된 교육내용은 문화유산의 전달이다.

④ 획일적 · 과거 지향적이고 교사중심적인 교육과정이다.

⑤ 설명 위주의 교수법을 요하는 경우가 많다.

⑥ 관습적 사고가 중시된 것으로 길포드의 수렴적 사고에 해당한다.

2. 조직방법

(1) 분과형 교육과정 – 학문구조 설계

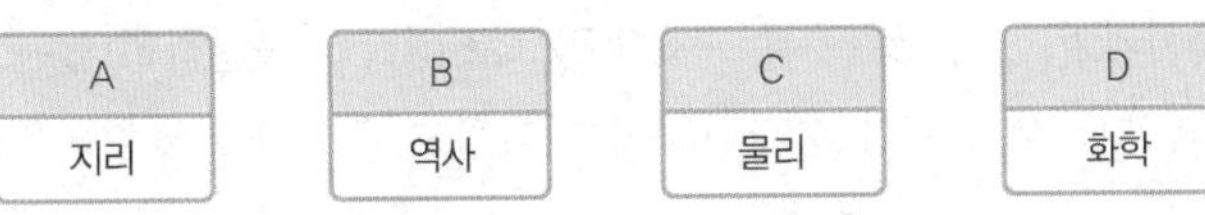

[그림 8-18] 분과형 교육과정

학문의 체계를 최저 단위로 세분하여 구성하는 것으로, 과목의 종적 체계는 있으나 과목 간의 횡적 관련이 없이 조직된다.

예 물리, 화학, 생물을 각각 독립적으로 가르치는 경우

(2) 상관형 교육과정 – 학문병렬 설계

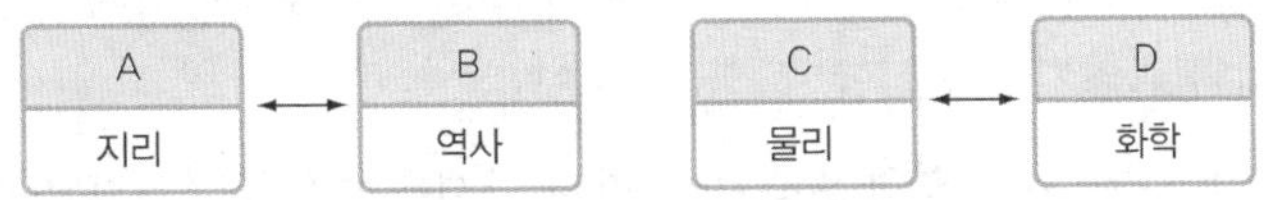

[그림 8-19] 상관형 교육과정

둘 이상의 과목이 각각의 교과선을 유지하며 비슷한 교과목 간에 상호 관련지어져 있는 교육과정으로, 한정된 상관만을 보장하기 때문에 계열성, 관련성은 있으나 포괄성, 통합성은 부족하다.

예 • 국어의 독립선언서와 국사의 3 · 1운동에 대한 사실을 관련시켜 가르치는 사실의 상관
• 지리의 침식작용과 화학의 산 · 알칼리 작용을 관련시켜 가르치는 원리의 상관
• 국어의 유관순의 애국심과 세계사의 잔 다르크의 애국심을 규범적으로 상관시켜 가르치는 규범의 상관

(3) 융합(혼합)형 교육과정 – 간학문적 설계

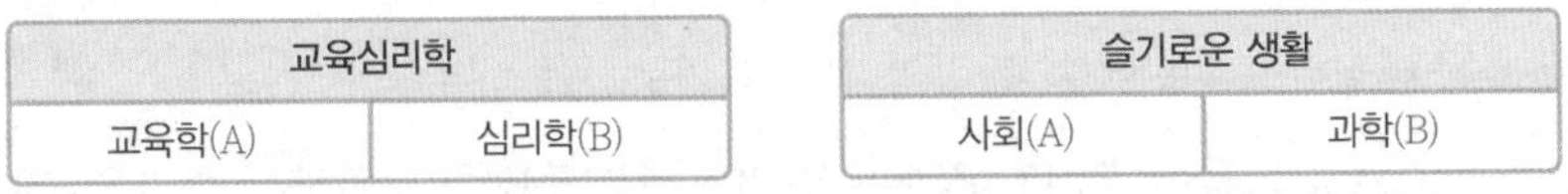

슬기로운 생활
사회(A)
과학(B)

[그림 8-20] 융합(혼합)형 교육과정

상관 교육과정에서 광역 교육과정으로 이행되는 과도기적 형태로서, 각 과목의 성질을 유지하면서 과목 간의 공통요소를 추출하여 재조직하는 것을 말한다.

예 • 교육학과 심리학을 교육심리학으로 재조직함
• 초등학교의 사회와 과학을 슬기로운 생활로 재조직함

(4) 광역형 교육과정 – 다학문적 설계

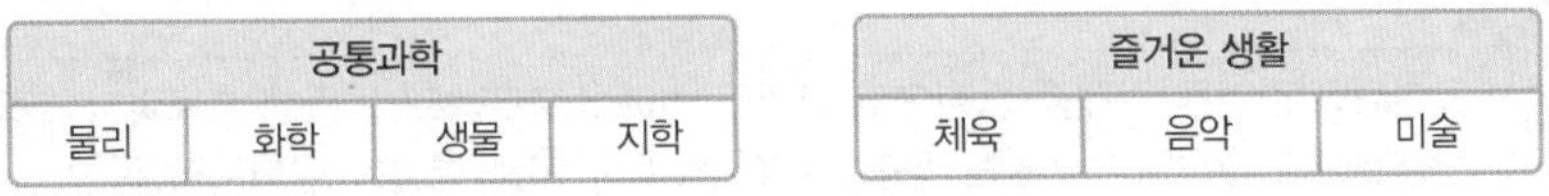

공통과학
물리
화학
생물
지학

즐거운 생활
체육
음악
미술

[그림 8-21] 광역형 교육과정

유사한 교과영역에 속하는 과목들을 포괄하여 하나의 과목으로 구성하는 교육과정이다.

예 고등학교의 공통과학(물리, 화학, 생물, 지구과학), 초등학교의 즐거운 생활(음악, 미술, 체육) 등

2 교과의 통합적 운영은 구성주의적 관점으로 하이퍼텍스트(hypertext)를 강조한다.

3. 교과의 통합적 운영[2]

(1) 의미

교육적 효과를 높이기 위하여 국가수준 교육과정으로 명확히 구분하고 있는 교과들을 수업의 장면을 염두에 두고 다양한 강도로 상호 관련지어 계획하고 운영하고 평가하는 활동이다.

(2) 교육적 가치

① 지식의 폭발적인 증가로 인한 교육내용 선정의 어려움이 있어, 교과별로 상호 관련되는 내용을 묶어서 제시함으로써 도움을 준다.

② 교과들 속의 중복된 내용 · 기능들을 줄임으로써, 학생들이 배워야 할 필수적 교육내용을 배울 시간을 확보해 준다.

③ 교과들 간의 관련성을 파악하는 데 도움을 주며, 교과학습과 생활과의 연관성을 높여 교과학습의 의미를 삶과 관련지어 인식할 수 있게 해준다.

④ 학생들의 흥미나 관심을 반영하기 쉽고, 주제나 문제를 중심으로 조직될 때 학생들의 학습선택권을 확장시킨다.

⑤ 현대 사회의 쟁점 파악과 복잡한 문제들을 해결할 능력을 길러준다.

⑥ 정보가 제시되는 상황과 관련된 정보 내용, 정보의 적용 기회 제공, 정보의 다양한 표현방식, 구성주의 학습이론(학습자 자신의 삶과 관련 있을 때 학습이 촉진됨)과 부합된다.

⑦ 활동중심 교육과정으로서, 학생의 적극적인 참여로 인해 학습동기가 높고 자신이 학습에 대한 책임감을 갖게 한다.

⑧ 비판적 반성과 깊은 이해 능력이 신장되기 쉬우며, 교과의 경계를 벗어나서 독립적으로 사고하고 문제를 해결하고 판단하는 능력의 신장을 가능하게 해준다.

⑨ 학생들 스스로 교과들에 흩어진 정보를 관련짓는 그물망을 형성하는 습관을 길러준다.

(3) 통합 유형

유형	내용	교과 예
다학문적 통합	하나의 주제를 개별 교과의 측면에서 다양하게 다룸으로써 통합적 효과를 노림	공통과학: 물리, 화학, 생물, 지구과학의 다학문적 통합 ⇨ 광역형 교육과정
학문 간 통합	교과들 간에 공통되는 사고 기술이나 학습 기술과 같은 요소를 중심으로 교과들이 연결되어 있음	'교육심리학': 교육학과 심리학의 학문 간 통합 ⇨ 융합형 교육과정
탈학문 통합	실제와 관계된 주제를 중심으로 교과들 간에 경계선이 완전히 없어지는 통합의 양식을 띠고 있음	프로젝트법, 중핵 교육과정: 교과와 학생의 흥미를 통합한 탈학문적 통합 ⇨ 경험형(중핵형) 교육과정

4. 교과형 교육과정의 평가 및 보완

(1) 장·단점

구분	내용
장점	• 문화유산의 전달에 용이함 • 체계적 교과지식은 경험을 효과적으로 제시함 • 명확한 교수요목은 객관적 평가기준에 따라 손쉽게 학습결과 평가가 가능함 • 교육과정 개편작업 시 경제적·능률적 운영이 가능함 • 초임교사도 쉽게 운영할 수 있음 • 교수-학습활동의 통제가 쉬워 입시 지도에 용이함 • 교육과정의 중앙집권적 통제가 용이함 • 사전에 계획되어 있기 때문에 교사, 학생, 학부모들에게 안정감을 줌
단점	• 학습자의 흥미와 관심이 경시되며, 학습 부담을 초래할 가능성이 있음 • 단편화·구획화의 위험이 있음 • 지적 활동 위주의 위험과 횡적 체계 미흡 가능성이 있음 • 고등정신기능(비판·창의·사고력)의 함양이 곤란함 • 단편적인 지식의 주입으로 비실용적인 지식을 전달할 가능성이 있음 • 상대평가로 경쟁심을 조장해 민주적 태도의 형성이 곤란함 • 교사중심 수업으로 수동적인 학습태도를 형성함

(2) 보완점

잘 정비된 교재·자료·학습장면, 철저한 교사 훈련, 활기찬 수업 준비 등을 통해 보완할 수 있다.

| 탐구문제 |

01 2014 행정고등고시 교육학

"융합형 인재를 육성하기 위해 교육과정을 통합해야 한다."라는 주장이 제기되고 있다. 이 주장과 관련하여 다음 질문에 답하시오.

(1) 일반계 고등학교에서 가능한 교육과정의 통합 방식을 교과 통합과 교과 연계 차원에서 구체적인 사례를 들어 설명하시오.

(2) 학교현장에서 교육과정 통합을 시행할 때 예상되는 문제점 및 대응방안을 교사양성과 교사연수 측면에서 제시하시오.

3 경험중심 교육과정은 표면적으로는 학습자 중심이지만, 사실상 학생을 염두에 둔 교사중심 교육과정으로 보아야 한다.

02 경험중심 교육과정[3]

1. 개요

(1) 개념

① 1920년대의 전통적인 교과중심 교육과정을 비판하면서 대두된 것으로, 교육과정이란 '학교의 지도하에 학생들이 가지게 되는 모든 경험'이다.

② '루소의 아동중심교육 ⇨ 19세기 말 신교육운동 ⇨ 20세기 초 듀이'를 통해서 형성되었다.

(2) 철학적 배경

진보주의를 배경으로 한다.

(3) 기본 입장

① 학습자의 전인적 발달을 중시하며, 교육과정의 기초로 학습자의 흥미, 필요, 욕구 등을 중시한다.

② 교사와 학생 간의 협동을 강조하며, 교수방법보다는 학생들의 학습방법을 중시한다.

③ 교육을 교수라고 생각하지 않고 부단한 성장의 과정이라고 생각한다.

④ 학습자에게 무엇이 중요하고 어떻게 가르쳐야 할 것인지를 결정하며, 항상 학습자의 측면을 고려한다.

⑤ 문제해결이 교수-학습과정의 심장이라는 사실에서 교재는 문제해결의 수단일 뿐 그 자체에 목적이 있는 것이 아니다.

(4) 특징

① 생활경험을 교육내용으로 보며, 교육과정의 중심을 학생에게 둔다.

4 진보주의는 생활 자체가 교육이라고 본다.

② 교육의 수단과 목적이 하나의 과정이기 때문에 경험과 분리될 수 없다는 입장에서 출발한다.[4]

③ 교과보다는 생활을, 지식보다는 활동을, 분과보다는 통합을, 교사의 수업보다는 학습자의 활동을 중시하고 있다.

④ 교육과정을 학습 이전에 의도된 계획으로 보기보다는 교사와 학생 간의 상호작용을 통해 학습자에 의해 경험되는 것으로 보는 입장이다.

⑤ 교재는 미리 선택하지 않고(문화유산) 학습의 장(학습자에 대한 고려)에서 결정된다. 교육과정은 전적으로 아동 중심의 교육과정으로, 아동의 욕구 · 필요 · 흥미에 의해 결정되므로 사전에 계획될 수 없다.

⑥ 교과활동 못지않게 과외활동, 특별활동을 중시하여 전인교육을 강조한다.

⑦ 사회의 급격한 변화에 적응하는 인간을 육성하고자 한다.

2. 조직방법

구분	내용
활동중심 교육과정	• 교육현장에서 학생의 욕구를 중심으로 교사와 학생이 서로 협력하여 교육과정을 구사함 • 학습자의 흥미나 욕구에 따라서 그들의 활동을 조직한 것으로, 교사가 집단 성원으로 참가하여 교사와 학습자가 함께 구안법에 따라 교육과정을 조직함 • 듀이가 시카고 대학의 실험학교를 중심으로 이론과 실제를 완성하였음 • 킬패트릭이 구안법을 통해 이를 계승하였음
생활영역 교육과정	• 생활 자체를 교육과정의 기초로 삼음 • 사회조사와 아동조사를 통해 생활영역에 의미 있는 경험을 가르침 • 사회적 요구를 중시한 사회중심 교육과정임 • 개인의 중요한 생활영역에 효과적으로 참여할 수 있도록 교육과정을 구성함
생성 교육과정 (= 현성 교육과정)	• 교육과정 구성의 기초는 학생의 직접적인 욕구임 • 학생의 욕구를 중심으로 교사와 학생이 상호협력하여 교육과정을 구성함 • 현장학습과 관련을 맺고 있어 가장 동적인 형태의 교육과정임 • 교과와 학습영역의 구분을 제거할 뿐만 아니라 교육과정의 일방적인 사전 계획을 배척함 • 유능한 교사가 교육과정을 조직해야 실패하지 않음
광역 교육과정	• 지식보다 생활, 흥미, 경험을 중시하고 동일 경험영역 내에 속하는 중요한 경험을 학생들이 학습하도록 조직해 놓은 형태로 일반사회가 이에 해당함 • 동일 영역의 학습내용을 학습자의 발달단계에 따라서 생활경험 중심으로 단원을 조직하는 것임 • 생활단원, 작업단원의 조직방법이 있으나, 주로 작업단원법을 사용함
중핵 교육과정 기출 2020 중등	• 교과의 선을 없애고 사회문제를 중심으로 교육과정을 조직함 • 종합적인 중심 과정과 주변 과정이 동심원적으로 결합되어 전체 구조를 갖는 교육과정임 • **교과중심 중핵 교육과정** – 교과교육을 학교의 주된 기능으로 보는 관점에서 중핵의 원리를 포착하는 방식 – 역사와 문학을 중핵으로 보고 수학, 언어, 예술을 이에 기초하여 재조직하는 방식 • **아동중심 중핵 교육과정** – 아동의 필요와 흥미를 중핵의 원리로 삼는 방식으로 사전계획이 허용된다는 것 외에는 생성 교육과정과 같음 – 개인생활, 공민생활, 개인과 사회의 관계를 중핵으로 아동의 필요와 흥미에 따라 재조직하는 방식 • **사회중심 중핵 교육과정**: 사회의 기능이나 사회의 문제에서 중핵의 원리를 찾는 방식으로 중핵 교육과정의 가장 발전된 형태

기출콕콕

교육내용 조직방식의 명칭과 이 조직방식이 토의식 수업에서 가지는 장점과 단점 각각 1가지씩 제시하시오. 2020 중등

3. 평가 및 보완

기출콕콕

경험형 교육과정 유형의 장점 및 문제점을 각각 2가지 제시하고 논하시오. 2016 중등

(1) 장 · 단점 기출 2016 중등

구분	내용
장점	• 학습자의 동기유발이 용이함 • 실제 경험이나 활동중심의 교육은 참다운 민주시민적 자질 함양에 용이함 • 자연적 · 사회적 환경의 활동은 많은 자료 단원을 구성할 수 있음 • 능동적인 학습태도의 함양을 중시하고, 문제해결력을 신장함 • 고등정신기능(탐구력, 판단력, 창의력)의 함양이 가능함 • 교과의 구분보다 문제 중심의 통합을 중시하므로 어떤 사상을 전체적으로 보는 능력을 기르기 쉬움 • 행함으로써 배운다는 학습심리의 원칙에 따라 활발한 학습활동이 이루어질 수 있음 • 민주시민의 생활태도와 방식을 습득하고, 전인교육이 가능함
단점	• 최소 필수적 기초학력 저하와 중복 · 누락의 위험이 있음 • 시간 경제성이 무시되고, 논리적 체계와 깊이의 결함 가능성이 있음 • 행정적 통제가 어렵고, 초임 교사나 지도방법이 미숙한 교사는 실패할 확률이 높음 • 시설과 설비비용이 많이 들고, 입학시험 준비에 부적합함 • 추상적 원리의 습득 및 체계적인 연구에는 부적합함

(2) 보완점

치밀한 사전 계획과 현장학습 여건의 구비, 폭넓고 철저한 교사 교육, 행정적 융통성, 시설 설비 활용의 융통성과 다양성 등을 통해 보완할 수 있다.

4. 교과중심 교육과정과의 비교

교과중심 교육과정	경험중심 교육과정
• 교과목을 중심으로 함	• 학습자를 중심으로 함
• 교재의 교수를 중시함	• 학습자의 전인적 발달을 중시함
• 자기 자신을 위하여 또는 장래생활에 대비하기 위하여 지식수준의 전달을 강조함	• 자기 생활의 개선을 목표로 하고 그에 활용할 수 있는 경험을 강조함
• 인류생활의 경험을 간접적으로 받아들임	• 자기의 생활경험을 강조함
• 관찰지도에 직접 관계없이 제3자에 의하여 구성되고 통제됨	• 학생과 교사, 학부형, 교육행정가, 기타 많은 사람에 의하여 구성되고 통제됨
• 모든 학습자가 학습장면에서 동일한 반응을 보이고 동일한 학습효과를 기대함	• 개개의 학습자가 학습장면에서 다양한 반응을 보이고, 획득된 학습결과가 다양하기를 기대함
• 특수한 교과 또는 특수한 교수방법에 대한 개선을 강조함	• 학습과정의 끊임없는 변화와 갱신을 도모하고 진보를 촉진하는 것을 강조함
• 커리큘럼 구성의 원칙적인 형식에 기인하는 교육을 강조함	• 사회성 있는 동적 · 창조적 개성을 구성하는 것에 중점을 둠
• 학교에서 가르치는 것을 내용으로 함	• 경험의 연속적 · 총체적 발전으로서의 내용을 생각함
• 사장된 지식의 획득이나 언어주의에 빠지기 쉬움	• 사람은 행함으로써 배운다는 학습심리의 근본적 원리를 합치함

03 학문중심 교육과정 기출 2014 중등 추가

> 기출콕콕
> 수업효과성을 높이기 위해 학문중심 교육과정 이론에 근거한 수업전략을 논하시오.
> 2014 중등 추가

1. 개요

(1) 개념

① 학문중심 교육과정은 구조화된 일련의 의도된 학습 결과로서, 각 학문에 내재해 있는 지식의 탐구과정의 조직을 의미한다.

② 적은 양의 지식으로 활용범위를 극대화(경제성)하기 위한 노력에서 출현하였다.

③ **학문(discipline)**: 학생들을 지도하기 위해서 조직된 본질적이고 체계적인 조직체를 말한다.

④ **탐구(inquiry)**: 지식이 성립하는 과정에 능동적으로 참여하여 자연현상에 관한 사실, 개념, 법칙을 찾아내는 경험을 뜻한다.

⑤ **핵심과제**: 지식과 기술의 폭발적인 증가에 대처하기 위하여 전이가가 높은 지식(생성력)을 선정하여 가르쳐야 한다.

(2) 철학적 배경

① 교육철학적인 면에서 브루너(Bruner)의 지적 훈련을 중시하는 신본질주의 교육철학을 배경으로 한다.

② 교육심리학적인 면에서 피아제(Piaget)의 인지발달이론을 배경으로 한다.

(3) 기본 입장

① 교과나 학문의 기본 구조를 중시함에 따라 발견학습과 탐구학습을 중시한다.

② 어떤 교과든지 어떤 학습자든지 학문의 구조나 지식의 구조를 효과적으로 가르칠 수 있다.

③ 학습자의 내적 보상에 의해 학습동기를 유발한다.

④ 기초지식의 함양 및 지적 훈련을 중시한다.

⑤ 논리분석적 사고(지식의 구조를 아는 것)만큼 직관통찰적 사고(발견학습)도 중시한다.

⑥ 학습에 있어서 창조성을 중시함에 따라 발견학습을 중시한다.

2. 지식의 구조

(1) 개념

① 지식의 이면에 감추어져 있는 지식의 핵심개념을 의미한다.

② 지식의 구조는 기본 개념과 원리, 아이디어를 의미하는 것으로, 생성력과 경제성이 높다.

③ 지식의 구조는 각 교과를 특징짓는 독특한 안목과 이해를 가진다.

④ 학문에 내재한 정보, 개념, 원리, 이론, 법칙, 사실 등 학문들을 구성하는 요소들과의 관계를 의미한다.

(2) 지식의 구조의 특징

구분	내용
표현방식[5]	어떤 교과내용이든지 학습자의 발달단계에 맞게 표현한다면, 어떤 발달단계의 아동에게도 가르칠 수 있음
경제성	이해 및 기억이 용이함 ⇨ 간명성
생성력	전이력과 파급효과가 큼(전이가)

5 학습자의 발달에 맞게 표현하라고 하는 것은 결국 인지주의의 영향을 받았음을 말한다.

(3) 구조를 강조하는 이유

① 기본 원리의 이해를 통해 교과에 대한 포괄적 이해가 가능하다.

② 지식의 기억을 용이하게 한다.

③ 한 가지를 다른 현상과 관련지어 전이를 더 쉽게 한다.

3. 발견학습

(1) 탐구과정의 중시

① '탐구'란 지식이 성립되는 과정에 능동적으로 참여하여 현상에 관한 사실, 개념, 법칙을 찾아내는 활동이다.

② 학습자는 학자가 하는 똑같은 일을 동일한 눈(시각, 원리)과 방식(과정)으로 진행하게 되는데, 이는 발견학습과 관련되며 창의력, 지력, 탐구력 배양에 도움이 된다. 특히, 발견에 따른 내적 동기유발을 강조한다.

(2) 지식의 구조와 발견학습

① 발견학습[6]은 학생에게 학자와 동일한 사고방식을 가르치기 위하여 학생을 탐구과정에 능동적으로 참여시키기 위한 방법상의 원리를 채택하는 것이다.

② 학습자가 학습에 능동적으로 참여하여 스스로 의문을 품고 탐구하여 그 해답을 발견하게 하는 방법이다.

③ 발견학습에서 교사의 역할은 탐구자료를 제공해 주고 학생으로 하여금 해답을 발견하도록 단서를 제공하는 것이다.

6 브루너의 발견학습은 학생이 원리를 발견하도록 교사가 도와주는 것으로, 교사중심의 '안내된 발견학습'에 해당한다.

4. 나선형 교육과정[7] 기출 2022 중등

기출콕콕

계열성 측면에서의 교육과정 재구성 방법을 제시하시오.

2022 중등

(1) 개념

① 일정한 영역인 기본 개념과 원리를 중심으로 상향하면서 퍼지는 교육과정의 조직형태이다.

② 기본 개념과 원리를 반복하여 발달단계가 점차 높아짐에 따라 질적으로 심화되고 양적으로 취급범위가 넓어지는 입체적인 나선조직을 말한다.

7 나선형 교육과정은 내용은 신본질주의, 방법은 피아제의 심리이론을 바탕으로, 절충적으로 형성하였다.

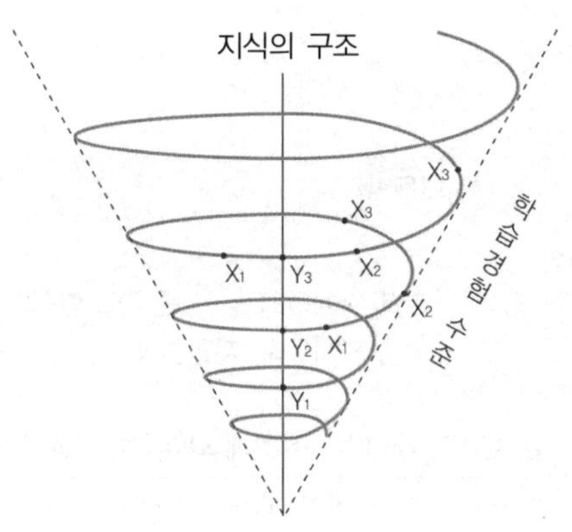

[그림 8-22] 나선형 교육과정

[8] 표현방식
- Y_1: 작동적 표현방식
- Y_2: 영상적 표현방식
- Y_3: 상징적 표현방식

(2) 기본 입장

① 표현양식의 차이: 어떤 발달단계의 아동에게도, 어떤 교과든 지적 성격에 충실한 형태로 가르친다면 효과적인 교육이 가능하다.

② 연속성: 어떤 발달단계를 막론하고 가르쳐야 할 교육내용은 동일하다.

③ 발견: 학자가 하는 일을 학생에게 하게 한다.

(3) 지식의 표현방식

구분	시기	내용
작동적 표현방식	전조작기 (2~6세)	원리의 이해를 위해 행동으로 표현하는 것 예 시소 게임
영상적 표현방식	구체적 조작기 (7~11세)	원리의 이해를 위해 그림이나 도형으로 표현하는 것 예 천칭 실험
상징적 표현방식	형식적 조작기 (12세 이상)	원리의 이해를 위해 공식이나 문자로 표현하는 것 예 방정식(무게 × 거리 = 무게′ × 거리′)

(4) 조직원리와의 관계

구분	내용
계속성의 원리와의 관계	• 계속성은 동일 수준의 교육내용에 대한 반복적인 학습을 말하며, 나선형 교육과정에서는 수준을 달리한 동일 교육내용의 반복적 학습을 의미함 • 지적 영역, 기능적 영역, 정의적 영역의 순서로 많은 시간을 반복하여야 함
계열성의 원리와의 관계	• 학년수준별 교과내용은 동일한 수준이어야 하며, 학년수준에 따라서 표현 방식에는 차이가 있을 수 있으나 기본 개념이라는 교과내용에는 변함이 없음 • 지식의 구조가 동일성을 유지하면서 학습자의 인지발달 단계에 맞추어 상승적인 방향으로 심화·확대되는 형태의 조직임
통합성의 원리와의 관계	• 전통적인 교육과정은 단편적인 지식의 나열이므로 교과 간의 통합이 어려웠음 • 기본적인 아이디어에 있어서 교과 상호 간에 연결이 많으며 교과에서의 탐구방법 자체를 다른 교과에서의 탐구방법과 병합할 수 있음

5. 평가 및 보완

(1) 장 · 단점

구분	내용
장점	• 내용 선정상의 중복 누락이 방지됨 • 다양한 조직방법의 활용으로 기본구조의 학습이 가능하고 높은 준비도 형성이 가능함 • 직관적 사고와 분석적 사고의 활용은 창조 진화를 가져오며, 자연현상의 발견력 · 탐구력을 향상시킬 수 있음 • 학습방법의 학습으로 학습의 전이력을 높이고, 내적 동기유발에 의한 학습효과의 상승이 가능함
단점	• 탐구과정에 학습자가 능동적으로 참여할 수 있는 환경 여건의 조성이 어려움 • 청소년 욕구와 광범위한 생활문제를 등한시하며, 지적 교육에 치중한 나머지 정의적 영역의 교육에 취약하여 전인교육을 소홀히 함 • 실제 생활에 활용할 수 있는 지식과 기술의 교육이 미흡하고, 학습부진아와 학습지진아에 대한 고려가 부족함[9]

9 실생활에 활용할 수 있는 지식교육이 미흡하다는 것은 학문형 교육과정은 지식(지식의 구조)을 교육하는 것이기 때문에 경험적 입장이 미약하여 실제 생활에 활용하기 어렵다는 의미이다.

(2) 보완점

교과 구조에 정통한 교사, 다양한 교구 준비, 내적 동기유발에 관한 계속적 연구 등을 통해 보완할 수 있다.

04 인간중심 교육과정[10]

10 인간중심 교육과정은 학습자중심의 교육과정으로서, 실존주의의 영향을 받았다.

1. 개요

(1) 개념

① 1970년대 후반 교육의 적절성에 대한 논의가 활발히 전개되기 시작하면서 강조되기 시작하였다.

② 현대사회의 인간성 회복에 역점을 두며, 교육의 근본목적은 자아실현에 있다.

③ 인간중심 교육과정에서의 경험은 학교의 지도, 계획, 의도에 의한 표면적 교육과정과 학교의 지도, 계획, 의도와 관계없이 경험되는 잠재적 교육과정의 총체로 보고, 교육과정은 학생이 학교생활을 하는 동안에 가지게 되는 모든 경험이다.

(2) 철학적 배경

① 실존주의(Bollnow, Buber), 현상학(Husserl), 인본주의(Maslow) 심리학을 토대로 하였다.

② 인간주의, 자아이론(Rogers)에 바탕을 두고 있다.

(3) 특징

① 궁극적인 목적은 자아실현을 위한 인간육성에 있다.

② 자아실현을 위해서는 학교교육을 인간화시키는 노력이 있어야 한다.

③ 교육의 비인간화를 막기 위해 표면적 교육과정보다 잠재적 교육과정을 중요시한다.

④ 인간주의적인 교사가 필요하다.[11]

⑤ 학생 간의 비교가 아니라 한 개인의 발전을 가장 존중한다.

⑥ 권장, 자유, 칭찬을 장려함으로써 인간적인 학교 분위기를 형성하기 위하여 노력한다.

⑦ 학습자 자체에 관심을 두며, 결과보다는 과정을 중시한다.

⑧ 자아실현을 위한 통합된 교육과정을 중시한다.

11 인간주의적 교사는 아동을 진실로 이해하고 존중하는 교사로서, 아동발달의 촉진자이며, 조력자이어야 한다.

2. 교육방법

구분	내용
창의력 형성	새로운 문제사태에서 여러 가지 해결을 시도할 수 있는 확산적 사고력을 유발함
능동적	학습 아동의 내면적 욕구에 따른 자발적 학습을 유발함
수업의 개방성	교육은 학습자의 흥미에 따라 융통성 있게 변화함
자율성 확대	아동 스스로 여러 가지 일을 해결하고 책임질 수 있는 독립성을 증대함

3. 장 · 단점

구분	내용
장점	• 전인교육을 통해 인간의 성장 가능성을 조화롭게 발전시킬 수 있음 • 학습자 개별적인 자기 성장을 조장할 수 있음 • 학습자의 자아개념을 긍정적으로 형성하는 데 도움이 됨 • 교수-학습과정에서 개방적 · 자율적 분위기를 조성함으로써 학습과정을 통해 터득된 의미가 내면화될 수 있음
단점	• 이론의 체계가 미흡함 • 과대 규모, 과밀 학급에서는 실현이 어려움 • 환경조성과 역동적인 인간관계가 이루어지지 않으면 교육성과의 보장이 어려움

기출콕콕

비고츠키 지식론의 명칭을 쓰고, 이 지식론에서 보는 지식의 성격 1가지, 교사와 학생의 역할 각각 1가지씩 제시하시오.
2020 중등

05 구성주의 교육과정 기출 2020 중등

1. 개요

(1) 개념

① '학습'이란 학습자가 지식을 내부로 표상하여 자신의 경험적 해석을 통하여 구성해 가는 과정으로 본다.

② 학습은 의미 있는 경험을 토대로 하여 발전해 나가는 활발한 구성화 과정이므로 학습은 실제 세상을 반영하는 풍부한 맥락 속에서 상황화 되었을 때 효과적으로 이루어질 수 있다.

③ 객관적 또는 절대적 진리란 존재하지 않는다고 본다.

④ '지식'이란 사회적 · 역사적 · 문화적 상황 속에 놓인 개인의 사회적 경험에 의거하여 구축되 어지는 개별적인 인지적 작용의 결과이다.

(2) 학습에 대한 관점

① 학습자의 학습에 대한 주인의식(ownership)과 학습에의 참여 및 자기주도성을 강조한다.

② 학습은 구체적 상황을 대상으로 한 실제적 과제(authentic task)를 대상으로 한다.

③ 학습은 일상생활에 연계되어 자아성찰적 실천(reflective practice)과 다양한 견해를 지닌 동료들과의 지속적인 상호작용과 협조(collaborative learning)로 풍성해지고 견고해진다.

④ 교사들은 학습의 도우미(scaffolder), 조언자, 공동학습자로서의 역할을 하게 된다.

2. 개인적 구성주의와 사회적 구성주의의 비교[12]

구분	개인적 구성주의(피아제)	사회적 구성주의(비고츠키)
인지발달의 기원	인간의 두뇌	사회관계에 참여하는 개인
학습	적극적인 인지구조의 재편성	관련 공동체의 문화적 동화
최종목표	개인경험의 사회 · 문화적 타당성 검증	개인들 간의 활발한 상호작용에 의한 사회 · 문화적 관습 습득
관심	개인의 인지발달과정	사회 · 문화적 동화과정
분석내용	사회적 상황에 의거한 인지의 재구성 과정	관련 공동체 참여를 통한 사회 · 문화적 행동양식의 습득 및 동화과정
수업환경	교사와 학생 간에 형성되는 문화 조사	공동체의 문화를 반영하는 학습교육의 실태 조사
집단환경	상이성 강조	동질성 강조[13]

12 개인적 구성주의는 개인의 인지전략과 기능을 중시하는 반면, 사회적 구성주의는 사회적 협조를 중시한다.

13 개인적 구성주의에서 집단환경의 상이성은 각기 다른 경험과 관심들을 가지고 집단이 구성된다는 개념이며, 사회적 구성주의에서 동질성은 공통의 관심사를 해결하기 위해 집단(예 협동학습)이 구성된다는 것이다.

06 중핵 교육과정(Core Curriculum) 기출 2020 중등

> 기출콕콕
> 교육내용 조직방식의 명칭과 이 조직방식이 토의식 수업에서 가지는 장점과 단점 각각 1가지씩 제시하시오.
> 2020 중등

1. 개요

(1) 개념

① 경험주의 교육과정을 중심으로 하여 교과중심 교육과정의 장점을 수용한다.

② 통합적인 중심과정과 분과적인 주변과정으로 구성된 교육활동의 계획이다.

③ 교과중심 교육과정의 약점인 분과적이고 단편적인 학습을 지양하고, 각 교과들을 밀접하게 관련시킴으로써 궁극적으로 종합적 · 통합적 학습을 강조한다.

④ 사회적 필요가 중핵을 이루기 때문에, 교육과정의 중심을 사회적 필요나 사회적 방향감을 고취하는 데 둔다.

(2) 교육과정의 구조 – 중핵과정과 주변과정이 동심원적으로 구성

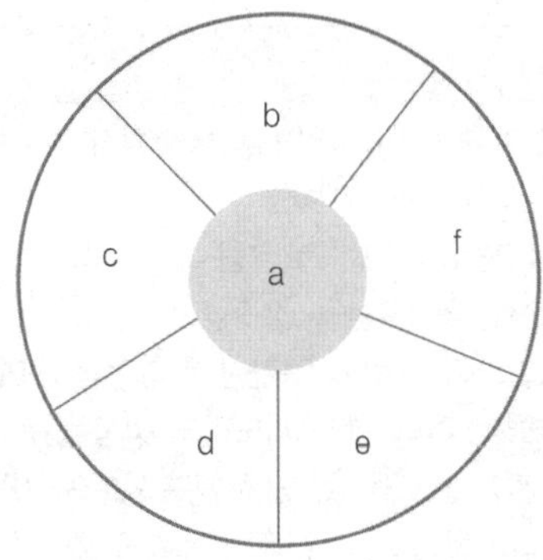

a : 중핵과정　b~f : 주변과정

[그림 8-23] 중핵 교육과정의 모형도

(3) 기본 입장

① 분과학습을 지양하고 여러 교과들을 밀접하게 통합적 중핵으로 결합해서 통합학습을 형성하고자 한다.

② 사회적 필요가 중핵을 이루어 교육과정 구성의 중심이 되게 하고 궁극적으로 사회 방향감을 고취시키고자 한다.

③ 교과만을 중시하는 교과중심 교육과정과 학생의 흥미, 필요를 교육과정 구성의 초점으로 보는 경험중심 교육과정을 시정하려는 방향에서 등장하였다.

(4) 특징

① 모든 사람에게 기초적이라고 생각되는 필수적인 학습활동으로 성립되며, 학생들의 신변생활 또는 광범위한 요구 및 문제나 흥미의 견지에서 교사와 학생의 협력으로 계획된다.

② 학습활동은 더 많은 교과를 결합하거나 교과의 선을 완전히 없애버리는 등 종래의 전통적인 교과의 선을 파기한다.

③ 학급사무, 사교상의 활동, 진보의 기록이나 보고 등 일반적인 홈룸(homeroom) 활동에 속하는 분야까지도 포함한다.

④ 아동의 필요와 흥미가 강조된다는 점에서는 활동중심 교육과정(경험형)과 동일하며, 조직적 체계를 갖는다는 점에서는 전통적인 교육과정(교과형)과 유사하여, 경험형과 교과형의 혼합된 형태이다.

2. 장 · 단점[14]

14 중핵 교육과정은 일반적으로 경험형이 중핵이 되기 때문에 경험형 교육과정의 장·단점과 유사하다.

구분	내용
장점	• 자발적 · 능률적인 참여로 의의 있는 학습경험이 가능함 • 지식의 상호관련성의 이해가 가능함 • 문제해결능력 및 비판적 사고가 배양됨 • 다양한 학습활동으로 동기유발을 강조함 • 학생들의 개인적 필요와 능력에 적합한 학습경험을 마련할 수 있음 • 다양하고 신축성 있는 여러 학습 지도법의 활용을 장려함 • 학생들의 문제나 관심을 도울 수 있는 생활지도의 기능적 계획의 운영이 쉬움 • 광범위한 단원학습을 활용하고, 협동적 계획을 촉진하기 때문에 심리적으로 건전함
단점	• 각 교과의 체계적 학습이 이루어지기 어려움 • 방대한 운영으로 미숙한 교사는 실패할 우려가 많음 • 장기간 활용으로 시간과 경비가 많이 듦 • 경험이 중핵이 되기 때문에 학습결과에 대한 평가가 어려움 • 교과중심 교육과정과 경험중심 교육과정 둘 다 실패할 우려가 있음

제9절 2015 개정교육과정

01 개관

1. 2015 개정교육과정 성격

① 국가수준의 공통성과 지역, 학교, 개인 수준의 다양성을 동시에 추구하는 교육과정이다.

② 학습자의 자율성과 창의성을 신장하기 위한 학생 중심의 교육과정이다.

③ 학교와 교육청, 지역사회, 교원 · 학생 · 학부모가 함께 실현해 가는 교육과정이다.

④ 학교 교육체제를 교육과정 중심으로 구현하기 위한 교육과정이다.

⑤ 학교 교육의 질적 수준을 관리하고 개선하기 위한 교육과정이다.

2. 주요 개정 방향

(1) 기본 방향

① 인문 · 사회 · 과학기술에 관한 기초 소양교육을 강화한다.

㉠ 초 · 중등교과 교육과정을 개편하여 인문학적 소양을 비롯한 기초 소양 함양교육을 진반적으로 강화한다.

㉡ 특히 고등학교에 기초 소양 함양을 위해 문 · 이과 구분 없이 모든 학생이 배우는 공통과목(국어, 수학, 영어, 한국사, 통합사회, 통합과학, 과학탐구실험)을 도입하고, 통합적 사고력을 키우는 '통합사회' 및 '통합과학' 과목을 신설하였다.

② 학생들의 '꿈과 끼'를 키울 수 있는 교육과정을 마련한다.

㉠ 단위학교의 교육과정 편성 · 운영의 자율성을 확대하여 학생의 진로와 적성을 고려한 다양한 선택 과목 개설이 가능하도록 한다.

㉡ 자유학기제 전면 실시('16년)에 대비하여, 중학교 한 학기를 '자유학기'로 운영할 수 있는 근거를 마련하였다.

③ 미래 사회가 요구하는 핵심역량의 함양이 가능한 교육과정을 마련한다. 교과별로 꼭 배워야 할 핵심 개념과 원리 중심으로 학습내용을 정선하여 감축하고, 교수-학습 및 평가방법을 개선하여 학생들의 학습 부담을 줄이고 진정한 배움의 즐거움을 느낄 수 있도록 하였다.

(2) 인문학적 소양교육

① '인문학적 소양'이란 세상을 보는 안목과 인간을 이해하는 능력을 말한다.

② 인문 소양교육을 통해 학생들은 인간존중의 가치를 실천하고, 다양성을 존중하고 배려하는 사회인으로 기른다.

③ 인문학적 소양 함양을 위해 문학교육을 이론 위주에서 감성과 소통 중심의 학습으로 전환하며, 연극교육 등을 활성화한다.

④ 교과별로 학습내용에 인문학적 요소를 강화한다.

⑤ 교과별 인문학 요소 강화 방안의 예시

교과	강화방안
국어	인문고전 읽기 교육 강화
사회/도덕	고전과 윤리(진로선택) 신설, 토의 · 토론 교육의 활성화 등
체육	스포츠 과학과 인간의 관계, 스포츠 문화의 이해 등
음악/미술	예술활동 및 감상 · 비평 활동을 통한 예술적 감수성과 심미안 계발 등
기술 · 가정	가정을 기반으로 한 인간발달에 대한 이해, 기술발전이 인류에 미친 영향 이해 등

(3) 과학기술 소양교육

① '과학기술적 소양'이란 자연, 인간, 사회와 문명에 대한 과학적 지식을 바탕으로 개인 및 사회적 문제들을 합리적이고 과학적으로 판단하고 해결할 수 있는 능력을 의미한다.

② 과학기술 소양을 기르기 위해 과학과 교육과정을 대주제 중심으로 재구조화하여 융합 · 복합적 사고가 가능한 교육내용으로 구성한다. 특히, 고등학교에서는 '통합과학'과 '과학탐구실험' 과목을 통해 실험 · 탐구 중심 수업으로 운영한다.

③ 과학기술 인력 양성의 중요성을 감안하여, 이공계 진로를 계획하는 학생들이 과학교과의 일반선택 및 진로선택 과목을 충실하게 이수할 수 있도록 편성 · 운영 모델을 제시할 예정이다.

02 교육과정 구성의 방향

1. 추구하는 인간상

(1) 인간상

우리나라의 교육은 홍익인간의 이념 아래 모든 국민으로 하여금 인격을 도야하고, 자주적 생활능력과 민주시민으로서 필요한 자질을 갖추게 함으로써 인간다운 삶을 영위하게 하고, 민주국가의 발전과 인류 공영의 이상을 실현하는 데에 이바지하게 함을 목적으로 하고 있다. 이러한 교육이념과 교육목적을 바탕으로, 이 교육과정이 추구하는 인간상은 다음과 같다.

① 전인적 성장을 바탕으로 자아정체성을 확립하고 자신의 진로와 삶을 개척하는 자주적인 사람

② 기초 능력의 바탕 위에 다양한 발상과 도전으로 새로운 것을 창출하는 창의적인 사람

③ 문화적 소양과 다원적 가치에 대한 이해를 바탕으로 인류 문화를 향유하고 발전시키는 교양있는 사람

④ 공동체 의식을 가지고 세계와 소통하는 민주시민으로서 배려와 나눔을 실천하는 더불어 사는 사람

(2) 핵심역량

이 교육과정이 추구하는 인간상을 구현하기 위해 교과 교육을 포함한 학교 교육 전 과정을 통해 중점적으로 기르고자 하는 핵심역량은 다음과 같다.

① 자아정체성과 자신감을 가지고 자신의 삶과 진로에 필요한 기초 능력과 자질을 갖추어 자기주도적으로 살아갈 수 있는 자기관리 역량

② 문제를 합리적으로 해결하기 위하여 다양한 영역의 지식과 정보를 처리하고 활용할 수 있는 지식정보처리 역량

③ 폭넓은 기초 지식을 바탕으로 다양한 전문 분야의 지식, 기술, 경험을 융합적으로 활용하여 새로운 것을 창출하는 창의적 사고 역량

④ 인간에 대한 공감적 이해와 문화적 감수성을 바탕으로 삶의 의미와 가치를 발견하고 향유하는 심미적 감성 역량

⑤ 다양한 상황에서 자신의 생각과 감정을 효과적으로 표현하고 다른 사람의 의견을 경청하며 존중하는 의사소통 역량

⑥ 지역 · 국가 · 세계 공동체의 구성원에게 요구되는 가치와 태도를 가지고 공동체 발전에 적극적으로 참여하는 공동체 역량

2. 교육과정 구성의 중점

(1) 기본 원칙

우리나라 교육과정이 추구해 온 교육이념과 인간상을 바탕으로, 미래 사회가 요구하는 핵심역량을 함양하여 바른 인성을 갖춘 창의융합형 인재를 양성하는 데에 중점을 둔다.

(2) 핵심사항

이를 위한 교육과정의 중점은 다음과 같다.

① 인문 · 사회 · 과학기술 기초 소양을 균형 있게 함양하고, 학생의 적성과 진로에 따른 선택학습을 강화한다.

② 교과의 핵심 개념을 중심으로 학습내용을 구조화하고 학습량을 적정화하여 학습의 질을 개선시킨다.

③ 교과 특성에 맞는 다양한 학생 참여형 수업을 활성화하여 자기주도적 학습 능력을 기르고 학습의 즐거움을 경험하도록 한다.

④ 학습의 과정을 중시하는 평가를 강화하여 학생이 자신의 학습을 성찰하도록 하고, 평가결과를 활용하여 교수-학습의 질을 개선한다.

⑤ 교과의 교육목표, 교육내용, 교수-학습 및 평가의 일관성을 강화한다.

⑥ 특성화 고등학교와 산업수요 맞춤형 고등학교에서는 국가직무능력표준을 활용하여 산업사회가 필요로 하는 기초 역량과 직무 능력을 함양한다.

03 교육과정 편성 · 운영

1. 학교급 운영 · 편성 차원

① 초등학교 1학년 ~ 중학교 3학년까지의 공통 교육과정과 고등학교 1학년부터 3학년까지의 선택 중심 교육과정으로 편성 · 운영한다.

② 학년 간 상호 연계와 협력을 통해 학교 교육과정을 유연하게 편성 · 운영할 수 있도록 학년군을 설정한다.

③ 공통 교육과정의 교과는 교육목적상의 근접성, 학문 탐구 대상 또는 방법상의 인접성, 생활양식에서의 연관성 등을 고려하여 교과군으로 재분류한다.

④ 선택중심 교육과정에서는 학생들의 기초 영역 학습을 강화하고 진로 및 적성에 맞는 학습이 가능하도록 4개의 교과 영역으로 구분하고 교과(군)별 필수 이수 단위를 제시한다. 특성화 고등학교와 산업수요 맞춤형 고등학교는 보통 교과의 4개 교과 영역과 전문 교과로 구분하고 필수 이수 단위를 제시한다.

⑤ 고등학교 교과는 보통 교과와 전문 교과로 구분하며, 학생들의 기초 소양 함양과 기본 학력을 보장하기 위하여 보통 교과에 공통 과목을 개설하여 모든 학생이 이수하도록 한다.

⑥ 학습 부담을 적정화하고 의미 있는 학습활동이 이루어질 수 있도록 학기당 이수 교과목 수를 조정하여 집중이수를 실시할 수 있다.

⑦ 창의적 체험활동은 학생의 소질과 잠재력을 계발하고 공동체 의식을 기르는 데에 중점을 둔다.

⑧ 범교과 학습 주제(안전 · 건강 교육, 인성 교육, 진로 교육, 민주시민 교육, 인권 교육, 다문화 교육, 통일 교육, 독도 교육, 경제 · 금융 교육, 환경 · 지속가능발전 교육)는 교과와 창의적 체험활동 등과 같은 교육활동 전반에 걸쳐 통합적으로 다루도록 하고, 지역사회 및 가정과 연계하여 지도한다.

⑨ 학교는 필요에 따라 계기 교육을 실시할 수 있으며, 이 경우 계기 교육 지침에 따른다.

2. 편제와 운영기준

(1) 중학교

① 편제

㉠ 중학교 교육과정은 교과(군)와 창의적 체험활동으로 편성한다.

㉡ 교과(군)는 국어, 사회(역사 포함)/도덕, 수학, 과학/기술 · 가정/정보, 체육, 예술(음악/미술), 영어, 선택으로 한다.

㉢ 선택 교과는 한문, 환경, 생활 외국어(독일어, 프랑스어, 스페인어, 중국어, 일본어, 러시아어, 아랍어, 베트남어), 보건, 진로와 직업 등의 과목으로 한다.

㉣ 창의적 체험활동은 자율 활동, 동아리 활동, 봉사 활동, 진로 활동으로 한다.

② 시간 배당 기준

구분		1~3학년
교과(군)	국어	442
	사회(역사 포함)/도덕	510
	수학	374
	과학/기술·가정/정보	680
	체육	272
	예술(음악/미술)	272
	영어	340
	선택	170
	소계	3,060
창의적 체험활동		306
총 수업 시간 수		3,366

① 1시간 수업은 45분을 원칙으로 하되, 기후 및 계절, 학생의 발달 정도, 학습 내용의 성격, 학교 실정 등을 고려하여 탄력적으로 편성·운영할 수 있다.
② 학년군 및 교과(군)별 시간 배당은 연간 34주를 기준으로 한 3년간의 기준 수업 시수를 나타낸 것이다.
③ 총 수업 시간 수는 3년간의 최소 수업 시수를 나타낸 것이다.
④ 정보 과목은 34시간을 기준으로 편성·운영한다.

③ 교육과정 편성·운영 기준

㉠ 학교는 3년간 이수해야 할 교과목을 학년별·학기별로 편성하여 학생과 학부모에게 안내한다.

㉡ 교과(군)의 이수 시기와 그에 따른 수업 시수는 학교가 자율적으로 결정할 수 있다.

㉢ 학교는 학교의 특성, 학생·교사·학부모의 요구 및 필요에 따라 자율적으로 교과(군)별 20% 범위 내에서 시수를 증감하여 편성·운영할 수 있다. 단, 체육, 예술(음악/미술) 교과는 기준 수업 시수를 감축하여 편성·운영할 수 없다.

㉣ 학교는 학습 부담을 적정화하고 의미 있는 학습 활동이 이루어질 수 있도록 학기당 이수 교과목 수를 8개 이내로 편성한다. 단, 체육, 예술(음악/미술) 교과는 이수 교과목 수 제한에서 제외하여 편성할 수 있다.

㉤ 전입 학생이 특정 교과목을 이수하지 못할 경우, 교육청과 학교에서는 보충 학습 과정 등을 통해 학습 결손이 발생하지 않도록 한다.

㉥ 학교가 선택 과목을 개설할 경우, 2개 이상의 과목을 개설함으로써 학생의 선택권이 보장되도록 한다.

ⓢ 학교는 필요한 경우 새로운 선택 과목을 개설할 수 있다. 이 경우 시 · 도 교육청이 정하는 지침에 따라 사전에 필요한 절차를 거쳐야 한다.

ⓞ 학교는 창의적 체험활동의 영역을 학생들의 발달 수준, 학교의 여건 등을 고려하여 자율적으로 편성 · 운영한다. 창의적 체험활동은 학교스포츠클럽 활동 및 자유학기에 이루어지는 다양한 활동들과 연계하여 운영할 수 있다.

ⓙ 학교는 학생들이 자신의 적성과 미래에 대해 탐색하고, 학습의 즐거움을 경험하여 스스로 공부하는 자기주도적 학습 능력과 태도를 기를 수 있도록 자유학기를 운영한다.

ⓐ 중학교 과정 중 한 학기는 자유학기로 운영한다.

ⓑ 자유학기에는 해당 학기의 교과 및 창의적 체험활동을 자유학기의 취지에 부합하도록 편성 · 운영한다.

ⓒ 자유학기에는 지역사회와 연계하여 진로 탐색 활동, 주제 선택 활동, 동아리 활동, 예술 · 체육 활동 등 다양한 체험 중심의 자유학기 활동을 운영한다.

ⓓ 자유학기에는 협동 학습, 토의 · 토론 학습, 프로젝트 학습 등 학생 참여형 수업을 강화한다.

ⓔ 자유학기에는 중간 · 기말고사 등 일제식 지필평가는 실시하지 않으며, 학생의 학습과 성장을 지원하는 과정 중심의 평가를 실시한다.

ⓕ 자유학기에는 학교 내외의 다양한 자원을 활용하여 진로 탐색 및 설계를 지원한다.

ⓖ 학교는 자유학기의 운영 취지가 타 학기 · 학년에도 연계될 수 있도록 노력한다.

ⓒ 학교는 학생들의 심신을 건강하게 발달시키고 정서를 함양하기 위해 '학교스포츠클럽 활동'을 편성 · 운영한다.

ⓐ 학교스포츠클럽 활동은 창의적 체험활동의 동아리 활동으로 편성한다.

ⓑ 학교스포츠클럽 활동은 학년별 연간 34~68시간(총 136시간) 운영하며, 매 학기 편성하도록 한다. 학교 여건에 따라 연간 68시간 운영하는 학년에서는 34시간 범위 내에서 학교스포츠클럽 활동을 체육으로 대체할 수 있다.

ⓒ 학교스포츠클럽 활동의 시간은 교과(군)별 시수의 20% 범위 내에서 감축하거나, 창의적 체험활동 시수를 순증하여 확보한다. 다만, 여건이 어려운 학교의 경우 68시간 범위 내에서 기존 창의적 체험활동 시간을 활용하여 확보할 수 있다.

ⓓ 학교스포츠클럽 활동의 종목과 내용은 학생들의 희망을 반영하여 학교가 정하되, 다양한 종목을 개설함으로써 학생들의 선택권이 보장되도록 한다.

(2) 고등학교

① 편제

㉠ 고등학교 교육과정은 교과(군)와 창의적 체험활동으로 편성한다.

㉡ 교과는 보통 교과와 전문 교과로 한다.

ⓒ 보통 교과

ⓐ 보통 교과의 영역은 기초, 탐구, 체육 · 예술, 생활 · 교양으로 구성하며, 교과(군)는 국어, 수학, 영어, 한국사, 사회(역사/도덕 포함), 과학, 체육, 예술, 기술 · 가정/제2외국어/한문/교양으로 한다.

ⓑ 보통 교과는 공통 과목과 선택 과목으로 구분한다. 공통 과목은 국어, 수학, 영어, 한국사, 통합사회, 통합과학(과학탐구실험 포함)으로 하며, 선택 과목은 일반 선택 과목과 진로 선택 과목으로 구분한다.

ⓔ 전문 교과

ⓐ 전문 교과는 전문 교과 Ⅰ과 전문 교과 Ⅱ로 구분한다.

ⓑ 전문 교과 Ⅰ은 과학, 체육, 예술, 외국어, 국제 계열에 관한 과목으로 한다.

ⓒ 전문 교과 Ⅱ는 국가직무능력표준에 따라 경영 · 금융, 보건 · 복지, 디자인 · 문화콘텐츠, 미용 · 관광 · 레저, 음식 조리, 건설, 기계, 재료, 화학 공업, 섬유 · 의류, 전기 · 전자, 정보 · 통신, 식품 가공, 인쇄 · 출판 · 공예, 환경 · 안전, 농림 · 수산해양, 선박 운항 등에 관한 과목으로 한다. 전문 교과 Ⅱ의 과목은 전문 공통 과목, 기초 과목, 실무 과목으로 구분한다.

ⓜ 창의적 체험활동은 자율 활동, 동아리 활동, 봉사 활동, 진로 활동으로 한다.

② 단위 배당 기준

㉠ 일반 고등학교(자율 고등학교 포함)와 특수 목적 고등학교(산업수요 맞춤형 고등학교 제외)

<table>
<tr><th>구분</th><th>교과 영역</th><th>교과(군)</th><th>공통 과목(단위)</th><th>필수 이수 단위</th><th>자율 편성 단위</th></tr>
<tr><td rowspan="11">교과(군)</td><td rowspan="4">기초</td><td>국어</td><td>국어(8)</td><td>10</td><td rowspan="10">학생의 적성과 진로를 고려하여 편성</td></tr>
<tr><td>수학</td><td>수학(8)</td><td>10</td></tr>
<tr><td>영어</td><td>영어(8)</td><td>10</td></tr>
<tr><td>한국사</td><td>한국사(6)</td><td>6</td></tr>
<tr><td rowspan="2">탐구</td><td>사회
(역사/도덕 포함)</td><td>통합사회(8)</td><td>10</td></tr>
<tr><td>과학</td><td>통합과학(8)
과학탐구실험(2)</td><td>12</td></tr>
<tr><td rowspan="2">체육 · 예술</td><td>체육</td><td></td><td>10</td></tr>
<tr><td>예술</td><td></td><td>10</td></tr>
<tr><td>생활 · 교양</td><td>기술 · 가정/
제2외국어/
한문/교양</td><td></td><td>16</td></tr>
<tr><td colspan="3">소계</td><td>94</td></tr>
<tr><td colspan="3"></td><td></td><td>86</td></tr>
<tr><td colspan="4">창의적 체험활동</td><td colspan="2">24(408시간)</td></tr>
<tr><td colspan="4">총 이수 단위</td><td colspan="2">204</td></tr>
</table>

① 1단위는 50분을 기준으로 하여 17회를 이수하는 수업량이다.
② 1시간의 수업은 50분을 원칙으로 하되, 기후 및 계절, 학생의 발달 정도, 학습 내용의 성격, 학교 실정 등을 고려하여 탄력적으로 편성·운영할 수 있다.
③ 공통 과목은 2단위 범위 내에서 감하여 편성·운영할 수 있다. 단, 한국사는 6단위 이상 이수하되 2개 학기 이상 편성하도록 한다.
④ 과학탐구실험은 이수 단위 증감 없이 편성·운영하는 것을 원칙으로 하되, 과학 계열, 체육 계열, 예술 계열 고등학교의 경우 학교 실정에 따라 탄력적으로 운영할 수 있다.
⑤ 필수 이수 단위의 단위 수는 해당 교과(군)의 '최소 이수 단위'로 공통 과목 단위 수를 포함한다. 특수 목적 고등학교와 자율형 사립 고등학교의 경우 예술 교과(군)는 5단위 이상, 생활·교양 영역은 12단위 이상 이수할 것을 권장한다.
⑥ 기초 교과 영역 이수 단위 총합은 교과 총 이수 단위의 50%를 초과하지 않도록 한다.
⑦ 창의적 체험활동의 단위는 최소 이수 단위이며 (　　)안의 숫자는 이수 단위를 이수 시간 수로 환산한 것이다.
⑧ 총 이수 단위 수는 고등학교 3년간 이수해야 할 '최소 이수 단위'를 의미한다.

ⓛ 특성화 고등학교와 산업 수요 맞춤형 고등학교

구분		교과 영역	교과(군)	공통 과목 (단위)	필수 이수 단위	자율 편성 단위
교과(군)	보통 교과	기초	국어	국어(8)	24	학생의 적성·진로와 산업계 수요를 고려하여 편성
			수학	수학(8)		
			영어	영어(8)		
			한국사	한국사(6)	6	
		탐구	사회 (역사/도덕 포함)	통합사회(8)	12	
			과학	통합과학(8)		
		체육·예술	체육		8	
			예술		6	
		생활·교양	기술·가정/제2외국어/한문/교양		10	
		소계			66	28
	전문 교과Ⅱ	17개 교과(군) 등			86	
창의적 체험활동					24(408시간)	
총 이수 단위					204	

① 1단위는 50분을 기준으로 하여 17회를 이수하는 수업량이다.
② 1시간의 수업은 50분을 원칙으로 하되, 기후 및 계절, 학생의 발달 정도, 학습 내용의 성격 등과 학교 실정 등을 고려하여 탄력적으로 편성·운영할 수 있다.
③ 공통 과목은 2단위 범위 내에서 감하여 편성·운영할 수 있다. 단, 한국사는 6단위 이상 이수하되 2개 학기 이상 편성하도록 한다.

④ 필수 이수 단위의 단위 수는 해당 교과(군)의 '최소 이수 단위'를 의미한다.
⑤ 창의적 체험활동의 단위는 최소 이수 단위이며 ( )안의 숫자는 이수 단위를 이수 시간 수로 환산한 것이다.
⑥ 총 이수 단위 수는 고등학교 3년간 이수해야 할 '최소 이수 단위'를 의미한다.

③ 보통 교과

교과 영역	교과(군)	공통 과목	선택 과목	
			일반 선택	진로 선택
기초	국어	국어	화법과 작문, 독서, 언어와 매체, 문학	실용 국어, 심화 국어, 고전 읽기
	수학	수학	수학Ⅰ, 수학Ⅱ, 미적분, 확률과 통계	실용 수학, 기하, 경제 수학, 수학과제 탐구
	영어	영어	영어 회화, 영어Ⅰ, 영어 독해와 작문, 영어Ⅱ	실용 영어, 영어권 문화, 진로 영어, 영미 문학 읽기
	한국사	한국사	–	–
탐구	사회 (역사/도덕포함)	통합사회	한국지리, 세계지리, 세계사, 동아시아사, 경제, 정치와 법, 사회·문화, 생활과 윤리, 윤리와 사상	여행지리, 사회문제 탐구, 고전과 윤리
	과학	통합과학 과학탐구실험	물리학Ⅰ, 화학Ⅰ, 생명과학Ⅰ, 지구과학Ⅰ	물리학Ⅱ, 화학Ⅱ, 생명과학Ⅱ, 지구과학Ⅱ, 과학사, 생활과 과학, 융합과학
체육·예술	체육	–	체육, 운동과 건강	스포츠 생활, 체육 탐구
	예술	–	음악, 미술, 연극	음악 연주, 음악 감상과 비평, 미술 창작, 미술 감상과 비평
생활·교양	기술·가정	–	기술·가정, 정보	농업 생명 과학, 공학 일반, 창의 경영, 해양 문화와 기술, 가정과학, 지식 재산 일반
	제2외국어	–	독일어Ⅰ, 일본어Ⅰ, 프랑스어Ⅰ, 러시아어Ⅰ, 스페인어Ⅰ, 아랍어Ⅰ, 중국어Ⅰ, 베트남어Ⅰ	독일어Ⅱ, 일본어Ⅱ, 프랑스어Ⅱ, 러시아어Ⅱ, 스페인어Ⅱ, 아랍어Ⅱ, 중국어Ⅱ, 베트남어Ⅱ
	한문	–	한문Ⅰ	한문Ⅱ
	교양	–	철학, 논리학, 심리학, 교육학, 종교학, 진로와 직업, 보건, 환경, 실용 경제, 논술	–

① 선택 과목의 기본 단위 수는 5단위이다.
② 교양 교과목을 제외한 일반 선택 과목은 2단위 범위 내에서 증감하여 편성·운영할 수 있다.
③ 교양 교과목과 진로 선택 과목은 3단위 범위 내에서 증감하여 편성·운영할 수 있다.
④ 체육 교과는 매 학기 편성하도록 한다. 단, 특성화 고등학교와 산업수요 맞춤형 고등학교의 경우, 현장 실습이 있는 학년에는 탄력적으로 운영할 수 있다.

④ 교육과정 편성 · 운영 기준

㉠ 공통 사항

ⓐ 고등학교 교육과정의 총 이수 단위는 204단위이며 교과(군) 180단위, 창의적 체험활동 24단위(408시간)로 나누어 편성한다.

ⓑ 학교는 3년간 이수해야 할 과목을 학년별, 학기별로 편성하여 학생과 학부모에게 안내하도록 한다.

ⓒ 학교는 학습 부담을 적정화하고 의미 있는 학습 활동이 이루어질 수 있도록 학기당 이수 과목 수를 8개 이내로 편성한다. 단, 과학탐구실험, 체육 · 예술 · 교양 교과목, 진로 선택 과목, 실기 · 실습 과목은 이수 과목 수 제한에서 제외하여 편성 · 운영할 수 있다.

ⓓ 과목의 이수 시기와 단위는 학교에서 자율적으로 편성 · 운영할 수 있다. 단, 공통 과목은 해당 교과(군)의 선택 과목 이수 전에 편성 · 운영하는 것을 원칙으로 한다.

ⓔ 선택 과목 중에서 위계성을 갖는 과목의 경우, 계열적 학습이 가능하도록 편성한다. 단, 학교의 실정 및 학생의 요구, 과목의 성격에 따라 탄력적으로 편성 · 운영할 수 있다.

ⓕ 학교는 일정 규모 이상의 학생이 이 교육과정에 제시된 선택 과목의 개설을 요청할 경우 해당 과목을 개설해야 한다. 이 경우 시 · 도 교육청이 정하는 지침에 따른다.

ⓖ 학교에서 개설하지 않은 선택 과목 이수를 희망하는 학생이 있을 경우 그 과목을 개설한 다른 학교에서의 이수를 인정한다.

ⓗ 학교는 필요에 따라 이 교육과정에 제시되어 있는 과목 외에 새로운 과목을 개설할 수 있다. 이 경우 시 · 도 교육청이 정하는 지침에 따라 사전에 필요한 절차를 거쳐야 한다.

ⓘ 학교 및 학생의 필요에 따라 지역사회의 학습장에서 이루어진 학습을 이수 과목으로 인정할 수 있다. 이 경우 시 · 도 교육청이 정하는 지침에 따른다.

ⓙ 학교는 필요에 따라 대학과목 선이수제의 과목을 개설할 수 있고, 국제적으로 공인된 교육과정이나 과목을 개설할 수 있다. 이 경우 시 · 도 교육청이 정하는 지침에 따른다.

ⓚ 학교는 필요에 따라 교과의 총 이수 단위를 증배 운영할 수 있다. 단, 특수 목적 고등학교와 특성화 고등학교는 전문 교과의 과목에 한하여 증배 운영할 수 있다.

ⓛ 학교는 창의적 체험활동의 영역을 학생들의 발달 수준, 학교의 여건 등을 고려하여 자율적으로 편성 · 운영하고, 학생의 진로와 연계하여 다양한 활동이 이루어질 수 있도록 한다.

ⓜ 학교는 학생이 자신의 진로에 적합한 과목을 체계적으로 이수할 수 있도록 진로지도와 연계하여 선택 과목 이수에 대한 정보를 적극적으로 안내한다.

㉡ 일반 고등학교(자율 고등학교 포함)

ⓐ 교과(군)의 총 이수 단위 180단위 중 필수 이수 단위는 94단위 이상으로 한다.

ⓑ 학교는 교육과정을 보통 교과 중심으로 편성하되, 필요에 따라 전문 교과의 과목을 개설할 수 있다.

ⓒ 학교는 학생이 이수하기를 희망하는 일반 선택 과목을 개설하도록 노력해야 하며, 모든 학생이 보통 교과의 진로 선택 과목에서 3개 과목 이상을 이수할 수 있도록 한다.

ⓓ 학교가 제2외국어 과목을 개설할 경우, 2개 이상의 과목을 동시에 개설할 수 있도록 노력해야 한다.

ⓔ 특정 교과를 중심으로 중점 학교를 운영할 수 있으며, 이 경우 자율 편성 단위의 50% 이상을 해당 교과목으로 편성할 수 있다.

ⓕ 체육, 음악, 미술 등의 과정을 개설하는 학교의 경우, 필요에 따라 지역 내 중점 학교 및 지역사회 학습장 등을 활용할 수 있다.

ⓖ 학교는 직업에 관한 과정을 운영할 수 있으며, 이 경우 시 · 도 교육청이 정하는 지침에 따른다.

3. 일반적 운영 · 편성 차원

① 학교는 이 교육과정을 바탕으로 학교 실정에 알맞은 학교 교육과정을 편성 · 운영한다.

② 학교는 학교 교육과정 편성 · 운영 계획을 바탕으로 학년(군)별 교육과정 및 교과(목)별 교육과정을 편성할 수 있다.

③ 학교 교육과정은 모든 교원이 전문성을 발휘하여 민주적인 절차와 과정을 거쳐 편성한다.

④ 교육과정의 합리적 편성과 효율적 운영을 위해 교원, 교육과정 전문가, 학부모 등이 참여하는 학교 교육과정 위원회를 구성하여 운영하며, 이 위원회는 학교장의 교육과정 운영 및 의사 결정에 관한 자문의 역할을 담당한다. 단, 특성화 고등학교와 산업수요 맞춤형 고등학교의 경우에는 산업계 인사가 참여할 수 있고, 통합교육이 이루어지는 학교의 경우에는 특수교사가 참여할 것을 권장한다.

⑤ 학교 교육과정을 편성 · 운영할 때에는 교원의 조직, 학생의 실태, 학부모의 요구, 지역사회의 실정 및 교육 시설 · 설비 등 교육 여건과 환경을 충분히 반영하도록 노력한다.

⑥ 교과와 창의적 체험활동의 내용 배열은 반드시 학습의 순서를 의미하는 것은 아니므로, 지역의 특수성, 계절 및 학교의 실정과 학생의 요구, 교사의 필요에 따라 각 교과목의 학년군별 목표 달성을 위한 지도 내용의 순서와 비중, 방법 등을 조정하여 운영할 수 있다.

⑦ 학교는 교과와 창의적 체험활동의 효율적인 운영을 위하여 지역사회의 인적 · 물적 자원을 계획적으로 활용한다.

⑧ 학교는 학생의 요구, 학교의 실정 및 특색 등을 종합적으로 고려하여 창의적 체험활동의 영역, 활동, 시간 등을 자율적으로 편성 · 운영할 수 있다.

⑨ 학교는 창의적 체험활동이 실질적 체험학습이 되도록 지역사회의 유관 기관과 연계 · 협력하여 프로그램을 운영할 수 있다.

⑩ 학교는 학생과 학부모의 요구를 바탕으로 방과후 학교 또는 방학 중 프로그램을 개설할 수 있으며, 학생들의 자발적인 참여를 원칙으로 한다.

⑪ 학교는 가정 및 지역과 연계하여 학생이 건전한 생활 태도와 행동 양식을 가지고 학습에 임할 수 있도록 지도한다.

⑫ 학교는 동학년 모임, 교과별 모임, 현장 연구, 자체 연수 등을 통해서 교사들의 교육 활동 개선이 이루어지도록 한다.

⑬ 학교는 학교 교육과정 편성 · 운영의 적절성과 효과성 등을 자체 평가하여 문제점과 개선점을 추출하고, 다음 학년도의 교육과정 편성 · 운영에 그 결과를 반영한다.

4. 교수-학습 차원 운영 · 편성

(1) 성취기준을 위한 중점사항

① 교과의 학습은 단편적 지식의 암기를 지양하고 핵심 개념과 일반화된 지식의 심층적 이해에 중점을 둔다.

② 각 교과의 핵심 개념과 일반화된 지식 및 기능이 학생의 발달 단계에 따라 그 폭과 깊이를 심화할 수 있도록 수업을 체계적으로 설계한다.

③ 학생의 융합적 사고를 기를 수 있도록 교과 내, 교과 간 내용 연계성을 고려하여 지도한다.

④ 실험, 관찰, 조사, 실측, 수집, 노작, 견학 등의 직접 체험 활동이 충분히 이루어지도록 한다.

⑤ 개별 학습 활동과 함께 소집단 공동 학습 활동을 통하여 협력적으로 문제를 해결하는 협동학습 경험을 충분히 제공한다.

⑥ 학생이 능동적으로 수업에 참여하고 자신의 생각을 표현하는 기회를 가질 수 있도록 토의 · 토론 학습을 활성화한다.

⑦ 학생에게 학습 내용을 실제적 맥락 속에서 적용하고 활용할 수 있는 기회를 충분히 제공한다.

⑧ 학생이 스스로 자신의 학습 과정과 학습 전략을 점검하고 개선하며 자기주도적으로 학습할 수 있도록 지도한다.

(2) 효과적인 교수-학습환경 설계를 위한 중점사항

① 교사와 학생 간, 학생과 학생 간 상호 신뢰와 협력이 가능한 교수-학습환경을 제공한다.

② 학생의 능력, 적성, 진로를 고려하여 교육 내용과 방법을 다양화하고, 학교의 여건과 학생의 특성에 따라 다양한 학습 집단을 구성하여 학생 맞춤형 수업을 하도록 한다.

③ 학교는 학습 결손을 보충할 수 있도록 특별보충수업을 운영할 수 있으며, 이에 대한 제반 운영 사항은 학교가 자율적으로 결정한다.

④ 각 교과의 특성에 맞는 다양한 학습이 이루어질 수 있도록 교과교실제 운영을 활성화한다.

⑤ 학교는 교과용 도서 이외에 교육청이나 학교에서 개발한 다양한 교수-학습자료를 활용할 수 있다.

⑥ 실험 실습 및 실기지도 과정에서 학생의 안전사고를 예방하기 위해 시설 및 기계, 기구, 약품, 용구 사용의 안전에 만전을 기한다.

5. 평가 차원 운영 · 편성

① 평가는 학생의 교육 목표 도달도를 확인하고 교수-학습의 질을 개선하는 데에 주안점을 둔다.

㉠ 학교는 학생에게 평가 결과에 대한 적절한 정보 제공과 추수 지도를 통해 학생이 자신의 학습을 지속적으로 성찰하고 개선할 수 있도록 지도한다.

㉡ 학생 평가 결과를 활용하여 수업의 질을 지속적으로 개선한다.

② 학교와 교사는 성취기준에 근거하여 학교에서 중요하게 지도한 내용과 기능을 평가하며 교수-학습과 평가 활동이 일관성 있게 이루어지도록 한다.

㉠ 학생에게 배울 기회를 주지 않은 내용과 기능은 평가하지 않도록 한다.

㉡ 학습의 결과뿐만 아니라 학습의 과정을 평가하여 모든 학생이 교육 목표에 성공적으로 도달할 수 있도록 한다.

㉢ 학교는 학생의 인지적 능력과 정의적 능력에 대한 평가가 균형 있게 이루어질 수 있도록 한다.

③ 학교는 교과의 성격과 특성에 적합한 평가 방법을 활용한다.

㉠ 서술형과 논술형 평가 및 수행평가의 비중을 확대한다.

㉡ 정의적 · 기능적 · 창의적인 면이 특히 중시되는 교과는 타당한 평정 기준과 척도에 따라 평가를 실시한다.

㉢ 실험 · 실습의 평가는 교과목의 성격을 고려한 합리적 세부 평가 기준을 마련하여 실시한다.

㉣ 창의적 체험활동은 내용과 특성을 고려하여 평가의 주안점을 학교에서 결정하여 평가한다.

㉤ 전문교과 II의 실무 과목은 성취 평가제와 연계하여 내용 요소를 구성하는 '능력단위' 기준으로 평가할 수 있다.

04 운영의 실제

1. 역량중심 교육과정

(1) 역량의 정의

① '역량(competence)'이란 단순 지식(knowledge)이나 기술(skill)과 다르다. 이는 기능뿐만 아니라 특정 상황에서 태도 등의 심리적 자원까지 동원해서 복잡한 요구도 충족시킬 수 있는 능력을 포함한다.

② 역량은 학생의 전인적 발달을 지향하며, 2015 개정 교육과정 총론에서는 창의 · 융합형 인재가 갖추어야 할 일반적 능력이라 할 수 있다.

③ 학교 교육 내에서의 역량은 한 개인이 일상적 삶의 다양한 국면에서 요구되는 일들을 수행하는 데 필요한 가치, 지식, 기술의 집합체라고 볼 수 있다.

㉠ 핵심가치: 민주성, 평등성, 생명존중

㉡ 지식: 기본교과 + 실용적 지식

㉢ 기술: 고등사고능력, 의사소통능력, 협업능력, 자기관리능력, ICT 활용능력

(2) 역량의 특성

① 창의력, 문제해결력, 비판적 사고력과 같은 고등사고력을 중시

② 기술(skill)을 통해 삶을 실천하는 실천적 지식에 대해 강조

③ 고등사고능력과 같은 인지적 역량과 함께 정의적 역량에 대한 강조

④ 창의력, 문제해결력, 비판적 사고력, 협업능력 등 강조

⑤ ICT 활용능력 중시

(3) 역량강화 방안

① 일반적 방향: 프로그램의 전 과정을 통해 통합적으로 또 순환적으로 개발

② 성취기준 강조

㉠ 성취해야 할 것들

㉡ '~을 할 수 있다, ~을 수행한다'와 같은 역량이나 수행중심

③ 역량중심의 교수-학습방법 전환 - 핵심역량을 함양하여 바른 인성을 갖춘 창의융합형 인재 양성

㉠ 교과통합과 주제중심 교수-학습

㉡ 지식중심에서 직접경험중심의 교수-학습

㉢ 교사중심에서 학습자중심의 자기주도적 학습

㉣ 기초지식 역량을 축적할 독서능력 개발

④ 기존 교육과정과 핵심역량 교육과정 비교

기존 교육과정	핵심역량 교육과정
• 교수목표 중심 • 투입과정 중심(가르쳐야 할 것) • 단기적 목표 • 학습한 것의 축적과 재생산 • 단편적(정해진 수업 시간에 요구되는 결과) • 고립적(단일 교과 중심)	• 핵심역량 중심 • 산출과정 중심(성취해야 할 것) • 장기적 목표 • 학습한 것의 창출과 적용 • 총체적(최종 단계에서 요구되는 결과) • 통합적(범교과 중심)

(4) 프로젝트 학습의 강조

① 학습자 스스로 문제의식을 갖고 학습단원을 실생활과 연계하여 재구성하고 팀원들과 함께 자료를 조사하고 토론하며, 발표하고, 평가하는 학생중심 활동을 통해 다양한 해답을 찾아 가도록 하는 핵심역량을 길러주는 프로젝트 수업이 강조됨

② 즉 역량을 강화하는 교육은 프로젝트 수업 등을 통해 참여와 직접적인 경험을 중시하는 것

③ 교사중심의 전달과 지도에서 학생중심의 학습을 강조하는 것

(5) 핵심역량 강화를 위한 교수전략

① 교육의 양을 줄이고 교육의 질을 높인다.

② 교육과정과 교과서 내용을 재해석하고, 재해석에 적합한 소재와 활동을 새롭게 구상한다.

③ 교육활동에 필요한 시간을 재조정한다.

④ 각 교과에서 학생들에게 가르쳐야 할 필수 교수요목을 정리하여 타 교과와 중복되거나 연결되는 내용을 찾아서 함께 가르치는 방향을 시도한다.

(6) 역량평가 방안

① 역량중심 평가의 목적과 성격

㉠ 선발보다 성장과 발달

㉡ 학습에서 분리된 평가가 아니라 학습의, 학습을 위한, 학습으로서의 과정

㉢ 기억하고 있는 지식의 양보다는 그러한 지식을 새로운 문제나 상황에 적용하는 능력의 평가

㉣ 지적 영역뿐 아니라 정의적 · 심동적 영역 등 학생 성장과 발달의 전 영역이 평가의 대상(전인적 평가)

② 역량평가 방향

㉠ 상대비교에서 능력참조(능력을 최대로 발휘하였는가, 충분한 시간이 부여되었을 때 더 잘할 수 있는가)와 성장참조 평가

㉡ 일회적 평가에서 지속적 평가로

㉢ 경쟁보다 협동을 중시하는 평가체제

㉣ 사회통합과 균형 발전을 토대로 한 (모두를 위한) 수월성을 추구하는 평가 강조

㉤ 지적 영역 중심에서 정의적 · 심동적 영역까지

㉥ 검사에서 총평(assessment; 사정)[1]으로의 전환

㉦ 외부평가, 자체평가, 자율평가 등 다양성을 인정하는 평가

③ 핵심역량 평가의 실제: 수행평가 강조

[1] 다양한 방법으로 종합적으로 평가하는 방법이다.

2. 창의적 체험활동

① 창의적 체험활동 교육과정의 편성 · 운영에 대한 학교 현장의 혼란을 예방하고, 안정적인 운영을 돕기 위해 현행 4개 영역 체제를 유지하였다.

㉠ 나눔과 배려의 실천, 개인의 소질 계발이라는 창의적 체험활동의 목표에 보다 접근하기 위해 각 영역별 활동내용을 조정하였다.

㉡ 창의적 체험활동의 영역별 활동내용

ⓐ **자율활동**: 자치활동, 창의주제 활동 등

ⓑ **동아리 활동**: 예술 · 체육 활동, 학술문화 활동, 실습노작 활동, 청소년 단체 활동 등

ⓒ **봉사활동**: 이웃돕기 활동, 환경보호 활동, 캠페인 활동 등

ⓓ **진로활동**: 자기이해 활동, 진로탐색 활동, 진로설계 활동 등

② 학교급별 특성, 학생발달수준 등을 고려하여 차별화된 운영이 가능하도록 편성 · 운영 중점을 별도로 설정하였다.

㉠ 초등학교에서는 학생들의 발달 수준 및 학교의 여건 등을 고려하여 창의적 체험활동의 영역을 선택적으로 편성 · 운영할 수 있도록 허용하였다.

㉡ 중학교에서는 학생들의 발달 수준, 학교의 여건 등을 고려하여 창의적 체험활동의 영역을 자율적으로 편성 · 운영하고, 학교 스포츠클럽 활동 및 자유학기에 이루어지는 다양한 활동과 연계하여 운영할 수 있도록 하였다.

㉢ 고등학교는 학생들의 발달 수준, 학교의 여건 등을 고려하여 자율적으로 편성 · 운영하고 학생의 진로와 연계하여 다양한 활동이 이루어지도록 하였다.

③ 특히, 영역의 중복성 문제를 해결하고자 하였다. 봉사활동과 진로활동은 자율활동, 동아리 활동과 연계하여 운영하도록 강조하였으며, 활동결과를 NEIS에 편리하게 기재할 수 있도록 추가적인 이행 조치를 마련할 계획이다.

3. 자유학기제

① 학교가 자율적인 교육과정 편성 · 운영의 권한을 갖고, 학생 참여 및 활동 중심의 교실 수업을 확산하는 데 우선적인 목적이 있다.

㉠ 2015 개정 교육과정의 방향과 같이 암기식 수업을 최소화하고 수업에 참여하는 학생들의 태도와 자기 표현력 향상을 위해 협동학습, 토론 수업이 대폭 확대될 예정이다.

㉡ 또한 명사 · 전문가 특강, 독서 등의 간접적인 체험학습을 직접적인 체험학습과 연계하여 폭넓은 진로 탐색의 기회를 제공하게 된다.

② 이러한 자유학기의 목적을 구체적으로 구현할 수 있도록 교과활동 및 창의적 체험활동과 연계하여 '진로 탐색 활동', '주제 선택 활동', '예술 · 체육 활동', '동아리 활동' 등 특색 있는 활동들을 운영하게 된다.

③ 교과 및 창의적 체험활동 연계 활동

㉠ **진로 탐색 활동**: 진로학습, 진로상담 · 검사, 진로체험, 진로 포트폴리오 작성 등

㉡ **주제 선택 활동**: 학생의 흥미, 관심사에 기반, 교과/창체 연계 프로젝트 학습 등

㉢ **예술 · 체육 활동**: 1학생 1문화 · 예술 1체육 활동(학교 스포츠클럽 활동 포함) 전개

㉣ **동아리 활동**: 학생의 희망, 의사를 적극적으로 고려한 집단 활동

④ 기존 중간 · 기말고사 등 지필형 총괄평가를 지양하고, 과정 중심의 평가를 통해 학생들의 성장 · 발달과정을 면밀하게 관찰하고, 환류한다.

㉠ 자기주도학습을 유도하고, 또래와의 협력학습을 촉진하는 계기가 될 수 있도록 한다.

㉡ 학생들이 지필시험 부담에서 벗어나 다양한 활동에 적극 참여하게 함으로써 교수-학습활동과 연계된 자연스러운 과정 중심 평가가 이루어지도록 한다.

| 탐구문제 |

01 2016 행정고등고시 교육학

자유학기제는 학생들의 꿈과 끼를 살려 행복교육을 실현하고자 도입된 정책이다. 이 정책과 관련하여 다음 물음에 답하시오.

(1) 자유학기제의 운영은 학교교육 전반에 상당한 변화를 가져올 것으로 예상된다. 이를 교육과정, 교수-학습 방법, 평가의 방식의 측면으로 나누어 제시하시오.

(2) 자유학기제가 학교 현장에 정착되는 과정에서 발생할 수 있는 부작용을 제시하고, 이를 해결하기 위해 필요한 교육부와 교육(지원)청에서의 정책적 지원 방안에 대하여 논하시오.

4. 집중이수제

(1) 개념

① 수업의 집중도를 높이기 위해 특정 한 과목의 수업을 각 초 · 중 · 고 학기 중 특정 학기나 학년에 집중적으로 학습하는 제도이다. 가령 사회과목 수업을 3년 가운데 1학년 때로 몰아서 할지, 아니면 3년간 매학기 균등하게 나눠서 편성할지 학교별로 재량껏 결정할 수 있다.

② 기존에 한 학기에 여러 과목을 조금씩 학습하던 방식에서 교과군을 묶음으로써 교과목 수는 줄이고, 전체 학습량의 변화 없이 특정 과목을 특정 시기에 집중적으로 심화학습할 수 있도록 한다는 취지에서 도입되었다.

(2) 장점

① **교수 질 개선:** 각 학교가 사회군(사회 · 도덕), 과학군(과학 · 기술 · 가정), 예술군(미술 · 음악)과 같이 유사한 과목끼리 교과군을 묶어 각 과목별 수업시간만 충족시키면 수업 시점은 자율적으로 편성할 수 있도록 허용함으로써 교수질 개선이 가능하다.

② **학습 부담 경감:** 특정 학기 또는 학년에 몰아서 집중적으로 학습할 수 있다는 점에서 미술 등 실기 수업 또는 토론수업 등에 효율적인 반면, 한꺼번에 많은 분량을 배우게 되어 내용을 이해하기가 어렵고, 학생 성장발달단계와 학습단계가 맞지 않는 경우가 발생한다는 부정적인 입장도 있다.

5. 교과 교실제

(1) 개념

수학교실 · 영어교실 · 컴퓨터교실 · 과학교실 등과 같이 각 교실에 과목별 특성에 맞게 터치스크린 · 컴퓨터 · 실험도구 · 토론 테이블 등 수업에 필요한 기자재를 구축해 놓고, 학생들이 교과전용교실로 이동해 수업을 받는 방식을 말한다.

(2) 장점

① **교육의 질 개선:** 기존의 '학급중심'의 중 · 고교 수업 운영체제를 '교과중심'으로 바꾼 것이다. 이 제도는 학생 능력과 교과 특성을 반영한 수준별 · 맞춤형 수업이 가능하고, 해당 교과에 맞게 구성된 전용교실에 다양한 학습자료와 수업도구 등을 비치해 놓고 활용함으로써 수업의 질을 높일 수 있다는 장점이 있다.

② **학습자중심 수업:** 현재 한 과목 수업을 2교시 이상 연속으로 진행하는 블록타임제 방식이나 학생들의 수준에 따라 수업을 구성하는 방식으로 운영되고 있다. 따라서 학생 개개인의 능력과 진로 등을 고려한 학생 맞춤형 수업이 가능해졌다.

6. 블록 타임제(block-time)

(1) 개념

기존 수업을 2차시나 하나의 블록 형태로 만들어 연속 수업을 하는 방식이다.

(2) 장점

① 교사 입장

㉠ 최소 두 시간 이상 연속적인 수업이 가능해져 심도 있는 수업이 가능해지며, 학생들의 학습 상황을 더 면밀히 관찰할 수 있어 수업의 밀도와 완성도를 높일 수 있다. 뿐만 아니라, 기존 수업에 비해 수업 준비에 부담을 줄일 수 있다.

㉡ 1차시 수업에 비해 더 많은 수업 시간이 소요되기는 하지만, 1블록 수업을 준비하는 시간은 절약된다.

② 학생 입장: 활동중심 수업을 하는 데 효과적이다. 문제중심학습이나 프로젝트법, 협동학습 등 많은 시간이 소요되는 학습활동을 위해서는 기존의 1교시 수업으로는 학생 중심활동이 이루어지기 어려웠지만, 1시간 수업에서 오는 시간 부족의 문제를 해결할 수 있어 수업의 몰입도도 높아질 수 있다.

| 탐구문제 |

01 2018 행정고등고시 교육사회학

다음 글은 교실붕괴에 대한 A중학교 김 교사와 이 교사의 대화 내용이다. 물음에 답하시오.

> 김 교사: 요즘 교실에 들어가면 수업하기가 너무 힘들어요. 아이들이 대부분 수업시간에 잠을 자거나 딴짓을 하고 있어서 수업 진행 자체가 안 될 때가 많아요.
> 이 교사: 맞아요. 좋은 교사란 아이들을 잘 가르치는 교사가 아니라 잠자는 아이들을 깨울 수 있는 기술을 가진 교사가 아닐까 생각합니다.
> 김 교사: 무엇보다 아이들이 대부분 학원에서 선행학습을 하니까 수업시간에 지루해하는 것 같아요.
> 이 교사: 사교육만 문제가 되는 것 같진 않아요. 학생들의 학업능력은 매우 다양한데 학교 수업시간에 중간 정도의 수준에 맞추어 수업을 하다 보니 학습속도가 느리거나 부모의 교육 지원이 없는 아이들은 수업에서도 소외되거나 잠을 자는 경우가 많은 것 같아요.
> 김 교사: 네. 저도 동감이에요. 이 문제를 해결하기 위해 능력별 반편성 제도를 도입하기도 했지만 그 역시 그 안에서의 편차도 존재하기 때문에 쉽지 않은 문제라는 생각이 듭니다.
> 이 교사: 저는 요즘 수업이 교사 중심 수업이 아니라 학습자 중심으로 바뀌지 않으면 잠자는 아이들이 대부분인 지금의 교실상황을 바꾸기가 쉽지 않다는 생각이 많이 듭니다.

(1) 이 교사가 이야기한 학습자 중심 교육이란 무엇이고, 이것이 교실붕괴 문제 해결에 어떻게 기여할 수 있는지 설명하시오.

(2) 능력별 반편성은 학생들의 학업격차를 해소하고 공교육의 효과성을 높이기 위한 방법으로 주로 중·고등학교에서 실시되고 있는 제도이다. 이 제도의 의미와 한계를 기술하고, 대안적 정책방안을 제시하시오.

Part 9
교육평가

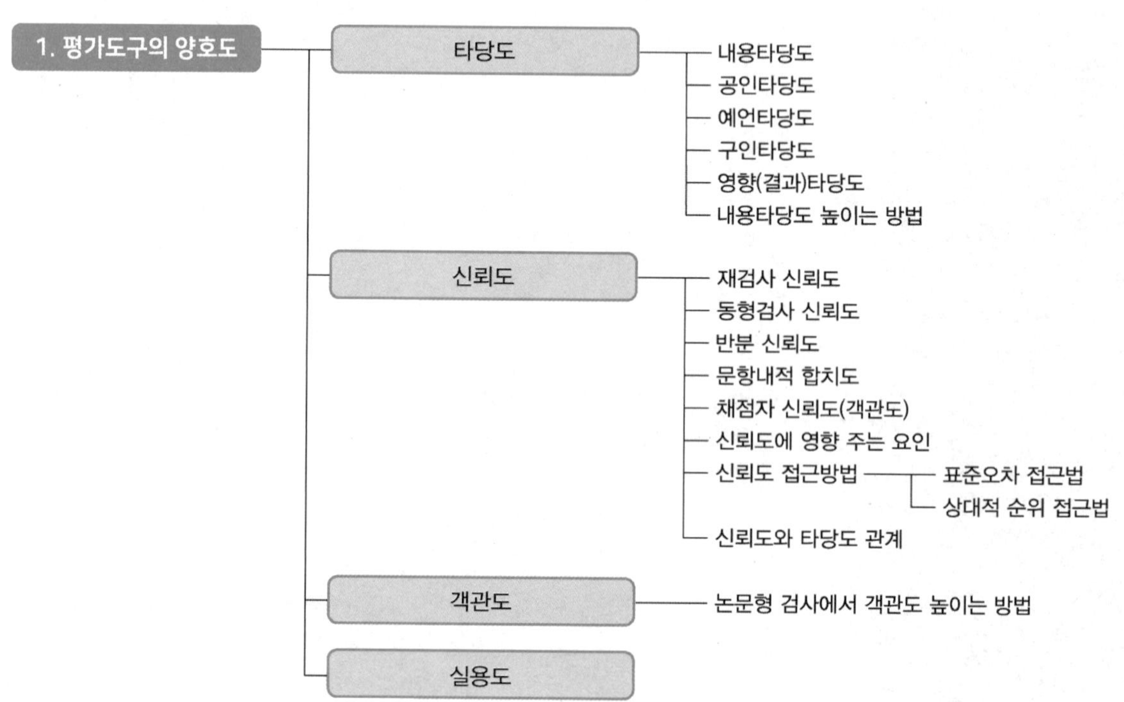
1. 평가도구의 양호도
타당도
내용타당도
공인타당도
예언타당도
구인타당도
영향(결과)타당도
내용타당도 높이는 방법
신뢰도
재검사 신뢰도
동형검사 신뢰도
반분 신뢰도
문항내적 합치도
채점자 신뢰도(객관도)
신뢰도에 영향 주는 요인
신뢰도 접근방법
표준오차 접근법
상대적 순위 접근법
신뢰도와 타당도 관계
객관도
논문형 검사에서 객관도 높이는 방법
실용도

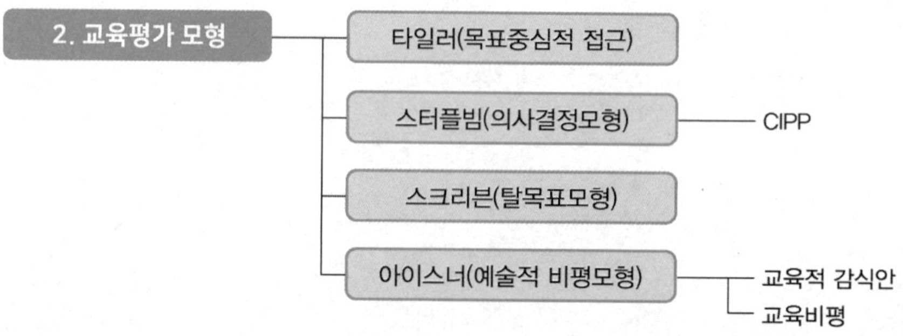
2. 교육평가 모형
타일러(목표중심적 접근)
스터플빔(의사결정모형)
CIPP
스크리븐(탈목표모형)
아이스너(예술적 비평모형)
교육적 감식안
교육비평

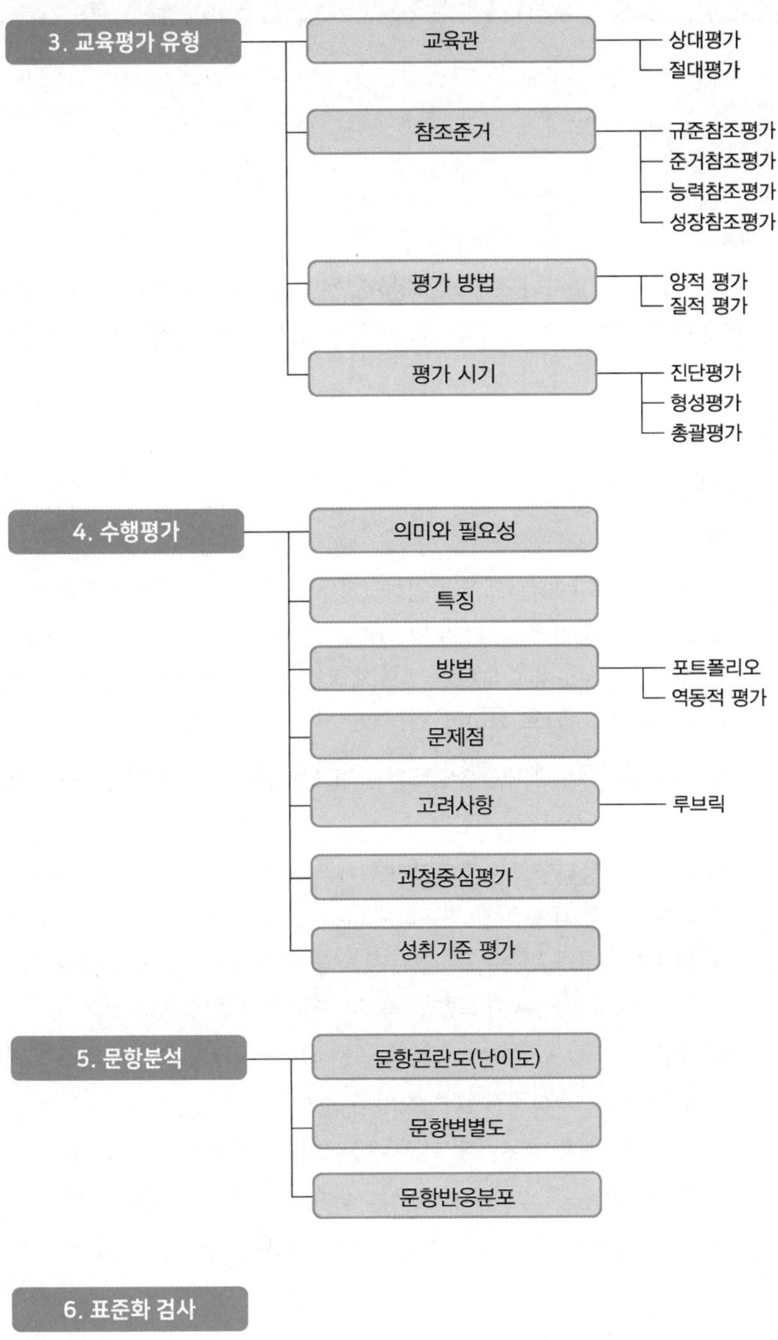
3. 교육평가 유형
교육관
상대평가
절대평가
참조준거
규준참조평가
준거참조평가
능력참조평가
성장참조평가
평가 방법
양적 평가
질적 평가
평가 시기
진단평가
형성평가
총괄평가
4. 수행평가
의미와 필요성
특징
방법
포트폴리오
역동적 평가
문제점
고려사항
루브릭
과정중심평가
성취기준 평가
5. 문항분석
문항곤란도(난이도)
문항변별도
문항반응분포
6. 표준화 검사

제1절 평가도구의 양호도

1 타당도는 '내가 원하는' 것을 의미하는 것으로, 가짜가 아닌 진짜를 요구하는 개념이다.

01 타당도[1]

1. 개념

측정하려는 것을 '얼마나 충실히 측정하였는가?'와 같이 평가도구가 재려는 것을 제대로 재고 있느냐에 대한 문제이다. 따라서 타당도는 있고 없고가 아닌, 정도의 문제이다.

2. 종류

기출콕콕
내용타당도의 유형과 개념을 제시하시오. 2017 중등

(1) 내용타당도 기출 2017 중등

① 개념

㉠ 내용타당도는 검사에서 측정하고자 하는 내용을 얼마나 충실히 측정하고 있는지를 논리적으로 분석하여 주관적으로 판단하는 것이다. 즉, 해당 검사의 내용전문가에 의하여 검사가 원래 측정하고자 의도한 속성을 제대로 측정할 수 있는가를 전문적 지식에 의하여 판단하도록 하여 알아보는 것이다.

㉡ 어떤 검사에서나 내용타당도를 살펴보는 것이 필요하지만, 특히 학업성취도 검사를 제작할 때 내용타당도를 중시한다.

㉢ 검사의 내용타당도를 판단하기 위해서는 그 검사를 구성하고 있는 각 문항이 검사에서 측정하고자 하는 내용을 잘 대표하고 있는지, 전체 내용을 골고루 포함하고 있는지, 측정하려는 내용과 거리가 먼 문항은 없는지 등을 일일이 따져보아야 한다.

예 수학검사에서 검사가 도형만으로 되어 있다면, 내용타당도는 떨어지게 된다.

㉣ 내용타당도는 단순히 내용분석을 통하거나 논리적 사고에 의하여 판단하는 것이기 때문에 수량적으로 표시되지 않는 것이 보통이다.

㉤ 주로 검사내용 전문가에 의해 이루어지며, 한 검사의 구성문항이 전집의 대표적인 표집이 될 수 있느냐를 알아보는 것으로서, 이원목적분류표[2]를 사용한다.

② 특징: 안면타당도[3], 논리적 타당도, 교과타당도, 이론적 타당도라고도 한다.

2 이원목적분류표는 표집하고자 하는 것을 골고루 표집하기 위해 사용한다.

3 비전문가인 피험자 입장에서 볼 때 검사문항이 측정하고자 하는 것을 제대로 측정하고 있는지를 판단할 수 있는 정도이다. 검사문항의 타당도를 전문가가 판단한다면 이는 내용타당도가 되지만 피험자가 판단한다면 안면타당도가 되는 것이다. 따라서 성취(achievement)의 정도를 파악하고자 하는 검사에서는 안면타당도가 높아야 피험자의 반응을 제대로 도출해 낼 수 있지만, 태도나 가치관과 같은 정의적 특성을 재는 검사에서는 안면타당도가 너무 높으면 거짓반응을 유도해 낼 수도 있다.

개념콕콕 | 이원목적분류표(two-way chart, table of specifications)

내용요소와 행동요소를 결합하여 구성한 교육목표와 관련한 표를 말한다. 이는 교육의 계획단계에서 목표로 사용될 뿐만 아니라 평가의 기준으로 삼는다.

행동내용 / 내용요소	지식	이해	적용	분석	종합	평가	계
교육철학	○				○	○	3
서양 교육사		○		○	○		3
한국 교육사			○	○		○	3
교육심리학		○		○		○	3
생활지도			○		○	○	3
교육평가			○		○	○	3
…							
계	1	2	3	3	4	5	18

이원목적분류표에는 출제할 문제의 문항 수, 내용영역별 문항표집계획 및 그 비중, 행동영역별 문항표집계획 및 그 비중 등이 구체적으로 제시된다. 내용(교과의 내용)×행동(블룸의 인지적 · 정의적 · 행동적 영역)으로 표시되며, 각 내용의 '계'가 동일하다면 내용타당도는 높다고 본다.

(2) 공인타당도

① 개념

㉠ 공인타당도는 타당성의 준거를 현재에서 찾는다는 점이 다를 뿐 나머지 추정과정은 예언타당도의 경우와 같다.

㉡ 해당 검사점수와 그 검사 이외에 현재의 다른 어떤 준거점수 간의 상관관계로 추정한다.

㉢ 공인타당도에서는 준거의 성질이 예측(豫測)에 있는 것이 아니라 공통된 요인인 공인(共因)을 두 검사가 얼마나 공유하고 있느냐를 따져본다.

예 새로운 지능검사가 기존의 지능검사와 상관이 높을 때 공인타당도가 높다.

② 특징

㉠ 기준이 현재에 있기 때문에, 검사의 결과와 기준변인의 자료를 동시에 수집하게 되며, 검사의 목적은 공통요인을 확인하여, 검사 X를 검사 Y로 대체할 수 있는가를 확인하는 데 있다.

㉡ 이러한 공인타당도는 평가도구의 실제적 의미를 풍부히 해주고, 활용하는 데 유용한 정보를 제공할 뿐만 아니라 새로운 연구의 아이디어를 제공한다는 점에서 중요하다.

4 예언타당도는 기준이 미래에 있지만, 공인타당도는 기준이 현재에 있는데, 이 둘을 합하여 준거타당도라 한다.

5 구인타당도는 같은 요인 내 문항끼리는 상관이 높고, 다른 요인 내 문항끼리는 상관이 낮아야 한다.

6 비교집단법은 점수가 높은 집단과 낮은 집단을 나눠서 특징을 비교하는 것이며, 요인분석법은 구성요인을 분석하며 같은 요인끼리 묶는 것이다.

(3) 예언타당도[4]

① 개념

㉠ 피검사자가 미래에 표출하게 될 어떤 행동특성을 준거로 잡고, 검사에서 얻은 점수와 준거점수 간의 관계로 추정하는 타당도로서, 검사점수가 미래의 행동특성을 얼마나 잘 예측하느냐의 정도를 말하는 것이다.

㉡ 예언타당도란 어떤 검사가 목적으로 삼은 미래 시점의 준거이다.

예 • 대학수학능력시험의 경우 대학입학 후의 학업성적의 준거이다.
• 신입사원 선발시험의 경우 입사 후의 근무성적의 준거이다.
• 진로적성검사의 경우 선택한 직업에서의 직무만족도 또는 직무성취도의 준거이다.

㉢ 일반적으로 예언타당도는 적성검사나 선발고사와 같이 예측기능을 중시하는 검사에서 특히 강조되는 성질의 타당도이다.

② 특징: 기준이 미래에 있으며, 얼마나 잘 예언해주는가를 상관계수로 나타내게 되며, 검사 X와 검사 Y의 두 평가도구의 신뢰도가 크게 영향을 받는다.

(4) 구인타당도[5]

① 개념

㉠ '구인'이란 추상적이고 가설적인 어떤 특성이나 속성의 존재를 가정하고 그것을 지칭하기 위하여 만들어 놓은 개념을 말한다.

㉡ 한 검사가 정말로 의도하는 특성을 재고 있는가를 이론적 가설검증(이론적 탐구)이나 논리적(요인분석)으로 알아보는 방법으로, A라는 특성을 가진 학생이 B라는 상황에서 C라는 행동을 보일 것이라는 것을 규명하는 것이다.

㉢ 한 검사가 조작적으로 정의되지 않고 어떤 특성이나 성질을 측정했을 때, 그것을 과학적 개념으로 분석하고 의미를 도출하는 과정이다.

② 특징 : 조작적으로 정의되지 않은 이론을 과학적으로 정의하는 과정으로서, 비교집단법, 요인분석법[6] 등이 사용된다.

예 사교성 검사에서 점수가 높은 학생은 그렇지 않은 학생보다 친구가 많을 것이다.

(5) 영향타당도(결과타당도)

① 개념: 평가활동이 원래 의도한 기능을 제대로 수행하거나 목적을 제대로 달성하고 있는지에 대한 증거를 수집하는 과정을 말한다.

② 특징

㉠ 평가의 영향을 판단하려면 의도한 영향, 의도하지 않은 영향, 긍정적인 영향, 부정적인 영향을 포괄적으로 고려해야 하며 평가가 개인 및 기관에 미치는 영향은 물론, 사회 전반에 미치는 영향도 고려해야 한다.

㉡ 검사가 의도하는 기능을 제대로 수행하지 못하거나 부정적인 영향을 미친다면 타당도에 대한 부정적인 증거가 된다.

③ 영향타당도 과정에서 검토할 수 있는 문제

㉠ 평가가 실제로 교수-학습과정을 개선시키고 있는가?

㉡ 교수-학습과정을 개선시키고 있다면 어느 정도로 영향을 주고 있는가?

㉢ 평가결과 활용의 부정적 영향이나 예기치 못한 영향은 무엇인가?

④ 교사가 평가의 영향을 분석할 때 체계적으로 고려해야 할 사항

㉠ 평가체제가 중요한 학습목표에 부합하는가?

㉡ 학생들이 시험공부를 열심히 하고 있는가?

㉢ 평가활동이 학생들의 학습활동을 인위적으로 한정시키지 않는가?

㉣ 평가활동이 학생들의 창의적 사고와 표현을 조장 또는 위축하고 있는가?

3. 내용타당도를 높이기 위한 방법

① 교육목적과 수업목표에 비추어 알맞게 설정되어 있어야 한다.

② 표집된 검사가 교과내용이나 학습과제를 모두 포괄하고 있어야 한다.

③ 문항의 표집이 문항의 전집을 잘 대표해야 한다.

④ 문항의 곤란도가 피험자 수준에 적절해야 한다.

예 초등학생에게 수학시험으로 미적분을 풀게 하면 난이도가 높아 내용타당도가 떨어진다.

⑤ 검사내용이 피험자들의 사회문화적 배경이나 주변 상황에 어느 정도로 적합해야 한다.

예 대전초등학교 사회과 시험문제: 다음 지하철 중 순환선은 무엇인가?

02 신뢰도[7]

[7] 신뢰도는 최소한 2번 이상 측정해서 그들 간의 상관을 나타내는 것으로, '오차'를 줄이면 상관이 높아져 신뢰도를 높일 수 있다.

1. 개념

① 타당도가 '무엇을 측정하느냐'라면, 신뢰도는 '얼마나 정확하게 측정하느냐'의 문제이다.

② 한 검사에서 얻어진 점수를 얼마만큼 믿을 수 있느냐의 정도를 의미하기 때문에 여러 번 측정해서 오차의 정도가 적을수록 신뢰도가 높다.

③ 신뢰도는 항상성, 일관성, 정확성의 개념인데, 신뢰도의 조건으로는 채점의 객관성, 문항의 포괄성, 검사에 대한 학생태도의 일관성, 문제 서술의 일의성 등이 있다.

2. 종류

(1) 재검사 신뢰도(안정성 계수)[8]

[8] 속도검사는 오로지 재검사 신뢰도만이 사용될 수 있다. 안정성 계수는 그 검사도구가 얼마나 안정성 있게 재고자 하는 특성을 재고 있는지를 나타내는 것으로서, 두 검사결과 점수의 상대적 위치가 크면 안정적이지 못해 안정성 계수(재검사 신뢰도)는 낮아진다.

① 개념: 한 검사를 같은 집단에 일정 기간 후에 실시하여 두 점수 간의 상관계수를 산출하는 방법이다. 이 신뢰도는 두 검사 또는 도구 간의 안정성을 문제 삼기 때문에 안정성 계수라는 말을 사용한다.

② 특징

㉠ 검사실시의 간격을 어떻게 잡느냐에 따라 오차가 달라지며 2~4주가 적당하다.

㉡ 전후 간격이 너무 짧으면 연습효과, 기억효과로 인해 과대 추정될 수 있다.

㉢ 전후 간격이 너무 길면 측정대상의 행동변화 등으로 인해 과소 추정될 수 있다.

㉣ 전후 검사에서 동기, 불안 등과 같은 여러 가지 조건을 똑같이 통제할 수 없다.

㉤ 같은 문항표본에서 오는 오차가 오차변량이 아닌 진변량으로 추정되어 전후 검사가 같아져 신뢰도가 과대 추정된다.

(2) 동형검사 신뢰도(동형성 계수)[9]

[9] 동형검사의 기본조건은 두 동형검사의 진점수와 오차점수의 분산이 같아야 한다는 것이다. 동형검사를 구성하는 문항들의 형태와 구성내용, 문항 수가 동일해야 하며, 문항곤란도와 문항변별도가 동일해야 한다. 또한, 동형성 계수는 같은 피험자에게 같은 내용의 한 가지 검사의 다른 두 형태(동형)를 한 번에 시행하여 얻은 신뢰도이다.

① 개념: 미리 2개의 동형검사를 제작하여 같은 피험자에게 두 검사를 동시에 실시하여 상관계수를 산출하는 방법이다.

② 특징

㉠ 동형검사는 표면적 내용은 다르지만, 측정이론상 동질적 문항이다.

㉡ 문항난이도, 문항변별도 등 실제 두 검사를 동질적으로 만드는 것은 불가능하다.

㉢ 기억효과, 연습효과를 통제할 수 있다.

㉣ 문항표본에서 파생하는 오차를 오차변량으로 취급하게 된다.

(3) 반분 신뢰도(동질성 · 일관성 계수, Spearman-Brown 신뢰도)[10]

① 개념: 한 개의 검사를 어떤 대상에게 실시한 후, 그 검사를 적절히 반으로 나누어 독립된 검사로 취급하고 상관계수를 산출하는 방법이다.

② 특징

㉠ 재검사 신뢰도가 적당하지 않거나, 동형검사를 만들기 어려울 때 사용된다.

㉡ 기우법이나 난수표[11]를 사용하여 반분하는 것이 전후법보다 좋다.

㉢ 노력과 경비가 적게 든다.

㉣ 문항표집의 오차요인을 배제할 수 있다.

㉤ 속도검사에서는 사용할 수 없다.

㉥ 피험자의 조건이나 특수한 상황적 조건이 진변량으로 취급될 가능성이 있다.

(4) 문항내적 합치도(K-R 계수, Cronbach α 계수, 동질성 계수, 일관성 계수, Hoyt 계수)[12]

기출 2019 중등

① 개념: 문항 하나하나를 독립된 개별검사로 간주하고 분산(변량)분석을 이용하여 그 합치성과 동질성, 일치성을 종합하려는 방법이다.

② 특징

㉠ 한 번의 검사로 간단히 신뢰도를 구할 수 있다.

㉡ 문항내적 합치도를 높이려면 문항 상호 간에 상관이 높아야 하고, 한 검사가 한 가지 특성을 재는 동질적인 검사이어야 한다.[13]

㉢ 검사속도를 지나치게 강조하는 검사에는 사용하기 부적절하다.

㉣ 학생의 90~95%가 검사에 손을 대었을 때 사용된다. 시간이 모자라 손대지 못한 문항이 많은 경우에 문항내적 합치도는 신뢰도를 과대 추정할 위험이 있다.

(5) 채점자 신뢰도(객관도)[14]

① 개념: 채점이 어느 정도 일관성이 있고 신뢰로운가에 대한 것으로, 채점자 내 오차와 채점자 간 오차로 나뉜다.

② 특징: 객관식은 주요 고려의 대상이 아니지만, 주관식은 많은 문제가 유발될 수 있어 세심하게 고려해야 한다.

10 반분 신뢰도는 검사내용의 동질성(일관성)을 나타내는 동질성 계수이다. 이러한 반분 신뢰도는 원래 온전한 하나의 검사를 둘로 나누어 마치 2개의 검사를 독립적으로 실시한 것처럼 가정하고, 이들 점수 간에 상관을 내는 것이기 때문에 원래의 검사가 지니고 있는 신뢰도보다 과소 평가되는 경향이 있어 Spearman-Brown이 제안한 방식에 의해 교정되어야 하므로 Spearman- Brown 신뢰도라고도 한다.

11 난수표를 사용하면 무선표집의 효과를 얻을 수 있다.

기출콕콕

문항내적 합치도의 명칭과 개념을 설명하시오. 2019 중등

12 이론적으로 검사를 모든 가능한 방식으로 반분했을 때 얻을 수 있는 반분 신뢰도 계수의 평균과 같다. 이러한 문항내적 합치도는 한 검사 내의 각 문항에 대하여 피검사자가 얼마나 일관성 있게 반응하느냐 하는 것(일관성 계수)은 검사의 문항이 어느 정도 동질적이냐(동질성 계수)에 의해서 결정된다.

13 문항내적 합치도는 문항 상호 간 상관이 높아야 검사의 문항 간 상관을 산출할 수 있다. 따라서 이질적일 때는 반분 신뢰도보다 낮아진다.

14 채점자 신뢰도는 채점자끼리 얼마나 일치하느냐에 해당한다. (주로 채점자 간 신뢰도)

3. 신뢰도에 영향을 주는 요인

① 피험자의 상태(기분, 건강 등), 환경의 상태(감독, 분위기 등) 등이 같을 때 신뢰도가 높다.

② 문항이 적절한 난이도일 때 신뢰도가 높다. 적절한 난이도는 곧 변별도가 높다는 의미이며, 너무 어려우면 시험불안을, 너무 쉬우면 부주의를 유발하기 때문에 신뢰도가 낮아진다.

③ 문항의 변별도가 높을 때 신뢰도가 높다.

④ 문항이 동질적일 때 신뢰도가 높다. 문항이 동질적이어야 측정하고자 하는 것을 일관되게 측정할 수 있기 때문에 측정치가 일관되어 상관이 높아지고 신뢰도도 높아진다.

⑤ 집단 구성원이 이질적일 때 신뢰도가 높다. 집단 구성원이 이질적이면 문항의 난이도는 중간이 되고 변별도가 높아져 신뢰도가 높아진다.

⑥ 많은 양의 문항일 때 신뢰도가 높다.

⑦ 선택할 수 있는 답지가 많을수록 신뢰도가 높다.

⑧ 문항의 지시문이나 설명이 명확할 때 신뢰도가 높다.

⑨ 시험 실시 중 시간이 충분히 주어지면 신뢰도가 높다.

4. 신뢰도 접근방법

15 표준오차 접근법은 측정도구의 신뢰도를 추정하여 측정결과의 신뢰도를 추정하고자 하는 것이다. 신뢰구간이 작다는 것은 측정치가 동질적이라는 의미이기 때문에 서로간에 상관이 높아져 신뢰도가 높아진다.

(1) (측정의) 표준오차 접근법(신뢰구간 접근법)[15]

① 개념

㉠ 단일한 측정대상을 같은 측정도구를 가지고 여러 번 측정한 결과가 어느 정도로 같으냐의 일치성에 기초를 둔 신뢰도 접근법이다.

㉡ 진점수를 중심으로 측정치들이 퍼져 있는 구간을 신뢰구간이라고 한다.

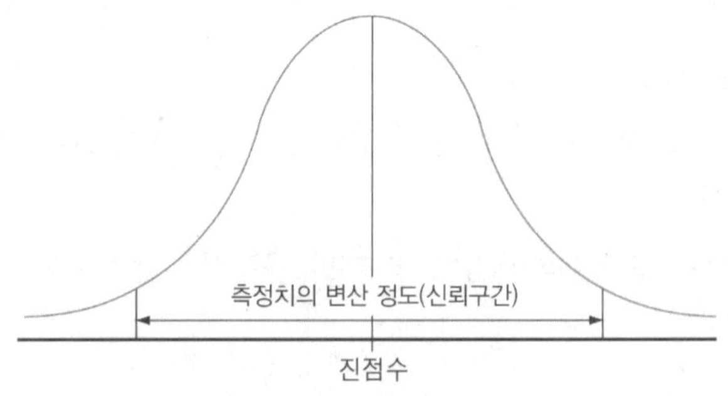

[그림 9-1] 신뢰구간 접근법

② 신뢰도 접근방법의 예

㉠ 측정치들이 퍼진 정도인 변산의 정도는 오차의 범위를 나타내 주는데, 변산의 정도, 즉 오차의 정도는 통계적으로 표준편차에 의해 표시된다.

16 측정치들의 변산이 크면 서로 이질적인 것이 되어 신뢰도는 떨어지게 된다.

㉡ 신뢰구간이 크면 클수록 신뢰도가 낮게 된다.[16] 따라서 표준편차가 크면 오차의 정도가 크기 때문에 신뢰도가 낮고, 표준편차가 작으면 오차의 정도가 작은 것이므로 신뢰도가 높아 진다.

(2) **상대적 순위 접근법**

① 한 집단의 피험자에게 측정을 두 번 실시하고 첫 번째 실시했을 때의 측정치의 상대적 순서와 두 번째 실시했을 때의 상대적 순서가 어느 정도 일치하느냐로 신뢰도를 평가하는 방법이다.

예 한 집단의 학생들 체중을 처음에 측정해 보았을 때의 순위와 두 번째 측정했을 때의 순위에 차이가 없을수록 신뢰도가 높다고 볼 수 있다.

② 이 개념은 측정치의 안정성, 신뢰성, 예언성을 관심의 대상으로 하는 것이다.

5. 신뢰도와 타당도의 관계

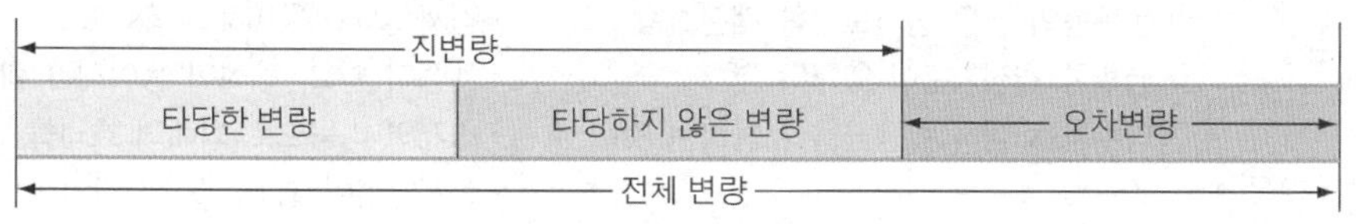

[그림 9-2] 신뢰도와 타당도

① 한 검사가 측정한 검사치에서 오차 부분을 빼면 나머지는 신뢰도가 되며, 이 신뢰도는 타당도와 타당하지 않은 부분으로 구성된다.

② 신뢰도가 있어야 타당도가 보장이 되므로 신뢰도는 타당도의 필요조건이 된다. 그리고 신뢰도가 낮아지면 타당도가 낮아진다.

③ 신뢰도가 높다고 반드시 타당도가 높은 것은 아니다.[17]

[17] 신뢰도는 타당도의 필요조건이지 충분조건은 아니다.

6. 신뢰도와 타당도의 예

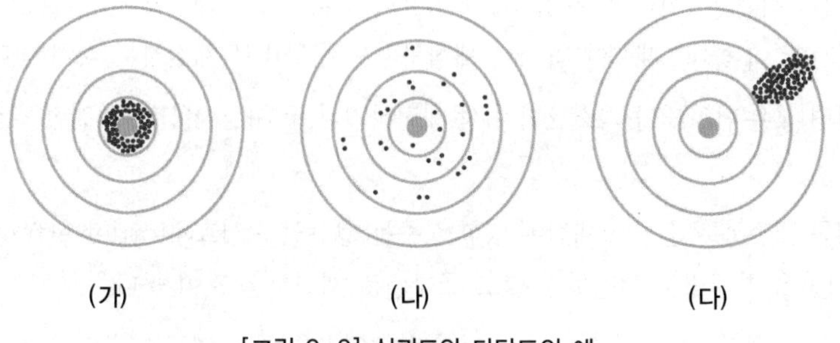

(가) (나) (다)

[그림 9-3] 신뢰도와 타당도의 예

① (가)는 타당도와 신뢰도가 높은 경우이다.

② (나)는 신뢰도가 낮으나 타당도는 조금 있는 경우이다.

③ (다)는 타당도는 낮으나 신뢰도가 높은 경우이다.

18 객관도는 채점자 신뢰도에 해당하며, 실용도는 얼마나 쓸모 있느냐에 해당한다.

19 측정의 평균을 사용하는 것은 측정에서 오는 서로 간의 오차에 대한 평균을 내어 오차를 줄이기 위한 방법이다.

03 객관도[18]와 실용도

1. 개념 및 향상방안

구분	객관도	실용도
개념	채점자가 얼마나 일관성 있는 채점을 하느냐에 관한 것으로 채점자 신뢰도 예 한 사람은 80점, 한 사람은 90점으로 채점했다면 객관도는 높다고 볼 수 있음	검사도구가 경비 · 시간 · 노력을 적게 들이고 기대한 목적을 얼마나 달성할 수 있느냐의 정도를 말함
향상방안	• 논문형의 경우 평가도구를 객관화함 • 명확한 채점기준이 있어야 함 • 다수가 채점하여 평균을 사용하는 것이 효과적임[19] • 반응내용에만 충실하게 채점함 • 평가자의 소양(평가방법, 평가내용 이해 등)에 대한 훈련이 필요함	• 검사실시가 용이해야 함 • 채점이 쉽고, 해석이 용이해야 함 • 최저의 비용으로 최대의 효과를 얻어야 함 • 실시방법이 쉽고, 소요시간이 적절해야 함

2. 논문형 검사에서 객관도를 높이는 방법

① 모범답안을 미리 작성하고, 채점기준을 사전에 결정해야 채점자가 논문형 문항이 요구하는 답을 정확하게 이해하지 못하는 것에서 기인하는 내용 불확정성 효과(content indeterminacy effect)를 줄일 수 있다.

② 채점자가 학생에 대해 갖고 있는 인상이 채점결과에 영향을 주는 현상을 후광효과(halo effect)라 하는데, 이러한 후광효과가 작용하지 않도록 학생의 인적 사항을 모르는 상태에서 채점하는 것이 좋다. 때문에 학생별 채점보다는 문항별로 채점하는 것이 좋다.

③ 가능하면 같은 답안지를 최소 2회 이상 채점하거나 두 사람 이상이 채점한 결과를 평균하는 것이 좋다.

④ 답안지를 채점하는 순서가 채점에 영향을 주는 현상인 순서효과(order effect)가 작용하지 않도록 답안을 학생별로 채점하지 말고 문항별로 채점하는 것이 좋다.

⑤ 채점자의 육체적 · 심리적 피로가 채점결과에 영향을 주는 피로효과(fatigue effect)가 작용하지 않도록 충분한 시간을 갖고 채점하는 것이 좋다.

⑥ 문항에 따라 점수의 비중을 달리 하여야 할 경우는 미리 계획을 세운다.

| 탐구문제 |

01 2003 행정고등고시 교육학

교육 · 심리 측정에 있어서 좋은 평가도구, 좋은 검사가 갖추어야 할 요건들에 대해서 설명하시오.

02 2011 행정고등고시 교육심리학

다음 글을 읽고 물음에 답하시오.

> 역사교사 A는 임진왜란의 발생원인을 학생들이 이해하고 있는지 확인하기 위해, 임진왜란의 발생연도, 처음 시작된 장소, 주요 해전(海戰)의 명칭, 그리고 관련 주요 인물들의 이름을 묻는 문제들만을 중간고사에 출제했다.

(1) 위 사례는 '좋은 검사가 갖추어야 할 조건(양호도)' 측면에서 중요한 문제점을 지니고 있다. 문제가 되는 조건이 무엇인지 그 용어와 함께 정의를 기술하시오.

(2) 위 (1)과 같은 측면에서 위 사례가 구체적으로 어떤 문제(들)를(을) 지니고 있는지, 그리고 이런 문제(들)를(을) 해결하기 위해 위의 중간고사 문제를 어떻게 수정하는 것이 적절한지 구체적으로 기술하시오.

제2절 교육평가의 모형

01 타일러(R. Tyler)의 목표중심적 접근

1. 개념

① 미리 설정하여 놓은 목표를 평가의 기준으로 삼아 그 목표가 실현된 정도를 판단하는 데 초점을 두고 있다. 그렇기 때문에 교육목표는 구체적으로 설정될 수 있고, 실제로 어느 정도 실현됐는지에 대한 파악이 가능하다고 전제한다.[1] 따라서 교육목표는 행동적 용어로 진술되어야 한다고 본다.

② 타일러는 교육의 전체적 맥락 속에서 교육평가의 기능과 역할을 논한다.

1 목표가 구체적으로 진술되면 평가해야 할 목록이 분명해진다.

2. 장점 및 한계점

구분	내용
장점	• 명확한 평가기준(교육목표)을 제시하고 있음 • 교육과정과 평가의 논리적 일관성을 유지하고 있음[2] • 목표의 중요성을 강조함으로써, 결과 확인을 통한 책무성을 제고하도록 자극함
한계점	• 행동용어를 진술하기 어려운 교육목표에 대한 평가가 어려움 • 설정되지 않은 교육의 부수적인 결과에 대해서는 평가가 이루어지지 않음[3] • 과정은 무시한 채 결과에 대한 평가만을 강조함

2 교육과정과 평가의 논리적 일관성이 있는 것은 교육의 전체적 과정(목표 ⇨ 경험선정 ⇨ 경험조직 ⇨ 평가) 속에서 평가를 다루고 있기 때문이다.

3 목표달성 자체에만 관심이 있기 때문에 부수적인 결과는 평가할 수 없다.

02 스터플빔(Stufflebeam)의 의사결정(CIPP)모형

1. 개념

① 스터플빔(1971)이 제안한 CIPP 모형의 전형적인 특징은 '평가의 가장 중요한 목적은 입증하는 것이 아니라 개선하는 것'이라는 주장에 잘 반영되어 있다. 평가란 프로그램의 성장과 발달을 촉진하고 프로그램을 개선함으로써 프로그램이 지향하고 있는 사람들의 요구를 충족시키고 가용자원을 최대한 활용하도록 도움을 주기 위한 도구라는 것이다.

② 이 모형은 평가를 단순히 책무성의 도구로 보는 입장을 배격하고 프로그램을 개선하는 도구의 역할을 강조한다.

③ 평가를 의사결정에 도움[4]을 줄 수 있는 정보를 수집 · 제공하는 과정이라고 간주한 스터플빔은 전형적인 의사결정 유형을 확인한 다음, 각 유형별로 평가전략을 도출했다.

④ 타일러는 목표의 실현 정도에만 관심을 가진 반면에, 이 모형은 설계, 실행, 결과에 이르는 전체 과정에서의 적절한 평가를 수행한다.

[4] 평가는 의사결정을 위해 자료만을 제공하는 것이 주요한 목적이고, 결정을 하고자 하는 것은 아니다. 반면, 타일러는 효과검증을 위한 증거만 제공한다.

2. 의사결정 단계

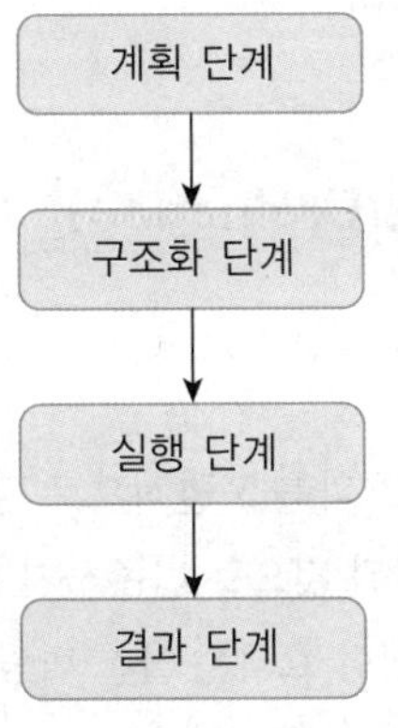

조직의 경영목표를 확인하거나 선정하는 등의 계획된 의사결정(planning decisions)이 이루어진다.

목표달성에 적합한 절차나 전략을 설계하는 등의 구조적 의사결정(structuring decisions)이 이루어진다.

구조화 단계에서 결정된 절차나 전략을 행동으로 옮기는 것과 관련된 실행적 의사결정(implementing decisions)이 이루어진다.

목표가 달성된 정도를 판단하고 의견을 제시하는 재순환 의사결정(recycling decisions)이 필요하다.

[그림 9-4] 스터플빔의 의사결정 모형

3. 평가유형

유형	내용
상황평가 (context evaluation)	계획단계의 의사결정에 도움이 되는 정보를 제공하기 위한 평가로, 주로 구체적인 상황이나 환경적 여건을 파악함
투입평가 (input evaluation)	구조화 단계의 의사결정에 도움을 주기 위한 것으로, 현재 어떤 산물이 투입되고 있고, 앞으로 어떠한 산물이 투입되어야 하는지를 파악함
과정평가 (process evaluation)	실행단계의 의사결정에 도움을 주기 위한 것으로, 구조화 단계에서 수립된 전략이 실행되는 과정에서 고려해야 할 점, 발생 가능한 사건 등을 파악함
산출평가 (product evaluation)	결과단계에서의 활용을 위한 것으로, 전체 과정을 통해 산출된 결과의 가치를 판단하는 데에 도움이 되는 정보를 수집함

4. 장점

① 비교적 투입과 산출이 명확하고 구체화된 기업체 등에 유용한 관점이다.

② 올바른 의사결정을 내리는 입장이기 때문에 학교 현장에서도 중요한 의사결정을 내릴 때 필요한 모형이다.

03 스크리븐(Scriven)의 탈목표모형(Goal-free Evaluation)[5]

1. 개념

① 탈목표모형은 목표를 전혀 인식하지 않은 상태[6]에서 프로그램의 효과를 포괄적으로 검토하려는 접근방법으로, 목표를 비롯해서 프로그램의 그 어떤 것도 고정된 것으로 간주하지 않고 프로그램의 모든 측면을 면밀하게 검토하여 바람직한 효과와 의도했던 효과는 물론 바람직하지 못한 효과와 의도하지 않았던 효과를 포함한 프로그램의 모든 효과를 표적집단의 요구에 비추어 판단한다.

② 탈목표모형에서는 프로그램이 목표를 달성한 정도를 기준으로 하여 프로그램의 가치와 장점을 판단하는 것이 아니라 표적집단의 요구를 어느 정도 충족했는가를 기준으로 하여 판단하는데, 이처럼 탈목표모형에서는 프로그램의 효과를 관찰하고 그것의 가치를 판단하기 위해 표적집단의 요구를 확인하는 작업을 중시한다. 이러한 측면에서 스크리븐은 탈목표모형을 요구기준평가(need-based evaluation)라고 불렀다.

5 스크리븐의 탈목표모형은 목표가 없는 것으로, 잠재적 교육과정과 관계가 깊으며, 목표까지 가는 여정에서 필요한 자료를 수집하는 형성평가적 관점이 강하다.

6 프로그램의 목적을 모르고 평가하기 때문에 결국 평가자의 전문성에 기초할 수밖에 없다.

2. 특징

① 의도된 교육목표뿐 아니라 의도되지 않은 부수적 결과의 가치까지 평가해야 한다고 주장한다.

② 평가의 기능을 형성평가와 총괄평가로 구분하였다.

③ 평가의 최종 결과 확인(총괄평가)과 프로그램의 개선(형성평가)에 관심을 두고 있다.

3. 의의

① 스크리븐(1972)은 목표에 근거하여 프로그램 효과를 분석하는 목표기준평가(goal-based evaluation)가 의도했던 효과에만 집착하기 때문에 잠재적인 효과를 간과할 수밖에 없다고 주장하고, 목표를 중심으로 평가활동을 수행할 때 야기될 수 있는 부작용을 제거하기 위한 목적으로 탈목표모형을 제안했다.

② 탈목표모형은 목표에 대한 정보가 전혀 없는 상황에서도 평가를 수행할 수 있다는 것을 입증했고, 프로그램의 모든 효과를 포괄적인 입장에서 검토할 필요성을 역설했으며, 목표기준평가를 실시할 때도 목표 자체의 가치를 판단할 필요성을 강조함으로써 평가의 이론과 실제에 큰 영향을 미쳤다.

04 아이스너(E. W. Eisner)의 예술적 비평모형

1. 개관

(1) 개념

교육평가도 예술작품을 비평하는 것과 같은 방식으로 이루어진다. 비평은 부정적 평가가 아닌, 자신이 이해한 바를 바르고 새로운 시각에서 그 의미와 가치에 대한 판단을 내리는 것이다.

(2) 교육적 감식안

① '교육적 감식안(감정술, connoisseurship)'이란 오랫동안 포도주의 맛을 보는 경험과 훈련을 통하여 포도주의 미묘한 질적 차이를 구별해 낼 수 있는 포도주 감식가(소믈리에)의 활동과 유사한 것이다.

② 이렇듯 교육적 감식활동이란 학생들의 성취 형태를 평가하는 일을 오랫동안 주의 깊게 경험한 사람이 학생들의 성취 형태들 사이의 미묘한 차이를 감지할 수 있는 것을 말하는 것으로 평가자가 교육현상을 보고 교육활동의 질을 판단할 수 있는 능력이다.

③ 예를 들면, 미술교사가 학생들의 작품을 감상할 때 그 미묘한 질의 차이를 구별할 수 있는 감식안을 가지고 있듯이, 일반 교사들은 자신들이 가르치는 교과에 대한 학생들의 수행 사이의 미묘한 차이를 구별할 수 있는 감식안을 가질 수 있다.

④ 이러한 교육적 감식안은 평가자의 지각적 민감성, 풍부한 경험, 세련된 통찰, 전문적인 판단을 토대로 하는 평가활동을 강조한다. 따라서 소믈리에가 와인의 질을 감정하듯이, 평가자는 유일한 '평가도구'로 자료를 수집 · 분석 · 판단하는 역할을 담당한다.

(3) 교육비평

① 비평은 부정적인 평가의 과정이 아니라 일반인이 알아차리기 어려운 현상의 질과 특성을 인식하도록 도와주는 과정이다.

② 교육비평은 감식가가 자신이 느끼는 미묘한 질의 차이를 학생과 학부모와 같은 일반인들도 알 수 있도록 언어로 표현한다면 이 언어적 표현은 교육비평(educational criticism)이 된다.

③ 어느 분야에 대한 감식안을 가진 사람만이 감지할 수 있는 미묘한 차이를 그 분야의 비전문가가 이해할 수 있도록 언어로 표현하는 일은 그렇게 쉬운 일이 아니다. 따라서 교육비평은 흔히 직유, 은유, 유추, 시적 표현 등을 자주 사용한다.

2. 목적

① 평가대상의 장점 또는 단점을 전문가의 입장에서 비판적으로 기술 · 사정 · 조명하는 데 목적이 있다.

② 이 모형은 자료에 대한 통계적 분석을 지양하고, 평가자의 전문성이나 경험에 입각한 질적 평가를 중시하기 때문에 평가자의 지각적 민감성, 풍부한 경험, 세련된 통찰, 전문적인 판단을 토대로 하는 평가활동을 강조한다.

3. 특징

① 행동주의 심리학에 입각한 목표중심평가나 의사결정모형 등을 비판한다.

② 평가자는 교육현상을 보고 교육활동의 질을 판단할 수 있는 '교육적 감식안'을 지녀야 하며, 이 미묘한 질적 차이를 표현할 수 있는 '교육비평력'이 필요하다.

③ 평가결과의 타당성과 합리성을 확보하기 위한 가장 중요한 조건은 평가자의 전문성이다.[7]

④ 의사결정에 평가의 주관성이 개입될 여지가 있다.

7 교사는 교육적 상상력을 발휘하기 위한 전문성이 있어야 한다.

제 3 절 교육평가의 유형

01 상대평가 vs. 절대평가*

* 김석우, 교육평가의 이해, 학지사, 2009, pp.110~115

1. 상대평가

(1) 개념

① 규준참조평가 또는 선발적 교육관이라고도 하며, 규준참조평가(norm-referenced evaluation) 또는 상대비교평가는 학습자의 평가결과를 그가 속해 있는 집단의 규준(norm)에 비추어 상대적인 위치를 밝혀보는 평가방법이다.

② 상대평가에서는 학습자가 무엇을 얼마만큼 알고 있느냐에 대한 관심보다는 개인의 성취수준을 비교집단의 규준에 비추어 상대적 서열을 판단하는 것에 관심을 둔다.

(2) 특징

① 검사의 신뢰도를 강조하며 상대평가에서는 학습자의 개인차를 얼마나 오차 없이 정확하게 측정하였는지에 중점을 둔다.

② 검사점수의 정상분포를 기대한다.

③ 학습자의 개인차를 극대화시키는 선발적 기능을 강조한다.

(3) 장 · 단점[1]

구분	내용
장점	• 개인차의 변별이 가능함 • 객관적 평가가 가능하여 교사의 주관을 배제할 수 있음 • 경쟁을 통한 외적 동기유발이 가능함 • 특정학교, 학급 내에서의 상대적 위치가 명확함 • 객관적 검사의 제작 기술을 통해 성적을 표시하고 있기 때문에 교사의 편견을 배제할 수 있음
단점	• 상대정보만 줄 뿐 목표 달성 여부는 알 수 없음 • 개인의 학습결손에 따른 보충학습을 실시할 수 없음 • 집단 내에서만 비교가 가능할 뿐 집단 간 비교는 불가능함 • 필요 이상의 경쟁심 유발로 학생 상호 간 시기, 질투를 유발하게 됨 • 항상 일정 수의 실패자가 생겨 부정적 자아개념이 형성될 가능성이 있음 • 모든 학생의 성취 가능성이 무시됨

[1] 상대평가는 점수에는 관심이 없고 오로지 등수에만 관심이 있다. 또한, 10점으로 1등을 할 수도 있고 99점으로 꼴찌를 할 수도 있기 때문에 '등수'만으로는 목표달성 여부를 알 수 없다. 그리고 상대평가는 선발하기 위한 측정에 관심이 있으므로 신뢰도를 중시한다.

기출콕콕

준거지향평가의 개념을 설명하고, 장점 2가지를 제시하시오.
2015 중등 추가

2. 절대평가 기출 2015 중등 추가

(1) 개념

① 목표(goal)참조평가, 준거(criterion)참조평가, 발달적 교육관이라고도 한다. 준거참조평가(criterion-referenced evaluation) 또는 절대비교평가는 학습자의 현재 성취수준이나 행동목표의 도달 정도를 알아보기 위한 평가방법이다.

② 준거참조평가를 목표참조평가라고도 하며, 교육목표나 학습목표를 설정해 놓고 이 목표에 비추어 학습자 개개인의 학업성취 정도를 따지는 것이다.

③ 절대평가란 학습자가 무엇을 얼마만큼 알고 있는지를 재거나 학습자가 정해진 준거나 목표에 도달하였는지를 판단하는 평가이다.

(2) 특징

① 검사의 타당도를 강조한다. 왜냐하면 원래 측정하려고 계획했던 수업목표를 얼마나 충실하게 측정하고 있느냐에 중점을 두기 때문이다.

② 검사점수의 부적편포를 기대한다. 모든 학습자가 설정된 교육목표를 달성하기를 바라기 때문에 검사점수의 분포가 오른쪽으로 치우친, 정상분포에서 벗어난 부적편포를 기대한다.

③ 학습자 개개인에 적합한 교수-학습의 기회를 제공함으로써 주어진 학습목표에 도달할 수 있다는 발달적 교육관에 바탕을 두고 있다.

④ 학생들 사이의 불필요한 경쟁을 제거하고, 협동적 학습을 가능하게 한다.

⑤ 개인차는 교육의 누적적 실패에서 오며, 교육의 작용과 노력에 의해 개인차를 0(zero)으로 만들 수 있다고 본다.

⑥ 학생들에게 보다 많은 성취감과 성공감을 갖게 할 수 있으며, 선수학습이 후속학습의 기초가 되기 때문에, 학습은 누가적이고 위계적이어야 한다는 전제를 받아들이고 있다.

2 절대평가는 목표를 달성하였는지, 달성하지 못하였는지에 초점을 두어 절대적으로 평가한다. 또한 절대평가는 당락의 기준을 정하기 위해 목표설정에 따른 타당도를 중시한다.

(3) 장 · 단점[2]

구분	내용
장점	• 진단적 기능의 강화로 교육(교수-학습, 학습결손 등) 개선을 위한 자료수집이 가능함 • 경쟁심을 배제하여 협동학습이 가능하고, 성취감을 줄 수 있어 정신위생에 좋음 • 진정한 학습결과를 측정할 수 있어 의미 있는 점수를 제공함 • 교육성과의 연도별, 종적 비교가 가능함
단점	• 개인차 변별이 용이하지 않음 • 평가기준이 되는 수업목표의 설정이 쉽지 않아 내용타당도의 문제 발생할 수 있음 • 외적 동기를 학습에 적용하지 않음 • 부적편포 곡선을 이루기 때문에 통계적 처리가 어려움 • 진단을 통한 학습부진 학생에 대한 보충지도가 필요하지만, 다인수 학급에서는 개별화 수업이 어려움

(4) 절대평가의 활용[3]

① 학생들의 단위 학습과제나 수업에서의 성공 여부를 판단한다.

② 시간에 따른 학생의 학업성장 정도를 파악한다.

③ 학습부진아의 학습 장애 및 결손을 진단한다.

④ 평가결과의 책임을 교사가 지기 때문에 개별화 교수체제에서 교수개선을 위한 정보로 활용된다.

⑤ 프로그램 효과검증이나 새로운 프로그램을 투입하기 전에 학생의 현 상태를 진단하는 데 사용된다.

⑥ 특별한 수행능력이 요구되는 전문직의 자격수여를 위한 자격시험의 형태로 활용된다.

3. 절대평가와 상대평가의 비교

구분	절대평가	상대평가
평가목적	목표달성도(절대비교)	개인차 변별(상대비교)
이론적 근거	부적편포	정상분포
교육관	발달적 교육관	선발적 교육관
완전학습 여부	완전학습	불완전학습
평가지향	목표지향	규준지향
평가기준	학업성취도(성취목표)	한 집단의 평균점[4]
평가도구	타당도(내용, 교과, 목표)	신뢰도(변별도), 객관도
성적표시방법	성취율(%) ⇨ 일정한 성취수준 중시	Z, T, Stanine, H, DIQ 점수 등
적용	면허, 자격시험, 기초학력평가	입학시험, 선발시험
적용모형	학업성취도 모형	심리검사 모형
장점	• 성취도 판단(수업의 질적 관리) ⇨ 자격인정에 유리 • 건전한 학습분위기 조성 • 교육의 책임성 강조 • 학습결과가 교수목표 달성도를 직접적으로 나타냄	• 선발상황에 유리 • 학습동기 유발(경쟁심 이용) • 통계적 처리가 용이
단점	• 개인차 변별 · 외적 동기유발에 적합하지 못함 • 수업목표의 합의가 어려움[5] • 통계처리가 어려움	• 진정한 학습이론에 맞지 않음 • 교육의 질에 둔감 • 배타적 인간관 형성(경쟁, 분류 강조)

3 절대평가는 주로 진단평가와 형성평가에 사용되며 드물게 총괄평가에 사용되기도 한다.

4 상대평가는 정상분포를 가정하기 때문에 평가기준을 집단의 평균점으로 한다.

5 수업목표를 합의하는 것이 어려워 타당도의 문제가 발생할 수 있다.

기출콕콕

절대평가의 명칭과 절대평가에서 개인차에 대한 해석, 그리고 능력참조평가와 성장참조평가의 개념을 설명하시오. 2018 중등

평가 결과를 해석할 수 있는 기준 2가지를 제시하시오. (상대평가 제외) 2022 중등

6 규준참조평가는 상대평가에 해당한다.

02 참조준거에 의한 평가 기출 2018 · 2022 중등

1. 규준참조평가(norm-referenced evaluation)[6]

(1) 개요

① 규준참조평가란 개인이 얻은 점수나 측정치를 비교집단의 규준(norm)에 비추어 상대적인 서열에 의하여 판단하는 평가를 말하며 상대비교평가 또는 상대평가라고도 부른다.

② 규준참조평가의 목적은 상호비교에 있다. 상호비교를 위해 필요한 기준을 규준이라 하며 규준은 규준참조평가에서 가장 중요한 요소이다.

(2) 특징

① 아동들 간의 개인차를 잘 변별해낼 수 있다.

② 경쟁을 통하여 아동들의 외현적 동기를 유발해낼 수 있다는 점에서 유리한 측면이 있다.

③ 교수활동의 결과가 학업성취 면에서 정상분포를 가정하고 있으므로 일정 부분의 아동은 누락하게 된다.

④ 학업의 성취도가 집단 내에서 상대적으로 비교함으로써 판정되므로, 시험에서 얻은 아동의 점수는 그 자체로서 독자적인 의미를 지니지 못한다.

⑤ 아동의 성취수준이 학습목표에 비추어 보았을 때 어느 정도에 도달한 것인지를 제대로 파악할 수 없게 한다.

⑥ 내현적 동기유발이 아닌 경쟁의식과 같은 외현적 동기를 유발하게 한다. 따라서 우수한 아동이나 열등한 아동들 모두 경쟁심리에서 오는 초조감, 패배감에 빠질 수 있다.

⑦ 수업활동에서의 보완점이나 개선점을 판단하는 것보다 개인차의 변별을 중시하므로 교수-학습의 개선기능을 약화시킬 수 있다.

(3) 장점

구분	내용
개인차의 변별 가능	다른 학생에 비해 상대적으로 얼마나 잘 했는지에 관한 개인의 상대적인 위치와 능력을 비교하고 우열을 가려 개인 간의 차이를 내고 변별할 수 있는 것이 가능함
교사의 편견을 배제	객관적인 검사제작 기술을 통해 성적을 표시하고 있어서 교사의 편견을 배제할 수 있음
동기유발에 유리	학습자들의 경쟁을 통하여 학습동기를 촉진시킬 수 있음

(4) 단점

구분	내용
수업활동의 개선 및 보완에 부적절	학생 간의 상대적인 우열과 개인차의 변별에 지나친 관심을 두어 수업활동에서 구체적으로 보완하고 개선해야 할 부분이 무엇인지를 판단하는 데 소홀하기 쉬움
참다운 의미의 학력평가가 불가능	학생의 성취도가 학생이 속한 집단 내에서의 상대적 비교로써 판정되기 때문에 학습내용을 완전히 이해한 경우라도 집단 전체가 우수하면 학업 성취도가 낮은 것으로 분석될 수 있음
과다한 경쟁심리 조장	학생 간에 학력의 상대적 위치 또는 순위를 결정하기 때문에 지나친 경쟁심리가 조장될 가능성이 있음
다른 집단과의 비교 불가능	평가의 기준점을 집단의 평균치로 보기 때문에 결과나 교육성과를 다른 집단과 비교할 수 없음

2. 준거참조평가(criterion-referenced evaluation)

(1) 개요

준거참조평가는 학습목표를 평가의 기준으로 하여 목표달성 여부나 그 정도를 확인하는 평가방법으로 목표지향평가 또는 절대평가라고도 한다.

(2) 특징

① 인간의 무한한 가능성과 교육의 효과에 대한 신념을 기초로 한다.

② 부적인 편포를 전제로 한다.

③ 목표지향평가의 결과로 얻어진 점수는 그 점수 자체로서 중요한 의미를 갖는다.

④ 목표지향평가에서는 평가하고자 했던 목표를 얼마나 잘 평가하고 있는지가 특히 중요한 타당도의 개념이 강조된다.

⑤ 목표지향평가는 아동 간의 경쟁심을 제거하고 협동적인 학습이 가능하게 할 뿐만 아니라 아동들에게 보다 많은 성취감을 갖게 한다.

(3) 장점

구분	내용
교수-학습활동의 개선에 적합	학습자가 무엇을 알고, 무엇을 모르는지에 대한 구체적인 정보를 제공해 줌으로써 교수-학습활동을 보완 및 개선하는 데 적합함
교육활동 전반의 개선이 용이	교육목표, 교육과정, 교육방법 등의 개선에 용이함
고등정신능력의 배양에 적합	상대평가에 치중하지 않으므로 이해, 비교, 분석, 종합 등의 고등정신능력을 배양할 수 있음

(4) 단점

구분	내용
개인차의 변별에 부적합	학습자 개인 간의 비교 및 우열을 판정하기가 어려움
준거설정의 문제	평가의 절대 기준이 학습목표이지만 이러한 학습목표를 누가 정하느냐 또는 어떻게 정하느냐 하는 것이 문제가 될 수 있음
점수의 통계적 활용이 불가능	검사점수의 정상분포를 가정하지 않기 때문에 점수를 통계적으로 활용하기가 어려움

7 능력참조평가는 각 학생의 능력과 노력에 의하여 평가된다. 예를 들어, 우수한 능력을 지녔음에도 불구하고 최선을 다하지 않은 학생과 능력이 낮더라도 최선을 다한 학생이 있을 때 후자의 성취수준이 낮더라도 더 좋은 평가를 얻을 수 있다.

3. 능력참조평가(ability-referenced evaluation)[7]

(1) 개념

① 학생이 지니고 있는 능력에 비추어 얼마나 최선을 다하였느냐에 초점을 두는 평가방법으로, 학생 개인이 지니고 있는 능력을 얼마나 발휘하였느냐에 관심을 두기 때문에 개인을 위주로 하는 평가방법이라 할 수 있다.

② 능력을 얼마나 발휘하였는지에 관심을 두는 능력참조평가는 표준화 적성검사에서도 사용될 수 있다. 그러나 적성검사점수는 다른 변인들과 합성되어 있으므로 해석하기가 곤란한 경우가 있으며, 학생이 지니고 있는 능력에 대한 정확한 정보가 없을 경우 능력참조평가를 하는 데 어려움이 따른다.

(2) 장점

개인을 위주로 개별적 평가를 실시한다.

(3) 단점

특정 기능과 관련된 능력의 정확한 측정치에 의존하게 되므로, 해당 능력에만 제한되어 학습자의 수행을 해석하게 된다.

4. 성장참조평가(growth-referenced evaluation)[8]

(1) 개념

① 교육과정을 통하여 얼마나 성장하였느냐에 관심을 두는 평가이며, 최종 성취수준에 대한 관심보다는 초기 능력수준에 비추어 얼마만큼 능력의 향상을 보였느냐를 강조하는 평가이다.

② 즉, 사전 능력수준과 관찰시점에 측정된 능력수준 간의 차이에 관심을 둔다. 성장참조평가는 학생들에게 학업증진의 기회 부여와 개인 내의 차를 강조하는 특징을 지니고 있다.

(2) 장점

평가의 교수적 기능이나 상담적 기능이 강조되는 평가환경이라면 능력참조와 성장참조 평가방법이 보다 교육적이므로 교육의 선진화에 도움을 줄 수 있다.

(3) 단점

능력참조평가나 성장참조평가가 대학진학이나 자격증 취득을 위한 행정적 기능이 강조되는 고부담 검사(high-stakes tests)와 같은 평가환경에서는 평가결과에 대한 공정성 문제가 제기될 수 있다.

8 성장참조평가는 얼마나 성장하였느냐에 관심을 두는 것으로, 대표적인 예로는 포트폴리오가 있으며, 수행평가적 관점에 해당한다.

| 탐구문제 |

01 2009 행정고등고시 교육학

다음 글을 읽고 세 교수가 강의에 적용한 평가참조틀(frame of reference)이 무엇인지 설명하고, 각각의 장 · 단점을 논하시오.

어느 대학에서는 〈한국 근대사의 이해〉 과목을 교양필수 과목으로 개설하여 3명의 교수가 각각 한 반씩 나누어 강의를 담당하고 있다.

김 교수는 "역사 공부는 과거의 사실을 정확히 아는 일로 끝나는 것이 아니라 그것이 학생 개개인에게 의미를 줄 수 있어야 한다."라는 믿음을 갖고 있다. 이에 따라 성적평가도 학생들 스스로 선택한 주제로 작성한 보고서와 발표 및 토론 참여를 바탕으로 이루어지고, 무엇보다도 학생이 얼마나 최선을 다하고 있으며 학생 개개인의 역사에 대한 지식과 역사를 보는 관점이 얼마나 향상되고 있는가를 중요시한다.

이 교수는 "역사에는 오직 사실이 있을 뿐이다."라는 믿음을 갖고 있다. 이에 따라 강의는 주로 교재의 내용을 자세히 전달하는 방식으로 이루어지며, 성적평가는 알고 있어야 할 지식들을 제대로 알고 있는지를 확인하는 데 주안점을 둔다. 90% 이상을 맞히면 A를 주고, 80~90%이면 B, 70~80%이면 C, 60~70%이면 D, 60% 미만이면 무조건 F를 주는 것이다.

박 교수는 "인생 자체가 제한된 자원을 획득하기 위한 경쟁이다."라는 믿음을 갖고 있다. 이에 따라 강의는 한국 근대의 역사적 사건을 중심으로 사실을 정확하게 파악하는 데 중점을 두고 진행된다. 또한 박 교수는 좋은 성적을 얻기 위해 학생들이 서로 경쟁하는 것은 당연하고 바람직한 것이라 생각하여 정상분포곡선에 따라 철저하게 스테나인 점수체제(9등급 점수)를 적용해 A^+ A^0, B^+ B^0, C^+ C^0, D^+ D^0, F를 준다.

03 양적 평가 vs. 질적 평가

구분	양적 평가	질적 평가
전통	실증적 탐구(실험연구)	현상적 · 해석적 탐구
평가전략	수량화하여 통계적으로 기술	사실적으로 해석하고 평가
평가도구	신뢰도 강조(정확한 측정)	타당도 강조 (조작된 모습이 아닌 본래 모습을 강조)
강조점	객관성, 일반성	(행위자) 주관성, 특수성
접근방법	객관성 유지 위해 원거리	평가대상 이해를 위해 근거리
연구논리	연역적(가설에서부터 자료 수집 · 분석)	귀납적(자료를 모아 가설 설정 · 검증)
분석	구성요소(요인) 분석	전체 분석(맥락 속에서 이해)
관심	결과 중심[9]	결과와 과정(가설 재진술) 중심[10]

9 양적 평가는 진술된 가설을 검증하는 것이 주된 목적이다.

10 질적 평가는 가설의 재진술과정을 거치는 것을 중시한다. 질적 평가는 인위적이지 않고, 자연스러운 상황에서 이루어지는 것이다.

04 진단평가, 형성평가, 총괄평가*

* 최호성, 교육과정 및 평가, 이해와 응용, 교육과학사, 2009, pp.375~381

1. 진단평가 기출 2022 중등

기출콕콕

총평의 관점에서 학생을 진단할 수 있는 실행방안을 2가지 제시하시오. 2022 중등

(1) 개념

① 학생의 사전 학습(pre-learning) 정도와 선수학습 수준(pre-requisite learning)을 진단해 준다.

② 진단적 성격의 평가는 수업의 효율화와 학습능률을 향상시키기 위해서 학생의 과거 학습 정도, 준비도, 흥미, 동기상태 등 새로운 학습이 시작되기 이전의 초기 상태에 관한 확인 노력을 가리킨다.

(2) 기능

① 학생이 학습을 시작하기 전에 그가 어떤 시발단계에 놓여 있는지를 결정하기 위해 실시한다.

② 수업이 진행 중일 때 투입될 수도 있다.

③ 시발행동의 진단에 따라 특정한 교수전략의 효과가 극대화될 수 있도록 학생을 정치(定置)하는 기능이 있다.

2. 형성평가 기출 2014 · 2016 중등

(1) 개념

① 형성평가의 용어를 도입하였던 스크리븐(1967)은 형성평가란 '교수-학습이 진행되고 있는 유동적인 상태에서 학생에게 송환효과를 주고, 교과를 개선하며, 수업방법을 개선하기 위해 실시하는 평가'라고 정의하였다.

② 형성평가는 교수-학습이 진행되고 있는 유동적인 상태에서 학생에게 송환효과를 주어 자기 평가를 하고 교육과정을 개선하며, 수업방법을 개선하기 위해 실시하는 활동임을 알 수 있다. 결국 학습증진의 극대화가 이루어지도록 하는 것이 최대의 목적이다.

(2) 기능

① 형성평가는 교수-학습과정의 각 단계에서 학생에게 피드백을 주고 교정해주려는 목적이 있다.

② 형성평가는 각 학생의 학습보조를 자기의 학습능력에 맞추어 나가는 데 중요한 역할을 한다.

③ 형성평가는 학습자에게 특정 학습단원에 대한 결과를 알려주고, 교정을 위한 정보 및 교정학습의 기회를 제공함으로써 동기를 유발시킬 수 있다.

④ 형성평가 과정에서 나온 결과는 특정 학습단원에서의 성공이나 실패 여부뿐만 아니라 실패한 원인에 대한 정보와 그러한 실패를 만회하기 위한 재학습자료로 재공될 수 있다.

⑤ 형성평가의 결과는 아동의 학습에 도움을 주기 위해 활용될 뿐만 아니라 교사의 교수방법 개선에도 크게 기여한다.

(3) 특징

① 형성평가의 가장 주된 특징은 정보의 송환과 교정의 피드백 효과이다.

② 교수-학습이 아직 유동적인 시기에 교과내용, 교수학습의 개선을 위해 실시하는 평가이다.

③ 교수-학습과정을 일차적으로 이끌고 개선해 가야 할 교사가 제작하는 것이 원칙이다.

④ 교육목표 또는 교수목표에 기초한 평가를 한다는 것이 형성평가의 중요한 특징 중 하나로, 즉 목표참조평가를 한다는 것이다.

⑤ 최근에 와서 흔히 '형성평가'라는 형태의 평가지를 많이 사용하는 것을 볼 수 있다. '5분 테스트', '퀴즈', '쪽지검사', '형성검사' 등으로 불리는 검사를 사용하고 있는데, 여기에서 특히 주목해야 할 것은 형성평가의 역할을 하는 것이 반드시 시험지나 고사와 같은 시험 절차에 의해서만이 아니라, 구두질문, 미소, 고개 끄덕임, 칭찬 등도 같은 역할을 한다는 점이다.

기출콕콕

형성평가 활용 측면에서 학습동기를 유발시키는 방안 2가지를 논하시오. 2014 중등

형성평가의 기능과 효과적인 시행전략 2가지를 제시하시오. 2016 중등

3. 총괄평가

(1) 개념

① 총괄평가는 주어진 학습과제 또는 한 교과가 끝났을 때 설정된 교수목표의 달성도를 알아보기 위한 평가활동을 말한다.

② 학습을 통해서 의도하는 교육목표를 얼마나 성취하였는지에 대해 종합적으로 판단하는 데 관심을 가지며, 이는 학습과제, 단원, 교과가 끝난 다음이나 기말, 학년 말에 교육목표의 달성 정도를 종합적으로 평가하려는 것이다.

③ 일상적으로 선발이나 배치 및 등급 부여 등의 기능을 수행하게 되므로 매우 부담이 큰 평가(high-stakes assessment)로 인식되기도 한다.

(2) 용도와 역할

① 총괄평가의 중요한 용도는 학생의 성취 정도에 대한 점수판정이다. 점수판정의 목적은 각 학생의 학습 정도나 수준에 의거해서 학생 사이의 상대적 위치를 결정하는 데 있다.

② 총괄평가는 학생이 어떤 기능이나 능력, 지식이 요구하는 정도의 자격이 있는지 없는지를 인정하기 위한 판단을 하는 자격 인정의 역할을 한다.

③ 총괄평가는 다음 과정에서의 성공을 예언하는 데 도움을 주며, 총괄평가의 결과는 다음 학습결과의 학습에서 학생이 성공할 수 있느냐를 예언하는 데 중요한 역할을 한다.

④ 학년 말에 부과하는 총괄평가의 결과는 다음 학년의 수업이 시작될 때 학생들을 어느 과정의 수준에서 가르쳐야 할지를 결정하는 데 도움을 준다.

⑤ 학생 각자의 학습진보가 어느 정도로 이루어지고 있느냐의 정보를 학생에게 알려주는 것은 형성평가의 주된 목적이었으나 필요에 따라 총괄평가에서도 이 같은 목적을 활용할 수 있다.

⑥ 총괄평가는 집단 간의 성적결과를 비교하기 위해 필수적으로 이용된다.

4. 비교

구분	진단평가	형성평가	총괄평가
실시목적	• 선수학습능력 결핍 여부 확인 ⇨ 학습 촉진 • 학생 이해, 학생 배치	교수－학습 개선	성적 결정(등수)
기능	• 정치활동(반 배정) • 시발행동과 기능 진단 • 수업 불가능의 원인 진단 • 개인차에 따른 선택적 교수 전략 확인	• 학습지도방법의 개선 • 학습방법의 개선 • 학습활동의 조정 • 학습활동의 강화(피드백) • 빠진 목표 재확인	• 성적의 결정 • 자격 인정 • 다음 학습 성공 예언 • 교수방법의 개선 • 집단 간 학습효과 비교
시간	• **학습시초**: 학습 초, 학기, 학년 시초에 배치 • **교수 도중**: 정상 수업으로는 학생이 계속해서 도움을 못 받을 때	교수 도중에 실시	학습단위, 학기, 학년의 끝에 실시
강조점	• 지적 · 정의적 · 심리운동 행동 • 신체 · 환경 · 심리적 요인	지적 행동	• 일반적으로 지적 행동 • 교과에 따라 심리운동적, 정의적 행동
검사도구의 형태	• 교사제작 평가도구(선수 학습 정도 확인) • 표준화 학력검사와 진단 검사(일반 지적수준 확인) • 심리검사(정서 및 환경적 학습장애 진단)	수업목적에 맞게 특별히 고안된 형성평가도구(표준화 검사보다 주로 교사제작 평가도구를 사용)	기말시험 및 총괄평가 도구
교육목표의 표집방법	• 각 선행행동의 구체적 표본 • 비중을 둔 교과목표의 표본 • 특별한 교수형태에 관계 있다고 생각되는 학생변인의 표본 • 신체적 · 정서적 · 환경적 행동의 표본	학습단위의 위계에 포함된 모든 관련 있는 과제의 구체적 표본(모두 표집)	• 비중을 둔 교과목표의 표본 • 이원목적분류표 사용
문항 출제	선수기능 및 능력 진단	모든 문항	표본문항
문항 난이도	**선행기능 및 능력의 진단**: 대부분 쉬운 문항, 65% 이상의 난이도	미리 구체화 할 수 없음	평균 난이도가 35~70%이고 매우 쉽거나 어려운 문항 포함
채점	준거지향 및 규준지향 겸용	준거(목표, 성취기준) 지향	일반적으로 규준지향이나 준거지향도 사용
점수의 보고	하위기능별 개인 프로파일	학습위계에 포함된 각 과제에 대한 급락(Pass or Fail)이 개인점수의 유형	목표에 비추어 본 총점이나 하위점수

제4절 수행평가

01 수행평가의 의미와 필요성

[1] 수행평가는 구성주의 학습 상황에서 사용되는 평가방식으로 학습자가 중심이 된다.

1. 의미[1]

① 수행평가는 학생 스스로가 자신의 지식이나 기능을 나타낼 수 있도록 산출물을 만들거나, 행동으로 나타내거나, 답을 구성하도록 요구하는 평가 방식이다.

② 다양한 현실장면 속에서 자신의 지식과 기능을 어느 정도 활용할 수 있는가를 평가하기 위해 설계된 방법이다.

[2] 수행평가는 평가의 주 목적인 성장과 지식기반사회에서의 살아 있는 지식을 습득하고자 하는 것이 주된 목적이다.

2. 필요성[2]

① 학생이 인지적으로 아는 것도 중요하지만 아는 것을 실제로 적용할 수 있는지를 파악하는 것도 중요하기 때문이다.

② 획일적인 표준화 검사를 적용하기 어려운 다양한 개인적 특성이나 상황에서 타당한 평가를 할 수 있다.

③ 수행평가는 여러 측면의 지식이나 능력을 지속적으로 평가할 수 있으며, 지속적 평가를 통해 교수-학습의 결과뿐만 아니라 그 과정에 대한 자세한 정보의 수집과 함께 학생 개개인의 특성과 수준을 지속적이면서도 종합적으로 평가하는 것이 필요하다.

④ 암기식 학습활동은 학습자 개인의 삶에서 무의미하고 쓸모없는 것이 될 수 있기 때문에 학습자 개인에게 의미 있는 학습활동이 이루어지도록 한다.

⑤ 교수-학습목표와 평가내용을 더욱 직접적으로 관련시킬 수 있다.

02 수행평가의 특징

[3] 수행평가는 평가의 타당도를 높이기 위한 것이 일차적 관심사이며 이를 해결하기 위해 주로 현장에서 교사의 판단에 의지하게 되면서 신뢰도에 문제가 생길 수 있다.

1. 특징

① 학생의 지식이나 기능을 평가할 때 교사의 주관적이고 전문적 판단에 의거하여 평가하는 방식이기 때문에 교사는 평가자로서의 전문적인 자질과 식견을 갖추고 있어야 한다. 만약 평가자로서의 전문성과 공정성이 떨어지면 수행평가의 신뢰도와 객관도는 크게 문제될 수 있다.[3]

② 수업개선에 초점을 두기 때문에 결과뿐만 아니라 과정도 동시에 중시하는 평가 방식이다. 수행평가와 같이 답을 스스로 작성하거나 수행하게 하면, 우연히 정답을 맞힐 수는 없으며 문제해결의 과정과 결과를 타당하게 파악할 수 있게 된다.

③ 학교에서 추구하는 교육목표의 달성 여부를 가능한 한 실제와 유사한 상황에서 파악하고자 한다.

④ 단편적인 영역에 대해 일회적으로 평가하기보다는 개인의 변화와 발달과정을 종합적으로 평가하기 위해 전체적이면서도 지속적으로 이루어지는 것을 강조한다.

⑤ 인지적인 영역, 정의적인 영역, 그리고 심체적인 영역에 대한 종합적이고 전인적인 평가를 중시한다.

2. 루브릭(rubric)

① '루브릭'이란 학습자가 과제를 수행하면서 보이는 반응을 평가자가 관찰하거나 그 수준에 대한 판단을 내릴 때 사용하는 수행기준을 의미한다.

② 수행평가는 관찰과 판단에 의한 평가이기 때문에 루브릭은 체크리스트와 더불어 수행평가에서 활용하는 주요한 채점도구이다.

③ 루브릭은 수행과정 또는 과제를 해결한 후 얻은 결과를 평가하는 데 사용되며, 학습자에게는 반응의 방법과 수준을 구체적으로 제시해 주는 평가지침의 역할을 한다.

④ 루브릭의 예

점수	반성의 질
5	자신의 문제해결능력에 관한 매우 뛰어난 통찰력과 성장을 위한 명료한 아이디어를 가지고 있음
4	자신의 문제해결능력에 관한 충분한 통찰력과 성장을 위한 아이디어를 가지고 있음
3	문제해결의 강점과 부족한 점을 어느 정도 반성함. 문제해결자로서 어떻게 성장해야 하는지에 대한 어느 정도의 아이디어가 있음
2	문제해결의 강점과 부족한 점을 거의 반성하지 않음. 문제해결자로서 어떻게 성장해야 하는지에 대한 아이디어가 거의 없음
1	자신을 문제해결자로 전혀 생각하지 않음

점수	수학적 지식
5	문제, 수학적 개념, 원리에 대한 깊은 이해를 보이며 적절한 수학용어를 사용하고 모든 계산이 정확함
4	수학적 문제, 개념, 원리에 대한 충분한 이해를 보임. 대부분의 경우 적절한 수학용어를 사용하며 계산 오류가 거의 없음
3	수학적 문제, 개념, 원리에 대한 어느 정도의 이해를 보임. 적절하지 못한 수학용어를 사용하는 경우가 어느 정도 있으며 계산 오류가 어느 정도 있음
2	많은 문제에서 오류가 있으며 많은 용어가 부정확함
1	문제에 중대한 오류가 있으며 수학적 문제, 개념, 원리에 대한 이해가 없음

4 수행평가는 모든 방법을 사용하여 실시할 수 있다.

03 수행평가의 방법[4]

1. 일반적 방법

방법	내용
서술형 검사	흔히 주관식이라고 하는 것으로 문제의 답을 직접 서술하는 형태로 고등정신기능을 주로 묻게 됨
논문형 검사	개인 나름의 생각이나 주장을 창의적이고 논리적이면서 설득력 있게 조직하여 작성하는 방법
구술시험	특정 내용이나 주제에 대해서 자신의 의견이나 생각을 발표하도록 하여, 학생의 준비도, 이해력, 표현력, 판단력 등을 평가하는 방법으로 주로 인지적 영역을 중심으로 함
토론	특정 주제에 대해 학생들이 서로 토론하는 것을 보고 평가하는 방법
실기시험	가능한 한 교수-학습활동과 평가활동을 분리하지 않고 수업시간에 자연스러운 상황에서 평가함
실험·실습법	직접 실험·실습을 한 후에 보고서를 제출하게 하여 평가하는 방법
면접법	평가자와 학생이 서로 대화를 통해서 얻고자 하는 자료나 정보를 수집하여 평가하는 방법으로 주로 정의적 영역을 중심으로 함
관찰법	교사는 개별학생 단위나 집단 단위로 항상 관찰을 통해 학생을 평가할 수 있음
자기평가 보고서법 (기출 2021 중등)	특정 주제나 교수-학습 영역에 대하여 자기 스스로 학습과정이나 학습결과에 대한 자세한 평가보고서를 작성·제출하도록 하여 평가하는 방법
동료평가 보고서법	자기평가 보고서법과 유사하게 동료 간에 평가하는 방법
연구보고서법	여러 가지 연구주제 중에서 학생의 흥미나 능력에 맞는 주제를 선정하여, 자료를 수집하고 분석·종합하여 연구보고서를 제출하게 하여 평가하는 방법
산출물 평가	작업 과정을 제대로 알고 있고, 산출물 제작에 필요한 도구를 능숙하게 다룰 수 있는지, 자신이 만든 산출물을 실용적·심미적인 눈으로 평가할 수 있는지를 평가하는 방법 예 제빵

기출콕콕

자기평가 방식의 교육적 효과 2가지와 실행 방안 2가지를 제시하시오. 2021 중등

2. 포트폴리오(portfolio)

① 포트폴리오는 서류가방, 자료수집철, 자료의 묶음 등을 뜻하는 용어로 개인의 이력이나 실력 등을 알아볼 수 있도록 자기가 만든 작품이나 관련 내용 등을 모아 놓은 자료철 또는 작품집이다.

② 포트폴리오 평가는 하나 또는 그 이상의 영역에서 학습자의 노력, 성장이나 진보, 성과를 보여주기 위해 모은 자료의 묶음을 이용한 평가방법으로, 예컨대 그림, 글짓기, 연구 보고서, 실험 · 실습의 결과보고서 등을 정리한 자료철을 이용하여 평가하는 것이 포트폴리오 평가이다.

③ 학생들은 자기가 제작한 포트폴리오를 통해 자신의 성장과 변화과정을 알 수 있으며, 교사는 포트폴리오를 보고 학생들의 과거와 현재 상태를 쉽게 파악할 수 있다.

④ 포트폴리오는 학생 개개인의 변화와 발달과정을 종합적으로 파악하기 위해 전체적이면서도 지속적으로 평가하는 것을 강조하는 수행평가의 대표적인 방법 중 하나이다.

3. 역동적 평가[5]

① 역동적 평가는 비고츠키(Vygotsky)의 근접발달영역 이론의 영향을 받아 나타난 것으로 학습의 결과보다는 발달되는 과정에 초점을 맞추고 아동 개개인의 특성을 강조한다.

② 예를 들면, 학생이 A1이라는 지점에서 A2라는 지점까지 타인의 도움을 통해 문제를 해결하였다면, 다시 A2가 출발점이 되어 A3까지 성장하게 되고, 또 A3에서 출발하여 A4까지 근접발달영역은 이동하게 된다. 이처럼 근접발달대는 역동적으로 상향이동하게 되는데, 이 부분에 초점을 두고 평가하는 것을 말한다.

③ 이러한 근접발달영역은 특히 교사와 같은 학습자보다 뛰어난 사람에 의해 언어적 상호작용을 통해 발달하는 것이기 때문에 평가자와 학습자 간의 역동적 상호작용에 중점을 두는 평가로, 역동적 평가는 발달 중인 능력을 측정하고자 하며, 교수-학습의 과정에서 교사와 학생의 상호작용으로 향상될 수 있는 학습 잠재력까지 평가하고자 한다.

5 역동적 평가는 완벽하게 수행평가와 동일한 개념이라기보다는 역동적 평가를 통해 수행평가의 하나로 볼 수 있다는 것이다.

04 수행평가의 장 · 단점

구분	내용
장점	• 인지적 능력, 정의적 특성, 심동적 특성을 모두 평가할 수 있는 총체적 접근 • 학습동기와 흥미를 유발하며, 맞거나 틀리는 이분적 평가가 아니라 어떠한 답도 수용될 수 있으므로 학생들을 격려하여 학습동기와 흥미가 증진됨 • 개방형 형태의 평가방법은 다양한 사고능력을 함양시킴 • 검사결과뿐 아니라 문제해결과정도 분석할 수 있음 • 수행평가는 과제의 성격상 협동학습을 유도하므로 전인교육을 도모함 • 행정적 기능이 강조되지 않을 때 수행평가가 실시되므로 검사불안이 적은 편임
단점	• 수행평가도구 개발에 어려움이 있음 • 채점기준인 점수부여 기준설정이 용이하지 않음 • 채점자 내 신뢰도와 채점자 간 신뢰도 확보에 어려움이 있음 • 평가도구의 개발, 점수부여 등에 많은 시간이 소요됨 • 비용이 많이 듦 • 점수결과 활용에 어려움이 있음

* 김석우, 교육평가의 이해, 학지사, 2009, pp.215~221

05 수행평가의 문제점과 고려사항*

1. 문제점

(1) 학생 및 학부모

① 부여되는 수행평가 관련 과제의 양과 수행평가 시행 빈도가 과다하다.

② 부여되는 수행평가 관련 과제의 질이 부적절하다. 수행평가 과제의 목적이 모호한 과제를 부여하거나 학생들의 수준을 넘어서는 무리한 과제를 부과하는 경우가 있었다.

③ 대학수학능력시험, 기존의 학교시험, 수행평가 등 평가에 대한 부담이 과도하다. 특히 고등학생의 경우 학교시험과 수능을 별도로 준비해야 하기 때문에 수행평가 실시는 평가에 대한 학생들의 부담을 추가시키는 일이 되고 있다.

④ 수행평가 평정결과의 객관성이 부족하다. 정답과 오답의 경계가 뚜렷한 선택형에 비해, 결과를 판정하는 데 주관성이 개입될 여지가 많다.

(2) 교사

① 교사 1인이 수업하고 있는 대상 학생 수가 많다.

② 수행평가 채점을 위한 시간확보가 어렵다.

③ 수행평가 채점결과에 대한 학부모의 민원과 감사로 인해 평가가 경직되기 쉽다.

2. 고려사항

(1) 비용 및 시간

학생들의 활동이나 그 결과에 대하여 기계가 아닌 사람들이 평가를 하기 때문에 수행평가에서 비용의 문제는 본질적이다. 컴퓨터로 채점할 수 있는 선다형 검사에 비하여 채점의 공정성을 위해 많은 교사가 필요하며, 검사에 소요되는 시간과 채점시간이 더 늘어난다.

(2) 채점기준

수행평가에서는 선다형 검사와 같은 주된 전통적인 평가방법과 달리, 다양한 평가방법으로 점수를 부여한다. 채점자에 따라 다른 점수를 부여할 수 있으므로 점수 부여의 기준을 명확히 결정하여야 하는 어려움이 있다.

(3) 타당도

결과타당도는 검사나 평가의 실시결과가 사회에 미치는 영향에 대한 가치판단이라고 할 수 있는 평가결과의 활용에서 사회적 가치와 윤리적 이유를 중시하는 입장이다. 이런 의미에서 수행평가는 성별, 지역적 · 문화적 측면에서 모든 학생에게 공정하게 시행되어야 한다.

(4) 신뢰도

한 채점자가 모든 대상에 점수를 부여할 때 얼마나 일관성이 있는가의 문제인 채점자 내 신뢰도와 하나의 활동이나 작품에 대한 두 사람 이상의 채점들이 얼마나 일관성이 있는가의 문제인 채점자 간 신뢰도를 고려해야 한다.

| 탐구문제 |

01 2003 행정고등고시 교육심리학

다음 물음에 답하시오.

> 최근에 객관식 검사 중심의 전통적 평가방식에 대한 대안으로 수행평가와 역동적 평가(dynamic assessment) 방식이 대두되었다.

(1) 2가지 새로운 평가방식의 주요 특징을 설명하시오.

(2) 2가지 평가방식을 교실장면에 적용했을 때 각각의 장점과 단점을 객관식 검사방식과 비교하여 논의하시오.

06 과정중심 평가

1. 개념(의미)

① 학생의 학습을 돕는 것을 목적으로 학습과정 중에 일어나는 학생 간의 상호작용, 사고 및 행동의 변화 등 학생의 학습 성장과정을 토대로 결과를 학생들에게 의미 있게 피드백하는 학습지향적 평가이다.

② 교수-학습과정에서 학생의 변화와 성장에 대한 자료를 다각도로 수집하여 적절한 피드백을 제공하는 평가방식이다.

③ 학생이 아는 과정을 평가의 대상으로 포함시킴과 동시에, 교수-학습 질 개선을 위해 평가를 학습의 도구로 사용하여 평가를 위한 수업이 아닌 수업을 위한 평가를 하며, 전인적 · 종합적 · 지속적 평가를 통한 수업 질 개선이라는 관점에서 평가결과 활용범위를 확장한다. 이것은 결국 평가를 위한 학습이 아니라 '학습을 위한 평가(assessment for learning)' 또는 '학습으로서의 평가(assessment as learning)'라는 평가의 패러다임 확장이라고 볼 수 있다.

④ 암기 위주와 정답 찾기 등의 결과중심 평가방식에서 문제해결과정을 중시하는 평가로의 전환을 의미하며, 수행평가가 대표적인 과정중심평가이다.

2. 과정중심평가의 방향

① **수행평가의 내실화**: 과정과 결과를 연계하여 평가하며, 협동과제 수행을 통해 창의 · 인성교육을 강화한다.

② **수시일괄평가 일상화**: 수행과제 중심의 학습역량을 평가하며, 학습 결손 예방 피드백을 제공한다.

③ **수업연계 평가**: 학습과제 수행과 직결되는 평가, 프로젝트 및 토의 · 토론 수업을 활용한다.

④ **학생활동 중심평가**: 학생의 활동중심 평가내용을 선정하고, 활용과제를 실천할 수 있는 역량을 증진한다.

3. 과정중심평가의 특징

① **기본 방향**: 교수 · 학습을 극대화하기 위한 평가, 정보 수집을 위한 도구 및 과정으로서의 평가, 학습전략 및 교수법의 교정을 위한 평가, 교수학습과 평가가 연계된 순환적 구조에서의 평가 등의 4가지이다.

② **평가관**: 학습을 위한 평가, 학습으로서의 평가, 과정을 중시하는 평가이다.

③ **평가내용**: 통합적 지식 및 기능, 핵심역량에 대한 평가, 인지적 · 정의적 특성 영역 등이다.

④ **평가방법**: 지필평가와 수행평가 등의 다양한 방법을 적용하고, 구조화 · 비구조화된 방식을 혼용하며, 수시평가, 교사 · 학습자 · 동료 등 평가 주제를 다양하게 한다.

⑤ **평가결과**: 성취기준 및 내용준거에 의한 결과 보고로 이루어지며, 즉각적인 피드백이 수시로 이루어진다.

⑥ **평가문항**: 성취기준 분석 및 학습자 특성 파악하여 개발한다.

⑦ **평가과정**: 평가 계획, 출제 계획, 평가도구 개발, 평가 시행, 채점, 평가도구 개발의 과정으로 이루어진다.

4. 실천을 위한 제언

① **성취기준에 기반을 둔 평가**: 평가문항이나 채점기준 개발의 용이성이 중요한 것이 아니라, 학습목표로서의 성취기준을 명확히 이해하고 달성할 수 있도록 하여야 한다. 이는 곧 백워드 교육과정 설계와 맥을 같이한다.

② **수업 중에 이루어지는 평가**: 교수-학습과 연계된 평가이어야 한다. 교실 안에서 교수-학습과정 중에 평가가 이루어지면서 가정배경이 평가에 영향을 주지 않도록 하는 영향타당도의 개념을 중시해야 한다.

③ **과제 수행 과정의 평가**: 평가의 대상은 학습자의 과제 수행 과정이다. 이는 학습의 목표로 삼은 지식이나 기능, 태도가 학습자에게서 어떻게 발달하고 있는지를 파악하기 위한 것이다.

④ **다양한 평가 방법 활용**: 하나의 과제를 수행하기 위해서는 다양한 지식, 기능, 태도 등이 동원되기 때문에, 특정 영역이나 다양한 영역이 통합될 수 있는 과제의 해결을 위해 다양한 평가방법이 활용되는 것은 당연한 것이다. 예를 들면, 문제해결학습을 통해 스스로 성장에 대한 자기평가 방식, 다른 사람과의 협업의 정도를 평가할 수 있는 동료평가, 수업내용의 형성평가를 위한 교사평가 방식 등이 함께 사용될 수 있다.

⑤ **학습자의 성장을 위한 평가 결과의 활용**: 과정평가는 학습자의 발달과정을 추적함으로써 학습자의 부족한 점을 채워주고, 우수한 점을 심화 · 발전시킬 수 있도록 하는 데 기여한다. 이를 위해 평가결과의 피드백이 필수이다.

07 성취기준 평가

1. 개념

① 성취기준(achievement standard): 교육을 통해 학생들이 성취할 것으로 기대되는 것을 명시한 것을 말한다. 'standard'의 의미를 처방적인 것(성취해야 할 것)과 기술적인 것(성취한 것)으로 나누었다. 이 경우 처방적으로 성취해야 할 것을 의미할 때는 '성취기준'으로 번역되는 것이 적합하며, 이미 성취한 것을 기술한 것을 의미할 때는 '성취수준'이라는 용어로 번역되는 것이 더 적합하다.

② 채점기준표(rubric): 수행평가와 포트폴리오 평가 등에서 채점을 하는 데 활용하는 것으로서 준거항목과 더불어 성취기준과 수준의 관련성을 도표화한 것이 주로 활용된다. 이들 평가에서 채점기준표는 다양한 수준의 능력을 채점하는 기준과 방법을 제공하게 된다.

③ 예를 들면, 성취평가제는 각 과목별로 시험의 난이도를 고려하여 성취기준에 따른 점수를 부여하여 학생들이 도달한 정도에 따라 A, B, C, D, E를 부여하는 석차 기준이 아니라 성취정도에 따라 평가를 하는 제도이다. 시험에 따라서 모든 학생이 A를 받을 수도 있고, A가 없을 수도 있다. 과목에 따라 성취평가가 A라고 해도 석차등급으로 1등급이 될 수도 있고 2등급, 3등급도 있어 9등급 방식의 평가제도에 대한 대안으로 사용된다.

2. 장점

① 절대평가에서 당락을 결정하는 것은 합격자들과 불합격자들을 구분 짓는 집단평가적 관점에서 학생 개별평가가 가능하다는 장점을 가지고 있다.

② 절대평가의 당락에 의한 낙오자나 상대평가에 의한 부정적 자아개념 형성과 같은 문제점을 해결할 수 있어 학업부진을 해결할 수 있기 때문에 학생 개개인 중심의 평가방식이다.

제 5 절 문항분석

01 개념

한 검사의 문항들이 얼마나 적합하며, 제 역할을 하고 있는가를 검증 · 분석하여 문항을 개선하고자 하는 것으로, 문항분석[1]은 보통 선택형에 한한다.

[1] 문항분석은 주로 상대평가에 사용한다.

02 문항곤란도(문항난이도, Item Difficulty)[2]

[2] 문항의 어려운 정도를 나타내는 '일반명사'는 문항 난이도이다. 따라서 일반적으로 난이도가 높다는 것은 어렵다는 것을 의미한다.

1. 개요

① 문항난이도란 '한 문항의 어려운 정도', '한 문항에 학생들이 정답을 한 확률'로 정의되며, 문항곤란도라고도 한다.

② 피검자 집단이 A문항에는 30%가 정답을 맞히는데, B문항에는 50%가 정답을 맞힌다면 A문항은 B문항보다 어려운 문항이라고 할 수 있다.

2. 계산공식

(1) 기본 공식

$$P = \frac{R}{N} \times 100$$

$$P = \frac{R}{N-NR} \times 100$$

R : 정답 수
N : 사례 수
NR : 미달문항

(2) 추측요인 고려 시

$$P = \frac{\left(R - \frac{W}{n-1}\right)}{N} \times 100$$

W : 오답한 학생 수
n : 문항의 답지 수

3. 특징

① 문항난이도는 0~100%에 이르기까지의 변산을 갖고 있으며 문항의 곤란도는 집단에 따라 변한다.

② 한 개인에 대한 문항난이도는 존재하지 않으며, 개인에 대해 알 수 있는 것은 그 문항에 정답을 했느냐 오답을 했느냐 하는 것뿐이다.

③ 측정학적 용어로는 문항난이도는 집단의 표준편차와 평균에 의해 결정되는 통계치이다.

④ 문항난이도를 계산하기 전에 반드시 각 문항에 대한 추측요인을 교정해야 한다.

⑤ 문항분석을 할 경우에는 한 문항이 어느 정도 어려운가의 정도를 알려는 것이기 때문에 그 문항에 반응하지 아니한 피검자의 수는 제외해야 한다. 이와 같이 반응하지 아니한 수(NR, 미달항)는 제외하는 것이 정확한 문항난이도를 계산할 수 있는 기초가 된다.

4. 이용

① 한 검사의 문항곤란도는 문항의 난이도 준거가 되는 것으로서, 보통 20~80% 정도의 난이도가 적당하며, 평균 난이도는 50% 정도가 적당하다.

② 쉬운 난이도는 능력이 낮은 학생의 동기유발에 좋으며, 어려운 문항은 상위능력 학생의 성취감을 위해 포함시킨다. 시험에서는 난이도가 쉬운 문제부터 어려운 문제 순으로 배열한다.

③ 절대기준 평가에서는 곤란도의 의미가 없으며, 비율 척도가 아니므로 몇 배 어렵다는 표현은 사용할 수 없다.

03 문항변별도(Item Discrimination)

1. 개념 및 특징[3]

(1) 개념

문항타당도의 개념 중에 한 문항이 피검사의 능력 상하를 얼마나 예리하게 변별하는 능력이 있느냐를 보는 것을 문항변별도라고 하고, 계산되어 나온 수치를 변별도지수(DI)라고 부른다.

(2) 특징

① 변별도지수는 상관계수와 마찬가지로 −1.00~+1.00 사이에 분포한다.

② 변별도지수를 통해 문항이 학생능력의 상하를 얼마나 예리하게 변별하느냐를 대충 짐작할 수 있게 되지만, 어느 정도 '통계적으로 의미 있게' 변별하는지를 판단할 수는 없다.

[3] 변별이란 잘하는 아이와 못하는 아이를 구분 짓는 것이다. 상위집단의 정답자 수와 하위집단의 정답자 수의 차이가 클수록 변별도가 높다.

2. 계산공식

$$DI = \frac{R_U - R_L}{N/2}$$

R_U : 상위집단 정답자 수
R_L : 하위집단 정답자 수

3. 문항변별도의 이용

① 문항변별도는 규준지향검사와 목표지향검사에서 모두 유용하게 쓰일 수 있는 문항의 특징이다.

② 규준지향검사에서는 총점에서 성적이 높은 학생과 낮은 학생을 분명히 가려낼 수 있는 문항으로 구성되어 있는 것이 필수이다.

③ 목표지향검사에서도 총점에서 성적이 좋은 학생과 낮은 학생을 잘 변별할 수 있는 문항으로 검사가 구성되어 있을 필요가 있다.

④ 목표지향평가에서 문항변별도를 이용하는 목적은 어떤 문항이 학습에서의 성공자와 실패자를 잘 구별하느냐에 더 관심이 있다.

⑤ 곤란도가 50%일 때, 변별도가 +1.00에 가까워진다.

⑥ '−'일 경우에는 잘못 제작된 문항으로 수정이 필요하다.

04 문항반응분포(Item Response Distribution)

1. 개념

문항의 각 답지에 대한 반응의 분포상태를 분석하여 각 답지가 의도했던 바의 기능이나 역할이 제 구실을 하고 있는지를 알아보는 것이다.

2. 분석

구분	문항 1	문항 2	문항 3
답지 ①	62	90*	180*
답지 ②	100*	90	70
답지 ③	68	60	10
답지 ④	70	60	40
계	300	300	300

*: 그 문항의 정답

① 문항 1은 좋은 분포이다. 정답에 많은 학생이 있고, 그 외 학생들은 나머지 오답 답지에 비슷하게 분포되어 있다.

② 문항 2는 오답도 정답자 수와 비슷하여, 정답이나 오답의 수정이 요구된다.

③ 문항 3은 대다수가 정답을 찾았으며, 답지 ③과 ④는 오답으로서의 매력이 없다.

3. 이용

① 오답이 제 구실을 하는지 검토해 주거나, 문제구성의 잘잘못을 판단해준다.

② 오답반응을 근거로 교수-학습과정을 개선하는 데 도움을 준다.

예 문항 2의 답지 ② ⇨ 오개념 학습이 가능하다.

③ 규준지향에서는 약 50%가 정답에 반응하고 나머지는 오답에 골고루 반응하기를 기대하며, 목표지향에서는 학습 초기에는 대부분 틀리고, 학습이 진행되어감에 따라 점차 정답에 반응하는 것을 기대한다.

제6절 표준화 검사

01 표준화 검사

1. 개념

① 표준화 검사는 전국적인 상대평가를 할 수 있도록 만들어진 것으로서, 인간행동의 표본을 객관적으로 측정하는 심리학적 검사를 말한다.

② 이는 행동을 표집할 때 객관화되고 표준화된 절차에 의해서 측정함으로써 행동의 전체 집단을 미루어 짐작하고, 두 사람의 행동을 비교하는 체계적인 절차를 말하는 것으로, 검사제작절차, 검사내용, 검사의 실시조건, 채점과정과 해석이 표준화되어 있는 검사이다.

2. 표준화 검사의 조건

① 지시문, 채점, 해석 등의 표준화된 절차를 가지고 있어야 한다.

② 상대적 해석을 위해 표준(규준, norm)을 가지고 있어야 한다. 표준화 검사에서 사용하는 올바른 규준을 만들기 위해서는 '현재'의 것을 사용하며, 표집은 일반적으로 유층표집을 사용하는 것이 좋다.

③ 체계적 절차에 의해 만들어져야 하고 신뢰도, 타당도, 실용도가 어느 검사보다도 높아야 한다.

3. 심리검사 사용자의 윤리의식

① 심리검사가 사생활을 침범하지 않도록 해야 한다.

② 검사를 실시하는 뚜렷한 목적이 있어야 하며 남용은 금물이다.

③ 검사실시의 해석과 진단을 위해 전문적 소양이 필요하다.

④ 인간을 이해하기 위한 것이지 심판이나 규정하기 위한 것이 아니다.

⑤ 표준화 검사에도 오류가 있기 때문에 1가지 검사의 특정한 점수를 기준으로 특수교육 대상자를 선정하지 않는다.

Part 10
교육통계

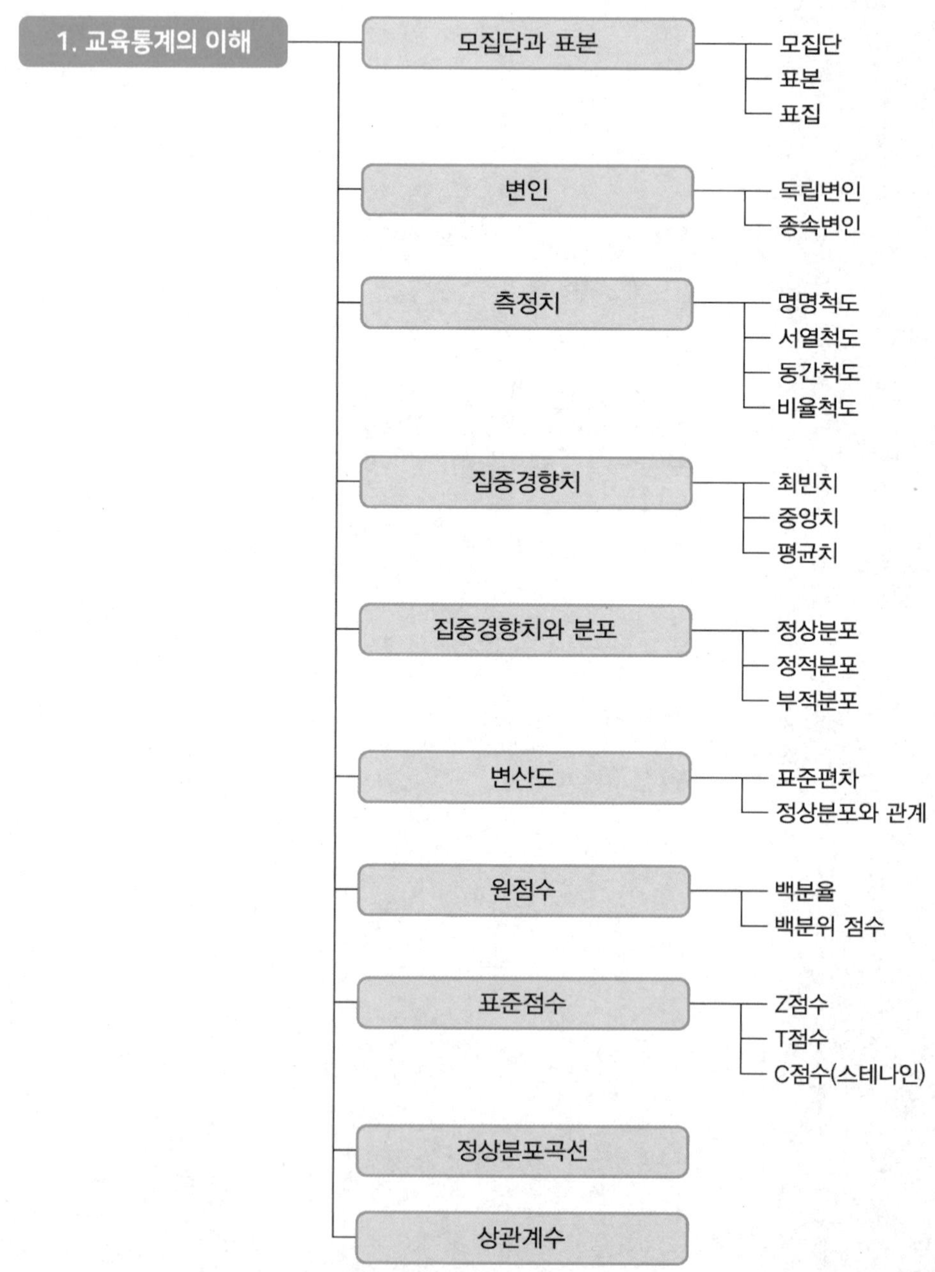
1. 교육통계의 이해
모집단과 표본
모집단
표본
표집
변인
독립변인
종속변인
측정치
명명척도
서열척도
동간척도
비율척도
집중경향치
최빈치
중앙치
평균치
집중경향치와 분포
정상분포
정적분포
부적분포
변산도
표준편차
정상분포와 관계
원점수
백분율
백분위 점수
표준점수
Z점수
T점수
C점수(스테나인)
정상분포곡선
상관계수

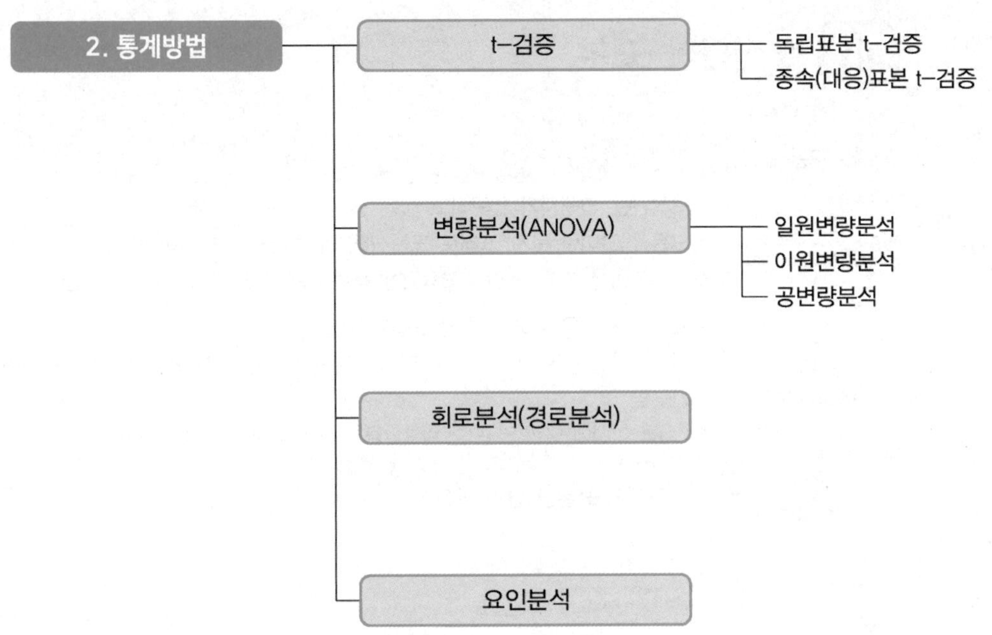
2. 통계방법
t-검증
독립표본 t-검증
종속(대응)표본 t-검증
변량분석(ANOVA)
일원변량분석
이원변량분석
공변량분석
회로분석(경로분석)
요인분석

제1절 교육통계의 이해

01 모집단과 표본

구분	내용
모집단[1] (population)	• 모집단은 연구자가 연구하고 싶은 집단의 모든 구성원 • 모든 집단이란 문자 그대로 모든 개인의 하나하나를 의미함 예 한국 여성 모두, '김인식 교육학'을 듣는 모든 학생 등
표본 (sample)	• 표본은 관찰을 위해 추출된 모집단의 일부 • 대개의 모집단은 크기가 너무 커서 모든 구성원을 조사하는 것은 비실용적이므로 표본을 연구함 예 한국 여성에 대한 연구 중 일부만을 연구의 대상으로 선정하는 것
표집 (sampling)	모집단에서 표본을 뽑는 과정

1 모집단은 통계적 관찰의 대상이 되는 집단 전체를 의미한다.

02 변인[2]과 측정치

1. 독립변인과 종속변인[3]

(1) 종류

구분	내용
독립변인 (independent variable)	• 연구자가 조작하거나 통제하는 변인으로 처치조건에 해당함 • '실험변인' 또는 '처치변인'이라고 함
종속변인 (dependent variable)	• 처치의 효과를 평가하기 위해 관찰된 변인 • 독립변인의 조작 또는 통제 여하에 따라 영향을 받음

2 변인이란 '변화하는 값'으로, 실험의 관심이 되는 '값'이나 실험에 영향을 주는 '요인'이다.

3 독립변인과 종속변인의 예를 들어보면, '수업방법(강의식 수업 또는 토론식 수업)에 따른 학업성취도 변화'에 대한 실험 중 수업방법이 독립변인이 되며, 학업성취도는 종속변인이 된다.

(2) **관계**

① $Y=f(X)$와 같은 함수에서 X를 독립변인, Y를 종속변인이라고 한다.

② 종종 아무런 처치도 하지 않은 독립변인의 조건을 부여하기도 하며 이 집단은 비교목적으로 사용되고, '통제집단(control group)'[4]이라고 부른다. 반면, 처치를 받은 집단은 '실험집단(experimental group)'이라고 한다.

2. 측정치[5]의 종류

구분	의미	특징
명명척도 (nominal scale)	어떤 변인의 구성원들을 분류하는 역할만 수행하는 척도	• 가감승제가 불가능함 • 유목으로만 분류하여, 같은 유목에 있는 것은 같은 성질을 가짐 • 최빈치만 가짐 예 운동선수의 등번호, 성별의 남/녀 대신에 남자를 1, 여자를 2로 하는 경우
서열척도 (ordinal scale)	명명척도의 기능뿐만 아니라, 순위나 서열 등 상대적 위치까지 나타내는 척도	• 동간성이 없으므로 가감승제가 불가능함 • 선후, 다소 등의 정보만 제공함 • 중앙값을 가질 수 있음 예 학생의 키 순서에 따른 학급번호, 석차 등
동간척도 (interval scale)[6]	명명척도, 서열척도의 기능을 가지며, 일정한 측정 단위가 있어, 어느 정도 크고 작은지를 나타낼 수 있는 동간성을 갖는 척도	동간성이 있으므로 척도치 간의 가감승제는 가능하지만, 절대영점이 없어 비율은 나타내지 못함 예 교육학 점수가 0점이라고 교육학에 대해서 절대로 모르는 것은 아니며, 온도계가 0도라고 해서 온도가 없는 것은 아님
비율척도 (ratio scale)	명명척도, 서열척도, 동간척도의 기능을 모두 가지며, 가감승제와 절대영점을 가지고 있는 척도	절대영점이 있어 가감승제뿐 아니라 비율(몇 배, 몇 분의 일 등)도 나타낼 수 있음 예 무게, 시간, 길이 등

4 독립변인과 실험처치요인을 제외하고 모든 것을 동일하게 통제하는 집단을 통제집단이라 한다. 예를 들어, 약물의 효과를 연구할 때 비교할 목적으로 약물을 제외하고는 모든 조건은 실험집단과 동일하게 통제하는 집단인 비교대상이 되는 집단을 말한다.

5 측정치는 어떤 것을 측정하여 나타난 '수치'를 의미한다.

6 동간척도는 절대영점이 없어서 '승제'가 완벽하게 이루어지지 않는다. 그러나 절대영점을 가정하고 '승제'를 하기 때문에 그렇게 큰 문제가 야기되지는 않는다.

03 집중경향치

1. 개념

'집중경향'이란 어떤 분포에서 중앙부에 많은 사례수가 분포되는 현상을 말하며, 이렇게 집중되어 있는 현상을 점수화하여 이 집단의 특성을 나타내는 수치를 '집중경향치'라고 한다.

2. 종류 및 특성

구분	최빈치(Mo, Mode)	중앙치(Mdn, Median)	평균치(M, Mean)
개념	한 분포에서 가장 최대의 빈도를 갖는 점수나 유목을 말함	측정치를 그 크기의 순서로 배열해 놓았을 때 정확히 절반으로 나누는 값	한 집단 점수의 총계를 사례수로 나눈 값
사용 시기	• 가장 흔히 일어나는 경우를 알고 싶을 때 사용함 • 비대칭이거나 쌍봉분포일 때 • 어떤 척도(명명, 서열, 동간, 비율척도)에나 사용 가능함 • 명명척도는 집중경향을 나타내는 유일한 방법인 최빈치임 예 기성복을 만들거나, 상용한 자를 만들 때, 학생용 책상이나 의자를 만들 때	• 분포에 약간의 극단점수가 있어 평균에 영향을 줄 수 있을 때 사용함 • 편포된 분포의 집중경향치를 나타낼 때 사용함 • 몇몇 점수가 불확실할 때 평균을 계산할 수 없으므로 사용함 • 개방적 분포일 때 몇 이상 또는 몇 이하라고 유목이 결정되면, 평균을 계산할 수 없으므로 사용함 • 서열, 동간, 비율척도일 때 • 측정단위의 동간성이 의심될 때 사용함	• 동간, 비율척도일 때 사용함 • 정상분포를 가정할 수 있을 때 사용함 • 변산도, 상관도 등 다른 기술통계와 추리통계를 필요로 할 때 사용함 • 한 분포의 무게중심을 알고 싶을 때 사용함
장점	이해하기 쉽고 빨리 구할 수 있음	편포된 분포나 개방적 분포에 사용하기 적합함	가장 신뢰로운 집중경향치임
단점	급간을 어떻게 묶느냐에 따라 최빈치가 달라지므로 신뢰성이 적고, 안정적이지 못함	평균보다는 개략적임	다른 집중경향치에 비해 비교적 시간이 많이 소요됨

3. 집중경향치와 분포의 모양

(1) 대칭분포

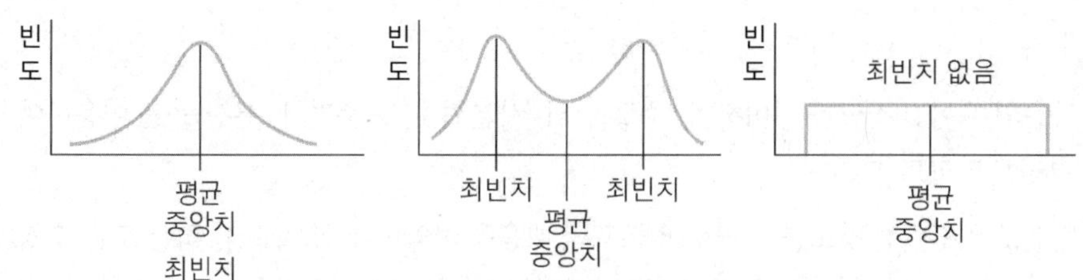

[그림 10-1] 집중경향치의 대칭분포

① 만일 분포가 대칭적이고 하나의 최빈치를 가지면 평균치와 중앙치는 실제로 동일하다.

② 만일 분포가 대칭적이고 2개의 최빈치를 갖는 대칭분포는 양쪽에 각각 최빈치를 갖고 중앙에 평균치와 중앙치를 동시에 갖는다.

③ 직각분포에서는 최빈치가 없고 중앙에 중앙치와 평균치를 동시에 갖는다.

(2) 비대칭분포

① 정적편포와 부적편포의 비교

구분	정적편포[7] (positive skewed distribution)	부적편포[8] (negative skewed distribution)
내용	분포의 긴 꼬리 부분이 오른쪽에 있음	분포의 긴 꼬리 부분이 왼쪽에 있음
공식	평균 − 최빈치 > 0	평균 − 최빈치 < 0
난이도	문제가 어려웠다는 의미	문제가 쉬웠다는 의미
예	일반적으로 성적이 열등한 집단	일반적으로 성적이 우수한 집단

② 그래프 비교

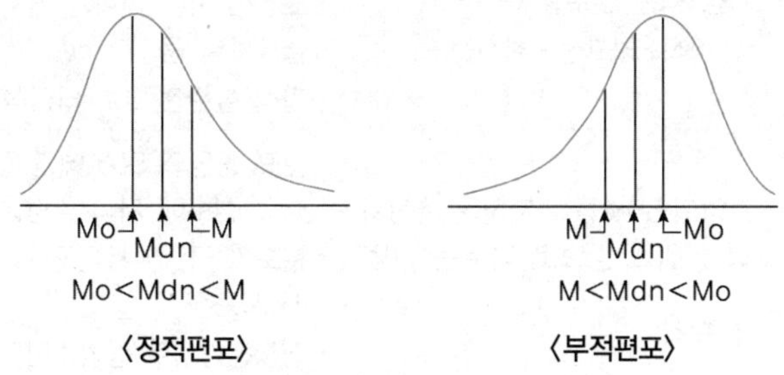

[그림 10-2] 집중경향치의 비대칭분포

7 정적편포는 평균이 제일 크고 최빈치가 제일 작기 때문에, '평균 - 최빈치'가 되면, 큰 수에서 작은 수를 빼기 때문에 양수가 나오게 되어 정적편포가 된다.

8 부적편포는 평균이 제일 작고 최빈치가 제일 크기 때문에 작은 수에서 큰 수를 빼면(평균 - 최빈치) 음수가 나오게 되어 부적편포라고 한다.

[9] 변산도는 흩어진 정도 = 변량(변화하는 양) = 분산 = 범위 = 오차 = 편차(표준편차)이다. 변산도가 크면 이질적이고, 작으면 동질적이다.

[10] 이질성은 바탕이 서로 다른 성질이나 특성(편차가 큼)을 말한다.

[11] 동질성은 사람이나 사물의 바탕이 같은 성질이나 특성(신뢰도가 높다)을 말한다.

04 변산도(variability)[9]

1. 개념

① 자료의 흩어진 정도를 의미하며, 주로 범위, 사분편차, 표준편차, 분산 등을 이용하여 나타내고 '분산도'라고도 부른다.

② 변산도는 흩어진 정도를 알려주어 분포의 내용을 파악하게 함으로써, 집단 또는 측정치의 이질성[10]이나 동질성[11]을 파악하게 하고, 개인차의 정도를 나타낸다.

2. 용도

① 측정도구가 측정하고자 하는 것을 어느 정도 일관성 있고 신뢰가 가도록 측정하고 있는지를 알려준다.

② 표집에 대한 변산의 정도를 추정함으로써 전집에 관한 전집치를 추정하게 되어 추리통계의 기초가 된다.

③ 한 집단이 다른 집단과 어떤 특성에 있어서 어느 정도의 차이를 보이는지를 나타내며 한 개인 내의 차이를 나타낸다.

예 이질적, 동질적 등

3. 종류와 특징

구분	개념	특징
범위 (R: Range)	한 분포에서 가장 큰 점수에서 가장 작은 점수를 뺀 것 ⇨ **공식**: 최고점 − 최저점 + 1	• 가장 간단히 변산도를 구하는 공식 • 극단적인 점수의 영향을 받으므로 안정적이지 못함 • 표집에 따른 변화가 커지며, 표집이 작을 때보다는 클 때 더 큼 • 가장 불완전하며, 타당성이 결여된 변산도임
사분편차 (Q: Quartile Deviation)	중앙의 50%를 차지하는 측정치의 범위를 반으로 나누는 방법 ⇨ **공식**: $\frac{Q_3 - Q_1}{2}$	• 분포 중앙의 50%에만 관심이 집중되기 때문에 양극단 점수에 거의 영향을 받지 않음 • 분포가 극단에서 절단되거나 심하게 편포되어 있을 때 사용됨 • 집중경향치로 중앙치만이 보고되었을 때 사용됨 • 중앙부의 50%에 관심이 있을 때 사용됨
평균편차 (AD: Average Deviation)	한 집단의 산술평균으로부터 모든 점수까지 거리의 평균 ⇨ **공식**: $AD = \frac{\Sigma \mid x \mid}{N}$	• 사분편차보다는 신뢰롭지만, 표준편차처럼 이론적 · 수리적 해석은 불가능함 • 수리적 조작에 한계가 있으므로 추리통계에서는 사용할 수 없음

구분	개념	특징
표준편차 (SD: Standard Deviation)	편차점수를 자승하여 합하고 이를 사례수로 나누어 그 제곱근을 구한 것 ⇨ 공식: $SD = \sqrt{\frac{\Sigma x^2}{N}}$	• 가장 흔히 사용되며, 변산도의 가장 타당한 통계치 • 모든 점수의 영향을 받음 • 한 집단의 모든 점수에 일정한 점수를 빼거나 더하거나 해도 표준편차는 변함이 없음 • 한 집단의 모든 점수에 일정한 상수 C를 곱하면, 표준편차에도 C를 곱하면 됨 • 평균으로부터의 편차점수의 자승화(Σx^2)는 다른 어떤 기준으로부터의 자승화보다 최소가 됨(최소 자승화의 원리) • 집단의 개인차 정도를 나타냄 예 SD가 크면 이질적인 집단임 • 정상분포곡선과 함께 해석됨

4. 정상분포와의 관계

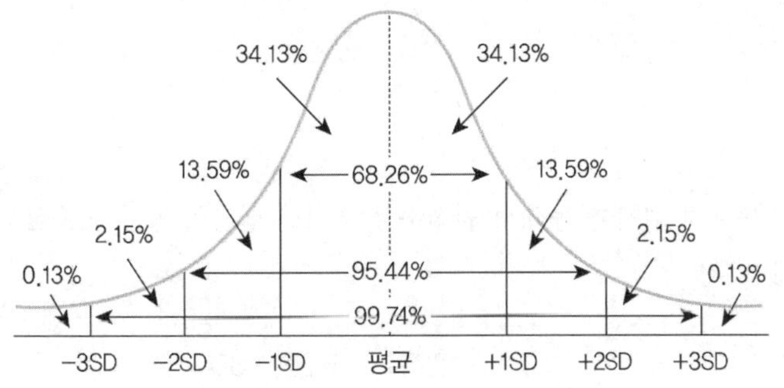

[그림 10-3] 정규분포에서의 백분율

① **평균 ±1σ**: 총 사례수의 약 68%(68.26%)가 이 점수 사이에 포함된다.

② **평균 ±2σ**: 총 사례수의 약 95%(95.44%)가 이 점수 사이에 포함된다.

③ **평균 ±3σ**: 총 사례수의 약 99%(99.74%)가 이 점수 사이에 포함된다.

④ **평균 ±1.96σ**: 총 사례수의 약 95%가 이 점수 사이에 포함된다.

⑤ **평균 ±2.58σ**: 총 사례수의 약 99%가 이 점수 사이에 포함된다.

05 원점수와 표준점수

1. 원점수

(1) 백분율(percentage)

① 비율에 100을 곱하여 얻어진 수치로 개개 유목의 퍼센트를 합하면 100이 된다.

② 백분율은 항상 전체 사례수와 함께 보고되어야 하며, 사례수가 50 이하일 때에는 사용을 피하는 것이 좋다.

(2) 백분위 점수(%ile, percentile rank)[12]

① 어떤 한 점수에 있어서 한 점수의 누가적 위치를 백분율로 나타낸 지수로, 한 점수가 분포상에서 서열로 따져 몇 %상에 위치하고 있는지를 표시한다.

② 서열척도이기 때문에 서로 간의 비교는 가능하나 가감승제는 불가능하며, 개인의 상대적 위치를 나타낼 뿐 절대적 위치는 아니다.

12 백분위 점수는 전체 사례수를 100으로 가정하고 '아래로부터 몇 번째'에 해당하는 점수이다.

2. 표준점수[13]

(1) 개념

① 표준점수는 통계적 절차를 통해서 원점수를 주어진 집단의 평균을 중심으로 표준편차 단위로 환산한 점수이다.

(원점수 − 평균) ÷ SD

② 이 표준점수는 원점수와는 달리 규준, 즉 표준점을 가지고 있기 때문에 점수 간 비교가 가능하며, 표준편차를 단위로 하기 때문에 능력의 상대적 위치를 비교할 수 있다. 표준점수의 목적은 오로지 상대비교를 하기 위함이다.[14]

13 표준점수는 모든 점수를 상대적 비교를 할 수 있도록 동일한 척도의 점수로 바꾸어 놓은 점수이다.

14 백분위 점수, DIQ, Z점수, T점수, H점수, C점수는 상대평가(정상분포)에 해당한다.

(2) 종류

구분	개념	계산공식	특징
Z점수	• 한 분포에서 얻어진 특정한 점수를 그 집단의 평균과 표준편차를 고려하여 환산한 점수 • 평균이 0이며, 표준편차가 1인 분포	$\frac{\text{원점수}-\text{평균}}{SD}$	• 표준점수의 가장 대표적이고 기본적인 점수 • +값과 −값을 같이 가짐 • Z점수는 평균점을 중심으로 한 상대적 위치이며, Z점수의 절대치는 한 점수의 평균으로부터의 이탈거리 • 절대영점이 0이며, 단위가 동간적으로 1이기 때문에 원점수나 백분위점수보다도 훨씬 우수한 척도 • 단위가 커서 소수점이 나오며, −값을 갖는 것이 단점
T점수	평균을 50, 표준편차를 10으로 한 점수	$T=10Z+50$	• Z점수가 갖는 소수점을 없애기 위해 10을 곱하고, 평균이 0인 Z점수의 −값을 없애기 위해 50을 더해준 값 • 점수분포는 20~80점의 범위 안에 있게 됨 • 가장 신뢰로우며 널리 사용되고 있음 • 과목 간 성적비교가 용이함
H점수	평균을 50, 표준편차를 14로 한 점수	$H=14Z+50$	T점수의 범위가 20~80점밖에 되지 않기 때문에 이를 보완하기 위해 점수의 범위를 8~92점으로 넓힌 점수
C점수 (스테나인 점수, Stanine score)[16]	평균을 5, 표준편차를 2로 한 점수	$C=2Z+5$	• 원점수의 분포를 9단계 척도[15]로 나타낸 것으로, 최고점이 9, 최저점이 1, 중간점이 5임 • 표준점수 가운데 가장 이해하기 쉽고 활용하기 쉬움 • T점수의 너무 세분된 것을 보완하기 위해 사용된 점수

(3) 적용 예

[문제] 국어 성적이 90점이며(평균 85점, 표준편차 12), 수학 성적이 80점(평균 70점, 표준편차 18)일 때 어느 과목의 성적이 더 좋다고 볼 수 있는가?

[답] 국어 과목의 Z점수는 0.41점[(90−85) / 12]이며, 수학 과목의 Z점수는 0.56점[(80−70) / 18]이므로 수학 성적이 더 좋다고 볼 수 있다.

15 Z점수, T점수, H점수는 양적 변인에 해당하기 때문에 모든 사람을 비교할 수 있지만, C점수는 질적 변인이기 때문에 같은 등급 내의 학생을 비교할 수 없다.

16

스테나인	백분율(%)
1	4
2	7
3	12
4	17
5	20
6	17
7	12
8	7
9	4

(4) 각 표준점수의 비교표

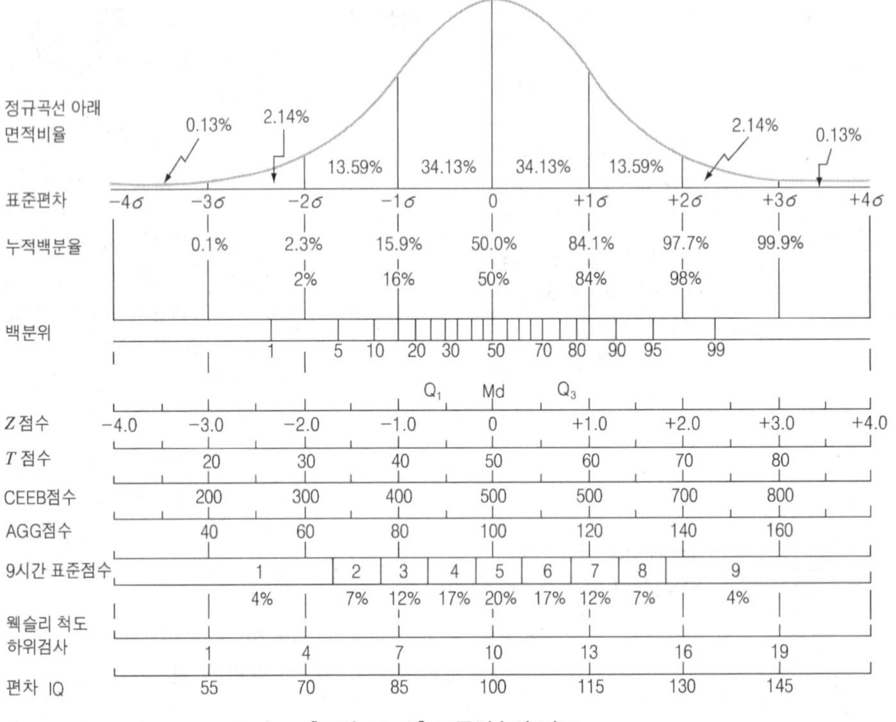

[그림 10-4] 표준점수의 비교

| 탐구문제 |

01 2007 행정고등고시 교육학

2008학년도부터 고교 내신 성적과 대학수학능력 점수를 각각 9등급으로 구분한 점수(Stanine score)가 대학입학전형 자료로 사용된다. 9등급 점수는 학생들을 일정 비율에 따라 9개 집단(4%, 7%, 12%, 17%, 20%, 17%, 12%, 7%, 4%)으로 구분한 점수이다. 다음 물음에 답하시오.

(1) 고교 내신 9등급 점수제는 고교교육 정상화와 어떤 관계가 있으며, 학생들에게 어떤 영향을 주는지 논하시오.

(2) 대학수학능력시험과 고교 내신 9등급 점수제는 사교육비에 어떤 영향을 주는지 밝히고, 그 이유를 논하시오.

(3) 대학수학능력시험과 고교 내신 9등급 점수제는 대학자율화에 어떤 영향을 주는지 밝히고, 대학의 자율성을 강화하는 방안을 논하시오.

정상분포곡선

1. 정상분포의 활용 이유

① 인간의 키, 몸무게 등 직접 측정할 수 있는 것이 대체로 정상분포를 이루듯이 심리적 특성도 직접적으로 측정만 하면 정상분포를 이룰 것이라는 가정하에 사용한다.

② 일반적으로 정상분포는 개인차 변별에 보다 적합한 분포이기 때문에 상대평가에 사용된다.

③ 한 검사(점수)의 분포가 정상분포를 가정할 수 있을 때 수리적 · 통계적 분석[17]이 가능하다.

[17] 수리적 분석은 수학이론이나 이치에 맞는 것을 의미하며, 통계적 분석은 오직 자료만 가지고 통계적 방법을 이용하여 사건을 분석하는 것을 의미한다.

2. 정상분포와 학습결과

① 정상분포는 우연에 의한 것이라는 것을 가정하는 것이므로 학습결과가 꼭 정상분포일 필요는 없다. 선발적 교육관에서는 정상분포를 가정하나, 발달적 교육관에서는 부적편포를 지향한다.

② Bloom의 완전학습이론에 의하면 학습결과가 정상분포를 이룬다면, 교수방법은 실패한 것으로 가정할 수 있다.

07 상관계수

1. 상관계수[18]

① 두 변인의 상관관계를 나타내주는 수치가 상관계수로서, 상관계수는 두 변인 간의 공통변인이 있음을 나타내준다.

② 상관계수는 r로 표시되며, 상관계수의 범위는 -1.0에서 $+1.0$이다. 단, 상관계수의 크기는 부호가 아니라 절대값으로 결정된다는 점에 유의해야 하는데, 따라서 $r=-.90$이 $r=+.80$보다 상관이 더 높다. 또한 상관계수가 0에 가까우면 두 변인은 서로 독립적이라고 볼 수 있다.

③ 상관계수의 제곱은 한 변인에 의해 다른 변인의 변량 크기를 결정하는데, 이를 결정계수(r^2)라 하며 이는 예언의 정도를 나타낸다.

[18] 상관계수는 '관계있느냐', '공통부분이 존재하는가'의 문제이다. 서로 공통요인을 많이 가질수록 상관계수는 커 진다.

2. 상관계수의 이용

① 상관계수는 인과관계나 공통요인을 발견하려는 연구에서 사용된다. 그러나 상관이 높다고 반드시 인과관계가 있는 것은 아니다.[19]

② 상관계수는 한 변인(독립변인)에 의해서 다른 변인(종속변인)을 예언하려는 예언적 연구에 많이 사용된다.

③ 교육평가 또는 심리검사에서 검사의 신뢰도와 타당도 지수로 사용되어, 신뢰도와 타당도 검증을 위해 사용된다.

19 체중과 신장은 서로 상관이 있다. 그러나 체중이 커져서 신장이 커지는 것인지, 신장이 커져서 체중이 커지는 것인지는 분명하게 규명할 수 없어 인과관계는 알 수 없다.

제 2 절 통계방법

01 t-test(t-검증)

1. 일반적 특징

① 두 집단 간의 평균의 차를 검증하는 방법이다.

② 변인의 수는 1개이어야 하며, 비교되는 집단/점수는 2개이어야 한다.

예 '지능은 남자와 여자 간에 차이가 있는가', '문제발견식 수업과 토론식 수업에 따라 학업성취에 차가 있는가'

2. 독립표본과 종속(대응)표본

(1) 독립표본(independent sample)

각기 다른 두 모집단의 속성인 평균을 비교하기 위해 두 모집단을 대표하는 표본들을 독립적으로 추출, 표본 평균들을 비교하여 모집단 간의 유사성을 검정하는 방법이다.

예 A교수법과 B교수법을 비교하거나, 어느 학군과 다른 학군의 학생들의 학업성취를 비교하는 것

(2) 종속(대응)표본(matched pair sample)

알지 못하는 각기 다른 두 모집단의 속성인 평균을 비교하기 위해 두 모집단으로부터 표본들을 추출하여 표본의 평균들을 비교함으로써 모집단의 평균을 비교하는 것이다. 이때 각기 모집단으로부터 추출된 두 표본은 서로 독립적인 것이 아니라 어떤 관계가 있는 종속적인 것이어야 한다.

예 남매간의 남녀 체중을 비교하고자 할 때 이 남녀 두 표본은 상호 독립적인 것이 아니라 비독립적이다.

02 변량분석(ANOVA: ANalysis Of VAriance - F검증)

1. 일반적 특징

① 둘 이상 집단 간(2개일 때는 t-test를 사용해도 무방)의 평균의 차를 검증하는 방법으로, 2개 또는 더 많은 처치에 평균 차가 존재하는지를 결정할 때 사용된다.

② 변량분석의 목적은 표본 간의 차가 단지 우연 때문인지 아니면 첫 번째 집단의 점수들이 다른 쪽의 점수와 다른 원인이 되는 구조적 처치효과가 있는지를 결정하는 것이다.

③ 비교집단/점수가 2~3개 이상일 때 또는[1] 독립변인이 1~2가지 이상일 때 사용할 수 있다.

[1] t-test를 사용할 수 있을 때는 변량분석을 사용하여도 된다.

2. 일원변량분석(One-way ANOVA)

독립변인이 하나일 때 사용하는 방법이다.

예 가정배경에 따른 학업성취도 분석

3. 이원변량분석(Two-way ANOVA)

독립변인이 2개일 때 사용하는 방법이며, 독립변인간 상호작용 효과를 검증할 때 사용한다.

예 가정환경과 성별에 따른 학업성취도 분석

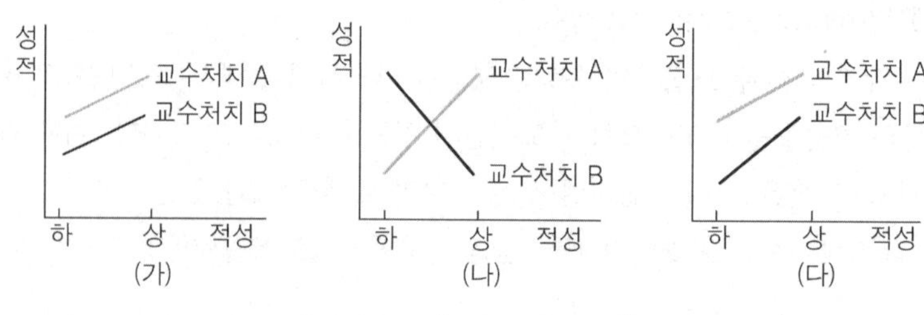

[그림 10-5] 상호작용 효과[2]

[2] (나)가 가장 큰 상호작용을 나타내며 (다)는 작은 상호작용을 나타낸다. 그러나 (가)는 상호작용의 효과가 없다.

4. 공변량분석(ANCOVA: Analysis of Covariance)[3]

① 두 집단에 통제되지 않은 변인을 공통변인으로 놓고 분석하는 방법이다.

② 예를 들면, 수업방법이 학업성적에 미치는 효과를 분석했는데, 두 집단이 등질적인 집단이 아니어서 한 집단은 지능이 높고 한 집단은 지능이 낮다면, 이는 수업방법에 의한 차가 아니라 지능에 의한 차라고 볼 수 있기 때문에 지능변인을 통제하여 통계분석을 하게 되는데, 이때 지능을 '공변인'이라 하며, 이는 매개변인이 된다.

[3] 공변량분석은 매개/혼재변인의 효과를 없앨 때 사용한다.

03 회로분석(경로분석, path analysis)

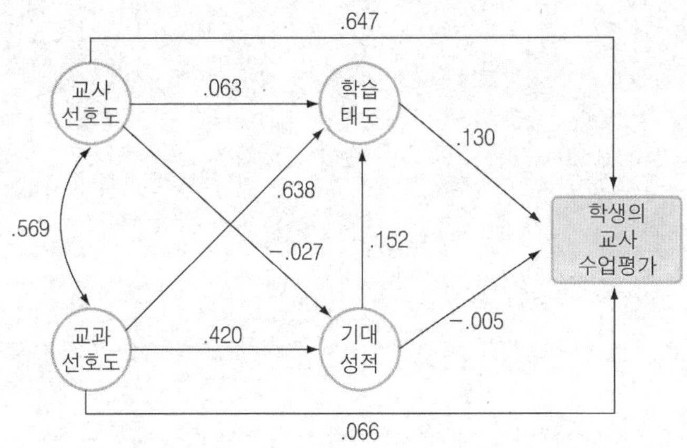

[그림 10-6] 학생의 교사 수업평가에 영향을 미치는 변인의 회로분석[4]

① 회로분석은 연구자에 의해 타당하다고 추정되는 인과순서에 따라 어떤 변인들이 다른 변인들에 직·간접적으로 영향을 미치는 크기를 추정하기 위한 기법이다.

② 회로분석이 예측에 관심이 있다면, 경로분석은 설명에 관심이 있다.

4 회로분석은 변인 중 화살표 좌측에 있는 것이 우측에 있는 것의 원인이 되는 것으로, 영향의 크기는 화살표상의 수치로 나타낸다.

04 요인분석(factor analysis)[5]

① 요인분석은 자연현상을 간결한 방법으로 파악하여 주어진 현상에 대한 설명을 작은 수의 요인을 통해서 설명해 보려는 간결의 원리이다.

② 자연현상과 사회현상의 상호관계 밑에 놓여 있는 변인 간의 상호관련성을 유형화시켜 판단해 보거나 어떤 복잡한 현상의 구조를 간단하게 파악하고자 할 때 많이 사용된다.

예 초등학생에게 동의어·반의어·덧셈·뺄셈 등에 대한 능력을 측정하였고, 각 변인의 상관계수를 구하여 상관이 있는 것끼리 묶어 놓으면 하나의 요인이 된다.

5 같은 요인끼리 묶는 것으로 같은 것끼리 뭉쳐지면 구인타당도는 올라간다. 구인타당도 분석은 요인분석을 통해서 실시한다.

Part 11
교육연구

Part 11 교육연구 핵심키워드 한눈에 콕콕

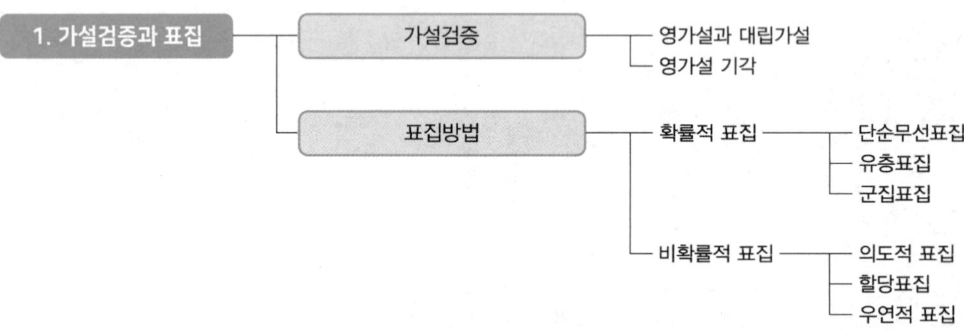

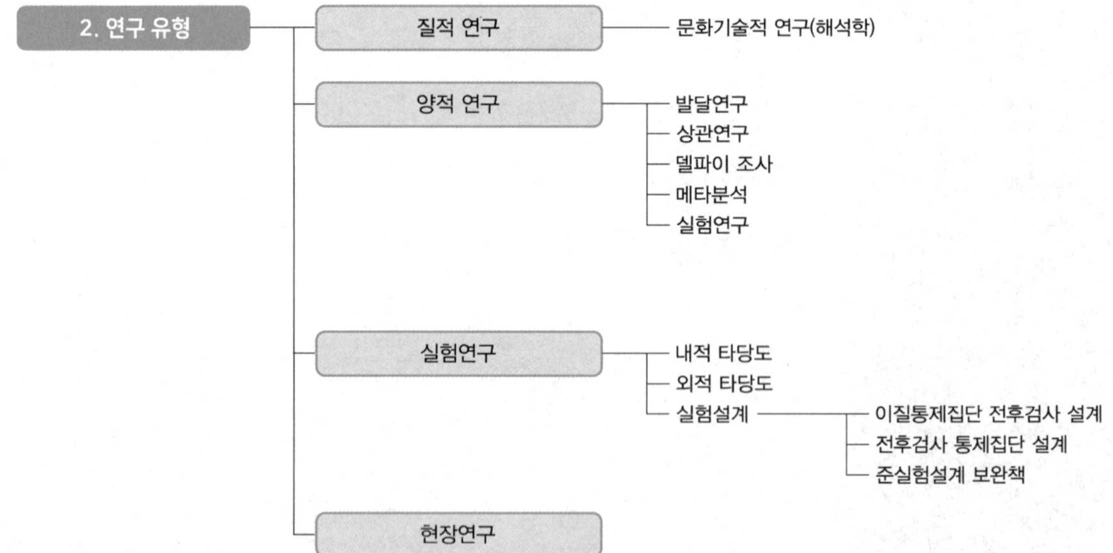

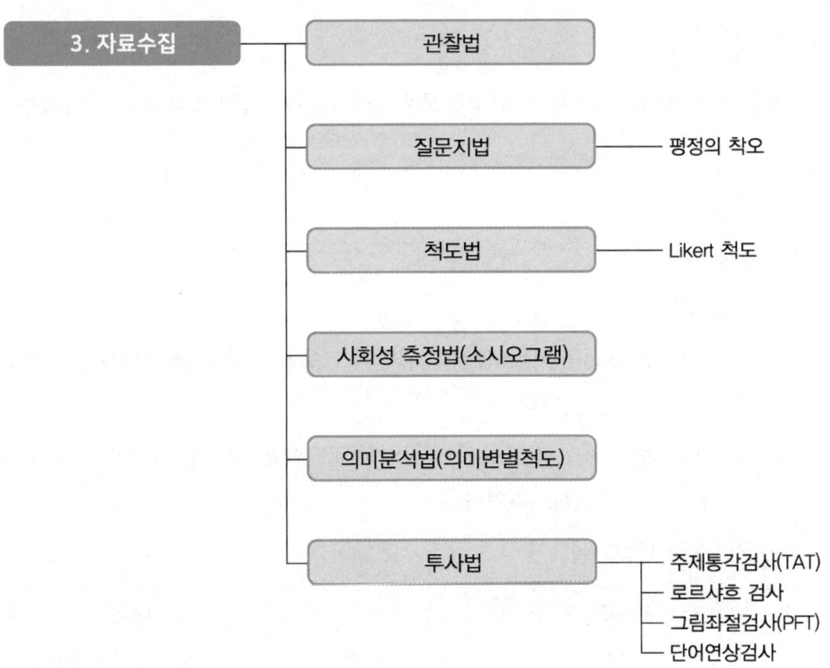
3. 자료수집
관찰법
질문지법
평정의 착오
척도법
Likert 척도
사회성 측정법(소시오그램)
의미분석법(의미변별척도)
투사법
주제통각검사(TAT)
로르샤흐 검사
그림좌절검사(PFT)
단어연상검사

제1절 가설검증과 표집

01 가설검증

1. 개념

표본자료(표집분포)[1]를 이용하여 모집단에 대한 가설의 신뢰도를 평가하는 추리과정이다.

2. 가설검증 과정

(1) 가설 세우기

① 가설[2]의 예

㉠ 일방검증(one-tailed test): '김인식 교육학'을 수강한 학생은 그렇지 않은 학생보다 교육학 점수가 높을 것이다.

㉡ 양방검증(two-tailed test): '김인식 교육학'을 수강한 학생은 그렇지 않은 학생의 교육학 점수와 차이가 있을 것이다.

② 영가설과 대립가설

구분	내용
영가설 (null hypothesis)	처치로 인한 아무런 효과도 발생하지 않았다고 가설을 세우는 것 예 H_0: 실험집단 교육학 점수 = 통제집단 교육학 점수
대립가설 (alternative hypothesis)	처치가 종속변인에 영향을 미친다고 예측하는 것 예 H_A: 실험집단 교육학 점수 ≠ 통제집단 교육학 점수

(2) 결정에 필요한 준거 세우기

의의도 수준으로 영가설을 기각하는 준거가 된다.[3] 주로 α로 표시되는 의의도 수준(임계수준, critical level)은 영가설이 기각되거나 기각되지 않는 것 사이의 경계를 이루는 확률치로서, 행동과학에서는 정밀한 α의 값을 관례적으로 0.05로 간주하고, '$p<.05$'라고 표시한다.

1 표집분포(標集分布, sampling distribution)는 모집단에서 일정한 크기의 표본을 무한히 추출한다고 가정하였을 때, 이 무한개의 표본들의 평균을 가지고 구성한 분포를 말한다. 이는 실제 얻을 수 있는 분포는 아니며 추리통계에서 의사결정을 위해 이러한 가정 아래 그리는 분포로, 가상적 · 이론적이다. 표집분포는 추리통계의 가설검증을 위한 판단의 기준을 제시하는 기각역과 채택역(영가설을 기각하거나 채택하는 영역)을 나타내주며, 모집단의 분포가 정규분포가 아니더라도 정규분포의 형태를 나타낸다.

2 가설은 '아마도 그럴 것이다.'라고 예측할 수 있는 것으로 진술한다.

3 결정에 필요한 준거는 최소 0.05(5%)이며, 0.01(1%)이나 0.001(0.1%)이면 더 확실한 결정의 준거가 된다.

(3) 표본자료 수집하기

가설에 필요한 준거를 세운 후 자료를 수집하게 된다.

(4) 영가설을 평가하기

① 영가설 기각: 표본자료가 영가설이 예측하는 것과 다를 경우를 말한다.

② 영가설 기각 실패: 자료가 처치효과에 대한 증거를 제시하지 못한 경우를 말한다.

(5) 결과의 해석

Z값이 −1.96(≒ −2)보다 작거나, 1.96(≒ 2)보다 크다면, 영가설은 기각되고 대립가설을 긍정하는 결론을 내린다. 따라서 '김인식 교육학'을 수강한 학생과 그렇지 않은 학생 간의 교육학 점수 차는 5% 수준에서 통계적으로 유의한 차이가 있다고 해석할 수 있다.

3. 영가설을 기각하는 이유

논리적으로 보편적 가설이 참임을 증명하는 것보다 거짓임을 증명하는 것이 더욱 쉽기 때문이다.

02 확률적 표집방법

1. 단순무선표집(simple random sampling)[4]

(1) 개념

① 제비를 뽑을 때처럼 특별한 선정의 기준을 마련해 놓지 않고 아무렇게나 뽑는 방법으로, 확률적 표집방법 중에서 가장 널리 쓰이며, 다른 확률적 표집방법의 기초가 된다.

② 실제로 '아무렇게나' 하는 것은 아니며 엄격한 절차를 밟게 되는데, 가장 대표적인 방법은 난수표를 이용하는 방법이다.

[4] 단순무선표집은 모든 확률이 동일하다.

개념콕콕 | 난수표(random number)

난수로 이루어진 표로, 일반적으로 통계학 교재 부록에 실려 있다. 난수란 어떤 확률분포로부터 단순무선표집에 의하여 선택된 수를 말한다. 이러한 수는 각기 표집될 확률이 동일하고, 선택된 하나의 수가 다른 수의 선택에 영향을 주지 않기 때문에 서로 독립적이다. 그러므로 난수끼리의 상관은 존재하지 않는다. 최근에는 컴퓨터를 사용하여 만들어진 난수를 사용하고 있다.

5616 1613 4820 8519 3458 0930 0215 0626 7115 4083 4939 0958 1909 1641 4978 5386 6665 2422 6415 2620
4245 3003 4264 1374 0180 7963 5429 2875 3683 2158 3110 5821 6586 4364 6763 6520 7305 3166 0889 7824
6436 2358 5116 9186 9612 3071 4479 5155 4799 1389 6828 9253 0386 1540 3406 3648 6492 5849 7289 4784
2835 9434 5734 8270 1097 9655 4775 9293 8255 8815 8455 0289 5865 8974 0576 1038 9374 9512 4466 8436
3522 5539 0220 4672 1701 2551 7408 6215 4012 6094 8918 8550 5506 4265 8692 0245 3076 8721 9937 7047
6126 9027 0893 9637 8688 4529 6962 7205 5786 8714 2239 1402 9290 2459 5035 7900 8800 2599 2392 7820
4748 4084 8138 8235 0979 9074 9672 7229 7171 5272 9159 4126 1169 6897 0903 5570 5036 0559 6480 7689
0376 8202 9424 0607 2583 6334 0564 8889 3565 3364 0759 1282 7315 5813 6744 5205 3136 5214 4103 4482
1764 7311 4305 8364 4679 6015 6942 3841 2867 9011 1385 4188 1144 0991 5297 3811 1134 6963 2533 9658
6707 2560 2358 1136 4363 5222 7091 6040 9280 2128 3292 7093 8917 3679 0679 7942 8996 5625 5199 1587
7759 8132 7014 9671 0907 4365 2966 5910 2972 2586 1007 7387 8070 4753 5541 7575 4887 7932 9178 2149

(2) 단순무선표집의 조건

① 전집에 포함된 모든 요소가 똑같이 표집될 기회를 가져야 한다.

② 전집에 포함된 어느 특정한 요소의 선택이 다른 요소가 표집될 기회에 아무런 영향을 주지 않아야 한다.

(3) 장 · 단점

구분	내용
장점	• 전집을 구성하는 요소들이 모두 독립적으로 동등하게 뽑힐 확률을 갖고 있는 상태에서 표집함으로써 대표적인 표집이 될 가능성이 높음 • 전집의 특성에 대하여 특별한 사전지식을 갖고 있지 않아도 됨 • 다른 확률적 표집방법에 비하여 적용하기가 용이함
단점[5]	• 전집의 특성에 대하여 연구자가 가지고 있는 지식이 있을 경우 그러한 지식을 충분히 활용하지 못함 • 전집에서 소수의 사례만이 가지고 있는 어떤 특성이 있을 경우 그러한 사례가 반드시 표집된다는 보장을 할 수 없음 • 동일한 크기의 표집일 경우 유층표집보다 단순무선표집에서 표집오차가 더 크게 나타남

[5] 단순무선표집의 단점을 극복하기 위해서는(표집오차를 줄이기 위해서는) 유층표집을 사용하는 것이 좋다.

2. 유층표집(stratified sampling)[6]

(1) 개념

① 유층표집은 연구목적에 부합되는 전집이 가지고 있는 중요한 특성을 기준으로 하여 여러 개의 하위집단으로 구분해 놓고, 이렇게 분류된 각 집단으로부터 무선표집하는 방법이다.

② 전집이 어떤 특성에 의하여 확연히 구별될 때, 그러한 특성을 고려하여 골고루 표집함으로써 좀 더 대표적인 표집이 되도록 하는 데 목적이 있다.[7]

(2) 유층표집의 종류

구분	내용	특징
비례유층표집 (proportional sampling)	유층으로 나뉜 각 집단 내에서의 표집의 크기를 전집의 구성비율과 동일하게 표집하는 방법	전집을 중요하다고 판단되는 특성에 따라 분류하는 것이 중요함
비비례유층표집 (nonproportional sampling)	하위집단의 크기에 비례하여 표집하는 게 아니라 필요한 수만큼 각 집단에서 뽑는 방법	어떤 특정한 하위집단의 구성비율이 너무 작거나, 크기에 비례해서 뽑게 되면 한쪽은 아주 작은 표집이 되고 한쪽은 반대로 너무 큰 표집이 되어 의미 있게 서로 비교하기 어려울 때 사용함

(3) 장 · 단점

구분	내용
장점	• 전집의 중요 특성을 사전에 고려하여 표집하게 되므로 대표석인 표집이 될 가능성이 높음[8] • 같은 크기의 표집을 뽑을 때 단순무선표집의 경우보다 표집오차가 작아 단순무선표집보다 더 효율적임 • 하위집단들의 특성을 파악하고, 이것을 상호 비교할 수 있음
단점	• 연구자가 유층표집을 이용하려면 전집의 중요 특성과 하위집단의 구성비율에 관한 지식을 갖추고 있어야 함 • 여러 가지 특성에 따라 전집을 하위집단으로 분류할 때 자칫하면 분류상의 오류를 범할 가능성이 있음 • 비비례유층표집을 할 경우에는 본래의 구성비율을 무시하고 표집함으로써 편파적 표집이 될 우려가 있음

6 유층표집은 전집의 특성을 알고 있을 때 사용하는 것으로 층을 분리해서 표집하는 것이다.

7 모든 집단을 골고루 표집할 수 있어서 전집의 성질을 알면 유층표집의 오차가 줄어든다.

8 유층표집은 일반적으로 무선표집보다 표집오차가 작아서 표집의 대표성을 더 잘 나타낼 수 있기 때문에 일반적으로 현장연구의 경우 유층표집을 사용한다.

(4) 유층표집의 예

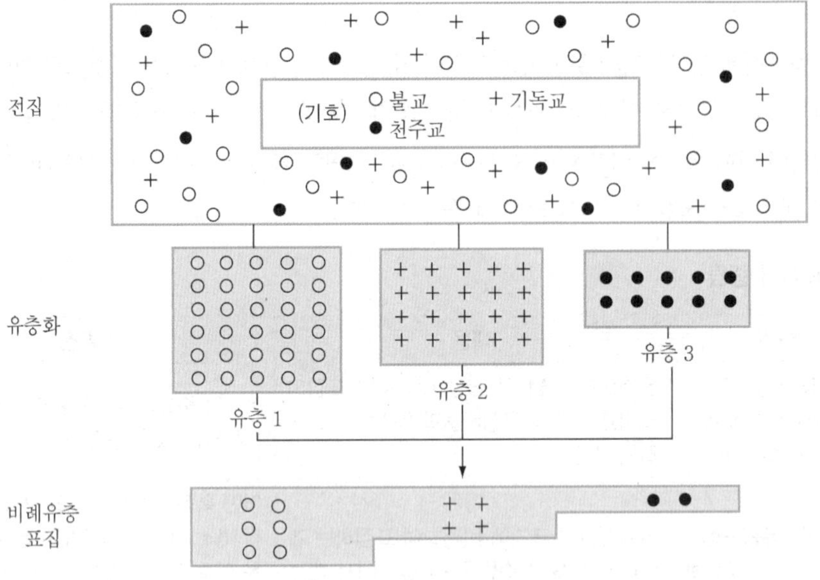

[그림 11-1] 유층표집의 방법

3. 군집표집(cluster sampling)[9]

(1) 개념

① 전집을 구성하고 있는 요소를 하나하나 뽑는 것이 아니라 이러한 개별 요소가 한데 묶인 집단을 단위로 하여 표집하는 방법이다.

② 몇 개의 군집을 표집하여 그 군집 내의 모든 사례를 조사하게 된다.

(2) 용도

① 모집단이 대단히 클 경우 그 속에 널리 흩어져 있는 개별 사례들을 하나씩 표집하는 것보다 자연스럽게 형성된 군집을 단위로 표집하는 것이 훨씬 편리하다.

② 예를 들면, 서울시 고등학교 3학년 남학생들의 체형 변화에 관심이 있어서 체중을 추정하고자 할 때 학생들을 표집하기가 용이하지 않으므로 서울시 소재의 각 학교를 군집으로 설정하고 단순무선표집으로 학교를 추출하면 고등학교 3학년 학생들을 대표하는 표본이 추출된다.

9 군집표집은 집단을 단위로 해서 표집하는 방법으로, 집단을 구성할 때 무선으로 구성되었다는 것을 가정할 수 있을 때 사용되는 방법이다.

(3) 장 · 단점

구분	내용
장점	자료수집 시 선정된 몇몇 군집만을 대상으로 하기 때문에 시간과 경비를 절약할 수 있음
단점	• 군집의 수가 적을수록 표집오차가 커져서 전집을 잘 대표하는 표집이 되기 어려움 • 각 사례를 독립적으로 뽑는 것이 아니기 때문에, 독립적 표집을 기본전제로 하는 보통 통계적 추리방법을 사용할 수 없음

(4) 군집표집의 예

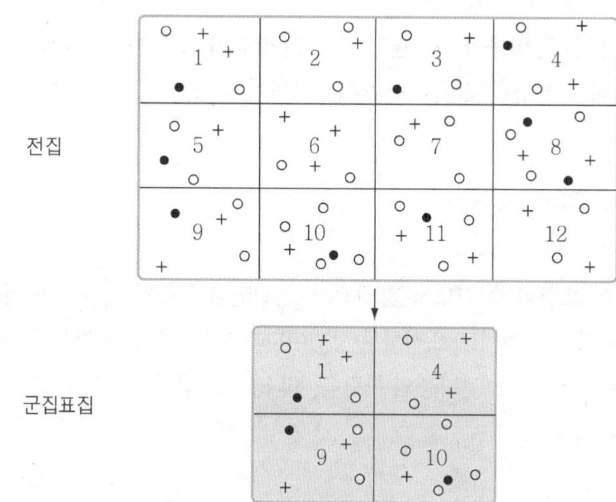

[그림 11-2] 군집표집의 방법

10 비확률적 표집은 대표성이 결여되어 연구의 신뢰도를 보장할 수 없고, 따라서 타당도도 없다. 그러므로 연구에서는 비확률적 표집을 사용하지 않는 것이 좋다.

03 비확률적 표집방법[10]

1. 의도적 표집(주관적 판단표집, purposive sampling)

(1) 개념

연구자의 주관적 판단에 의해서 전집을 잘 대표하리라고 믿는 사례들을 의도적으로 표집하는 방법으로, 보통 연구자가 가지고 있는 과거의 경험이나 전문적 식견에 바탕을 두고 표집한다.

(2) 장 · 단점

간략하게 표집할 수 있고 비용을 절약할 수 있다는 장점이 있지만, 연구자의 주관적 판단이 잘못되었을 경우에 발생하는 오류를 막을 수 없다는 단점이 있다.

2. 할당표집(quota sampling)

(1) 개념

전집의 여러 특성을 표집할 수 있도록 몇 개의 하위집단을 구성하여 각 집단에 알맞은 표집의 수를 할당하고, 그 범위 내에서 임의로 표집하는 방법이다. 조사연구를 할 경우 각 조사자에게 어떤 지역에서, 어떤 직업을 가진, 어느 연령층의 사람을, 몇 명 표집하라고 할당하면 조사자는 그 테두리 안에서 대상자를 설정한다.

(2) 장 · 단점

최종적으로 뽑는 표집의 단위를 각 조사자들에게 지리적으로 가깝게 할 수 있어 비용을 줄일 수 있다는 장점이 있지만, 할당 과정에 연구자의 편견이 작용할 가능성이 높으며, 비확률적 표집이기 때문에 대표성의 문제가 있다는 단점이 있다.

3. 우연적 표집(accidental sampling)

특별한 표집계획 없이 조사자가 임의로 가장 손쉽게 구할 수 있는 대상 중에서 표집하는 방법으로, 연구에서는 사용되지 않는다.

예 기자가 길거리에서 아무나 선정하여 인터뷰하는 경우

제2절 연구

01 문화기술적 연구(해석학)[1]

[1] 문화기술적 연구는 가장 대표적인 질적 연구방법이다.

1. 개념

개인 문화에 대해 과학적인 설명을 하는 학문으로서 문자화되지 않은 원시문화를 과학적으로 연구하려는 현장연구의 한 형태이다.

2. 특징

특징	내용
현상학적 특징	자연적으로 일어나는 현상을 서술함
자연적 특징	연구상황을 조작하지 않고 자연 그대로의 상태를 연구함
총체적 특징	자연상태에서 총체적인 접근방법을 사용하여 연구함
반복적 특징	구체적 연구가설이 없고, 연구하는 과정에서 가설이 형성되고, 그 가설이 검증되고, 다시 새로운 가설을 형성하게 됨

3. 신뢰도와 타당도

신뢰도는 연구자 두 사람 간의 관찰과 해석의 일치도와 관계되며, 타당도는 연구 상황이 얼마나 자연스러운지와 관계된다.

4. 질적 연구의 특징

① 자연스러운 상황이어야 한다.

② 연구자는 자료를 수집하는 도구역할을 하며, 해석을 통해 자료를 분석하고,[2] 그것이 참여자에게 어떤 의미를 갖는가를 설명한다.

③ 연구결과를 생동감 있게 기술하고 설명한다.

④ 조망의 폭보다는 깊이를 추구하며 소수의 연구대상을 장기간 동안 심층적으로 탐구한다.

⑤ 현상학적 관점에서 연구대상의 관점, 동기, 목표, 가치 등을 이해하는 데 중점을 둔다.[3]

⑥ 분석적인 접근이 아니라 총체적 · 맥락적인 접근을 취하며, 귀납적 접근에 속한다.

[2] 질적 연구에서 의미를 분석하는 것은 인간의 정신을 분석하고 이해하는 해석학적 관점이다.

[3] 질적 연구에서 연구대상의 관점을 이해하기 위해서는 실존주의와 정신분석학이 사용된다.

4 양적 연구는 수치화하여 나타내는 연구이다.

02 양적 연구[4]

1. 발달연구

(1) 개념 및 목적

① 주로 시간의 경과에 따른 유기체의 변화에 관심을 두고 하는 연구이다.

② 이 연구의 주된 목적은 발달의 경향과 속도, 유형, 한계, 성장과 발달에 작용하는 여러 요인들 간의 관계를 탐구하는 것이다.

(2) 접근유형(방법)

유형	내용
종단적 연구방법	동일한 연구대상을 오랜 기간 동안 계속 추적하면서 관찰하는 방법으로, 아동들의 구체적 개인차(개인적 변화, 개인 내 차이) 파악이 용이함
횡단적 연구방법	동시적으로 여러 연령층의 대상자들을 택해서 필요한 발달특징을 알아보는 방법으로 일반적인 경향 파악이 용이함

| 탐구문제 |

01 2002 행정고등고시 교육심리학

발달에 관한 연구의 설계방법으로 횡단적 연구(cross-sectional study)와 종단적 연구(longitudinal study)가 있다.

(1) 횡단적 연구와 종단적 연구의 차이를 설명하시오.

(2) 횡단적 연구의 단점으로 지적되는 동시대 집단효과(cohort effect)에 대해 설명하시오.

(3) 횡단적 연구와 종단적 연구의 특성을 고려하여 조합된 연구방법이 있다. 이 방법이 무엇이며, 어떤 특성을 가지고 있는지를 설명하시오.

5 상관연구는 실험연구를 할 수 없을 때 사용한다.

2. 상관연구[5]

(1) 개념 및 용도

① 독립된 하나의 연구방법으로 국한되기보다는 연구에서 수집한 자료들을 통계적으로 분석하고 해석하는 연구를 의미한다.

② 이 연구는 자연적 상황에서 변인들의 통제나 조작이 어려운 문제를 다룰 때 사용하며, 연구의 내용은 '상관의 크기, 상관의 방향은 정적인가 부적인가, 상관의 유형은 어떠한가?' 등이다.

(2) 상관도의 교육적 의의

① 두 변인 간에 상관이 있다는 것은 두 변인 간 공변관계가 존재한다는 것으로, 그 공변관계의 방향과 정도를 수치로 나타내게 된다.

② 이러한 상관도는 예언의 정도를 나타내주는 데 유용하게 사용된다(결정계수: r^2).

⑶ 상관연구의 제한점

인과관계에 대한 분명한 결론은 얻을 수 없으며, 상관관계가 있다고 해서 반드시 두 변인 간에 인과관계가 존재한다고는 볼 수 없다.

3. 그 외의 방법

구분	개념	특징
델파이 조사[6]	전문가들의 의견을 종합하여 전문가들의 합의를 도출하는 방법	• 면밀히 계획된 익명의 반복적 조사를 실시함으로써, 조사 참가자들이 한 군데 모여서 논쟁하지 않고서도 집단 구성원의 합의를 유도할 수 있음 • 3~4회 동일대상에게 질문이 계속되며, 각각의 연속적인 질문은 전 회 질문결과에 대한 보고와 함께 실시됨으로써 질문의 횟수가 거듭될수록 예측이 서로 접근하게 됨
메타분석[7]	각종 연구결과와 자료들을 종합적으로 정리해 재평가 · 분석하는 방법	• 계량적임 ⇨ 다량의 연구자료를 계량화함 • 일반적 결론을 찾으려 함 ⇨ 연구결과들을 통합하는 일반적 결론에 관심이 있음
실험연구	인과관계를 규명하고자 하는 방법	• 변인을 통제함[8] • 통제집단(비교집단)을 사용함

| 탐구문제 |

01 2008 행정고등고시 교육학

교육에 관한 연구의 유형은 그 분류기준에 따라 크게 양적 연구와 질적 연구로 구분될 수 있다. 다음 물음에 답하시오.

⑴ 양적 연구와 질적 연구의 특성을 비교하여 설명하시오.

⑵ 질적 연구방법 중 하나를 선정하여 실제 교육문제 상황에 구체적으로 적용해 보시오.

6 델파이 조사는 처음에는 주관적으로 선택하다가 점점 객관적으로 선택한다.

7 메타분석은 지금까지의 연구를 모아서 하나의 결론을 내기 위해 다시 분석하는 것이다.

8 실험에서 변인을 통제하지 않으면 내적 타당도가 낮아진다.

03 실험연구[9]

1. 개관

(1) 개요

① 의의: 인과관계를 규명할 수 있는 가장 강력한 방법이다.

② 목적: 특정한 실험상황 속에서 관심 있는 변인들을 조작하여 변인 간의 관계를 명확히 규명하는 데 있다.

③ 성패: 실험조건의 계획적인 조작과 통제를 얼마나 완벽하게 하느냐에 달려 있다.

(2) 특징

① 독립변인을 인위적으로 조작하면서 독립변인 이외에 실험결과에 영향을 줄 수 있는 모든 조건을 통제한다.[10]

② 변인을 통제하는 것이 가장 두드러진 특징으로, 변인을 제대로 통제하지 못하면 실험의 타당성은 결여된다.[11]

(3) 종류

① 실험실 실험과 현장실험이 있으며, 변인의 종류는 통제되는 변인인 '독립변인'과 관찰되는 변인인 '종속변인'이 있다.

② 집단은 실험조건이 가해지는 '실험집단'[12]과 아무 처치가 가해지지 않는 '통제집단'[13]으로 나누어 볼 수 있다.

9 실험연구는 실험하고자 하는 변인(연구자의 관심변인)을 제외한 모든 변인을 얼마나 정확하게 통제할 수 있느냐가 중요한 문제이다.

10 실험처지 변인을 제외한 모든 변인을 통제한다.

11 외재변인을 완벽하게 통제할수록 실험은 독립변인의 영향이라는 결론을 내릴 수 있다.

12 실험집단은 실험을 하는 집단이다.
예 약물을 투여한 집단

13 통제집단은 독립변인을 제외하고 모든 조건을 동일하게 하는 집단이다.
예 약물을 제외하고 모든 것을 실험집단과 동일하게 하는 집단

2. 실험연구의 타당성

(1) 내적 타당도[14]

① 실험연구가 얼마나 믿을 만한지에 대한 것으로 실험처치가 정말로 그와 같은 실험의 결과를 가져왔는지를 물으며, 가외 변인을 통제하는 것이 관건이다.

② 내적 타당도 저해요인

내적 타당도 저해요인	내용
역사	사전검사와 사후검사 사이에 있었던 특수한 사건
성숙	실험처치 이외에 시간의 흐름에 따라 나타나는 피험자의 내적 변화
검사[15]	사전검사를 받은 경험이 사후검사에 주는 영향
도구 사용	측정도구의 변화, 관찰자나 채점자의 변화로 인하여 실험측정치에 생기는 변화
통계적 회귀	극단적인 표집일 경우 통계치가 전집의 평균으로 회귀하려는 경향
피험자의 선발	실험집단과 비교집단 간에 동질성이 결여되어 편파적으로 나타나는 영향
피험자의 탈락	피험자들이 실험과정에서 중도 탈락함으로써 실험결과에 영향을 미치는 것
피험자의 선발과 성숙간의 상호작용	성숙요인과 피험자 선발요인의 상호작용에 의해 실험의 결과가 달라지는 것 예 지원자와 지원하지 않은 자를 실험집단과 비교집단으로 하는 경우

(2) 외적 타당도[16]

① '다른 조건에서 얼마나 일반화시킬 수 있느냐'에 대한 것으로, 실험결과의 일반화 가능성을 묻는 것이다.

② 외적 타당도 저해요인

외적 타당도 저해요인	내용
검사실시와 실험처치 간 상호작용 효과	사전검사 실시로 피험자의 관심이 증대되거나 감소함
피험자의 선발과 실험처치 간 상호작용	피험자의 유형에 따라 실험처치의 영향이 서로 다르게 나타나는 현상
실험상황에 대한 반동(反動)효과	실험상황과 일상생활 사이의 이질성 때문에 실험의 결과를 일반화하기 어려움
중다처치에 의한 간섭효과	한 피험자가 여러 가지 실험처치를 받는 경우, 이전의 처치에 의한 경험이 이후의 처치에 영향을 줌

14 내적 타당도는 실험이 정말 그 실험의 결과인지를 확인하는 것이다.

15 사전검사를 받았는지 여부 자체에 관심이 있다.

16 외적 타당도는 얼마나 일반화할 수 있느냐 하는 것인데, 모든 조건에 일반화할 수 있는 연구는 불가능하기 때문에 실험연구에서 그렇게 큰 문제가 되지는 않는다.

3. 실험설계(experimental design)

(1) 이질통제집단 전후검사 설계[17]

① 현장 교육연구에서 가장 널리 이용되는 준실험설계이다.

② 실험집단과 통제집단이 있지만, 무선적으로 등질화된 것이 아니다.

③ 학교나 학급 같은 기존 집단을 자연상태로 유지한 채 연구하는 방법이다.

④ 이를 도식하면 다음과 같다.

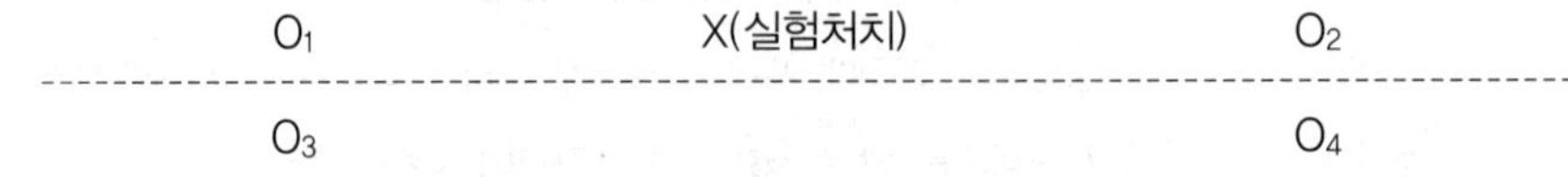

[그림 11-3] 이질통제집단 전후검사 설계의 도식[18]

⑤ 실험결과의 유형

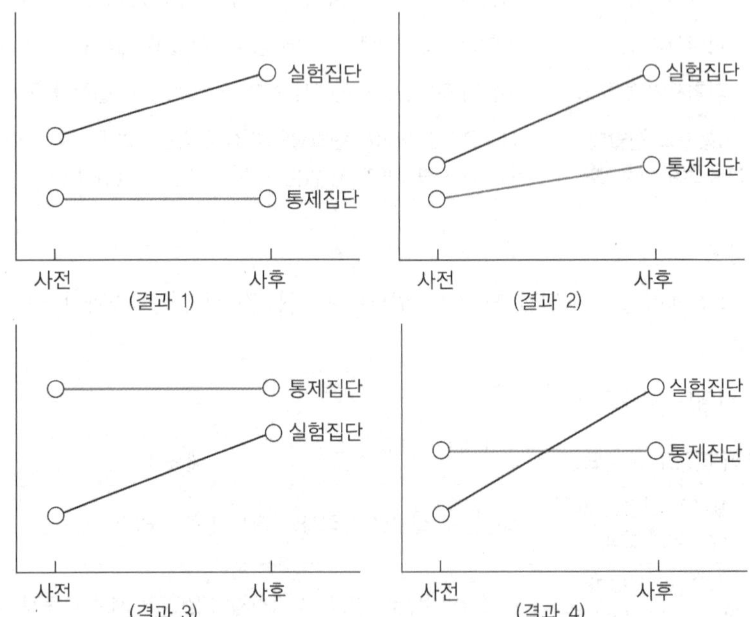

[그림 11-4] 이질통제집단 전후검사 설계의 4가지 결과유형

17 이질통제집단 전후검사 설계는 실험집단과 비교집단이 이질적이지만 실험의 결과로 나타날 사항(사전검사 점수로 O_1과 O_3가 해당됨)이 비슷하게 된다면 나름대로 통제된 것이라는 의미에서 '이질통제집단'이 사용된 설계이다.

18
- O_1과 O_3는 종속변인에 대해서만 거의 동질적이라고 가정한다.
- O_2가 O_4보다 크면 실험처치 의 효과가 있다.
- O_2에서 O_1을 뺀 것이 실험효과 크기이다.

(2) **전후검사 통제집단 설계**

R(Random)	O_1	X	O_2
R(Random)	O_3		O_4

[그림 11-5] 전후검사 통제집단 설계의 도식

① 무선적으로 피험자를 선정하여 두 집단에 무선배치한다.

② 실험처치 이외의 모든 조건은 두 집단이 같도록 통제하여 내적 타당도를 위협하는 요인들을 대부분 통제할 수 있으나, 사전검사를 실시하는 것이 실험결과의 일반화를 제한하는 요인이 된다.

4. 준실험 설계의 보완책[19]

① **통제집단 이용**: 실험처치의 효과를 타당하게 비교할 근거를 마련한다.

② **무선화 방법**: 무선표집과 무선배치를 통하여 실험집단과 통제집단을 등질화하는 가장 좋은 방법이다.

③ **짝짓기 방법**: 실험에 영향을 미칠 것으로 생각되는 변인이나 사전검사 점수를 기준으로 서로 똑같거나 매우 유사하다고 생각되는 두 사람을 짝짓는 방법이다. 짝짓기 후에는 두 집단에 무선배치해야 한다.

④ **통계적 방법**: 실험에 영향을 줄 것으로 예견되는 것을 공통변인으로 삼아 영향력을 제거할 수 있는 공변량분석방법이 있다.

19 준실험 설계는 내적 타당도가 저해받는 실험이다. 이러한 준실험 설계를 보완하기 위해, 통제집단 이용, 무선화 방법, 짝짓기 방법을 통해 확률을 동일하게 하는 것이다.

| 탐구문제 |

01 2011 행정고등고시 교육학

다음 제시된 글을 읽고 물음에 답하시오.

> 어떤 교사가 중학생들을 위해 새로 개발한 탐구식 수업의 효과를 검증하기 위해 한 달 동안 100명의 중학생들에게는 기존에 진행해 오던 강의식 수업을 진행하고, 다른 100명의 중학생들에게는 새로 개발한 탐구식 수업을 진행하였다. 2가지 유형의 수업을 시작하기 전에 전체 200명의 학생 모두에게 교과내용에 대한 지식수준을 알아보기 위해 사전검사를 실시하였고, 한 달간 수업을 진행한 뒤 학업성취도에 대한 사후검사를 실시하였다.

(1) 내적 타당도와 외적 타당도의 의미를 설명하고, 이 연구의 내적 · 외적 타당성을 확보하기 위해 각각 어떠한 점들을 고려해야 하는지 설명하시오.

(2) 탐구식 수업의 효과를 검증하기 위해서 사전검사 결과를 토대로 어떤 통계적 분석방법을 사용해야 하는지 설명하시오.

04 현장연구

1. 개념

① 현장의 교사가 주체가 되어서 과학적인 방법으로 문제를 해결하는 연구방법이다.

② 교육현장의 개선을 위하여 교육실천가들이 수행하는 연구이므로 '현장연구법'이라 한다.

2. 기본 전제

① 연구의 윤리성이 보장되어야 한다.[20]

② 현직 교육적인 효과가 그 기본 전제가 되어야 한다.

③ 장기간에 걸친 실천이 전제되어야 한다.[21]

④ 일반화는 고려하지 않고 학교의 특성에 따른다.

20 학생을 대상으로 하기 때문에 특히 현장연구는 윤리성이 중시된다.

21 현장연구는 행동변화를 주 목적으로 하기 때문에 장기간에 걸친 실천이 전제되어야 한다.

제3절 자료수집

01 관찰법

1. 개념

① 피험자에게 반응을 요구하지 않고 행동을 관찰하여 증거를 수집하는 방법이다.

② 측정받는 대상에게 전혀 영향을 주지 않으나, 그 결과에 대한 신뢰성에 문제가 제기된다.

2. 관찰 시 유의사항

① **관찰자**: 관찰자의 주관이 개입되기 쉬우므로 관찰에서 얻은 자료의 신뢰성을 따져 보아야 한다.

② **관찰내용**: 무엇을 관찰할 것인가에 대한 결정을 분명히 해야 한다. ⇨ 타당도

3. 관찰단위

지나치게 세밀한 단위로 나누어 관찰하면 내용의 신뢰성은 확보될지 모르지만 전체 맥락을 이해할 수 없어 타당성은 의심받는다. 반면에 구체화되지 않고 전반적인 것을 관찰하는 경우는 그 반대가 될 수 있다.

4. 관찰 시간과 장면

관찰해야 할 시기와 관찰 기간, 관찰 횟수 및 그 간격을 결정해야 한다.

5. 장 · 단점

구분	내용
장점	• 문맹자, 동식물 등 어떤 대상에게나 적용할 수 있음 • 표준화검사와 같은 양적 검사에서 얻을 수 없는 정보를 얻을 수 있음 • 피험자가 자신의 생각이나 느낌을 정확히 표현하지 않아도 자료 수집이 가능함 • 심화된 자료를 얻을 수 있음
단점	• 도덕이나 정서와 같은 것은 관찰할 수 없음 • 선입견, 편견 등 주관성이 개입될 수 있음 • 전체 장면의 관찰이 어렵고, 관찰 목적에 맞는 장면을 포착하기 어려움 • 피관찰자가 관찰자를 인식하면 의도적인 행동을 할 수 있어 타당도의 문제가 발생함

02 질문지법

1. 개념

① 피험자가 물음이나 사실에 대해서 자기의 의견이나 관계되는 사실에 대해 대답을 기술하는 방법이다.

② 가장 흔하게 사용되는 방법으로 조사대상이 다수일 때 적합하며, 말이 너무 길고 복잡하거나 어려워서는 안 되며, 부정적 어법은 피한다.

2. 구분

구분	의미
자유반응형	주어진 질문에 대해 자유롭게 반응할 수 있도록 하는 방법 예 중등학교에서의 교사의 역할은 무엇이라고 생각하십니까?
선택형	2개 이상의 선택지 중에서 응답자가 반응하도록 하는 방법 예 당신의 종교는? (기독교, 천주교, 불교, 무교, 기타)
체크리스트형	항목을 여러 개 제시하고 응답자가 해당하는 항목에 모두 표시하는 방법 예 대학생활 중 가장 심각한 문제는? (학업, 건강, 경제, 교우, 군대, 취직, 이성 등)
평정척도형	미리 정해놓은 척도에 반응하도록 만든 질문지 형식 예 기술척도(수, 우, 미, 양, 가), 숫자척도(1, 2, 3), 리커트척도(기술척도+숫자척도)
등위형	호오(好惡), 찬부(贊否) 등에 따라서 최상위에서 최하위까지 순위를 매기도록 하는 방법 예 다음 중 가장 중요하다고 생각되는 순서로 1, 2, 3을 매겨 주십시오.
유목분류형	혐오, 흥미, 태도 등을 일정한 기준이나 표준에 따라 질문항목을 분류하는 방법 예 다음 항목을 충청도는 A로, 경상도는 B로, 전라도는 C로 분류하여 주십시오.

3. 평정의 착오 – 채점자나 평정자가 범할 수 있는 오차

(1) 후광효과(인상의 효과, halo effect)

① 한 개인의 특성을 긍정적으로 보면 다른 특성도 긍정적으로 보는 경향에서 오는 오류이다.

② 긍정적인 면 하나 때문에 다른 면을 좋게 평정하는 것을 '관대의 오류' 또는 '관용의 오차'라고 하며, 부정적인 면 때문에 다른 면을 나쁘게 평정하는 것을 '엄격의 오류' 또는 '인색의 오차'라고 한다.

예 반장이기 때문에 공부를 잘할 것이라고 보는 것

(2) 중앙집중의 오차(central tendency)

① 가급적이면 아주 좋은 점수나 나쁜 점수를 피하고 중간점수를 주는 경향을 말한다.

② 착오의 원천은 주로 극단적인 판단을 꺼리는 인간심리와 피평정자를 잘 모르는 것에서 오는 것으로, 이와 같은 착오를 피하기 위해서는 중간 평정점의 간격을 넓게 잡는 것이 좋다.

예 평정의 대상을 모두 보통이라고 평정하는 것

(3) 논리적 오차(logical error)

평정자의 반응과 관계없이 '논리적으로 그럴 것이다.'라고 생각해서 평정하는 것을 말한다.

예 지능과 성적 간 상관이 높으므로, 지능이 높으면 성적이 좋을 것이라고 판단하는 것

(4) 표준의 오차(error of standard)

① 평정자가 표준을 어디에 두느냐에 따라 생기는 오류이다.

② 7단계 평정에서 어떤 평정자는 3을 표준으로, 어떤 평정자는 5를 기준으로 삼을 수 있으며, 이렇게 해서 나타나는 결과는 서로 상치되는데, 이것은 서로 표준을 다르게 주었기 때문이다.

③ 이러한 착오의 제거는 척도에 관한 개념을 분명히 정립하고 평정항목에 관한 오차를 줄임으로써 가능하다.

(5) 대비의 착오(contrast error)

① 머레이(Murray)가 지적한 것으로 평정자가 가지고 있는 특성이 평정받는 아동에게 있으면 좋지 않게 평정하고, 자기에게 없는 특성이 평정받는 아동에게 있으면 좋게 보는 현상이다.

② 이러한 경향은 행동특성을 있는 사실 그대로 평정하지 않고 사실보다 과대 또는 과소 평가하는 경향을 생기게 한다.

③ 정신분석학에서 말하는 반동형성 혹은 투사의 현상과 비슷하다.

(6) 근접의 착오(proximity error)

① 스톡포드(Stockford)와 비셀(Bissell)이 발견한 것으로 시간적으로나 공간적으로 가깝게 평정하는 특성 사이에 상관이 높아진다는 현상이다.

② 비슷한 성질을 띤 측정은 시간적으로나 공간적으로 멀리 떨어지게 하는 것이 좋다.

(7) 무관심의 오류(indifference error)

① 평정자가 피평정자의 행동을 면밀하게 관찰하지 못한 경우에 발생되는 오류이다.

② 다인수 학급에서 교사가 학생의 행동에 무관심한 경우에 나타난다.

(8) 의도적 오류(intentional fallacy)

특정 학생에게 특정한 상을 주기 위해 관찰 결과와 다르게 과장하여 평정하는 오류이다.

4. 장 · 단점

구분	내용
장점	• 비용이 적고 제작이 간편함 • 다른 방법으로는 어려운 개인적 생활 경험이나 심리적 특성을 알아볼 수 있음 • 연구자가 응답자에게 미치는 영향을 줄일 수 있음
단점	• 문맹자나 표현력이 부족한 아동 등에는 사용하기가 어려움 • 응답 내용의 사실 여부를 확인할 수 없음 • 질문지의 회수율이 낮음

03 척도법

1. 개요

① 정의적 특성의 평가방법으로 척도법(尺度法, scaling techniques)은 태도와 같은 정의적 특성을 측정하기 위한 방법으로 널리 사용되었다.

② 척도는 일련의 상호관련된 진술문이나 형용사 쌍으로 구성된다.

2. 특징

① 흥미, 태도, 인성, 가치관, 자아개념 등과 같은 정의적 특성은 인간의 내면적인 속성으로서 우리가 직접 눈으로 관찰할 수 없는 심리적인 성향이다. 이러한 특성은 직접 측정할 수 없기 때문에 서로 관련된 진술문으로 구성된 간접적인 방법을 사용한다.

② 척도법은 손쉽게 자료를 수집할 수 있는 장점이 있지만, 반응 결과의 신뢰성을 판단하기 어려운 점이 있다.

기출콕콕

척도법의 명칭과 이 방법을 적용하기 위하여 진술문을 작성할 때 유의할 점을 논하시오.
2019 중등

3. Likert 척도 기출 2019 중등

① 사람, 사물, 제도 등 특정 대상에 관해 작성된 모든 진술문에 대해 동의하는 정도를 표시하도록 한 다음, 진술문들의 평정점수를 합산하기 때문에 '종합평정법(綜合評定法, summated rating method)'이라고도 부른다.

② 이 척도는 '나는 수학 수업을 좋아한다.'와 같은 특정 대상에 대해 호의적이거나 긍정적인 태도를 나타내는 진술문과 '나는 수학수업을 좋아하지 않는다.'와 같은 비호의적이거나 부정적인 태도를 나타내는 진술문으로 구성되며, '나는 수학 수업을 좋아하지도 않고 싫어하지도 않는다.'와 같은 중립적인 진술문은 포함하지 않는다.

③ Likert 척도는 총점과 상관이 높은 20~25개의 진술문들로 구성하되, 반응 태세를 방지하기 위해 긍정문으로 된 진술문의 수와 부정문으로 된 진술문의 수가 비슷하도록 구성하는 것이 원칙이다.[1]

④ 진술문은 일반적으로 평서문으로 진술하지만 불완전문장으로 진술하는 경우도 있다. 선택지 수는 5개로 하는 것이 원칙이나, 중립적 반응을 배제하고 강제로 긍정 또는 부정적으로 반응하도록 하기 위하여 짝수로 하기도 한다.

⑤ 일반적으로 선택지의 수가 많을수록 척도의 내적 합치도(α 계수)가 높다.

⑥ Likert 척도를 제작할 때 선택지의 평정치를 결정하는 방법으로는 선택지별로 각각 1, 2, 3, 4, 5 또는 0, 1, 2, 3, 4를 부여하는 방법이 간단하기 때문에 널리 사용되고 있다. 이 방식은 진술문에 대해 '매우 찬성'하면 5점, '찬성'하면 4점, '모르겠다'이면 3점, '반대'하면 2점, '매우 반대'하면 1점을 각각 부여한다. Likert 척도를 실시할 때는 모든 진술문에 대해 동의하는 정도를 일일이 표시하도록 하면 된다.

⑦ 모든 진술문에 대해 동의하는 정도를 평정하도록 하는 점이 Likert 척도의 가장 전형적인 특징이다.

⑧ 개인의 태도 점수는 모든 진술문의 평정치를 합한 값이기 때문에 Likert 척도를 종합평정법이라고 한다. 단, 채점과정에서 부정적으로 진술된 진술문은 역순으로 채점해야 한다는 사실에 유의해야 한다. Likert 척도가 몇 개의 하위척도로 구성되었을 경우에는 하위척도별 점수도 구할 수 있다.

⑨ Likert 척도는 Thurston 척도와 Guttman 척도에 비해 제작이 용이하고 다양한 대상, 장면, 상황에 융통성 있게 적용될 수 있다는 장점이 있기 때문에 널리 사용되고 있다.

⑩ 반면 이 척도는 응답자의 반응 경향이 작용할 개연성이 높다는 단점이 있다.

예 모든 진술문에 대해 기계적으로 '3'을 선택할 소지 있음

1 사회과학에서는 Likert 척도가 아닌 것을 Likert 척도라고 부르는 경우가 있다. 예를 들어, 진술문에 대해 동의하는 정도를 5단계 숫자 평정 척도로 표시하도록 하면 Likert 척도라고 부르는 경우이다. 하지만 진정한 Likert 척도는 총점과 상관이 높은 진술문으로 구성된다.

04 사회성 측정법(sociometry)

1. 개념

① 소집단 내의 구성원 상호 간의 호오(好惡)의 관계를 파악하기 위한 방법으로서, 집단 내의 역동적 사회관계를 파악한다.

② 교우관계 조사법, 수용성 검사라고도 하며, 모레노(J. L. Moreno)가 창안하였다.

2. 의의

① 개인의 사회적 적응을 비롯해 집단의 사회구조를 개선시킬 수 있다.

② 좌석을 배치하는 등 집단을 재조직하는 데 도움을 준다.

③ 특수한 교육문제 해결에 적용시킬 수 있다.

3. 소시오그램(sociogram)의 한 예

[그림 11-6] 소시오그램

원의 중심에 가까울수록 중심인물이고, 주변에 있을수록 주변인물이다. 이 그림에서는 남자 6번과 여자 12번이 중심인물로, 이를 통해 중심인물, 배척받는 인물, 무시된 자, 고립된 자, 단짝 등을 알 수 있다.

4. 장 · 단점

구분	내용
장점	• 단순하고 실시가 용이하며, 일선교사에게 유용함 • 학생들 사이의 집단 역동이나 비형식적 소집단의 구조를 파악할 수 있음
단점	• 싸움이 있은 직후에 사용하면 신뢰도, 타당도의 문제가 발생할 수 있음 • 소망일 뿐 현실과 일치하지 않는 경우가 많음

05 의미분석법(의미변별척도, semantic differential scale)

1. 개념

① 관심 대상 사물이나 현상을 염두에 두고 다양한 단어가 함축하는 의미를 평정하여 그 사물이나 현상의 특성을 측정하는 척도로서, '어의차이척도'라고도 한다.

② 창안자인 오스굿(Osgood)은 76가지의 대립되는 형용사를 이용하였는데, 이들은 평가적 요인, 역량요인, 활동요인으로 분류된다. 대립되는 형용사쌍은 연구의 목적에 따라 달리 선택된다.

2. 의미분석의 3차원

차원	내용	예
평가요인	가치판단적인 형용사군	좋은–나쁜, 깨끗한–더러운, 친절한–잔인한 등
능력요인	능력에 관계되는 형용사군	높은–낮은, 유능한–무능한, 무거운–가벼운 등
활동요인	개념의 활동성과 관련되는 형용사군	적극적–소극적, 진취적–보수적 등

3. 분석방법

① 서로 다른 의미로 쓰이는 개념을 양극으로 대비시키며, 형용사를 이용하여 측정한다.

② 평가, 능력, 활동요인이 각각 독립된 X, Y, Z라는 축을 이루는 3차원의 의미공간에서 각 개념의 위치를 상대적으로 비교하여 분석하는 방법이다.

③ 이러한 의미공간의 표현 예와 의미분석 결과의 프로파일 예를 살펴보면 다음 그림과 같다.

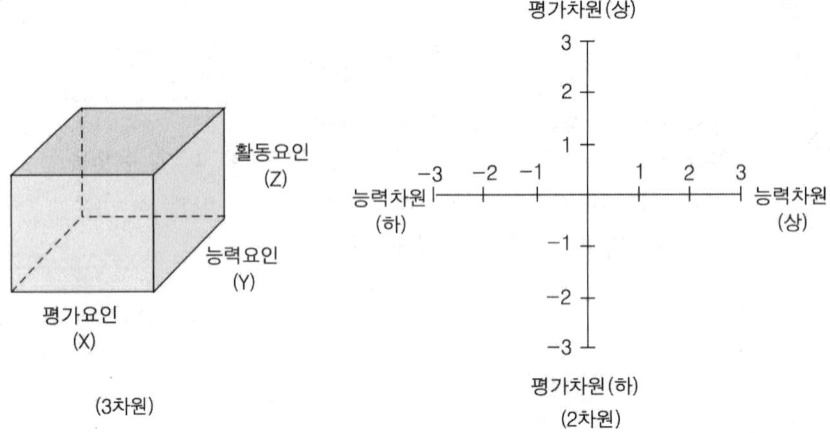

[그림 11-7] 의미공간의 표현 예

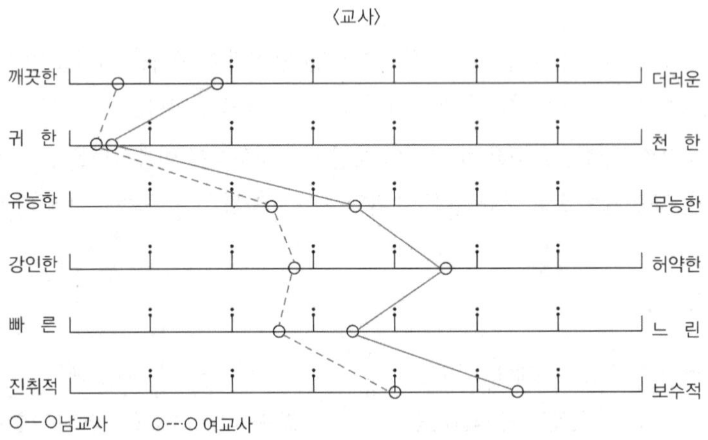

[그림 11-8] 의미분석 결과의 프로파일 예

06 투사법[2]

1. 개념

① 투사법은 피검자의 심층 내면세계를 그림이나 도형에 투사시켜 그 사람의 성격 · 상상력 · 성취동기 · 태도 등을 파악하려는 기법이다.

② 개인적인 욕구 · 지각 · 해석 등, 밖으로 나타날 수 있는 자극을 피험자에게 제시하여 인성을 측정하는 방법으로, 피검자가 상징적인 생각을 통해서 자신을 드러내는 성격검사이다.

2. 특징

① 심층적인 내면세계를 나타내는 정의적 특성을 판단할 때 사용하는 것으로서 동기, 감정 등 인성 구조를 밖으로 끌어내기 위해 비구조적 자극을 사용한다.

② 임상적 진단에 많이 사용되며, 해석적 방법으로 결과를 파악하기 때문에 주관적이다.

3. 유형과 예

(1) 유형

유형	내용
주제통각검사 (TAT: Thematic Apperception Test)	• 프로이트(Freud)의 정신분석학에 기초하여 머레이와 모건(Morgan)이 만들었음 • 개인의 인성을 욕구와 압력이라는 것으로 집약함 • 30매의 불분명한 그림과 한 장의 백색카드로 구성됨 • 애매한 그림을 보여주면서 주제 있는 이야기를 하도록 하여, 이를 분석함
로르샤흐 검사 (잉크흔적검사, Rorschach Test)	• 대칭모양의 그림 10매를 보여주고 무엇처럼 보이는지 질문을 하여 얻은 대답을 분석하는 방법 • 개인의 인성에 잠재해 있는 지적 · 정서적 요인을 드러내게 하여 상상력검사, 성격검사, 장애자 감별을 위해 사용됨
그림좌절검사 (PFT: Picture Frustration Test)	• 그림을 25개 주고 비어 있는 곳에 반응하게 한 다음, 그 결과에 의해 성격을 진단하는 검사 • 반응 중 공격형태와 반응형태를 분석하여, 성격을 측정하기 위한 것임 • 우리나라에서 시행된 최초의 투사법
단어연상방법	• 피험자에게 단어를 제시하고, 제일 먼저 떠오르는 단어를 말하는 방법 • 정상인과 비정상인을 변별하기 위한 방법

[2] 투사법은 프로이드의 영향을 받았으며, 자기 자신의 마음을 투영시키는 것이다.

(2) 주제통각검사(TAT)의 예

※ 각각의 그림을 보고 자유롭게 이야기를 구성해 보세요. 그림 속에서 사람은 무엇을 생각하고 느끼고 있나요? 어떤 일이 생겨서 어떻게 되었을까요? 결과는 어떻게 될까요?

[그림 11-9] 주제통각검사(TAT)*

* 박경 · 최순영, 심리검사의 이론과 활용(2판), 학지사, 2013

(3) 로르샤흐(잉크흔적) 검사의 예

※ 각각의 그림이 무엇으로 보이십니까?

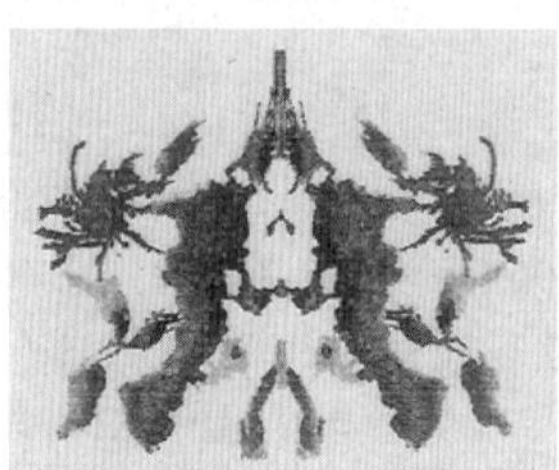

[그림 11-10] 로르샤흐 검사*

* 데이미언 설스(김정아 역), 로르샤흐: 잉크 얼룩으로 사람의 마음을 읽다, 갈마바람, 2020

⑷ 그림좌절검사의 예[3]

※ 다음과 같은 상황에서 자신의 감정을 써보세요.

[그림 11-11] 그림좌절검사*

3 욕구가 좌절될수록 공격적 언어를 사용하기 때문에, 그림좌절검사는 감정을 기술한 언어를 통하여 공격성의 정도를 파악하기 위한 것이다.

* 김태련, 그림좌절검사 지침, 중앙적성검사 연구소, 1972

Part 12
교육방법

교육방법 핵심키워드 한눈에 콕콕

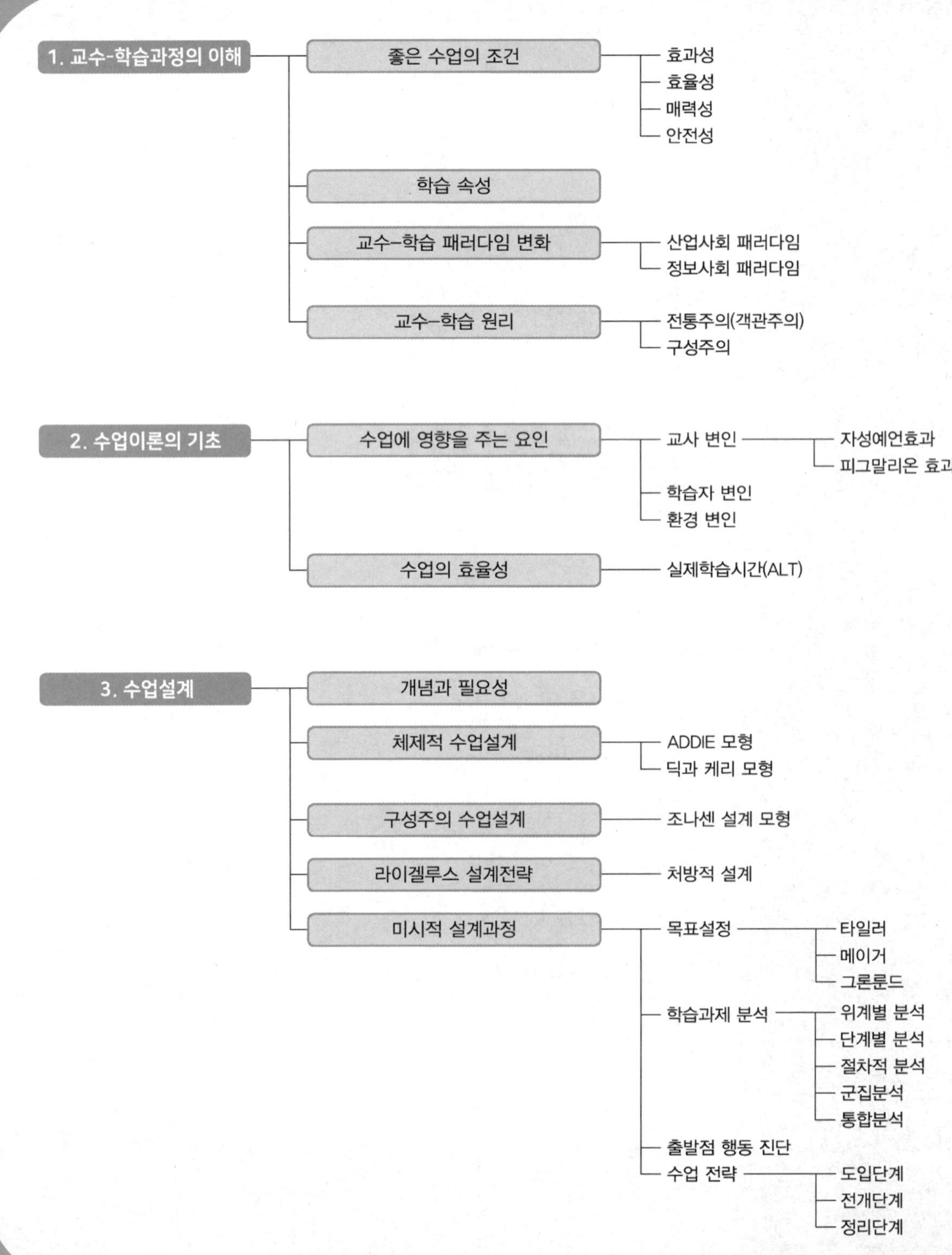

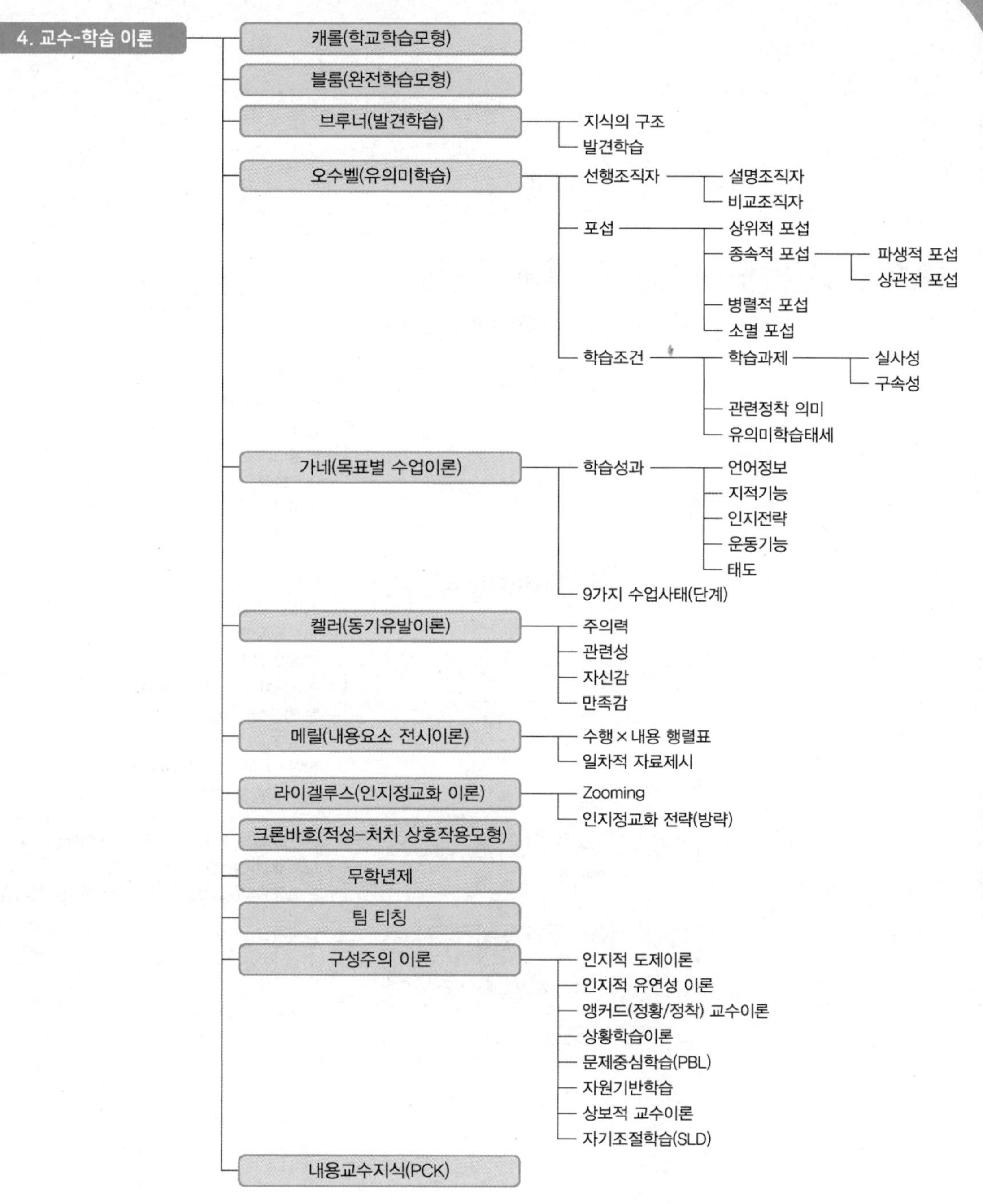
4. 교수-학습 이론
캐롤(학교학습모형)
블룸(완전학습모형)
브루너(발견학습)
지식의 구조
발견학습
오수벨(유의미학습)
선행조직자
설명조직자
비교조직자
포섭
상위적 포섭
종속적 포섭
파생적 포섭
상관적 포섭
병렬적 포섭
소멸 포섭
학습조건
학습과제
실사성
구속성
관련정착 의미
유의미학습태세
가네(목표별 수업이론)
학습성과
언어정보
지적기능
인지전략
운동기능
태도
9가지 수업사태(단계)
켈러(동기유발이론)
주의력
관련성
자신감
만족감
메릴(내용요소 전시이론)
수행×내용 행렬표
일차적 자료제시
라이겔루스(인지정교화 이론)
Zooming
인지정교화 전략(방략)
크론바흐(적성-처치 상호작용모형)
무학년제
팀 티칭
구성주의 이론
인지적 도제이론
인지적 유연성 이론
앵커드(정황/정착) 교수이론
상황학습이론
문제중심학습(PBL)
자원기반학습
상보적 교수이론
자기조절학습(SLD)
내용교수지식(PCK)

5. 수업방법
강의법
문답법
토의학습
원탁토의
배심토의(패널토의)
공개토의(포럼)
단상토의(심포지엄)
대담토의
세미나
버즈토의
협동학습
직소 I 모형
직소 II 모형
직소 III 모형
직소 IV 모형
성취과제 분담모형(STAD)
팀 경쟁학습(TGT)
팀 보조 개별학습(TAI)
집단조사(Co-op Co-op)
함께 학습하기(LT)
발견 · 탐구학습
발견학습(브루너)
안내된 발견
문제해결학습(탐구학습; 듀이)
프로젝트법(킬패트릭)
문제중심학습과 비교
시넥틱스(고든)
유추
가치명료화 기법(레스)
학습부진아 지도

6. 학습양식
학습양식과 인지양식
적용 및 시사점

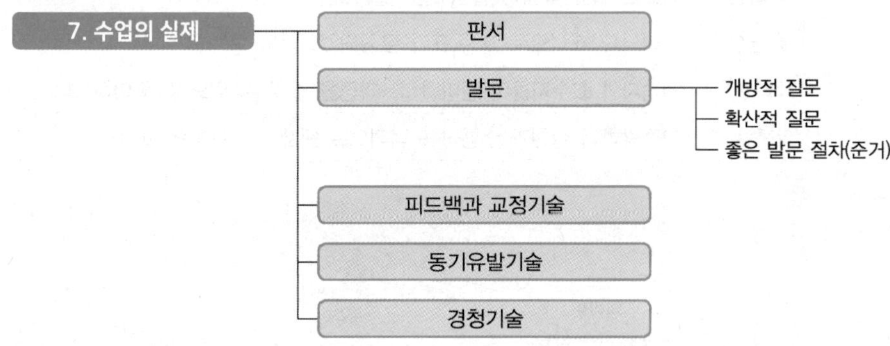
7. 수업의 실제
판서
발문
개방적 질문
확산적 질문
좋은 발문 절차(준거)
피드백과 교정기술
동기유발기술
경청기술

제1절 교육방법의 기초

01 교수 - 학습과정의 이해

1 수업이란 Instruction과 Teaching에 해당하는 것으로 학자들에 따라 교수와 수업을 혼용해서 해석하고 사용하고 있어, 일반적으로 수업과 교수를 같은 것으로 보면 큰 무리가 없다.

1. 수업[1]

(1) 개념(정의)

수업은 교사가 가르치는 일뿐만 아니라 수업관리 활동도 포함한다. 이러한 수업은 가르치고 배우는 과정으로, 교육의 가장 핵심적인 과정이며, 교수의 개념과 혼용해서 사용된다.

(2) 좋은 수업의 조건

2 교수 - 학습이론을 만들 때에는 특히 매력성에 초점을 둔다.

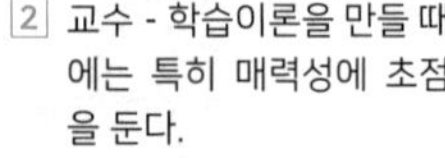

조건	내용
효과성	목표로 하는 학습이 발생했는지를 보는 것
효율성	얼마나 경제적으로 그 목표가 달성되었느냐를 보는 것
매력성[2]	학습자와 교수자들이 얼마나 그 과정을 즐길 수 있으며, 좋아하느냐에 대해 고려해야 함
안전성	교수방법이 실천과 수행상 도덕적으로 문제가 없는지를 고려해야 함

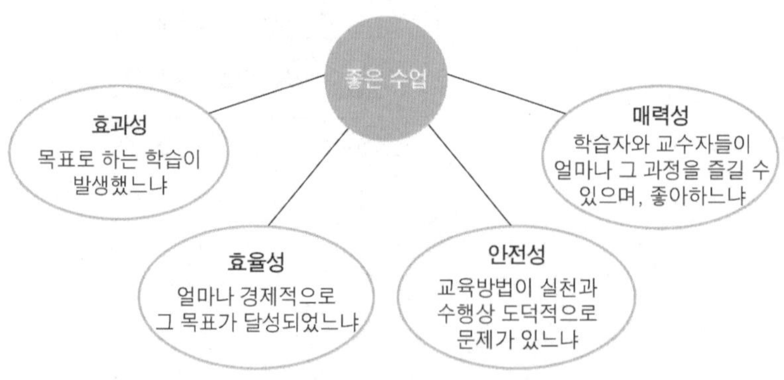

[그림 12-1] 좋은 수업의 조건

2. 수업과 유사개념

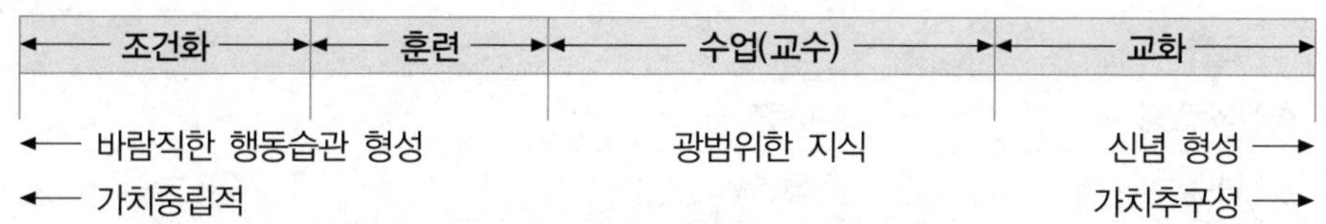

[그림 12-2] 수업과 유사개념의 가치성에 따른 비교

구분	내용
교수 (teaching)	수업과 혼동하여 사용하는 개념으로, 어떤 사람의 행동을 조성한다는 점에서 훈련과 유사하나, 지식과 신념을 형성한다는 점에 차이가 있음
교화 (indoctrination)[3]	충분한 근거와 이유 없이 신념을 주입하고, 이를 받아들이게 하는 것으로, 가르치고자 하는 신념의 근거가 타당한가의 여부를 따지는 것이 아니라 그 신념을 어떻게 수용시키느냐에 있으며, 인간의 수동적이고 기계적인 반응을 야기할 수 있음
훈련 (discipline)	행동을 형성하게 하는 데 사용되는 개념으로, 수업은 행동을 형성하는 것과 지식을 전달하는 것 둘 다를 포함함
조건화 (conditioning)[4]	훈련의 경우보다 지적인 작용이 훨씬 감소하여, 지적 작용 없이 어떤 행동의 변화를 수반하게 하는 경우

3 교화는 강제적인 신념의 암기를 강조한다.

4 조건화는 훈련보다 더 가치중립적이다.

3. 학습[5]

5 학습은 '지속적인 행동변화'로 정의된다.

(1) 정의

환경과의 상호작용 속에서 후천적으로 얻어지는 영속적이며 안정된 형태의 행동변화로, 결과적으로 행동의 변화를 가져오며 비교적 영속적인 변화이다.

(2) 학습의 개념적 속성

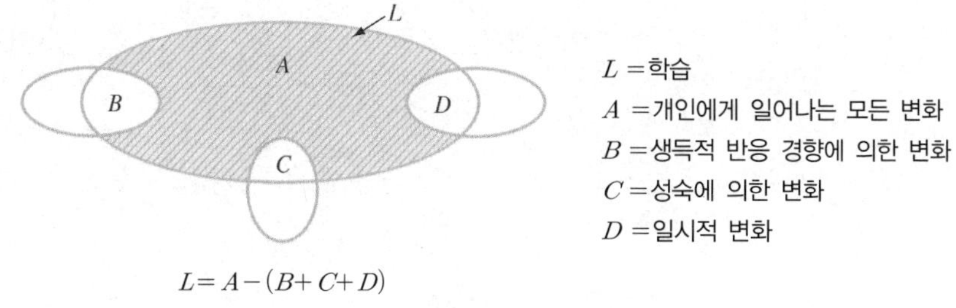

[그림 12-3] 학습의 개념

① 학습은 실제적인 경험을 통해서 행동으로 나타난다. 학습의 성과는 항상 관찰할 수 있는 행동으로 나타나며, 연습이나 훈련에 의한 변화인 생득적인 요인에 의한 변화를 의미하지 않는다.

② 행동의 변화는 비교적 영속적인 성질을 갖고 있어야 하며, 질병에 의한 변화, 피로, 약물중독 등에 의한 일시적인 변화는 학습으로 볼 수 없다.

③ 학습은 바람직한 행동의 변화를 위한 활동으로서, 추구하는 분명한 목표가 있어야 한다.

4. 수업과 학습의 관계

관점	수업	학습
학생의 입장	피동적	능동적
변수	독립변수	종속변수
목표	일정한 목표가 있어야 함	목표가 있을 수도 있음
의의	일의적	다의적
연구대상	교실사태	동물(실험실 사태)
주안점	지적 체계	생활경험
교수대상	인간	동물, 단순화된 수업장면
행동변용방법	처방적[6]	기술적[7]
주체	교사	학생
전체	환경의 계획적 조작	학습자의 자발
배경	본질주의, 신본질주의(교사 중심)	진보주의(학생 중심)

6 수업은 학생에 따라 달라지므로 처방적이다.

7 학습은 일반적 기술을 의미하므로 기술적이다.
예 예습과 복습

02 교수 - 학습원리

1. 정보사회의 교수-학습 패러다임 변화

구분	산업사회에서의 전통적 교수 - 학습 패러다임	지식정보사회에서의 미래 교수 - 학습 패러다임
교육체제	• 중앙집권화, 획일화 • 폐쇄적 교육체제 • 학교 중심 교육 • 초 · 중 · 고 · 대학 등의 학교 중심	• 지방분권화, 다양화, 자율화, 특성화 • 개방적 교육체제 • 평생교육 중심 교육 • 학교 및 평생교육기관
교육대상	초 · 중 · 고 · 대학 학생 위주	유아기부터 노년기까지 생애교육
교육목표	• 명시적 지식[8]의 획득과 활용 • 능력의 상대적 서열화	• 암묵적 지식의 획득과 활용 • 고부가가치의 창의적 지식 창출 및 활용 • 재능 특기 계발을 통한 수월성 교육
교수 - 학습내용	• 전통적 지식 기억 • 교과 중심 • 결과 지향적(product)[9]	• 실제적 지식(authentic) • 자기주도적 재조직 • 학제적 통합교과적, 확산적 교육내용 • 과정 지향적(process)[10]
교수 - 학습방법	• 교사 중심 • 표준화 • 수동적 · 의존적 학습 • 획일적 집단수업 중심 • Off-line	• 학습자 중심 • 맞춤형(customization) • 능동적 · 자기주도적 학습 • 개별화 수업, 사이버 수업 • Off-line, On-line
교수 - 학습평가	• 기본적 지식기반 평가 • 고급 수준의 문제해결력 평가 • 선다형, 단답형의 평가	• 필수적 지식기반 평가 • 창의적 문제해결역량 평가 • 포트폴리오 등 산출물 평가

8 명시지와 암묵지(Explicit knowledge and Tacit knowledge): 명시지란 그 내용과 형식이 구체적으로 정의될 수 있는 형태의 지식을 말한다. 그 구체성으로 인해서 명시지는 사람들 간의 상호소통이 가능하고 공유가 가능하며, 확신이 비교적 용이한 형태의 지식이다. 반면, 암묵지는 개인의 구체적이고 독특한 경험이 크게 관여하여 그 내용과 형식이 구체적으로 규정되지 않으며, 지식에 대한 소통과 공유가 쉽지 않은 형태의 지식을 말한다.

9 산업사회에서의 전통적 교수 - 학습 패러다임은 결과 지향으로, 총괄평가를 강조한다.

10 지식정보사회에서의 미래 교수 - 학습 패러다임은 과정 지향으로, 수행평가의 형성평가적 기능을 강조한다.

2. 전통주의와 구성주의 교수-학습 비교

구분	전통주의(객관주의)	구성주의
철학	세계는 우리의 경험과는 별도로 외부에 객관적으로 존재	세계는 인간의 해석으로 우리가 경험하는 세계는 존재하나, 그 의미는 인간에 의해 부여되고 구성되는 것
학습	외부의 절대적인 진리가 학습자의 내부 세계로 전이되는 것	개인적인 경험에 근거해서 의미를 개발하는 능동적인 과정
학습의 조건	절대적 진리 자체는 상황과 분리되어 가르칠 수 있음	어떤 사실과 기술도 그것이 사용되는 문제상황과 독립적으로 해석될 수 없으므로 풍부하고 실세계를 반영하는 상황이 제공되어야 함
학습의 결과	모든 사람이 같은 이해에 도달	구성된 실제의 모습이나 의미는 개인에 따라 다름
교수	교사에 의해 기존의 진리가 전달되는 것	• 학습자가 세상에 대한 의미를 구성하도록 보조 · 지원하는 것 • 세계에 대한 의미구성방법을 보여주는 것
교수의 목적	가장 효과적이고 효율적인 방법으로 지식을 전달하는 것	학습자의 의미화, 문제해결력 배양
수업의 중심	교사	학습자
교사의 역할	진리전달자	학습보조자, 학습촉진자, 코치
교수설계	결정된 내용을 효과적으로 전달하는 것	학습이 일어날 수 있는 환경 설계
교수의 초점	사실의 이해	지식의 전이, 활용
지식의 형태	명시적 지식	암묵적 지식, 문제해결능력, 고차적 인지 전략
주된 교수방법	강의식	문제 중심, 토의식 발견학습

개념콕콕 | 암묵지식(tacit knowledge)

1. 암묵지식

우리가 내면에 깊이 가지고 있으며 개개인만이 가지고 있는 지식의 한 형태로 대체로 경험에 의해서 습득되기 때문에 타인에게 표현되거나 특정 형태로 전달이 가능하지 않은 지식이다. 마이클 폴라니(Michael Polanyi)가 처음으로 특정 인지과정 또는 행위가 의식과 상관없이 실행을 통해 이루어지는 것을 암묵지식으로 표현하였다.

암묵지식은 일반적으로 우리가 의식을 통해 구체적으로 진술이 가능한 형태지식(explicit knowledge: 명시적 지식)과 대조되는 지식으로 대체로 무엇을 하는 방식에 대한 앎(knowing-how)과 앎(knowing)으로 구별된다. 예를 들어, 교직경력이 오래된 교육전문가는 대체로 관련 업무에 대한 원리 또는 규칙에 대한 명확한 사고 없이도 업무를 늘 해오던 대로 수행할 수 있는 암묵지식을 가지고 있는 반면, 신규교사들은 특정 업무를 수행하기 위해 필요한 지식, 방법 및 기법을 구체적으로 배우게 되는데, 이것이 형태지식(명시적 지식)이다.

신규교사도 시간이 흘러 점차 경험이 많이 쌓이게 되면 점차 암묵지식이 늘어 전문가가 된다. 따라서 암묵지식은 대체로 처음에는 각 개인이 인식할 수 없지만 적당한 여건만 주어지면 다른 일반 형태지식처럼 인식이 가능하도록 전환될 수 있다.

2. 암묵지식의 예 – 『장자(莊子)』에 실린 예화

환공(제 나라 임금)은 당상에서 글을 읽고 있었고 윤편(수레 만드는 장인)은 당하에서 수레바퀴를 깎고 있었다. 그런데 윤편이 연장을 내려놓고 올라오더니 "공께서 읽는 책은 어떤 말들입니까?" 하고 물었다. 공은 성인(聖人)의 말씀이라고 답했다. 그러자 "죽은 성인의 글이니 그것은 성인의 찌꺼기일 뿐이네요."하고 윤편이 말했다.

노여워진 환공은 "감히 자네 따위가 성인의 글에 대해 평을 하다니 무슨 연고인지 말하라. 답이 온당치 못하면 곧 죽음을 내리겠다."라고 했다. 이에 윤편은 답을 한다.

"소인이 하는 바퀴 깎는 일은 너무 느슨하게 잡으면 견고하지 못하고, 너무 되게 잡으면 빡빡해서 들어가지가 않습니다. 느슨하지도 되지도 않게 하는 것은 손으로 터득하여 마음으로 하는 일이기에 그 오묘함은 말로 표현할 길이 없습니다요. 치수야 물론 잘 알고 있지만, 이 일의 요령만큼은 제 아들에게도 알려줄 수가 없고 제 아들 역시 저에게서 받아 가지 못합니다. 그래서 일흔이 된 지금까지 수레바퀴를 깎으며 살고 있지요. 그러니 옛 성인도 그 오묘함은 전하지 못하고 돌아가셨을 것입니다. 그렇다면 공께서 읽고 있는 글 역시 옛사람의 찌꺼기가 아니고 무엇이겠습니까요?"

환공은 그 말이 실로 옳다 여기고 방면해 주었다.

제2절 수업이론의 기초

01 수업에 영향을 주는 변인

1. 교사 변인

(1) 지적 변인

① 교직의 성격상 교사의 지능과 학생의 학업성취와는 크게 상관이 없다.

② 교직훈련기간이 길수록 학생의 학업성취에서 의미, 이해력, 적용력, 판단력 등 고등정신기능을 강조하고, 짧을수록 암기를 강조한다.

③ 교사표현의 유창성과 명확성[1]은 학생들의 학업성취에 큰 영향을 미친다.

④ 학생에 대한 정보는 교사의 효율적 학생지도와 학생의 성격발달에 바람직한 영향을 준다.

⑤ 인지양식

㉠ 추상적 · 상대적으로 사고하는 교사가 구체적 · 절대적으로 사고하는 교사보다 학생들을 더 잘 이해하고 학생들의 탐구능력을 길러주는 능력이 뛰어나다.

㉡ 추상적 사고를 하는 교사가 지도한 학생들이 구체적 사고를 하는 교사가 지도한 학생보다 더 높은 학업성취를 보였으며, 학급에 대한 참여도와 협동정신도 높다.

(2) 정의적 측면

① 교사의 성격

㉠ 교사의 인성적 특징이 정돈형일 때 학업성취가 높다.

㉡ 교사의 성격이 활동적이고, 지배성 · 객관성 · 사회성이 높을 때 학업성취도가 높다.

㉢ 성공적인 교사는 비지시적으로 학습을 운영하고, 온정적이고 친절하며, 강의나 직접적인 방법보다 도해나 그림을 사용한다.

㉣ 효율적 교사는 온정적인 성격, 친절한 태도, 교과에 대한 열망을 가지고 있다.

② **교사의 지도유형**: 지도유형은 권위형(독재형) · 자유방임형 · 민주형으로 구분되며, 민주형의 교사가 가장 효과적이다.

[1] 유창성은 예시를 많이 들어 설명하는 것이며, 명확성은 정확한 개념으로 표현하는 것이다.

(3) 교사의 학생에 대한 기대

① 머튼(R. K. Merton)의 자성예언효과(SFP: Self-Fulfilling Prophecy effect)

㉠ 교사가 아동에게 보이는 인정, 대접, 기대 등을 자아충족적 예언이라고 할 수 있으며, 사람은 일반적으로 자기에게 주어진 예언을 충족시키거나 맞추려고 하는 경향이 있다.

㉡ 그러나 무분별하게 비현실적이고 도저히 가능하지 않은 것을 예언하거나 그 희망적인 예언에 진실성이 결여되어 있음을 학생이 느낀다면 별다른 효과가 없다.

㉢ 자성예언효과는 어떤 기대가 실현될 것이라는 믿음을 갖고 이를 실현시키기 위해 노력 하며, 결과적으로 원래의 기대를 실현시킨다는 것으로서, 의학계의 위약효과, 가처치효과라고도 불리는 샤피로(Shapiro)의 플라세보(placebo) 효과, 행동과학 분야의 메이요(Mayo)의 호손 효과도 같은 내용의 명칭이다.

② 로젠탈과 제이콥슨(Rosenthal & Jacobson)의 피그말리온 효과(Pygmalion effect)

교사가 학생을 긍정적인 면으로 기대하면 긍정적 결과가 나타나며 나쁜 학생 또는 비행아라는 낙인을 찍어 놓으면 그런 방향으로 결과가 나타난다는 것을 시사한다.

③ 교사기대 및 편견의 원천[2]

구분	내용
경제적 배경	부모의 낮은 사회적 · 경제적 지위에 대한 낮은 기대
영구기록 검사점수의 결과	고정된 능력에 대한 신념으로, 발전과 더 높은 기대 가능성은 배제됨
학생에 대한 부정적 언질	다른 교사나 교장의 특정 학생에 대한 질책은 낮은 기대와 관련이 있음 예 낙인이론
학교형태	도시학교보다 시골학교에 다니는 학생들에게 더욱 낮은 기대를 가짐
외모	유행에 뒤떨어지고 값싼 옷차림은 낮은 기대를 가지게 함
말투	표준어를 쓰지 않거나 은어를 많이 사용하면, 그것이 부정적인 단서가 되어 낮은 기대를 유발시킴
단조성	비조직적이고 단조로운 글씨, 형편없는 글을 쓰는 학생은 낮은 기대를 갖게 함
후광효과 (halo effect)	학생의 어떤 특성에 관해서 평정할 때 학생의 일반적 인상에 의해 특성을 평정하는 경향을 말함
준비도	성장속도의 저하, 이전 지식과 경험의 결핍은 앞으로도 변하지 않는 현상이므로 더 이상 향상될 수 없다는 가정에 기반하여 낮은 기대를 갖게 됨
좌석의 위치	교실의 중앙에 앉은 학생보다 교실의 측면이나 뒷좌석에 앉은 학생에게 더 낮은 기대를 가짐
경험 있는 교사의 사회화	새로 부임한 교사에게 전임 교사가 학생의 부정적인 특성을 강조하는 경향이 있음 예 피그말리온 효과
학생의 행동	학생의 행동이나 말투에서 가난한 티가 나는 학생에 대해 학구적 기대를 낮게 가짐
능력별 학급편성과 집단에 따른 분류	학생능력에 등급을 붙이는 것과 같이 학생을 어떤 등급으로 단정해 버리는 것과 학생들의 개인차를 강조하는 경향은 낮은 기대를 초래함

2 교사의 편견에 의해서 학습자를 판단하면 안 된다.

(4) 교수기술을 갖춘 교사

① 명쾌하게 잘 가르치는 교사

㉠ 개념을 분명하고 논리적으로 한 단계씩 설명한다.

㉡ 목소리도 분명하고 발음도 정확하다.

㉢ 학습목표를 정확하게 제시한다.

㉣ 선행조직자(advanced organizer)를 제시한다.

㉤ 선수학습과 관련지어 설명한다.

㉥ 중요한 내용은 천천히 반복해서 설명한다.

㉦ 적절한 예시를 사용하며, 수업이 끝날 때는 전체를 요약해 준다.

② 다양한 교수자극을 사용하는 교사

㉠ 주의를 집중시킬 수 있는 방법을 잘 알고 있다.

㉡ 시선, 목소리, 제스처 등에 열정적인 모습을 보인다.

㉢ 다양한 프레젠테이션의 방법을 알고 있다.

㉣ 강화, 언어적 칭찬 등의 다양한 보상방법을 사용한다.

㉤ 확산적 사고를 증진시킬 수 있는 방법을 사용한다.

㉥ 비지시적인 수업을 한다.

㉦ 질문의 유형을 다양하게 사용한다.

③ 교사의 업무에 충실한 교사

㉠ 수업을 준비하는 데 많은 시간을 투여한다.

㉡ 학생들의 질문을 받고, 독립적인 사고, 탐구 등을 격려하는 데 시간을 투자한다.

㉢ 학생들에게 필요한 수업준비를 안내하고, 교수내용을 조직화하는 데 시간을 투자한다.

㉣ 학생들의 실행결과를 평가하는 데 시간을 투자한다.

㉤ 교과내용과 관련해 실제 응용될 수 있도록 수업계획을 세우고, 이에 적절한 자료의 개발에 노력한다.

㉥ 교수목표의 달성을 위해 가장 적절한 교수모형을 선택한다.

㉦ 학습결과에 대해 분명한 계획을 세우고 평가한다.

㉧ 수업의 방해적인 요소를 최소화한다.

④ 학습과정에서 학습자들을 적극 참여하도록 격려하는 교사

㉠ 수업 후 연습문제나 문제집을 풀어 성취행동이 이루어지도록 유도한다.

㉡ 비평가적인 분위기에서 피드백을 제공한다.

㉢ 필요한 경우엔 프로그램 학습과제나 게임, 시뮬레이션과 같은 동기를 일으킬 수 있는 개인 활동이나 집단활동을 사용한다.

㉣ 학습과정에 능동적으로 참여하도록 의미 있는 칭찬을 한다.

㉤ 학생들이 과제를 하고 있는 동안에는 자주 확인하고, 열심히 하는지 주의 깊게 살펴본다.

⑤ 학생들의 성공률을 높여주는 교사

㉠ 성공적인 수업을 위해서 교사의 설명 외에 학습자가 주도해서 할 수 있는 자기주도학습, 프로젝트법 등을 고려한다.

㉡ 선수학습의 내용과 관련시켜 수업내용의 계획을 세운다.

㉢ 학습자들의 반응을 보고 즉시 교정한다.

㉣ 학습내용을 작은 단위로 나누어 실시해 학습자들이 이해하기 쉽게 한다.

㉤ 학습내용을 쉽게 이해할 수 있는 새로운 자료들로 전환해 수업계획을 세운다.

㉥ 수업목표에 도달하는 속도는 학생에 따라 다양하게 설정한다.

2. 학습자 변인

구분	내용
지적 변인	• 지능발달은 학생지능과 학업성취도 간의 상관이 .70 정도임 • 학습양식은 새로운 원리나 개념을 학습하는 과정에서 자기 것으로 만들어 나가는 양식으로, 학업성취와 밀접한 관련이 있음 • 학생의 선수학습 정도가 수업목표에서 요구하는 선수학습 정도와 일치하는 정도가 학업성취도를 결정함 • 언어능력도 학생의 학업성취에 영향을 미침
정의적 변인	• **학습동기(성취동기)**: 학습이라는 행동을 발생시키는 원동력으로, 학생의 학업성취에 가장 큰 영향을 미침 • **포부수준**: 중간 정도의 적절한 포부수준은 학업성취에 영향을 줌 • **욕구**: 가장 능률적인 최적의 욕구(각성수준)는 중간 정도임 • **자아개념**: 학교에서 일관성 있게 성공해 온 학생은 긍정적 자아개념이, 계속 실패해 온 학생은 부정적 자아개념이 형성되어 있는 경향이 있음
신체적 변인	학생의 신체적 건강, 신체장애, 피로 등은 학업성취에 영향을 미침

3. 환경 변인

구분	내용
가정변인	• **물리적 환경**: 가정의 사회 · 경제적 지위, 부모의 학력, 가족의 구조 등 • **과정변인**: 가정의 언어모델, 가정의 성취압력, 학습의 조력 등 • 가정의 과정변인과 학업성취도와의 상관관계는 .80의 높은 상관이 있음
학교변인	• **물리적 환경**: 학교의 크기, 위치, 시설, 설비 등 • **과정환경**: 학교의 전통, 학생에 대한 기대풍토 등
지역사회 변인	• 대중매체, 도시와 농촌의 문화적 환경요인이 학업성취에 영향을 미침 • **국지현상**: 학업성취도가 도시학급의 하급에 속하는 학생이 농촌학급의 상급에 속하는 학생과 똑같은 현상임

02 수업의 효율성

1. 수업과 수업의 효율성

수업의 효율성(teaching effectiveness)이란 '학습자의 학업성취 수준을 최대한 높여주기 위하여 수업에 투입되는 활동이나 절차 또는 동원되는 자원이 수업의 목표에 가장 적합하고, 최소한의 투입으로 최대한의 성과를 거둘 수 있는 수업의 방법'이라고 할 수 있다.

2. 수업의 효율화 연구결과

(1) 수업자가 결정하는 수업사태와 수업의 효과

① **과제 지향적 수업행동**: 수업자가 학생들의 학업성취에 지속적으로 관심을 가지고, 과제 지향적인 학습분위기를 형성하도록 하면 학습자들의 학업성취는 높아진다.

② **적극적인 수업행동**[3]: 학습자가 학습에 참여하는 분위기는 수업자가 얼마나 적극적으로 학생들을 이끌어 내느냐에 따라 달라지고, 이것은 학생들의 학업성취와 직결된다.

③ **학문적인 성취에 대한 관심**: 수업자가 학생들의 학업성취와 학문적인 발전에 관심을 가지며, 학생들이 높은 수준의 학업성취를 이룰 것으로 기대하면 학습자들의 학업성취는 높아진다.

④ **협동과 책무성을 강조**: 학생들이 학습활동 중 성공과 실패의 원인이 자기 자신에게 있다고 믿게 하는 것은 대단히 중요하다.[4] 학습활동 중 학습자들끼리 서로 협동하여 학습하도록 할 때 학업성취는 높아진다.

⑤ **민주적이고 온화한 분위기**: 민주적이고 온화한 분위기가 학습자들의 학업성취를 높이는 데 유익하다는 일관된 연구결과는 없지만 비민주적이고 경직된 학습분위기는 학생들의 학업 성취에 부정적인 영향을 준다.

[3] 적극적인 수업행동은 수업자가 학생들의 비학구적인 행동을 줄이고 수업내용이나 교수 - 학습활동의 선택에 수업자가 얼마나 중심적인 역할을 하느냐에 따라 달라진다.

[4] 학생들이 성공과 실패를 노력으로 귀인하도록 하는 것이 중요하다.

(2) 교수－학습의 구조화와 수업의 효과

① 로젠샤인은 수업의 효율화 연구들을 종합 · 분석한 결과 교수－학습이 체계적이며 단계적으로 수행되었을 때 그 효과가 높다는 것을 지적하였다.

② 구조화된 교수－학습은 학습시간을 허비하지 않고 효율적으로 진행할 수 있으며, 교수－학습의 종결 시에 학습한 내용을 어떻게 정리해 줄 것인지, 학습한 것에 대한 연습의 기회를 줄 것인지는 수업의 효율화와 밀접한 관계가 있다.

(3) 수업자와 학습자의 상호작용[5]과 수업의 효과

① 수업자는 수업 중에 질문을 많이 해야 하고, 질문의 수준은 확산적 질문보다 수렴적 질문을 더 많이 해야 수업의 효과를 높일 수 있다.

② 질문을 한 후에 학생을 지명해야 하고, 그 지명은 질문을 한 다음 약 3초 정도 기다렸다 하는 것이 좋다.

③ 수업자가 질문을 할 때 그 질문의 난이도는 학습자들의 75% 정도가 정답을 말할 수 있는 수준의 것이 적당하다.

(4) 수업자의 순시 · 감독과 수업의 효과

① 여러 학습자들이 각기 다양한 학습활동을 할 때, 수업자가 학습자들이 무슨 일을 어떻게 하고 있는지 정확하고 계속적으로 파악하는 일은 대단히 중요하다.

② 수업자의 순시와 감독은 학습자들의 실제학습시간량(ALT: Actual Learning Time)을 증대시키는 일과 밀접한 관계가 있다.

5 교사와 학습자의 상호작용 형태는 교과목의 단순한 지식의 획득뿐만 아니라 교수 - 학습 중 학습자들의 학습 참여도를 높이며 고차적 사고력과 교과목에 대한 긍정적인 태도를 향상시키는 데도 영향을 준다.

제 3 절 수업설계

01 개요

1. 개념

① '수업설계'란 수업목표를 학습자들에게 효율적으로 성취시키기 위하여 수업의 여러 과정을 체계적으로 계획하는 과정이다.

② 융통성의 원칙에 입각하여 상황에 따라 설계와 다르게 진행될 수 있으므로, 수업설계와 실제 수업은 서로 분리하여 진행하는 것이 좋다.[1]

1 수업설계가 되었다 하더라도 현실에 맞게 수정해서 적용해야 한다.

2. 과정

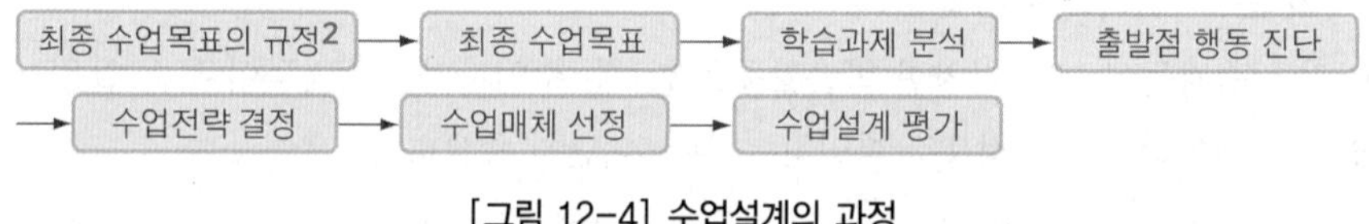

[그림 12-4] 수업설계의 과정

2 수업설계를 할 때 제일 먼저 해야 할 일은 최종 수업목표를 확인하고 규명하는 것이다.

3. 필요성

① 수업목표나 내용에 적합한 수업방법을 선택하고 제공하기 위해 수업 전에 치밀한 계획이 수립되어야 한다.

② 한 시간 또는 한 단위의 수업 동안 다양한 학습활동이 일어나야 하고 다양한 학습활동은 그 시간의 수업목표 달성을 위해 각기 다른 역할을 하기 때문에 학습활동에 대한 계획이 수립되어야 한다.

③ 각 학습자는 수업의 과정에서 제공되는 수업방법이나 학습활동에 다르게 반응하기 때문에 어떤 학습자에게 어느 수업방법이 알맞을지를 배합하고 계획해야 한다.[3]

④ 수업은 수업자 자신의 자질, 능력, 선호하는 수업방법 등을 고려하여 계획하여야 한다.

⑤ 효과적인 수업이 이루어지려면 여러 현실적인 여건이 고려되어야 하기 때문에, 수업설계는 이상적인 수업을 이끌기 위한 방향으로 전개되는 것이 아니다.[4]

3 수업은 교사변인을 강조하는 것이기 때문에 학습자보다 교수자의 자질이나 능력 등이 우선적으로 고려되어야 한다.

4 수업은 현실적 여건을 고려하는 것이기 때문에 수업설계는 이상적인 설계보다는 현실적인 설계가 요구되는 작업이다.

02 체제적 수업설계 - 거시적 입장

1. 체제적 접근(system approach)

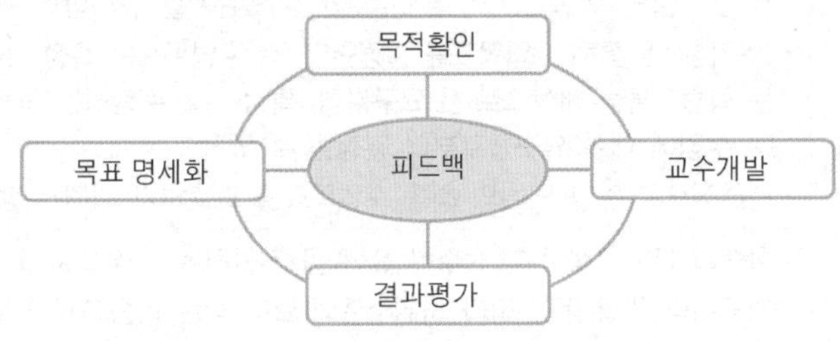

[그림 12-5] 체제적 접근모형(상호작용적 접근)[5]

'체제적 접근'은 체제의 조화로운 통합 또는 일체성을 유지하는 것으로, 체제를 구성하고 있는 각 요소들의 기능을 독립적으로 최대한 발휘하도록 하면서 동시에 각 기능이 상호보완적 관계에 놓이도록 하여 전체적으로 기능의 극대화를 이루도록 하려는 것이다.

5 체제적 수업설계는 상호작용(통합적)을 강조한다.

2. ADDIE 모형 기출 2015 중등 추가

기출콕콕

분석 및 설계 과정의 주요 활동 2가지를 제시하시오.

2015 중등 추가

(1) ADDIE 설계의 기본 모형

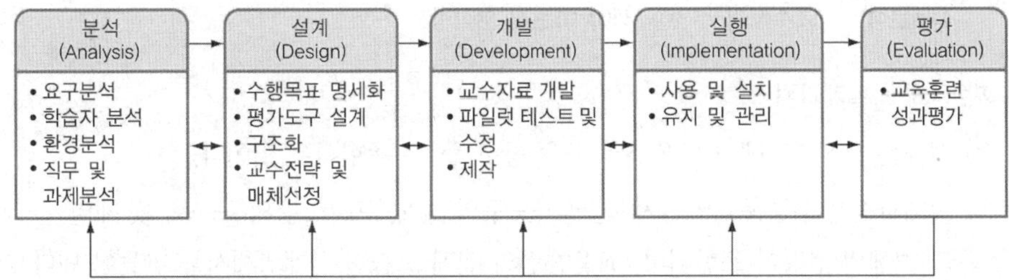

[그림 12-6] ADDIE 모형

(2) 교수설계의 절차

① 제1단계 – 분석과정

구분	내용
요구분석	• 수업이 끝난 후 학습자가 무엇을 할 수 있는지를 규정함 • 요구분석을 통해 수업목표를 결정한다. 즉 수업목표는 특정 학습에 어려움을 갖고 있는 학습자들을 대상으로 한 요구분석, 특정 일을 수행하는 사람들에 대한 분석, 새로운 수업에 대한 요구들로부터 결정될 수 있음 • 결론적으로 해당 단원의 최종 수업목표를 도출하기 위해 수행함
학습과제분석 (수업분석)	• 학습과제를 분석하고, 선수학습능력을 진단하며, 하위과제를 분석하는 단계 • 개념이나 원리 등에 따라 하위수준의 보다 작은 학습과제가 무엇인지를 세분화하는 작업이 필요함 • 실제로 학습자들에게 학습시킬 세부 수업목표를 놓고 어느 목표부터 먼저 가르치고, 어떤 순서로 가르칠 것인지를 결정하며, 시간의 배정을 어느 정도로 할 것인지도 결정해야 함
학습자 및 환경분석	• 학습자와 학습환경을 분석하는 단계 • 학습자의 현재 기술, 선호도, 태도와 함께 학습이 이루어지는 환경을 분석하는 것은 다음에 이루어질 학습전략의 개발에 영향을 주게 됨 • 예를 들어, 만일 학습자가 컴퓨터 사용기술을 가지고 있지 않고, 학교환경 역시 인터넷을 사용할 수 있는 인프라가 구축되어 있지 않다면 인터넷을 활용한 수업과 같은 매체와 전략의 선정이 이루어질 수가 없게 됨
직무분석	교수자가 무엇을 해야 하는지 분석함

② 제2단계 – 설계과정

㉠ 설계는 분석과정에서 나온 산출물을 창조적으로 종합하는 일이다.

㉡ 설계과정은 수행목표의 명세화, 평가도구의 설계, 프로그램의 구조화 및 계열화, 교수전략과 매체의 선정이 포함되며, 교육훈련의 전체 모습인 설계명세서를 만들어 낸다.

③ 제3단계 – 개발과정

㉠ 개발은 설계명세서 또는 수업의 청사진에 수업에 사용될 교수자료를 실제로 개발하고 제작한다.

㉡ 개발과정은 먼저 교수자료의 초안이나 시제품을 개발하여 형성평가 또는 파일럿 테스트(pilot test)를 실시하고 프로그램을 수정한 뒤에 마지막으로 최종 산출물, 완제품을 제작하는 일이 포함된다.

④ 제4단계 – 실행과정: 설계 · 개발된 교육훈련 프로그램을 실제 현장에서 사용하고 이를 교육과정에 설치하며 계속적으로 유지 · 변화 · 관리하는 활동이 포함된다.

⑤ 제5단계 – 평가과정

㉠ 평가는 프로그램이 실행된 후에 남은 교수설계 및 교수체제 개발의 마지막 요소로서, 평가과정에서는 교육훈련 프로그램의 가치를 판단하는 총괄평가가 이루어진다.

㉡ 평가의 다른 축인 형성평가 또는 파일럿 테스트(pilot test)는 프로그램의 개발과정에서 이미 실시되었다.

(3) 교수설계의 과정과 산출결과의 관계

교수설계의 과정	역할(기능)	세부단계(활동)	산출결과
분석 (analysis)	학습내용(what)을 정의하는 과정	요구, 학습자, 환경, 직무 및 과제분석	요구, 교육목적, 제한점, 학습과제
설계 (design)[6]	교수방법(how)을 구체화하는 과정	성취행동목표 진술, 평가도구 개발[7] 교수전략 및 매체 선정	성취행동목표, 교수전략 등을 포함한 설계명세서
개발 (development)	교수자료를 제작하는 과정	교수자료 제작, 형성평가 실시 및 교수자료 수정	완성된 교수자료
실행 (implementation)	교수자료를 실제 상황에 적용하는 과정	교수자료의 사용 및 관리	실행된 교수자료
평가 (evaluation)[8]	교수자료의 효과성을 결정하는 과정	총괄평가	프로그램의 가치와 평가 보고서

3. 딕과 케리(Dick & Carey) 모형[9]

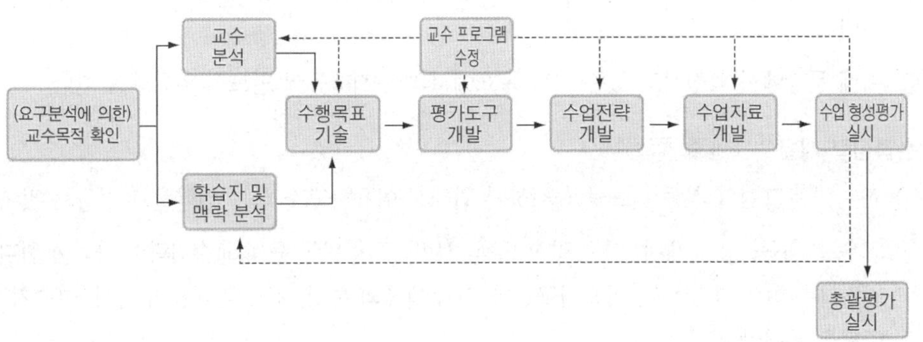

[그림 12-7] 딕과 케리 모형

(1) (요구분석에 의한) 교수목적 확인

① 수업을 모두 끝마쳤을 때 학습자가 할 수 있기를 바라는 것이 무엇인지에 대한 최종 목적, 즉 기대되는 학습결과를 설정하는 단계를 말한다.

② 학습자의 요구분석이나 교육과정 분석을 통하여 파악되고 설정된다.

6 ADDIE 설계과정에서 설계단계는 사용할 교수전략을 선정하고 개발단계에서 교수전략에 맞게 제작하면 된다.

7 목표달성을 명확히 할 수 있게 하기 위해 설계 때 평가도구를 개발한다.

8 ADDIE 모형은 거시적 모형이기 때문에 마지막 평가는 총괄평가가 된다.

9 딕과 케리의 체제적 수업설계모형은 ADDIE 모형을 수정한 것이다.

(2) 교수 · 수업(학습과제) 분석

① 일단 교수목적이 설정되고 나면, 학습자가 그 목적에 도달하기 위해 단계별로 무엇을 어떻게 수행할 것인지를 결정해야 한다.

② 즉, 그 목적을 성공적으로 달성하기 위해서 학습자가 학습해야 하는 하위기능을 분석(과제분석)하고, 그 기능들이 어떤 절차로 학습되어야 하는가(수업내용 계열화)를 밝히는 것이다.

③ 수업을 시작하기 전에 학생들에게 지식, 기능, 태도 등 어떤 출발점 행동이 요구되는지 결정하고 이들 간의 관계를 일목요연하게 정리해서 제시한다.

(3) 학습자 및 맥락 · 환경 분석

① 학습자의 특성과 학습상황, 학습자가 학습한 것을 활용하게 될 맥락을 분석한다.

② 학습자의 현재 수준(출발점 행동)이나 기능, 선호하는 취향, 태도 등을 포함한 정보들은 교수전략을 수립하는 데 영향을 준다.

(4) 수행목표 기술

① 앞서 수행한 교수분석 및 출발점 행동 진술에 입각하여, 학습이 종결되었을 때 학습자가 무엇을 할 수 있을지를 구체적으로 진술하는 것이다.

② 이 수행목표는 학습될 성취행동(기능), 그 성취행동이 실행될 조건, 그 수행이 성공적인지 아닌지를 판단하는 준거의 3가지 요소로 구성된다.

(5) 평가도구(문항) 개발

① 목표에서 가르치고자 했던 기능을 학습자가 성취했는가를 알아볼 수 있는 검사문항을 개발하는 것이다.

② 이때 문항에서 측정하고 있는 것과 목표에서의 성취행동이 반드시 일치해야 한다.

(6) 수업전략 개발[10] 기출 2022 중등

기출콕콕

교실수업을 위해 개발해야 할 교수전략 2가지를 제시하시오. 2022 중등

① 교수 프로그램의 최종 목표를 성취하기 위해서 이용하고자 하는 전략을 설정하는 것이다.

② 교수 전 활동, 정보 제시, 연습 및 피드백, 시험, 후속 활동 등의 교수전략이 나와야 한다. 이런 전략들은 현대 학습이론, 학습연구결과, 교수매체의 특성, 가르칠 내용의 특성, 학습자 특성에 바탕을 두어야 한다.

③ 이러한 특성은 자료를 개발 또는 선정하거나, 상호작용적 교실 수업을 위한 전략 개발에 활용된다.

(7) 수업자료 개발

① 앞 단계에서 개발한 수업전략에 따라 교수 프로그램을 실제로 만드는 단계이다.

② 교수자료에는 학습자용 지침서, 교수자료, 검사, 교사용 지침서, 비디오테이프, 컴퓨터 기반 멀티미디어, 원격학습용 콘텐츠 등이 있다.

[10] 수업전략을 개발하는 것은 어떤 수업을 어떻게 할 것인지를 계획하는 것이며, 이에 따라 수업자료 개발 단계에서 실제로 교수 프로그램을 제작한다.

③ 수업자료를 개발하기 위해서는 학습목표와 내용, 학습자 특성을 고려해 선정하거나 개발하여야 한다.

④ 새로운 자료의 개발 여부는 목표별 학습유형, 기존 관련 자료의 이용가능성 등에 따라 결정되며, 교수자료를 새로 개발하는 대신에 기존의 자료를 선택해서 수정하여 사용할 수도 있다.

⑻ 형성평가

① 앞 단계까지 개발이 완료된 교수 프로그램은 사용하기 전에 미리 형성평가를 통하여 그 결과를 검토하고 필요한 곳을 수정 · 보완한다.

② 형성평가는 일대일평가, 소집단평가, 현장평가 등으로 이루어진다.

㉠ **일대일평가**: 학습자의 선수 학습 능력면에서의 문제, 내용 분석에서의 문제, 문장 및 어휘사용에서의 문제, 예문 · 비유 · 그림 · 정보 및 계열화에서의 문제를 다룬다.

㉡ **소집단평가**: 지시문 · 설명 내용 · 질문 등에서의 어휘의 명료성과 적절성, 각종 교수활동에 소요되는 시간, 각종 시험의 적절성, 사전 · 사후 검사의 결과 분석 자료, 교수활동의 동기측면에 관한 정보, 선택된 매체의 적절성, 교수전략 및 교수내용 조직의 타당성 등이 평가된다.

㉢ **현장평가**: 교수자의 관련 지식 이해도 및 학습 지원 정도, 내용 제시의 명료성, 매체 활용의 효과성, 각종 교수활동의 적절성 및 효과성 등이 평가된다.

③ 형성평가의 목적은 개발된 교수 프로그램의 수정, 보완에 있다.

④ 형성평가에 의해 충분히 수정, 보완된 교수 프로그램은 마지막으로 총괄평가를 거친다.

⑼ 교수 프로그램의 수정(feedback)

① 형성평가 결과에 의하여 학습목표를 달성하는 데 있어서 학습자가 곤란을 겪은 점을 확인하여 수업상의 잘못된 곳을 수정한다.

② 평가결과를 기반으로 하여 학습과제 분석의 타당성과 학습자의 출발점 행동 및 학습자 특성에 대한 가정을 재검토하고, 학습목표가 적절히 진술되고 평가문항이 타당하게 개발되었는지, 교수전략이 효과적이었는지를 통합적으로 검토 · 수정함으로써 더욱 효과적인 교수 프로그램을 이룬다.

⑽ 총괄평가 실행

① 교수 프로그램의 절대적 또는 상대적 가치를 평가하기 위한 것으로서, 형성평가가 완료되고 충분한 수정이 이루어진 후에 실시된다.

② 총괄평가는 개발된 교수 프로그램의 효과나 사용여부를 검증하는 것으로, 보통 외부의 평가자에게 의뢰한다.

11 구성주의적 수업설계에서 학생은 학습자이지만 수업설계는 교사가 한다. 학습자가 문제를 해결하기 위해서는 교사의 도움이 필요하다.

03 구성주의적 수업설계[11] - 학습자에게 유의한 환경설계

1. 개념

① 구성주의 입장에서 교수설계는 수업을 구조화시키는 것이 아니라, 학습이 일어날 수 있는 환경을 설계하는 일이다.

② 학습자는 단순화된 상황이 아니라 풍부한 상황, 복잡하고 역동적인 문제상황이 정교하게 표현되어 있는 상황(맥락) 속에서 지속적인 탐구활동을 할 수 있어야 한다.

2. 구성주의의 수업설계와 맥락

① 구성주의에서는 개별학습자들의 구성을 도와주는 맥락적인 학습환경을 창출하는 데 초점을 두고 있다.

12 구성주의는 현실에 근거를 두고 있기 때문에 설계 자체가 맥락의 역할을 가정해야 한다.

② 수업설계에 있어서 맥락의 역할에 대한 기본 가정[12]

㉠ 맥락 속에 살고 있기 때문에 맥락은 모든 학습경험의 강력하고도 필수적인 부분으로, 무시할 수도 없으며 무시하려고 해서도 안 된다.

㉡ 맥락은 여러 요인들이 뒤섞여 학습을 촉진시키거나 저해시킬 수 있다.

㉢ 수업 설계자들은 지식의 획득뿐만 아니라 성공적인 적용에 대한 책임도 져야 한다.

㉣ 수업설계는 맥락을 조절할 수 있으나 이를 통제할 수는 없다.

㉤ 맥락의 영향은 학습자와 내용의 속성 그리고 맥락적 요소의 강도에 따라 다르게 작용한다.

㉥ 수업설계가 성공적이기 위해서는 구체적인 상황에 근거해야 한다.

㉦ 전반적으로 수업설계에 대한 체제적(systemic) 접근이 체계적(systematic) 접근보다 효과적이다.

13 구성주의 수업설계는 학습자가 유의미한 학습을 진행하도록 환경을 조성해 주는 일을 담당한다.

3. 구성주의적 수업설계의 특징 - 환경 설계의 방향[13]

① 구성주의에 기초하여 내용분석 시에 학습자가 스스로 내용을 분석하고 조직할 수 있도록 유의한 환경을 설계하기 위해 많은 자료를 제공해야 한다.

② 학습자가 지식을 활용하는 경험을 통해 스스로 지식을 구성할 수 있도록 하기 위해서 전문가가 지식을 활용하는 방법을 분석하고 이와 유사한 환경을 제공해 주도록 한다.

③ 학습자 분석과정에서는 학습자 개개인의 사고방법과 유형을 분석하고 이에 부응하는 학습환경을 제공하도록 한다.

④ 목표서술도 사전에 제시해주는 것이 아니라 학습자가 스스로 목표를 구성하도록 환경을 제공해야 한다.

⑤ 구성주의에서의 설계란 학습한 것을 적용해 볼 수 있는 실제 환경이나 이와 유사한 환경을 설계하여 상황학습을 할 수 있도록 계획하는 일이다.

⑥ 구성주의적 관점에서는 평가의 대상이 사전에 명세화한 성취목표가 아니고 개별학습자가 구성한 지식이며, 평가의 핵심은 사고과정이다.

⑦ 구성주의적 관점에서는 주관적 평가와 질적 평가를 실시하고, 평가의 방법으로는 수행평가를 활용하여 인터뷰, 관찰, 설문조사 등을 실시한다.

4. 조나센(D. H. Jonassen)의 구성주의 학습환경 설계 기출 2017 중등

기출콕콕

구성주의 학습활동을 위한 학습지원 도구·자원과 교수활동 2가지를 제시하시오. 2017 중등

(1) 구성주의 학습환경 설계의 의미

① '구성주의 학습환경(CLE: Constructive Learning Environments)'은 기본적으로 학습자 중심의 학습환경을 의미한다.

② 학습자가 학습활동에 자발적이고 주도적으로 참여하여 의미 있는 학습환경을 경험하고, 지식을 능동적이며 자발적으로 구성할 수 있도록 조성된 학습환경을 의미한다.

③ 구성주의에서 지식은 학습자의 경험 또는 이전 지식과 환경과의 상호작용을 통하여 새롭게 의미를 구성해 가는 과정이기 때문에 교수설계는 지식 구성을 촉진시킬 수 있는 풍부한 학습환경을 설계하는 것이 된다.

(2) 설계모형

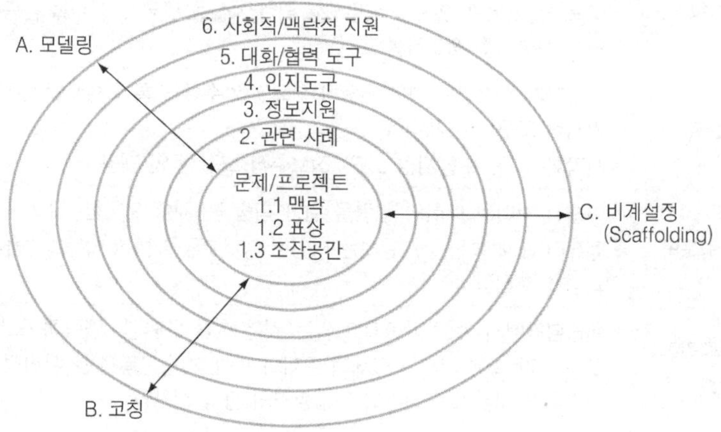

[그림 12-8] 구성주의 학습환경 설계모형(Jonassen, 1999)[14]

① 조나센은 구성주의 학습환경을 설계하는 데 고려해야 할 6개의 요소와 학습자의 학습활동을 지원하는 3개의 교수활동을 제안하고 있다.

② 구성주의 학습환경 설계모형은 학습자들이 수행하게 되는 학습활동과 이들을 지원하기 위한 지원체제 및 교수자의 교수활동으로 구성되어 있다.

14 조나센의 구성주의 학습환경 설계는
1. 문제/프로젝트를
2. 사례를 통해 이해하고
3. 정보지원을 통해 비계를 설정하고(해결 가능 방안)
4. 인지도구를 통해 문제 해석을 돕고
5. 대화/협력을 통해 협상하고
6. 사회/맥락적 지원을 통해 환경을 조성해준다.

(3) 교수활동

① 모델링(modeling): 가장 쉬운 교수전략으로 전문가의 수행 행동에 초점을 맞춘다.

② 코칭(coaching): 학습자가 어떻게 수행하는지에 초점을 맞춘다. 학습자에게 동기를 부여하고, 이들의 수행을 분석하여 피드백을 제공함으로써 수행방법에 대해 학습하는 방법을 조언해 주며, 배운 내용에 대한 반성적 사고와 명료화를 유발한다.

③ 비계설정(scaffolding): 학습자가 수행하는 과제에 초점을 두고 학습자의 수행을 체계적으로 지원하는 것이다. 비계설정은 학습과 학습자의 능력을 넘어서는 학습자들의 수행을 지원하기 위한 임시적인 틀을 제공한다.

(4) 학습환경 설계의 핵심요소

핵심요소	내용
문제 · 과제의 배경	• 구성주의 학습환경의 가장 큰 특성은 '문제(problem)'가 학습을 주도함 • 학습자는 문제를 해결하기 위해서 관련 내용을 학습하며 이러한 과정에서 통합적으로 맥락적인 지식을 구성함 • 쉽게 풀리거나 확인되지 않으며, 다양한 관점을 도출할 수 있는 문제를 제시함
관련 사례	• 개념 · 원리의 직접적 암기 · 이해보다는 다양한 사례를 통한 지식구조를 점진적으로 확장 · 정교화하여 나가는 과정이 의미 있는 학습과정 • 제시된 문제와 직 · 간접적으로 관련이 있는 사례들의 제공을 통해 학습자의 기억을 촉진하고 문제에 포함된 쟁점을 명확히 파악함
정보지원	• 학습자가 문제를 해결하는 데 필요한 충분한 정보를 제공해 주어야 함 • 학습자는 정보를 활용하여 문제를 위한 가설을 세우고, 가설을 검증하는 동시에 자신의 지식구조를 정교화함
인지도구	• 학습자가 주어진 문제를 원활하게 해결할 수 있도록 학습자의 인지활동을 지원하는 인지적 도구로서 제시함 • 시각화 도구, 수행지원 도구, 정보수집 도구 등의 제공
대화 · 협력도구	• 학습자 사이의 대화와 협력을 위한 학습공동체를 포함함 • 컴퓨터 매개 통신을 포함하는 다양한 정보교환을 통한 협동과정을 통하여 지식구성과정을 촉진함
사회적 · 맥락적 지원	• 학습환경에서 가장 강조되고 있는 것은 학습의 환경 · 맥락적 요소임 • 특정 맥락 속에 내재된 실제적 문제의 제시, 학습공동체 등 사회적 지원을 포함하는 학습환경 지원이 구성주의 학습환경의 중심 전략임

5. 구성주의 수업설계의 시사점

① **학습자 중심의 학습환경 강조**: 전통적인 수업에서는 교사의 활동이 강조되는 반면, 구성주의 수업에서는 학습자의 활동이 주된 관심의 대상이 된다.

② **실제적 과제와 맥락 강조**: 구성주의 수업에서 학습자들은 일상생활에서 발견할 수 있는 실제적인 과제를 다룸으로써 과제를 쉽게 이해하게 되며, 의미를 구성하고 그 지식의 기능을 이해함으로써, 실제 문제상황이 생겼을 때 그 지식을 적용할 수 있게 된다.

③ **문제해결 중심의 학습(PBL)**: 구성주의 수업에서는 문제상황이 일어났을 때, 학습자가 학습의 중심이 되고, 문제를 해결하기 위한 다양한 전략들에 노출된다.

④ **교사 역할의 변화**: 구성주의 수업에서 교사는 학습자를 돕는 스캐폴더의 역할을 수행한다.

⑤ **협동학습의 강조**: 구성주의는 비고츠키의 영향으로 동일한 관심사를 가지고 있는 학습자끼리의 협동학습을 강조한다.

⑥ **평가의 개념 및 원리의 변화**: 구성주의 학습환경에서의 평가는 수행평가체제로 운영되며, 상대평가보다는 절대평가를 강조한다.

| 탐구문제 |

01 2006 행정고등고시 교육심리학

다음 두 교사의 수업양식을 읽고 B교사 수업양식의 근거가 되는 발달이론 한 가지를 제시하고, 이를 아래의 세 측면을 중심으로 설명하시오.

A교사: 학생들에게 교과서의 내용을 설명하는 데 주력한다.

B교사: 가능한 한 교과서의 내용을 학습자료로 삼아서 다양한 학습경험을 통해 학생들이 스스로 지식을 구성하도록 돕는다.

(1) 지식관
(2) 학습과정
(3) 교사역할에 대한 시사점

02 2009 행정고등고시 교육학

21세기 지식기반사회가 도래하면서 교사의 전문성을 새롭게 규정해야 할 필요성이 높아지고 있다. 교사에 대한 전통적 이미지는 '교과전문가' 또는 '실행가'로 인식되는 경향이 강했다. 그러나 이러한 전통적 교사상은 지식기반사회의 요구에 부응하는 데는 한계가 있는 것으로 지적되고 있다.

(1) 교사가 수행해 온 전통적 역할과 그 한계에 관하여 논하시오.
(2) 지식기반사회의 교사전문성은 어떻게 재개념화되어야 하는지 논하시오.

15 라이겔루스의 교수설계전략은 교수설계 자체가 수업방법에 초점을 두고 있기 때문에 처방적이다.

04 라이겔루스(C. Reigeluth)의 교수설계전략[15]

1. 이론의 개발배경과 주요 요소

(1) 개발 배경

라이겔루스는 교수설계이론의 처방성과 체계성을 확립하려 하였다. 교수설계이론은 학습이론과는 달리 자체의 핵심적 특성으로 체계적 처방성을 가지고 있어야 한다는 것이다.

(2) 주요 요소

① 처방성

㉠ 교수목표는 결과와 주어진 조건에 따라서 상이한 교수전략(instructional strategies)과 방식(tactics)이 처방되어야 한다는 점을 의미한다.

㉡ 교수목표는 학습과제(learning tasks)의 유형에 따라서 교수전략과 방법이 다르게 처방되어야 한다는 방식으로 구체화된다.

② 체계성

㉠ 교수전략과 방식으로 나누어질 수 있는 교수방법의 구성요소를 가능한 모두 고려하고 있다는 점이 특징이다.

㉡ **교수전략:** 라이겔루스는 교수전략의 체계성을 보여주기 위하여 교수전략을 크게 조직전략, 전달전략, 관리전략이라는 3가지 전략으로 구분하며, 조직전략은 미시전략과 거시전략으로 구분된다.

16 라이겔루스와 메릴의 수업설계의 교수변인은 교수조건을 고려해서 각각에 맞는 교수방법을 사용하여 교수결과를 산출하는 것을 말한다.

17 미시적 전략은 메릴의 내용요소 전시이론으로, 거시적 전략은 라이겔루스의 인지정교화 전략이론으로 대표된다.

2. 교수설계 전략[16]

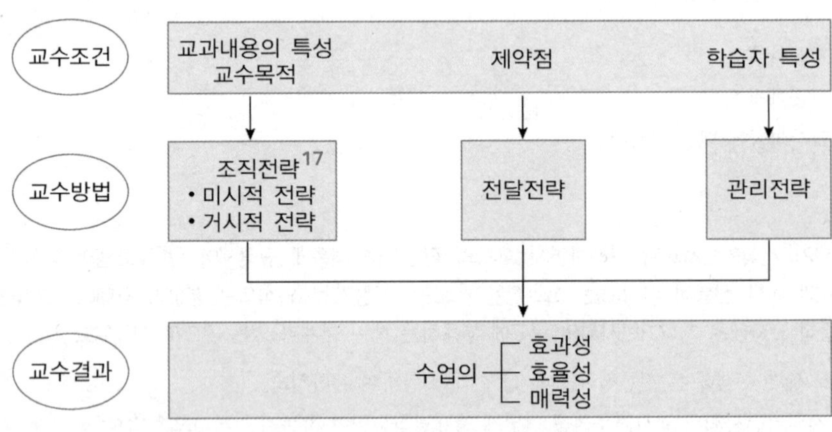

[그림 12-9] 수업설계의 교수변인

(1) 교수조건

① 교과내용의 특성이란 특정 내용이 어떠한 지식을 다루고 있으며 그 지식의 구조는 어떤 것인지를 포함하는 개념으로, 많은 학자들에 의하여 지적되었듯이 각각 다른 내용은 각각 다른 교수전략을 처방하는 데 기초가 되어야 한다.

② 교수의 목적 역시 교수방법의 선택에 영향을 미친다. 배우고 가르치고자 하는 지식 또는 기술의 수준이나 정도 등은 교수의 중요한 조건으로서 교수방법에 영향을 미치는 변인이다.

예 특정한 원리를 암기하게 하는 데 사용되는 교수방법과 그 원리를 활용하도록 하는 데 사용되는 교수방법은 서로 다르다.

③ 학습자 특성 역시 방법에 영향을 미치는 교수의 조건으로, 각 학습자의 능력, 학습동기, 선수능력, 태도 등은 교수설계 단계에서 고려되어야 할 중요한 요소이다.

④ 시간, 기자재, 교수자료, 인원, 재정, 자원의 한계 등의 제약조건도 방법에 영향을 미치는 조건변인으로 작용한다.

(2) 교수방법

① 조직적 전략변인들은 교수의 내용을 조직하기 위한 기본적 방법들을 포함한다.

㉠ **미시적 조직전략**: 단 하나의 아이디어를 가르치고자 할 때 그 아이디어에 관한 교수를 조직하는 방법으로, 메릴의 구인전시이론이 대표적 이론이다. 미시적 조직전략에서는 일반성의 제시, 사례 제시, 연습문제 제시 등에 대한 정보의 제시전략을 다루게 된다.

㉡ **거시적 조직전략**: 복합적인 여러 아이디어를 가르치고자 할 때 그 아이디어들을 선택, 계열화, 요약, 종합하도록 교수를 조직하는 방법으로서, 라이겔루스의 정교화 이론이 대표적으로 이 전략을 다루고 있다.

② 전달전략들은 교수의 과정을 이끌어가기 위한 방법들을 포함한다. 정보를 어떻게 학습자에게 전달하고 전달된 것을 평가하며, 적절한 피드백을 줄 것인가에 대한 전략들이 곧 교수과정에서의 전달전략들이다. 각종 매체, 교수법, 교사와 교과서 등에 대한 연구들은 곧 교수의 전달방법을 이해 · 개선 · 적용하기 위한 노력으로 파악할 수 있다.

③ 교수의 관리전략 변인들을 들 수 있다. 이는 교수과정의 어느 부분에서 어떠한 조직전략 또는 전달전략의 요소들을 사용할 것인지를 결정하도록 도와주는 교수방법의 변인들로서, 매체나 교수자료 사용에 대한 스케줄이나 점수기록에 관한 작업 등이 이에 속한다.

(3) 교수결과

① **효과성**: 학습자가 여러 가지 교수내용을 어느 정도 획득하였는지에 의해서 측정된다.

② **효율성**: 그러한 효과를 학습시간, 비용, 교사의 시간, 개발비용 등으로 나눈 것이다.

③ **매력성**: 학습자가 학습을 계속하기를 원하는 경향에 의해서 측정될 수 있다.

18 ①은 A라는 조건에서 C라는 방법을 사용하면 B라는 결과를 나타낸다는 학습이론이며, ②는 A라는 조건에서 B라는 결과를 나타내기 위해 C라는 방법을 쓴다는 교수이론에 해당하는 것이다.

3. 서술적 이론과 처방적 이론[18]

(1) 이론의 모형화

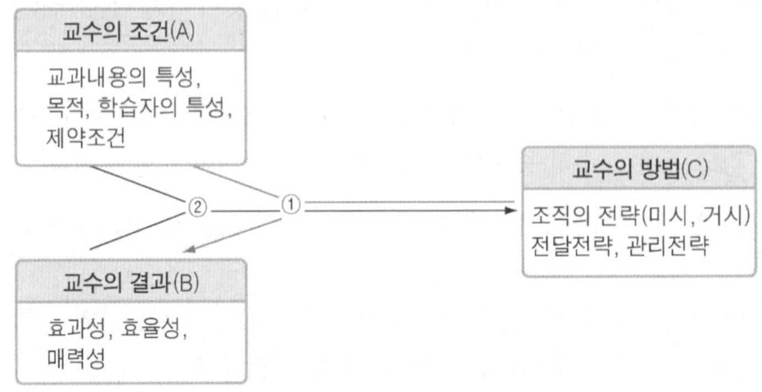

[그림 12-10] 서술적 이론과 처방적 이론

(2) 이론의 비교

구분	서술적 이론(학습)	처방적 이론(수업)
내용	조건과 방법을 독립변인으로 보고 그 조건과 방법들의 상호작용에 의해 나타나는 결과를 종속변인으로 보는 이론	교수의 조건과 결과가 독립변인이며 방법은 종속변인임
예	만일 A라는 교수방법이 a라는 조건 아래 실행된다면, α라는 결과가 나타남 ⇨ 학습이론(그림 ①)	a라는 조건 아래 α라는 결과를 얻으려면, A라는 교수방법을 사용해야 함 ⇨ 교수이론(그림 ②)
가치 추구[19]	가치중립	가치지향
연구의도	교수결과 기술	교수목적 성취
중점변인	교수결과	교수방법
결과기대	의도한 것 또는 의도하지 않은 것	의도한 결과

19 교수활동은 가치지향적이며 학습활동은 가치로운 것도 있고 가치롭지 않은 것도 있어 가치중립적이다.

| 탐구문제 |

01 2010 행정고등고시 교육학

교수설계에 있어서 고려해야 하는 중요한 3가지 요인은 교수조건, 교수방법, 교수결과이다. 전통적인 교수설계기법에서는 교수조건과 교수방법을 독립변인으로, 교수결과를 종속변인으로 설정하고 있다. 반면, 교수조건과 교수결과를 독립변인으로 그리고 교수방법을 종속변인으로 하는 것이 바람직하다는 대안적 교수설계기법도 있다. 이런 2가지 입장을 학교교육과 관련된 정책결정이나 조직개선에 적용할 때, 전통적 기법과 대안적 기법이 어떻게 작용하게 될 것인지에 대하여 논하시오.

05 수업설계과정 - 미시적 입장[20]

[20] 미시적 수업설계란 한 시간, 한 단원의 수업설계를 어떻게 할 것인가에 해당한다.

1. 수업목표 설정

(1) 수업목표 진술의 유의점

① 수업목표는 구체적이며 명확하게 진술되어야 한다.[21] 구체적이며 명확하게 진술된 목표는 학습자들의 성취욕구를 자극한다.

② 수업목표를 명확하게 진술하기 위해서 가능한 가시적 · 행동적인 용어로 진술하는 것이 좋다.

③ 수업목표에는 내용과 행동이 함께 들어가도록 진술한다. 수업목표는 교사가 무엇을 해야 하는지를 기술하기보다는 학습자가 무엇을 성취할 것인지를 나타내는 것이어야 하며, 수업목표의 진술은 학습결과로 나타날 행동특성을 염두에 두어야 한다.

④ 학습내용의 주요 개념이나 제목을 수업목표로 착각하고 진술하는 일이 없도록 한다.

⑤ 하나의 세부 수업목표 속에 2가지 이상의 학습결과를 포함시키는 오류를 범하지 말아야 한다.

⑥ 단위시간별 수업목표를 지나치게 세분하면 수업목표가 과다하게 진술되는 수가 있다.

[21] 수업목표를 진술할 때 목표가 명확하면 수업내용과 평가가 명확해진다.

(2) 명세적 수업목표 진술의 장 · 단점

구분	내용
장점	• 학습동기 유발로 인해 학습결과를 향상시킬 수 있음 • 교사의 조직적 · 체계적인 수업의 계획 및 운영에 도움을 줌 • 수업 후 교정지도가 용이함 • 공정하고 정확한 평가가 가능함 • 수업내용의 위계적 관계를 파악할 수 있어 교수설계의 기초가 되는 정보가 제공됨
단점	• 추상적 · 심미적 · 도덕적 내용의 명세적 진술이 어려움 • 명세적으로 진술되기 쉬운 내용만을 평가대상으로 삼을 가능성이 큼 • 학습내용을 사전에 명세화시켜 구체적으로 진술하기 어려움 • 목표와 관련된 구체적인 것만 수업이 될 뿐 총체적인 수업은 어려움 • 수업목표와 관련된 사고만 하게 되어 다양한 사고와 폭넓은 능력의 습득을 저해할 수 있음

(3) 타일러(Tyler)의 수업목표 진술방법(전통주의)

동학농민운동의 역사적 원인을	열거할 수 있다.
(내용)	(행동)

① 이원목적분류표와 같이 한 진술문 속에 구체적인 '내용'과 '행동'으로 진술되어야 하며, 학생에게 기대되는 행동이 세분화되어야 한다.

② 이러한 타일러의 수업목표 진술방식은 형성평가보다는 총괄평가에 활용될 수 있다.[22]

22 타일러의 수업목표 진술방법은 세분화되어 있지 않기 때문에 형성평가보다는 총괄평가에 활용될 수 있다.

③ 문제점

㉠ 내용분석의 위계관계에서 논리적 일관성이나 행동목표 사이의 상하 위계관계가 확실하지 않다.

㉡ 행동분류의 심리적 의미의 조작적 정의가 극대화되어 있지 않다.

㉢ 형식교과는 대체로 그 행동분류가 능력적 개념이기보다는 듣기, 말하기, 읽기, 쓰기 등 경험 영역에 의거해서 분류되고 있으므로 적절하지 못하다.

(4) 메이거(R. F. Mager)의 수업목표 진술방법

도로 위에서	100m를 10초 안에	달릴 수 있다.
갯벌에서	100m를 20초 안에	기어갈 수 있다.
(조건)	(수락기준)	(도착점 행동)

① 도착점 행동: 수업이 끝났을 때 학습자가 무엇을 할 수 있는지 제3자가 알아볼 수 있도록 명세적 동사로 진술한다.

예 '~을 할 수 있다.', '~을 판별 · 열거할 수 있다.' 등

② 조건(상황): 의도한 수업목표가 어떠한 조건에서 나타날 수 있는지에 대한 보조물 또는 제한조건이다.

예 참고서의 도움 없이 2차 방정식의 공식이 주어졌을 때 등

③ 수락기준[23]: 의도한 수업목표를 어느 정도 잘 해야 수업목표에 도달했다고 할 수 있는지를 알 수 있는 전제다.

23 메이거의 수업목표 진술에서 도착점 행동은 '조건'에 의해서 달라질 수 있다. 또한 메이거의 수업목표 진술은 구체적 수락기준이 있기 때문에 타일러보다 구체적이다.

예 '~을 30분 이내에, 10문항 중 7문항을' 등

④ 특징

㉠ 타일러의 진술방법보다 조작주의적 방법을 극대화하였다.

㉡ 성취용어로 진술되어야 한다.

㉢ 학습이 끝난 후 학생에게서 의도되는 결과로 진술되어야 한다.

㉣ 총괄평가보다는 형성평가에 활용될 수 있다.

⑸ 그론룬드(N. E. Gronlund)의 수업목표 진술방법[24]

> 학습자는 슈베르트의 음악을 감상한다.
> 1-1. 슈베르트 음악의 특징을 설명할 수 있다.
> 1-2. 음악을 듣고 느낀 점을 시적으로 표현할 수 있다.
> 1-3. 모차르트와의 차이점을 설명할 수 있다.

① 진술방법: 기대하는 학습성과로서 일반적인 수업목표를 먼저 진술한 다음, 이 목표의 행동적 증거가 될 수 있는 특수행동의 표본을 분석적으로 진술하는 이원적 진술방식을 제안하고 있다.[25]

② 일반적 수업목표의 진술: 의도된 학습성과를 진술하되 내재적 행동을 나타내는 동사로 진술한다.

③ 명세적 수업목표 진술: 관찰 가능한 도착점 행동으로 표현된 구체적인 학습성과목록을 진술한다.

24 그론룬드의 수업목표 진술방법은 명세적 목표의 단점인 정의적 · 심동적 영역의 목표를 진술하는 데 적합하도록 진술된 것이다.

25 그론룬드의 수업목표 진술방법은 일반적 진술 후에 그 일반적 진술에 대한 구체적 진술을 해준다.

⑹ 수업목표 진술 시 범하기 쉬운 오류

① 교사의 입장으로 진술하는 경우
- 동학운동의 역사적 배경을 가르친다. (×)
- 동학운동의 역사적 배경을 발표할 수 있다. (○)

② 내용 나열식으로 진술하는 경우
- 6 · 10 만세운동과 광주학생운동 (×)
- 6 · 10 만세운동이 나타나게 된 원인을 설명할 수 있다. (○)
- 6 · 10 광주학생운동이 나타나게 된 배경을 나열할 수 있다. (○)

③ 하나의 목표에 여러 가지 결과를 동시에 기대하는 경우
- 과학적 방법을 이해하고 이를 효과적으로 적용할 수 있다. (×)
- 과학적 방법이란 어떤 것인지 말할 수 있다. (○)
- 과학적 방법이 적용된 실례를 들 수 있다. (○)

④ 수업목표를 학습결과가 아닌 과정으로 진술하는 경우
- 백제의 멸망에 관하여 토론한다. (×)
- 백제가 멸망하게 된 원인을 설명할 수 있다. (○)

26 학습과제 분석은 범위와 계열성을 정하기 위한 것으로, 진단·형성·총괄 평가의 기준이 된다.

2. 학습과제 분석[26](과제분석)

(1) 개념

① 어떤 단원의 최종적인 목표를 달성하기 위한 하위의 지적 기능은 서로 관련되어 위계적 관계가 성립되며, 학습과제 분석은 이를 추출하여 체계화하는 것이다.

② 학습할 요소와 항목이 어떤 계층에 따라 배열되어 있는 전체를 말하며, 이는 학습요소의 상호위계적 관계를 표시한 수업지도로서, 학습요소들을 한눈에 볼 수 있게 체계화하고 시각화한 수업지도를 작성하는 것이다.

(2) 필요성

① 단원에서 가르칠 학습요소 및 범위가 분명해진다.

② 학습요소의 상호관련성을 확인하여 학습의 순서를 밝혀낼 수 있다.

③ 학습요소의 누락이나 중복을 찾아낼 수 있다.

④ 형성평가 실시의 기준을 알 수 있으며, 필요한 선수학습능력이 무엇인지 밝힐 수 있다.

(3) 학습과제의 분석유형

27 학습위계별 분석은 주로 인지적인 것에 많이 사용한다.

① 학습위계별 분석법[27]: 지적 영역의 학습과제 분석 시에 사용하는 방법으로 지적 기능이나 운동기능의 위계적 관계 속에 있을 때 유용한 방법이다.

예 정수의 뺄셈에 관한 학습위계분석

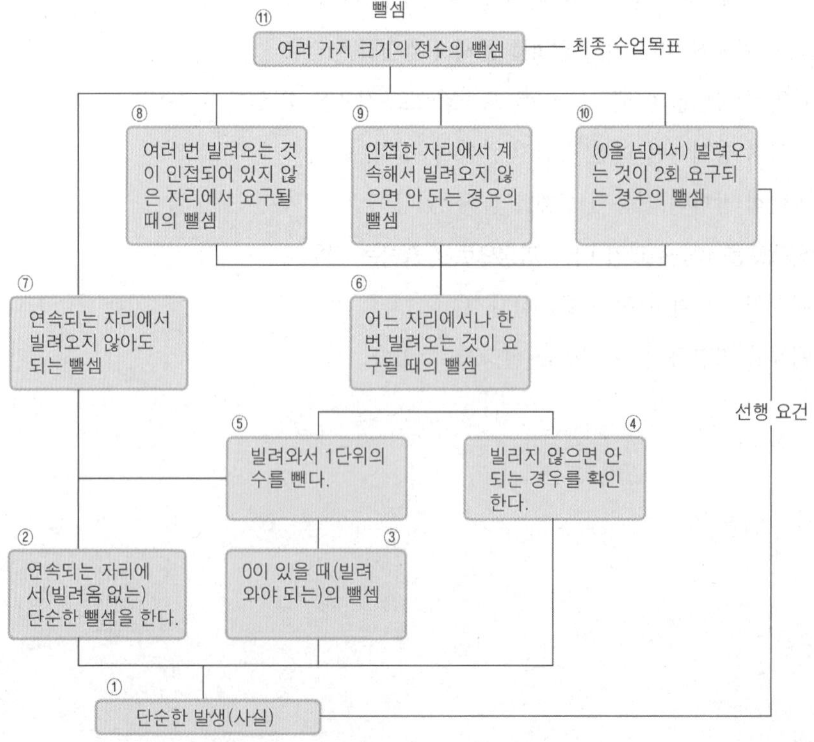

[그림 12-11] 학습위계별 분석법의 예

② **학습단계별 분석법**: 학습과제의 위계가 불분명하지만, 학습순서가 분명할 때 사용하는 방법으로 지적 영역과 정의적 영역 모두에 사용 가능하다.

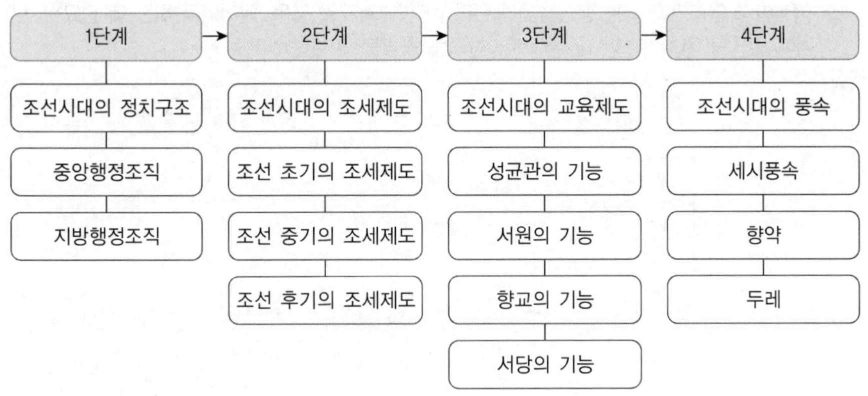

[그림 12-12] 학습단계별 분석법의 예

③ **시간 · 기능별 분석법(절차적 분석)**: 주어진 학습과제를 수행하기 위하여 필요한 일련의 학습과제들의 관계를 작업이 수행되는 과정이나 기능에 따라서 규정한다.

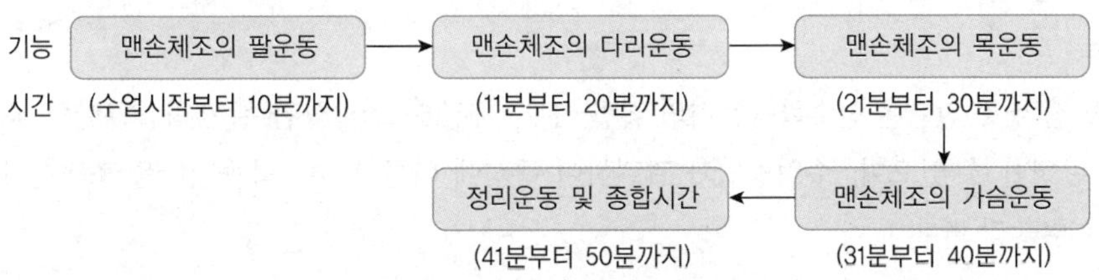

[그림 12-13] 시간 · 기능별 분석법의 예

④ **군집분석법**: 상 · 하위의 위계적 관계가 없는 언어정보의 학습과제를 분석하는 방법으로, 위계가 없는 언어정보는 서로 관련이 있는 것끼리 연결하는 것이 학습에 효과적이다.

예 다음의 신체는 각각 어느 부위에 해당하는가?

[그림 12-14] 군집분석법의 예

⑤ **통합분석법**: 위계분석과 군집분석을 동시에 활용하는 기법으로, 이 기법은 지적 기능이나 운동 기능, 그리고 언어정보를 통해 어떤 행위를 선택하는 태도의 학습과제 분석에 활용된다.

예 '아침마다 달리기를 하는 행동을 선택한다.'가 학습과제일 경우, 달리기를 하는 데 필요한 언어정보와 달리기에 필요한 기초기능이 습득되어야 하므로 통합분석이 필요하다.

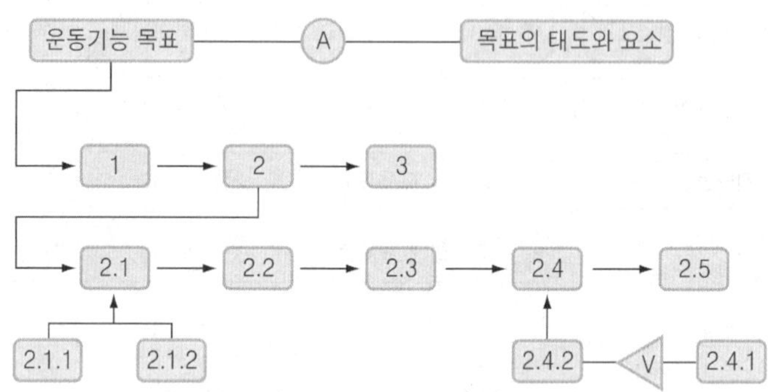

[그림 12-15] 통합분석법의 예

3. 출발점 행동 진단[28]

28 출발점 행동 진단은 진단평가의 성질을 내포한 개념이다.

(1) 기능

출발점 행동 진단은 선수학습능력의 결핍 여부, 사전 학습의 성취수준, 학습곤란의 심층적 원인 등을 판명할 수 있으며, 수업방법과 관련하여 특성에 따른 교수-학습집단을 조직한다.

예 능력별 반 배치

(2) 사전 학습능력의 진단

학생들이 이미 학습한 단원에서 무엇을, 어느 정도 배웠는지 점검하며, 수업에 따라오기 위하여 학생들이 필요한 능력을 갖추고 있는지의 여부를 진단한다. 이러한 처방적인 수업활동과 평가는 단원의 세부적 목표에 기초를 두어야 한다.

(3) 보충학습의 방법

① 직접적 방법으로 새로운 학습에 필요한 기본 내용을 선정하여 방과후에 보충학습이 필요한 학생들에게 단시간에 걸쳐 집중적으로 실시한다.

② 과제학습방법으로는 학습과제를 기본적 문제를 중심으로 하여 학습계열에 따라 흥미 있게 제공한다.

③ 진단검사 직후의 보충학습은 주로 많이 틀린 문제를 중심으로 교사가 전체적으로 보충설명을 한 후 문답활동을 한다.

4. 수업전략 – 수업단계별 교사활동

(1) 도입단계

① **학습자의 동기유발**: 주어진 수업목표를 학습자들이 달성했을 때 그들이 할 수 있게 되는 것이 무엇인지 설명한다.

② **학습목표의 제시**: 학습목표는 한 시간 수업이 끝났을 때 학습자가 할 수 있게 되는 것으로 진술하는데, 학습자들에게 학습목표를 분명히 인지시킨 다음에 수업에 임한다.

③ **선수학습과 관련짓기**[29]: 본시 수업에서 다룰 학습과제와 관련이 있는 과거의 학습경험들을 상기시키거나 재생시키는데, 이는 본 학습과제와 관련이 있는 선수학습을 상기시키는 것이다.

[29] 선수학습과 관련짓기는 오수벨의 비교조직자 개념을 차용한 것이다.

(2) 전개단계

① **학습내용의 제시**: 학습과제 분석표에 기초하여 가장 기본적인 학습과제로부터 시작하여 점차 일반적인 과제로 순차적으로 제시한다.

② **학습자료의 제시**: 학습자료는 학습목표를 달성하는 데 도움이 되는 다양한 프로그램이나 매체를 의미하는데, 학습자료 및 매체를 선정하고 활용할 때에는 학습자의 특성을 충분히 고려한다.

③ **학습자의 참여 유도**: 학습자가 그들이 학습한 지식, 기술, 경험, 태도 등을 구현할 수 있도록 질문을 하거나, 학습자의 생각과 의견을 상호교환하는 방식의 토론을 마련한다. 학습자들에게 학습과제를 부과함으로써 참여를 유도할 수 있으며, 학습자들이 수업시간 동안에 노트필기를 하며 핵심적인 학습내용에 주의를 기울이면, 이는 학습을 강화시키는 결과를 가져온다.

④ **다양한 수업방법의 사용**: 수업목표와 관련된 내용을 학생들에게 체계적으로 설명한다. 가르칠 수업목표, 수업상황, 수업자료의 특성, 학습자의 수준 등에 따라서 다양한 방법을 사용한다.

⑤ **시간과 자원의 관리**: 전개단계는 도입과 정리단계에 비해서 시간 비중이 높은 편으로, 한 시간 수업의 약 65~70%를 차지하기 때문에 몇 개의 하위단계 또는 활동으로 구분하여 시간과 자원을 관리하는 것이 효율적이다.

(3) 정리단계

① 학습과제에 대한 요약과 종합

㉠ 학습내용을 살펴보면서 중요한 사항들을 요약하고 종합한다.

㉡ 학습자가 부분적으로 파악하고 있는 학습내용을 전체적인 맥락에서 이해시켜 하나의 완성된 학습과제로 수행해 보는 기회를 마련해 준다.

② 연습과 피드백을 통한 강화(형성평가)

㉠ 학습한 내용을 학습자가 실제 상황이나 이와 유사한 상황에서 적용시킬 수 있도록 연습의 기회를 제공하는데, 이는 망각을 방지하고 전이를 높이기 위한 방법이다.

㉡ 피드백은 학습과정에 대한 정보와 칭찬이나 격려가 함께 제시되어야 한다.

③ 일반화[30]

㉠ 학습자들이 학습한 내용을 주변의 생활문제에 적용해서 그 문제를 해결해 보는 경험은 학습의 일반화 및 전이의 효과를 가져온다.

㉡ 단순 암기나 단편적인 학습보다는 학습요소나 내용들의 관계를 이해하고, 이에 관련된 문제 사태를 해결할 수 있도록 학습해야 한다. 이를 위해 학습한 내용을 실제 생활에 적용해 보는 기회를 반복적으로 제공한다.

④ 보충자료 제시 및 차시 예고

㉠ 수업시간 동안 충분히 다루지 못했던 학습내용이나 학습자가 더 알고 싶어하는 주제에 관한 보충자료나 참고도서들을 언급해서 학습자의 지적 욕구를 충족시켜 주어야 하며, 수업시간에 깊이 있게 다루지 못한 학습 부분을 학습자가 스스로 보완하고 심화시킬 필요가 있다.

㉡ 다음 시간에 학습할 내용이나 주제를 이번 수업시간에 배운 것과 관련지어 제시하는데, 이는 학습의 계열성을 유지시키고, 차시 수업에 대한 학습자의 준비와 기대효과를 유도할 수 있다.

30 수업의 주된 목적은 단순 암기보다는 현실에 적용할 수 있는 일반화에 있다고 보아야 한다.

제 4 절 교수-학습이론

01 캐롤(J. B. Carroll)의 학교학습모형[1]

1. 개요

① 학업성취를 위해 학교학습의 경제성에 중심을 둔 학교학습의 계량경제학적 접근모형이다.

② 학교학습모형은 인지적 영역에 적용하기 위한 것으로 최초로 완전학습의 가능성을 이론적으로 제시하였다.

③ 학습의 정도는 정해진 시간 안에 성취하는 학습량에 의해서 측정된다. 학교학습의 정도는 어떤 학습자가 어떤 학습과제를 수행하는 데 필요로 하는 시간량에 비추어 그 학습에 실제로 사용한 시간이 얼마나 되는가의 비율에 따라 결정된다.

④ 시간의 막연한 투자 개념이 아니라, 학생의 능동적 투자를 강조한다.

2. 학습모형[2]

$$\text{학습의 정도} = f\left(\frac{\text{학습에 사용한 시간}}{\text{학습에 필요한 시간}}\right) = f\left(\frac{\text{지구력, 학습의 기회}}{\text{수업이해력, 수업의 질}^{3}\text{, 적성}}\right)$$

(1) 개념

① 학습에 필요한 시간: 과제를 완전히 학습하는 데 필요한 시간을 의미한다.

예 수업이해력, 수업의 질, 적성

② 학습에 사용한 시간: 학습자가 능동적으로 학습과제에 주의집중하여 열중하는 시간이다.

예 지구력, 학습의 기회

1 캐롤의 학교학습모형은 개인마다 필요한 시간이 다르므로 상대평가가 아닌 절대평가를 사용해야 한다는 것을 주장한다.

2 캐롤의 학습모형은 학습을 시간의 개념을 사용하여 필요한 시간 대 사용한 시간으로 계량화한 모형이다.

3 캐롤의 학습모형에 의하면 학습에 필요한 시간이 줄어드는 것이 중요하므로, 교사의 수업 질이 좋아 철저히 이해를 시킬수록 완전학습이 쉬워진다.

(2) **구성요소**

변인		내용
학생변인 (개인차변인)	적성	최적의 조건 아래 학습과제 성취에 필요한 시간을 의미함
	수업이해력	교사의 설명이나 교수내용을 이해하는 능력을 의미함
	지구력	동기와 비슷한 개념으로, 학습자의 내부로부터 얼마만큼의 시간을 학습에 투입하기 원하는지를 의미함
교사변인 (수업변인)	학습기회	특정과제를 학습할 때 학습자에게 실제로 주어지는 시간을 의미함
	수업의 질	수업의 질이 최적수준에 도달하면 학습에 필요한 시간을 절약할 수 있음을 의미함

3. 학교학습모형의 의의(특징)

① 캐롤의 모형은 모든 학생이 특정 과제의 학습에 필요한 시간을 모두 바칠 수 있다면 학습목표 수준을 100% 성취할 것이라는 가정을 하고 있으며, 이 가정은 학습지도이론에 큰 영향을 주었고 현재 상대평가를 절대평가로 바꾸게 만든 계기가 되었다.

② 학습에 사용한 시간이 증가할수록 개별 학생이 성취하는 학습의 정도가 증가될 수 있어 완전학습이론의 토대를 제공했다.

③ 어느 정도 학습적성을 가진 학생이 도달할 수 있는 학습의 상한선은 미리 고정적으로 결정되어 있는 것이 아니라 학습을 위해 사용하는 시간에 따라 달라질 수 있다.

④ 학습의 정도를 극대화하기 위해 가능한 학습에 필요한 시간을 최소화하고, 학습에 사용한 시간을 최대화하기 위한 노력이 필요하다. 이를 위해 학습에 필요한 시간에 관련된 적성 수준을 높이고, 수업이해력을 극대화시키며, 질 좋은 수업을 한다면 학습에 필요한 시간을 최소화시킬 수 있다.

⑤ 학습에 사용한 시간과 관련된 학습지속력을 최대한 유지시키고, 학습기회를 충분히 제공한다면 실제 학습에 사용하는 시간을 최대화시킬 수 있다.

02 블룸(B. S. Bloom)의 완전학습모형[4]

[4] Bloom의 완전학습모형은 발달적 교육학습으로, 개별적 학습이 이루어진다.

1. 개념

① '완전학습'이란 교수의 과정을 적절히 조작하였을 때 '학급의 95%의 학생들이 주어진 학습과제의 90% 이상을 완전히 학습해 내는 학습'을 의미한다.

② 블룸의 완전학습모형은 학습자료가 적절하게 계열화되고 각 개인의 학습속도에 맞게 충분한 학습기회가 제공되면 완전학습이 가능하다고 본다.

③ 완전학습을 추구하기 위해 도달해야 할 목표수준을 명확히 하고 다양한 학습시간을 제공해야 한다.

④ 완전학습에서 가장 중요시한 것은 시간의 문제로 완전학습의 결과는 부적편포(B)를 이룬다.

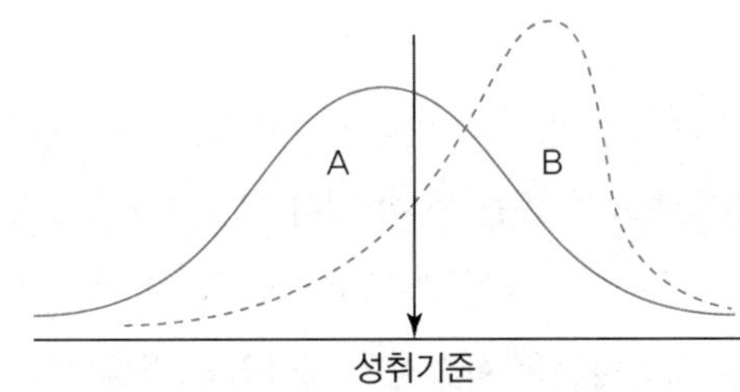

[그림 12-16] 블룸의 완전학습모형

2. 학교학습이론

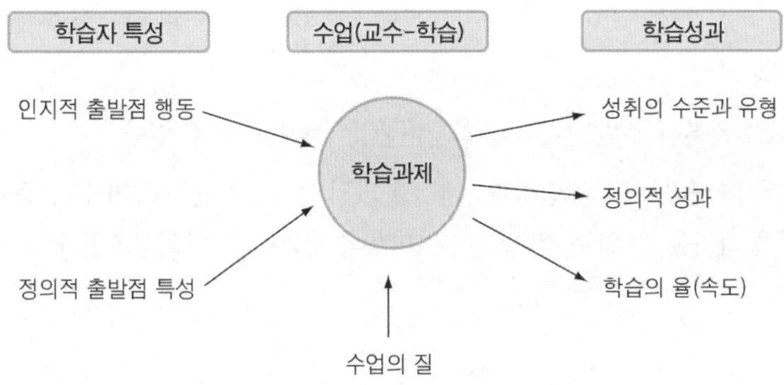

[그림 12-17] 학교학습이론의 구조

(1) 학업성취

학업성취(100%) = 지적 출발점 행동(50%) + 정의적 출발점 행동(25%) + 수업의 질(25%) + 기타(10%) − 지적 · 정의적 공통요소(10%)

(2) 관련 변인

① 인지적 출발점 행동

㉠ 학습과제를 학습하는 데 필요한 지식, 기술, 능력 등으로 정의되며, 이는 학습과제의 선행학습 요소를 이미 학습한 정도로 학습과제에 대한 특수한 선행학습능력이다.

㉡ 블룸은 인지적 출발점 행동이 학업성취의 약 50%를 설명한다고 보았다.

② 정의적 출발점 행동

㉠ 학습과정에 참여하려고 동기화된 정도를 말하며, 학습과제에 관련된 동기, 열의뿐만 아니라 자아개념, 학교와 학습에 대한 태도 등을 포함한다.

㉡ 학습활동의 참여에 영향을 미쳐 결과적으로 학업성취의 수준 및 형태와 학습속도에 영향을 미치는데, 블룸은 정의적 출발점 행동이 학업성취도에 미치는 영향력이 약 25% 정도라고 보았다.

③ 수업의 질

㉠ 제공될 수업이 학습자에게 미치는 적절성의 정도로 이를 구성하는 하위요인으로는 단서, 참여, 강화, 피드백, 학습교정 등을 들 수 있다.

㉡ 단서는 학습과제의 제시와 설명에 관련되어 교사가 제공하는 모든 정보를 지칭한다.

㉢ 참여는 학습과제를 학습하려는 학습자의 적극적 노력행동을 의미한다.

㉣ 강화는 학습의 과정에서 교사가 제공하는 칭찬, 지지 등과 같은 학생행동에 대한 정의적 반응이다.

㉤ 피드백과 교정학습은 학습자의 수행에 대해 교사가 제공하는 강화의 활용형태이다.

3. 교육적 의의

① 학습기회를 충분히 주면 대부분의 학생이 높은 성적을 낼 수 있다.

② 성취에 대한 학습자 자신의 만족과 외부로부터의 인정을 학습의 흥미증진, 동기유발, 긍정적 자아개념[5]을 가져올 수 있는 것으로 여겨 학생의 정의적 성장을 강조한다.

[5] 긍정적 자아개념은 완전학습에서 오는 성취감을 말한다.

03 브루너(J. S. Bruner)의 발견학습[6]

1. 개요

① 브루너의 발견학습은 안내된 발견으로 교과에 따라 다른 수업을 적용해야 하기 때문에 처방적이나, 학습자가 어느 조건에서 얼마만큼 해야 하는지 준거를 제시하여 학습자를 고려하였다는 면에서 수업을 규범적인 것으로 파악하였다.

② 발견학습은 교사의 지시를 최소한으로 제한하여, 학생이 자율적으로 수업목표를 성취하도록 하는 학습지도형태이다. 이는 학문중심 교육과정에서 강조되며, 기본 개념이나 원리를 학생 스스로 깨닫게 하여 탐구능력과 태도를 기르게 하는 것이다.

③ 이러한 발견학습이 기본적으로 가정하고 있는 것은 '어떤 교과든지 그 지적 성격에 충실한 형태[7]로 표현된다면 어떤 발달단계에 있는 아동도 효과적으로 가르칠 수 있다(Any subject can be taught effectively in *an intellectual honest* to any child at any stage of development.).'라는 것이다.

2. 구성요소 – 교수이론의 4가지 요소[8]

(1) 학습경향성[9]

① 교수–학습활동에서 우선적으로 고려해야 할 사항은 학습자가 학습하고자 하는 의욕을 갖게 하는 것이다.

② 아무리 좋은 교수방법을 가지고 교수–학습활동을 전개해 나간다 할지라도 학습자의 학습동기가 유발되지 않는다면, 그것은 교수활동만 있을 뿐 학습활동은 보장하지 못한다.

③ 학습활동이 이루어지기 위해서는 학습자 자신이 학습하고자 하는 의욕이 우선적으로 생겨나야 하는데, 이를 '학습의 경향성(predisposition to learn)'이라고 한다.

(2) 지식의 구조

① '지식의 구조'란 학문 또는 교과의 기저를 이루는 핵심 아이디어, 개념, 원리를 뜻하며, 지식의 구조화가 되기 위해서는 다음과 같은 명제가 충족되어야 한다.

㉠ 어떤 관념이나 문제 또는 지식체도 특정 학습자가 충분히 이해할 수 있도록 단순화하여 제시할 수 있다.

㉡ 어떤 영역의 구조도 표현양식, 경제성 및 효과적인 힘이라는 3가지 방법으로 특징지을 수 있으며, 학습자의 연령, 학습양식, 학습과제에 따라 달라진다.

㉢ 어떤 영역의 지식도 활동적 · 감각적(영상적) · 상징적 방법으로 표상해 낼 수 있다.

㉣ 어느 정도까지 경제적이고 단순한 표상화가 가능한 것인지는 지식의 영역에 따라 달라진다.

6 브루너의 발견학습은 학문형 교육과정, 지식의 구조, 듀이의 문제해결학습에 영향을 받았다. 발견학습은 지식의 구조를 발견할 수 있도록 안내해주는 교수이론이지만, 학습 자체는 학습자 중심이라는 특징이 있으며 교사는 학생 스스로 깨닫는 법을 알려주기 위해 많은 자료를 제공해야 한다고 주장한다.

7 어떤 교과든 지적 성격에 충실한 형태로 표현된다면 어떤 발달단계에 있는 아동도 효과적으로 가르칠 수 있다고 하지만, 현실적으로는 과학교과만, 평균 이상의 아이들만 이에 해당한다.

8 브루너의 발견학습 교수이론의 4가지 요소에는 학습경향성, 지식의 구조, 학습계열, 강화가 있다.

9 학습경향성은 준비성의 개념으로, 학습하고자 하는 동기만 있으면 된다는 것이다.

[10] 지식의 구조를 가르칠 때 지적 성격에 충실한 형태로 표현한다는 것은 곧 표현방식을 의미하는 것이다.

[11] 작동적 표현방식은 유치원 단계에, 영상적 표현방식은 초등학교 단계에, 상징적 표현방식은 중학교 단계에 해당한다.

② 지식의 구조 특징[10]

특징		내용
표현방식[11]	작동적 표현방식	어떤 결과를 얻어내는 데 적절한 행위를 통하는 형태의 표현방식 예 무게와 거리와의 방정식 관계를 시소게임으로 나타내기
	영상적 표현방식	어떤 개념을 충분히 정의하지 않고 대체적인 이미지나 그래프로 나타내는 것 예 무게와 거리와의 방정식 관계를 그림으로 나타내기
	상징적 표현방식	명제를 형성 · 변형하는 규칙이나 법칙에 지배되는 상징체제로부터 도출한 일련의 상징적 · 논리적 명제에 의한 상징적 표현방식 예 무게와 거리와의 방정식 관계를 방정식으로 표현하기
경제성		머릿속에 기억해 두었다가 내용을 이해하는 데 동원되는 정보의 양이 적은 것을 말하는 것으로, 지식의 구조는 각 학문의 핵심적 내용을 요약한 것이므로 경제적이고 기억하기도 쉬움
생성력		학생이 학습한 명제들이 얼마만큼의 지적 산출력, 즉 응용력이나 전이력을 가졌는가를 말하며, 지식의 구조는 새로운 명제의 인출이나 문제해결에 있어서 주어진 정보를 뛰어넘어 정보를 이용하고 진행할 수 있음

(3) 학습계열

① 학습과제를 순서대로 조직하고 제시하는 원칙을 의미하는 것으로서, 원칙적으로 작동적 ⇨ 영상적 ⇨ 상징적 표현의 순서를 따라야 한다.

② 학습자 경험의 발달단계에 따라 최적 계열이 달라진다. 최적 계열을 정할 때에는 선행학습, 발달단계, 자료의 성격 및 개인차 등을 고려해야 하며, 나선형 교육과정은 이러한 학습의 계열성을 이용한 것이다.

[12] 발견학습의 조건은 내적 강화가 아니라 그냥 강화이다. 그러나 일반적으로 발견학습에서는 외적 강화보다 내적 강화를 좀 더 중요시한다.

(4) 강화[12]

① 브루너는 외적 보상보다는 내적 보상을 강조하고 있다는 것에서 행동주의적 입장과는 보상의 역할을 달리 보고 있다.

② 그는 내적 보상에 의한 의욕 및 동기를 내적 동기로 보고, 내적 동기가 외적 보상에 의한 외적 동기보다 더 중요할 뿐만 아니라 학습의 효과도 더 증진시킬 수 있다고 주장하였다.

3. 발견학습

(1) 개념

① 사건의 원인과 결과를 탐구하는 가설검증 수업으로서 학습자에게 교과를 최종적인 형태로 제공하는 것이 아니라, 그 최종 형태를 학습자 스스로 조직하도록 하는 학습법이다.

② 교사 지시를 최소화하고 학생의 자발적 학습을 통해 학습목표를 달성하게 하는 교수-학습방법이며, 학습자를 지식의 발견과정에 따라 학습시켜 학습자가 이를 재발견하게 하는 학습지도 방법이다.

③ 교사가 학습자에게 지식내용을 일방적으로 설명하는 것이 아니라, 교사의 안내활동에 따라 학습자는 사고하고 발견하게 되는 것이다. 여기서의 발견은 '안내된 발견'[13]을 의미한다.

④ 학문중심 교육과정에서 강조된 학습이론으로, 발견학습을 통해 기본 개념이나 원리를 학생 스스로 깨닫게 되어 탐구능력과 탐구태도를 함양할 수 있도록 하는 것이다. 스스로 발견하는 연습을 통해서 학생들은 문제해결의 과정에서 학습하는 방법을 학습하게 되고 그러기 위해 주어진 문제나 과제는 모호하면서도 중간 수준의 난이도[14]이어야 한다.

(2) 발견학습의 조건

구분	내용
학습태세	학습자의 내적 경향성이 갖추어져야 함
욕구상태	학습자의 동기는 보통 수준이 효과적임
관련정보의 학습	• 학습자가 학습과 관련된 구체적 정보를 많이 가지고 있을수록 좋음 • 교사는 정보제공자임
연습의 다양성	정보에 접근하는 사태(연습)가 다양할수록 분류체계의 개발이 용이함

(3) 발견학습의 장·단점

구분	내용
장점	• 교과내용의 전달이 용이함 • 유의미한 학습을 도와줌 • 학습방법의 학습력을 길러줌 • 문제해결력을 길러줌 • 학습의 전이가 잘 됨 • 동기유발이 촉진됨 • 고등정신기능을 길러줌
단점	• 모든 지식을 학생 스스로 발견하기란 불가능함 • 직접적인 경험을 통해서만 유의미한 학습이 가능한 것은 아님 • 학습결과를 반드시 언어화할 필요가 없음 • 문제해결력만이 교육의 기본 목표는 아님 • 발견학습만이 후속학습을 위한 효과적인 방법이라고 말할 수 없음 • 발견학습만이 반드시 학생의 창의력을 길러주는 것은 아님 • 발견학습만이 동기유발과 자기확신을 갖게 하는 유일한 길은 아님 • 발견학습만이 내적 동기유발의 원천이라고 생각해서는 안 됨 • 학습부진아, 학습지진아는 발견학습을 하기 곤란함[15]

13 브루너의 발견학습은 교사에 의해 안내된 발견학습으로, 안내된 발견(guided discovery)은 교사가 수업목표를 밝히고, 패턴(지식의 구조)이 발견될 수 있도록 자료 또는 예들을 배열하며, 질문을 통해 패턴에 대한 탐색을 안내하는 수업방법이다.

14 발견학습을 할 때 과제가 너무 쉬우면 발견의 기쁨이 줄어들고, 너무 어려우면 학습 부진이 생길 수 있기 때문에 난이도는 중간이 좋다.

15 발견학습은 아동의 흥미를 강조하기보다는 지식을 강조하기 때문에 부진아나 지진아에게는 적용이 곤란한 학습모형이다.

(4) 교육적 의의 – 발견학습을 위한 고려사항

① **교재의 기본 구조에 대한 철저한 학습을 강조:** 한 교과의 구조를 알거나 교과에 포함된 기본적 원리를 알면 기본 분류체계의 형성을 증진시킬 수 있다.

② **학습의 결과보다 과정과 방법을 중시:** 학습의 과정을 지식의 생성과정과 일치시키고자 하는 것이 발견학습이며, 이는 변화하는 사회에 대응하는 창의적 사고능력을 함양하기 위함이다.

③ **학습자의 능동적인 학습을 강조:** 학습자들이 탐구할 수 있는 자유를 주면서 학습자가 능동적인 학습을 할 수 있도록 하기 위해서는 학습과제를 적절히 구성하고 학습자의 내적 보상에 의한 학습동기를 유발할 수 있어야 한다.

④ **학습효과의 전이를 중시:** 오늘날 급변하는 사회 속에서 생성되는 지식은 한 사람이 일평생을 배워도 다 배울 수가 없다. 그러므로 발견학습과정에서 습득하는 방법적 지식은 다양한 장면에 적용할 수 있는 전이가 높은 지식이다.

04 오수벨(D. Ausubel)의 유의미학습[16]

1. 개요

① 학습내용을 언어적 매개에 의하여 학생이 이미 알고 있는 내용과 관련시켜 수용하는 것으로 유의미 수용학습을 의미한다.

② 교사가 주로 언어적 방법에 의해 학생의 발달단계 및 인지구조에 적절하게 학습자료를 제시하여 학습자가 지적 학습을 이루도록 하는 수업형태이다.

③ 우수한 교사의 사려 깊은 설명과 제시방법에 따라 학생들은 여러 가지 수준의 지적 학습을 할 수 있다. 즉, 교사의 지시성이 강한 교수형태이다.

④ 자극이나 반응보다는 학습하는 인간의 내적 과정에 많은 관심과 비중을 두었다는 점에서 인지이론에 포함시킬 수 있다.

⑤ 선행조직자 개념을 도입한 것은 학습이 인간의 내적 과정에서 이루어진다고 보아 인지구조를 중요시했기 때문이며, 학습자의 기존 인지구조와 관련을 맺도록 해야 파지가 오래 지속될 수 있다.

2. 선행조직자(advanced organizer)[17]

(1) 개념

① 새로운 학습과제보다 추상성, 일반성, 포괄성의 정도가 높은 자료를 새로운 학습과제 제시에 앞서 제시하는 자료로 새로운 정보나 자료를 수용하기 위한 정착초점이다.

② 학습자가 학습하게 될 자료를 학습자의 인지구조맥락에 자리매김할 수 있도록 돕는 도입자료이다.

③ 포괄성, 일반성을 지닌 진술문으로 학습과제의 개념적 발판화 기능을 갖춘다면 선행조직자로서 활용될 수 있다.

④ 예를 들어, 수업시작과 함께 던지는 질문, 하나의 이야기, 영화시범 등 여러 가지 형태가 선행조직자로 활용될 수 있으며, 하나의 단어일 수도 있고, 한 학기를 놓고 생각하면 첫 수업시간이 선행조직자일 수도 있다.

(2) 종류

① 설명조직자(expository organizer)

㉠ 학습자가 친숙하지 못한 학습자료를 제시받을 때 포섭자로서의 역할을 수행하는 선행조직자로, 학습과제와 학습자의 인지구조 사이에 전혀 관련이 없을 때 사용한다.

㉡ 대체로 설명조직자는 학습하게 될 개념보다 높은 수준의 보편성, 일반성을 지닌 개념으로 교사가 학습과제보다 상위에 있는 지식을 설명해 주는 것이다.

16 오수벨의 유의미학습은 강의법에 해당하는 것으로, 유의미학습을 할 수 있도록 가르치려 한다.

17 선행조직자는 헤르바르트의 표상심리학을 이어받은 것으로 볼 수 있다.

② 비교조직자(comparative organizer)

㉠ 학습과제와 학습자의 인지구조 사이에 어떠한 유사성이 있는 경우에 사용한다.

㉡ 학습과제와 인지구조 간의 유사점과 차이점을 지적해 주면서 상호관계를 부각시켜 명료하게 해주며 상호비교하여 하위개념의 위계질서를 세우도록 도와줄 때 사용된다.

3. 포섭(subsumption) - 선행된 것에 동화시키는 것

(1) 개념

새로운 명제나 아이디어가 기존의 인지구조 속으로 동화 또는 일체화되는 과정을 의미하는데, 여기서 개념이나 아이디어를 '포섭자'라고 한다.

(2) 포섭의 종류

종류		의미
상위적 포섭		이미 가진 아이디어를 종합하면서 새롭고 포괄적인 명제나 개념을 학습하는 것 예 어류 · 양서류 · 파충류 · 조류 · 포유류에 대해 알고 있는 학생이 동물의 특징을 학습하면 다양한 동물의 공통되는 특징을 동물의 일반적인 특징으로 이해하게 됨
종속적 포섭[18]		포괄성이 낮은 과제가 포괄성이 높은 인지구조 속으로 포섭되는 것으로서, 파생적 포섭과 상관적 포섭이 있음
	파생적 포섭	앞서 학습한 명제나 개념에 대해 구체적 예를 들어주면서 새로운 예나 사례를 포섭 · 학습하는 것 예 삼각형 내각의 합이 180도라는 것을 학습한 학생이 이등변삼각형의 내각의 합도 180도라는 것을 학습함
	상관적 포섭	새로운 아이디어의 포섭을 통해 이전의 학습개념이나 명제를 수정, 확대, 정교화하는 것 예 무나 배추와 같이 뿌리나 줄기를 먹을 수 있는 식물을 채소라고 알고 있는 학생이 오이도 채소에 속한다는 것을 학습한 결과, 채소는 뿌리, 줄기, 열매를 먹을 수 있는 식물이라는 것을 알게 됨
병렬적 포섭		새로운 과제와 인지구조 속에 이와 관련된 정착개념 사이에 특별한 의미적 연관은 없지만, 이들이 갖는 광범위한 배경이 서로 연관되었을 때 일어나는 학습 예 정신분석학과 행동주의에 대해 알고 있는 학생이 인본주의를 학습하면 이들의 특징이 동일한 수준에서 의미 있게 연결됨
소멸 포섭		새로운 학습정보가 인지구조에 포섭된 후 그 정보가 인지구조에 완전히 융합되어 변별력을 상실할 때 생기는 망각으로서, 새로운 정보가 인지구조 속에 통합되어 변별력을 상실하여 분리도가 0이 되어 망각된 상태 예 교사가 개념을 가르치고 사례를 들어 설명한 후, 시간이 지나면 개념과 사례가 구분되는 특이성이 상실됨에 따라 사례가 개념에 융화되어 개념은 기억되고 사례는 망각됨

18 종속적 포섭이 원래 선행조직자에 해당한다.

4. 유의미학습의 과정[19]과 조건

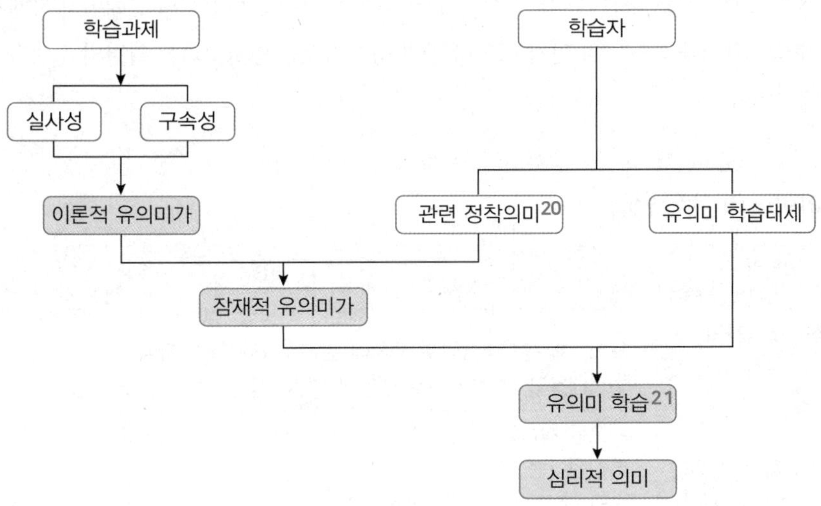

[그림 12-18] 오수벨의 유의미학습

19 오수벨의 유의미학습의 과정에서 이론적 유의미가는 교사변인으로 독립변인에 해당하며, 학습자의 인지(관련 정착의미)를 매개변인으로 하여 유의미학습(산출변인)을 하도록 하는 수업모형이다.

20 관련 정착의미는 학습과제와 관련되어서 학습자에게 미리 정착되어 있는 의미이다(선행조직자, 포섭자).

21 유의미학습은 수업을 할 때 학생들과 관련이 있는 것으로 설명해주면 학습자에게 유의미한 학습을 하게 할 수 있다고 본다.

(1) 학습과제가 갖추어야 할 조건 – 실사성과 구속성

① 실사성(substantiveness)

㉠ 어떤 명제를 어떻게 표현하더라도 그 명제의 의미가 변하지 않는 명제를 말하는 것이다.

㉡ 예를 들어, 삼각형의 세 각의 합은 180도이다.'로 표현하는 것이나 '세 내각의 합이 180도인 것은 삼각형이다.'로 표현하는 것이나 의미상에 변화가 없는데, 이러한 과제를 실사성이 있다고 한다.

② 구속성(nonaribitrariness)

㉠ 일단 임의로 맺어진 관계는 시간이 경과함에 따라 관습으로 굳어지면서 그 관계를 임의적으로 변경할 수 없는 성질을 말하는 것이다.

㉡ 예를 들어, '정삼각형 내각의 합은 180도이다.'는 구속성을 갖고 있다.

③ 학습과제가 실사성과 구속성을 지녔을 경우 학습과제는 논리적인 유의미가를 지니게 된다.

(2) 인지구조가 갖추어야 할 조건 – 관련 정착지식

① 인지구조가 갖추어야 할 조건으로 인지구조 속에 새로운 학습과제와 관련된 지식이 들어 있어야 한다는 점이다.

② 새로운 학습과제가 의미 있게 학습되려면 학습자의 기존 인지구조 속에 새 학습과제와 어떠한 관련을 맺을 수 있는 지식이 있어야 하는데, 이 지식을 '관련 정착지식'이라고 한다.

③ 이처럼 학습자 내부에 관련 정착지식이 있을 때 학습과제는 논리적 유의미가에서 잠재적 유의미가를 지닌 학습과제로 전환된다.

(3) 학습자가 갖추어야 할 조건 - 유의미학습태세(learning sets)

'유의미학습태세'란 학습하려는 동기를 말하며, 이러한 학습동기를 지닌 상태에서 잠재적 유의미가를 지닌 학습과제를 학습자의 인지구조 내 관련 정착지식과 연결시키는 일련의 포섭과정이 유의미학습 과정이다.

5. 유의미학습의 수업원리

원리	내용
선행조직자의 원리	• 선행조직자란 새로운 학습과제보다 추상성, 일반성, 포괄성의 정도가 높은 자료로서, 새로운 학습과제 제시에 앞서서 제시하는 자료 • 학습내용을 이전에 배운 내용과 연결 · 통합 · 설명해 주는 것
선행조직자(선수학습) 요약 · 정리의 원리	• 새로운 학습을 시작할 때 지금까지 학습해 온 내용을 요약 · 정리해 주면 학습이 촉진된다는 원리 • 요약 · 정리의 방법은 해당 학습과제를 반복하면서 확인 · 교정 · 명료화, 연습 및 복습하는 것임
점진적 분화의 원리	• 가장 일반적인 것 또는 포괄적인 것을 먼저 제시하고 점차 구체화하여, 상위개념이 하위개념을 포섭할 수 있도록 과제를 제시한다는 원리 • 설명조직자를 많이 활용함
통합적 조정의 원리	• 새로운 개념이나 의미는 이미 학습된 내용과 일치되고 통합되어야 한다는 원리 • 미리 제시된 학습과제와 그 다음에 제시되는 학습과제 사이의 유사점과 차이점을 인식시켜 불일치점을 사전에 조정함 • 비교조직자를 주로 활용함
내용의 체계적 조직의 원리	• 학문의 내용을 계열적 · 체계적으로 조직하여 학습을 극대화하자는 원리 • 교육내용의 조직에 있어서 계열성과 같은 의미임 • 프로그램 수업이 갖는 장점은 바로 이 원리에서 찾을 수 있음
학습준비도의 원리	• 준비도는 학습자의 기존 인지구조뿐만 아니라 학습자의 발달수준도 고려해야 한다는 원리 • 준비도는 유전적 영향만을 말하는 것이 아니고, 선행경험과 모든 선행학습을 포함하여 개인의 인지구조와 인지능력의 형성에 영향을 주는 것을 총칭함 • 준비도는 누가적이며 발달적 성격을 띰

6. 유의미학습의 교육적 의의

① 학습과제의 제시에 앞서 그 과제보다 포괄적인 수준의 자료인 선행조직자를 제시하는 것이 효과적이라고 본다.

② 하나의 학습과제가 주어졌을 때 선행조직자는 이 과제와 직접적으로 관련된 정착의미들을 집합시켜 포섭자를 만들고, 이 포섭자는 주어진 과제들을 보다 친숙하게 해주며 새로운 과제의 개념적 근거지를 제공해 줌으로써 학습과 파지를 촉진한다.

③ 선행학습의 중요성에 대한 이론적 근거를 제공하였다.

④ 교사는 학습자의 기존 인지구조를 밝히고 학습자료를 이 인지구조에 관련지어 제시해야 한다.

7. 유의미학습의 장 · 단점

구분	내용
장점	• 다량의 사실을 체계적으로 전달할 수 있으며, 많은 학생을 짧은 시간에 교수할 수 있음 • 장기파지가 어렵기 때문에 단기파지가 필요한 다량의 과제를 학습시킬 때 필요함[22]
단점	• 수업목표가 주로 인지적 영역에 제한되며, 고등정신기능을 함양하는 것에는 부적절함 • 교사 중심이므로 학생들의 활동기회는 제한됨 • 교사의 능력에 따라 학습의 결과가 좌우되며 지적으로 열등한 학생에게는 불리함

22 장기파지는 학습자의 적극적 개입이 필수적이기 때문에 교사 중심의 유의미학습에서는 감당하기 어려운 부분이다.

05 가네와 브리그스(Gagné & Briggs)의 목표별 수업이론

1. 개요

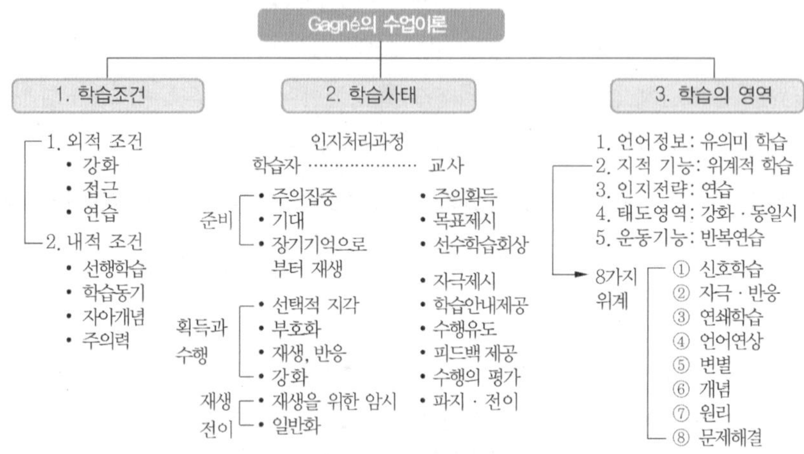

[그림 12-19] 가네의 수업이론

① 가네의 수업이론은 목표에 따라 학습조건이 다름을 주장하고 있어,[23] 목표별 수업이론 또는 학습조건적 수업이론이라고 부른다.

[23] 가네와 브리그스의 목표별 수업이론은 목표에 따라서 수업방법이 달라져야 한다는 것으로, 강의법에 해당한다.

② 가네의 수업이론은 학습자의 내적 조건과 개념, 법칙 등의 지적 학습을 강조하고 있어 인지적 학습이론처럼 보이지만 정보처리이론의 영향을 받았다.

③ 가네에 의하면 학교학습에는 학습의 성과, 학습의 사태, 학습의 조건이라는 3가지 요소가 관여한다고 본다.

㉠ 학습의 성과 : 학습의 결과로 얻어지는 대상 또는 목표로 '지적 기능, 인지전략, 언어정보, 운동기능, 태도'의 5가지 종류가 있다.

㉡ 학습의 사태: 학습자 내부에서 정보가 처리되는 과정을 말하는 것으로, 각각의 학습영역에 따라 서로 다른 선수기능과 인지적 처리단계가 요청된다.

㉢ 학습의 조건: 학습의 내적 조건에 맞게 외부에서 부여하는 수업을 말하는 것으로, 학습자의 인지과정을 도와주도록 요청되는 환경적 자극인 학습의 외적 조건이다.

④ 연령에 따른 학습방법의 차이점을 인정하여[24] 성인과 어린이는 각각 다른 방법으로 학습한다고 본다.

[24] 연령에 따라 인지수준이 다르기 때문에 학습방법도 다를 수밖에 없다.

⑤ 수업은 학습 장(場)의 조건을 조정하는 일로, 학생의 주의를 통제하고 필수적인 자극을 제시하는 것이다.

⑥ 수업은 학습자의 내적 학습능력과 적절하게 상호작용하여, 내적 학습능력에 변화가 생기도록 학습의 외적 조건을 배열하는 것이다.

2. 학습이론모형

(1) 모형

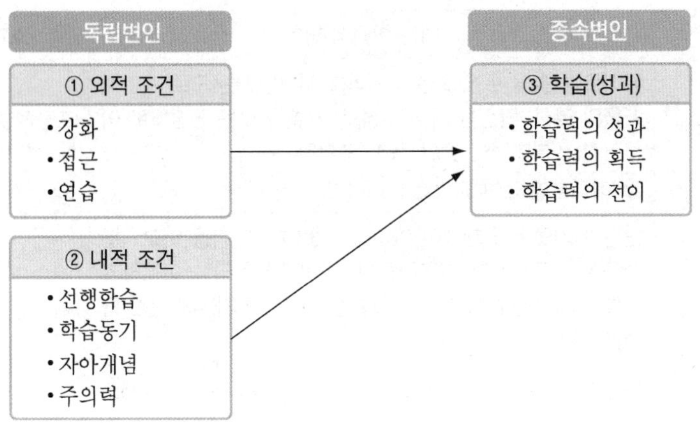

[그림 12-20] 가네의 수업이론 모형

(2) 구성요소[25]

요소		내용
학습의 외적 조건	강화의 원리	새로운 행동의 학습은 그 행동이 일어났을 때 만족한 결과로 보상이 있으면 강화됨
	접근의 원리	학습자가 반응해야 할 자극사태와 반응이 시간적으로 접근되어 있을 때 학습효과가 높음
	연습의 원리	학습과제를 되풀이하여 연습하면 학습효과가 높음
학습의 내적 조건	선행학습	학습이 이루어지기 위해서는 이전에 학습한 여러 가지 내적 상태가 필요함
	학습동기	성공적인 학습을 위한 능동적 자세를 가져야 효과적인 학습을 할 수 있음
	자아개념	학습에 대한 자신감을 갖고 있을 때 학습효과가 높음
	주의력	학습과제에 대한 집중력이 있으면 학습효과가 높음

25 가네와 브리그스의 목표별 수업이론에서 외적 조건은 교수자 변인이며, 내적 조건은 학습자 변인이다.

3. 학습자가 습득하게 되는 학습성과

(1) 학습성과

학습범주	내용(학습성과)	효과적 학습방법
언어정보[26]	언어로 진술될 수 있으면서 의미를 지니는 내용으로 개별적 사물의 명칭, 단순한 사실적 정보, 사실들 또는 진술들로 이루어지는 복합적인 정보 등이 포함됨 예 '애국심'에 대한 정의를 풀어서 말한다.	포괄적인 의미의 맥락 속에서 정보 제시
지적 기능	단순한 기억이나 재생이 아니라 사물이나 현상을 비교 · 분석하여 범주화하고 개념화하며 법칙이나 원리를 이해하고 이를 문제해결에 적용하는 것과 같은 인지적 기능에 관한 특성을 가리킴 예 삼각형의 넓이 공식인 '밑변×높이×$\frac{1}{2}$'을 이용하여 실제로 삼각형의 넓이를 구한다. ① **변별학습**: 구별하는 능력 예 인쇄된 b와 d를 구별한다. ② **개념학습**: 대상이나 사건을 '개념' 안에 분류 ⓐ **구체적 개념**: '트라이앵글' 등 구체적 예를 통해 학습한다. ⓑ **정의된 개념**: '자유', '애국심' 등의 분류에 의해 학습한다. ③ **법칙의 학습**: 관계를 나타내는 수행과 관련된 상황에 반응함 예 5+1, 6+1 등의 덧셈을 한다. ④ **상위규칙학습(문제해결)**: 문제를 해결하기 위하여 하위규칙을 연결시킴 예 지형과 위치가 주어졌을 때, ㉠ 지역의 강우량을 예측하는 규칙을 찾는다.	무엇을 아는 능력보다 무엇을 할 줄 아는 능력으로 학습의 내적 조건이 갖추어졌을 때[27]
인지전략[28]	학습을 하거나 문제를 해결할 때 학습자의 사고과정이나 행동을 제어하는 인간의 내면적 과정(internal processese)으로 '사고하는 방법(way of using one's head)'을 말함 예 과제물 작성을 위해서 요점카드를 만든다.	학습방법을 독자적으로 개발하는 영역으로 연습이 효과적
운동기능	근육의 움직임에 관한 것으로 일련의 육체적 움직임을 행할 수 있는 능력 예 구두끈을 매거나 접영을 시범할 수 있다.	반복학습
태도	어떤 대상(사물, 제도, 집단, 현상 등)에 대한 행위의 방향을 결정하는 데 영향을 미치는 개인의 내면적 상태(internal state)를 가리키는 것으로서, 경험을 통하여 학습된 반응경향성(反應傾向)을 의미함 예 박물관을 즐겨 방문하고, 록 콘서트는 기피한다.	강화, 대리적 강화, 동일시 방법

26 언어정보는 맥락 속에서 정보를 제시하는 것으로, 예를 들어 '영어를 공부할 때 문장으로 공부해라'에 해당한다.

27 지적 기능에서 지식은 위계적이기 때문에 선수학습이 필요하다.

28 언어정보, 지적 기능은 인지적 영역으로 위계분석을 강조하며, 인지전략은 초인지(= 메타인지)의 일부에 해당한다.

(2) 학습성과별 특징*

① 언어정보(verbal information)

㉠ 인간은 구두언어, 문장, 그림 등을 사용해서 일련의 사실이나 사태를 진술하거나 말하는 것을 학습하는데, 이렇게 아이디어를 진술할 수 있는 학습된 능력을 '언어정보'라고 하며 사실적 지식 또는 선언적 지식이라고도 한다.

㉡ 언어정보의 학습과 파지는 보다 포괄적으로 조직된 의미의 맥락 속에서 정보를 제시하는 것이 효과적이며, 오수벨의 선행조직자의 제공과 같은 것이 효과적인 방법이다.

② 지적 기능(intellectual skills)

㉠ 인간은 상징을 사용해서 환경과 상호작용하는 방법을 학습한다.

㉡ 아동은 말을 통하여 환경을 상징적으로 다루며, 읽기 · 쓰기 · 셈하기 등은 초등학교 저학년 때 학습하는 기본적인 상징들로 아동은 학년이 올라가면서 구분짓기, 결합, 도표 만들기, 분류, 분석, 사물의 계량화를 포함한 여러 상징들을 더 복잡한 방식으로 사용한다.

㉢ 방법적 지식 또는 절차적 지식이라고도 하며, 이는 무엇을 안다는 것과는 달리 무엇을 할 수 있다는 것을 말한다.

예 200그램을 마음속에서 킬로그램으로 전환시키기, 주어와 일치하는 동사를 사용하여 문장을 만들기

③ 인지전략(cognitive strategy)

㉠ 학습자들은 그 자신의 학습, 기억 및 사고를 관리(통제)하는 기능을 학습하며 자기 나름대로의 학습된 학습, 기억 및 사고하는 방법을 가지고 있다.

예 학습자는 교재를 읽을 때 자신만의 독특한 방식을 사용한다.

㉡ 인지전략은 지적 기능영역의 한 특수한 경우로 볼 수 있는 것으로서 개인의 학습, 기억, 사고, 행동을 지배하는 기능이다.

㉢ 인지전략의 학습을 위해서는 운동기능의 경우처럼 연습이 중요한 학습원리로 등장한다. 사고를 해야 할 일이 되풀이해서 있을 때 사고전략이 증진되는데, 이처럼 사고전략은 지적 기능의 경우처럼 하루아침에 갑자기 학습되지는 않는다.

④ 운동기능(motor skill)

㉠ 학습자는 바느질이나 공 던지기 같은 수많은 조직된 운동행위의 동작수행을 학습하며, 이렇게 개별적으로 통합된 행위들은 테니스나 운전 등과 같이 더 포괄적인 활동의 일부를 형성하며, 이는 반복적 연습을 통해 잘 학습된다.

㉡ 글씨 쓰기, 발음하기 등과 같은 기초 학습기능들은 추후의 학교학습에도 중요한 의미를 갖게 된다. 저학년 이후에는 교육과정상 운동기능의 중요성이 다소 약화되기는 하지만, 운동기능은 실험기구 조작과 악기 연주, 직업과 관련된 기계제도, 목공, 금속작업 등과 같은 활동에서 중요한 역할을 하게 된다.

* 전성연 외, 현대 교수학습의 이해, 2007, pp.341~346

⑤ 태도(attitude)

㉠ 학습자는 자신의 행동선택에 영향을 주는 정신적 상태를 획득하게 된다. 예컨대 어떤 사람은 취미로 골프를 선택하는 경향을 보이고, 어떤 사람은 영문학보다는 물리학을 선택하여 공부하려는 경향이 있다.

㉡ 이처럼 특정한 수행이라기보다는 학습자의 선택이라고 할 수 있는 '경향성'을 태도라고 하며, 태도는 연습한다고 해서 학습되는 것은 아니며, 유의미한 언어적 설명에 의해 학습되는 것도 아니다.

㉢ 태도는 인지적 요소와 정의적 요소 모두를 가지고 있다. 태도는 한편으로 그것이 지향하는 대상(사물, 사람, 물체)의 범주에 통합되어 있는 명제에 의해서 내적으로 중재되며, '정의적' 특성을 부여해 주는 감정에 의해서도 중재된다.

4. 가네의 9가지 수업사태[29]

29 9가지 수업사태는 외적 조건을 조성하는 것이기 때문에 CAI의 개인교수형에 사용된다.

(1) 개요

① 행동주의와 인지주의 원리의 절충적인 입장에서 출발한다.

② 가네는 교수의 목적이 학습의 과정을 도와주기 위한 것이므로, 교수를 구성하는 일련의 사태들은 학습자의 내부에서 진행되는 인지과정과 매우 밀접한 관계를 가져야 한다고 주장한다.

③ 학습자의 학습을 촉진하기 위해서는 학습자 내부에서 발생하는 학습의 과정을 이해하고, 이를 촉진하기 위한 바람직한 수업사태들을 제공해야 한다는 것이다.

④ 9가지의 수업사태는 외적 조건을 조성하는 것과 관련된 교사의 활동요소이다.

(2) 학습과정

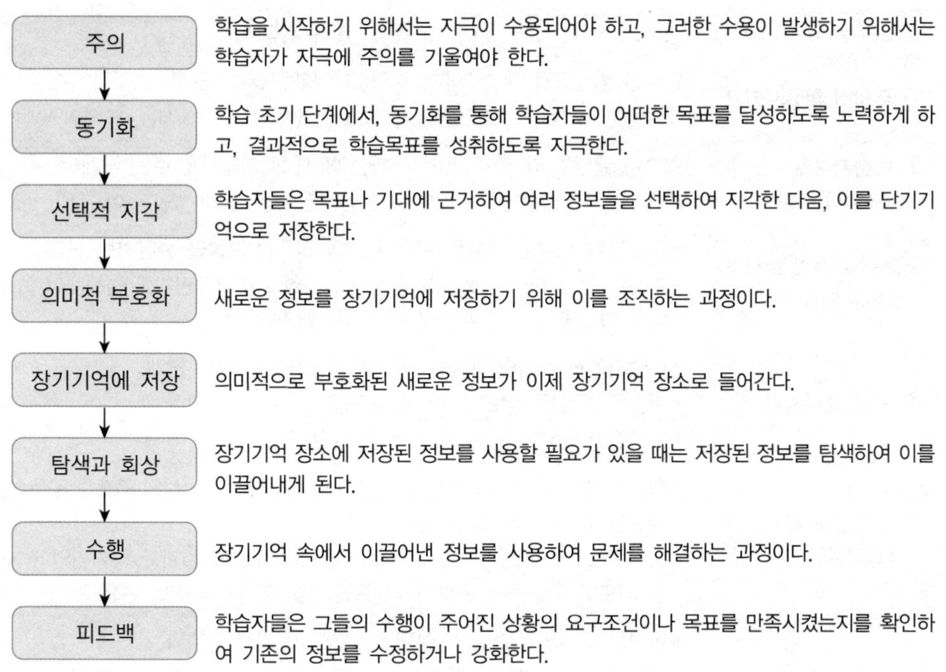

[그림 12-21] 가네의 9가지 수업사태 – 학습자의 학습과정

(3) 학습단계별 기능

단계		기능	교수사태
학습을 위한 사전 준비	주의집중	학습자로 하여금 자극에 경계하도록 함	질문 등으로 학습자의 주의를 집중시킴
	기대	학습자로 하여금 학습목표의 방향을 설정하도록 함	학습자에게 목표를 주지시킴
	작동적 기억으로 재생	선수학습능력의 재생을 제공함	선행학습의 기억을 자극시킴
획득과 수행	선택적 지각	중요한 자극특징을 작동적 기억 속에 일시적으로 저장하도록 함(단기기억)	자극자료를 제시함
	의미론적 부호화	자극특징과 관련정보를 장기기억으로 전이시킴(유의미한 지식구조 구축)	학습을 안내함
	재생과 반응	개인의 반응 발생기로 저장된 정보를 재현시켜 반응행위를 하도록 함	학업수행을 격려함
	강화	학습목표에 대하여 학습자가 가졌던 기대를 확인시키고 피드백 · 강화해줌	수행의 결과에 대한 피드백을 제공함
재생과 전이	재생을 위한 암시	학습력 재생을 위해 부가적 암시를 제공함	수행을 평가함
	일반화	새로운 상황으로서의 학습전이력을 높임	기억과 전이를 격려함

(4) 수업사태와 그 특징

수업사태	특징 및 구체적 예
① 주의력 획득시키기	다양한 방법으로 학습자에게 주의력을 획득시키는 단계 예 이것은 중요하다. 이것은 항상 알고 있어야 해, 나무에서는 왜 잎이 떨어질까?
② 학습자에게 수업목표 알리기	학습이 끝났을 때의 조건이 무엇인지에 대해 기대감을 주는 단계 예 이 단원이 끝나면 여러분은 다음과 같은 것을 할 수 있을 거야.
③ 선수학습의 회상 자극하기	• 학습자가 새로운 정보를 학습하는 데 필요한 기능을 숙달하는 단계 • 교사는 먼저 새로운 학습과 관련된 선수학습이 무엇인지를 결정해야 하고, 그 다음 그것을 지적해 주거나 다시 회상시켜야 함
④ 자극 제시하기[30]	• 학습자에게 학습할 내용인 새로운 내용을 제시하는 단계 • 학습은 새로운 정보의 제시를 요구함 • **과제의 독특한 특징 제시:** 기억 용이하도록
⑤ 학습안내 제시하기 (의미론적 부호화)	• 학습할 과제의 모든 요소들을 통합시키고 유의미한 지식의 구조를 구축하는 데 필요한 방법을 제시하는 단계 • 이전 정보와 새로운 정보를 적절히 통합시키고 그 결과를 장기기억에 저장할 수 있도록 학생들은 도움이나 지도를 받아야 하며, 이를 통합교수라 칭함
⑥ 수행 유도하기	• 통합된 학습의 요소들이 실제로 학습자에 의해 실행되는 단계 • 이 단계에서는 학습자가 실제로 새로운 학습을 했는지를 증명하는 기회를 줌 • 연습문제를 작성하거나, 숙제를 하거나, 수업시간에 질문에 대답하거나, 그들이 배운 것을 실습할 수 있는 기회를 제공함으로써 유발됨
⑦ 피드백 제공하기	• 이 단계는 수행이 얼마나 성공적이었고 정확했는지에 대한 결과를 알려주는 단계 • 성공적인 수행에는 긍정적인 피드백이 제공되며, 이는 과제의 수행에 대한 강화의 기능을 함 • 피드백을 통해서 학생들은 그들이 최초의 목표를 달성할 수 있는지를 알게 되고 수행의 개선이 필요한 학생들은 얼마나 더 많은 연습이 필요한지를 알게 됨
⑧ 수행평가하기	• 이 단계에서는 다음 단계의 학습이 가능한지를 알기 위한 평가인 총괄평가를 실시함 • 시험상황은 단순한 암기가 아니라 이해가 이루어졌는지를 점검하기 위해서 전에 주어진 상황과 유사한 문제사태를 제공해야 함
⑨ 파지와 학습의 전이 증진하기	• 새로운 학습이 다른 상황으로 일반화되거나 적용될 수 있는 경험을 제공해야 함 • 이 단계의 특징은 반복과 적용임 예 분수와 혼합된 수의 덧셈은 추상적으로 학습하였지만 이러한 지식을 개집을 짓기 위해 나무를 측정하는 것과 같은 실제 상황에 적용하도록 하는 것

30 가네의 수업사태 중 자극 제시하기는 단기기억에 해당하며, 학습안내 제시하기는 장기기억에 해당한다.

5. 교육적 의의

① 학습자들의 인지수준이 다르기 때문에 학습자에 따른 교수–학습방법의 차이를 인정하여 성인과 어린이는 각각 다른 방법을 사용해야 한다고 본다.

② 수업은 학습자의 내적 학습능력을 고려하여 교수자 변인인 학습의 외적 조건을 배열하는 처방적 관점이다.

③ 학교사태와 관련지어 9가지 수업사태의 순서를 변경하거나 생략할 수 있어 다양한 방법으로 적용하고 응용할 수 있다.

④ 일반적으로 학교 현장에서 교사들이 따라야 할 수업의 단계를 제시하여 유용성이 크다.

⑤ 수업목표와 관련지어 어떤 방식으로 수업이 이루어지는 것이 효과적인지에 대해 목표별로 수업방법을 다르게 제시하고 있다.

기출콕콕

학습동기 향상을 위한 학습 과제 제시방안 3가지를 설명하시오. 2015 중등

31 켈러의 ARCS 이론의 주 목적은 학습결과보다는 내적인 동기를 유발하기 위한 것이다.

32 켈러의 동기유발전략은 한 시간의 수업에서 내적인 동기를 유발하기 위한 미시적 전략이론이다.

33 주의력은 특히 일관성, 신기성, 변화성의 적절한 균형을 강조한다.

06 켈러(J. Keller)의 학습동기 유발을 위한 ARCS 이론[31]

기출 2015 중등

1. 개요

① 학습동기를 유발하고 지속시키기 위하여 학습환경의 동기적 측면을 설계하는 문제해결 접근법으로서, 교수－학습상황에서 동기를 유발하고 유지하기 위한 구체적이고 처방적인 전략들을 제시한다.

② 교수설계의 미시적 이론으로 교수의 4가지 결과변인인 안전성, 효과성, 효율성, 매력성 중에서 특히 매력성과 관련된 학습자의 내적 동기전략을 제공한다.

2. ARCS 모형의 가정

① 학습동기는 동기전략에 의해 조절(manipulation)될 수 있다는 것이다. 교사의 교수전략이 어떠한가에 따라 학업성취가 높아질 수 있다는 것과 같은 맥락이다.

② ARCS 모형을 적용하려는 수업은 효과성을 내재하고 있어야 한다는 것이다. 수업 자체가 효과성이 없는데 동기전략을 제공한다고 해서 수업의 효과성이 생겨나지는 않는다. 따라서 학업성취 향상에 간접적인 영향을 미치기 위한 동기설계모형이다.

③ 동기의 조절은 체계적인 접근법을 활용함으로써 촉진될 수 있다는 것이다.

3. 동기유발을 위한 구체적 전략 – 미시적 전략[32]

(1) 주의력(attention)[33]

① 의미

㉠ 학습동기를 유발하기 위해서는 우선적으로 학습자의 주의력이 유발되고 유지되어야 한다.

㉡ 학생들에게 주의력을 기울이게 하는 최선의 방법은 학습자극을 적절히 변화시켜 주는 것이다.

㉢ 주의력은 호기심, 주의환기, 감각추구 등의 개념과 연관되어 있으며, 특히 호기심은 학습자의 주의력을 끌어들이는 데 필수조건이다.

② **지각적 주의환기의 전략**: 시청각 효과를 사용하며 비일상적인 내용이나 사건을 제시하고 주의분산의 자극은 지양한다.

③ **탐구적 주의환기의 전략**: 학생들의 능동적 반응을 유도하고, 문제해결 활동구상을 장려하며 학습과정의 신비감을 제공한다.

④ **다양성의 전략**: 간결하고 다양한 교수형태를 사용하면서 일방적 교수활동과 상호작용적 교수활동도 혼합하고, 교수자료의 변화를 추구하며, 교육목표와 내용과 방법 간의 기능적 통합을 추구한다.

⑵ 관련성(적절성, relevance)

① 의미

㉠ 학생들은 학습활동이 자신의 생활이나 관심영역과 관련이 있다는 것을 알게 될 때 적극적으로 학습활동에 참가하게 된다.

㉡ 학습과제와 학습활동이 학습자의 흥미와 부합하면서도 학습자에게 의미와 가치가 있다는 것을 인식시켜 주는 것이 필요하다.

② **친밀성 전략**: 친밀한 인물이나 사건, 구체적이고 친숙한 그림, 친밀한 예문이나 배경지식을 활용한다.

③ **목적지향성의 전략**: 실용성에 중점을 두고 목표를 제시하며, 목적지향적인 학습형태를 활용하고 목적의 선택 가능성도 학생들에게 부여한다.

④ **필요나 동기(특성)와의 부합성 강조의 전략**: 다양한 수준의 목적을 제시하고, 학업성취 여부의 기록체제를 활용하며 협동적 상호 학습상황도 제시하는 등 동기유발에 초점을 둔다.

⑶ 자신감(confidence)

① 의미

㉠ 학습활동에 대한 노력의 결과로 기대하는 목표를 성취할 것이라고 학습자가 믿는 것이다.

㉡ 학습동기는 학습자가 학습과제를 성공적으로 마칠 수 있을 것이라는 신념인 자신감을 가지게 될 때 유발된다.

② **학습의 필요조건 제시의 전략** : 선수학습 능력을 판단하고 수업의 목표와 구조뿐만 아니라 평가기준을 제시한 후 피드백도 해주며, 시험의 조건도 확인한다.

③ **성공의 기회 제시의 전략** : 쉬운 것에서 어려운 것 순으로 과제를 제시하고, 적정 수준의 난이도를 유지하되 다양한 수준의 난이도를 제공한다.

④ **개인적 조절감 증대의 전략**: 학습의 속도를 조절할 수 있는 기회를 제공하고, 난이도를 선택할 수 있는 기회를 제공하며, 성공의 결과를 노력이나 능력에 귀인한다.

⑷ 만족감(satisfaction)[34]

① 의미

㉠ 학습자의 노력의 결과가 자신의 기대와 일치하고 또한 학습자가 그 결과에 만족한다면 학습동기는 계속 유지될 것이며, 그 결과로 학업성취수준도 향상되게 될 것이다.

㉡ 학습자에게 만족감을 갖도록 하는 것은 성공적인 학습행위에 대하여 긍정적인 피드백을 제공함으로써 이루어질 수 있다.

② **자연적 결과 강조의 전략(일반화)**: 학습을 통해 습득한 능력을 연습문제 · 모의상황 · 후속학습상황을 통해 적용해볼 수 있는 기회를 제공한다.

34 주의력, 관련성, 자신감이 수업 전에 유발되어야 할 동기라면, 만족감은 수업이 이루어진 후에 나타나는 동기이다.

③ 긍정적 결과 강조의 전략(피드백): 정답에 대한 적절하고 의미 있는 내적 강화를 제공해 준다.

④ 공정성 강조의 전략: 수업목표와 내용의 일관성을 유지하고 연습과 시험내용 간에 일치를 이루도록 노력한다.

4. 유용성과 한계점

구분	내용
유용성	• 기존 동기와 관련된 연구들을 종합하여 동기에 관한 응용연구들의 개발을 용이하게 하였음 • 동기설계를 위한 구체적인 전략들을 하나의 체계적인 이론의 틀 속에 통합하여, 계속적인 이론의 발전을 가져왔음 • 동기유발을 위해 학습자를 학습에 몰두하도록 하는 것이기는 하지만, 수업의 효과를 목적으로 하지는 않음
한계점	• 처방적으로 세분화하는 데 문제가 있음 • 교수-학습상황의 특수성과 교수설계자의 특성으로 인해 동기전략을 실제로 적용할 때 많은 부분을 교수자나 교수설계자의 능력에 의존할 수밖에 없음 • ARCS 이론이 학습자의 개인 특성 문제를 해결해 주는 것이 아님에도 불구하고 많은 교수자들이 이 이론을 그 문제에 적용하려 함

07 메릴(Merrill)의 내용요소 전시이론[35]

1. 개요

① '내용요소 전시이론(component display theory)'은 미시적 교수설계이론으로, 교수설계 변인들 중 교수방법 변인의 범주를 다루며, 교수방법 변인을 다루는 조직전략 중에서 미시적 전략을 다루는 이론이다.

② '미시적 이론'이란 여러 개의 아이디어들을 함께 가르치는 것이 아니라 낱낱으로 떨어진 하나의 아이디어를 교수하는 방법을 처방하는 이론이다.

③ 내용요소 전시이론은 여러 가지 복잡한 학습대상물을 한 개씩의 내용요소로 나누고, 그것의 학습수준을 결정한 다음에, 각각에 적절한 교수방법을 모형으로 제시하기 때문에 붙여진 이름이다.

④ 학습자를 교육공학 과정의 요소로 포함시킬 뿐만 아니라, 학습자 반응, 평가 요소와 피드백의 개념을 도입하는 등의 교수이론을 적용했다.

⑤ 내용요소 전시이론은 목표, 학습활동, 평가 중 학습활동 부분을 부각시켜 처방하는 이론이다.

⑥ 컴퓨터를 이용한 수업이나 비디오디스크를 이용한 상호작용 수업의 설계, 기업에서의 연수설계 등에 가장 빈번히 사용되는 이론이다.

2. 수행×내용 행렬표

구분		내용	예
학습 내용 범주	사실	적당한 이름, 날짜, 장소, 어떤 특정한 사물이나 사건을 지칭하기 위하여 사용한 기호들과 같이 임의적으로 연관을 지어 이름을 붙인 정보를 의미함	저항을 나타내는 기호는 ______ 이다.
	개념	모두가 공통적인 특성을 지니고 있고 똑같은 이름으로 연관을 지어 이름을 붙인 정보를 의미함	인상파 화풍과 르네상스 화풍
	절차	어떤 목적을 달성하거나, 어떤 특정한 문제를 풀거나, 어떤 산출물을 만들어내는 데에 필요한 단계들을 순서화한 계열을 의미함	직류회로에서 전류의 세기를 측정하기 위해서는 어떤 단계를 거쳐야 하는가?
	원리	어떤 현상이 발생하는 이유에 대해 설명하거나 앞으로 일어나게 될 사태에 대해 예측하는 것을 말하며, 원리는 사건이나 현상을 해석하기 위해 사용한 인과관계나 상호관련성을 말함[36]	운동의 제1법칙을 간결하게 설명하시오.
학습 수행 수준	기억	사실이나 개념, 절차, 원리를 그대로 기억하였다가 재생하는 것	이탈리아의 수도는 ________이다.
	활용	학생들이 개념, 절차, 원리를 실제로 구체적인 상황에 적용해보는 수행을 의미함	다음의 회로도에서 건전지를 모두 직렬로 연결시킨다면 어떤 일들이 생기게 되는가?
	발견	새로운 개념이나 절차, 원리를 도출해 내거나 창안해 내는 수행을 의미함	직류모터를 점점 느리게 돌리다가 결국은 멈추도록 하는 간단한 회로를 만들어 내시오.

[35] 메릴의 내용요소 전시이론은 학습자가 어떤 행동을 하게 할 것인지에 대한 답을 구하는 교수이론이다. 또한 어떻게 가르칠 것인가 하는 처방적 이론으로 스토리 보드 계획에 유용하게 쓰일 수 있다.

[36] 원리를 알면 인과관계를 파악할 수 있어 예측까지도 가능하다.

37 내용의 유형은 수업내용을, 수행수준은 학습자를 의미하는 것이며, 내용의 유형과 수행수준이 만나는 칸은 수업방법(학습자가 어떤 행동을 보이도록 할 것인가)에 해당한다.

(1) **행렬표 매트릭스**[37]

[그림 12-22] 수행×내용 행렬표

① 내용요소 전시이론의 핵심을 이루는 것으로서, 위의 행렬표에 의하면 학습결과의 범주를 12(10)개의 범주로 나누고 있다. 내용요소 전시이론 의하면 모든 학습목표나 시험문항은 이 수행－내용 행렬표의 10개의 범주 중에 한두 범주로 분류될 수 있다.

② 내용요소 전시이론의 기본 개념은 수행－내용 행렬표의 각 칸에 해당하는 학습결과를 얻기 위해서는 어떠한 교수활동이 가장 적절한 것인지를 밝히는 것으로, 학습목표는 이 행렬표의 각 칸과 상응하도록 설정되어야 한다.

(2) **수행×내용 행렬의 예**

수행의 수준	사실	개념	절차	원리
발견	×	능력, 성별, 사회경제적 배경을 고려하여 교실의 학생들을 몇 개의 분단으로 나누는 방법을 고안하시오.	피험자들이 실험실에 들어설 때 실험처치 그룹에 우선적으로 배치되도록 하는 기법을 고안하시오.	담배연기가 식물의 성장에 미치는 효과를 측정하기 위한 실험을 설계하고 결과를 보고하시오.
활용	×[38]	다음 사진의 단층은 역단층인가?	현미경을 조작하여 양파를 관찰하시오.	두 척의 배 중 한 척은 파도에 민감하게 흔들리고, 다른 한 척은 별로 영향을 받지 않는다. 사진을 보고 그 원인을 3개 이상 쓰시오.
기억	원주율 π값은 얼마인가?	침엽수의 특성은 무엇인가?	양파의 세포를 관찰하는 데 필요한 현미경의 조작 단계를 설명하시오.	세계지도를 만드는 데 이용되는 3가지 투사기술을 각각 설명하시오.

내용의 유형

[그림 12-23] 수행×내용 행렬표의 예

38 메릴의 수행×내용 행렬에서 사실×활용, 사실×발견의 예가 없는 것은 미시적 이론으로 1시간 안에 사실을 활용하거나 발견하는 일이 불가능하기 때문이다.

3. 자료제시(수업방법) 형태

(1) 개요

① '자료제시 형태'란 학습자들에게 제시되는 교수의 형태를 말하며, 여기서는 일차적 자료제시 형태, 이차적 자료제시 형태, 과정제시, 절차제시의 4가지 형태로 구분된다.

② 일차적 자료제시 형태로서, 4개의 제시 형태를 일반성(generality), 사례(instance), 설명식(expository) 자료제시와 탐구식(inquisitory) 자료제시 등으로 2차원화하여 설명하였다.

③ 이차적 자료제시 형태는 맥락(context), 선수학습(prerequisite), 암기법(mnemonic), 도움말(mathemagenic help), 표현법(representation), 피드백(feedback) 등이 있다.

(2) 일차적 자료제시(교수형태)

	설명 Expository(E)	질문 Inquisitory(I)
일반성 Generality(G)		
사례 Instance(eg)		

〈일차적 자료제시의 두 차원〉

	설명 Expository(E)	질문 Inquisitory(I)
일반성 Generality(G)	EG '법칙'	IG '회상'
사례 Instance(eg)	Eeg '예'	Ieg '연습'

〈일차적 자료제시 형태〉

[그림 12-24] 일차적 자료제시의 두 차원과 그 형태[39]

① 교과내용 차원(인지적 교과): 일반성과 사례

㉠ 개념, 절차 및 원리는 일반성에 의해 기술될 수 있을 뿐만 아니라, 특정한 사례에 의해서도 확인될 수 있다.

㉡ 일반성이란 정의, 절차, 원리를 추상적으로 진술한 것을 말하며, 사례는 정의, 절차, 원리의 특정한 예들을 일컫는 것으로서 구체적인 상황 속에서 나타난다.

② 자료제시 차원(학습자 반응에 대한 기대): 설명식 자료제시와 질문(탐구)식 자료제시

㉠ 설명식 방법은 내용을 진술하거나 보여주거나 해설해 주는 것을 들 수 있다.

㉡ 질문(탐구)식 방법은 학생이 진술문 완성하기, 특정 사례에 주어진 일반성을 적용하기 등이 있다.

③ 일차적 자료제시(수업) 매트릭스

㉠ '법칙'은 일반성을 설명하는 형태의 수업이며, '회상'은 일반성을 질문을 통해 학습자들이 스스로 찾아보도록 유도하는 수업방식이다.

㉡ '예'는 교수자가 사례를 들어 제시하거나 특정 사례를 설명해 주는 수업이며, '연습'은 학습자들이 사례를 들어 보도록 교수자가 학습자에게 질문을 하거나 여러 가지 사례 중에서 적절한 예인 것과 그렇지 않은 것을 찾아보도록 탐구를 유도하는 수업방식이다.

39 일반성은 개념 · 원리 · 절차의 일반적인 것을 기술하는 것이고, 사례는 상세한 수준을 통해 내용을 확인하고자 하는 것이다. 설명은 설명식 수업, 질문은 탐구식 수업방식을 나타낸다. 1차 제시형은 어떤 대상물이나 내용을 학습하기 위해 제시되는 기본적인 교수-학습 형태로서 수업의 주요한 수단이다. 2차적 자료제시는 동기유발과 인지과정 활성화를 위해 1차 제시형과 함께 사용되는 부가적 형태이다.

08 라이겔루스(C. Reigeluth)의 인지정교화 이론

1. 개요

① 라이겔루스의 인지정교화 이론은 인지수업목표로서, 주로 개념, 원리 및 절차를 다루는 것으로, 수업과정을 줌 렌즈(zoom lens)[40]에 비유하여 논의를 시작한다.

② 가장 일반적이면서도 쉬운 기본적인 '개요'를 가르친 뒤 점차 이보다 더 상세하고 어려운 내용을 가르쳐 나간다는 것이다.

③ 정교화 이론은 여러 개념을 계열화해서 순차적으로 가르치는 '거시적' 이론이라고 볼 수 있다. 즉, 계열화란 학습자의 학습을 최적화하기 위해 교수자가 학습과제의 순서를 정하는 것이다.

[40] 라이겔루스의 인지정교화 이론에서 줌렌즈는 좁게 보는 것과 넓게 보는 것을 반복하는 것을 말한다.

2. Zooming의 내용(공헌점)

① 수업에 대한 일반적이고 이론적인 개념 형성은 줌 렌즈를 사용하여 한 장면을 보는 경우에 비유된다.

② 처음에는 넓게 보기 시작하다가 점차 피사체 또는 장면의 부분이나 복잡한 측면을 상세하게 확대시켜 보게 된다. 다음에 다시 넓은 시야를 보면서 특수한 정보나 세부사항을 대규모의 전체에 통합시키며 선행의 교수-학습내용을 재점검 · 복습한다.

③ 이처럼 주기적인 복습과 재점검, 종합 및 통합이 이론의 중요한 측면으로서, 이를 통하여 학습 · 파지 · 전이를 높이는 효과를 거두는 것이 목적이다.

3. 인지적 교수-학습의 전략(방략)

(1) 제1전략 - 정교화 계열(elaborative sequence)

① 정교화 이론에서 가장 중요한 교수설계지침의 하나는 교수-학습과제의 조직에 있어서 단순한 내용으로부터 복잡한 내용으로의 계열이다.

② 일반적 아이디어들은 후속될 아이디어를 개요정리(epitome)함으로써 시작된다.

③ 정교화 유형[41]

유형	내용
개념적 정교화	가르쳐야 할 개념을 상위개념, 동위개념, 하위개념 등으로 분류하고 이에 따라 개념 조직도를 고안한 다음, 가장 일반적이고 포괄적인 것으로부터 점진적으로 보다 상세하고 포괄성이 적은 개념의 순서로 교수내용을 계열화하는 방법
절차적 정교화	특정의 학습목표 또는 학습내용을 습득시키고자 할 때 거쳐야 하는 일련의 절차나 과정을 계열화하는 것을 의미함
이론적 정교화	가르쳐야 할 원리를 가장 기초적이고 구체적이며 명백한 원리에서 가장 세부적이고 복잡하며 포괄성이 적은 원리의 순으로 계열화하는 것을 의미함

[41] 라이겔루스의 인지정교화 이론은 학습과제에 따라 정교화 유형을 분류한다.

(2) 제2전략 – 학습을 위한 선행요건 계열(learning-prerequisite sequence)

① 학습의 선행요건 계열 교수전략은 학습구조 또는 학습위계론에 근거를 두고 있다.

② 상위의 기능이나 능력을 학습하기 위해서는 바로 하위의 것을 반드시 선행해서 학습해야 함을 나타낸다.

(3) 제3전략 – 요약자(summarizer)

① 교수-학습은 수업한 내용을 체계적으로 복습하고 재검토하는 일이 중요한데, 이는 망각을 방지하기 위함이다.

② 요약자의 역할

㉠ 가르치고 배운 사실이나 각 지적 기능으로서의 여러 아이디어를 집약적이고 간명한 진술로 제공한다.

㉡ 각 지적 기능(개념, 원리, 절차 등)과 아이디어의 참조사례나 실사례를 간략하게 제시한다.

㉢ 각 내용 아이디어를 위한 진단적인 자기평가의 연습문항 등을 제공한다.

(4) 제4전략 – 종합자(synthesizer)

① 주기적으로 가르치고 배운 기능이나 개별적인 아이디어를 서로 관련짓고 통합시키는 작업으로, 종합의 활동은 비교와 대조를 통해서 이루어진다.

② 종합자는 보다 큰 맥락에서 접목 · 병합 · 합병함으로써 새로운 지식의 유의미성과 동기형성적 효과를 증진한다.

③ 종합자는 새로운 지식과 학습자의 인지구조에 있는 관련 선행지식 간의 연결체제를 수립함으로써 파지를 높인다.

(5) 제5전략 – 유추(analogy)

① 유추는 새 아이디어와 교재내용 영역 밖에 있는 친숙한 아이디어들의 유사성을 기술하는 것이다.

② 새로운 아이디어를 친숙한 기존 아이디어와 관계지음으로써 새로운 아이디어들에 대한 이해를 높인다.

(6) 제6전략 – 인지전략의 활성화

① 수업은 학습자에게 의식적이든 무의식적이든 인지전략을 적절하게 사용하도록 요구하는 정도만큼 효과적이다.

② 인지전략(cognitive strategy)은 심상(mental image)을 만드는 것이나 비유를 이해하는 등의 다양한 내용영역에 걸쳐 사용되는 학습기능과 사고능력을 포함한다.

(7) 제7전략 – 학습자 주도의 관리(학습자 통제)

학습자 통제 개념은 넓은 의미에서 학습자가 학습내용, 학습속도, 학습순서, 학습인지전략과 같은 4가지를 선택하고 계열화하는 자유를 말한다.

⊕더 알아보기 | 정교화 이론의 기본 전략 요약

1. **정교화된 계열화:** 단순한 내용으로부터 복잡한 내용으로 계열화하는 것으로 계열화의 시작점은 개요정리임
2. **선수학습능력의 계열화:** 새로운 지식을 배우기 전에 어떤 것을 먼저 배워야 할지 알려주는 것
3. **요약자:** 학습자가 학습한 내용을 체계적으로 복습할 수 있도록 하는 전략
   ① 가르친 개별적 아이디어와 사실에 대한 간결한 진술
   ② 각 아이디어의 참조할 수 있는 예 또는 사례 제시
   ③ 각 아이디어에 대한 연습문항 제공
4. **종합자:** 학습한 아이디어들을 서로 연결하고 통합하는 전략적 요소
5. **비유:** 새로운 정보를 학습자가 이미 습득한 친숙한 아이디어에 연결하여 학습자의 이해를 돕고 장기간 기억이 가능하도록 함
6. **인지전략 활성화:** 학습내용을 이해하기 위한 학습의 기술과 사고의 기술
7. **학습자 통제:** 학습자 스스로 학습할 내용과 다양한 학습전략을 선택 · 계열화하여 어떻게 학습할지를 결정하는 것

42 적성 - 처치 상호작용모형은 학습자 특성에 따라 수업을 달리하는 개별화 수업에 해당한다.

09 적성 - 처치 상호작용모형(ATI: Aptitude-Treatment Interaction)[42]

1. 개요

① 크론바흐(L. J. Cronbach)와 스노우(R. E. Snow)가 주장하였다.

② 학생의 학습능력 유형에 따라 지도방법에 대한 반응양식이 다르게 나타나는 현상을 고려해서 학습지도를 최적화하려는 방법으로, 학습자의 특성에 맞게 수업을 개별화하고자 한다.

2. 모형 이론

① **적성:** 주어진 처치방식의 성공적인 결과를 증대하는 여러 조건 가운데 학생 개인이 가지는 개인적 특징으로 지능, 인지양식, 성취동기, 학습불안 등이 있다.

② **처치:** 실험조건 내용, 절차상 차이를 의미하는 것으로, 학습자에게 투입되는 교수방법이다.

③ **상호작용:** 통계학 변량분석 용어를 차용하였다.

3. 기본 입장

① 학습결과는 학습자의 적성 · 특성과 교사가 행하는 처치 · 수업방법이 상호작용한 결과이다.

② 학습자는 각기 다른 적성을 가지므로 개개인의 적성에 따라 교수방법을 다르게 투입하면 학업 성취를 극대화할 수 있다.

③ 학습자의 적성에 적합하게 수업의 절차를 다양하게 변화시킴으로써, 개인차에 따른 문제를 줄이고 공통의 목표에 도달할 수 있다.

4. 수업모형

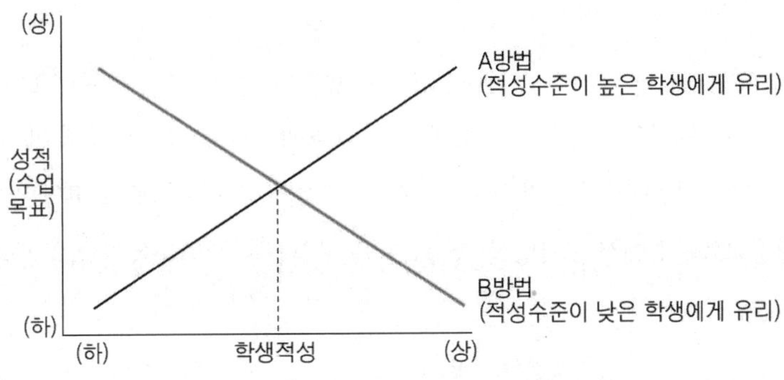

[그림 12-25] 적성-처치 상호작용모형의 수업모형

학생의 적성과 관련한 다양한 교수변인을 투입하면 모든 학생의 성적이 증가하고 개인차는 줄어든다고 본다.[43]

5. 시사점

① **교수의 다의성**: 교수상황은 모두 다르기 때문에 시간마다 적합하고 독특한 교수상황을 창조해야 한다. 한 가지의 교수상황을 여러 수업에 반복해서 사용할 수 없다.

② **교수의 예술성**[44]: 교수가 의도한 대로 되는 것만은 아니다.

[43] 예를 들어, 학생 적성을 창의력이라 가정할 때, 발견학습과 설명식 수업 중 어떤 것이 더 효과적인지를 살펴보면 A방법은 발견학습이 될 수 있고, B방법은 설명식 수업이 될 수 있다.

[44] 교수의 예술성은 다양한 수업이 전개되어야 함을 의미한다.

45 무학년제는 학년에 관계 없이 능력별로 반을 편성하는 개별화 수업이다.
예 서당, 수준별 교육과정

10 무학년제[45]

1. 개념

① 학제나 계열에 구애받지 않고 개별학생의 흥미와 능력에 맞는 수준의 과정을 밟을 수 있도록, 여러 조건을 마련해 주는 체제를 말한다.

② 학급조직도 능력별로 편성하고 이에 맞는 교육과정을 부여하여 교육의 효과를 극대화하는 데 목적이 있는 것으로, 굿래드와 앤더슨이 주장하였다.

2. 필요성

① 표준화된 교육과정과 경쟁적인 상대평가로 학생들의 성취수준을 측정해 학생 간 격차가 점점 확대되고 있기 때문에 학생들의 수준에 맞는 교육과정을 운영하기 위해 필요하다.

② 7차 교육과정의 단계형 수준별 교육과정은 이를 해결하려는 의도로 고안되었다.

③ 2015 개정교육과정에서는 다양한 학습집단을 구성한 학생맞춤형 수업의 일환으로 사용할 수 있다.

11 팀 티칭(Team Teaching)

1. 개념 및 목적

① 팀 티칭[46]은 2명 이상의 교사가 모여 협력적인 관계로 함께 교수하면서, 학습자의 교육 효과를 높이는 방법이다.

② 팀 티칭은 여러 명의 교사가 모여 협력적으로 교육과정을 계획하고 논의하며, 서로의 교수과정을 관찰하고 평가할 뿐만 아니라 학습과정 및 학습자 정보를 공유한다.

③ 교사들은 하나의 팀으로서 수업목표를 정하고 교수과정을 계획하며, 실제로 학생들을 함께 가르치고 그 결과를 함께 평가하여 더 좋은 교수-학습환경을 구성해 간다.

④ 팀 티칭의 목적은 우수교사의 혜택을 많은 학생에게 제공하는 것이다.

46 팀 티칭의 예로는 공통과학을 물리, 화학, 생물, 지구과학으로 나누어 각각의 선생님이 가르치는 것을 들 수 있다.

2. 특성

① 팀 티칭을 통하여 교사들은 자신의 전문성을 살릴 수 있고 다른 사람과 교수방법에 대한 의견을 상호평가하고 공유하여 좀 더 효과적인 교수-학습과정을 이룰 수 있는 반면, 팀 구성원 간에 불일치가 생기면 협력이 깨지기 쉽고 시간낭비를 초래할 수 있다.

② 학생들은 좀 더 포괄적이고 전문적인 교수를 받을 수 있으며, 다양한 교사의 다양한 교수-학습전략이 실행되는 역동적인 수업에 참여할 수 있다. 하지만 교사들의 의견이 일치하지 않는 경우 혼동이 생기기 쉽고 다양한 교사의 특성에 적응하는 시간이 필요하다.

12 구성주의 교수-학습모형

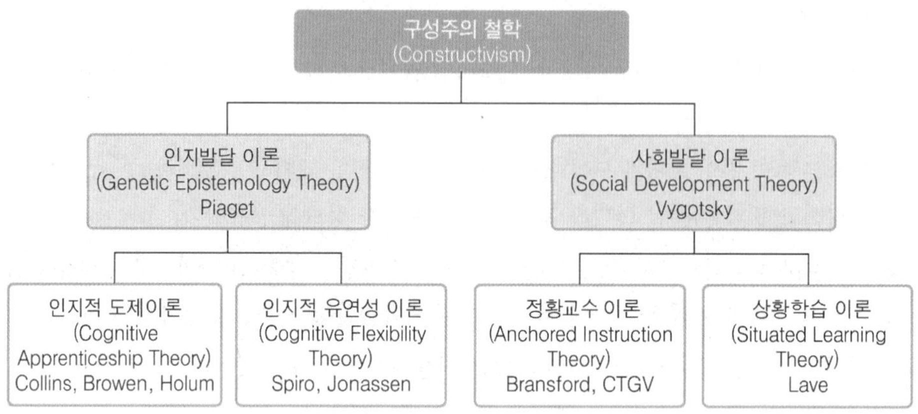

[그림 12-26] 구성주의 철학

1. 개요

(1) 구성주의 수업의 기본 전제

① 학습자: 학습내용을 이해하기 위해 적극적으로 자신들의 의미를 구성해야 한다. 학습은 학습자가 학습상황에 가지고 오는 사전 이해(previous understanding)에 의존하며 '무엇을 얼마나 학습하느냐'는 학습이 일어나는 맥락에 의존한다.

② 수업: 학생들의 현재 수준을 바탕으로 보다 높은 지식과 이해수준에 도달할 수 있도록 진행해야 한다.

③ 교사: 학생들의 적극적인 지식 구성을 촉진할 다양한 수업방법을 활용해야 한다.

(2) 지식에 대한 견해

구성주의 입장에서 지식은 선행지식(인지적 구성주의)뿐만 아니라, 문화 및 사회적 맥락(사회적 구성주의)에 따라 구성된다고 제안한다.[47]

[47] 선행지식에 따라 구성되는 것은 인지적 구성주의이며, 문화 및 사회적 맥락에 따라 구성되는 것은 사회적 구성주의이다.

2. 구성주의 교수원리

① **학습자의 적극적 참여를 통한 의미구성의 촉진**: 학생들이 적극적으로 지식을 구성하고 새로운 정보를 기존의 지식과 조정할 때 더 의미 있는 학습이 이루어진다.

② **맥락에 의거한 지식의 구성 및 인지적 도제의 원리**: 구성주의는 지식과 학습의 맥락의존성을 가정하는데, 무엇을 얼마나 학습하느냐 하는 것은 학습이 일어나는 구체적 맥락에 의존한다.

③ **학습자의 사전 지식 활용**: 구성주의 수업에서는 지식의 구성과정에서 학습자들이 지닌 사전 지식(prior knowledge)과 신념(beliefs)의 역할을 고려해야 한다.

④ **인지적 조력(cognitive scaffolding)**: 구성주의적 수업에서는 교사의 조력적 역할을 강조하며, 교사는 전문가로서 학생들에게 모델링의 대상이 되어야 하고, 인지적 조력을 제공하며, 협동적 학습을 이끌어가야 한다.

⑤ **실제적 과제의 활용**: 실제적 과제란 실제의 생활맥락에서 적용할 수 있는 지식과 기능을 학습하기 위해 도입하는 실생활과 연관된 문제들을 말한다.

⑥ **학습자 공동체(community of learners)의 구축**: 구성주의적 수업에서는 협력적 대화와 상호작용을 통한 의미 있는 지식의 구성을 촉진해야 한다.

| 탐구문제 |

01 2013 행정고등고시 교육심리학

다음 글을 읽고 물음에 답하시오.

> 김 교사는 고등학교 1학년 학생들에게 대단원 '개인과 국가'의 소단원 '시민의 권리 · 의무와 사회 질서'를 가르친다. 오늘의 주제는 '범법 행위에 대한 처벌과 사형제도'이다. 먼저 지난 시간에 다루었던 소단원 '사회 질서'와 관련한 내용들에 대하여 학생들에게 몇 가지 질문을 한다. 자발적으로 대답을 한 학생들에게 칭찬과 함께 미소를 보여준다. 이어서 오늘의 수업목표를 소개한다. 범법 행위에 대한 처벌이 어떻게 사회질서에 기여할 수 있는지에 대해 질문한 후, 학생들의 답변을 5가지 유형으로 분류하여 칠판에 표와 벤 다이어그램으로 정리한다. 이 과정에서 학생들이 거리낌 없이 답할 수 있도록 심리적으로 안전한 환경을 제공하기 위해 노력한다.
> 이후 학생들을 옹호의견 팀과 반대의견 팀으로 나누어 사형제도에 대해 토론 활동을 실시한다. 김 교사는 토론에 직접 개입하기보다는 토론의 촉진자 역할을 한다. 토론 후 각 팀의 주장을 요약하게 하고, 이를 종합하면서 처벌이 가진 사회적 기능을 이끌어 내고 설명한다.
> 학생들에게 과거와 현재의 형벌 제도에 대한 자료를 읽게 한 후, 그 차이점에 대해 질문한다. 간단한 형성평가를 실시하여 오답에 대해 스스로 정정할 기회와 피드백을 제공한다. 끝으로 학생들에게 실화를 바탕으로 사형 제도를 다룬 영화를 본 후 자신의 의견을 정리해서 제출하는 과제를 내 준다.

'정보처리이론'과 '구성주의'의 관점에서 효과적인 교수학습 방식으로 해석될 수 있는 요소를 3가지씩 찾아 제시하고, 각각의 요소가 어떻게 해당 이론과 관련되는지 설명하시오.

48 인지적 도제이론은 중세의 직업교육에서 사용하던 도제제도의 개념을 차용하여 인지에 접목시킨 개념이다.

3. 인지적 도제이론(cognitive apprenticeship theory)[48]

(1) 개요

① 브라운 등(Brown, et al., 1989)에 의해서 제안된 이론으로, 인지적 도제이론은 전문가와 초심자 간의 특정한 관계 속에서 실제적 과제를 해결해 나가는 과정을 통하여 새로운 지식을 구성함으로써 개념을 발전시켜 나간다.

② 여기서 전문가는 초심자의 지식구성과정을 도와주는 역할을 한다.

③ 초심자는 전문가와의 토론이나 초심자 간의 토론을 통하여 사회적 학습행동을 습득하고, 자신의 인지적 활동을 통제하면서 인지능력을 개발하는 데 강조점을 둔다.

④ 현실과 괴리되지 않은 실생활에서 전문가의 과제수행을 관찰하고 실제로 수행하면서 자신의 지식상태의 변화를 경험하도록 하는 것이다.

(2) 학습절차

단계	내용	예
① 시연 (modeling)	특정 사회집단에서 필요한 실제과제의 문제해결 전 과정을 전문가가 시범해 보이는 단계로 전문가에 초점을 둠	전문적인 기능을 가진 목수가 선반을 다루는 법을 도제에게 먼저 시범을 보여줌
② 코칭 (coaching)	문제해결을 위한 연습의 단계로 학습자에 초점을 둠	도제가 따라 해보게 한 다음 서투르면 옆에서 코치를 해줌
③ 교수적 도움 (scaffolding)	문제해결을 위한 인지적 틀을 제시하는 단계로 인지적 틀을 제공하다가 학습자가 익숙해짐에 따라 점차 감소시키다가 필요가 없는 경우에는 제공하지 않는 단계이며 과제에 초점을 둠	도제 혼자서도 다룰 수 있는 선반의 공정을 쉬운 것부터 확인해 주고, 도제 혼자서도 선반을 다룰 수 있게 되면 전문가는 점차적으로 도제에게 일을 맡김
④ 명료화 (articulation)	학습자가 학습한 지식, 기능, 태도를 명료하게 표현해 보도록 하는 과정으로, 스스로 표현해 봄으로써 지식을 보다 명료하게 하는 단계	도제 혼자 선반을 다루어보면서 자신의 행동이 올바른가에 대해 스스로 숙고하고 기술을 단련함
⑤ 반성 (성찰, reflection)	학습자 자신이 행하고 있는 문제해결과정을 전문가(교수자)가 하는 것과 비교하여 반성하는 단계	도제 혼자 선반을 다루면서 전문가의 것과 스스로 비교해 봄
⑥ 탐색 (exploration)	학습자가 자신의 기능과 지식, 태도를 자유자재로 사용할 수 있는 나름대로의 새로운 방략을 탐색하는 단계	도제 자신만의 노하우를 창출하여 선반을 다룸

(3) 의의

① 이러한 과정 안에서 안내 역할을 하는 전문가(교사)의 참여 및 책임이 점차 학습자에게 이양되게 함으로써 초보자가 특정 과제 수행 행동을 내면화하도록 돕는다.

② 내면화 과정을 도와주기 위해 특정 행동에 대한 명료화와 반성적 사고의 기회를 주고 새로운 과제를 통해 탐색할 수 있도록 한다.

(4) 교사의 역할[49]

교사는 학습자의 머릿속에 정보나 사실을 채워 넣는 역할을 하는 것이 아니라 시범을 보이고 탐구를 이끌고 지도하며 격려하는 역할을 수행한다.

[49] 인지적 도제이론에서 교사의 역할은 전적으로 '마스터'의 역할을 수행하는 것이다.

(5) 특징

① 인지적 도제학습은 전문가를 통해 단순한 지식의 습득을 넘어서 사고하는 방법, 문제를 규정하는 방법, 문제를 해결해가는 노하우 등을 학습하는 과정을 수행하고, 이러한 과정을 통해 초보자가 전문가적인 습성을 학습하게 된다.

② 인지적 도제학습은 상황학습이론에 기초하고 있다. 학습과정이 일상생활과 같은 환경에서 실제 과제를 가지고 이루어지며 학습되는 지식과 기술이 실생활에 유용한 것이어야 한다.

③ 인지적 도제학습은 내재적 동기를 강조하고 있다.

④ 인지적 도제학습은 협력과 경쟁을 모두 적절한 전략으로 사용하고 있다. 다른 구성주의적 접근과의 차이점은 같은 과제를 학습자에게 부여하고 이를 수행하는 과정을 비교하는 경쟁적 전략을 사용한다는 점이다. 그러나 여기서 경쟁의 개념은 결과의 경쟁이 아니라 수행의 과정에서의 선의의 비교를 의미한다.

| 탐구문제 |

01 2009 행정고등고시 교육심리학

다음 세 교사의 학습에 대한 관점을 비교 · 설명하시오.

- 교사 A는 수업목표를 구체적으로 제시한 후 가장 효과적이라고 생각하는 교수법을 활용해서 가르친다. 그는 선수학습을 확인하고 강화와 프로그램 학습을 통한 개별화 수업을 주로 활용한다.
- 교사 B는 학습자의 능동적 정보처리가 중요하다고 생각하고 주의집중, 저장, 인출 등을 강조하여 정보가 오래 기억될 수 있는 방략을 제시한다. 특히, 그는 심상화, 노트필기, 요약, 학습전략 훈련 프로그램들을 주로 활용한다.
- 교사 C는 학습자의 맥락을 중시하고 주체적으로 지식을 구성해 나가도록 다양한 관점을 제시하며 학생의 수준에 적합한 학습이 이루어지도록 지원한다. 특히, 그는 모델링, 코칭, 명료화 등을 주로 활용한다.

* 이신동 외, 알기 쉬운 교육방법 및 교육공학, 양서원, 2012, pp.92~93

50 인지적 유연성 이론은 다양한 상황에서 다양한 생각을 할 수 있도록 가르치는 것이다. 유연성을 발휘하기 위해서는 너무 단순한 내용은 피하고, 어느 정도의 모호성을 가지고 있어야 한다.

4. 인지적 유연성 이론(cognitive flexibility theory)*50

(1) 개념

① 인지적 유연성(융통성) 이론은 미국 일리노이 대학의 사피로(Sapiro, et al., 1987)와 그의 동료 연구자들이 지식습득에 관한 구성주의적 접근의 하나로 제안한 이론이다.

② 인지적 유연성이란 여러 범주의 지식을 넘나들고 연결 지으면서, 다양한 방법으로 급격하게 변하는 상황적 요구에 대처하는 지적 능력을 말하는 것으로, 인지적 유연성 이론은 지식의 재현과 그 재현과정을 중시한다.

③ 인지적 유연성 이론은 새로운 상황의 요구에 맞도록 기억 내 지식을 각기 다른 방향으로 재구성하는 능력을 키우고자 설계된 모형이다.

(2) 인지적 유연성 모델의 기본 전제

① 인지적 유연성이라 함은 즉흥적으로 자신의 지식을 재구성할 수 있는 능력을 의미하는 것으로, 급진적으로 변화하는 상황의 요구에 따라 여러 가지 방법으로 적절하게 대처하는 것을 말한다.

② 이 복잡하고 다원적인 개념의 지식을 제대로 재현할 수 있도록 하기 위해서는 '상황의존적인 스키마의 연합체'를 형성해야 한다는 것이다.

(3) 이론의 원리

① 인지적 유연성 이론에서의 학습원리는 주제 중심의 학습을 하고, 학습자가 충분히 다룰 수 있는 정도의 복잡성을 지닌 과제로 작게 세분화하며, 다양한 소규모의 예시들을 제시하는 것이다.

② 유연한 인지과정을 도울 수 있는 내용지식의 구조를 습득하도록 하기 위하여 같은 내용을 다양한 방법으로 학습할 수 있도록 하고 또 다양한 목적으로 학습하도록 하는 유연한 학습환경이 요구된다.

③ 이러한 입장에서 수업은 반드시 사례에 근거를 두어야 하며 정보의 전달보다는 지식의 구성을 강조해야 하기 때문에 지식요소들은 단편적이지 않고 고도로 통합적이어야 한다.

(4) 교수원칙

주제 중심의 학습(theme-based search)이어야 하며, 학생들이 충분히 다룰 수 있는 정도의 복잡성을 지닌 과제로 작게 세분화하여 다양한 소규모의 예들을 제시한다.

5. 앵커드(정황/정착) 교수이론(anchored instruction theory)*[51] 기출 2020 중등

* 이신동 외, 알기 쉬운 교육 방법 및 교육공학, 양서원, 2012, pp.91~92

(1) 개념

① 수업 시 실제 문제상황을 교수매체(비디오, 컴퓨터 등)를 활용하여 학생들에게 제시한 다음, 가능한 대안을 찾아보도록 하여, 학생들 스스로 소집단별 또는 개별적으로 문제를 해결할 수 있는 방안들을 실험해 보고 그 해결방안을 찾아내도록 하는 교수-학습방법이다.

② 학교에서 학습한 지식을 실제 문제에 적용하는 어려움을 해결하기 위한 대안적인 방법으로, 다양한 교수매체를 활용하여 실제와 유사한 학습환경을 제공해 주고, 모든 지식은 그 지식이 사용되는 맥락 속에서 가르쳐 주어야 효과적이라고 본다.

③ 학습자들에게 비맥락화된 단순한 사실적 지식을 제공하기보다는 구체적이고 다양한 사례를 통해 실제 상황에서 활용 가능한 지식을 제공하여 문제해결력을 증진하는 데 목적이 있다.

(2) 교수-학습의 원리

① 교수-학습활동은 이야기, 사례, 학생들의 관심사와 관련된 주제 또는 문제 등과 같은 정황을 중심으로 설계된다는 것이다.

② 사용하는 교육과정 자료는 학습자가 스스로 문제를 탐구할 수 있도록 구성되어야 하므로 앵커드 교수-학습에서는 비디오 자료가 모든 교수-학습을 위한 하나의 큰 정황으로 제시된다.

③ 단순한 강의가 아닌 하나의 이야기로 제시되며, 학생들은 이야기 형식으로 주어진 비디오를 통해 학습내용 및 해결방안을 탐색할 수 있도록 한다.

(3) 설계 원리

① 상호작용적 비디오디스크와 같은 공학에 기초하여 구성한다.

② 비디오를 사용한 강의가 아니라 현실적 문제를 중심으로 이야기식 표현을 사용한다. 이야기식 표현의 장점은 학습자가 기억하기 용이하고, 학습자의 몰입을 촉진하고, 학생에게 매일 일어나는 사건과 수학 및 일반적 사고 간의 관련성을 쉽게 인식하도록 할 수 있다.

③ 생성적인 구성이 이루어지도록 한다. 이야기를 본 후 학습자가 해결해야 하는 문제가 무엇이고 이를 어떻게 해결할 것인지에 대한 전략을 생성해 내도록 한다.

④ 문제해결을 위한 모든 자료가 비디오 안에 내재되도록 설계한다. 이를 통해 학습자가 문제해결을 위해 어떤 자료가 필요한지 의사결정을 하고 필요한 모든 정보는 비디오디스크와의 상호작용을 통해 습득할 수 있게 설계한다.

⑤ 선정된 문제는 복잡성을 가지고 있어야 한다. 문제해결을 시도하다가 곧 포기하지 않도록 해야 하고, 실제 문제가 가지고 있는 다양한 수준의 복합적 특성을 그대로 제공하는 것이 중요하다.

⑥ 문제상황은 쌍으로 제공되어야 한다. 이는 반복적인 학습을 통해 학습한 내용의 전이를 돕기 위해서이며 비슷한 상황을 통해 유추적 사고를 학습할 수 있도록 한다.

⑦ 통합교육과정의 형태로 설계를 해야 한다.

기출콕콕

토의식 수업을 설계할 때 활용할 수 있는 정착수업 원리 2가지를 제시하시오. 2020 중등

[51] 정황교수이론은 매개체를 사용하여 특정한 상황에 대해 수업하며, 학습자들이 그 정황에 직접 참여하지 않고 단순히 교사 자신이 수업을 이해시킬 수 있는 정황을 선택하여 사용한다. 예를 들어, 조선시대를 수업할 때 조선시대의 사극을 보여주고 수업을 하는 것이다.

(4) 특징

① 정착수업은 통합교과적인 접근을 한다.

② 정착수업은 학습자끼리의 상호 협력과 도움을 학습활동의 최우선과제로 삼고 있으며 단순지식의 암기나 계산이 아닌 독립적인 사고가 가능하도록 하는 데 목적이 있다.

③ 정착수업에서 제공하는 문제는 다양한 유형의 문제해결방법을 허용하는 생산적 학습을 강조한다.

④ 정착수업은 수업의 효과를 극대화하기 위해 공학의 기능을 활용하고 있다. 상호작용적 비디오 디스크는 문자중심의 정보제시보다 역동적이고 시각적이며, 공간적인 정보를 제시해 줄 수 있어서 문제에 대한 풍부한 정신적 모형을 구축하는 데 도움이 되기 때문이다.

52 상황학습이론은 학습자를 그 상황에 참여시켜서 수업하는 것으로 예를 들면, 시장놀이를 통해서 셈 공부를 하는 것이다.

6. 상황학습이론(situated learning theory)[52]

(1) 개념

① 참여학습으로 번역되기도 하는 상황학습이론을 발달시킨 레이브는 일반적으로 일어나는 학습은 하나의 활동, 생활의 맥락 및 문화의 기능이라고 주장한다.

② 즉, 참여적이라는 것으로, 상황학습에서는 사회적인 교류가 학습의 중요한 요소를 이룬다고 본다.

(2) 이론의 원리

① 지식은 실제적인 생활맥락에서 제시되어야 한다.

② 지식의 배경과 이에 대한 응용은 실생활과 밀접한 관련이 있어야 하며[53], 학습은 사회적인 교류와 협동을 필요로 한다.

53 상황학습이론에 따르면 학습장면이 다르면 전이가 어렵기 때문에 지식은 실제적인 생활맥락에서 제시되어야 한다. 예를 들면, 목수들이 목공일하며 배운 수학개념이 다른 상황에 적용되지 않으며, 껌파는 사람의 수학실력이 다른 상황에서 실력을 발휘하지 못 하는 것 등이다.

(3) 교수원칙

① 상황적 학습모델에서 실제적 성격의 과제에 대해 스스로 그 의미를 찾아가는 학생주도적 성격을 강조한다.

② 학습자들이 실제적인 영역의 활동에서 인지적 도구를 습득, 개발, 활용할 수 있도록 함으로써 학습이 일어나게 하는 것을 지지하고, 학교 내외에서 협동적인 사회적 교류와 지식의 사회적 구성을 통하여 학습이 진행된다.

7. 문제중심학습(PBL: Problem Based Learning) 기출 2018 중등

기출콕콕

PBL에서 학습자 역할 2가지, PBL에 적합한 문제의 특성과 그 특성이 주는 학습효과를 논하시오. 2018 중등

(1) 개념

① 문제중심학습은 가설-연역적 방법을 사용하여 문제에 대한 이해 또는 문제해결을 위해 이루어지는 활동과정에서 산출되는 학습이다.

② 이 모형은 구성주의의 상대론적 인식론을 이론적 근거로 하는 구성주의 학습원칙을 충실히 반영하고 있는 학습모형으로, 학습자가 어떤 문제나 과제에 대한 해결안 또는 자신의 견해 · 입장을 전개(develop)하여, 제시(present)하고, 설명(explain)하며, 나아가 옹호(defense)할 수 있도록 하는 것을 목표로 한다.

(2) 특징

① **문제로부터 학습 시작**: 학습자들은 그들이 수집하는 정보들이 문제를 해결하기 위한 목적임을 보다 쉽게 인식하게 되어 자신이 왜 학습해야 하는지를 잘 알 수 있다는 이점이 있다.

② **비구조화된 문제 사용**: 비구조화된 문제는 현실세계의 복잡한 상황을 잘 반영해줄 수 있으므로 이의 사용은 PBL의 핵심적인 요소가 된다.

③ **자기주도적 학습능력 강조**: 학습자가 직접 문제를 선정하고 동료들과의 협의를 통하여 문제의 해결책을 고안하게 되므로 다른 어떤 학습형태에서보다 문제해결과정에서 자신의 학습과정에 대해 스스로 계획을 세우고 관리하며, 점검하고 통제할 수 있는 자기주도적 학습능력이 요구되고, 집단구성원 간 상호작용적인 토의를 통하여 자신의 관점과 타인의 관점을 비교하는 과정을 수행한다.

(3) PBL 환경에서 학습의 촉진자로서 교사의 역할[54]

① **지적(intellectual)**: 관련 분야에 대한 지식 수준에 있어서 학습자들보다 높은 단계에 있을뿐만 아니라 일반적인 '교수법(동기부여, 지식전달 등)'에 대한 지식도 지니고 있다.

② **양육적(nurturant)**: 가능한 한 학습자와의 공감대(rapport)를 형성하기 위해 많은 노력을 기울인다. 특히 '양육적'이라는 용어로부터 느낄 수 있듯이 학습자의 지적 수준에 대한 관심 · 지식보다는 그들의 정서적 측면에 대한 관심을 보이거나 동질감(empathy) 등을 느끼려고 하는 열정적 노력을 해야한다.

③ **문답식(socratic)**

㉠ 근본적으로 문답식으로 진행되며, 가능한 한 질문에 대한 대답을 학습자들이 스스로 답할 수 있도록 하여 지식 구성의 과정에 적극적으로 참여하도록 한다.

㉡ 문답식 교수법은 인지적 측면 외에도 학습자가 정서적으로 더욱 안정되고 편안하게 학습에 임할 수 있는 환경을 제공한다.

54 PBL은 구성주의 수업의 대표적인 방법이기 때문에 교사의 역할은 결국 구성주의 수업에서 교사의 역할로 보아도 될 것이다. 따라서 구성주의에서 교사의 역할을 종합해 놓은 대표적인 것으로 간주할 수 있다.

④ 점진적(progressive)

㉠ 뛰어난 교사들은 학습자들에게 항상 높은 기대를 요구한다는 것이다. 이는 결코 '무리한' 또는 '불가능한' 수준의 기대를 의미하는 것이 아니라 교사의 도움과 같은 외부로부터의 자극에 의해 한 단계 더 높은 수준까지 학습자들을 향상시킬 수 있다는 것을 의미한다.[55]

㉡ '인지적 도제이론(cognitive apprenticeships)'이라는 구성주의의 교수-학습모형이 이와 매우 유사한 주장을 한다.

55 비고츠키가 말하는 '근접 영역발달(zone of proximal development)'과 연결하여 생각할 수 있다.

⑤ 간접적(indirect)

㉠ 학습자들의 결과에 대하여 직접적으로 부정적 또는 긍정적인 피드백을 주는 것을 가능한 피한다.

㉡ 학습자의 대답이 틀렸다 하더라도 그것이 틀렸음을 지적함과 동시에 정답을 알려주지 않으며, 오히려 연이어 또 다른 질문을 통해 학습자 스스로 자신의 대답이 틀렸음을 깨달을 수 있도록 한다.

⑥ 성찰적(reflective)

㉠ 뛰어난 교사들은 주로 질문을 통해서 학습자가 스스로 자신이 학습하고 있는 내용, 과정에 대한 투명한 관찰을 하고 분명한 이해에 도달할 수 있도록 도와준다.

㉡ 학습자가 스스로 자신의 견해와 생각을 분명하고 논리적으로 제시할 수 있도록 도와준다.

⑦ 격려적(encouraging)

㉠ 훌륭한 교사는 학습자들에게 무조건 열심히 배우라는 것을 강조하기 이전에 학습자들의 학습 동기부여에 더 많은 노력과 관심을 기울인다는 것을 의미한다. 가능하면 학습활동이 즐겁고 도전적 · 비권위적 · 자율적이 될 수 있도록 학습 환경을 구현하려 노력해야 한다.

㉡ 훌륭한 교사의 교수법의 특성은 바로 '인지적(지식적) 측면과 동기적(감성적, 정서적) 측면의 상호 연계성(상호작용)'이다.

(4) 종합

① 문제

㉠ PBL은 문제(problem)로부터 시작한다.

㉡ 문제는 교육과정에 기초하여 쉽게 해결되지 않는 비구조화(ill-structured)되고, 실제적(authentic) 세계와 관련되는 복잡한(complex) 것으로 학습자가 접근하는 방식에 따라 도출되는 결론이나 해결책의 수준, 질(質) 등이 결정될 수 있다.

② 학습자

㉠ PBL은 학습자 중심이다.

㉡ 학습자에게 문제에 직면한 당사자로서의 상황과 역할이 주어지며, 좋은 해결책을 위하여 필요한 조건과 근본문제를 확인하고, 필요한 정보를 직접 다루면서 '의미'와 '이해'를 추구하고 학습에 대한 책임을 담당하는 능동적 '문제해결자' 또는 '자기주도학습자'가 되게 한다.

③ 교수자

㉠ PBL에서 교수자는 지식전달자에서 '학습진행자'로 역할이 전환된다.

㉡ 교수자는 교육과정 설계자로서 문제를 설계하고 학습자원을 정의하고 활용계획을 세우며, 학습자 집단을 조직하고, 평가를 준비한다.

㉢ '학습촉진자(facilitator)'로서 수업환경에서 적당한 긴장감을 조성하고, 안내자로서 학생에게 일반적 관점을 제공하며, 평가자로서 형성평가를 통한 피드백을 제공하고, 내용전문가로서 지식의 중요성을 밝혀 학습자가 균형을 유지할 수 있도록 하고, 명제적 지식, 과정적 지식, 개인적 지식 간의 상호관련성을 파악할 수 있도록 지원한다.

④ 수업과정 상호작용

㉠ PBL은 실천적인 문제를 중심으로 상황적 맥락을 고려하며 학습자가 스스로 문제를 해결해 나가는 자기주도학습방법이다.

㉡ 수업은 협동학습이 가능한 상호작용 학습환경을 강조하며, 평가는 자신에 대한 평가, 학습과정에 대한 평가, 반추일지(reflective journal)와 같은 종합적인 평가를 사용한다.

| 탐구문제 |

01 2011 행정고등고시 교육심리학

다음은 A, B교사가 교수-학습의 과정에서 보이는 활동에 대한 설명이다. 두 교사가 추구하는 수업이론의 '주요 개념'과 '학교 현장에 대한 시사점'을 각각 비교하여 설명하시오.

> A교사는 학생들이 스스로 문제의 해결책을 찾아가는 활동을 중시한다. 수업시간에 다양한 수업내용을 제공한 후, 학생들 스스로 주어진 내용을 변형하고, 재조직하도록 유도한다. 또한 문제를 해결하는 데 도움이 될 것 같은 전략을 스스로 찾게 하고 문제를 해결하는 데 필요한 연습시간을 제공하며 문제에 대한 가설을 수립함으로써 스스로 해결책을 찾아가도록 지도한다.
>
> B교사는 학생들이 수업내용을 무의미하게 반복적으로 암기하는 것이 아니라 수업내용에 대한 이해를 높이려고 노력한다. 수업 시작 시에는 학습내용과 관련 깊은 포괄적인 내용을 미리 제공하여 후속되는 내용을 학생들이 인지적으로 잘 포섭(包攝)할 수 있게 하고, 수업이 진행되는 과정에서는 학생들이 사전에 가지고 있던 정보와 새로 제시되는 내용이 서로 의미 있게 연결되도록 지도한다.

* 변영계 외, 교육방법 및 교육공학(3판), 학지사, 2007, pp.186~189

56 자원기반학습은 필요한 자료를 모아 그것을 토대로 학습하는 환경이다.

8. 자원기반학습*56

(1) 개념

① 교과서 의존적 학습경험 및 지식환경을 지양하고 다양한 자원을 활용하여 과제나 교육내용에 대한 현실적 감각을 증대시키는 것을 지향하는 교수-학습방법이다.

② 학습자의 정보나 자원에 대한 접근성이 클수록 효과적이며, 자원을 활용할 수 있는 능력 또한 향상될 수 있다는 것을 가정하고 있다.

③ 자원기반학습의 과정은 학습자가 '학습하는 방법'을 습득할 수 있도록 교육과정에 다양한 학습자원을 신중하게 통합하여 실행하는 과정을 의미한다.

(2) 필요성

① 더 이상 도서관만으로는 학습자가 원하는 다양하고 방대한 자료를 충분히 얻을 수 없다.

② 교육 정도와 경력, 구체적 지식과 관심분야, 문화적 차이 등 학습자의 특성이 점점 다양해지고 있기 때문에 모든 학습자에게 동일한 자료를 동일한 비율로 제공하는 수업은 그들의 요구를 충분히 만족시켜 줄 수 없다.

③ 요즘 대부분의 학교에서는 수업의 대형화로 인해 학습자가 필요한 때에 즉각적으로 교수자의 도움을 받기 어렵다. 따라서 이를 보완하기 위한 다양한 자원의 활용방법인 학습하는 방법의 지도는 교수자의 중요한 역할이 되었다.

④ 오늘날 사회에서는 정보와 지식이 폭발적으로 증가하여 그 내용을 교과서에 전부 수록할 수 없으며 하루가 다르게 변화하고 발전하는 학문과 기술을 교사가 모두 가르칠 수도 없기 때문에, 전통적인 교과서 중심 교육은 컴퓨터학습 프로그램을 비롯한 다양한 교수매체를 활용하는 자원기반학습체제로 전환되어야 한다.

(3) 목표

① 다른 사람들과 정보를 공유하고, 자원을 찾아내고 자원에 포함된 정보를 발견해내며, 학습해야 할 주제를 분석하고, 다루고자 하는 주제와 목적에 관련된 정보의 가치를 분석해낸다.

② 결론적으로 자원기반학습은 정보를 이해하고 그 정보를 주제와 관련하여 생각하며, 관련된 정보를 이끌어내고 조직하여 관련성을 알아내고, 추론과 결론을 이끌어 내기 위한 것이다.

9. 상보적 교수이론(reciprocal teaching theory)

(1) 개념

① 사회적 구성주의에 기초한 사회적 학습(social learning)의 하나로 교사와 학생 사이 또는 학생과 학생 사이의 대화형태로 학습과정이 전개되는 수업형태의 수업이다.

② 주로 독해능력 향상을 위해 이루어지는 이 대화는 주어진 교재의 내용에 대해 요약하기(summarizing), 질문 만들기(question generating), 명료화하기(clarifying), 예측하기(predicting)와 같은 4가지 전략으로 이루어져 있는데, 교사와 학생들은 역할을 바꿔가면서 교재를 읽고 이와 같은 대화를 이끌어 나가는 방식을 취한다.

(2) 목적

① 교사와 학생 사이뿐만 아니라 학생과 학생 사이의 대화를 촉진함으로써 주어진 교재의 의미를 보다 정확하게 이해하는 데 있으며, 학생들이 스스로 자신의 학습과 사고를 직접 통제(monitor)할 수 있는 기회를 제공하는 데 있다.

② 모든 독해전략(요약하기, 질문 만들기, 명료화하기, 예측하기)을 사용하는 것으로서, 새로운 글이 주어져도 이런 전략을 활용하여 자주적으로 학습할 수 있는 능력을 기르는 데 있다.

(3) 전략

전략	내용	사용시기(유의점)
요약하기	텍스트에서 독자가 능동적으로 참여해야 하는 중요한 정보에 초점을 두고 읽은 내용을 각자 요약함	적절히 요약하지 못하면 다시 읽기와 같은 활동을 투입함
질문 만들기	텍스트 내에서 독자가 여러 가지 방법으로 생각할 수 있는 구체적인 정보를 서로 번갈아 가며 질문을 만들고 대답함	질문은 글과 분리하여 다루는 것이 아니라 글을 이해하고 학습하는 데 필요한 목표로 인식함
명료화하기	텍스트에서 명확하지 못한 것에 주의를 집중하고 다시 읽기전략을 적용하여 명확하게 하는 것으로 대답에 근거하여 요약을 명료화함	글이 모호하거나 학생이 해석하는 데 어려움이 있을 경우에 사용함
예측(예언)하기	글쓴이가 제공한 단서 또는 장르나 내용에 대한 사전 지식에 기초하여 텍스트에서 찾을 수 있는 것이 무엇인지 예측하거나 다음에 이어질 내용을 예측함	앞으로 읽을 과제를 예고하는 데 도움이 되는 단서를 인식하는지 알기 위해 사용함

(4) 유의점

① 교사는 바람직한 읽기활동을 명확하고 구체적으로 시범하여야 하고, 적절한 맥락 안에서 수행을 시범하여야 하며, 통제하지 않아야 한다.

② 학생은 전략적 공부의 필요성과 중요성을 인식해야 한다.

③ 읽기활동에 대한 책임은 학생이 지며, 스스로 학습에 대한 책임을 질 수 있을 경우에는 가능한 한 빨리 학생에게 이양하여야 한다. 책임 이양은 점진적이어야 하며, 학생들이 부담을 갖지 않으면서 의욕적으로 할 수 있도록 해야 한다.

10. 자기조절학습(self-regulated learning)

(1) 개념

① 교실수업에 있어서 학생의 학습과 학업수행의 중요한 측면이며, 학생들의 긍정적 자아효능감을 바탕으로 그들 자신의 학습과정에서 초인지적 · 동기적 · 행동적으로 적극 참여하는 것이다.

② 학생들이 인지적 · 초인지적 방법의 선택적 사용을 통해 스스로 학습능력을 개별적으로 개선할 수 있고, 그들에게 유리한 학습환경을 선택 · 구성할 뿐 아니라 창조할 수 있으며 필요로 하는 수업의 양과 형태를 선택하는 데 주도적인 역할을 한다.

③ 즉, 자기조절학습은 자기효능감 지각의 기초 위에서 자신의 학습목표를 성취하기 위해서 아동이 스스로 특수화된 학습전략을 사용하여 학습하는 것이다.

(2) 자기조절학습의 구성요소

① (자기)목표설정(self-set goal)

㉠ 학생들은 스스로 목표를 설정하고 그 목표를 성취하는 데 도움이 될 수 있는 행동을 하는 경향이 있다. 자기설정목표는 높은 목표 전념을 유발하기 때문에 스스로 목표를 설정하게 되면 학생들은 목표를 향해 활동하도록 더욱 동기화되어, 다른 사람이 목표를 부과하였을 때보다 목표를 달성하기 더욱 쉽다.

㉡ 즉, 도전적이지만 학생이 스스로 정한 실제적 목표가 교사에 의해 부과된 목표보다 훨씬 더 효과적이다.

② 자기점검(self-monitoring)

㉠ 자기관찰(self-observation)이라고도 불리는 자기점검은 행동 중인 자신을 관찰하는 것으로, 스스로 학습진행과정을 점검하는 것이다.

㉡ 중요한 목표를 향해 나아가기 위해서는 현재 우리가 얼마나 잘 하고 있는지 알아야 하고, 수행의 어떤 측면이 잘 되고 있고, 어떤 측면을 개선할 필요가 있는지를 알아야 한다.

㉢ 즉, 학생들은 자신의 목표를 향해 나아가고 있음을 알 때 더욱 노력을 계속하게 된다. 연구에 따르면, 적절한 목표와 결합된 자기관찰은 집중, 공부습관, 사회기술을 포함한 기타 다양한 기술을 향상시킬 수 있다.

③ 자기교수/지시(self-instruction)

㉠ 학생들에게 특정 상황에서 어떻게 반응해야 하는지에 관해 생각하게 하는 것이 필요하며 이때 사용될 수 있는 것이 자기교수이다.

㉡ 이러한 자기교수는 스스로 자신의 행동을 통제하거나 촉진하기 위해 사용된다.

④ 자기평가(self-evaluation) 기출 2021 중등

㉠ 학교에서 교사는 학생들의 행동을 평가하지만, 궁극적으로 학생은 자기평가를 통해 자신의 행동을 판단해야 한다.

㉡ 학생이 적절한 목표와 표준을 설정하고 자신의 행동을 관찰할 객관적 기법을 발달시켰다면, 학생 스스로 자신의 수행을 평가하도록 포트폴리오, 자기평가, 동료평가 방법 등 다양한 방법을 사용할 수 있다.

예 학생들은 어휘문제의 해결을 위해 그들의 답이 맞는지 스스로에게 물어보거나 모범답안과 비교하는 것을 배움으로써 자신이 작성한 답의 질을 평가할 수 있다.

⑤ 자기강화/벌(self-reinforce)

㉠ 학생들은 점차 자기조절하게 됨에 따라 목표를 달성할 때 자신을 강화하기 시작하며, 자부심을 느끼고 자신에게 잘 하였다고 말할 것이다.

㉡ 자신의 수행목표에 도달하지 못하였을 때는 자신을 처벌하기 시작할 것이다.

기출콕콕

자기평가 방식의 교육적 효과 2가지와 실행 방안 2가지를 제시하시오. 2021 중등

| 탐구문제 |

01 2004 행정고등고시 교육심리학

자기조절학습의 특징에 대해 설명하고, 구성주의 관점에서 학습자의 자기조절학습능력을 촉진시킬 수 있는 방안에 대해 논의하시오.

02 2011 행정고등고시 교육학

전통적 수업은 실제 지식이 사용되는 맥락과 괴리된 상태에서 지식의 습득이 이루어지고 있다는 비판을 받고 있다. 최근 구성주의 관점에 기초한 교수-학습이론들은 이러한 문제점을 지적하면서 지식의 맥락적 성격을 강조하고 있다.

(1) 전통적 수업에서 지식의 탈맥락성으로 인해 발생할 수 있는 문제점들을 제시하시오.

(2) 구성주의 교수-학습이론이나 모형에 기초하여 지식의 맥락성을 증진시킬 수 있는 교수-학습전략이나 방법에 관하여 논하시오.

13 내용교수지식(PCK: Pedagogical Content Knowledge)

(1) 의미

PCK란 특정 학생들이 특정 내용에 대한 이해를 촉진할 수 있도록 가르치는 방법에 대한 교사의 지식을 말하는 것이다(Sculman, 1987).

(2) PCK(내용교수지식)의 구성요소

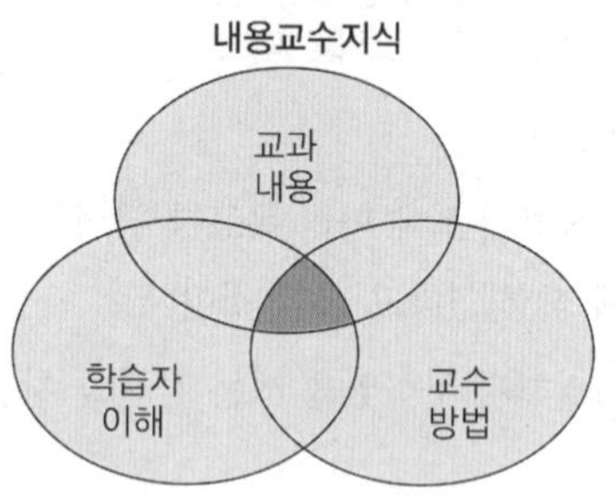

[그림 12-27] 내용교수지식의 구성요소

① **교과내용에 대한 지식**: 교과내용을 가르치기 위해서 교사가 알아야 할 교과내용뿐만 아니라 단원 내 교과내용의 구성, 전시학습 및 후속학습과의 연계 등에 대한 지식을 포함한다.

② **학습자 이해에 대한 지식**: 선행학습 정도, 흥미, 선호하는 교수-학습방법 등과 같은 학습과 관련된 학생들의 특징과 특정한 교과내용을 학습할 때 예상되는 학생들의 오류나 오개념 등에 대한 지식을 포함한다.

③ **교수방법에 대한 지식**: 수업모형이나 집단구성과 같은 일반 교수법뿐만 아니라 교과내용에 대한 교사의 특별한 교수방법을 포함한다.

제5절 수업방법

01 강의법[1]

1. 개념

① 가장 전통적인 교수방법으로 교사가 언어를 통한 설명과 해설을 위주로 수업을 이끌어가는 수업형태이다.

② 강의법은 학생들의 흥미보다는 기존의 지식체계를 전달하는 방법이라고 할 수 있으며, 헤르바르트에 의해 체계화되었다.

2. 사용의 적합성

구분	내용
적합	• 지식의 전수를 주된 교육목적으로 삼을 때 • 학생이 사용하는 교과서나 참고서에 없는 사실의 전달이나 이해하기 어려운 내용에 대한 설명이 필요할 때 • 우선적으로 단기 파지가 필요한 과제를 학습시킬 때 • 다른 방법을 통한 수업을 하기 전 단계에서 학습과제에 대한 전반적인 정보 · 방법을 제시할 때 • 설득력 있는 강의나 강연을 통해 학습자에게 감동이나 감화를 불러일으켜 태도나 가치관을 고취하고자 할 때
부적합	• 지식습득 이외의 목표가 더 강조될 때 • 장기적 파지가 필요[2]하거나 고차적인 과제일 때 • 수업목표를 달성하는 데 있어서 학생의 참여가 필수적일 때 • 학생의 지적 능력이 평균 또는 그 이하일 때

[1] 강의법은 장기 파지보다는 단기 파지에 알맞은 수업방법이다.

[2] 오수벨의 유의미학습처럼 강의법은 장기 파지에 알맞지 않으며, 브루너의 발견학습처럼 지적인 것을 주로 하는 강의법은 평균 이하의 학생에게 적합하지 않을 수 있다.

3. 강의식 수업의 장 · 단점

구분	내용
장점	• 단시간에 다양한 지식과 내용을 학습할 수 있음 • 교과내용의 보충 · 가감 · 삭제와 학습자의 감정자극 동기화가 용이함 • 수업자의 의사대로 수업시간, 학습량 등 학습환경 변경이 용이함
단점	• 교과서 읽기에 치우칠 우려가 큼 • 학습자의 개성과 능력이 무시되기 쉬우며, 추상적인 개념전달로 학습능력이 낮은 학습자는 요점파악이 곤란함 • 학습자의 동기가 지속되기 어려움 • 학습자의 개별화 · 사회화와 능동적 학습참여가 어려움 • 권위적 분위기가 형성되어 비판, 반론, 질문 등 지적 활성화가 이루어질 수 없음

02 문답법[3]

3 문답법은 일반적으로 고차적 사고를 높이기 위해 사용되는 수업방법이다.

1. 개요

① 문답법은 질문과 응답을 계속 진행하여 수업목표에 도달하게 하는 방법으로, 귀납적 교수법의 일종이다.[4]

4 문답법은 문답을 통해 스스로 결론을 지을 수 있도록 돕는 것으로, 귀납적이다.

② 교사와 학생의 상호질의에 의한 수업이기 때문에 사고력, 비판적 태도, 표현력 신장에 도움이 되며, 교사의 일방적인 수업전개가 아니므로 학생들의 참여도를 높일 수 있다.

2. 문답법 사용 시 유의점

① 학습자 전체에게 질문에 대한 응답의 기회를 골고루 주어야 한다.

② 학습내용에서 벗어난 질문은 되도록 자제하는 것이 좋다.

③ 질문을 할 때는 명확한 표현으로 질문의 요점이 무엇인지 밝혀주어야 한다.

④ 단편적인 질문을 하는 것이 아니라 사고의 확장을 위해 연속적인 질문을 함으로써 학습자가 체계적인 사고를 할 수 있도록 유도하여야 한다.

⑤ 질문은 학습자의 경험이나 지식의 범위 내에서 해야 한다.

⑥ 질문에 대한 답이 정답이 아니더라도 학습자가 위축되지 않도록 격려하며, 스스로 답을 발견할 수 있도록 도와주어야 한다.

⑦ 학습자의 질문에 대하여 항상 적극적인 태도를 취하도록 주의를 기울여야 한다.

⑧ 학습자가 질문에 대해 당황하지 않고 편안한 마음으로 수업에 임할 수 있도록 하며, 수업 중에도 자유롭게 질문할 수 있는 분위기를 조성해야 한다.

⑨ 학생들이 질문에 응답했을 경우, 답에 대한 인정이나 칭찬 등 대답에 대한 피드백을 주어야 하며, 전체 학생들에게 질문에 대한 답을 요약 · 정리하여 학습자들의 이해를 도와야 한다.

⑩ 문답의 구조화 정도가 적절했을 때 학업성취에 최적의 효과가 있다.

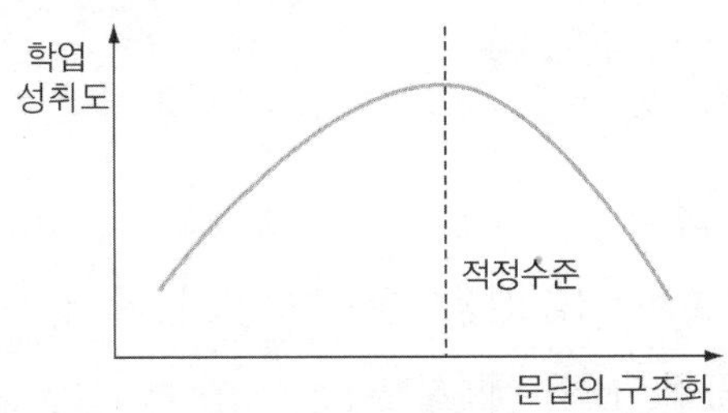

[그림 12-28] 문답의 구조화 정도와 학업성취도의 관계[5]

3. 문답식 수업의 장 · 단점

구분	내용
장점	• 학습에 대한 동기를 유발시켜 활기 있고 적극적인 학습활동을 가능하게 함 • 학습자 스스로 생각하게 하므로 문제에 대한 해결책을 생각할 수 있는 기회를 제공함 • 학습자의 주체적인 학습이 가능하도록 함 • 교사와 학습자 간에 의사소통의 기회가 많이 주어짐
단점	• 대집단일 경우, 질문법을 사용하는 데는 한계가 있음 • 질의와 응답과정에 많은 시간이 요구됨 • 교수자는 질문을 한 후 학습자가 충분히 사고할 수 있는 시간적 여유를 주어야 함 • 학생의 개별적 특성이 영향을 미칠 수 있어, 수줍음이 많거나 대인공포증이 있는 학생들에게는 적합하지 않은 교육방법임 • 학생들의 다양한 질문에 대한 대처기술과 능력이 필요함

5 문답의 구조화가 너무 많이 되어 있으면 대답은 예/아니오의 형태만 띠게 되어 확산적 사고를 자극할 수 없으며, 구조화가 너무 안 되어 있으면 질문의 요지를 파악할 수 없게 된다.

03 토의학습

1. 개념

① 학생의 참여와 역할이 강조되는 수업형태로서 모든 교과와 모든 학년에서 사용될 수 있으나 어린 학생에게는 시간낭비가 생길 수 있기 때문에, 어느 정도의 연령 수준에 도달한 학생에게 적합하다.[6]

② 토의학습은 강의법이 보다 효과적인 간단한 정보나 지식의 습득보다는 고차원적인 인지능력의 함양에 적합하며, 특정 문제상황에 따른 해결책을 탐색하거나 태도 변화를 유도하는 데 적합하다.

[6] 토의학습은 유치원에서도 가능한 수업이나 고학년으로 갈수록 더 유리한 수업 방법이다.

2. 목적

① 학습자의 참여를 유도한다.

② 문제에 대한 비판적 분석능력을 신장시킨다.

③ 창의적인 능력과 협동적 기술을 개발시킨다.

④ 사고활동을 깊게 하는 동기로서 사용한다.

⑤ 자기의 발표능력과 타인이 발표하는 내용의 요점을 파악하는 능력을 기른다.

3. 특징

① 태도나 가치관의 문제 및 정책의 방향에 대하여 서로 다른 의견을 가지고 있을 때, 의견을 발표함으로써 일정한 방향을 모색하는 데 가장 효과적인 학습지도 방법의 하나이다.

② 집단 구성원의 수가 적을수록 토의에 대한 참여도가 높아진다. 최적의 수는 5명이며 짝수보다 홀수가 유리하고,[7] 동질적인 집단보다 이질적인 집단이 토의의 목표달성에 더욱 효과적이다.

③ 연령 수준에 관계없이 활용할 수 있으며, 특히 읽기능력이 부족한 학생에게 도움이 되는 방법이다. 그러나 불안수준이 높은 학생에게는 세심한 배려가 있어야 한다.

[7] 최적의 수를 5명의 홀수로 한 것은 다수결의 원칙에 의해 결정될 때 효과적이기 때문이다.

4. 유형

(1) 원탁토의(round table)

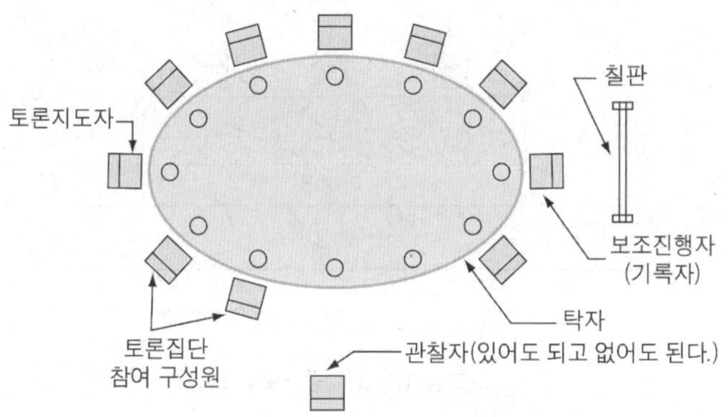

[그림 12-29] 원탁토의 모형

토의의 가장 기본적인 형태로서, 5~10명 정도의 학생들이 대등한 관계 속에서 자유롭게 서로의 의견을 교환할 수 있는 유형이다.

(2) 배심토의(panel, 패널토의)

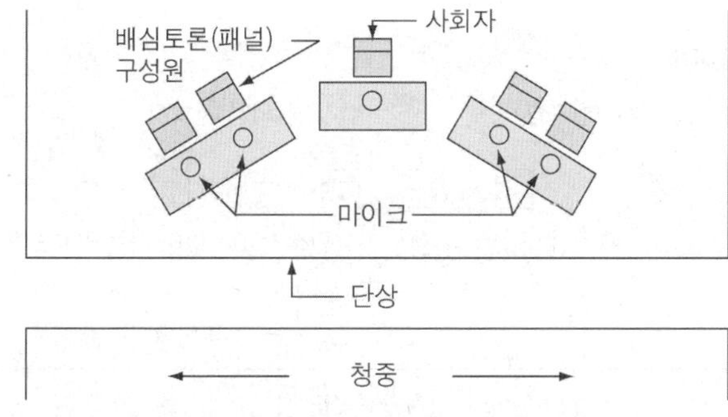

[그림 12-30] 패널토의 모형

① 토의에 참가하기 위해 선정된 소수의 배심원들과 다수의 청중으로 구성되며, 사회자의 진행에 따라 토의하는 형태이다.

예 TV심야토론, 100분 토론

② 특정 주제에 대하여 서로 의견을 달리하는 3~6명의 참가자들이 사회자의 진행에 따라[8] 청중학습자 앞에서 토의하는 방식이다.

③ 청중학습자들에게는 의견 개진이나 토의 참여가 허용되지 않는다. 그러나 경우에 따라서는 사회자의 재량으로 토의 중반 또는 후반부에 질문이나 의견을 제시할 수 있는 기회가 제공되기도 한다.

④ 자신의 입장을 논리적으로 주장하고 상대를 설득시키는 형태의 토론이 가능한 경우에 활용한다.

⑤ 문제나 쟁점에 대한 관심을 제고하거나, 이를 확인하고 명료화하고자 하는 경우, 다양한 관점에서의 이해와 문제해결력을 증진시키고자 하는 경우에 적합하다.[9]

8 배심토의는 서로 의견이 다른 사람끼리 토의를 통해 상대를 설득시키는 것이 주된 목적이기 때문에 언쟁을 막기 위해 꼭 사회자의 진행에 따라 진행되어야 한다.

9 패널토의에 적합한 토의주제는 일반적으로 찬 · 반이 가능한 것이다.

(3) 공개토의(forum)

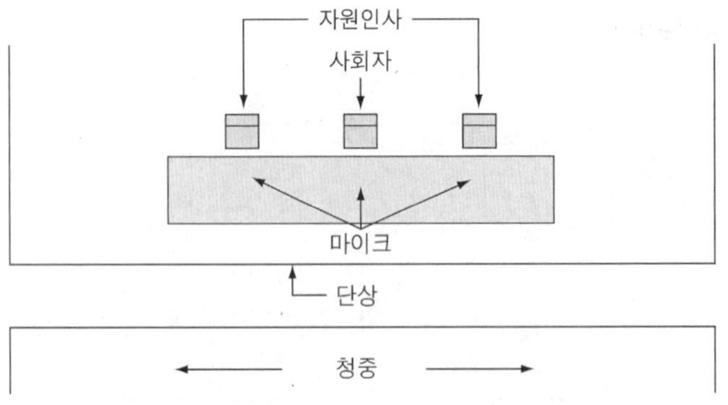

[그림 12-31] 공개토의 모형

① 1~3인의 전문가나 자원인사가 사회자의 진행하에 약 15~60분 동안 공개연설을 하고 이에 청중이 질의하고 발표자가 응답하는 방식이다.

예 공청회

② 발표자인 전문가나 자원인사에게 학습자들이 질의응답하고 의견을 개진하며 직접적으로 토의에 참여하는 과정에서 학습한다.

(4) 단상토의(symposium)

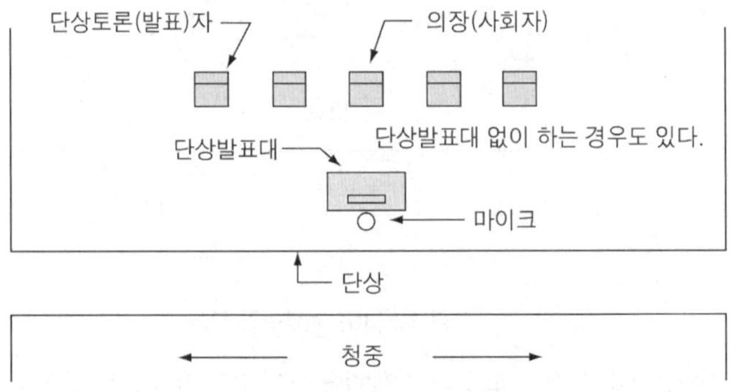

[그림 12-32] 단상토의 모형

① 2~3명의 전문가가 동일한 주제나 상호 관련된 소주제에 대해서 각자의 전문적인 견해를 제시하는 방식이다.

예 학회

② 참가 전문가, 사회자, 청중 모두가 특정 주제에 관한 전문가이어야 한다.

③ 장점

㉠ 특정 주제나 문제와 관련된 체계적이고 전문적인 정보와 지식을 비교적 짧은 시간에 깊이 있게 학습할 수 있다.

㉡ 주제나 문제에 대한 다양한 관점이 제시되기 때문에 지나친 왜곡과 단순화를 피할 수 있으며 총체적인 안목을 기를 수 있다.

㉢ 발표자나 청중 모두 자신의 지식, 견해, 신념 등을 비판적으로 검토하고 수정할 수 있는 기회를 갖게 한다.

㉣ 집단 규모가 커서 모든 구성원들이 직접 토의에 참여할 수 없는 상황에서도 간접 참여를 통해 학습효과를 높일 수 있다.

(5) 대담토의(colloquy)

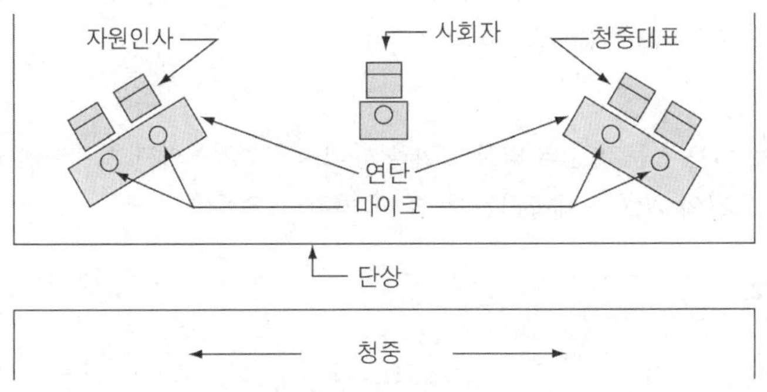

[그림 12-33] 대담토의 모형

① 청중대표와 전문가 집단에 의해 이루어지나 사회자의 진행에 따라 일반 청중이 직접 토의 과정에 참가할 수 있다.

예 TV에서의 교육문제 대담

② 보통 6~8명으로 구성되는데, 3~4명의 학습자 대표, 3~4명의 전문가나 자원인사, 1명의 사회자에 의해서 운영된다.

③ 토의 주제에 대한 전문가나 자원인사들의 의견 발표와 학습자 대표들이 질문 및 의견을 개진하는 형식으로 진행되는데, 청중학습자들도 사회자의 진행에 따라 질문하거나 의견을 개진할 수 있다.

④ 학습자와 외부 전문가가 대등한 수로 구성된다는 점과 학습자 대표나 청중학습자들이 직접 토의에 참여하여 쌍무적 의사교환을 한다는 점에서 패널토의와 다르다.

10 세미나는 주로 교육적 목적으로 활용한다는 점에서 다른 토의 방식과 차이가 있다.

(6) 세미나(seminar)[10]

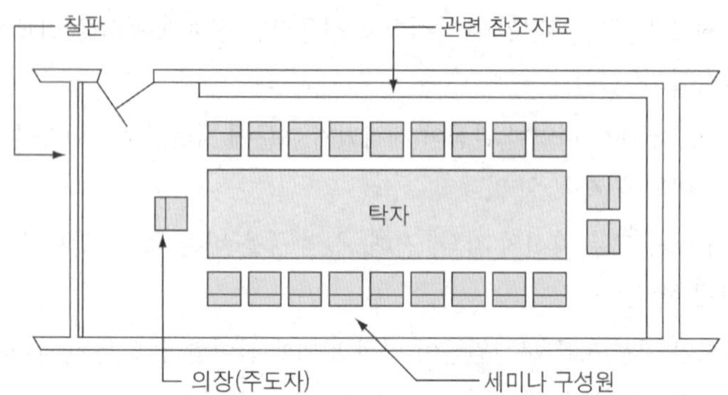

[그림 12-34] 세미나 모형

① 주어진 어떤 주제에 관하여 참가자 전원이 토의하고 논쟁하기 위하여 모인 조직체로서, 참가자 모두 토의주제에 관한 권위자나 연구자이다.

예 스터디 그룹

② 대체로 권위 있는 전문가 간의 의사 교환을 통해서 참여자들에게 세미나 주제 분야에 대한 전문적 연수나 훈련의 기회를 제공하고자 할 때 자주 사용한다.

(7) 버즈토의(buzz)

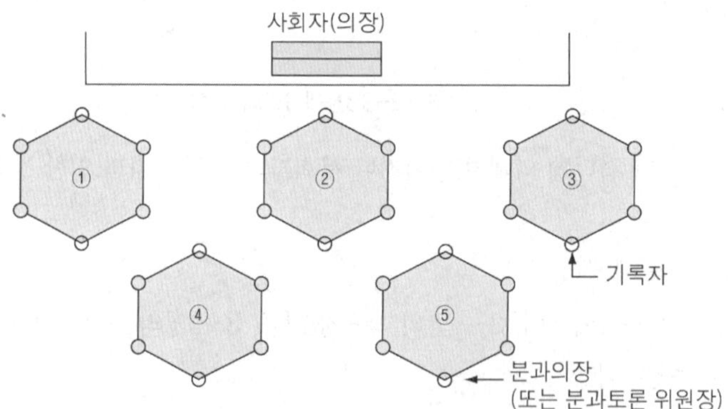

[그림 12-35] 버즈토의 모형

① 3~6명으로 편성된 집단이 주어진 주제에 대해 6분가량 토론을 하는 형태이다.

② 버즈토의는 각자가 서로 자유롭게 발언하는 기회를 가지기 때문에 적극적인 토론을 유도할 수 있어 토론 참가자들의 활발한 토론 참여와 많은 아이디어 수집에 활용할 수 있다.

③ 버즈토의의 진행절차

㉠ 3명씩 짝지어 토론한다.

㉡ 어느 정도 토론이 진행되면 다른 3명의 집단을 만나 6명이 토론하여 진행한다.

㉢ 이렇게 하여 시간이 다 되면, 소집단마다 도출된 결론을 대표자가 서로 발표한다.

㉣ 다시 결론에 대해 대표자끼리 토론하거나, 참가자 전원이 질의응답을 한다.

④ 버즈토의의 장점

㉠ 학습자, 즉 집단 구성원 모두에게 직접 토의에 참여할 기회가 제공되기 때문에 학습효과를 높일 수 있다.

㉡ 전체집단이 논의할 대주제가 여러 개의 하위주제 또는 소주제로 나뉘어 토의됨으로써 보다 심층적이고 다양한 논의가 이루어질 수 있다.

㉢ 분과집단뿐만 아니라 전체집단에서의 역동적 상호작용을 경험함으로써 공동체의식과 협동심을 기를 수 있다.

㉣ 분과집단에서의 토의는 상대적으로 비공식적이고 자유로운 분위기에서 진행되기 때문에 보다 창의적이고 다양한 의견이 개진될 수 있다.

㉤ 분과집단에서의 다양한 논의를 통한 의견을 수렴하고 이에 기초하여 전체집단에서 최종적인 판단을 내림으로써 민주적인 의사결정능력을 기르는 데 기여할 수 있다.[11]

[11] 집단별로 토의된 것을 가지고 학급 전체에서 결론을 내는 것이 좋다.

5. 토의학습 시 주의점

① 교사가 결론을 내리는 것이 아니라 학생이 결론을 내려야 한다.[12]

② 토의 주제는 모든 학생들에게 의미있고 흥미로운 것이어야 한다. 특히 주제가 구성원들의 지식, 경험, 요구, 흥미수준에 맞는지를 면밀히 검토해야 한다.

③ 교사의 역할을 분명히 알아야 한다. 토의진행 시 교사는 객관적인 관찰자가 되며 혼란에 접어들지 않도록 길잡이 역할하는 안내자 역할만 해야 한다.

④ 토의가 끝난 후 교사는 토의 전반에 대한 논평을 해야 하는데, 잘된 점은 장려하고 개선할 점은 설명해 준다.

[12] 교사가 결론을 내릴 때는 학생이 토의한 내용을 가지고 결론을 내려야 한다.

6. 토의식 수업의 장 · 단점

구분	내용
장점	• 사회적 기능 및 태도를 형성시킬 수 있음 • 역할, 소속감, 연대의식 등 집단의식과 공유능력을 향상시킬 수 있음 • 선입견과 편견은 집단 구성원의 비판적 탐색에 의해 수정될 수 있음 • 자율성을 향상시킬 수 있음
단점	• 시간이 많이 소요되며, 예측하지 못한 상황이 발생할 수 있음 • 학습자의 이탈을 자극하며 목적대로 토의가 이루어지지 않을 수 있음 • 많은 양의 학습내용에는 부적절하고, 몇 명의 학습자에 의해 주도될 가능성이 있음 • 정보전달이 너무 완만하며 느림

[13] 협동학습은 구성주의 학습 상황에서 이루어지는 학습이다.

04 협동학습[13]

1. 개념 및 의의

(1) 개념

① 협동학습은 각기 다른 학습능력을 가진 학습자들이 동일한 학습목표를 향하여 소집단 내에서 함께 활동하는 학습방법이다.

② 전통적인 소집단 학습 또는 개별학습에서 야기되는 단점을 보완하고 협력적인 상호작용을 촉진하기 위해 집단보상과 협동기술을 추가한 학습방법이다.

(2) 의의(교육적 효과)

① 협동학습을 통한 상호작용은 동료 간의 우정, 서로에 대한 적극적인 태도, 다른 사람에 대한 책임, 타인에 대한 존경심을 가져온다.

② 협동학습에서 모든 집단 구성원들이 그 집단의 학습목표를 달성하는 데 다 같이 기여하기 때문에 각자는 상당한 성공경험을 갖게 되고, 이러한 성공경험은 학습태도 및 학습동기를 높인다.

③ 학습능력이 각기 다른 학생들이 동일한 학습목표를 향하여 소집단 내에서 함께 활동하는 수업방법이기 때문에 '전체는 개인을 위하여(사회성; all-for-one), 개인은 전체를 위하여(책무성; one-for-all)'[14]라는 태도가 형성되며, 이러한 협동학습은 집단 구성원들이 성공적인 학습을 위하여 서로 격려하고 도움으로써 학습부진을 개선할 수 있다.

[14] 협동학습에서 '전체는 개인을 위하여'는 사회성을, '개인은 전체를 위하여'는 책무성을 강조하는 표현이다.

기출콕콕

협동학습 실행 측면에서 학생들의 학습동기를 유발하기 위한 방안 2가지를 논하시오. 2014 중등

2. 특징 및 효과 기출 2014 중등

(1) 특징

① **구체적인 수업목표**: 각 학습자는 자신이 활동해서 달성해야 할 수업목표를 분명히 제시받고 그 목표를 달성하기 위해 구체적 활동을 한다.

② **학습자 간의 긍정적 상호의존성(positive interdependence)**: 협동학습은 구조적으로 동료들끼리 서로 도와야만 자신의 목적을 달성할 수 있기 때문에 서로 긍정적으로 의존한다.

③ **개별적 책무성(individual accountability)**: 협동학습에는 개별적 책무성이 있는데, 협동학습에서 모둠 구성원 개개인은 다른 모둠 구성원에 대해 개인적인 의무와 책임을 가지고 있다.

④ **모둠목표의 존재**: 협동학습에서는 개인의 목표달성이 각 모둠의 공동목표 달성 여부에 달려 있으므로 구성원들이 모둠의 목표달성을 위해 동료들을 도와주고 도움을 받으려 하는 등 활발한 긍정적 상호작용을 하게 된다.

⑤ **이질적인 모둠구성**[15]: 동료 간의 상호작용을 활발하게 하기 위해서는 한 모둠을 이루는 구성원의 성격이 다양해야 한다.

[15] 협동학습은 고려할 수 있는 모든 것을 고려하는데, 가급적이면 모든 것이 '이질적'이 되도록 구성하는 것이 좋다.

⑥ **모둠과정(group process)의 중시**: 협동학습에서는 모둠과정을 매우 중시한다. 한 차시가 끝났거나, 하루의 일과가 끝났거나 며칠에 걸친 과제가 끝났을 때 모둠들은 반드시 자신들의 활동을 반성하는 시간을 갖는다.

⑦ **학습시간의 융통성 존재**: 기존의 정해진 수업시간에 얽매이지 않고 충분한 학습시간을 부여한다.

⑧ **균등한 성공기회(equal opportunities for success)**: 모둠이 개인의 기본적 능력에 관계 없이 구성원 누구나 모둠의 성공에 기여할 수 있는 기회가 공평하게 주어진다.

⑨ **모둠의 단합을 강조**: 협동학습에서는 모둠의 단합을 위해 모둠의 경쟁을 도입하는 경우가 많은데, 모둠 간 경쟁을 도입함으로써 구성원들의 결속을 다지고 모둠 구성원들의 학습동기를 촉진시키며 모둠 내 협동을 유도한다.

⑩ **과제의 세분화**: 모둠 내 각 구성원들이 과제를 분담하게 함으로써 모든 학습자들이 협동학습에 참여하게 하는 효과가 있다.

⑪ **동시다발적 상호작용(simultaneous interaction)**: 협동학습은 여러 모둠들이 동시에 자신들 모둠 안에서 다양한 상호작용을 함으로써 교실 전체적으로 보면 상호작용의 양을 최대화할 수 있다.

⑫ **집단보상과 운명공동체**: 협동학습은 집단의 협동심을 강조하고 부익부 현상이나 무임승객효과를 없애기 위해 집단보상을 강조함으로써 집단의 운명공동체적 관점을 강조한다.

(2) 효과

① 인지적 측면을 향상시켜 학생들의 학업성취도를 높인다.

② 학생들의 사회적 관계를 조장한다.

③ 학생들의 자아존중감을 높인다.

④ 학생들은 다른 학생들에 대한 감정이입 능력을 높여 친사회적 행동을 키워준다.

3. 전통적 소집단 학습의 문제점 및 해결책

구분	문제점	해결책
봉효과	학습능력이 높은 학습자가 자기의 노력이 다른 학습자에게 돌아가기 때문에 학습 참여에 소극적이 됨	집단 간 편파를 감소시키기 위해서는 집단 보상방법과 협동기술의 훈련을 활용해야 함
무임승객효과	학습능력이 낮은 학습자가 적극적으로 학습에 참여하지 않고도 높은 학습의 성과를 공유할 수 있음	
부익부현상	학습능력이 높은 학습자가 더 많은 반응을 보임으로써 학업 성취가 향상될 뿐만 아니라 소집단을 장악할 수 있음	

4. 전통적 소집단 학습과의 비교

구분	협동학습	전통적 소집단 학습
상호의존성	긍정적 상호의존성에 기초	항상 존재하지는 않음
개별적 책무성	분명한 개별적 책무성이 존재	다른 구성원의 성취에 무임승객이 될 수 있음
개인적 특성	이질적	동질적
리더십	모든 구성원이 리더가 될 수 있음	주로 한 학생이 리더로 지정되고 책임을 지게 됨
책임	상호책임	상호책임을 지는 경우가 드뭄
협력관계	높은 학습성취를 위해서 좋은 협력 관계를 유지해야 함	주어진 과제를 완성하는 데에만 관심을 가짐
학습할 때 필요한 사회적 기능들의 학습	직접학습	가정(假定)되거나 무시됨
과제수행에 대한 교사의 역할	집단과정 구조화(이질적으로 집단구성)	그런 관심이 주어지지 않음
그림화	같은 크기 다른 옷	다른 크기 같은 옷

5. Jigsaw Ⅰ 모형

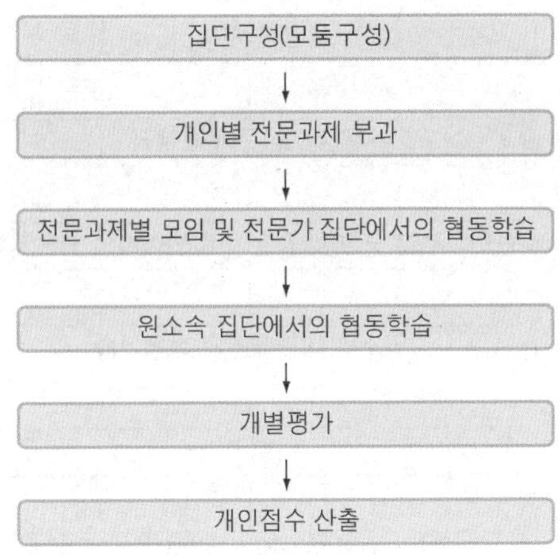

[그림 12-36] Jigsaw Ⅰ 모형

(1) 방법

① 직소는 수업방식이 퍼즐과 비슷하다고 해서 붙여진 이름으로, 학생들을 5~6개의 이질집단으로 나누고 구성원이 모두 참여할 수 있도록 학습할 단원을 집단구성원 수에 맞도록 나누어 각 구성원에게 한 부분씩 할당한다.

② 각 집단에서 같은 부분을 맡은 학생들이 따로 모여 전문가 집단을 형성하고, 분담된 내용을 토의하며 학습한다.

③ 전문가 집단 토의 후 원래 소속된 집단으로 돌아가 학습한 내용을 구성원들에게 가르친다.

④ 단원학습이 끝난 후 학생들은 개별시험을 보고 개인의 성적대로 점수를 받는다. 따라서 시험점수는 개인등급에 기여하고 집단점수에는 기여하지 못하기 때문에, 개인에 대한 과제해결의 상호의존성은 높으나 보상의존성은 낮다.

⑤ Jigsaw Ⅰ 모형은 집단 내의 동료로부터 배우고 동료를 가르치는 모형으로 집단구성원 간의 상호의존성과 협동성을 유발한다.

(2) Jigsaw 모형의 문제점 및 유의점

① Jigsaw 모형의 가장 큰 문제점은 전문가들이 제 역할을 못했을 때, 나머지 학생들이 답답해하고, 피해를 입는다는 것이다. 그리고 잘못했을 때 오히려 동료로부터 핀잔을 받게 되어 협동학습에 대한 태도가 부정적으로 변한다는 점이다.

② 모둠의 재소집에서 하는 활동이 기껏해야 전문가가 가져온 학습결과를 그저 베끼는 수준에 머무르는 점도 자주 지적되었다.

6. Jigsaw Ⅱ 모형

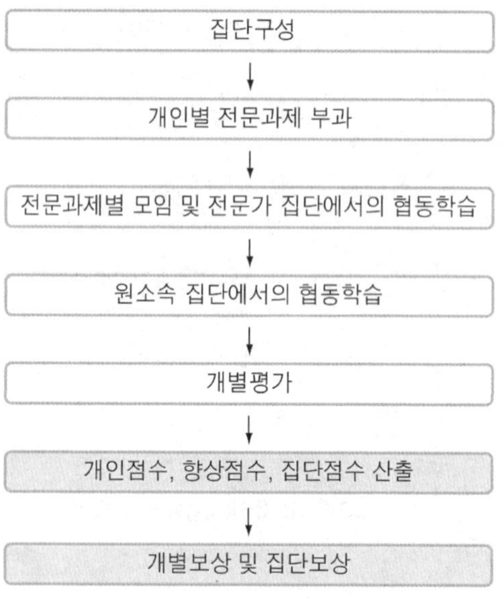

[그림 12-37] Jigsaw Ⅱ 모형

① Jigsaw II 모형은 모든 학생들이 전체 학습자료와 과제 전체를 읽고 특별히 관심 있는 주제를 선택한 다음, 그것을 전문가 집단에서 토의한 후 자기 팀으로 돌아와 가르치는 것이다.

② Jigsaw I 모형의 개별보상에 집단보상이 추가되어, I 모형보다 인지적 · 정의적 학업성취 영역에서 전통적인 수업보다 효과적이라는 장점이 있다.

7. Jigsaw Ⅲ 모형

16 평가유예기를 가짐으로써 모집단에 학습기회를 줄 수 있다.

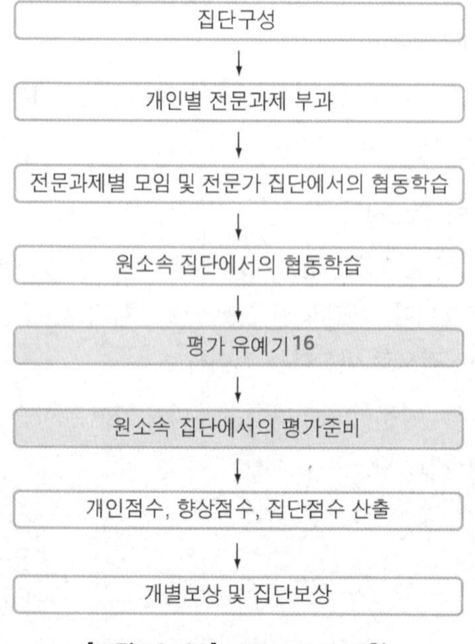

[그림 12-38] Jigsaw Ⅲ 모형

① Jigsaw Ⅱ 모형은 모집단 학습을 마친 후 곧바로 퀴즈를 보기 때문에 충분히 퀴즈에 대비한 학습의 정리나 마음의 준비를 할 여유가 없다는 문제점이 있다.

② 이를 보완하기 위해 개발된 Jigsaw Ⅲ 모형은 모집단 학습이 끝난 후에도 일정 시간 동안 퀴즈를 대비한 원소속 집단에서의 학습기회를 주어야 한다고 주장한다.

8. Jigsaw Ⅳ 모형[17]

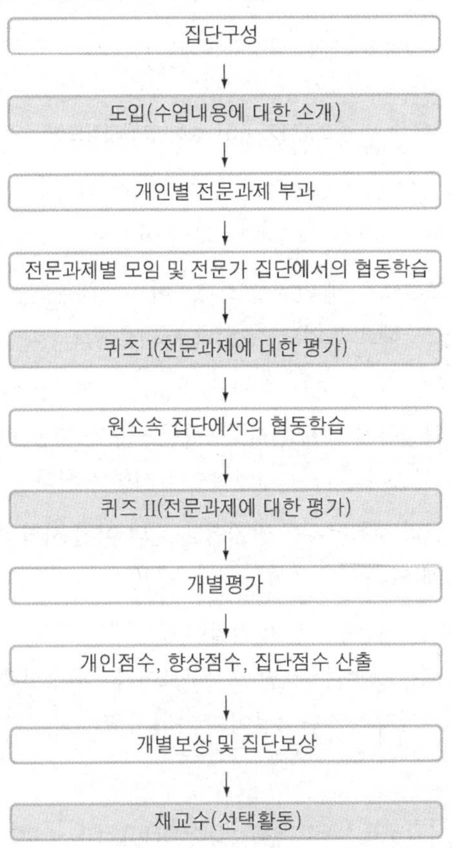

[그림 12-39] Jigsaw Ⅳ 모형

① Jigsaw Ⅱ와 Jigsaw Ⅲ 모형에서는 전체 수업내용에 대한 공식적인 도입단계가 없다. 이에 따라 Jigsaw Ⅳ에서는 전체 수업내용에 대해 소개하는 단계를 설정하였다.

② Jigsaw Ⅳ에서는 학생들이 전문가 집단에서 전문과제를 정확하게 해결했는지를 확인하기 위해 전문과제에 대한 평가단계를 설정하였다.

③ 마지막 활동은 학생들이 개별평가에서 어떤 문항을 놓치게 되거나 전체 학습과제에 대한 재교수가 필요할 때 선택적으로 실시될 수 있다. 새로운 학습자료로 넘어가기 전에 이전 학습과제에 대해 학생들이 확실하게 이해하도록 하는 것은 매우 중요한 활동이다.

17 Jigsaw Ⅳ모형은 Jigsaw Ⅰ, Ⅱ, Ⅲ 모형에서 공부 못하는 학생을 배척하는 문제점을 보완한 모형이다.

9. 성취과제 분담모형(STAD: Student-Team Achievement Division)

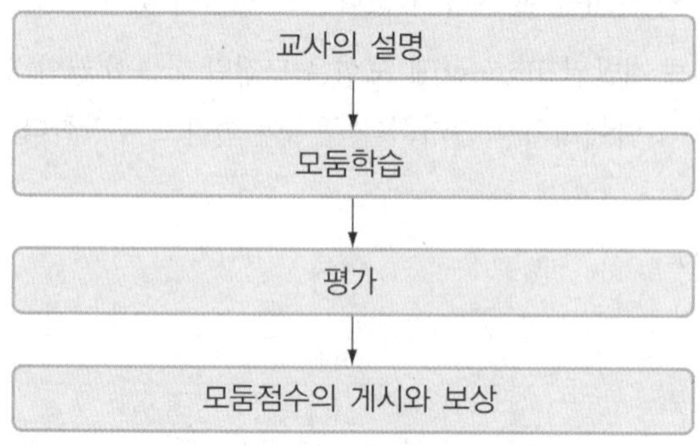

[그림 12-40] 성취과제 분담모형

① 학생들은 4~5명으로 구성된 학습 팀으로 조직되는데, 각 팀은 전체 학습의 축소판처럼 학습능력이 높은 학습자, 중간 학습자, 낮은 학습자의 이질적인 학습자로 구성된다.

② 교사는 매주 강의나 토론으로 새 단원을 소개하며, 각 팀은 짝을 지어 연습문제지를 풀기도 하고, 서로 질문을 하기도 하고 토의도 하며 그 단원을 학습한다.

③ 연습문제에 대한 해답도 주어지므로, 학생은 단순히 문제지를 채우는 것이 아니라 개념을 이해하는 것이 목적임을 확실하게 알게 된다. 구성원 모두가 학습내용을 완전히 이해할 때까지 팀 학습이 계속되고, 팀 학습이 끝나면 개별적으로 시험을 본다.

④ 개인은 각자 자기 자신의 시험점수를 받지만 자신의 이전 시험의 평균점수를 초과한 점수만큼은 팀 점수에 기여하게 된다.

⑤ 이 성취과제 분담모형은 집단구성원의 역할이 분담되지 않은 공동 학습구조인 동시에 개인의 성취에 대해 개별적으로 보상하는 개별 보상구조이다. 다시 말해, 개인의 성취에 대해 팀 점수가 가산되고 팀에게 주어지는 집단보상이 추가된 구조이다.

10. 팀 경쟁학습(TGT: Team Games Tournament)[18]

[18] 팀 경쟁학습은 각자의 팀에서 획득한 총점을 각자의 점수로 부여하여 다른 집단과는 경쟁을 하지만, 자신의 집단 내에서는 협동구조가 형성된다.

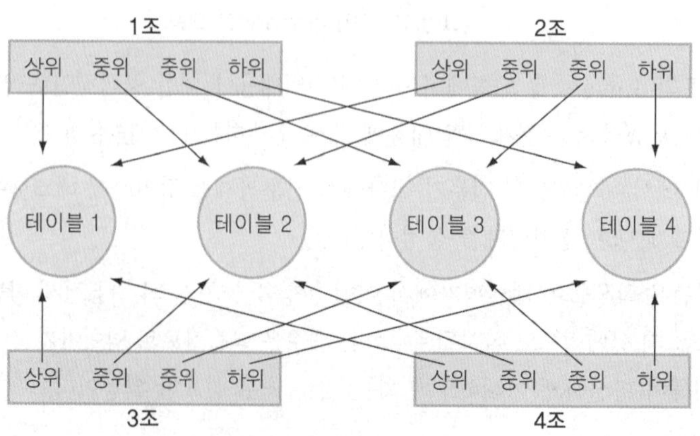

[그림 12-41] 팀 경쟁학습 모형

(1) 특징

① 팀 경쟁학습은 시험을 실시하지 않고 게임을 이용하여 각 팀 간의 경쟁을 유도하는 것으로, 체급별 운동시합과 비슷하여 수업을 마치 게임처럼 재미있게 할 수 있고, 모든 학생에게 성공기회를 균등하게 제공할 수 있다는 장점이 있다.

② 팀 경쟁학습모형은 공동 작업구조이고, 보상은 집단 내 협동 대 집단 외 경쟁의 원칙에 의해 주어진다.

③ 성취과제 분담모형에서 학습능력에 관계없이 열심히 학습한 학습자는 향상점수를 통해 자신의 모둠에 기여하고, 자신의 성취욕을 얻는 것과 마찬가지로, 팀 경쟁학습의 학습자들도 자신과 비슷한 능력의 경쟁자와 게임을 하게 되므로 자신의 팀에 공헌할 수 있는 동등한 기회를 갖게 된다.

④ 집단 간의 토너먼트 게임은 개별 학습성취를 나타내는 게임이며, 매주 최우수 팀이 선정되는데, 팀 경쟁학습은 쉽게 지루해질 수 있는 학습을 게임의 형식으로 진행하기 때문에 학습자들에게 굉장한 흥미를 갖게 한다.

(2) 게임방법

① 1단계 – 교사의 수업 안내
교사는 구체적 학습을 하기 전, 전체 학습내용을 대략적으로 파악하여 학습활동의 기본 방향을 제시하기 위해 단원의 전체 개요를 설명한다.

② 2단계 – 집단학습
팀 구성원은 동료와 함께 교사가 만든 문제나 자료들을 학습하면서 집단적으로 토의해 나가며, 함께 문제를 해결하고 잘못된 개념을 정정한다. 이때 학생들은 학습에 필요한 전략을 사용할 수 있으며, 자신들의 과제가 정답을 찾는 것이 아니라 개념을 배우는 것임을 인식한다.

③ 3단계 – 토너먼트 게임
교사가 학습내용을 제시하고, 팀 구성원들이 학습지를 충분히 연습하고 난 후 그 주의 마지막 수업시간에 토너먼트 게임을 시행한다.

④ 4단계 – 집단점수의 게시와 보상
교사는 토너먼트가 끝난 후 순위에 따라 팀 점수를 부여하는데, 개별성적은 내지 않는다.

11. 팀 보조 개별학습(TAI: Team Assisted Individualization)

① 프로그램화된 학습자료를 이용하여 개별적인 진단검사를 받은 후, 각자의 수준에 맞는 단원을 개별적으로 학습하며(개별학습), 학습하다가 어려움이 생기면 소집단 내 동료에게, 그래도 해결이 안 되면 교사에게 도움을 청한다.

② 개별학습 이후 단원평가 문제지를 풀고, 팀 구성원들은 두 명씩 짝을 지어 문제지를 상호 교환하여 채점한다. 여기서 80% 이상의 점수를 받으면 그 단원의 최종적인 개별시험을 보게 된다.

③ 개별 시험점수의 합이 각 팀의 점수가 되고 미리 설정해놓은 팀 점수를 초과했을 때 팀이 보상을 받게 된다.

④ 작업구조는 개별작업과 작업분담구조의 혼합이라고 볼 수 있고, 보상구조 역시 개별보상구조와 협동보상구조의 혼합구조이다.

[19] 집단조사는 일반적으로 사회과목에서 사용한다.

12. 집단조사[19](집단탐구, GI: Group Investigation) – 협동을 위한 협동학습모형(Co-op Co-op)

① 집단조사(GI)와 협동을 위한 협동학습모형(Co-op Co-op)은 Jigsaw와 마찬가지로 과제중심 협동학습이지만 각 모둠이 동일한 주제를 학습하는 Jigsaw와 달리 모둠별로 각기 다른 학습주제로 탐구한 후, 그 결과를 학급 전체가 공유하는 방식으로 진행한다.

② 이 모형의 구조는 작업 분담구조와 공동 작업구조의 혼합이며, 보상구조 역시 개별보상 또는 집단보상 등을 자유롭게 선택할 수 있는 구조이다.

③ Co-op Co-op은 GI를 보다 정교화한 것으로 소주제를 탐구하는 과정에서 학생 개개인의 흥미나 관심에 따라서 세부적인 간단한(mini) 주제를 선택하여 학습함으로써 모둠학습에 보다 적극적으로 참여하도록 하는 구조이다.

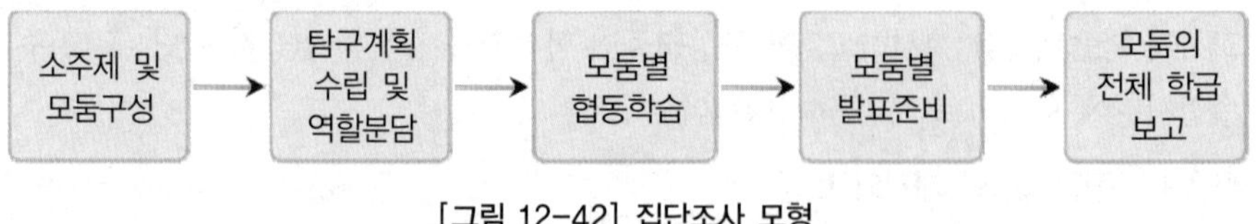

[그림 12-42] 집단조사 모형

13. 함께 학습하기(learning together)

① 함께 학습하기 모형은 4~6명의 이질적인 구성원으로 팀을 구성하고 팀별로 과제를 해결하고 개별적으로 시험을 보지만 성적은 자기 팀의 평균점수를 받게 된다.

② 만약 집단의 평균이 일정한 수준 이상이 될 경우에는 집단별로 추가 점수를 주게 하여 팀별 협력이 강화되도록 인센티브를 주는 것이 특징이다.

③ 이 모형은 하나의 집단보고서를 기준으로 집단보상을 하기 때문에 무임승객효과, 봉효과와 같은 현상이 나타날 우려가 있으므로 주의가 필요하다.

14. 협동학습의 장 · 단점

구분	내용
장점	• 협동적 학습과제는 사회에 적응하거나 문제의 해결에 많은 도움이 됨 • 혼자서 학습하는 경우보다 더 많은 것을 학습할 수 있음 • 혼자서는 시도하기 어려운 일도 여럿이 해내다 보면 자신감이 생기게 되어 주어진 과제에 대한 도전을 하는 데 필요한 적절한 기질, 성향, 태도 등이 개발됨 • 다른 학습자들이 가지고 있는 학습방법을 관찰하고 배울 기회가 주어짐 • 학습자들은 동료로부터 도움을 받는 과정에서 다른 사람의 힘을 빌릴 수 있는 능력을 갖추게 됨 • 학습자들 간의 협력적 태도를 형성하는 데 도움이 됨 • 소집단 활동을 통해 자기 자신에 대한 이해를 넓힐 수 있으며 나아가 타인에 대한 이해를 확장하게 됨 • 소집단 학습활동을 통해 학습자들이 각기 자신의 자원(시간, 에너지, 능력, 성질) 등을 스스로 관리하고 통제하는 방법을 배우게 됨
단점	• 과정보다는 결과를 중시하는 습관이 형성될 가능성이 큼 • 소집단 내에서 특정 학습자나 리더가 어떤 것을 잘못 이해하고 있을 때 다른 학습자들이 그것을 그대로 학습할 가능성이 있음 • 학습과제나 학습목표보다는 그저 집단과정만을 더 소중히 생각하는 경향을 초래할 수 있음 • 학습자들이 교사에게 의존하는 경향이 감소하는 대신 또래에 의존하는 경향이 커질 우려가 있음 • 우수한 학습자는 그렇지 않은 학습자에 비해 과제수행에 대해 과중한 부담을 받게 되어 적절한 처치가 없을 경우 다른 복합적인 문제를 야기할 수 있음(성취의 부익부 빈익빈현상 발생) • 아주 유능한 학습자의 경우 모든 것을 다 알면서도 일부러 집단활동에 동참하지 않거나 기여하지 않는 경우도 있음(봉 효과) • 협동학습에서 가장 문제가 되는 것은 집단 간 편파로서 상대집단이나 다른 집단의 구성원에게 적대감을 가지는 한편, 자기가 속한 집단의 구성원에게 더 호감을 느끼는 것으로, 이와 같은 문제는 주기적으로 집단을 재구성함으로써 해결할 수 있음

| 탐구문제 |

01 2014 행정고등고시 교육학

최근 SNS를 활용한 협동학습에 대한 수요가 증가하고 있다. 이와 관련하여 다음 질문에 답하시오.

(1) 협동학습의 장 · 단점을 서술하고, SNS를 활용하여 단점을 보완할 수 있는 방안을 제시하시오.

(2) 학교현장에서 SNS의 효과를 극대화할 수 있는 협동학습 방안을 피아제와 비고츠키 이론에 의거해 제시하시오.

05 발견 · 탐구학습[20]

20 발견 · 탐구학습은 듀이의 문제해결학습이 발전한 것으로 학습자 중심의 학습이다. 발견학습은 브루너의 '과학', 탐구학습은 마시알라스의 '사회'에 적용 가능한 수업이론이다.

1. 개요

① 발견 · 탐구학습은 학생들이 지식획득의 과정에 주체적으로 참가하는 수업방법으로서, 학생들이 자연(발견학습)이나 사회(탐구학습)를 조사하는 데 필요한 탐구능력을 몸에 배게 하는 학습이다.

② 이 방법은 인식의 기초가 되는 개념의 형성을 꾀하고, 다시 새로운 것을 발견 · 탐구하려는 적극적인 태도를 기르려고 하는 학습활동을 말한다.

2. 발견학습의 의미

(1) 발견학습의 구체적인 형태[21]

21 발견학습의 형태에서 피아제의 견해는 동화와 조절을 통해 학생 스스로 지식을 획득하는 비구조화된 발견이며, 브루너의 견해는 교사의 안내에 의해 학생들이 지식의 구조를 발견하는 안내된 발견이다.

① 비구조화된 발견(unstructured discovery): 아무것도 계획되지 않은 자연상태에서 개념이나 원리를 스스로 발견하는 개방형 발견(open discovery)이다.

② 안내된 발견(guided discovery): 교사의 단계별 지도를 받아 문제를 해결하는 학습으로, 교사가 목표를 설정하고 자료와 사례를 준비하며, 질문을 통해 지도를 하는 상황에서 학습자가 개념이나 원리를 발견하도록 하는 학습이다.

(2) 브루너의 발견학습의 의미

① 발견학습은 학습자들이 마음대로 하고 싶은 것을 하도록 내버려두는 것이 아니라 일종의 '지도된 활동(directed activity)'이라는 것을 명심해야 한다.

② 교사는 학습자들에게 발견의 과정도 가르쳐야 하고, 학습자들이 발견을 하는 과정에서 지도를 해야 한다.

③ 교사는 학습자들이 탐색 · 탐구 · 조작을 할 수 있도록 활동을 조성해야 하고, 학습자는 그 활동을 통해 특정 영역에 관한 지식과 문제해결기능을 학습해야 한다.

3. 발견학습의 특징

특징	내용
직관적인 사고의 중시[22]	탐구수업에서는 분석적 사고만을 강조하는 기존의 수업방식과는 달리 직관적 사고 또한 중시함
연역적 사고와 귀납적 사고의 중시	탐구학습에서 가설의 설정은 연역적 사고에 의해 가능하지만, 증거를 통한 가설의 입증과 일반화는 귀납적 사고에 의존하여 연역적 사고와 귀납적 사고 모두를 중시함
증거에 기초	탐구학습에서는 실증적인 증거를 통해 학습하도록 유도함
학생들의 능동적 참여	탐구학습은 학생들 스스로 문제를 해결해 나가는 과정 속에서 원리나 지식을 획득하기 때문에 학생들의 적극적이고 능동적인 학습활동이 요구됨
교사는 안내자이자 촉진자	교사는 지식이나 원리를 직접 제시해 주거나 증명해 주는 것이 아니라, 구체적인 학습자료를 학생들에게 제시해 줌으로써 학생 스스로 탐구하고 발견하도록 도와주는 역할을 함

22 분석적 사고는 자료를 분석하는 것을 말하며, 직관적 사고는 발견해내는 것을 말한다.

4. 교사의 조력방안

① 교육과정은 학생들이 가장 기본적인 원리를 발견할 수 있도록 조직해야 하는데, 그러기 위해 나선형 교육과정(螺旋形 敎育課程, spiral curriculum)[23]으로 조직해야 한다. 나선형 교육과정은 제대로 가르치기만 하면 어떤 교과라도 나이에 관계없이 가르칠 수 있다는 것에 가정을 두고 있다.

② 직관적 사고를 강조해야 한다. 직관과 추측(educated guess)을 금지하면 발견의 과정이 위축된다.

③ 학생들의 발견을 촉진하기 위해 시청각 기자재, 모델, 멀티미디어 등 다양한 도구를 활용하여 직접적 경험 또는 대리적 경험을 제공해야 한다.

23 나선형 교육과정이란 학생들의 흥미와 배경지식을 감안하여 동일주제를 다양한 추상성과 일반성의 수준에서 반복 제시하는 것을 말한다.

* 이신동 외(2012), 알기 쉬운 교육방법 및 교육공학, 양서원, pp.107~108

5. 듀이(J. Dewey)의 문제해결학습(탐구학습)*

(1) 개요

① 듀이가 제안한 탐구학습은 문제해결 중심 학습으로 반성적 사고과정이 중심이다.

② 문제해결법(problem solving method)은 문제를 제시하여 이를 해결하는 과정에서 기존의 배운 내용이나 지식을 활용하여 문제를 파악하고 분석하며, 해결책을 고안하는 등 지식, 기능, 태도 등을 종합적으로 획득하도록 하는 학습방법이다.

③ 이는 학습자의 자발적 활동에 의해 문제를 스스로 해결하고 논리적으로 생각할 수 있는 능력인 발산적 사고력을 기를 수 있다는 데 교육적 의의가 있다.

(2) 문제해결학습의 반성적 사고과정 단계

① 암시(문제확인) 단계: 인간은 생활환경 속에서 직면한 곤란한 자극에 대해 적절한 적응이나 반응을 못하거나 어려운 문제 또는 난처한 경우에 당면하게 되면, 어떻게 해야 좋을지 모르게 된다. 이렇게 곤란을 감지하는 것은 문제를 해결하려는 의식을 갖게 되는 문제해결의 출발점이다.

② 지성화(문제의 검토) 단계: 직면한 문제를 관찰하여 명확히 하는 단계로, 어려움이 해결해야 할 문제로 인식되면서 막연한 문제사태의 성격을 명료화하는 일이다.

③ 가설설정(해결방안 수립) 단계: 가설설정의 단계로 문제의 관찰이나 곤란의 검토를 통해 문제의 성격이 명백해지면, 감정적인 답을 결정하며 이를 검증하고 문제해결을 하기 위한 활동계획을 세운다. 이는 검증을 위한 관찰이나 자료수집 활동의 지침이 된다.

④ 추리(추리에 의한 전개) 단계: 추리작용에 의해 가능성이 현실성으로 진전된다. 해결의 과정이 시행과 수정의 반복을 통해 객관적인 해결체제로 가까워져 가는 단계이다.

⑤ 검증(행위에 의한 가설의 검증) 단계: 전개과정에 대한 관찰과 실험을 통해 증거를 제시하면서 가설이 채택 또는 기각되는가를 결정한다.

(3) 문제해결학습의 장 · 단점

구분	내용
장점	• 자발적 학습이 이루어지며, 통합된 행동을 통하여 지 · 덕 · 체 등의 종합적 학습이 이루어짐 • 고등정신기능(비판적 사고력, 창의력, 평가력)을 배양함 • 동적 학습과정으로 민주적 생활태도를 배양함 • 실생활과 직결된 문제를 통하여 구체적인 행동과 경험을 가능하게 함 • 생활 중심의 광범위한 영역에서 종합적인 능력을 기를 수 있음
단점	• 기초학력 및 교과의 체계적 학습이 불가능함 • 학습효율이 저하되며, 지적 성장에 비능률적임 • 교육현장을 혼란시켜 학습의 방향에 일관성이 없음 • 비약적으로 발전하는 학습분야에 대한 학습을 조속히 할 수 없음

6. 킬패트릭(W. H. Kilpatrick)의 프로젝트법(構案法, project method)*[24]

* 이신동 외(2012), 알기 쉬운 교육방법 및 교육공학, 양서원, pp.189~194

[24] 킬패트릭의 구안법은 문제를 해결하기 위한 방안을 짜는 것으로 프로젝트법에 해당한다.

(1) 프로젝트 학습의 개념

① 프로젝트 접근법에서 프로젝트란 '한 명 또는 그 이상의 학습자가 책임을 지고 특정한 주제를 심층적으로 연구하는 활동'으로, 소집단의 학생들이 토론하여 학습할 가치가 있는 특정 주제를 정하고, 그것에 대해 계획적으로 연구하고 문제를 해결하는 유목적적 활동이다.

② 프로젝트 접근법은 교사가 부과한 활동이나 과제가 아닌 학습자 자신이 제안한 문제나 프로젝트를 수행하게 되며, 학습자가 제각각 하나의 복잡한 문제를 놓고 자기가 맡은 분야를 탐색해 나가는 과정에서 경쟁적인 분위기보다는 협력적인 상호작용 분위기가 교실을 지배한다.

③ 교사는 학생들에게 불필요하게 다양한 내용을 부과하기보다는 매 단계에서 필요한 안내와 보조, 지원을 제공할 뿐이다.

(2) 프로젝트 학습의 교수-학습 원리

① 프로젝트 학습은 내적 동기로부터 이루어질 때 가장 효과적이다. 이는 학습자들이 학습과정과 결과에 느끼는 만족감과 성취감이 학습의 효과를 높이고, 후속 학습에 대한 의욕을 고취시킬 수 있기 때문이다.

② 접근법은 교사가 아닌 학습자의 책임감을 중시한다. 학습자는 프로젝트 접근법의 전체 과정에서 교사와 동료 학생과 끊임없는 선택과 활동을 해 나간다. 만일 어떤 학습자가 프로젝트 접근법의 과정에 참여하지 않거나 소극적으로 참여한다면 학습은 진행되기 어려우며, 결국 그 피해가 동료 학습자들에게도 미치게 된다.

③ 학습자의 긍정적인 자아개념은 학습과정의 만족, 학습결과의 성취감, 교사와 동료들의 인정 등에 의해 생긴다는 것이다.

④ 집단학습의 과정은 학습자들의 사회적 기술 향상에 도움이 된다. 프로젝트 접근법은 개별적으로 이루어지기도 하지만 학습자들에게 협동심과 사회적 기술을 길러 주기 위해 대부분 소집단이나 학급 전체로 추진되는 경우가 많다.

⑤ 실제적 문제해결력 증진에 도움이 된다. 프로젝트 접근법의 과제는 보통 실세계 속에서 일어나는 현상이나 문제, 쟁점 등을 탐구의 대상으로 삼는 경우가 많다. 또한 부모와 지역사회의 협조가 학습과 과정에서 매우 중요한 영역을 차지함으로써 학교교육과 실세계와의 관련성을 인식할 풍부한 기회가 주어진다.

⑥ 조사, 실험, 면담 등의 다양한 방법을 통해 사물이나 현상을 탐구할 기회를 제공함으로써 탐구능력과 표현능력뿐 아니라 탐구하는 방법과 기술, 태도 등을 길러 준다.

⑦ 사고의 유연성 증진에 도움이 된다. 학생은 학습의 진행방향이 잘못되었다고 제안되거나 현재의 내용과 관련된 다른 중요한 학습내용이나 더욱 효과적인 학습방법이 제안된다면 언제든지 그 방향과 내용, 방법을 수정, 선택하게 된다. 그리고 교사와 동료학습자의 잦은 대화는 자신의 생각의 한계를 인식하는 기회를 제공하여 사고의 유연성이 높아진다.

⑧ 체험적 학습기회를 제공하며, 현상이나 사물을 직접 관찰하는 1차적 경험을 제공한다. 이러한 체험적 학습은 효과적인 기억뿐 아니라 현상이나 사물에 대한 친근감과 경외감, 두뇌와 오감의 연결, 학교교육과 실생활과의 관계, 삶에 대한 자체 반성 등 여러 가지 교육적 효과를 가져다준다.

(3) 프로젝트 학습의 특징

① 프로젝트 학습은 학습자들이 실세계와 관련성이 있는 실제적인 문제해결에 참여하여 결과물을 창조하는 과정을 통해 새로운 지식과 기술의 습득을 강조하는 교수-학습 방법이라는 것이다(Thomas, 2000).

② 프로젝트 학습을 통해 학습자들은 지식기반 사회와 고도의 테크놀로지기반 사회를 살아가는 데 적합한 능력을 신장시킬 수 있으며, 문제해결 과정을 통한 문제해결 능력과 함께 팀워크, 시간관리, 테크놀로지 활용, 연구를 위한 정보수집 및 정보처리 능력을 신장시킬 수 있다(GLEF, 2003).

③ 프로젝트 접근법은 자연스럽고 실제와 같은 방식으로 학습자에 의해 그들의 생각을 표출시켜 수행하는 교수-학습활동이라고 말할 수 있다. 이 방법은 본래 학습의 과정을 학생들 스스로가 설계하고 실행하는 데 초점을 둔다. 이 방법의 목적은 학생들이 지닌 지식을 기초로 하여 학생들에 의해 설정되고, 그 목적을 성취하는 방향으로 학습활동을 하도록 교사에 의해 격려된다.

④ 프로젝트 접근법은 학생이 학습할 것과 학습방법을 결정하는 데 있어 좀 더 자율성을 가진다는 점에서 다른 전통적 방법들과 차이가 있다.

(4) 프로젝트 학습의 장·단점

구분	내용
장점	• 학생의 흥미와 능력을 기반으로 하여 출발하므로 학습동기가 유발됨 • 학습과제를 스스로 선정, 계획, 수행하므로 자주성과 책임감이 길러짐 • 학교생활과 실제 생활이 결부됨 • 창의성과 구성적인 태도를 배양함 • 집단적 구안학습은 협동정신, 지도정신, 희생정신 등의 사회적 태도를 함양함
단점	• 교재의 논리적 체계가 무시되고, 학생활동의 자유에 따른 무질서가 심함 • 학습자 자신의 계획에 의해 실시되므로 능력이 없는 학생은 시간과 노력의 낭비만 가져옴 • 많은 양의 자료가 필요함 • 집단적 구안학습의 경우 우수한 학생이 학습을 독점함

7. 문제중심학습(PBL)과 비교*

* 조연순(2006). 문제중심학습의 이론과 실제. 학지사, pp.69~74

(1) 문제중심학습과 문제해결학습(법)

① 공통점(유사점)

문제중심학습과 문제해결학습은 모두 학생의 흥미와 요구를 반영하여 자발적인 학습참여를 유도한다는 점과 학생들에게 문제해결을 요구한다는 점에서 유사하다.

② 차이점

㉠ 문제해결학습에서는 학생들에게 미리 계획된 강의와 정보를 제공한 후 이를 바탕으로 질문을 제시하고 그에 대한 해결책을 찾아가도록 한다. 이때 해결책은 이미 배웠던 중요한 교과내용에 제한된다.

㉡ 반면, 문제중심학습에서는 문제 상황이 먼저 제시되고 그 안에 교과내용이 내재되어 있다. '복잡한 상황에서 어떤 지식과 정보가 필요한가?', '이 상황을 효과적으로 해결하기 위해서는 어떤 기술이 필요한가?' 등에 관한 결정권은 주로 학생들에게 있다.

㉢ 즉, 두 접근은 문제가 제시되는 형식이나 시점에서 두드러진 차이를 보이며, 문제해결과 관련된 정보 · 기술 · 지식을 결정하는 주도권이 교사와 학생 중 어느 쪽에 치우쳤는지에 따라 차이를 보인다.

(2) 문제중심학습과 프로젝트중심학습

① 공통점(유사점)

㉠ 2가지 접근 모두 사상적 뿌리를 듀이에서 찾고 있다.

㉡ 전통적인 학습방법(체계적인 교수)과 비교하여 학습자가 지식을 수용하기보다는 학습자 스스로 주체적인 역할을 수행함으로써 지식을 구성하도록 한다.

㉢ 프로젝트나 문제를 중심으로 학습내용 및 교수－학습 과정이 재구성 · 재조직된다.

㉣ 학습활동은 다른 사람들과 활발한 상호작용을 통한 협동을 강조한다.

㉤ 교수－학습 과정에서 교사는 지시보다는 학습을 촉진시키고 빈번한 질문을 통해 문제해결을 촉진시키는 코치의 역할을 주로 수행한다.

② 차이점(구분점)

㉠ 문헌상에서 프로젝트중심학습이 소개되는 초기에는 탐구활동의 대상을 교과내용이 아닌 제재(topic)에서 찾는 것이 강조된다. '새들의 먹이', '구름의 모양' 등과 같이 학습할 가치가 있는 제재에 대하여 학생들이 스스로 탐구한다는 데 큰 의미를 둔다. 이와 달리 문제중심학습에서는 문제(question, problem)가 핵심이고, 문제 안에는 어떤 제재가 포함될 수 있지만 이 제재와 관련된 지식을 탐구해야만 문제를 해결할 수 있다는 점을 암시한다.

㉡ 프로젝트중심학습에서 제재들은 '튼튼한 집 만들기', '채송화 기르기' 등과 같이 주로 과제형으로 제시된다. 반면, 문제중심학습은 문제를 해결해야 하는 당사자의 역할과 상황이 내재된 문제상황에서 시작된다. 따라서 학습자들에게 무엇이 부과되었는지는 문제 안에서 학습자 스스로 발견해야 한다.

㉢ 프로젝트중심학습에서는 '프로젝트'라는 용어가 암시하듯이 '최종 산출물'을 얻기 위해 제재에 대한 탐구활동이 일어나기 때문에, 산출물은 학습과정에서 학생활동의 견인차 역할을 한다고 볼 수 있다. 반면, 문제중심학습에서는 학습자가 그를 둘러싼 복잡한 현실세계에서 일어날 수 있는 문제에 직면하도록 하여 이를 스스로 해결하고자 하는 자발적인 동기를 부여하기 때문에 학습의 원동력은 산출물보다는 문제 그 자체이다.

㉣ 결론

ⓐ 강조점: 프로젝트중심학습은 제재, 문제중심학습은 문제

ⓑ 제시: 프로젝트중심학습은 과제형태, 문제중심학습은 상황으로 제시

ⓒ 학습의 견인차 역할: 프로젝트중심학습은 산출물, 문제중심학습은 문제[25]

[25] 문제는 비구조화되어 있어 그 안에서 해결해야 할 문제나 과제를 찾아내는 것은 학생들의 몫이다.

(3) 문제중심학습과 다른 교수전략 비교

① 교사 및 학생의 역할: 강의법, 직접교수법, 사례법, 발견중심탐구법 등과 비교할 때 문제중심학습에서는 학습의 주도권을 학생들에게 부여하고, 교사는 학생들의 학습과정에 함께 참여하는 코치 역할을 한다는 점에서 다른 교수전략보다 학생 주도적이다.

② 문제와 정보: 다른 교수전략에서는 문제가 교과내용을 직접적으로 적용하거나 발견하도록 개발되는 반면, 문제중심학습에서는 교과내용을 실생활의 맥락 속에서 암시적으로 제시함으로써 학습의 동기가 시작된다. 또한 다른 교수전략에서는 정보를 교사 주도적으로 조직하고 제공해주는 데 반해, 문제중심학습에서는 주로 학생이 문제해결을 위해 필요한 정보를 수집하고 분석하게 된다.

③ 인지적 · 초인지적 과정: 다른 교수전략에서는 주어진 지식을 수용하거나 발견된 지식을 적용하는 과정을 거치는 데 반해, 문제중심학습에서는 학생 스스로 필요한 지식과 해결책을 찾도록 한다는 의미에서 인지적 · 초인지적 과정이 활발하게 이루어진다.

06 고든(W. Gordon)의 시넥틱스(synectics)[26]

[26] 고든의 시넥틱스는 창의성을 강조하는 수업방법이다.

1. 개념

① 시넥틱스는 서로 관련이 없는 '요소들의 결합'을 의미하는 말로 창의적인 문제해결기법의 하나이다.

② 창의성은 정의적 특성으로 감정이입, 상상력, 개인 및 사회문제에 대한 문제해결력, 창의적 표현력을 포함하는 개념이다.

2. 기본 가정

① 창의력에 도움이 되는 보조자료를 개발함으로써 개인 및 집단의 창의성을 증진시킬 수 있다.

② 지적인 요소보다는 정의적 요소가 더 중요하며, 합리적 요소보다는 비합리적 요소가 더 중요하다. 정의적 요소와 비합리적 요소는 문제해결상황에서 성공의 가능성을 증진시키는 것으로 이해되어야 한다.

③ 시넥틱스에서는 크게 2가지 작업이 이루어진다. 하나는 친숙한 것을 이용해 새로운 것을 창안하는 것이고, 다른 하나는 친숙하지 않은 것을 친숙한 것으로 만들어 보는 것이다.

3. 시넥틱스의 4가지 유추

구분	내용 및 예
직접적인 유추 (direct analogy)	실제로는 닮지 않은 두 개념을 객관적으로 비교함으로써 현재 당면하고 있는 문제를 해결하고자 함 예 벨이 전화기를 만들 때 사람의 귀와 입을 비교함
의인 유추 (personal analogy)	문제를 해결하는 사람 자신이 문제의 일부가 되었다고 생각해봄으로써 문제가 필요로 하는 통찰을 이끌어 내고자 하는 유추 예 '내가 만일 새롭게 고안된 병따개라면 어떤 모양이 되고 싶은가?'와 같이 사람이 문제의 일부분이 됨
상징적 유추 (symbolic analogy)	개념이나 대상들의 관계를 기술하는 데 상징을 활용하는 유추 예 2개의 서로 모순되거나 반대되는 단어의 결합은 심리적 긴장 또는 인지적 갈등을 초래하는데, 이러한 갈등이 곧 새로운 의미와 새로운 사고를 창출함
환상적 유추 (fantasy analogy)	현실세계를 넘어서는 상상을 통해 유추함으로써 문제를 해결하고자 함 예 현실적으로는 문제를 해결할 수 없을 때 현상이나 신화적인 유추를 활용함

4. 수업단계

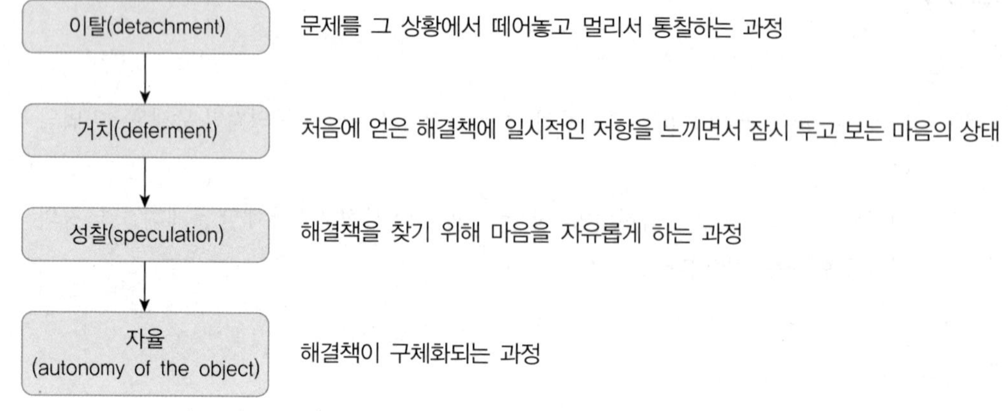

[그림 12-43] 시넥틱스의 수업단계

07 가치명료화 기법[27]

① 가치명료화는 개인이 무엇을 가치 있게 여겨야 하는가, 즉 '무엇이 나의 가치인가'의 결정을 도와줄 수 있는 이론이다.

② 즉, 학생들의 가치인식과 판단능력을 길러 주고자 하는 수업방법으로 콜버그의 도덕성 발달이론과 유사하다.

③ 가치명료화는 가치의 주입을 회피하는 대신 가치를 결정할 때에 이성을 사용할 것을 요구한다. 가치명료화는 선택하기, 소중히 여기기(상찬), 행동하기[28]의 과정을 통해 지성적인 가치선택을 촉진하도록 구안되었다.

[27] 가치명료화 기법은 가치를 명료화시키는 도덕성 교육 중의 하나로서, 학습자들에게 가치를 일방적으로 전수하는 것이 아니라 도덕과 윤리 문제에 대한 개인적 신념과 가치에 대해 능동적으로 숙고 · 성찰하도록 하는 프로그램으로, 인본주의 심리학의 원리를 교육에 적용한 것이다.

[28] 가치명료화는 이성적 판단을 통해 선택하며, '도덕성'의 개념 특성상 행동까지 강조하게 된다.

08 학습부진아 지도[29]

1. 학습부진아의 개념

① '학습부진아(retarded child, backward child)'란, 대체로 정상적인 지능을 갖고 있으면서 무슨 이유에서인지 학습능률은 오르지 않고 학업성적이 그 능력수준에 미치지 못하는 아동을 말한다.

② 학습부진아는 전 교과의 학업성적이 지능에 비해 낮은 전체적 학습부진아와 특정 과목에서만 떨어져 있는 특정 교과 학습부진아가 있는데, 후자는 '학업 불균형아'라고도 부른다.

[29] 학습부진아 지도는 지능은 높지만 학습성과는 낮은 학습자를 진단해서 지도하는 것이다.

2. 학습부진의 원인

(1) 개인적 요인

① **지적 장애**: 보통 이상의 지능임에도 불구하고 학업성적이 나쁜 이유로는 그 아동의 지능구조를 들 수 있다.

② **신체적 장애**: 병약, 근시, 난청, 편도선 장애, 영양장애, 언어장애, 지체 부자유 등은 학습의 저해요인으로 작용할 수 있다.

③ **성격적 · 정서적 요인**: 의지박약, 주의력 산만, 정서 불안정, 태만, 공포, 불안감 등은 학습부진의 원인이 된다. 또한 사회성의 결여도 교사와 친구에 대한 대인관계가 원만하지 못하여 자신감을 상실하거나 열등감을 갖게 하는 등 학습에 대한 흥미를 잃게 할 수도 있다.

④ **학습흥미**: 아동이 학습에 흥미를 느끼지 못하는 경우에는 학습부진의 원인이 되는데, 흥미가 있으면 자발적으로, 적극적으로 학습에 집착하기 때문에 능률이 오른다.

⑤ **과거의 경험부족(기초학력의 결함)**: 결석을 자주 한다든지, 전학을 한다든지 등 어떤 이유로 중요한 기초학습을 충분히 획득하지 못하면 다음 단계의 학습은 지장을 받게 마련이다.

⑥ **학습습관의 부적절**: 공부할 때 주의집중이 잘 안 되거나, 노트 정리가 잘 안 되어 있거나 사전을 이용할 줄 모르거나, 예습 · 복습이 없다든지 하는 문제는 학습습관(학습법)이 부적절하기 때문으로, 이로 인해 학력의 향상을 기대할 수 없다.

(2) 가정적 요인

① **부모의 교육적 태도**: 부모가 자녀학습에 무관심하거나 성적이 어느 정도이며, 얼마나 노력하는지 등에 관심이 없을 때, 자녀의 학습의욕을 상실시키는 계기가 된다.

② **가정의 불안정**: 형제간 · 부부간 싸움이 잦거나 부모 · 자식관계가 원만하지 못하면 가정 내에는 정서적 긴장과 차가운 분위기가 감돌기 쉬우며, 결손가정도 중요한 원인으로 작용할 수 있다.

③ **경제적 빈곤**: 가정경제의 빈곤으로 인해 공부방이나 책상이 없거나 학용품, 참고서, 운동기구 등이 불충분하면 학업부진의 원인이 된다.

3. 학습부진아의 특성

① **변별력과 주의력 부족**: 학습부진아의 학습속도가 느린 것은 그들이 도구적 반응을 못하기 때문이 아니라, 적절한 변별을 하는 데 필요한 결정적인 자극에 주의집중하지 못하기 때문이다.

② **기억력 부족**: 학습부진아는 보통 단기기억력(short-term-memory)에 결함이 있다.

③ **추상적 개념과 어휘력 부족**: 학습부진아가 학교 학습과제를 수행할 때 필요한 독서에 실패하는 중요한 이유 중 하나는 추상적 개념 또는 어휘력 부족이다.

④ **우뇌 기능 우수**: 학습부진아 중에는 비언어적 기능을 주로 하는 우뇌 기능이 우세하고 언어적 기능을 주로 하는 좌뇌기능이 약한 학생들이 많은데 교재를 비롯한 모든 학습자료는 거의 대부분 언어 중심적이어서 이들에게는 별로 효과적이지 못하다.

제 6 절 학습양식

01 학습양식과 인지양식

① '학습양식'은 학습전략과 지식획득의 조직과 통제를 의미하며, '인지양식'은 인지과정의 조직과 통제를 의미한다. 일부 학자는 학습양식과 인지양식을 구분하지만, 최근에는 이를 구분하지 않는 경향이 있다.

② 학습양식이란 학습이 이루어지는 과정에서 학습자가 지속적으로 선택하는 일정한 경향성을 띤 학습방법의 집합으로, 학습하는 과정에서 나타내는 학습습관, 학습방법, 학습요령 등을 총괄하는 복합적인 학습자의 성향이다.

③ 학습자의 학습양식에 관한 이해활동은 교사가 효율적으로 수업을 운영해 나가는 데 중요한 출발점이 된다.

02 학습양식 이론의 적용과 시사점

1. 적용

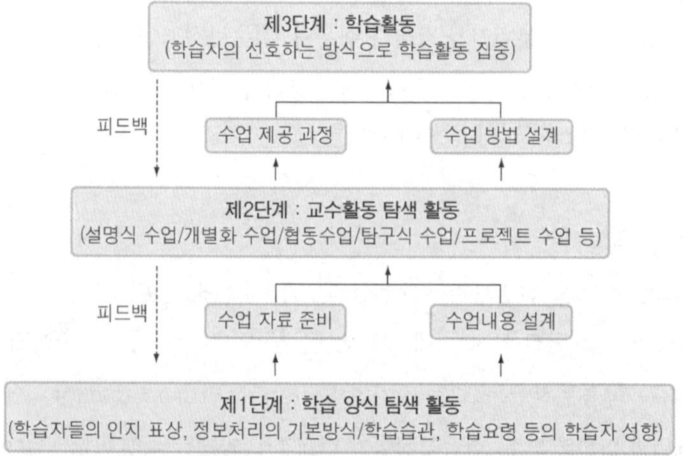

[그림 12-44] 학습양식 수업모형

학생 개개인의 학습양식의 다양성을 수업에 반영하는 학습양식 수업모형은 교사 중심의 강의식 수업에 대한 대안으로 주제 중심 학습, 소집단 토론, 협동학습, 개별화 학습 등과 함께 교사들에게 도움이 될 것이다.

2. 학습양식의 교육적 의의

① 사람은 각각 다른 능력과 사고방식을 가지고 있기 때문에 이러한 차이를 인정하고 이를 고려한 수업전략을 구성하는 것이 바람직하며, 한 가지 이상의 다양한 방식으로 지식내용을 제시하는 것도 필요하다.

② 그러나 학습양식이라는 아이디어가 무척 그럴듯하게 보여도 때로는 낙인으로 작용할 수 있다는 점을 간과해서는 안 된다.

③ 학습양식이 교사에게 주는 함의

㉠ 적성-처치 상호작용모형처럼 학습양식을 고려하여 교수양식을 다양화해야 한다.

㉡ 학생들로 하여금 자신들이 가장 효과적으로 학습하는 방식을 이해하도록 돕는다.

㉢ 결국 학생들은 서로 다르며, 이러한 차이에 민감해야 한다.

제 7 절 수업의 실제

01 판서

1. 기능

구분	내용
장점	• 판서는 학습자의 학습내용을 요약하는 것이므로 학습자의 학습효과를 제고해줄 수 있음 • 중요한 내용을 적거나 이해를 돕기 위한 도식 · 모형을 나타내기 때문에 학습자의 이해와 정리를 촉진시킴 • 판서는 학습자의 학습을 일정 시간 동안 반복시키는 기능을 함 • 판서는 학습자의 시선을 일시에 한 곳에 집중시켜 학습자의 행동을 일시에 통제할 수도 있음 • 판서는 학습내용, 시간 등의 상황요인에 따라 그 형식과 양 및 제시방법을 다양하게 할 수 있어 괘도나 OHP 등에 비해 훨씬 융통성이 있음
단점	• 많은 양의 자료를 취급할 수가 없음 • 세부적이고 복잡한 그림을 그리려면 다소의 기술이 필요하므로 초보자에게는 어려움 • 그림을 그리는 데 많은 시간이 소비됨 • 영구적인 기록이 필요한 상황에서는 부적절함 • 학습시간을 너무 소비시킴 • 마치 학생의 학습활동이나 교사의 수업활동이 판서를 중심으로 이루어지는 것이 전부인 것처럼 인식시킬 수도 있음

2. 판서의 요령

① 판서 계획을 세운다.

② 판서는 좌측 상단부터 시작하여 중앙, 우측 하단 쪽으로 옮겨가며 하며, 세로로 2~3등분하는 것이 적절하다.

③ 문자의 크기와 글씨체에 유의하고, 칠판의 글씨가 교사의 몸에 가리지 않도록 주의한다.

④ 판서와 설명을 서로 다른 시기에 하는 것보다는 이를 병행하는 것이 좋다.

⑤ 중요사항이나 강조할 내용의 판서는 글씨의 크기를 달리 하거나 색분필을 사용한다.

⑥ 긴 설명이 필요하거나 해부도와 같은 그림은 괘도 등의 자료를 활용하여 미리 준비한다.

⑦ 판서 내용의 삭제는 자주하지 않는 것이 좋다.

⑧ 판서할 때 교사는 학생의 효율적인 노트 필기를 위하여 단원명, 번호 부여 방식, 요약 및 정리 등에 주의를 기울여야 한다.

⑨ 판서 내용의 순서는 교재의 학습내용 순서에 따르며, 이는 늘 조직적이어야 한다.

⑩ 능률적인 판서를 위하여 필요한 소도구들을 사전에 충분히 준비한다.

⑪ 판서의 핵심은 간략성과 명료성이므로, 가르치고자 하는 핵심적인 내용만을 제시한다.

⑫ 몸을 학생 쪽으로 비스듬히 돌린 채 팔을 길게 뻗어서 한다.

⑬ 색분필은 너무 많이 사용하지 않는다.

⑭ 왼쪽부터 학습목표 제시 ⇨ 학습전개내용 ⇨ 자료 제시 ⇨ 학습 안내의 순으로 한다.

02 발문[1]

1. 발문의 기능

① 학습 · 작업 방법에 대한 암시를 주어 문제해결절차에 따라 학습자 스스로 답을 구하게 된다.

② 교사와 학습자 간의 인간관계를 인격적으로 결부시켜 민주적 수업분위기를 조성하고, 교사와 학생 간 활발한 상호작용을 할 수 있다.

③ 학습자의 사고활동을 촉진시켜 주체적인 자기학습을 가능하게 한다.

④ 발문은 새로운 문제의 제기이며 학습활동의 추진력이다.

2. 질문유형

(1) 폐쇄적 질문과 개방적 질문

구분	내용
폐쇄적 질문 (closed questions)	• 특정 사실에 관한 답을 요구하거나 제한된 수의 반응을 필요로 하는 질문으로 수렴적 사고를 조장함 • **인지적 기억질문**: 어떤 사람의 기억 여부를 검증하는 질문을 말함 • **수렴적 질문**[2]: 정보의 해석, 연결, 설명, 결론을 이끌어 내는 정신적 활동을 자극하는 질문을 말함
개방적 질문 (open questions)	• 신중한 사고과정의 결과로 답하거나 긴 설명이 요구되는 형태의 질문으로 이 질문 유형에서는 응답자가 스스로 결론을 내며, 확산적이거나 창의적 사고를 강조함 • **확산적 질문**: 1개의 정답을 요구하기보다는 오히려 학생들의 상상이나 추측 등의 사고에 따라 여러 개의 응답을 허용하는 질문 • **평가적 질문**: 학생들로 하여금 모종의 가치판단을 요구하는 질문

[1] 발문은 확산적 사고를 하기 위한 것이다.

[2] 수렴적 질문(convergent questions)은 여러 가지 가능한 해결책이나 답보다 추론적 사고를 통해 하나의 정확한 해결책이나 답을 찾도록 요구하는 질문을 뜻한다. 폐쇄형 질문(closed questions)과 유사한 의미를 지닌다.
예 '변과 각이 각각 3개인 도형의 이름은 무엇인가', '우리나라에서 가장 높은 산은 어떤 것인가', '이 글의 주인공은 누구인가', '다음 글을 읽고, 이 글에서 주장하는 바를 가장 잘 나타낸 것을 고르시오.'

(2) 사고의 폭과 수준에 따른 질문의 유형

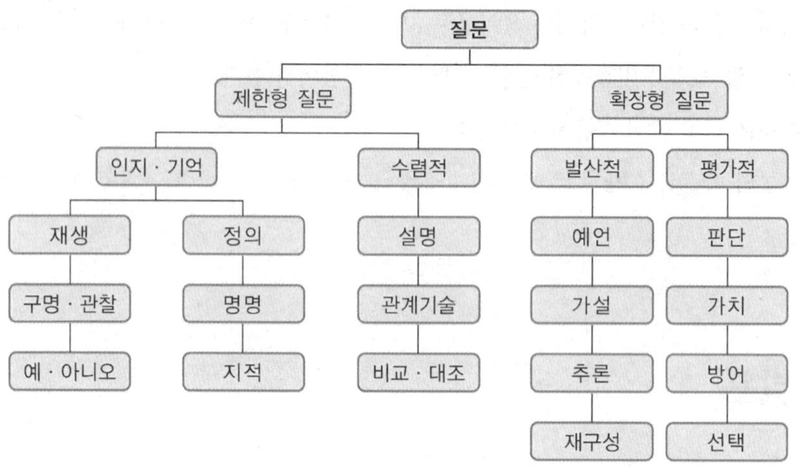

[그림 12-45] 질문의 유형

3. 좋은 발문

(1) 좋은 발문의 준거

① 질문을 명료하게 한다.

② 개방적 질문을 통해 사고를 진작시키며 응답의 여지가 많은 발문을 한다.

③ 질문에 답변내용을 포함시켜서는 안 된다.

④ 정답을 제시하도록 하는 발문을 피하며 단순히 '예, 아니오'로 답할 수 있는 발문은 피한다. 학생들의 개념발달을 지향하는 질문을 한다.

(2) 좋은 발문의 절차

① 질문을 먼저 던진 후, 몇몇 학생에게 답변하도록 한다.

② 질문한 후에 잠시 생각할 시간을 준다.

③ 만일 학생의 답변이 부분적인 것이라면 그 응답을 확대시킨 또 다른 질문을 같은 학생에게 하여, 반성적 사고를 유도한다.

④ 습관적으로 응답을 잘하는 학생만 지적하여서는 안 되며, 가능한 한 많은 학생을 참여시킨다.

⑤ 좋은 답변에는 칭찬을 하지만 빈약한 답변에 대하여 비난해서는 안 된다. 교사는 학생들이 옳은 답변을 할 수 있도록, 또는 부분적이라도 옳게 답변할 수 있도록 계속하여 재질문을 하여 반성적 사고를 유도한다.

(3) 좋은 발문의 방법

① 한 번에 한 가지만 질문하며, 쉬운 것으로부터 어려운 것 순으로 질문한다.

② 구체적인 목표에 따라 적절한 순서로 질문계획을 세우고, 논리적 계열을 만들어 질문한다.

③ 질문한 후에는 학생들이 적절한 답변을 준비할 수 있는 적당한 시간을 준다.

④ 교사의 질문 속도와 답변을 기다리는 시간의 속도는 질문내용이나 교과의 난이도에 맞춘다.

⑤ 질문 전에 학생을 호명하지 말고 질문한 후에 잠시 쉬었다가 특정 학생을 지적하여 답하게 한다.

⑥ 모든 학생에게 고르게 질문하며, 질문을 반복하거나 질문에 대한 학생들의 답변을 되풀이하지 않도록 한다. 처음 질문에 주의를 기울이도록 하는 것이 바람직하다.

⑦ 분명한 질문보다 개연성이 높거나 개방적인 질문을 하고, 모호한 질문은 피한다.

03 피드백[3]과 교정기술

1. 피드백의 종류

구분	종류	내용
긍정적 피드백과 부정적 피드백	긍정적 피드백	학생의 성취가 적절하거나 옳은 경우에 제공되는 피드백
	부정적 피드백	학생들의 성취가 부적절하거나 틀렸을 경우에 제공되는 피드백
강화와 벌	강화	특정 행동이나 반응을 증가시키기 위한 것
	벌	행동이나 반응을 제지시키기 위한 것
의도적 피드백과 무의도적 피드백	의도적 피드백	피드백을 제공하는 사람(교사)이 의도한 대로 피드백을 받는 사람(학생)이 받아들이는 피드백
	무의도적 피드백	피드백을 주는 사람의 원래 의도가 피드백을 받는 사람에 의해 다르게 인식되는 피드백
평가적 피드백과 비평가적 피드백	평가적 피드백	학생의 성취에 관하여 가치판단을 내포하고 있는 피드백
	비평가적 피드백	사실적이고 객관적인 기준에 초점을 맞춘 피드백
언어적 · 상징적 피드백과 비언어적 피드백	언어적 · 상징적 피드백	언어 등 상징을 써서 학생들의 반응이 적절한지 그렇지 않은지에 관한 정보를 제공하는 피드백
	비언어적 피드백	교사의 신체적 표현을 써서 정보를 제공하는 피드백
교정적 피드백	• 학습과정에서 야기되는 특정 문제점을 수정하고 부가적인 설명이나 실연을 필요로 하는 피드백 • 학생의 반응에 관한 정확성과 부정확한 정보뿐만 아니라 오류에 관한 교정을 위하여 보충설명도 함 • 보통 학생들이 수업목표를 완전히 성취할 수 있도록 하기 위한 피드백	

[3] 교정적 피드백과 즉각적 피드백을 하는 것이 수업의 효율성을 높일 수 있는 방법이다.

2. 피드백과 교정방법

① 학습과제에 학생들이 먼저 반응하도록 한 후에 피드백을 제공하는 것이 효과적이다.

② 새로운 학습과제를 처음 가르칠 때에는 피드백과 교정을 자주 실시한다.

③ 학생들에게 교정적 피드백을 규칙적으로, 신속하게 줄 때 훨씬 효과적이다.

④ 집단적 피드백보다는 개별적 피드백이 더 효과적이다.

⑤ 많은 학생들이 비슷한 유형의 실수를 범할 때에는 개별적 피드백과 교정보다는 소집단을 대상으로 피드백과 교정을 제공하는 것이 효과적이다.

⑥ 수업의 흐름에 따라 피드백과 교정법을 달리한다.

⑦ 학습속도가 느린 학생들이 설정된 수업목표를 달성하게 하기 위해서는 별도의 시간을 내어 보충적인 피드백과 교정을 해 주어야 한다.

⑧ 교사가 피드백과 교정을 제공할 때에는 학생을 격려하고 온정적으로 대하여야 한다.

⑨ 긍정적인 강화나 부정적인 강화를 피드백과 함께 쓰면 학생들의 동기유발이 쉽게 일어나며 학습이 용이해진다.

⑩ 피드백이 긍정적이건 부정적이건 늘 학습성취에 대한 피드백을 주어야 하며, 인격적 비난은 절대 삼가야 한다.

⑪ 학습향상에 대한 피드백은 동기를 증가시키지만, 사회 비교와 관련지어 있거나 수행 지향적 피드백은 동기를 감소시킬 수 있다.

04 동기유발기술[4]

1. 동기유발의 선결조건

① 지원적인 환경을 조성해 주어야 한다.

② 적절한 수준의 난이도를 유지하고 적절한 도전감을 보여주어야 한다.

③ 의미 있는 학습목표를 제공해야 한다.

④ 적절한 횟수의 동기유발전략을 사용해야 한다.

2. 내적 동기를 이용한 동기유발전략 – 즐거움

① 과제를 학생의 흥미에 적용시켜 제공해야 한다.

② 참신하고 다양한 요소들을 포함시켜 제시해야 한다.

③ 학습에 대한 선택권과 자율권을 부여해 주어야 한다.

④ 학생들이 적극적으로 반응할 수 있는 기회를 제공해 주어야 한다.

⑤ 학생들의 반응에 즉각적인 피드백을 제공해 주어야 한다.

⑥ 학생들이 스스로 완전한 산출품을 창조할 수 있도록 허용해 주어야 한다.

⑦ 공상적인 요소나 모의실험요소를 포함시켜 제시해 주어야 한다.

⑧ 학생들이 연습할 때 게임형식[5]으로 전개해야 한다.

⑨ 탐구 · 발견학습이 되도록 고급수준의 목표인 귀납적 질문들을 포함해서 제공해야 한다.

⑩ 동료학생들과 상호작용할 수 있는 기회를 제공해 주어야 한다.

⑪ 성취에 대한 만족감을 느낄 수 있는 기회를 제공해 주어야 한다.

3. 동기유발방법

① 효과적인 학습동기는 학습의 목표를 개인적 욕구와 결부시켜 줄 때 유발된다.

② 목표를 뚜렷하게 인식시켜 주는 것은 학습동기를 유발시키는 데 크게 도움이 된다.

③ 개인의 흥미나 적성에 부합된 학습과제일수록 학습동기 유발에 도움이 된다.

④ 피드백 제공과 같은 자신의 학습결과에 대한 정보는 학습동기 유발에 도움이 된다.

⑤ 칭찬이나 상은 학습동기 유발에 효과적인 방법이다.

⑥ 긍정적 자아개념 형성을 돕는 것은 학습동기 유발에 도움을 준다.

⑦ 부분 해답은 문제를 해결하고자 하는 동기가 유발되므로 학습동기 유발에 도움을 준다.

⑧ 경쟁심의 적절한 활용은 학습동기 유발에 도움을 준다.

⑨ 다양한 매체를 사용하는 것은 학습동기 유발에 도움을 준다.

⑩ 친숙한 자료를 사용하며, 시험에 관한 정보를 제공하는 것은 학습동기 유발에 도움을 준다.

4 동기유발기술은 내적 동기를 유발시키는 기술이다.

5 게임 그 자체를 즐기는 것으로 내적 동기를 유발할 수 있다.

05 경청기술

1. 개요

① 교사가 학생의 말을 진지하게 듣는 것은 교사와 학생의 의사소통을 원활하게 하며 교사에 대한 학생의 신뢰감을 돈독하게 한다.

② 교사의 경청기술은 설명기술이나 화술만큼 중요하므로 교사는 학생의 말을 진지하고도 주의 깊게 들으려는 태도를 가져야 한다.

2. 교사의 좋지 못한 경청태도와 대책

① 학생이 하는 말을 재미없다는 표정으로 듣는다. ⇨ 학생의 말 한 마디 한 마디에 그 의미를 파악하며 진지하게 듣는다.

② 이야기하는 사람의 말을 비판한다. ⇨ 진지하게 듣고 이해한다.

③ 화자의 사실내용에만 집착한다. ⇨ 학생들이 말하는 원리나 아이디어의 본질을 파악하는 데 주력해야 한다.

④ 지나치게 흥분하는 경향이 있다. ⇨ 학생들의 말을 끝까지 들어야 한다.

⑤ 화자의 이야기를 전부 받아쓰려는 경향이 있다. ⇨ 자신의 사고를 저해하거나 그 상황에 수동적으로 대처하게 되기 때문에 요점만을 적는다.

⑥ 주의를 기울이면서 경청하는 듯한 태도를 가장한다. ⇨ 진지하게 듣는다.

⑦ 학생의 말을 듣는 것과 자신의 사고를 서로 다른 시기에 하는 경향이 있다. ⇨ 말을 듣는 사람은 화자의 말과 동시에 사고를 진행시키는 것이 좋다.

3. 교사의 바람직한 경청태도

① 마음가짐, 필기구, 주위 환경 등 경청을 위한 충분한 준비를 한다.

② 주의를 기울여 들으려는 노력을 한다.

③ 경청에 방해가 되는 요인을 제거한다.

④ 화자의 말을 끝까지 듣도록 한다.

⑤ 화자의 말이 시작되기 전에 그 내용을 예측해 본다.

⑥ 화자의 말과 자신의 예상내용을 비교해 본다.

⑦ 화자의 아이디어와 논리를 자신의 것과 비교한다.

⑧ 화자의 발언내용을 자주 요약 · 정리하여, 학생의 말을 듣고 있다는 피드백을 준다.

⑨ 사실에 관한 판단보다는 아이디어의 전개과정에 주의한다.

⑩ 화자의 말을 자신의 언어로 정리하고 기록한다.

Part 13
교육공학

◎ 핵심키워드 한눈에 콕콕

Part 13 교육공학 핵심키워드 한눈에 콕콕

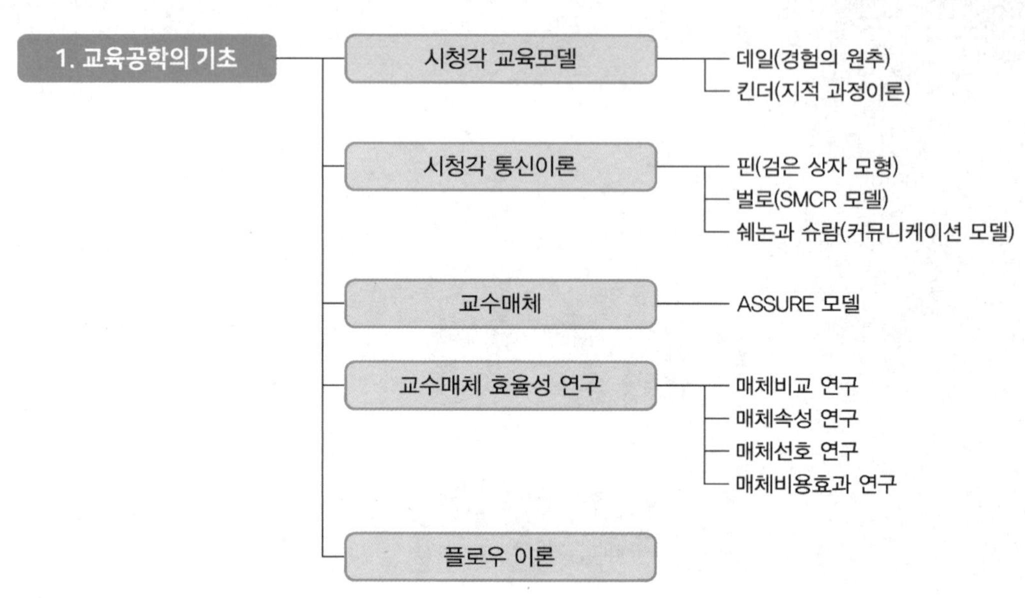

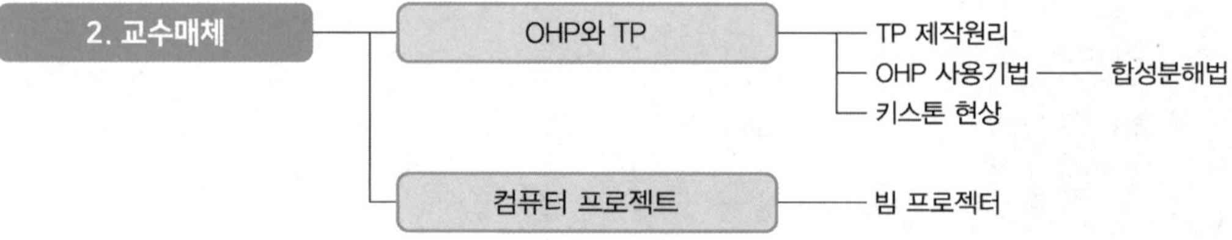

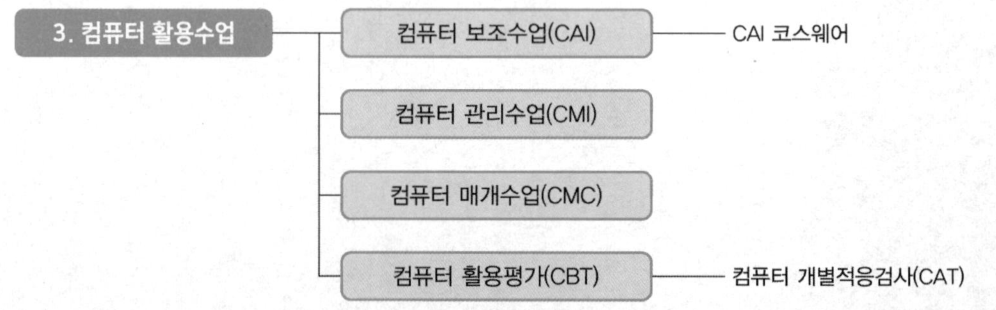

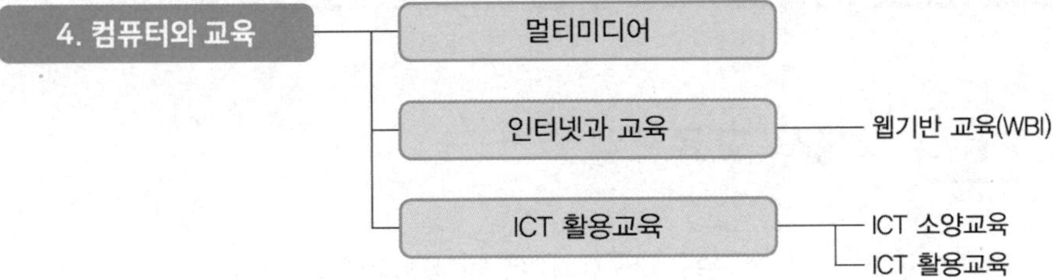
4. 컴퓨터와 교육
멀티미디어
인터넷과 교육
웹기반 교육(WBI)
ICT 활용교육
ICT 소양교육
ICT 활용교육

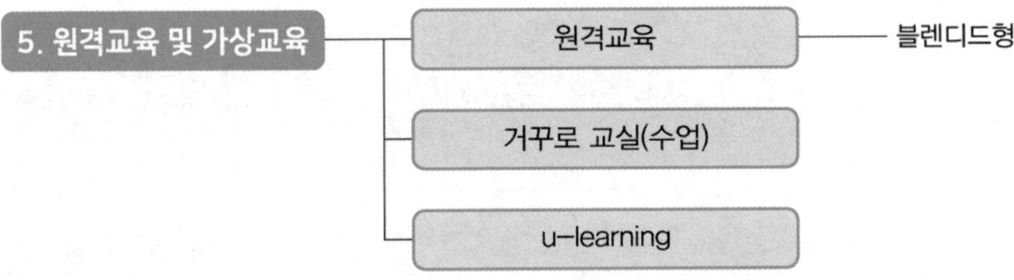
5. 원격교육 및 가상교육
원격교육
블렌디드형
거꾸로 교실(수업)
u-learning

제1절 교육공학의 기초

1 시청각 교육모델은 구체적인 것에서부터 추상적인 것으로 제시할 것을 강조한다.

2 데일의 경험의 원추는 '어떻게 경험을 제시할 것이냐'의 문제와 관련된다.

01 시청각 교육모델[1]

1. 데일(Dale)의 경험의 원추(cone of experience)[2]

(1) 모형

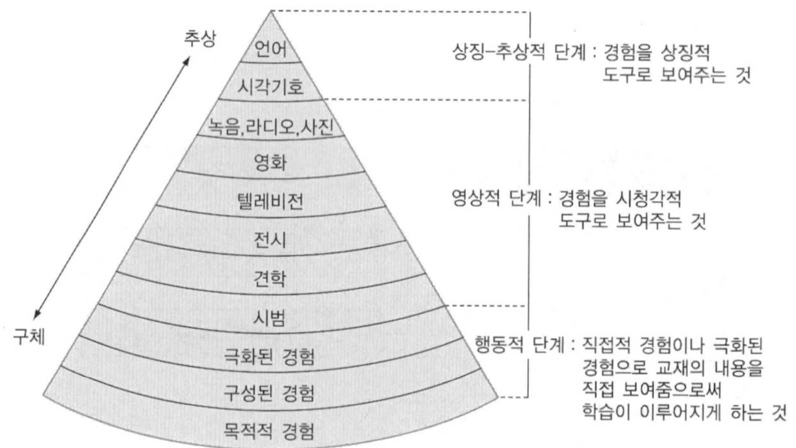

[그림 13-1] 데일의 경험의 원추 모형

① 데일은 시청각 교재를 구체성-추상성에 따라 분류한 '경험의 원추'라는 모형을 개발하였다(1969).

② 경험의 원추는 학습자가 갖는 경험을 행동적 단계, 영상적(시청각적) 단계, 상징적 단계로 나누어 설명하고 있는데, 이는 교수방법의 형태가 학습경험의 추상성과 구체성의 정도에 따라 달라질 수 있다는 것을 시사한다.

③ 데일의 경험의 원추 모형에서는 원추의 하부에서 상부로 올라갈수록 학습경험의 추상성이 높아지고, 상부에서 하부로 내려갈수록 구체성이 높아지고 있다. 그러나 데일은 추상성이 높아진다고 학습이 어려워지는 것은 아니라고 하였다.

④ 그는 교재는 반드시 학습자의 지적 능력이나 경험에 맞추어 선택하는 것이 필요하다고 하였는데, 이는 모든 학습이 누구에게나 무조건 경험의 원추 맨 아래 단계인 직접적인 경험부터 시작할 필요가 없다는 것을 의미한다.

(2) 통합적 운영

① 학습을 위해서는 적절한 난이도가 있어야 하듯이 교수매체로서 시청각 교재와 교구도 학습자의 수준에 따라서 구체성과 추상성의 정도가 적절하게 통합되어야 한다.

② 왜냐하면 너무 쉬운 과제를 계속적으로 제시하면 학습이 충분히 일어나지 못하며, 반대로 너무 어려운 과제가 계속적으로 제시되면 흥미를 잃어버리고, 이해가 되지 않는 상태에서 지식을 단순히 암기만 하게 되는 것과 같이 적절한 난이도의 교수매체를 제시해야 한다.

③ 즉, 구체적인 경험을 너무 많이 하면 학습자가 지적 경험을 체계화하는 데 어려움이 따르는 반면, 추상적인 경험에 너무 치우치면 이해가 되지 않는 상태에서 단지 일반화된 사항을 암기해 버리거나 언어만 사용하여 개념을 형성하는 데 어려움을 겪게 될 수 있다.

④ 그리고 너무 구체적인 경험으로는 제한된 시간 안에 많은 정보를 전달하는 것이 불가능하다. 교육매체가 추상적일수록 구체성이 높은 교수매체보다 동일 시간 내 더 많은 정보를 전달할 수 있으며 이에 소요되는 학습시간이 적어진다.

⑤ 그러므로 학습이 효과적으로 이루어지기 위해서는 구체적인 경험을 제공하는 시청각적인 교재와 추상적인 경험을 제공하는 언어기반 매체를 통합해서 사용하여 시청각적 경험과 언어적 경험의 상호작용을 통해 경험의 일반화를 유도해야 한다는 것을 알 수 있다.

(3) 경험의 원추 주요 특징

① 데일의 경험원추설은 구체성과 추상성의 관계에서 원추의 아래부터 위로 올라갈수록 추상성이 높아지며, 반대로 아래로 내려올수록 구체성을 드러내고 있다.

② 데일은 경험의 원추에서 제시한 학습경험을 크게 직접적 · 목적적 경험(direct-purposeful experience), 영상을 통한 경험(iconic experience), 상징적 경험(symbolic experience)으로 분류하여 학습형태가 행위에 의한 학습, 영상을 통한 학습, 추상적 · 상징적 개념에 의한 학습으로 구분될 수 있음을 강조하고 있다.

③ 경험의 원추에서 생각해 보아야 하는 것은 교수매체가 구체적인 자료에서 추상적인 자료로 올라갈수록 짧은 시간 내에 더욱 많은 정보 및 학습내용이 전달된다는 것이다.

3 킨더의 지적 과정이론은 지식획득의 위계성을 강조한다.

2. 킨더(Kinder)의 지적 과정이론[3]

(1) 개요

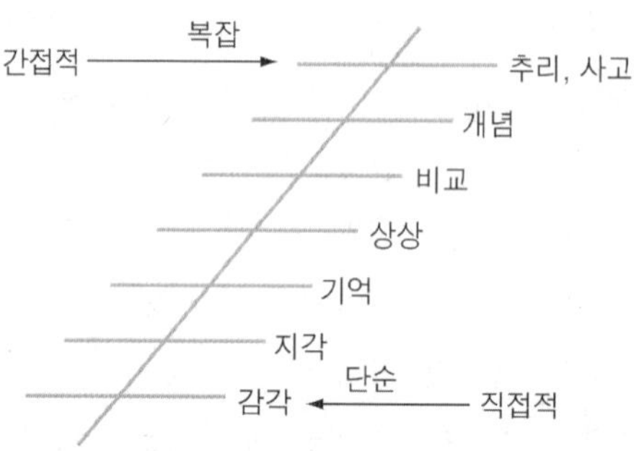

[그림 13-2] 지적 과정이론의 모형

① 지적 활동은 구체적 · 직접적 단계에서 상징적 · 간접적 단계로 옮겨간다.

② 그는 학습의 궁극적인 목적이 개념 형성에 있다고 보고, 이를 달성하기 위해서 그 개념 형성의 과정과 피교육자의 발달 단계에 알맞은 단계를 제시하였다.

(2) 지적 과정이론 특징

① 지적 사고과정은 전 단계를 토대로 점진적으로 발달하는 나선형으로 제시한다.

4 지적인 것은 비약적으로 발전하지 않고 점진적으로 발달해간다.

② 지적 사고과정은 준비성을 강조하며, 비약적 · 도약적인 발달을 인정하지 않는다.[4]

02 시청각 통신이론(Communication Model)[5]

1. 핀(Finn)의 검은 상자(black-box) 모형

(1) 검은 상자 모형

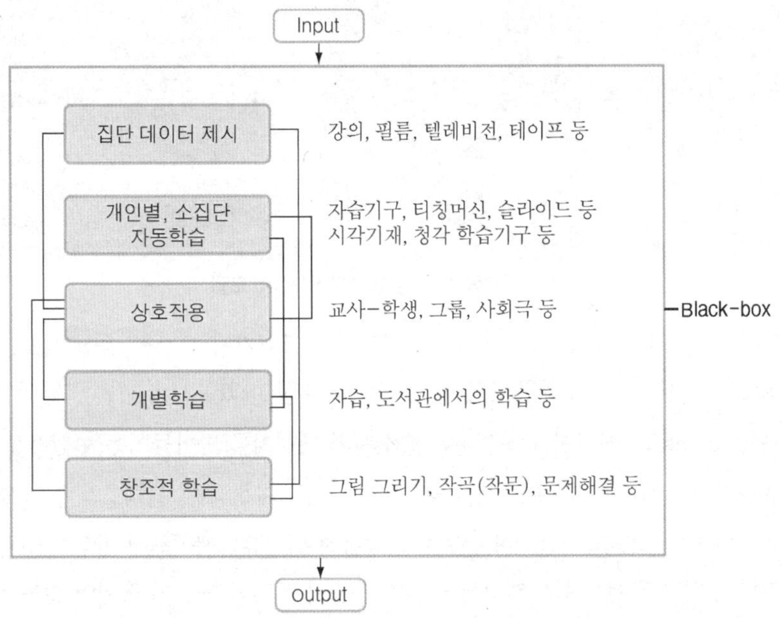

[그림 13-3] 핀의 검은 상자 모형

① 교수체제의 요소로서 집단적 제시기술, 개인별 소집단 자동학습, 상호작용 학습, 개별학습, 창조적 학습 등으로 세분하여 이들을 교수체제 속의 검은 상자(black-box) 개념으로 보았다.

② 핀은 이들 각각의 교수방법을 검은 상자로 취급하여 내부는 알 수 없어도 입력과 출력을 조정함으로써 어떠한 반응을 얻을 수 있는 심리학적 개념으로 정의하고 있다.

③ 학습자의 성취반응은 학습자 내부의 어떤 메커니즘에 의해 이루어지는지에 대해서는 알지 못한다는 것으로, 다만 다양한 교수방법이 학습상황에 따라 통합적으로 활용(체제적)[6]됨으로써 교수-학습의 효율성을 증가시킬 수 있다는 점을 지적하였다.

(2) 교육적 의의(강조점)

① 교수공학의 기본단위는 개별적인 교수자료가 아니라, 통합된 완전한 교수체제이다.

② 개별적인 교수자료들은 교사의 보조물이라기보다, 교수체제의 구성요소로 간주되어야 한다.

③ 교수체제를 조직적으로 구성하기 위해서는 사전에 교수방법의 통합적 활용을 일관성 있게 계획해야 한다.

5 시청각 통신교육의 전제
- 상대방이 존재해야 한다.
  - 교육에서는 학습자가 중시된다.
- 통신기술이 중요하다.
- 체제로 발전한다.
  - 상호작용(교사, 학습자, 학습매체의 상호작용 강조)

6 핀의 검은 상자 모형은 체제적 모형으로 상호작용이 이루어진다.

7 벌로의 SMCR 모델은 송신자와 수신자의 통신기술이 같아 학습이 이루어진다고 보는 이론이다.

8 벌로의 SMCR 모델에 의하면 송신자와 수신자의 하위영역이 일치할수록 커뮤니케이션이 완벽해진다. 즉, 송신자는 독립변인이며, 수신자는 종속변인이기 때문에 종속변인은 수정할 수 없고 독립변인인 송신자(교사)를 수정하여야 제대로 된 통신이 이루어진다.

2. 벌로(Berlo)의 SMCR 모델[7]

(1) 모형[8]

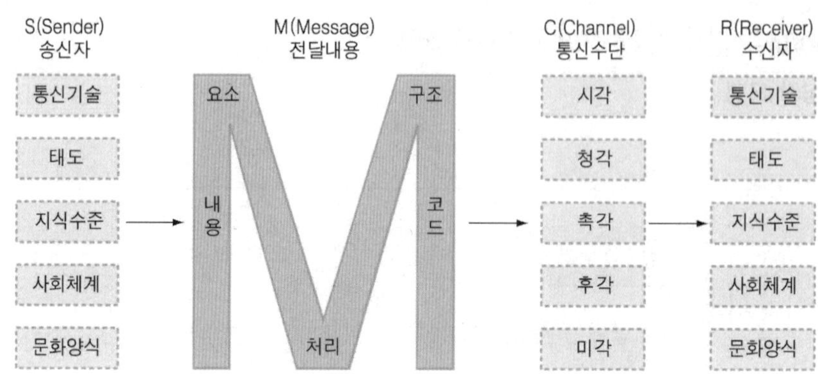

[그림 13-4] 벌로의 SMCR 모델

① 벌로는 커뮤니케이션에는 4가지 요소가 있으며, 이 4가지 요소를 송신자(sender), 메시지(message), 채널(channel), 수신자(receiver)라고 하였다.

② 정보원(source)은 메시지를 창출하는 송신자와 메시지를 받아들이는 수신자로 나뉜다.

㉠ 송신자와 수신자 모두 통신기술, 태도, 지식수준, 사회체계, 문화양식 등에 영향을 받는다.

㉡ 커뮤니케이션 스킬이 높으면 높을수록 효율적인 커뮤니케이션이 이루어진다. 따라서 송신자와 수신자 간에 커뮤니케이션 스킬의 수준이나 지식수준, 소속되어 있는 사회나 문화가 유사할수록 커뮤니케이션은 원만해진다.

㉢ 태도 또한 열의 있게, 적극적으로 지식을 갖고 이야기할 때 커뮤니케이션은 보다 효과적으로 이루어질 것이다.

③ 메시지(message)

㉠ 내용: 전달하고자 하는 것을 의미한다.

예 운동선수 김연아

㉡ 요소: 그 많은 내용 중에 무엇을 중점으로 할 것인지에 대한 것이다.

예 우승 장면, 연습 장면

㉢ 구조: 선택된 내용을 어떤 순서로 어떻게 조직하여 전달하느냐와 관련된 것이다.

예 우승에서 과거 어린 시절로의 시간여행

㉣ 코드: 언어적인 코드와 비언어적인 코드로 구분되어 수신자가 알아들을 수 있도록 변형시키는 것을 의미한다.

예 사진과 함께 글

㉤ 처리: '선택된 코드와 내용을 어떤 순서로 어떻게, 어떤 방법으로 전달할 것인가?' 와 관련된다.

예 다큐멘터리, 인터뷰 형식

④ 채널(channel)

㉠ 메시지의 전달통로로 시각, 청각, 촉각, 후각, 미각 등 인간의 오감이 하위구성요소가 되어 다양한 방법으로 수업이 이루어져야 함을 말한다.

㉡ 커뮤니케이션에서 채널은 주로 인간의 감각기관을 통해 이루어지지만 매스 커뮤니케이션에서는 텔레비전, 라디오, 신문, 책, 잡지, 컴퓨터, 인터넷 등도 채널에 속한다.

(2) 효과적인 커뮤니케이션 요인

① 교사와 학습자 간의 커뮤니케이션 스킬이 동일해야 효과적인 커뮤니케이션이 이루어질 수 있으므로, 학생의 관점을 파악하고 교사가 학생과 유사한 커뮤니케이션 스킬을 가질 수 있도록 노력하여야 한다.

② 메시지에 해당하는 수업내용은 어떤 과정을 거쳐 구조화하여 처리할 것인가에 대한 사려깊은 배려가 필요하기 때문에, 수업내용에 따라 학생들이 이해하기 쉽도록 변형시키는 것은 교사의 중요한 임무이다.

③ 메시지의 전달통로인 수업방법은 오감으로 대표되는 다양한 방법이 적용될 수 있음을 확인하여 상황에 맞는 방법을 사용하는 것이 필요하다.

9 쉐논과 슈람의 커뮤니케이션 모델은 송신자가 수신자 쪽으로 확대해가는 방법이다. 즉, 학습자에게 맞춰 가는 교육을 중시한다.

3. 쉐논(Shannon)과 슈람(Schramm)의 커뮤니케이션 모델[9]

(1) 모형

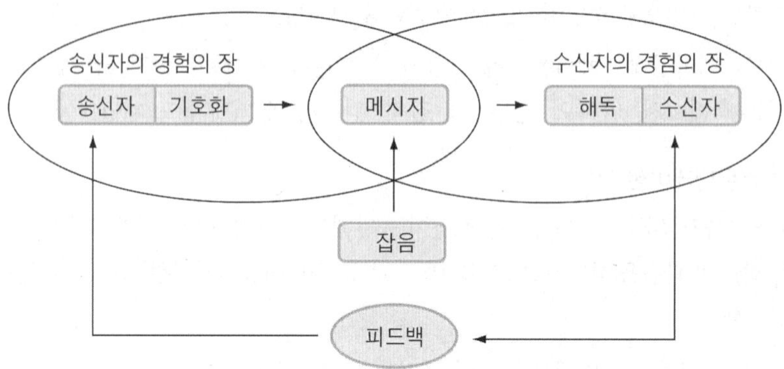

[그림 13-5] 쉐논과 슈람의 커뮤니케이션 모델

① **경험의 장**: 커뮤니케이션이 발생하기 위해서는 송신자와 수신자의 경험의 장이 서로 공통분모를 가져야 하며, 송신자(sender)와 수신자(receiver) 각각이 가진 경험의 장의 차이에 따른 소음의 문제를 해결해야 한다.

② **잡음**

㉠ 커뮤니케이션의 과정에는 필연적으로 여러 가지 수준과 다양한 형태의 잡음이 개입될 수 있다. 잡음은 효과적인 통신을 방해하는 요소이다.

㉡ 쉐논과 슈람의 모델은 송신자가 제시한 메시지를 수신자가 어떻게 받아들였는지에 관한 정보가 피드백 형태로 제시되며, 송신자는 이에 따라서 다시 메시지를 보내는데, 이러한 과정에서 잡음요인으로 인하여 메시지가 정확하게 전달되지 못하는 상황이 발생할 수 있다

③ **피드백**: 잡음과 경험의 차이에서 오는 문제나 커뮤니케이션 내용에 대한 피드백이 발생한다.

(2) 효과적인 커뮤니케이션 요인

① 송신자와 수신자 사이에 공통된 경험의 장이 많으면 많을수록 커뮤니케이션이 잘 일어날 수 있기 때문에 교사가 학생 경험의 장 쪽으로 메시지 영역을 넓혀야 한다.

② 메시지의 전달과정에 잡음이 적으면 적을수록 커뮤니케이션이 잘 일어날 수 있다. 여기서 잡음은 교실 안팎에서 발생하는 소음, 부적절한 조명, 혼탁한 공기 등을 말한다.

③ 피드백이 원활하게 많이 발생할수록, 경험의 차이와 잡음에서 발생하는 문제를 풀어나갈 수 있다.

03 교수매체

1. 개념

① 교사와 학습자 사이의 의사소통을 가능하게 하는 수단으로서, 학습 내용이나 정보를 전달하고 상호작용이 일어나도록 한다.

② 매체는 일반적으로 교수자료로서의 소프트웨어적 의미와 전달수단으로서의 하드웨어적 의미를 모두 지니고 있다.

2. 교수매체와 수업설계 관계

① 매체제작에서 중요한 것은 매체제작을 위해 필요한 기구를 조작하기 위한 기술적인 지식보다 수업내용 분석, 학습자 분석, 주어진 수업목표에 대한 분석과 이를 바탕으로 한 수업설계이다.
예 유치원은 WBI보다 NIE가 더 효과적이다.

② 따라서 교수매체는 교수설계를 바탕으로 해서 이루어지기 때문에[10] 항상 좋은 매체가 존재하는 것이 아니라 수업에 따라 다른 매체를 사용해야 한다.[11]

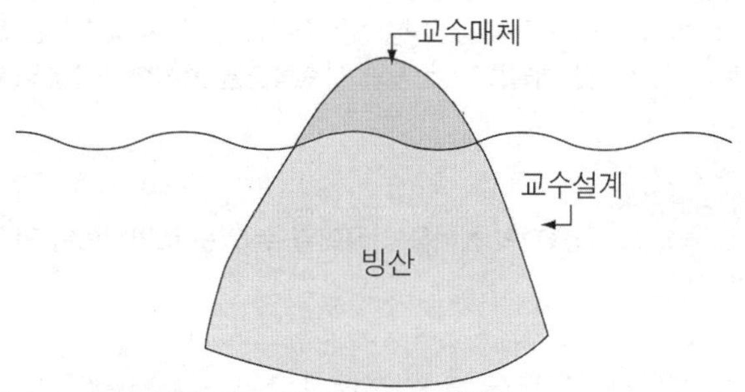

[그림 13-6] 교수매체와 수업설계 관계

10 교수매체는 교수설계 중의 하나이기 때문에 설계가 이루어지는 가운데 매체를 선정해야 한다.

11 상황에 맞는 수업이 가장 올바르기 때문에 강의법이 나쁘다고 말할 수 없다.

12 ASSURE 모델의 절차는 학분 씨의 목표는 자선/자활해서 참여 평수를 넓히는 것이다.

13 분석을 통해 필요한 것들을 보충해 주어야 한다.

3. ASSURE 모델 – 교수매체의 체제적 활용을 위한 선택절차[12]

(1) 개요

수업매체와 자료를 효과적이고 체계적으로 활용하기 위한 지침의 절차적 모형으로, 실제 교실에서의 수업을 위해 매체와 자료의 활용을 위한 계획 수립에 초점을 맞추고 있다.

(2) 절차

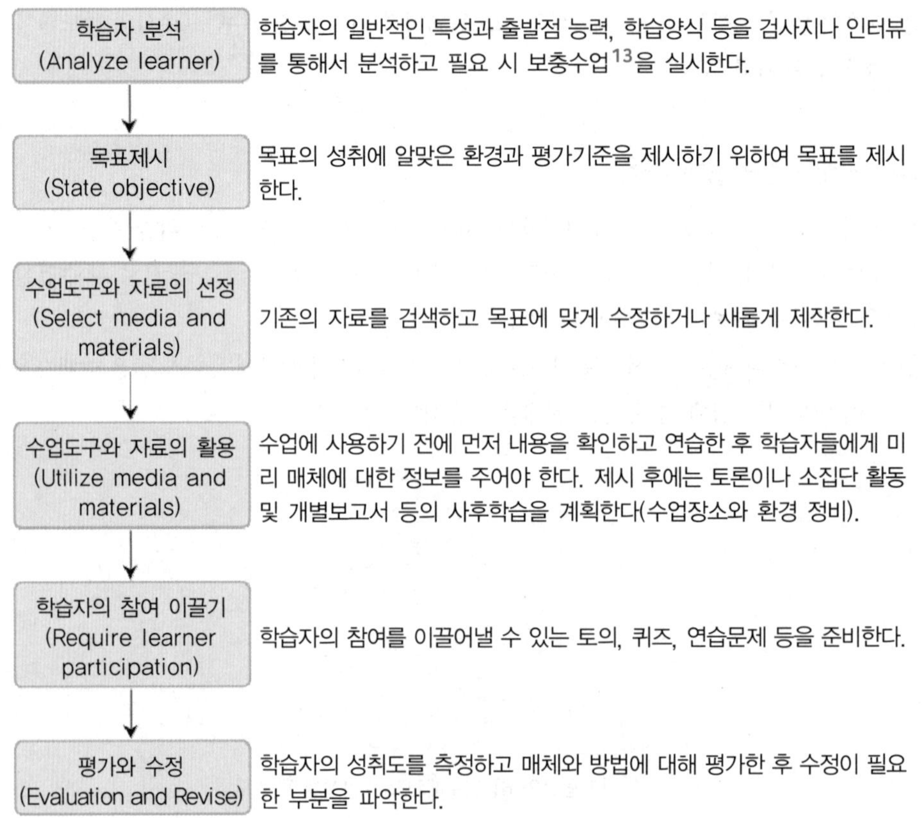

[그림 13-7] ASSURE 모델의 절차

(3) 구체적 내용

① 학습자의 특성 분석(analyze learner characteristic)

㉠ 학습자의 일반적 특성 분석: 학습자의 연령, 학력, 지위, 지능, 적성, 인성, 흥미, 사회 · 경제적 요인 등을 분석한다.

㉡ 학습자의 출발점 행동 분석: 학습자의 선수학습에 관계된 행동을 분석하는 것으로, 이것은 학습목표와 관련해서 수업매체 선정과 활용에 밀접하게 관련되어 있다.

㉢ 학습자의 학습 양식 분석: 지각적 선화와 강점(시각, 촉각, 청각 등), 정보처리 습관(계열적, 무선적 등), 동기요소(ARCS 등), 생리적 요소(성별, 건강 등)와 같이 한 개인이 학습환경을 지각하고 상호작용하고 정서적으로 반응하는 방식을 결정하는 심리적 특성이다.

㉣ **보충 · 심화학습 지도:** 학습자의 일반적 특성과 출발점 행동을 분석한 것을 토대로 능력의 차이 정도가 크면 보충수업과 심화학습 프로그램을 사용한다.

② 목표 진술(state objective)

㉠ 학습자들이 도달해야 할 목표지점이 어디이며 어떤 새로운 능력을 발휘해야 하는지를 구체적으로 진술한다.

㉡ 학습목표 진술 단계에서는 행동목표 명세화 원칙인 ABCD 방법에 따라 진술되어야 한다. 해당 학습자(audience), 학습의 결과로 나타나게 될 행동(behavior), 이런 행동이 관찰되어야 하는 조건이나 상황(conditions), 학습목표 달성 여부를 평가할 수 있는 준거 또는 성공적인 수행 수준(degree) 등이 잘 드러나도록 해야 한다.

③ 교재의 선정, 개조 및 제작(select, modify or design materials)

㉠ **기존의 자료 중에서 적합한 것을 선택하는 방법:** 교사는 수집 가능한 모든 교수매체에 관한 목록 및 내용, 특징, 평가 등을 기록한 자료를 수집하여 학습자 특성, 학습목표의 성격, 수업 상황 및 시설 · 환경 등을 고려하여 결정한다.

㉡ **기존 자료를 재편집하거나 구성하는 방법:** 기존 자료가 적합하지 않을 때 그 부분을 수정하거나 재편집하거나 재구성하면, 시간이나 경비 면에서 교재를 새로 만드는 것보다 효율적이다.

㉢ **교재를 새로 제작하는 방법:** 적절한 기존의 교재를 발견할 수 없을 때는 학습자의 특성, 학습목표, 제작에 필요한 경비, 시간, 기술, 시설 등을 고려하여 교재를 새로 만들어야 한다.

④ 교재의 활용(utilize materials)

㉠ **5P 원칙:** 교수매체와 자료 활용 단계에서 교수자는 '5P 원칙'을 준수해야 한다.

ⓐ 수업에 사용하고자 하는 매체자료를 점검한다(preview materials).

ⓑ 계획한 수업활동에 알맞게 순서를 조직하거나 자료의 부분적인 제시가 이루어질 수 있도록 매체자료를 준비한다(prepare the materials).

ⓒ 매체의 활용이 이루어질 환경을 준비한다(prepare the environment).

ⓓ 매체활용 수업의 주제와 내용, 주의집중의 필요성에 대해 학습자들을 준비시킨다(prepare the learners).

ⓔ 교수매체를 활용한 학습경험을 제공한다(provide the learning experience).

㉡ **사전 시사:** 교사는 자료 선정 시 자료의 내용을 정하고 수업 전에 자료를 면밀하게 검토하여 자료에 친숙해 있어야 한다.

㉢ **사전 연습:** 교사는 적어도 수업 전에 한 번 이상 자료 제시에 관한 연습을 해야 한다. 이 때 수업진행 절차, 수업진행 중 언제 자료를 제시해야 할 것인가 등의 문제와 주변 환경 정비와 수업매체를 어디에서 활용할 것인가, 수업매체에 따른 준비물, 시설물 및 보안물 등을 면밀히 갖추어 놓아야 한다.

㉣ **학습자 준비:** 수업매체를 사용하기에 앞서 학습자에게 수업매체에 대한 정보와 특별한 용어를 미리 설명함으로써 동기유발과 주의집중을 유도할 수 있다.

⑤ 학습자의 반응 요구(require learner response)

㉠ 효과적 학습상황은 학습자가 반응을 하고 이 반응에 대하여 즉각적인 강화가 주어져야 한다는 것이다.

㉡ 입 속으로 단어를 되풀이하는 것과 같은 은밀한 유형의 반응보다 공책에 필기하거나 대답하는 것과 같은 공공연한 유형의 반응이 짧은 시간 동안에는 효과가 비슷하지만 장기간의 학습에는 더욱 효과적이다.

㉢ 교사는 학습반응을 유도하기 위해 교재와 관련된 토의, 퀴즈, 연습문제 등을 준비하거나 교수매체 활용 후에 과제를 주어 학습자의 학습행동을 유발시켜야 한다.

⑥ 평가(evaluation)

㉠ **학습목표 성취에 대한 평가:** 진술한 학습목표를 얼마나 성취하였는가를 알아보는 평가로 일반적으로 총괄평가의 성격을 띤다.

㉡ **수업매체와 수업방법에 대한 평가:** 교사가 사용한 수업매체의 효과, 투입한 비용의 적합성, 제시에 소요된 시간, 학생들의 매체에 대한 반응 등을 평가하여 다음 번 매체를 활용할 때 참조한다.

㉢ **수업과정에 대한 평가:** 수업과정에 수시로 이루어지는 평가로서, 수업 전에는 학생의 능력과 선정된 자료가 적절한지에 대한 평가, 수업 도중에는 퀴즈 등을 통한 형성평가, 수업활동이 완전히 끝난 다음에는 총괄평가가 이루어진다. ASSURE 모형은 순환되는 것으로 평가는 다음 출발을 위한 것이다.

04 교수매체연구의 패러다임 변화

1. 행동주의 패러다임에 근거한 매체연구 – 매체비교연구[14]

(1) 정의

어떤 매체가 학업성취에 더 영향을 미치는지를 비교하는 매체비교연구가 여기에 해당하며, 학습결과로서 학업성취도에 대한 특정 매체유형의 효과를 탐색하는 연구이다.

(2) 가정

행동주의 패러다임에 근거한 매체비교연구는 교수매체의 효과가 모든 학습자와 교과목에 동일하게 영향을 줄 것이라고 가정하였다.

(3) 연구(관심)

연습에 대한 매체의 영향은 사후검사 점수로 측정되는 학업성취도를 비교함으로써 분석되었다.

(4) 결론

다수의 매체비교연구는 사용된 매체의 종류와 상관없이 실험집단과 통제집단 간에 유의미한 차이가 없다는 결론을 내리고 있다.

(5) 매체비교연구에서 공통적으로 비판하는 연구설계상의 오류

① 실험상에서 교수방법 또는 내용변인의 영향을 통제하지 못함으로써 교수매체 자체로 인한 효과가 아니라 교수방법이나 다른 변인에 의해 처치그룹의 결과가 초래되었다고 지적한다.

② 다양한 학습자 변인이나 교과목의 특성을 고려하지 못하고 있으며, 새로운 매체사용으로 인한 신기효과(novelty effect)를 통제하지 못하였다고 지적한다.

14 매체비교연구는 단순히 매체를 사용하는 것이 매체를 사용하지 않는 것보다 효과적이며, 특정 매체(A)를 사용하는 것이 특정 매체(B)를 사용하는 것보다 효과적이라는 단순 비교를 통한 행동주의적 연구였다.

2. 인지주의 패러다임에 근거한 매체연구 – 매체속성연구[15]

(1) 정의

상이한 매체유형보다는 매체가 지닌 속성 자체가 학습자의 인지과정이나 학업성취에 어떤 영향을 미치는지에 연구의 초점을 두었다.

(2) 가정

① 매체속성연구는 각 매체가 특정 상징(symbol)을 통하여 메시지를 표현하고, 매체가 전달하는 상징체제가 학습자의 인지적 표상과 처리과정에 영향을 줄 것이라고 가정한다.

② 예를 들면, 줌(zoom)이나 동영상을 통한 내용 제시는 정적인 그림이나 소리를 사용했을 경우와 다르게 학습자의 인지과정에 영향을 미칠 것이라는 주장이다.

15 매체속성연구는 매체속성상 서로 다른 학습자에게 효과가 상이하게 나타날 것이라는 것을 기본 가정으로 한다.

(3) 연구(관심)

① 각기 다른 학습자 특성과 학습과제가 주어진 교수상황에서 학습자의 인지적 과정에 영향을 미치는 매체속성이 무엇인지 밝히는 데 관심을 두었다.

② 매체속성이 특정 인지적 기능을 증진시킴으로써 학습효과를 높일 것이라는 추측은 매체속성연구가 증명하고자 했던 주요 논제였다.

3. 매체활용에 대한 태도에 관한 연구 – 매체선호연구[16]

16 매체선호연구는 학생들이 선호하는 매체를 사용했을 때가 그렇지 않을 때보다 효과적이라는 믿음에서 출발한다.

(1) 가정

학습자의 신념이나 가치, 태도가 학습동기에 영향을 주고, 이러한 학습동기는 학습자가 학습에 더 많은 노력을 기울이도록 함으로써 학습결과에 긍정적인 영향을 줄 것이라고 믿었다.

(2) 연구(관심)

① 교수매체에 대한 학습자의 태도, 가치, 신념을 독립변인으로 삼고, 이런 정의적 특성변인이 학습에 미치는 효과들을 탐색하는 연구들이 여기에 해당한다.

② 예를 들면, 매체의 난이도에 대한 지각이 낮은 수준에서 중간 수준으로 높아지면 그 매체로부터 학습하기 위해 투자하는 노력의 양은 최소에서 최고로 높아지며, 매체의 난이도에 대한 지각이 중간 수준을 넘어 높아질수록, 투자하는 노력의 양은 다시 낮아진다.

4. 매체활용의 경제성에 관한 연구 – 매체비용효과연구[17]

17 교수매체를 활용하는 데 있어 비용 - 효과분석을 가장 기본으로 고려해야 한다는 믿음에서 출발한다. 예를 들면, 컴퓨터와 비디오 매체는 인건비가 많이 드는 실제 교사들을 활용하는 경우보다 상대적으로 저렴한 비용으로 개별화 수업을 위해 충분한 상호작용을 제공해 줄 수 있다.

(1) 가정

교수매체를 활용하여 수업을 진행할 경우, 관리적 요인과 조직적 요인이 매체활용 비용에 영향을 미치는 것이라고 믿었으며 이는 사실로 드러났다.

(2) 연구(관심)

① 교수매체 비용효과에 관한 연구결과들은 특정 조건하에서 매체의 활용이 경제적인 효과를 산출할 수 있음을 보고하고 있다.

예 동일한 CBI 프로그램을 사용할지라도 어떤 학교에서 실행하였느냐와 같이 운영적인 요소의 차이에 의해 매체활용의 비용-효과성에 큰 차이를 초래하였다.

② 이처럼 특정 매체는 특정 교수방법을 보다 싼 비용으로 광범위하게 실행하도록 만들 수 있다.

05 플로우 이론

1. 플로우(flow, 몰입)의 개념

① '플로우'란 자신의 행위에 깊게 몰입하여 시간의 흐름이나 공간, 더 나아가서 자기 자신도 잊어버리는 심리적 상태라고 할 수 있다.

② 이처럼 플로우는 자신들이 좋아하는 활동을 할 때 자연스럽게 몰두하는 상태에 빠져드는 최적의 경험(optimal experience)을 하는 상태로 간주된다.

③ 플로우에 빠져들기 위해서는 기술(skill)과 도전(challenge)이라는 두 차원을 해결방안으로 제안하고 있다.

④ 도전감이 높고 기술이 높은 경우 쉽게 몰입하지만 기술이 높고 도전감이 낮을 경우 쉽게 지루함을 느낀다. 반대로 도전감은 아주 높지만 기술이 없을 때는 불안감을 느끼게 된다.

⑤ 기술과 도전의 관계

관계	상태	내용
도전 = 기술	몰입 (flow)	과제에 대한 수행능력인 기술(skill)이 뛰어나고 과제에 대한 도전감(challenge)도 강할 때 플로우를 경험함
기술 > 도전	지루함	뛰어난 수행기술이 있더라도 도전감이 없다면 쉽게 지루함을 느끼게 됨 예 워드프로세서를 아주 잘 다루는 학습자가 워드의 기능을 학습한다면 학습자는 지루함을 느끼게 됨
기술 < 도전	불안	과제에 대한 도전감이 뛰어나더라도 과제를 수행할 수 있는 기초적인 능력이 부족하다면 쉽게 초조감, 불안감을 느끼게 됨 예 자전거를 타고 여행하기와 같은 행사에 열성적으로 참여하고 싶은 사람이 자전거를 잘 타지 못한다면, 행사 참여를 통해 플로우 경험보다는 많은 불안과 두려움을 가지게 됨

2. 플로우의 모델

(1) 3채널 모델

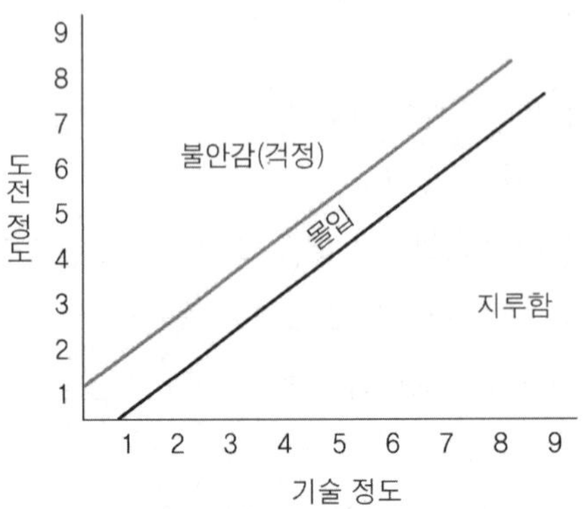

[그림 13-8] 3채널 몰입(flow) 모델

(2) 4채널 모델

3채널 모델 이후 많은 실증적 연구들이 지속되면서 도전감과 기술이 모두 낮은 부분의 경우에 대한 새로운 사실의 발견으로 4채널 모델이 나타났다.

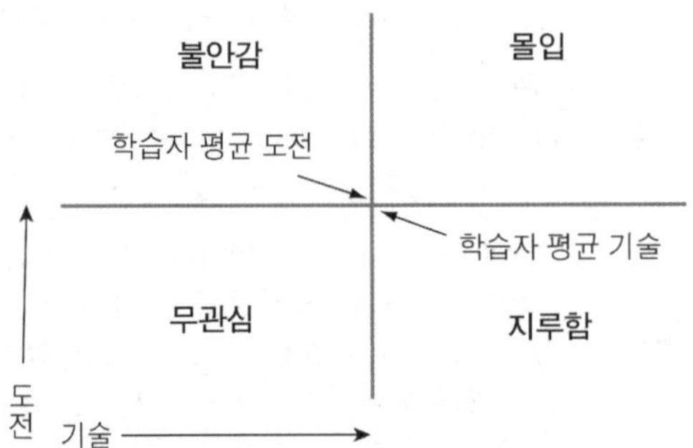

[그림 13-9] 4채널 몰입(flow) 모델

(3) 8채널 모형

이와 같은 플로우 모형을 근간으로 마시미니와 칼리(Massimini & Carli)와 미하이 칙센트미하이(Mihalyi Csikszentmihalyi)는 도전－기술의 비율뿐만 아니라 도전수준까지 고려하여 다음 그림과 같이 8가지(각성－배움과 학습, 몰입－취미, 자신감－운전, 지루함－독서, 식사, 권태－가사일, 일, 무관심－TV시청, 걱정－언쟁, 결론, 불안－업무, 공부)로 확장된 8채널 모형을 제안하였다.

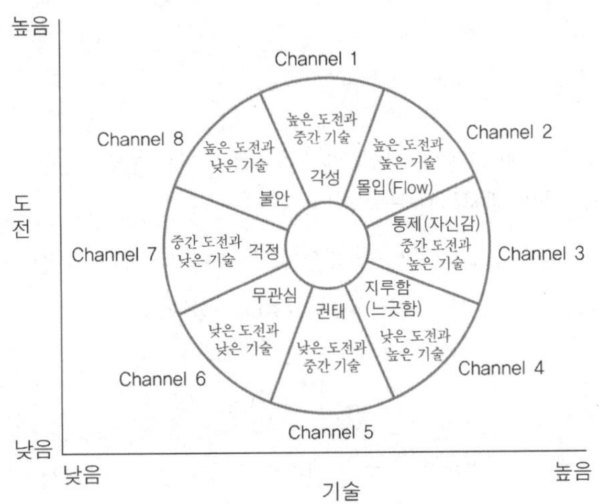

[그림 13-10] 8채널 몰입(flow) 모델

3. 플로우 발달과정

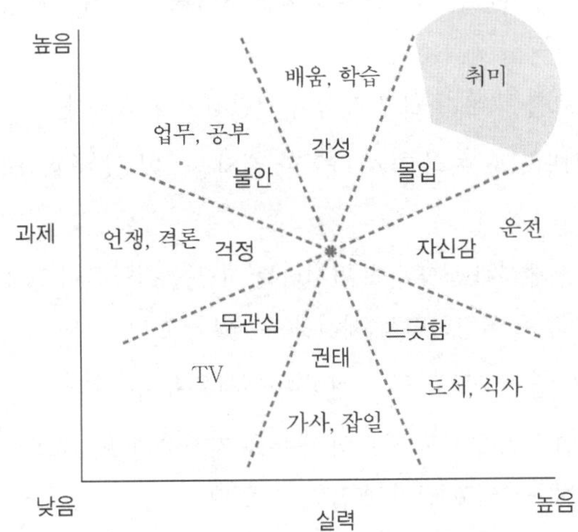

[그림 13-11] 과제와 실력의 함수관계

① 개인에게 주어진 도전이나 과제가 개인의 실력 · 능력 · 기술과 평형하게 이루어질 때, 개인은 플로우를 경험하게 되며 결과적으로 자신의 능력을 최대한으로 발휘하게 된다.

② 플로우 경험은 활동을 하면서 단순히 만족감이나 편안함을 느끼는 것과는 달리 성취감과 깊은 관련이 있어서 자아존중감을 촉진시키고 그 활동이 삶의 의미와 통합되는 상태이다.

제 2 절 교수매체

01 OHP와 TP

1. 개념

① OHP(Over Head Projector): 투영판에 TP라는 투시화를 놓고 교사의 머리 위를 지나서 교사 뒤편에 있는 스크린에 제시하는 방법이다.

② 투명지(TP: transparency): OHP 투영판 위에 놓아서 화면에 투영하여 사용하는 아세테이트(acetate) 자료를 말하며 오버헤드 투시화라고도 한다.

2. OHP의 특성

① 암막장치가 없는 밝은 곳에서도 비교적 선명하게 제시할 수 있어서, 수업 중에 화면을 보면서 책을 보거나 필기를 할 수 있다.

② 교사는 학생들을 대면한 상태에서 준비한 TP를 제시하거나 TP 위에 표시하면서 수업을 진행할 수 있으므로, 학생들의 반응을 쉽게 관찰하고 질문에도 응답할 수 있다.

③ 스크린과의 거리가 가까운 위치에서도 선명한 영상을 얻을 수 있어 소그룹뿐만 아니라 대집단에도 사용할 수 있다.

④ 제작에 필요한 자료를 구하기 쉽고 제작이 간단하고 저렴하다.

⑤ 사용방법이 간편하면서도 여러 가지 다양한 제시방법이 있어 효과적이며 융통성 있게 사용할 수 있다.

⑥ 미리 준비한 내용을 제시하기 때문에 판서하는 시간을 절약하여 그 시간을 유용하게 쓸 수 있도록 해주고, 조직적으로 설명하면서 제시할 수 있다.

⑦ 자료를 관리하기가 간편하므로 잘 보관하여 재사용할 수 있다.

⑧ 교사가 포인터나 연필로 투시물 자료의 내용을 지적하면 포인터의 그림자가 스크린에 나타나 학생들의 주의를 집중시키고 같이 호흡할 수 있다.

3. TP자료의 제작원리

① 자료를 가로 형태로 제작할 것인지 세로 형태로 제작할 것인지를 결정해야 하며, 일반적으로 가로 형태[1]로 디자인하는 것이 보는 사람에게 더 편안한 느낌을 준다.

② 문자보다는 도표, 그래프, 차트 등의 시각자료를 구체화하여 제시하는 편이 좋다. 만약 문자정보가 많을 때는 칠판이나 프린트물을 함께 활용하는 것이 좋다.

③ 혼란스럽지 않도록 단순하게 표현해야 하며, 한 화면에 하나의 개념표현이 바람직하다.

④ 주제단어는 학습자의 기억을 돕도록 자료의 위쪽에 제목으로 이용하는 것이 효과적이다. 이는 자료의 윗부분은 시각주의력이 다른 쪽보다 높기 때문이다.

⑤ 글자는 읽기에 명료해야 하므로 적어도 0.5cm 이상이어야 한다(6×6 규칙).

[1] 스크린이 세로가 아닌 가로로 되어 있기 때문에 TP 자료도 세로보다는 가로로 제작하는 것이 좋다.

4. TP의 제작방법

방법	내용
손으로 그리기	빠르고 저렴하게 만드는 방법으로 유성 사인펜을 사용해서 TP 용지나 일반 투명비닐에 쓰거나 그리는 방법
잉크젯 프린터 사용	잉크젯 프린터와 TP의 한 면에 잉크가 점착될 수 있도록 특수처리된 TP를 이용해서 종이에 프린트를 하듯이 인쇄하는 방법
복사기 사용	일반 복사기나 컬러 복사기를 이용해 TP를 제작하는 방법
컬러 리프팅	점토층을 입힌 종이 위에 인쇄된 그림을 이용해 TP를 만드는 경우로, 종이를 제거하고 인쇄된 잉크만 떼어내서 고무풀 등으로 TP에 붙여 사용하는 방법

5. OHP와 TP의 사용기법

기법	내용
판서적 방법	수업 중에 교사가 TP에 직접 써가며 활용하는 방법으로, 쓰거나 그리는 과정을 보여야 할 경우를 제외하고는 미리 만들어서 제시하는 것이 좋음
부분제시법 (masking)	TP의 전체를 다 보여주지 않고 일부분만 단계적으로 보여주는 방법으로, 호기심을 자극하여 동기를 유발하고 주의집중에 효과적임
합성분해법 (overlay)[2]	하나의 같은 그림을 바탕으로 각각 다른 여러 개의 자료를 보여주어야 할 경우에 여러 장의 TP를 겹쳐가면서 제시하는 방법으로, 요소들 간의 상대적 관련성이나 관계를 강조하고자 할 때 유용하게 쓸 수 있음
모형공작법	움직임을 설명하기 위해 사용되는 방법으로, 투명한 유리판이나 플라스틱 등에 모형을 부착하여 제작함
기입소거법	TP에 지워질 수 있는 사인펜을 사용해서 바로 쓰거나 지워 나가면서 활용하는 방법으로, 즉흥적인 활용보다는 사전 계획에 의한 활용이 필요함
실물투영법	투명한 자료나 불투명한 자료 등을 이용하여 크기, 각도 등을 비교하거나 관련성을 보여줄 때 사용할 수 있는 방법으로, 투명한 것이면 무엇이든 가능하나 불투명한 것이라도 그 윤곽을 보면서 학습할 수 있음
Projection Panel법	투명한 projection panel을 컴퓨터의 출력포트에 연결시키고 OHP 위에 올려서 컴퓨터와 소프트웨어로 만들어진 각종 그래픽, 문자, 동화상을 스크린에 투사하는 방법

2 TP자료의 사용기법 중 합성분해법이 OHP의 장점을 가장 많이 살린 기법이라고 볼 수 있다.

6. 활용방법

① 불필요한 자료가 투시되지 않도록 하며, 설명이 끝나면 반드시 OHP를 끄고 필요할 때 다시 켜서 사용하도록 한다.

② 교사는 스크린을 보고 설명하지 말고, 학생들을 향하여 OHP 제시대에 있는 TP 자료를 보면서 설명하며, 이때는 앉아서 수업을 진행하는 것이 좋다.

③ 미리 준비한 자료를 제시하기 때문에 짧은 시간에 많은 자료를 제시하기 쉽다. 자료를 여유 있게 제시하면서 학생들에게 읽고 필기할 시간적 여유를 주어야 한다.

④ 많은 내용을 한꺼번에 제시하지 않도록 하며, 부분제시법이나 겹치기 방법을 이용하여 학생들이 주의를 집중하도록 한다.

⑤ TP 마운트 위에 제목과 주제, 학습 대상자, 단원명, 중요한 단어나 내용 등을 기록하고 이것을 과목별 또는 주제별로 분류하여 바인더나 파일박스에 보관한다.

⑥ 학습자들은 스크린에 투사된 상의 가로 길이의 2배에서 6배 사이에 스크린 중앙을 중심으로 좌우 각 45°이내의 부채꼴 모양의 위치에 앉으면 된다. OHP의 위치는 스크린으로부터 투사된 상의 가로 길이의 1.3배 정도 떨어진 곳이 된다.

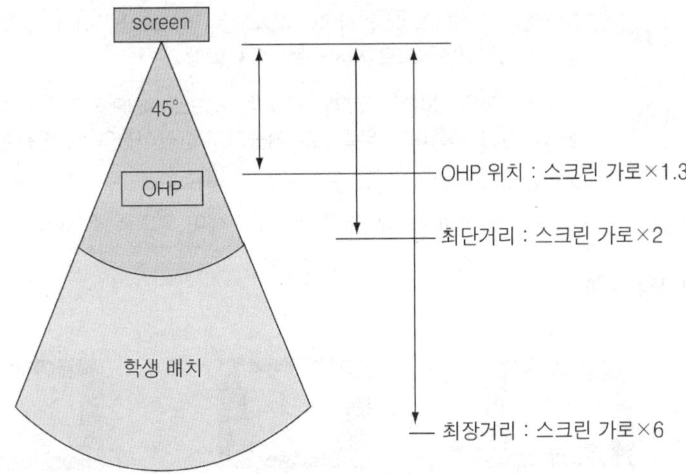

[그림 13-12] OHP 사용 시 학생 배치

[그림 13-13] OHP 사용 시 교실 배치

⑦ OHP 렌즈로부터 화면의 하단과 상단 부분까지의 거리가 같지 않으면 사다리꼴의 상을 맺는 키스톤 현상(Keystone effect)[3]이 생기게 된다.

[3] 키스톤 현상은 빛을 쏘는 매체와 그 빛을 담는 스크린과의 각도가 서로 상이하기 때문에 상이 찌그러진 상태를 말한다.

4 키스톤 현상은 상이 찌그러지는 현상으로, 빛을 쏘는 것에는 모두 생긴다.

7. 키스톤 현상과 수정[4]

① 키스톤 현상

효과	내용
키스톤 현상	투사 매체를 사용할 때 영사막에 제시되는 영상의 양끝이나 좌우가 왜곡되어 사다리꼴이나 평행사변형으로 제시되는 것을 말함
수평적 키스톤	투사면의 좌우 길이가 다르게 나타나는 것으로 OHP 등의 투사 매체가 스크린에 평행되지 않고 좌측이나 우측으로 기울어지게 놓여졌을 때 발생함
수직적 키스톤	화면 상하면의 길이가 다르게 나타나는 것으로 투사기의 높이를 올리거나 스크린을 앞으로 기울여서 스크린과 투사기가 수직이 되도록 조정하여 수정할 수 있음

② 키스톤 현상의 수정

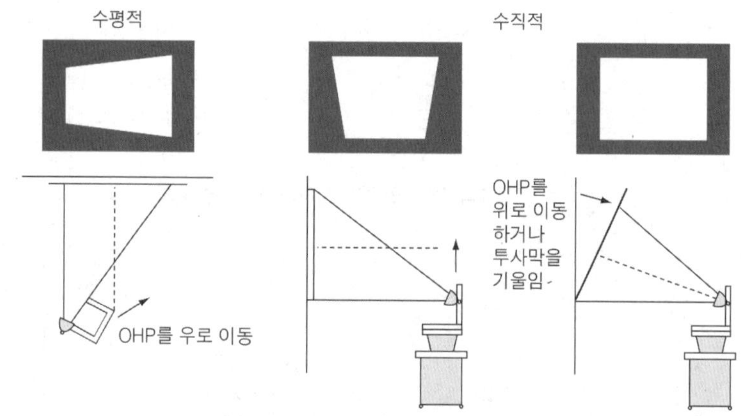

[그림 13-14] 키스톤 현상의 수정

8. 장 · 단점

5 교사 자신이 보이는 대로 OHP 위에 놓으면 되기 때문에 조작이 쉽다.

6 TP 제작 시에 컬러 프린트를 하면, 원색을 사용할 수 있다.

구분	내용
장점	• OHP 조작은 간단하고 쉬워서 교수자는 물론 학습자도 사용법을 쉽게 배울 수 있음[5] • 영사기, 슬라이드 등 다른 투사매체에 비해 비교적 밝은 조명 아래서도 사용이 가능하기 때문에 창밖에서 들어오는 빛을 차단하기 위한 암막장치나 차광커튼 등 특별한 장치가 필요없음 • 교사가 학습자를 마주보면서 사용할 수 있어서 학습자의 관찰과 통제가 용이함 • TP 제작이 다른 매체에 비해 싸고 쉽고 빠르게 가능하며 다른 매체의 제작에 비해 효율적이며 경제적임 • TP 제작 시 색채와 그림의 사용이 자유로움[6] • 상업목적으로 생산하지 않는 한 기존에 나와 있는 도안집이나 책 등 필요한 시각자료를 사용해서 쉽게 TP를 제작할 수 있음
단점	• 사전에 교사의 치밀한 준비가 필요하며, 동적인 상을 제시하지 못함 • 제시할 자료가 반드시 투시물로 제시되어야 함 • 교사가 준비한 자료를 일방적으로 제시하는 단조로운 수업이 되기 쉬움 • 교사가 사전에 준비한 자료를 제시하게 되므로 수업진행의 속도가 빨라져 학습자가 사고할 수 있는 시간적인 여유가 줄어들기 쉬움

02 컴퓨터 프로젝트[7]

1. 컴퓨터 프로젝트의 특성

① 그림, 사진 등 정적 자료뿐만 아니라 애니메이션, 동영상 등 멀티미디어 자료를 제시할 수 있다.

② 컴퓨터 화면에 모든 작동을 보여줄 수 있으므로 컴퓨터 프로그램의 기능이나 소프트웨어의 작동을 보여줄 수 있고, 한번 자료를 제작해 놓으면 반복해서 영구적으로 사용할 수 있다.

③ 컴퓨터 화면뿐만 아니라 비디오나 방송 케이블과 연결시켜 사용할 수 있으므로 별도로 TV를 준비할 필요가 없다.

2. 빔 프로젝터(beam projector)[8]

(1) 프레젠테이션 자료제작 시 주의사항

① 내용은 되도록 적게 넣는다. 슬라이드에는 핵심내용만 입력하고, 자세한 내용은 말로 설명을 하거나 유인물로 나눠주는 것이 바람직하다.

② 너무 꽉 차서 숨 막히는 화면은 여유가 없어 보이고, 청중에게 부담감을 주므로 여백을 잘 살린다.

③ 텍스트보다는 그림이나 표, 도형, 차트 등의 도식을 활용해서 청중이 직관적으로 내용을 이해할 수 있도록 설계해야 한다.

④ 다양한 멀티미디어 기능을 사용한다. 애니메이션이나 동영상, 사운드 등은 가끔씩 강조의 효과를 줌으로써 지루함을 없애거나, 내용을 이해하는 데 꼭 필요한 경우만 삽입하도록 한다.

⑤ 어두운 공간에서 진행하는 프레젠테이션의 경우에는 배경색상이 어두운 것이 좋다.

⑥ 장식효과에 치중하지 않도록 한다. 한 화면에 너무 많은 색상이나 장식효과가 들어가면 보는 사람을 피곤하게 할 뿐만 아니라 내용의 초점을 흐트러뜨리는 결과를 가져온다.

⑦ 단순히 판서를 위한 용도로만 사용하지 않도록 한다. 단순히 판서를 위한 용도라면 칠판을 이용하는 것이 효과적일 수도 있다.

⑧ 모든 수업에 파워포인트를 사용할 필요는 없다. 매번 수업에 파워포인트를 사용하다 보면 아이들도 지루해할 것이다. 수업내용 중 강조해야 할 부분이나 그림, 동영상 등으로 설명을 해야 하는 경우에 사용하는 것이 바람직하다.

(2) 장점

① 프레젠테이션 프로그램은 그래픽 처리기능과 동영상 기능이 있기 때문에 다른 매체보다 훨씬 역동적이고 세련된 프레젠테이션을 할 수 있다.

② 가장 일반적으로 사용되는 프레젠테이션 프로그램인 파워포인트는 뛰어난 그래픽 처리기능을 가지고 있고, 사용법도 간단하기 때문에 널리 사용되고 있다.

7 컴퓨터 프로젝트에 의해 모든 영상이나 음향을 투사하고 전달할 수 있어 사용하는 범위가 가장 넓다.

8 빔 프로젝터는 켜고 끄는 것이 자유롭지 못하므로 한 시간 내내 사용할 때 불편하다.

제3절 컴퓨터 활용수업

01 컴퓨터 보조수업(CAI: Computer Assisted Instruction)[1]

1. 개요

① CAI는 교육전문가가 개발한 프로그램을 통하여 컴퓨터와 학생이 직접 상호작용하여 교사에 의한 수업과 유사한 기능을 하도록 하는 것이다.

② 프로그램화보다 수업의 개별화를 더 촉진하는데, 학생의 반응에 따라 다양한 안내를 받을 수 있고, 피드백 원리에 의해 학습시간 단축과 교수효과의 극대화에 공헌한다.

③ CAI는 컴퓨터를 교육에 적용하여 학습자 개개인의 특성을 고려한 개별적 교육을 시사하는 데 목적이 있다.

2. 특징

① **개별화 수업 허용**: CAI는 학습자 자신의 수준에 맞는 내용이나 학습속도, 학습순서 및 학습계열을 선택하고 적절히 조절할 수 있으며, 학습자의 반응에도 개별적인 피드백을 제공해 줄 수 있다.

② **상호작용 촉진**: 여기에서 상호작용이란 컴퓨터와 학습자 간에 정보를 능동적으로 주고받는 것을 의미하는데, CAI는 학습자의 반응에 따라 학습을 끌어가기 때문에, 학습자의 반응을 유도하는 데 효과적이다.

③ **컴퓨터와 학습자의 상호작용이 매우 역동적으로 일어남**: CAI에서 학습자는 프로그램이 제공하는 문제에 대해 키보드나 마우스 등의 입력장치를 활용해 답을 해야 하며, 프로그램은 학습자의 반응에 대해 즉각적인 피드백을 제공한다.

④ **풍부한 학습경험을 제공함으로써 학습자의 동기를 유발하고 학습효과를 높일 수 있음**: CAI는 다양한 방식으로 학습내용을 제시할 수 있는데, 컴퓨터의 다양한 기법, 즉 애니메이션 · 그래픽 · 문자 · 소리 등을 사용하여, 최대한 효과적이고 흥미 있는 방식으로 내용을 구성할 수 있다. 또한 CAI는 반복적인 연습, 현실성 있는 경험, 실제 상황모의 및 게임 등의 다양한 형태로 학습경험을 제공할 수 있어 학습의 장이 확대된다.

⑤ 다른 매체에서는 불가능하거나 어려운 즉각적인 피드백이 가능하다.

⑥ 비용효과성 측면에서 개발에 많은 시간과 비용이 들기는 하지만, 한번 개발된 프로그램은 계속 반복해서 사용할 수 있으므로, 많은 사람들이 학습해야 하는 대규모 수업에 유리하다.

[1] CAI는 교육전문가에 의해 개발되기 때문에 운용이 편리하다(CAI도 개별화 수업에 해당한다). 즉, 교사는 개발 자체에 대한 관심보다 사용하는 것에 관심이 있다.

3. CAI 코스웨어[2]의 유형과 사용 예

(1) 개인 교수형[3]

① 학습자는 마치 교사와 일대일의 교수상황에서 학습하는 것처럼 프로그램과 상호작용한다.

② 원리학습이나 문제해결학습과 같은 고등정신기능을 위해 활용할 수 있으며, 가네의 9가지 수업 전략의 적용에 효과적이다.

(2) 반복 연습형

① 새로운 정보나 지식을 배우기 위한 것이 아니라, 이미 교수자가 교실수업이나 개인교수형 코스웨어를 통하여 학습한 것을 연습함으로써 정규학습을 심화, 보충하기 위해 주로 사용된다.

② 연습은 작은 단위로 나누어 짧은 시간에 수행하는 것이 많은 내용을 장시간에 걸쳐 수행하는 것보다 효과적이다.

(3) 모의실험형(시뮬레이션형)

① 실제 상황과 유사한 상황의 제시가 필요하거나 학습활동이 위험할 때 컴퓨터라는 가상공간을 통해 수행한다.

② 위험부담이 적고, 비용이 절감되며, 실제 상황보다 더 간단하고 시간을 절약할 수 있으며, 실험을 반복할 수 있어 모의실험을 통해 구체적인 상황에 초점을 맞추는 능력이 향상된다.

(4) 게임형

① 학생의 동기유발에 매우 효과적이기 때문에 교육에서 활용빈도가 증가한다.

② 학생의 흥미유발에 의해 동기를 유발할 수 있고, 게임의 목표와 학습목표는 일치하지 않아 학습자가 의식하지 못하는 과정에서 의도적이지 않은 우연적 학습이 일어나며, 학습의 주도권을 학습자가 가지고 있기 때문에 능동적 · 적극적으로 참여하게 된다는 이점이 있다.

③ 스토리텔링에 의해 학습이 이루어지며, 경쟁과 도전에 의해 쉽게 몰입할 수 있어 효과적이다.

4. 장 · 단점

구분	내용
장점	• 개별학습의 가능성을 바탕으로 제시하며, 대량보급이 이루어져 사용이 용이함 • 학습속도가 늦은 아동이라도 컴퓨터는 학습을 계속할 수 있도록 함 • 증가하는 정보를 효과적으로 가르칠 수 있으며, 복잡한 정보의 재생이 용이함
단점	• 컴퓨터가 비싸며, 정보를 제시하거나 학생의 반응을 인지하는 수단이 극히 한정되어 있음 • 현재 프로그래밍의 이론이나 기술이 컴퓨터의 성능을 충분히 활용할 수 있을 정도로 발달해 있지 않음

[2] 코스웨어는 교육용 '프로그램'을 의미한다.

[3] 개인교수형은 새로운 지식을 교사와의 일대일 상황에서 학습시키고자 하는 코스웨어이다.

02 컴퓨터 관리수업(CMI: Computer Managed Instruction)[4]

① 수업에 관련된 각종 정보와 자료 등을 기록 · 분석 · 종합 · 평가하는 것을 의미한다.

② 교사는 학생의 학습 진도와 성취도 등을 수시로 확인하고 판단하여 개별학습자의 학습활동을 촉진한다.

③ 컴퓨터가 학습 진전, 상황의 기록, 시험채점 등 교사에 의한 수업에서 관리적인 면을 지원하는 것 등이다.

4 CMI는 수업을 컴퓨터가 관리해주는 것으로 출결 관리, 성적 관리 등이 있다.

03 컴퓨터 매개수업(CMC: Computer Mediated Communication)[5]

기출 2022 중등

1. 개념

컴퓨터를 전화선과 모뎀 또는 정보통신망과 연결하여 사용자 간의 정보공유와 교환, 의사소통이 가능하도록 하는 시스템으로, 컴퓨터 매개통신체제라고도 한다.

예 이메일, 온라인상의 토론, 채팅

2. 특징

① 컴퓨터 매개수업(통신)은 시공을 초월한 비동시적 상호작용을 가능하게 하며, 사용자가 편리한 시간과 장소에서 자유로운 학습환경을 조성한다.

② 여러 가지 방식으로 정보교환, 토론을 통한 협동학습이 가능하며, 고차적인 사고기술을 습득할 수 있고, 최신 정보의 교환수단으로 활용할 수 있다.

기출콕콕

온라인 수업에서 학생의 고립감 해소를 위해 활용할 수 있는 구체적인 교수-학습 활동 2가지와 그에 적합한 테크놀로지를 함께 제시하시오.

2022 중등

5 CMC는 학습자와 컴퓨터와의 직접적 상호작용은 없다.

04 컴퓨터 활용평가(CBT: Computer Based Testing)

1. 컴퓨터 보조검사(Computer Assisted Test)

컴퓨터 보조검사는 1960년대부터 컴퓨터를 이용하여 답안지를 채점하거나 결과를 분석하고 해석하는 수준의 검사유형이다.

2. 컴퓨터 이용검사(CT: Computerized Test)

컴퓨터의 스크린과 키보드 또는 마우스를 사용하는 단계의 검사형태이다.

3. 컴퓨터 개별적응검사(CAT: Computer Adaptive Test)

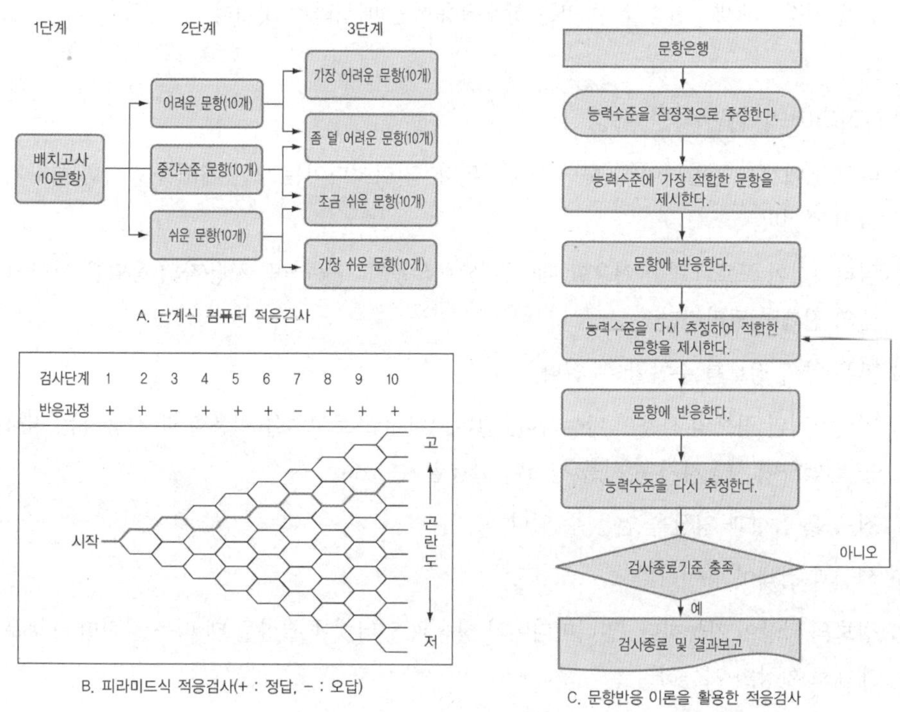

[그림 13-15] 컴퓨터 적응검사의 형태

① 문항반응이론의 원리와 컴퓨터의 계산 및 제어능력을 이용하여 피험자의 수준에 적절한 문항을 개별적으로 제시하고 단기간에 적은 수의 문항을 통해 효율적으로 피험자의 능력을 추정하는 검사유형이다.

② 적응검사(adaptive test)는 피검사자의 능력수준에 부합되는 적정 곤란도의 문항을 제시함으로써 측정의 정확성 및 효율성을 높이려는 방식으로, 적응검사는 피검사자의 능력수준에 따라 상이한 문항을 제시하기 때문에 능력수준에 관계없이 모든 피검사자들에게 동일한 문항을 일률적으로 제시하는 전통적인 검사방식이나 컴퓨터화 검사와 확연히 구분된다.

제 4 절 컴퓨터와 교육

1 멀티미디어는 스피커 - 스캐너 - 컴퓨터 - 인터넷 등 여러 개의 매체가 합쳐져 있는 것을 말한다.

01 멀티미디어(Multimedia)[1]

1. 개념

① 멀티미디어는 컴퓨터가 중심 역할을 하는 환경에서 문자정보, 그래픽, 정지 사진, 애니메이션, 음성정보, 비디오정보 등이 상호작용적 연결에 의해 통합된 체제를 의미한다.

② 멀티미디어의 교육적 의미는 컴퓨터를 활용하여 문자, 소리, 사진, 그림, 동영상, 애니메이션 등을 저장 · 재생 · 전송할 수 있는 상호작용적인 매체라는 것이다.

2. 멀티미디어의 일반적인 특성

① 다양한 매체가 통합되어 한 화면에 제시된다. 멀티미디어는 모든 매체를 통합한 하나의 종합예술인 것이다.

② 멀티미디어 프로그램을 이용할 때에는 상호작용이 가능하며, 사용자의 응답에 따라서 프로그램의 진행이 달라진다.

③ 많은 양의 정보를 수록할 수 있다.

④ 비선형적인 정보의 사용이 가능하다. 멀티미디어 프로그램을 이용할 때 사용자는 원하는 정보를 선택하여 사용자가 순서를 정하여 사용할 수 있다.

⑤ 질 높은 음향과 영상을 얻을 수 있다.

⑥ 색인과 검색이 용이하다.

⑦ 정보의 확장이 가능하다. 멀티미디어가 방송과 인터넷에 결합될 때 더욱 강력한 새로운 형태의 매체로 확장이 가능하다.

3. CAI와 멀티미디어의 비교

구분	CAI(선형적)	멀티미디어(비선형적)[2]
목적	원하는 학습성과가 목적을 결정함	목적이 결정될 수도, 결정되지 않을 수도 있음
경로	프로그램 개발자에 의해 정해짐	학습자에 의해서 발견될 수 있는 경로가 많음
분지	학습자가 목적에 도달하도록 통제함	경로는 정해져 있지만 사용자는 다른 새로운 경로로 진행할 수 있음
선택	학습자의 선택이 제한되어 선형적인 학습을 하도록 함	프로그램은 비선형적으로 조직되어 있지만 학습자는 독특한 선형적인 출력을 산출함

2 멀티미디어는 비선형적이기 때문에 장독립적인 학생에게 더 효과가 높다.

4. 교육용 멀티미디어의 장점

① **개인차를 고려한 개별화 학습**: 학습속도가 빠른 학습자는 진도가 빠를 수 있으며 보충학습이 필요한 학습자는 멀티미디어 프로그램에 담겨 있는 보충학습을 하면서 학습을 진행해 나갈 수 있다.

② **풍부한 학습환경의 제공**: 멀티미디어 프로그램이 네트워크와 연결될 때 학습장소는 세계로 연결될 수 있기 때문에 더욱 더 풍부한 학습환경이 마련될 수 있다.

③ **시간과 공간을 초월한 학습**: 교실에서 정해진 시간에, 정해진 과목을 수업해야 했던 과거의 학습과는 달리, 학습자는 언제 어디서나 컴퓨터만 있다면 학습하고자 할 때 멀티미디어를 이용하여 학습할 수 있다.

④ **상호작용이 가능한 학습**: 프로그램과 사용하는 학습자 간에 상호작용이 가능해지고 교사와 학습자, 그리고 학습자 간에 지적인 대화가 가능해질 수 있다.

5. 멀티미디어와 하이퍼미디어에서의 방향감 상실 기출 2020 중등

① 학습과정에서 방향감 상실이란 학습자가 어떤 순서로 학습이 진행되어 왔고, 앞으로 어떤 순서로 학습을 진행할 것인가에 관해 분명한 생각을 하지 못하는 상태를 의미한다.

② 계열적(linear)으로 조직된 교수매체를 활용하는 학습에서 방향감 상실은 잘 일어나지 않지만, 비계열적(nonlinear)으로 조직된 교수매체에서는 방향감 상실이 발생하기 쉽다.

③ 하이퍼텍스트 학습환경에서는 텍스트 그 자체에 대한 이해뿐만 아니라 이러한 추가적인 인지부하가 주어지기 때문에 간단한 하이퍼텍스트에서도 학습자에게 인지 과부하가 발생하기 쉽고, 결과적으로 방향감을 상실하는 문제가 발생한다.

기출콕콕

위키를 활용할 때 발생할 수 있는 문제점 2가지를 논하시오.

2020 중등

기출콕콕

온라인 수업을 위한 학생 특성과 학습 환경의 구체적인 예 각각 1가지와, 온라인 수업에서 토론 게시판을 활용하여 학생을 지원할 수 있는 구체적인 방안(상황분석) 2가지를 제시하시오. 2021 중등

02 인터넷과 교육 기출 2021 중등

1. 인터넷의 교육적 활용

① 수업보다 학습 위주의 교수-학습환경 제공: 인터넷에서는 그 누구도 완전한 소비자는 아니다. 사용자 모두가 정보를 제공하는 정보생산자인 동시에 다른 사람의 정보를 사용하는 정보소비자(prosumer)이다.

② 창의성과 종합적인 사고 배양: 정보를 암기하는 것이나 단순히 검색하는 것보다는, 찾아놓은 정보를 어떻게 정리 · 분류하고 종합하여, 자신에게 필요한 정보로 만들 것인지를 아는 것이 필요하다.

③ 글쓰기와 커뮤니케이션 능력 함양: 모아진 정보를 분석 · 정리하여 다시 자신만의 정보로 만드는 능력이 중요하게 요구된다.

2. 인터넷을 이용한 교육

① 같이 하는 학습(협동학습)의 장(場) 마련: 인터넷은 지역과 거리에 상관없이 어떠한 주제와 목표에 따라 여러 학생들이 같이 협력하여 활동을 할 수 있는 도구가 될 수 있다.

② 살아 있는 방대한 정보의 활용: 인터넷은 '정보의 바다'이며, 다양한 세계와 사람들과 접촉할 수 있는 공간이다.

③ 학습자가 주도할 수 있는 학습 공간: 인터넷의 수많은 정보들은 다양한 경로와 방법으로 연결되어 있기 때문에, 학습자는 이러한 정보들을 획득하기 위해서 자신만의 지도를 사용하여 움직이고 머무른다.

④ 세계 석학들과의 비동시적인 만남과 교류: 학생들은 자신이 관심 있는 분야의 전문가들에게서 시간이나 공간의 차이에 상관없이 도움을 얻거나 상호 간 의견을 교환할 수 있다.

03 ICT 활용교육[3]

1. 개념

① ICT(Information & Communication Technology)는 정보기술과 통신기술의 합성어이다.

② 정보기기의 하드웨어, 기기의 운영 및 정보관리에 필요한 소프트웨어 기술, 이들 기술을 이용하여 정보를 수집 · 생산 · 가공 · 보존 · 전달 · 활용하는 모든 방법을 의미한다.

2. ICT 활용교육의 필요성[4]

필요성	내용
학습의 자율성 및 유연한 학습활동 제공	지식 전달 위주의 교육방법과 교실 중심의 제한된 교육환경에서 탈피하여 학습자의 자율과 특성을 존중하며, 다양하고 유연한 학습활동을 수행할 수 있게 함
자기주도적 학습환경 제공	ICT를 활용한 정보검색 및 의견교환을 통해 학습 목표와 전략 수립, 결과 평가 등 일련의 학습과정에서 학습자의 주도적인 역할을 지원함으로써 자기주도적 학습환경을 제공할 수 있음
창의력 및 문제해결력 신장	다양한 ICT를 활용하여 정보 검색 및 수집, 분석, 종합 등 새로운 정보를 창출하는 과정에 직접 참여함으로써, 창의력과 문제해결력을 신장시킴
다양한 교수-학습 활동 촉진	문제해결학습, 프로젝트학습, 상황학습, 협동학습 등 다양한 수업활동을 지원함으로써 교수-학습의 질적 · 양적 향상이 이루어질 수 있음(구성주의)
교육의 장 확대	시공간의 제약을 극복할 수 있는 다양한 ICT의 활용으로 교육의 장을 확대함으로써 사고의 폭을 넓히고 고차적인 사고 능력을 신장시킴

[3] ICT 활용교육은 구성주의 교수 - 학습상황에서 유용하게 사용되는 방법으로, 모든 특징이 구성주의와 거의 비슷하다.

[4] ICT 활용교육을 통해 교수 - 학습의 장이 확대되고 다양한 교육환경이 조성된다는 점에서 구성주의의 중요한 요소라고 볼 수 있다.

3. ICT 활용교육의 개념과 구성

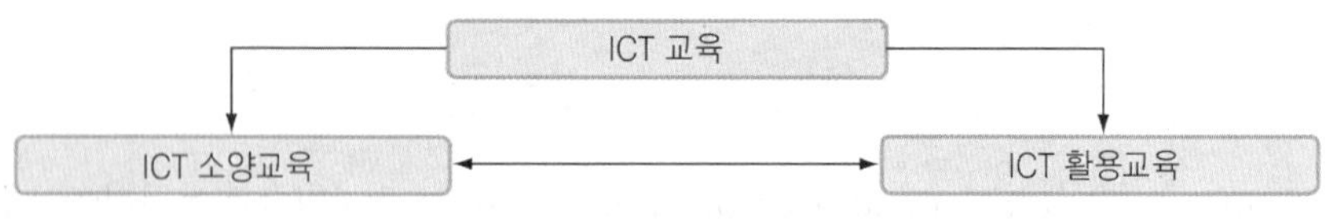

[그림 13-16] ICT 교육의 개념

(1) ICT 소양교육

ICT의 사용방법을 비롯한 정보의 생성, 처리, 분석, 검색 등 기본적인 정보활용능력을 기르는 교육이다.

(2) ICT 활용교육[5]

기본적인 정보소양능력을 바탕으로 학습 및 일상생활의 문제해결에 정보통신기술을 적극적으로 활용할 수 있도록 하는 교육이다.

5 ICT 활용교육의 예를 들면, 교육용 CD-ROM 타이틀을 이용하여 수업을 하거나 인터넷 등을 통한 웹 자료를 활용하여 교수 - 학습을 하는 형태이다.

(3) 결론

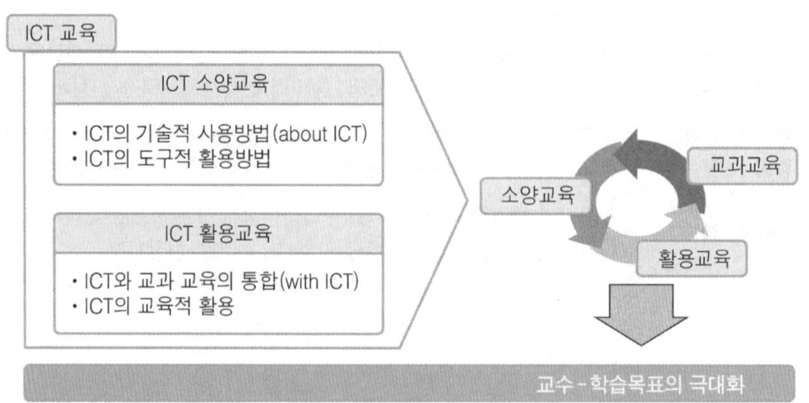

[그림 13-17] ICT 교육의 구성

학습자들은 소양교육으로 ICT에 대한 기본적인 기술능력을 습득하고, 이를 토대로 각 교과에서 ICT를 활용한 교수-학습활동을 해 나갈 수 있다. 이러한 2가지의 교육이 서로 연계하여 이루어질 때 ICT 활용교육은 가장 효과적으로 이루어진다.[6]

6 ICT 교육은 기본적인 ICT 소양교육을 근거로, ICT 활용교육과 교과교육을 접목하여 교수 - 학습의 효과를 극대화하는 것이 주된 목적이다.

제5절 원격교육 및 가상교육

01 원격교육(e-learning)

1. 개념

'원격교육(electronic/experience-learning)'이란 교수자와 학습자가 직접 대면하지 않고, 방송교재, 오디오나 비디오 교재 등을 매개로 하여 교수-학습활동을 하는 교수전략이다.

2. e-러닝의 유형

(1) 보조학습형[1]

① 정규적인 교수-학습이 전통적인 면대면 방식에 의해 이루어지는 한편, 교수자와 학습자 상호 간의 추가·보충적 작용으로, 온라인상에서 이메일이나 관련 사이트 제공 등을 지원하는 것을 말한다.

② 일반 대학의 정규 강의에서 시간과 공간의 제약 및 상호작용 등을 보완해 주기 위해 활용되는 방법이 이에 해당한다.

(2) 사이버형[2]

인터넷 환경에서 전 교육과정인 교수-학습활동이 이루어지는 형태로서, 현재 국내에서 운영 중인 16개의 사이버대학이 이 형태에 속한다.

(3) 블렌디드형(blended learning)[3]

① 개념

㉠ 교수-학습활동이 전통적인 면대면 환경과 사이버 환경에서 혼합적으로 이루어지는 것을 일컫는다.

㉡ 면대면 형태의 실수업이나 현장학습을 실시한 후 사이버 공간에서 e-러닝을 진행하거나, 이와 반대로 사이버 공간에서 먼저 학습을 진행한 후 교실수업이나 현장학습으로 연계하여 진행하는 것이 일반적이다.

1 예를 들면, 오프라인에서 못 들은 강의를 온라인에서 듣도록 하는 것이다. 이때 오프라인이 주가 되고, 온라인은 보조 역할을 한다.

2 사이버형은 e-러닝의 가장 대표적인 예가 된다.

3 블렌디드형의 대표적인 사례는 한국방송통신대학교이다.

② 목적

㉠ 면대면 교육에 따르는 물리적인 폐쇄성을 극복하여 학습자에게 편의성을 제공한다.

㉡ 경험담의 교환, 다양한 사회적 상호작용, 정보에의 접근이 훨씬 더 용이하기 때문에 학습효과를 높여 교육의 질을 향상한다.

③ 특징

㉠ 웹에 학습 관련 자료를 올려놓고 필요할 때 언제라도 활용 가능하다.

㉡ 일방적으로 진행되는 면대면 집합수업과는 다르게 실습, 조별 학습활동, 과제물 발표 등이 가능하다.

㉢ 웹에서 질의응답과 토론, 퀴즈, 과제제출, 설문조사를 실시하여 학생들의 참여를 도모하는 것이 가능하며, 온라인 학습공동체 운영이 가능하다.

④ 의의

㉠ 온라인과 오프라인이 갖는 장점을 혼합하여 개인의 요구에 맞는 맞춤식 학습의 제공이 가능하다.

㉡ 학습에 대한 코치와 튜터 활동의 병행이 가능하다.

㉢ 최근에는 온라인 및 오프라인 혼합 외에 다양한 방식의 혼합학습을 연구 중이다.

3. 거꾸로 교실(수업)

(1) 정의

플립드 러닝(flipped learning)은 '거꾸로 학습', '거꾸로 교실', '역전 학습', '반전 학습', '역진행 수업 방식' 등으로 번역된다. 강의실에서 강의를 받고, 집에서 과제를 하는 전통적인 수업 방식과 달리 수업에 앞서 온 · 오프라인 영상, 논문 자료 등 교수가 제공한 자료를 사전에 학습하고, 강의실에서는 토론, 과제 풀이 등을 하는 형태의 수업 방식을 의미한다.

(2) 목적

블렌디드 러닝과 동일하게, 학습자 입장에서 학업 성취도 제고라는 교육적 목적, 학교 입장에서 비용 절감이라는 경제적 목적을 동시에 달성하는 것에 있다.

(3) 특징

① 온 · 오프라인 영상, 논문 자료 등 교사가 제공한 자료를 사전에 학습하고, 강의실에서는 토론, 과제 풀이 등을 하는 수업 방식이기 때문에 다양한 학습방식이 허용되고, 학습자들이 능동적인 학습자로 변모되며, 수업시간이 고차적인 문제해결을 위한 시간이 되어, 수업의 질이 향상된다.

② 강의실 활동을 보면 전통적 수업은 교수자 중심의 일방적 수업을 특성으로 하나, 플립드 러닝 수업은 문제 풀이와 토론 등 학습자 중심의 수업을 하기 때문에 심화학습이 가능하며, 학습자들끼리 문제를 해결하는 가운데 협동학습이 이루어져 학생 사이의 실력과 편차가 감소된다.

(4) 블렌디드 러닝과 차이점

플립드 러닝에서 온라인 수업은 예습, 오프라인 수업은 본시 학습의 형태와 같이 온라인 교육은 오프라인 교육을 위한 선행 학습의 차원에서 이루어지지만, 블렌디드 러닝에서 온라인 교육은 오프라인 교육과는 별개로 구성될 수 있다는 측면에 있다.

4. 장 · 단점

구분	내용
장점	• 학습자들은 원하는 시간과 장소에서 자신들에게 편리한 방식으로 교육받을 수 있음 • 다수의 학습자를 동시에 교육할 수 있어 가격 효과면에서 경제적임 • 학습자들은 최신 정보를 필요한 순간에 입수할 수 있으며, 원거리에 있는 교사나 전문가와의 접촉이 가능함 • 네트워크로 연결된 여러 지역의 학습자들이 생동감 있고 상호작용적인 학습환경에서 협력학습을 할 수 있음 • 각 지역에 있는 학습자원을 공유할 수 있음
단점	• 원격교육이 가격 면에서는 경제적이지만 시스템 구축을 위한 초기 비용이 많이 듦 • 계속적인 지원 조직이 필요하기 때문에 계속적인 투자가 필요함 • 학습의 질을 관리하고 평가하기가 어려움[4] • 원격교육은 의사소통 채널의 변경으로 교수자와 학습자 간의 의사소통에 여러 가지 문제가 발생함

[4] 원격교육은 학습자의 자율성에 근거한 것이기 때문에 학습의 질을 관리하는 것이 매우 어렵다.

| 탐구문제 |

01 2015 행정고등고시 교육학

플립드 러닝(flipped learning)의 발상은 지극히 단순하다. 교사나 교수의 강의는 동영상으로 수업 전에 진행하고, 수업시간은 학생들과의 질문, 토론, 모둠활동 등에 주로 할애하는 것이다. 이렇게 종래 교실에서 주로 이루어져 온 강의식 수업을 교실 밖으로 빼내어 시간을 맞바꿈으로써, 교사는 수업 시간을 학생들과의 활동에 사용하거나 관심이 필요한 학생들에게 개별적으로 할애할 수 있다.

(1) 블룸의 '교육목표분류학'에서는 인지적 영역의 교육목표를 지식, 이해, 적용, 분석, 종합, 평가로 구분하고 있다. 플립드 러닝의 관점에서는 수업 전 활동과 수업활동에서 다루어야 할 교육목표들이 각각 블룸의 인지적 영역 중 주로 어느 단계에 해당하는 것이 적절한지 설명하시오.

(2) 최근 여러 연구에서는 우리나라 청소년들의 스트레스 1위가 '학업문제'와 관련되어 있다고 보고하고 있다. 특히 공부를 재미없고 해야만 하는 것으로 느끼기 때문에 학업에 대한 부담이 커지고 교과에 대한 흥미가 감소되는 경우가 많다는 것이다. 따라서 학생들이 공부에 몰입하는 경험을 하고 재미를 느끼게 하는 것이 중요하다. 플립드 러닝이 이러한 교실수업 개선을 위해 시사하는 바는 무엇인지 설명하시오.

5 u-learning은 PMP와 같은 기기의 등장으로 현실화되었다고 볼 수 있다.

02 u-learning[5]

(1) 유비쿼터스 개념

유비쿼터스(ubiquitous)는 라틴어로 '어디에나 존재한다.'라는 뜻으로, 모든 곳에 존재하는 네트워크라는 의미이다.

(2) u-learning

① u-learning은 개방적 학습자원을 학습자의 필요에 따른 선택에 의해 활용하는 통합적 학습체제를 의미한다.

② 언제, 어디서나, 누구나, 편리한 방식으로 원하는 학습을 할 수 있는 이상적인 학습체제로, 특정한 단말기나 매체를 의미하는 것이 아니라 학습기제(학습 메커니즘)를 의미한다.

③ 교육환경의 변화

컴퓨터=도구	컴퓨터=가상 가상 속 컴퓨팅	컴퓨터=생활 현실 속 컴퓨팅
컴퓨터 활용 교육	인터넷 활용 교육 (ICT 활용 교육 e-learning)	u-learning 유비쿼터스 컴퓨팅
정책: 컴퓨터 활용 교육	정책: ICT 활용 교육 e-learning 교육	컴퓨터=생활 현실 속 컴퓨팅

[그림 13-18] 교육환경의 변화[6]

6 u-learning의 등장으로 교육기관 외적인 학습환경이 창출되어 어디에서나 학습이 가능하게 되었으며, 학습 자체가 하나의 생활이 되었다.

Part 14

교육행정

○ 핵심키워드 한눈에 콕콕

교육행정 핵심키워드 한눈에 콕콕

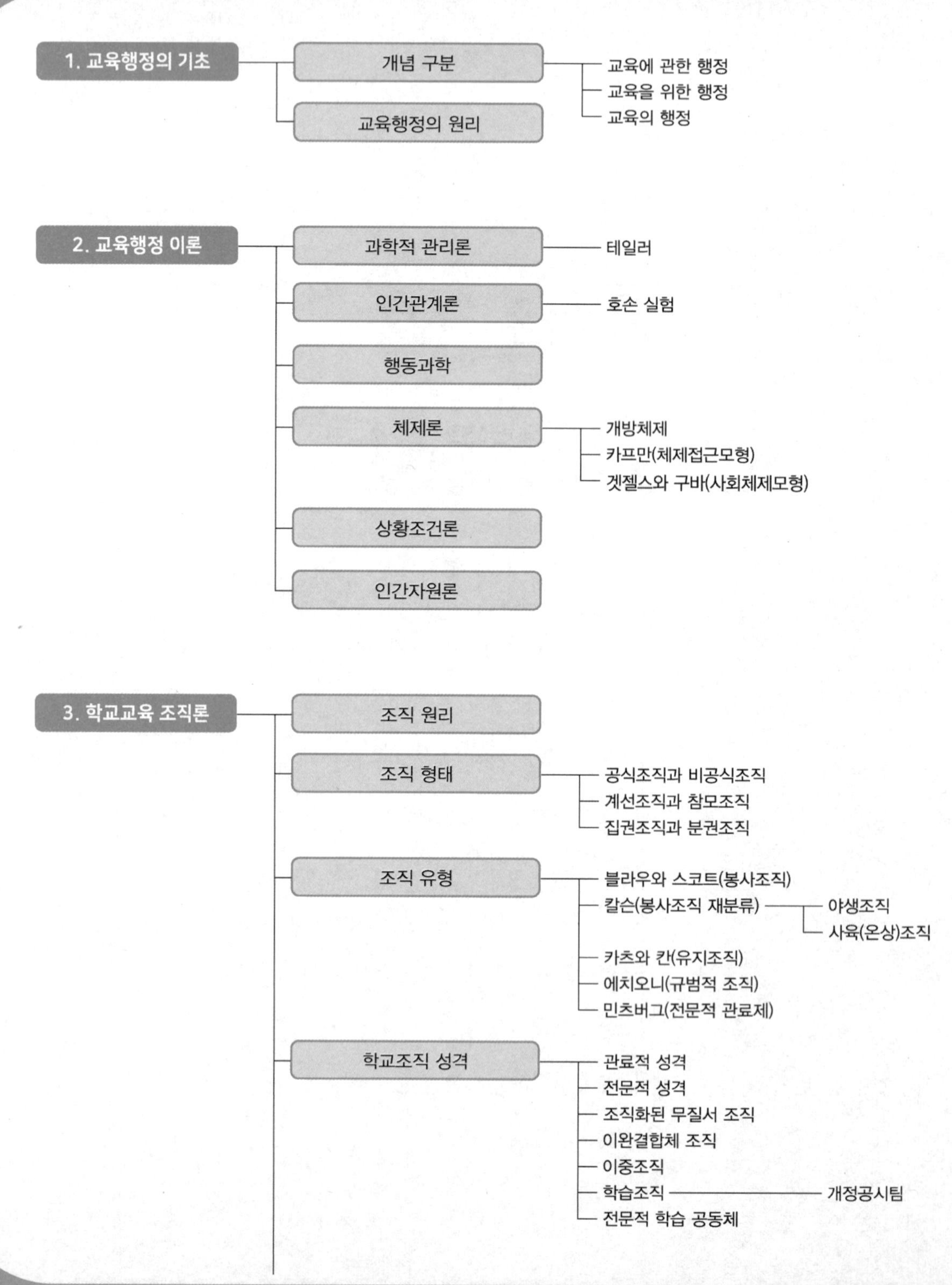

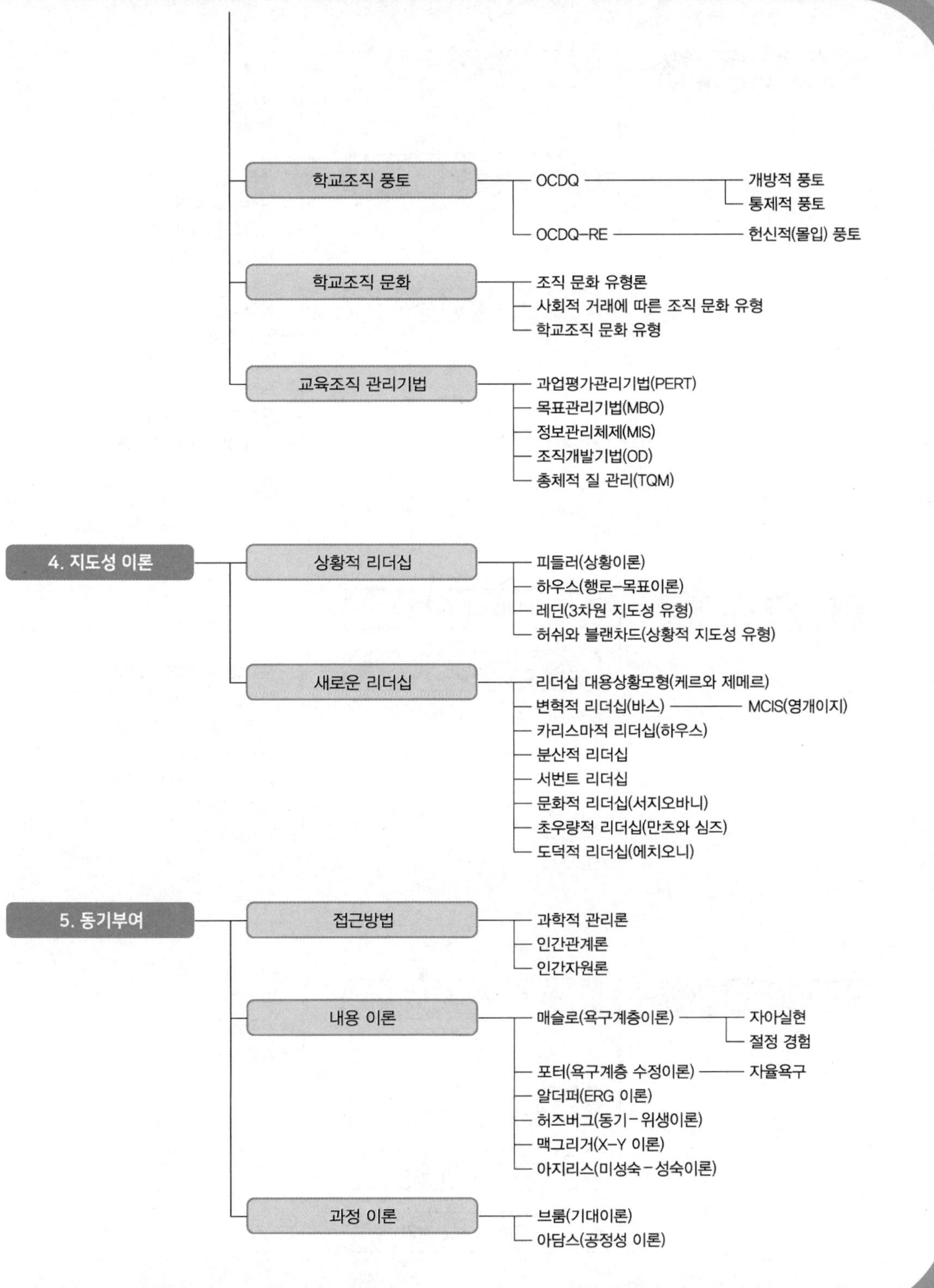
학교조직 풍토
OCDQ
개방적 풍토
통제적 풍토
OCDQ-RE
헌신적(몰입) 풍토
학교조직 문화
조직 문화 유형론
사회적 거래에 따른 조직 문화 유형
학교조직 문화 유형
교육조직 관리기법
과업평가관리기법(PERT)
목표관리기법(MBO)
정보관리체제(MIS)
조직개발기법(OD)
총체적 질 관리(TQM)
4. 지도성 이론
상황적 리더십
피들러(상황이론)
하우스(행로-목표이론)
레딘(3차원 지도성 유형)
허쉬와 블랜차드(상황적 지도성 유형)
새로운 리더십
리더십 대용상황모형(케르와 제메르)
변혁적 리더십(바스)
MCIS(영개이지)
카리스마적 리더십(하우스)
분산적 리더십
서번트 리더십
문화적 리더십(서지오바니)
초우량적 리더십(만츠와 심즈)
도덕적 리더십(에치오니)
5. 동기부여
접근방법
과학적 관리론
인간관계론
인간자원론
내용 이론
매슬로(욕구계층이론)
자아실현
절정 경험
포터(욕구계층 수정이론)
자율욕구
알더퍼(ERG 이론)
허즈버그(동기-위생이론)
맥그리거(X-Y 이론)
아지리스(미성숙-성숙이론)
과정 이론
브룸(기대이론)
아담스(공정성 이론)

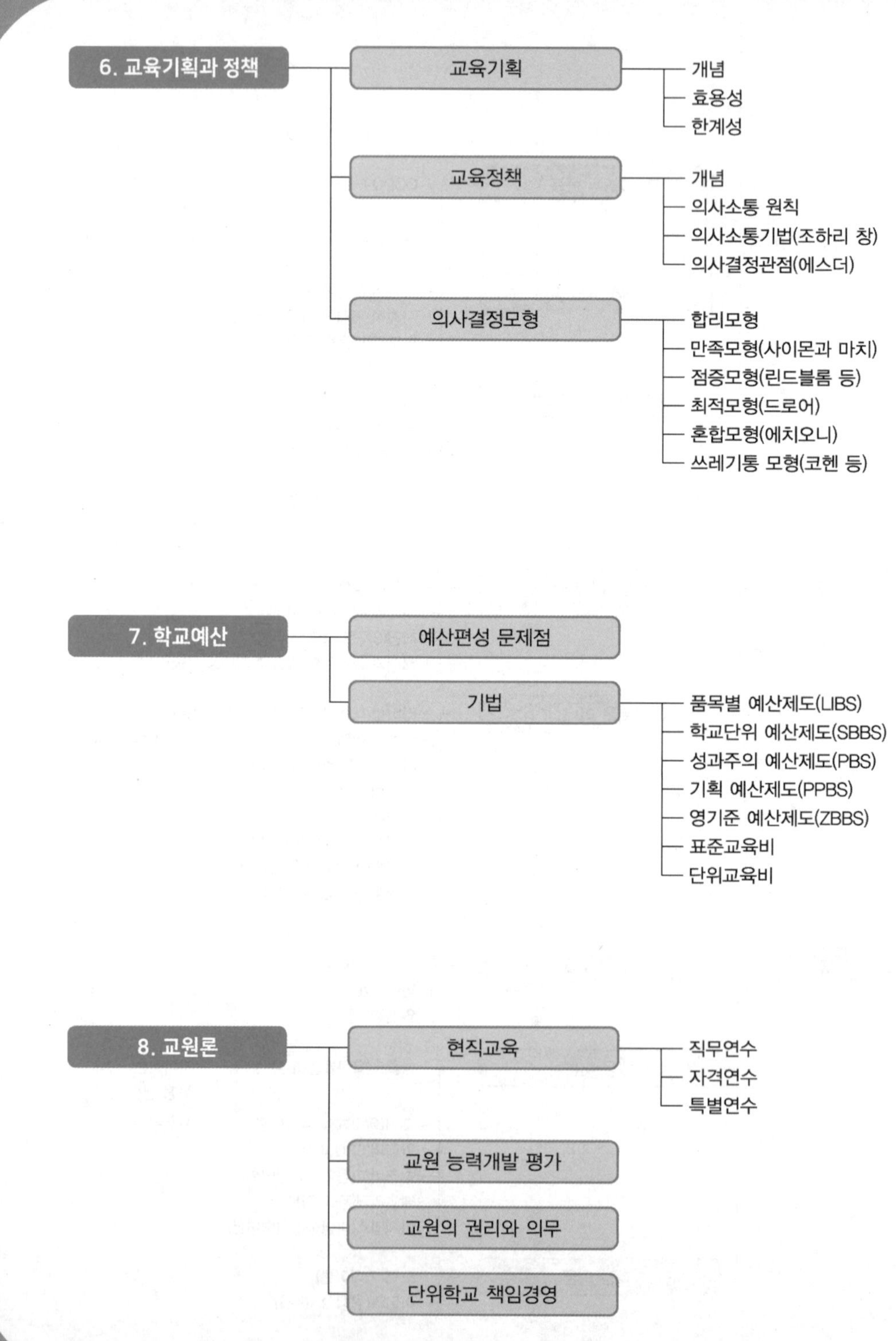
6. 교육기획과 정책
교육기획
개념
효용성
한계성
교육정책
개념
의사소통 원칙
의사소통기법(조하리 창)
의사결정관점(에스더)
의사결정모형
합리모형
만족모형(사이몬과 마치)
점증모형(린드블롬 등)
최적모형(드로어)
혼합모형(에치오니)
쓰레기통 모형(코헨 등)
7. 학교예산
예산편성 문제점
기법
품목별 예산제도(LIBS)
학교단위 예산제도(SBBS)
성과주의 예산제도(PBS)
기획 예산제도(PPBS)
영기준 예산제도(ZBBS)
표준교육비
단위교육비
8. 교원론
현직교육
직무연수
자격연수
특별연수
교원 능력개발 평가
교원의 권리와 의무
단위학교 책임경영

9. 장학론

- 임상장학
- 마이크로티칭
- 발달장학(발전장학)
- 협동적 동료장학
- 자기장학
- 전통적 장학(약식장학)
- 인간자원장학
- 선택적 장학
- 교내자율장학
- 지구별 자율장학
- 책임장학
- 요청장학
- 컨설팅 장학
- 멘토링 장학

제1절 교육행정의 기초

01 교육행정의 개념 구분

구분	기본 개념	내용
교육에 관한 행정	• 공권설로 법규 해석적인 관점을 중시 • 행정의 종합성을 강조	• 행정을 내무, 외무, 군무, 법무행정으로 구분 • 내무를 다시 경찰, 보육으로 나누고 교육행정을 보육행정의 하나로 보는 것
교육을 위한 행정	• 기능설로 교육의 자주성을 중시하는 입장 • 교육의 전문성과 특수성을 중시 • 교육의 봉사성과 수단성을 중시	• 교수-학습목표를 달성하기 위한 공동의 노력을 기울이는 것 • 교육목표달성을 위한 제반 활동을 지도 · 감독(조건정비)하는 것
교육의 행정	• 경영설로 목표관리 중심의 조정행정 • 교육과 행정을 통합하여 하나의 체제로 봄	• 교육의 목표달성을 행정의 최우선 과제로 취급 • 현재 우리나라의 단위학교 책임경영제도가 이 견해를 보임

02 교육행정의 원리

① **민주성의 원리**: 교육행정이 민주성의 원리에 따라야 한다는 것은 국민의 의사를 행정에 반영하고 국민을 위한 행정을 해야 한다는 것을 의미한다.

② **효율성의 원리**: 효율성이란 효과성(effectiveness)과 능률성(efficiency)을 동시에 표현하는 용어로, 가장 능률적인 방법으로 최대의 목표를 달성하는 것을 말한다.

③ **합법성의 원리**: 교육행정의 모든 활동이 합법적으로 제정된 법령 · 규칙 · 조례 등에 따라야 하는 법률 적합성을 가져야 한다는 것을 의미한다.

④ **기회균등의 원리**: 민주주의의 기본원리로서, 특히 교육행정에 있어서 가장 강력하게 요청되는 원리이다. 「헌법」 제31조 제1항은 '모든 국민은 능력에 따라 균등하게 교육받을 권리를 가진다.'라고 규정하여 교육권을 기본권의 하나로 규정하고 있고, 「교육기본법」 제3조에서는 '모든 국민은 평생에 걸쳐 학습하고, 능력과 적성에 따라 교육받을 권리를 가진다.', 제4조에서는 '모든 국민은 성별, 종교, 신념, 사회적 신분, 경제적 지위 또는 신체적 조건 등을 이유로 교육에 있어서 차별을 받지 아니한다.'라는 점을 규정하고 있다.

⑤ **지방분권의 원리**: 교육은 외부의 부당한 지배를 받지 않고, 주민의 적극적인 참여와 그 지역주민의 공정한 통제에 의해 실시되어야 하는데, 이러한 당위성을 제도화한 것이 바로 교육자치제이다.

⑥ **자주성의 원리**: 교육이 그 본질을 추구하기 위하여 일반행정에서 분리 · 독립하고 정치와 종교로부터 중립을 유지해야 한다는 것이다.

⑦ **안정성의 원리**: 국민적 합의과정을 거쳐 수립 · 시행되는 교육정책이나 프로그램은 장기적인 안목에서 계속성과 일관성을 유지해야 한다는 것이다.

⑧ **전문성 보장의 원리**[1]: 교육행정은 교육을 위한 행정이므로 교육활동의 본질을 이해하고, 교육의 특수성을 체험적으로 인식하며, 교육행정에 관한 이론과 기술을 습득하고, 충분한 훈련을 받은 전문가가 담당하여야 한다는 것이다.

1 교육행정은 교육에 대한 전문적 식견이 필요하기 때문에 전문성이 요구된다.

제2절 교육행정의 이론

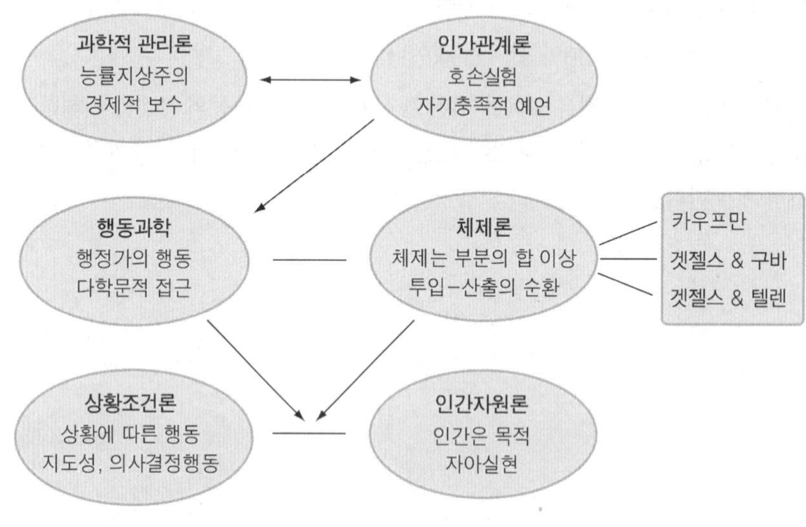

[그림 14-1] 교육행정이론의 흐름[1]

[1] 행동과학과 상황조건론은 지도자에 관심이 있고, 체제론과 인간자원론은 조직에 관심이 있다.

01 과학적 관리론(1910~1930)

1. 개요

① 과학적 관리론은 조직을 과학적으로 관리하기 위한 행정의 과정을 강조하는 이론으로 테일러도 이 과학적 관리론에 영향을 받았다.

② 이 이론은 성악설적 인간관리철학에 기초하여 조직 및 인간관리의 과학화 · 합리화 · 능률화를 추구하였는데, 그 대표적인 이론은 과학적 관리론, 행정관리론, 관료제론 등이다.

2. 테일러(Taylor)의 과학적 관리론

① 과학적 관리론의 기본 신념은 인간을 효율적인 기계와 같이 프로그램화할 수 있다는 것으로, 노동자란 아주 단순해서 경제적 요인만으로도 과업동기가 유발되고 생리적 요인에 의해 성과가 크게 제한을 받는다고 보았다.

② 과학적 관리론은 조직과 인간관리의 과학화를 주창함으로써 능률을 극대화하는 데 크게 기여하였는데, 특히 생산공정에서 인간의 활용을 극대화하는 기술과 지식을 체계화하는 기초를 확립함으로써 큰 반향을 일으키기도 하였다. 그러나 생산과정에서 인간성을 완전히 배제한 채 인간을 기계처럼 취급하였다는 점에서 많은 비판을 받고 있다.

3. 과학적 관리론과 교육행정학

① 학교에 대한 과학적 관리의 원리는 가능한 모든 시간에 교육시설을 활용, 교직원의 작업능률을 최대한 유지, 교직원의 수를 최소로 감축, 교육에서의 낭비를 최대한 제거, 교원은 학생을 가르치는 데 전념, 별도의 행정가가 학교행정을 책임져야 한다는 것으로 요약된다.[2]

② 교원에게는 학교행정을 맡기지 않고 학생을 가르치는 일에만 전념하도록 하게 함으로써, 교사 중심 교육 · 주입식 교육과 일치하는 정신이고, 교과서 중심 · 교과 중심 교육과정의 정신과도 맥을 같이 하고 있다.

2 과학적 관리론은 능률성을 중시하기 때문에 교육의 분업을 강조한다.

02 인간관계론(1930~1950)[3]

3 인간관계론은 과학적 관리론에 반대되는 것으로, 조직 내의 비형식조직에 관심이 있다.

1. 개요

① 인간관계론은 과학적 관리론의 결함을 보완하여 인간의 정서적 · 비합리적인 면을 중시하여 작업능률을 향상시키자는 관리이론이다.

② 민주사회에 있어서 관리의 일차적 과업은 노동자들이 자발적으로 협동할 수 있도록 작업상황을 마련해주는 것이라고 하였으며 이러한 사상은 호손(Hawthorne) 실험의 계기를 마련하였다.

2. 기본 가정

인간관계론은 '생산과정에서 인간의 사회 · 심리적 변인에 작용을 가하면 생산성은 증가될 것이다.' 라는 기본 가정을 가지고 출발하였다.

3. 메이요(Mayo)와 뢰스리스버거(Roethlisberger)의 호손 실험[4]

4 호손 실험에 의한 효과를 호손 효과라 하고 이는 피그말리온 효과, 자기충족적 예언 등과도 같은 개념으로 사용된다.

(1) 호손 실험의 주요 내용

① 주된 목적은 조직 내의 인간적 요인에 의해 생산성이 어떻게 달라지는지를 밝히는 데 있었다.

② 호손 실험은 과학적 관리론의 비인간적 합리론과 기계적 도구관을 부정하고, 조직관리의 인간화를 모색할 수 있는 연구결과를 도출함으로써 인간관계론의 기초를 제공하였다.

(2) 호손 실험의 의의

① 호손 실험은 그때까지 공식적 체계와 구조로만 파악하였던 조직을 구성원과 그들의 상호 작용, 비공식조직 등으로 이루어지는 다원적인 사회체제로 인식하게 만드는 계기를 마련하였다.

② 특히, 기계적 합리성보다는 인간적 요인을 중시하는 방향으로 행정관리의 관심을 전환시키는 계기를 마련하였다.

③ 생산수준은 개인의 능력보다는 비공식조직의 사회규범에 더욱 큰 영향을 받는다고 보고 인간의 사회적 · 심리적 여건의 중요성을 확인하고 그에 관심을 갖도록 하였다는 점에서 큰 의의를 찾을 수 있다.

4. 인간관계론의 일반적 특성

① 인간관계론은 새로운 가치기준으로서 사회적 능률(social efficiency)을 제시하였다.

② 사회적 능률이란 조직참여자의 만족도, 특히 사회적 욕구충족도를 의미하는 개념이다.

③ 인간관계론에서는 집단구성원의 직무만족을 높이기 위해서 구성원을 잘 이해하고 그들의 문제에 관심을 갖고 배려해주는 인간중심적이고 민주적인 관리방법이 중요하다고 보며, 직무만족은 집단의 사기를 높이고 응집력을 강화시킴으로써 집단의 성과를 올리는 데 결정적인 역할을 한다고 주장하였다.

④ 인간관계론은 비공식적 요인을 중시하였기 때문에, 조직을 단순히 직무와 권한의 공식적인 구조체계로 보지 않고, 오히려 개인들로 구성된 사회적 집단으로 보고 여기에서 나타나는 자생적이고 비공식적인 행동에 연구의 초점을 맞추고 있다.

5. 인간관계론이 행정에 미친 영향

① **자생집단의 중시**: 비공식적 조직이나 소집단은 감정 등 비합리적 요인에 의하여 형성 · 변화되며, 사기는 이러한 집단을 중심으로 형성되므로 이들 집단의 중요성이 인정되었다.

② **민주적 지도성의 중시**: 구성원들 속에서 그들과 함께 일하는 지도자의 민주적 지도성이 조직 효과를 확보하는 데 유효함을 인정하게 되었다.

③ **의사소통의 중시**: 업무의 조정과 구성원의 사회 · 심리적 욕구 충족을 위하여 상 · 하 · 횡적인 의사소통이 중요시되었다.

④ **각종 인사제도의 창안**: 인사행정에서 인사상담제도, 고충처리제도, 제안제도 등이 발달되어 구성원의 욕구충족에 기여하였다.

03 행동과학(1950~1970)[5]

[5] 행동과학은 주로 지도자에 관심을 두고 나타난 이론이다.

1. 이론화 운동(theory movement)

① 이론화 운동은 교육행정을 연구하는 데 이론의 역할이 중요함을 인정하고 이론에 근거한 가설연역적 연구방법을 통해 교육행정을 연구한다.

② 교육행정학을 실제적 기술의 상태에서 이론적 학문의 수준으로 전환하는 데 결정적인 공헌을 하였다.

2. 행동과학론과 교육행정학

교육행정에 대한 연구와 이론개발을 촉발시켜, 여러 사회과학적 관점에서 교육행정 현상을 연구하여 정립한 지식과 이론을 통해 교육행정 현상을 기술 · 설명하였고, 그 실제를 진단 · 처방할 수 있는 수준까지 교육행정학을 발전시켰다.

04 체제론(system theory, 1950~1970)

1. 개요

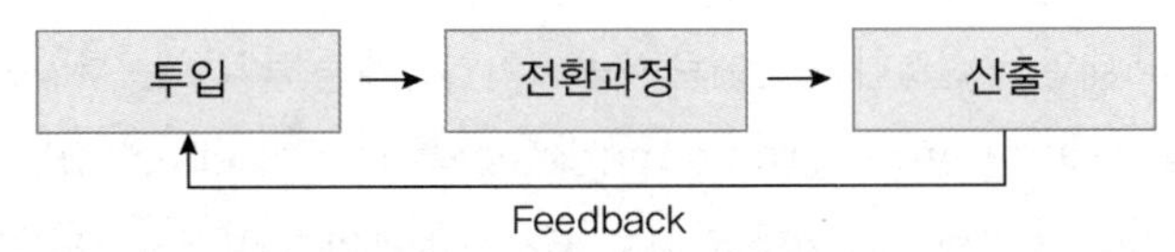

[그림 14-2] 체제적 사고

① 체제는 부분을 이루는 하위체제로 이루어졌지만 부분의 합 이상으로,[6] 시스템을 구성하고 있는 변인들을 생산성에 유기적으로 연결시키면 생산성이 향상된다는 것에 기본 가정을 두고 있다.

② 폐쇄체제는 다른 환경과 상호작용이 없어 소멸(엔트로피)되어 가지만, 개방체제는 다른 환경과 상호작용을 하여 소멸을 막을 수 있다(활성화, 역엔트로피).

③ 체제는 환경으로부터 자원이 투입되면 과정을 거치면서 체제에서 전환되어 산출을 해놓고 다시 피드백하여 재투입하는 순환과정을 거친다.

[6] 체제는 상호작용을 하기 때문이다.

2. 개방체제의 기본 모형

① 체제 내에서 상호작용하는 여러 요소는 체제의 생존을 위해 절대적으로 필요한 것들로서, 이들은 서로 연관되어 있으며, 체제와 환경에 대하여 전적으로 반응한다.

② 개방체제론, 체제적 사고란 어떠한 사태나 현상을 단순한 시각에서 보는 오류를 방지하고 모든 사태나 현상의 복잡성을 전제로 그들을 인식하려는 사고방식이다. 개방체제론의 가장 단순한 이론모형은 투입−산출모형으로, 이것은 투입, 과정, 산출 및 환경이라는 개념으로 구성된 체제이론의 기본 모형이다.

3. 카프만(K. A. Kaufman)의 체제접근모형

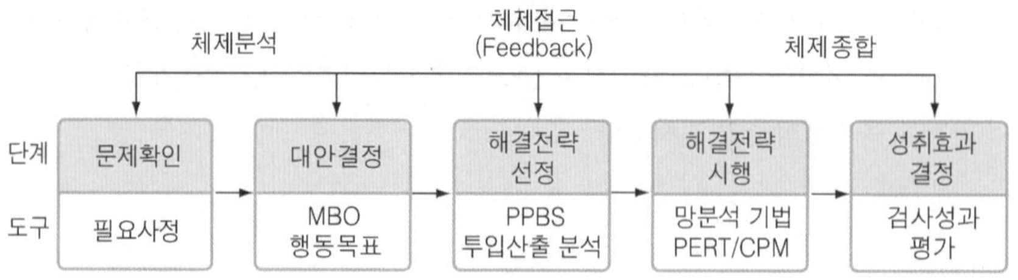

[그림 14-3] 카프만의 체제접근모형

① 1단계: 요구사정에 의한 문제를 확인한다.

② 2단계: 대안 탐색 및 결정의 단계로 목표에 의한 관리기법(MBO: Management by Objectives)[7]을 사용한다.

③ 3단계: 최선의 대안을 선정하는 단계로 내용-이익관계를 파악하는 투입산출 분석을 사용한다(PPBS 기법: Planning Programming Budgeting System).

④ 4단계: 실제 해결 전략과 도구가 이용되고 적절한 실행자료가 수집되는 단계로 사업평가를 점검하는 종합적 계획관리기법인 PERT(Program Evaluation and Review Technique)[8] 기법이나 CPM(Control, Planning, Monitoring)을 사용한다.

⑤ 5단계: 문제해결 과정이 성과가 처음에 요구했던 정도에 비해 얼마만큼 성취되었는지를 평가한다.

⑥ 6단계: 필요에 따라 언제든지 체제가 수정 · 보완되고 재구성되는 피드백 단계이다.

7 목표관리기법(MBO)은 구성원의 참여를 통하여 목표를 정해 관리의 효율성을 높이는 관리기법이다.

8 과업평가검토 기법(PERT): 과업의 수행과정을 도표화하여 합리적이고 체계적으로 수행하도록 하는 방법이다.

4. 겟젤스(Getzels)와 구바(Guba)의 사회체제모형(사회적 과정이론)[9]

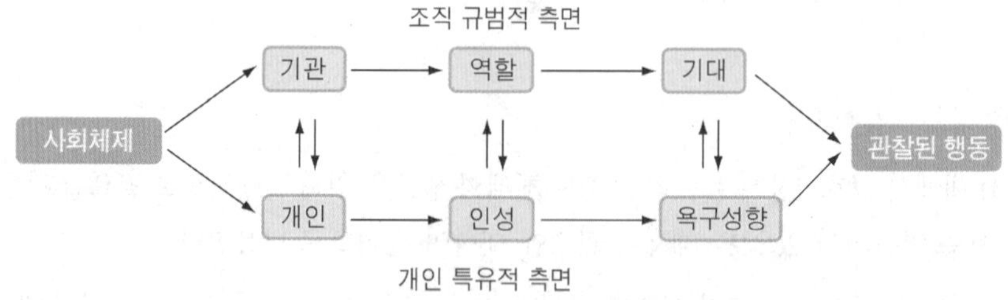

[그림 14-4] 겟젤스와 구바의 사회체제모형

① 행정을 사회과정(social process)으로 보고 인간의 행동은 사회체제에 있어서 규범적 차원과 인간적 차원의 양 기능으로 인식되어야 한다고 보았다.

② 행정가의 행동은 역할(R : Role)과 인성(P : Personality)의 함수에 의해 $B=f(R \cdot P)$로 나타내는데, 이 모형은 조직과 환경과의 상호작용을 고려하지 않은 폐쇄체제이다.

9 사회체제모형은 사회 속에서 어떤 과정을 통해 행동이 일어나느냐 하는 것이며(직무재설계와 허즈버그의 동기요인에 해당), 인간의 행동은 역할과 인성의 상호작용에 의해 나타난다고 본다.

05 상황조건론(1970~)

모든 상황조건에 맞는 최선의 유일한 행동은 없고 상황조건에 맞추는 행동이 가장 좋은 행동이라는 생각으로, 상황조건론은 지도성 행동뿐만 아니라 의사결정행동 등 모든 행동을 변화시키는 상황에 의하여 설명한다.

06 인간자원론(1970~)[10]

① 인간관계론에서 발전한 것으로, 인간관계론을 악용하여 여전히 종업원의 비위를 맞추어 이윤을 창출하는 데만 관심을 가지는 인간의 수단화에 반대하는 이론이다.

② 인간자원론은 인간이 가지고 있는 능력자원을 최대한 발휘하게 하여 자아실현을 도와줌으로써 만족하고 행복하게 해주자는 사고의 전환이다.

③ 인간자원론의 발전으로 인해 조직개발운동(OD) 등이 도입되었다.

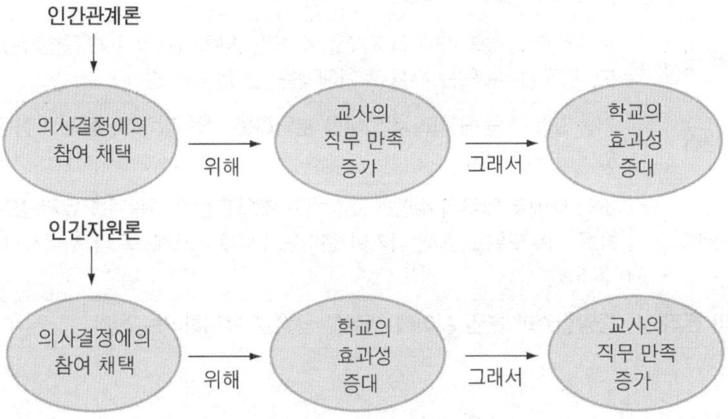

[그림 14-5] 인간관계론과 인간자원론의 비교[11]

10 인간자원론은 인간을 수단이 아닌 목적으로 보며, 조직원의 자아실현을 강조하는 이론이다.

11 인간관계론은 공동의 의사결정을 도입하고 나면 교사의 만족도가 증가하고, 이를 통해 학교의 효율성이 증가된다는 것으로 인간을 수단으로 보는 반면, 인간자원론은 공동의 의사결정을 도입하면 학교의 효율성이 증가하고, 이를 통해 교사의 만족도가 증가한다고 보아 인간을 목적으로 대우한다.

제 3 절 학교교육 조직론

01 조직의 속성

1. 조직의 정의

'조직'은 공동의 목표를 달성하기 위하여 둘 이상의 구성원들이 규칙과 규정에 따라 서로의 역할을 분담하고 그 역할을 수행하기 위하여 상호협력하는 체제이다.

2. 조직의 원리

원리	내용
명령통일의 원리	조직 구성원은 1인의 상관에게만 보고하고 명령과 지시를 받음
계층제의 원리	조직목적을 달성하기 위한 업무수행을 위하여 그 권한과 책임을 계층에 따라 등급화함으로써 상하 조직단위를 직무상의 지휘 감독관계에 서게 하는 원리 예 교장 ⇨ 교감 ⇨ 부장교사 ⇨ 평교사
통솔범위의 원리	한 사람의 통솔자가 직접 지도할 수 있는 부하직원의 수가 통솔자가 효과적으로 지도, 감독할 수 있는 수를 초과해서는 안 된다는 원리
분업의 원리	기능 또는 직능에 따라서 업무를 분담하는 것을 말하며, 집단적 협동체제로 조직에 있어서 필수적임
조정의 원리	조직 내에서 업무의 수행을 조절하고 조화로운 인간관계를 유지함으로써 협동의 실효를 거두도록 노력해 나가야 한다는 원리로, 오케스트라 지휘자의 역할에 비유할 수 있음
적도집권의 원리	중앙집권과 분권 사이에 적절한 균형을 유지하려는 원리

02 조직의 형태

1. 공식조직과 비공식조직

(1) 비교

공식조직	비공식조직
• 조직의 공식 목표 추구를 위하여 확고하게 제도화된 규범에 의해 발생한 인위적인 조직	• 자연발생적 조직(조직원들 상호 간의 작용을 통해 자연적으로 발생)
• 외면적 · 가시적 조직	• 내면적 · 비가시적 조직
• 조직기구에 의해 서면화 · 문서화된 조직	• 성문화되지 않고 조직원의 행동에서 조직되고 자라나온 조직
• 통상 능률의 논리에 따라 구성됨(기계적 비인정적 관계, 능률 중시)	• 감정의 논리에 따라 구성됨(구성원 상호간의 친밀성, 감정의 소통으로 인간적 관계)
• 전체적 질서를 나타냄	• 부분적 질서를 나타냄
• 방대한 규모로 확대되는 현상이 있음	• 친밀한 인간관계와 같은 소집단 상태를 유지함
• 지도자의 권위가 상부에 의해서 주어지는 하향적 조직	• 지도자의 지위는 부하들의 동의에 의해서 존재하는 상향적 조직
• 공적 목표달성을 위한 인위적 · 제도적 조직	• 사적 목적 달성을 위한 자연발생적 조직

(2) 비공식조직의 순기능과 역기능 기출 2016 중등

구분	내용
순기능	• 공식적 조직에 융통성을 부여하고 개방적 풍토를 조성함 • 조직 구성원에게 만족감을 주고 직무집단을 안정시켜줌 • 구성원이 서로 정보를 교환할 수 있는 의사소통체제나 그 통로를 확장시켜 주는 역할을 함 • 조직 구성원의 좌절감과 심리상의 불평, 욕구불만에 대해 배출구 역할을 함 • 조직 구성원들의 자기실현과 자기혁신 및 자기개발을 가능하게 하는 중대한 역할을 함[1]
역기능	• 파벌 조성의 위험이 있으며, 조직의 책임을 무효화시킬 수 있음 • 왜곡된 정보나 소문에 의해 사기가 저하될 수 있음 • 파벌주의에 입각한 정실 인사행정의 계기를 마련할 수 있음

기출콕콕

조직과 구성원에 미치는 순기능과 역기능을 각각 2가지씩 제시하고 논하시오.
2016 중등

[1] 동호회 같은 비공식 조직을 통하여 자기혁신이나 자아실현이 가능해진다.

2. 계선조직과 참모조직(막료조직)

(1) 계선조직

① 행정이나 경영조직에 있어서 서열과 지위, 감독의 계통을 말하는 것으로 명령적 · 집행적 기능을 갖는 직선적 조직으로, 명령작성과 결정권을 가지며 명령과 의사전달의 역할을 한다.

② 계선조직은 계층제의 원리, 명령통일의 원리, 통솔범위의 원리에 의해 조직된다.

③ 계선조직의 순기능과 역기능

구분	내용
순기능	• 권한과 책임의 한계가 명확하며, 업무수행이 능률적임 • 단일기관으로 구성되어 정책결정이 신속하게 이루어짐 • 업무가 단순하고 비용이 적게 드는 조직에 적합함 • 강력한 통솔력을 행사할 수 있음
역기능	• 대규모 조직에는 계선만으로 부족하고 업무량도 많아짐 • 조직의 장이 독단적인 조치를 취할 수 있음 • 조직이 지나치게 경직될 우려가 있음 • 유능한 인재를 잃으면 전체 조직이 마비됨 • 융통성이 없고 특수분야에서 전문가의 지식과 경험을 이용할 수 없음

(2) 참모조직

① 참모조직은 대규모 조직의 상층부에서 전문적 기술과 지식을 가지고 조언과 자문을 하여 계선의 기능을 보좌하는 조직으로 명령계통에서 벗어나 있다.

② 참모조직은 계획하고 봉사하는 조직으로, 행정조직의 비대화와 복잡화로 인하여 참모조직의 중요성이 크게 부각되고 있다.

예 정부의 비서실, 학교의 인사위원회, 상벌위원회, 교육과정결정위원회 등의 각종 위원회

③ 이 조직은 조정의 원리에 의해 조직된다.

④ 참모조직의 순기능과 역기능

구분	내용
순기능	• 기관장의 조정 · 통제업무를 감소시켜 주고, 통솔범위를 확대시킴[2] • 전문적인 지식과 경험을 활용함으로써 보다 합리적인 지시와 명령을 내릴 수 있음 • 수평적인 업무조정과 협조가 가능하여 조직의 신축성을 가져올 수 있음
역기능	• 조직의 복잡성으로 조직 내의 알력과 불화가 발생할 수 있고, 막료 간의 책임전가의 우려가 있음 • 통솔범위의 비대화로 경비가 증대됨 • 의사전달의 경로를 혼란에 빠뜨릴 가능성이 있음

2 조직의 장이 참모조직을 통해 조언을 구하여 자신이 모르는 분야에까지도 업무지시를 내릴 수 있어 통솔범위가 확대된다.

(3) 계선조직과 참모조직의 비교

계선조직	참모조직
• 계층적 구조를 갖는 수직적 조직 • 조직의 목적달성을 위하여 실제 집행하는 기능 • 일에 대한 권한과 책임에 대한 능력 • 현실적 · 실제적 · 보수적인 태도 • 결정 · 명령 · 지휘 · 집행 · 실시 강조	• 횡적 지원을 하는 측면 조직 • 인사, 재무, 구매, 총무, 계획, 통제 등의 업무를 통해 지원 · 보조하는 기능 • 지식 · 기술 · 경험 등의 전문성의 능력 • 이상적 · 이론적 · 비판 개혁적인 태도 • 권고 · 조언 · 지원 · 보조 강조

3. 집권조직과 분권조직

(1) 개념

① 집권조직: 권한 및 의사결정이 중앙정부, 상부조직 등 1개 기관에 집중되어 있는 조직이다.

② 분권조직: 권한이나 의사결정이 자치단체, 하부조직 및 다수기관에 이양되거나 분산되어 있는 조직이다.

(2) 집권조직의 순기능과 역기능

구분	내용
순기능	• 정책결정 및 수행에 있어서 국가적 통일성을 도모할 수 있음 • 교육행정의 능률 향상을 가능하게 함 • 지방에 따른 재정의 빈부와 교육기회의 불균형을 극복할 수 있음 • 전국적인 교육의 기회균등을 도모함 • 신속하고 강력한 교육행정을 수행할 수 있음
역기능	• 반민주적 교육행정이 자행될 수 있음 • 지방민의 교육에 대한 참여기회가 부족함 • 교육내용이나 방법을 지나치게 통제할 우려가 있음 • 지방의 특수성을 무시한 획일적 교육행정의 우려가 있음 • 정치적으로 불안함[3]

(3) 분권조직의 순기능과 역기능

구분	내용
순기능	• 지방주민의 참여를 통한 통제의 강화와 교육에 대한 민의의 반영이 용이함 • 각 지역사회에 주어진 조건에 적합한 교육내용의 발전을 가능하게 함 • 교육행정 능률에 창의성을 발휘할 수 있음 • 정치적으로 안정되어 있음
역기능	• 중앙의 지휘 · 감독기능이 약화되어 일관된 교육정책과 행정집행이 곤란함 • 전국적인 교육정책의 통일성이 결여될 수 있음 • 지방의 재정 사정에 따른 차이 조절이 곤란함

3 집권조직의 행정가는 대개 정치적 입장을 견지하는 정치가들이 각 부서의 수장(장관)을 맡기 때문에 정치적으로 불안하다.

03 조직의 유형

1. 블라우(Blau)와 스코트(Scott)의 구분 – 수혜자에 의한 분류

구분	수혜자	내용
호혜조직	조직구성원	• 민주주의를 통한 구성원들의 참여와 통제가 이루어지는 것이 원칙임 • 조직 구성원(학생회의 학생들)의 무관심으로 조직운영이 일부의 구성원으로 운영되는 경우는 잘못된 것임 예 정당, 노동조합, 전문가 협회, 종교단체, 학생회, 교원단체
사업조직	조직의 소유주	이윤추구를 통한 경제원리가 1차적 목표임 예 사기업체, 무역회사, 금융기관
봉사조직	고객	• 여기서 고객은 '자신의 문제를 해결하고자 하지만 그 해결방법을 모르는 사람'임 • 무엇을 배우고 싶어 하지만 어떻게, 무엇을 배워야 할지 모르는 학생(고객)이 학교를 찾게 되면 전문가인 교사는 학생의 특성을 고려하여 효과적으로 잘 배울 수 있게 지도해야 함 예 병원, 학교, 사회사업기관
공공복리 조직	일반 대중 전체	공공복리의 추구가 1차적인 목표임 예 군대, 경찰서, 소방서

2. 칼슨(Carlson)의 분류 – 봉사조직의 재분류

(1) 선발과 참여 여부에 따른 봉사조직의 유형

조직이 선발 여부 결정 \ 고객이 참여 여부 결정	예	아니오
예	유형 Ⅰ (야생조직)	유형 Ⅲ (강압조직)
아니오	유형 Ⅱ (적응조직)	유형 Ⅳ (사육조직)

[그림 14-6] 칼슨의 봉사조직의 재분류

(2) 유형별 내용

조직유형	내용
유형 Ⅰ (야생조직)	• 조직이나 고객이 모두 참여에 대해 독자적인 선택결정권을 가지고 있는 조직 • 생존하기 위하여 동일 유형의 조직들과 생존경쟁을 하게 됨
유형 Ⅱ (적응조직)	• 조직이 고객을 선발하지 않고, 고객이 선택을 함 예 모든 고교 지원생을 받아들이도록 되어 있는 미국의 주립대학이나 지역사회 대학 등
유형 Ⅲ (강압조직)	• 조직의 입장에서 고객선발권을 갖고 있고, 고객이 조직에 참여할 수 없는 봉사조직임 • 군대를 들 수 있으나, 군대는 봉사조직이 아니기 때문에 부적절함 • 따라서 이론적으로만 가능하고, 현실적으로는 존재하지 않음
유형 Ⅳ (사육조직 또는 온상조직)[4]	• 조직이 고객을 선발하지 않고, 고객도 조직을 선택하지 않는 조직 • 법에 의해 조직이 고객을 받아들여야 하고, 고객도 의무적으로 참여해야 함 예 의무교육기관인 학교나 교도소

4 평준화 지역의 고등학교는 온상조직이고, 비평준화 지역의 고등학교나 자율형 공·사립 고등학교는 야생조직이다.

3. 카츠(Katz)와 칸(Kahn)의 구분 – 기능에 의한 분류

구분	내용
생산적 · 경제적 조직	• 조직의 본질적 기능은 부의 창출, 물자의 제조, 서비스를 제공하는 데 있음 • 인간의 기본적인 욕구충족에 필요한 산물을 제공함 예 대부분의 공기업이 이에 속하며, 1차 산업, 2차 산업, 3차 산업으로 재분류됨
유지조직[5]	• 본질적 기능은 사회의 안정성 유지와 인간의 사회화에 있음 • 사회일원으로 사회규범을 내면화하고 유지하는 것에 주안점을 둠 예 학교, 병원, 종교단체, 문화기관 등
적응조직	• 본질적 기능은 사회변화에 적응하도록 하는 조직 • 사회변화에 따라 발생하는 문제를 해결하고 지식을 창출하거나 이론을 발전시키는 것에 주안점을 둠 예 대학, 각종 연구소, 조사기관 등
관리적 · 정치적 조직	• 본질적 기능은 사회의 통합 및 관리기능 • 사회의 인적 · 물적 자원을 배분하거나 여러 하위단체를 조정 및 통제하는 기능을 수행함 예 정부의 각 기관, 정당, 노동조합, 여러 압력단체 등

5 학교의 유지조직적 성격은 문화를 계승하는 사회화를 대표적 예로 들 수 있다.

4. 에치오니(Etzioni)의 분류

(1) 권력-참여관계의 조직유형

참여의 종류 / 권력의 종류	소외적	타산적	도덕적
강제적	강제적 조직		
보상적		공리적 조직	
규범적			규범적 조직

(2) 종류

종류	내용
강제적 조직	조직이 사용하는 권력은 위협 · 매질 · 감금 등 육체적 · 물리적인 강제적인 수단이고, 구성원은 개인의 의사와는 상관없이 참여함 예 형무소, 포로수용소
공리적 조직	조직이 사용하는 권력은 봉급이나 임금과 같은 물질적 · 금전적 대가와 같은 보상적 권력이고, 구성원은 그러한 보상이 만족할 만한 것인가 아닌가 하는 실리를 따져 참여함 예 기업체, 경제단체
규범적 조직	조직이 사용하는 권력은 당위성과 상징적 의미부여를 강조한 규범적 권력이고, 구성원은 인간으로서 도의적인 윤리의식을 갖고 참여함 예 학교, 종교단체

5. 전문적 관료제(Mintzberg)

① 학교는 우선적으로 관료제적인 특성을 갖는다. 그러나 학교조직의 관료제는 구성원인 교사가 고도의 교육을 받은 전문가라는 점에서 다른 일반적인 관료제와는 구별된다.

② 교사들은 독립적이고 한정된 교실에서 각기 다른 배경의 학생들을 가르치면서 상당한 자유재량권을 행사하는데, 다른 관료조직의 구성원과는 달리 교사는 감독이나 직무수행의 통일된 표준을 갖기 어렵다. 이는 학교의 교육목표가 상당히 모호하고 학교 외의 요인이 학생의 학습에 매우 큰 영향을 미치고 있다는 점을 고려하면 더욱 복잡해진다.

③ 학교는 다른 관료제 조직과는 달리 엄격한 감독을 받지 않고 있기 때문에 교사들이 조직의 상위층에 있는 사람들의 기대에 부응하고 있는지를 확인하기 위해 자질을 나타내는 지표인 교사자격증, 표준화된 교육과정과 교과서, 정해진 코스를 따르고 있는지를 알기 위한 학교학습평가 등의 다른 수단을 활용한다.

④ 학교에서는 교사들이 전문가임을 인정하고, 의사결정에 있어서 교사들의 보다 많은 참여를 보장하고 있지만, 항상 교사들에게 어떤 규칙을 적용해야 하며 누가 그러한 규칙을 제정하느냐와 같은 논쟁적 문제 등 관료적 가치와 전문적 가치 사이의 갈등을 일으키는 많은 논쟁들이 존재한다.

⑤ 학교조직의 특성은 단순한 관료제만으로는 설명이 불가능하며, 관료제와 전문직제의 혼합적인 조직형태로서, 전문적 관료제라고 설명하는 것이 바람직하다.

04 학교조직의 성격

1. 관료적[6] 성격 기출 2015 중등 추가

(1) 관료제 성격

특징	내용
분업과 전문화	조직의 과업은 개인이 수행하기에는 너무 다양하고 복잡하기 때문에 과업을 보다 효율적으로 수행하기 위해 직위 간에 직무를 적정하게 배분하고, 전문화를 도모하는 원리 예 학교의 각 부서
몰인정지향성	개인적인 감정을 떠나서 인간적인 고려에 치우치지 않고 법적 · 합리적인 기준에 의해 조직을 운영하는 원리
권위의 계층	관료제에 있어서 모든 직위가 공식적 명령계통을 중심으로 계층구조를 가지는 원리 예 교장 ⇨ 교감 ⇨ 부장교사 ⇨ 평교사
규칙과 규정	과업수행의 계속성과 일관성을 유지하도록 하고, 구성원들의 행동에 있어 통일성과 안정성을 확보하도록 하는 원리 예 시행령, 훈령, 각종 규칙
경력지향성	조직 구성원들이 자신의 직무를 하나의 경력으로 생각하고 경력을 높이고자 하는 원리

(2) 관료제의 순기능과 역기능

특징	순기능	역기능
분업과 전문화	숙련된 기술(전문성)	권태감의 누적
몰인정지향성[7]	합리성	사기저하
권위의 계층	지휘에 잘 순응, 하부조직 조정	의사소통 단절(권위적)
규칙과 규정	계속성과 통일성 확보	경직성과 본말전도
경력지향성	유인(동기유발)	업적과 연공제[8] 간의 갈등

| 탐구문제 |

01 2019 행정고등고시 행정학

다음 글을 읽고 물음에 답하시오.

> 「국가공무원법」 제57조는 "공무원은 직무를 수행할 때 소속 상관의 직무상 명령에 복종하여야 한다." 고 규정하고 있는 반면, 상관의 위법하고 부당한 명령에 대한 불복종의 의무는 규정하고 있지 않다. 그러나 최근에는 부당하고 위법한 명령의 경우 복종을 거부할 수 있고, 불복종에 따른 인사상의 불이익을 받지 않도록 해야 한다는 주장이 힘을 얻고 있다. 그럼에도 한국 관료제의 조직문화에서는 상관의 명령이 위법 부당하더라도 현실은 이를 거절하는 것이 쉽지 않다.

(1) 막스 베버의 관료제는 혁신의 대상으로 언급되고 있다. 이러한 관점에서 한국 관료제의 조직문화를 설명하시오.

(2) 관료제 병리현상을 극복할 수 있는 조직문화 개선방안을 제시하시오.

기출콕콕

학교조직의 관료제적 특징 2가지를 제시하시오.

2015 중등 추가

6 관료제는 군대처럼 큰 조직을 효율적으로 관리하기 위한 것이며, X · Y 이론에 근거하여 만들어진 것이다.

7 무사지향성이라고도 하며, 관료제는 조직이 크다 보니 개개인의 사정을 모두 고려할 수 없다.

8 연공제는 시간이 지나면 공적이 쌓이는 것을 말한다.

2. 전문적 성격(L. berman)[9]

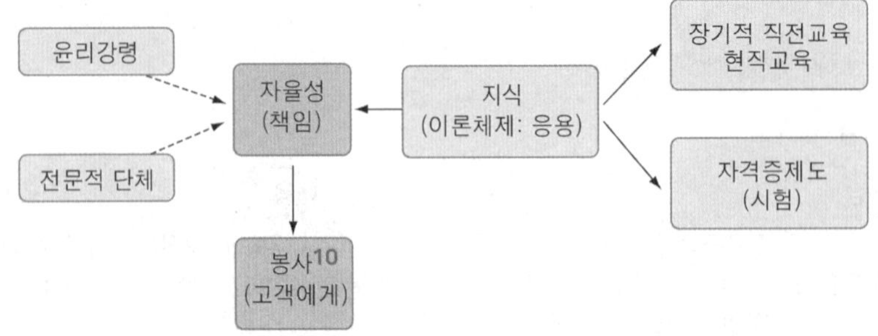

[그림 14-7] 학교조직의 전문적 성격

9 그림 안 실선은 강제적 성격을, 점선은 임의적 성격을 나타낸다.

10 전문직의 핵심은 고객에게 봉사하는 것이다. 그래서 블라우와 스코트은 학교를 봉사조직으로 분류하였다.

① 우선, 교사들이 학생의 이익을 위해서 발휘할 수 있는 자율성을 가져야 한다는 것으로, 이 자율성은 고객(학생)에게 봉사하는 데 사용되어야 하며, 자율성 보장을 위한 고도의 전문지식이 요구된다.

② 전문지식은 응용이 가능한 이론체계로서, 이 이론체계를 갖기 위해 장기간의 직전교육과 현직교육이 필요하며, 전문지식이 갖추어졌는지 확인할 수 있는 자격증이 필요하다.

③ 학생의 이익이지 교사 자신의 이익을 위한 것이 아니라는, 스스로를 통제할 수 있는 윤리강령의 제정과 함께 분명한 자율성을 발휘하고, 이에 대한 간섭이나 통제로부터 자신의 권익보호를 위한 전문적 단체의 결성이 요구된다.

3. 조직화된 무질서 조직[11]

11 조직화된 무질서에서 의사결정 시에는 무질서 때문에 쓰레기통 모형(비합리적 의사결정)이 사용된다.

(1) 의미

조직화된 무질서 조직은 조직 구성원들이 서로 난폭하게 투쟁한다는 것이 아니고 조직 내의 강한 개성과 전문성으로 인하여 자율적 견제와 조정이 이루어지므로 의도적 통제가 적용되지 않는다는 것이다.

(2) 교육조직의 특성 - 코헨(Cohen)

특성	내용
목표의 모호성	교육조직의 목적이 구체적이지 못하며 분명하지 않아, 교육조직 내의 교사, 행정가, 학생, 학부모들마다 서로 다른 입장에서 갈등을 겪음
불분명한 과학적 기법	교사, 행정가, 장학요원이 사용하는 기술이 명확하지 못하고, 적용하는 사람에 따라 개인차가 있음
유동적 참여	학교조직에의 참여가 유동적이고 간헐적이라 학생, 교사, 행정가 등이 고정적이지 못하고 일정 기간 머물다가 학교를 떠나는 것

4. 이완결합체 조직[12] 기출 2015 중등 추가

(1) **개념**

① 이완결합체 조직은 와익(K. Weick)에 의해 주장된 것으로, 학교조직은 전반적으로 느슨한 구조를 가지고 있다. 여기서 학교조직의 구조가 느슨하다는 것은 학교조직의 여러 부분들이 다른 부분들과 전혀 관계를 맺지 않고 있다는 것을 의미하는 것이 아니다.

② 오히려 학교조직의 몇몇 부분들은 고도로 구조화되어 있으며 심지어 관료적이다. 그럼에도 불구하고 조직적인 관점에서 볼 때, 학교조직은 전체로서의 최소한의 통일을 유지할 수 있을 정도로 내부 업무가 조정되고 있는 상대적으로 느슨한 구조를 지닌 복잡한 조직이라는 것이다.

(2) **특징**

① 이완결합체(loosely coupled systems)는 환경변화에 당면하여 생존하기 위해서는 한 조직에서 근본적으로 이질적인 요소들이 공존하는 것을 허용하고, 광범위한 환경변화에 대한 민감성을 허용하며, 지엽적인 적용을 허용해야 한다.

② 기발한 해결책의 개발과 유지를 기대하며, 다른 부분에 영향을 주지 않는 한 체제의 한 부분이 분리되는 것을 허용하고, 체제 내 활동자에게 보다 많은 자유재량권과 자기결정권을 제공해주며, 부분 간의 조정을 위하여 비교적 소액의 비용이 요구된다.

③ 교육과정은 공장의 생산과 달리 투입과 산출의 인과관계를 분명하게 파악할 수 없다.

5. 이중조직[13]

(1) **의미**

학교는 느슨하게 조직된 측면도 있고, 엄격한 관료제적 특징도 가지고 있다(호이 & 미츠겔).

(2) **학교의 특징(예)**

① 학교의 중심 활동인 수업의 경우 교사와 교사가 매우 느슨하게 결합되어 있지만, 학교는 수업행동에 영향을 미치는 많은 관료제적 장치들(수업시간 운영, 학습집단의 구성, 인적 · 물적 자원 등)이 있다.

② 수업 등과 관련한 특정한 측면에서 볼 때는 느슨한 결합구조를 가진 조직으로 이해할 수 있다.

③ 행정관리라는 보편적인 조직관리의 측면에서는 엄격한 결합구조를 갖고 있다.

기출콕콕

학교조직의 이완결합체적 특징 2가지를 제시하시오.
2015 중등 추가

[12] 이완결합체는 전문직이 강조되어 무질서가 아닌 조금 분리된 듯 보이는 성격이다(관료제보다 전문직의 특성을 좀 더 강조했다).

[13] 이중조직은 전문직적 관점과 관료제적 관점을 모두 가지고 있다.

기출콕콕

학습조직의 구축 원리 3가지를 설명하시오. 2015 중등

6. 학습조직으로서의 학교 기출 2015 중등

(1) 개념

① 대표자는 센게(P. Senge)로, 학습조직이란 새로운 기술을 습득하고 창조하며 활용하는 기술과 능력을 통해 환경에 능동적으로 대처해 나갈 수 있는 힘을 가진 조직이다.

② 즉, 개인이 학습하는 것처럼 개인으로 구성된 조직도 학습해 나갈 수 있는 조직이 학습조직으로 개인수준의 학습의 개념을 조직수준으로 확장한 것이다.

(2) 기본 원리

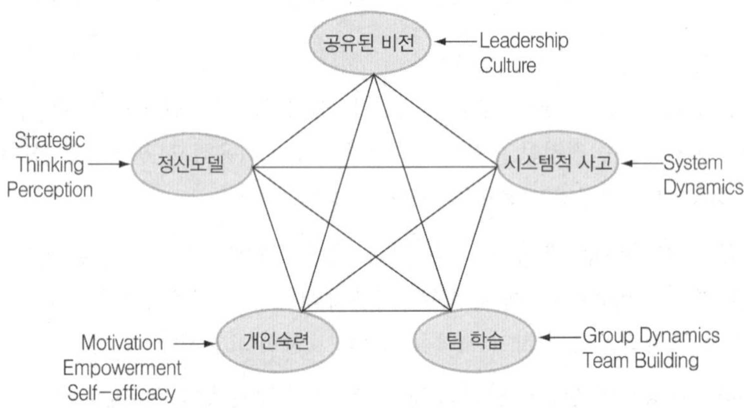

[그림 14-8] 학습조직으로서의 학교[14]

① 개인적 숙련(personal mastery)

㉠ 개인이 추구하는 지식·기술·태도를 형성하기 위해 개인적 역량을 지속적으로 넓혀가고 심화시켜가는 행위를 의미한다.

㉡ 한 개인이 자신의 꿈, 비전, 현재의 상태를 자각하고, 이 차이를 메우기 위해 끊임없이 학습활동을 전개하는 행위를 의미한다.

② 정신모형(mental model)[15]

㉠ 학교 구성원들은 상호간의 단절된 인식을 극복하고 교육개혁을 위한 도전의식과 실천정신을 갖도록 해야 한다.

㉡ 행정가는 권위적인 행동에서 탈피하여 개방적인 쌍방향 의사소통을 사용해야 한다.

③ 공유된 비전(shared vision)

㉠ 조직이 추구하는 방향이 무엇이며, 그것이 왜 중요한지에 대해 모든 구성원들이 공감대를 형성하는 것이다.

㉡ 공유된 비전은 사람들이 함께 하는 공감대를 형성하게 되고, 조직 구성원들이 함께 만들기 원하는 미래에 대한 이미지를 개발하는 것이다.

14 공유된 비전은 구성원 간의 공감대를 기반으로 미래에 대한 이미지를 개발하고, 시스템 사고는 복합적 사고와 환경을 이해하는 데 필요하고, 팀 학습은 공부한 내용을 다른 사람에게 전파함으로써 팀워크를 다질 수 있고, 개인숙련은 교사 스스로 많이 알고 있는 것을 의미하고, 정신모델은 도전의식과 실험정신과 같은 새로운 사고의 전환을 의미한다.

15 정신모델은 개인과 조직의 사고체계와 행동양식에 직접적인 영향을 미치는 것으로 부단한 성찰(reflective)을 통해 새로운 사고의 전환을 기할 수 있게 된다.

④ 팀 학습(team learning)

㉠ 구성원들이 팀을 이루어 학습하는 것으로 개인수준의 학습을 증진시키고, 조직학습을 유도하게 된다.

㉡ 팀 학습은 개인이 해결할 수 없는 복잡한 문제나 핵심적인 문제를 해결할 수 있고, 서로의 학습을 촉진하는 효과를 주게 되는데, 학교는 팀 활동이 풍부한 조직이다.

⑤ 시스템적 사고(system thinking)

㉠ 현상을 이해하고, 이를 바탕으로 문제를 해결하는 수단으로 이용하게 된다.

㉡ 조직에서 일어나는 여러 가지 사건들을 부분적으로 이해하고 해결하기보다는 전체적으로 인지하고 이에 포함된 부분들 사이의 순환적 인과관계 또는 역동적인 관계로 이해하고 사고하는 접근방식이다.

⑥ 결론: 학습조직은 학교 내외적으로 교사들이 정보를 공유하고, 협력적인 학습활동을 전개하고 지속적으로 새로운 지식을 창출하여 학교의 환경에 적응해 나가는 조직이라 말할 수 있다.

7. 전문적 학습 공동체 기출 2022 중등

기출콕콕

학교 중심 연수를 활성화하기 위해 학교 차원에서 지원할 수 있는 구체적인 방안 2가지를 제시하시오. 2022 중등

(1) 개념

다른 교사들과 함께 의논하고 계획하고 협력할 수 있다면 교사로서 더욱 더 성장할 수 있고 잘 가르칠 수 있다는 생각으로, 기본적으로 교사들 간의 협력을 통한 학교 변화와 전문성 신장에 둔다.

(2) 원리(특성)

① 공동체

㉠ 교사들이 공동의 목표를 설정하고 팀이 되어 함께 일하며, 문제를 파악하고, 해결방안을 모색하는 것이다.

㉡ 공동의 교육목표에 헌신하고 집단적으로 책임을 지며, 전문가로서 그리고 인간적으로 서로의 삶과 존엄성을 존중하고 배려하는 관계를 지향하며, 말 그대로 '공동체'이어야 한다.

㉢ 예를 들면, 모든 구성원들이 조직이 추구하는 방향과 목적에 대해 합의나 공감대가 형성되어 있어야 한다.

② 학습

㉠ 학습은 일시적인 문제해결책의 구상이나 몇 주간의 짧은 연수 등으로 이루어지는 것이나 외부 컨설턴트가 던져주는 해결책을 단순히 실행에 옮기는 것이 아니며, 어떤 긴급한 문제를 당장 해결하기 위한 특공조직도 아니다.

㉡ 오히려 새로운 아이디어를 찾고, 충고를 받아들이며, 효과적인 것과 효과적이지 않은 지침들을 반성적으로 구별해내며, 연구하고 실행하며 동료들과 함께 학습하는 것을 의미한다.

㉢ 예를 들면, 교사들은 함께 협력하고 공부하고 새로운 아이디어와 정보를 적용하여 문제를 해결한다.

③ 전문가

㉠ 교사들에게 활력을 주고, 일한 시간을 보장해 주며, 집단적 · 전문적 가치를 존중하도록 하여 전문가로서의 교사들의 경험과 판단을 중요시한다.

㉡ 전문가인 교사들의 대화는 경험적 · 집단적 판단에 의해 의사결정이 안내되어야 하고, 비효과적 실행에 대해서는 성숙하고 도전적인 대화가 용인되는 방식으로 발전되어야 한다.

㉢ 예를 들면, 교사 개개인의 경험을 공유하며, 서로에게 긍정적인 피드백을 제공하여 전문성 개발에 활용한다.

05 학교조직 풍토

1. 핼핀(Halpin)과 크로프트(Croft)의 OCDQ(Organizational Climate Description Questionnaire) 연구

(1) 개요

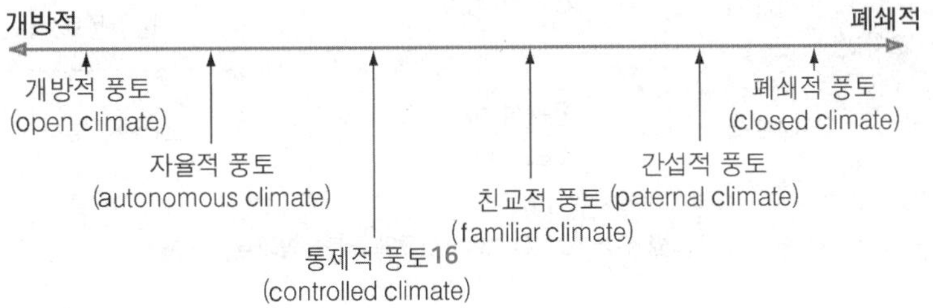

[그림 14-9] 핼핀과 크로프트의 OCDQ 연구

① 핼핀과 크로프트의 OCDQ의 연구에 의하면 학교조직 풍토를 해석하는 데는 조직이 개방적이냐 폐쇄적이냐 하는 개방-폐쇄의 연속성의 개념에 따라 해석된다.

② 개방성 방향은 학교의 풍토를 개방적이고 민주적이며 발전적이라고 보는 반면, 폐쇄적 방향은 학교의 풍토를 폐쇄적이고 기능적으로 고착되어 전제적이라고 해석한다.

③ 개방-폐쇄의 연속선상에 사기점수의 정도에 따라 6개 유형의 조직풍토로 분류한다.

16 통제적 풍토가 친교적 풍토보다 폐쇄적이기는 하지만 사기점수가 더 높아 개방적인 것으로 분류하였다.

(2) 조직풍토별 특징

구분	내용
개방적 풍토	• **지도자:** 목표달성과 구성원의 사회적 욕구를 동시에 추구하는 매우 활기차고 생기 있는 조직분위기 • **조직 특성:** 구성원 행동에 대한 진실성이 있어 자발적이며, 융통성이 있고 만족감이 높음
자율적 풍토	• 교장이 교사들에게 통제 위주로 접근하기보다는, 친밀감이 높은 분위기 속에서 상호 활동구조를 마련하여 사회적 욕구만족에 비중을 둠 • 업무수행에 강조를 두지 않아 생산성이 높지 않음
통제적 풍토	• 업무수행을 지나치게 중시하고, 교사들의 사회적 욕구에는 비중을 두지 않음 • 교장의 행동은 위압적이고, 지배적이며, 조직체 내에서 융통성은 거의 없음 • 친교적 풍토보다 사기가 더 높게 나타난 이유는 목적달성에서 오는 성취감이 더 높기 때문임
친교적 풍토	• 조직 내 구성원들은 우호적인 관계에서 사회적 욕구가 충족되지만, 과업성취를 위한 관리나 통제는 부족함 • 성취하는 바가 적기 때문에 성취감이 낮은 편임
간섭적 풍토	• 교장은 교사들의 다양한 요구를 억누르며, 교장 자신이 독단적으로 학교운영을 주도함 • 교사들은 서로의 행동에 대해 자기 중심적인 입장에서 비방과 잔소리를 함 • 교사들은 사회적 욕구충족도 이루어지지 않고, 과업 달성도 높지 않음
폐쇄적 풍토	• 과업성취와 사회적 욕구가 모두 만족할 만한 상태가 아님 • 교장은 일상적인 사소한 일과 불필요한 일을 강요함 • 교사들은 최소한으로 반응하여 단순히 일하는 시늉만 하며, 사기도 낮음

2. 호이(Hoy) 등의 OCDQ-RE(OCDQ for elementary schools) 연구

(1) OCDQ-RE에 의한 학교풍토 유형

교사의 행동 \ 교장의 행동	개방적	폐쇄적
개방적	개방적 풍토	헌신적 풍토 (몰입풍토)
폐쇄적	방관적 풍토 (일탈풍토)	폐쇄적 풍토

[그림 14-10] OCDQ-RE에 의한 학교풍토 유형

(2) 풍토별 특징

구분	내용
개방적 풍토 (open climate)	• 교장과 교사 사이 또는 교사들 간에 협동과 존경이 존재함 • 상호작용이 친밀하고, 우호적이며, 온정적임 • 교사들은 서로 간에 상호존중하며 다양한 생각과 행동에 대하여 수용적임
헌신적/몰입풍토 (engaged climate)	• 교장은 통제적이어서 비효과적인 데 반해 교사들은 높은 전문적 성과를 보여줌 • 교장은 엄격하고 구체적이며 교사들의 개인적 요구도 반영하지 않고, 오히려 사소한 활동이나 바쁘지만 성과 없는 일로 교사를 방해함 • 하지만 교사들은 서로 협조적이고, 개방적이며, 서로 간에 응집력도 높고 일에 대한 열성도 강함 • 교사들은 교장의 행동을 무시한 채 자신의 일에 전념함
방관적/일탈풍토 (disengaged climate)	• 헌신적 풍토와 매우 대조적인 입장임 • 교장은 개방적 · 사려적 · 지원적이어서 교사들이 전문적 지식에 따라 행동하도록 자유를 주면서 사소한 서류작성이나 회의 참석과 같은 일을 경감시키려고 함 • 하지만 교사들은 교장의 지도성 행동을 무력화시키고 방해하며, 교장을 무시함 • 교장의 지도성에도 불구하고 교사들은 주어진 과업에 열중하지 않음
폐쇄적 풍토 (closed climate)	• 개방적 풍토와 정반대임 • 교장은 일상적인 하찮은 일이나 불필요한 일을 강조하고, 교사들은 최소한으로 반응하고 거의 헌신을 보이지 않음 • 폐쇄적 풍토에서 교장은 비지원적이고, 융통성이 없고, 방해와 통제적인 존재임 • 교사들은 인내심이 없고, 냉담하며, 헌신적이지 못함

06 학교조직 문화

1. 조직문화 유형론(Sethia & Glinow)

① **분류** : 조직의 관심이 인간에게 있느냐 성과에 있느냐에 따라 조직문화를 4가지로 분류하였다.

		성과에 대한 관심 높음	성과에 대한 관심 낮음
인간에 대한 관심	높음	통합문화	보호문화
	낮음	실적문화	냉담문화

[그림 14-11] 조직문화 유형론

② 조직문화 내용

구분	내용
보호문화	• 구성원의 복리를 강조하지만 그들에게 높은 성과를 강요하지 않음 • 이러한 문화는 대체로 설립자나 관리자의 온정주의적 철학에 의한 것임 • 구성원들이 조직의 지도자에게 순응할 준비가 되어 있기 때문에 원만하게 운영되며, 구성원들의 충성심과 애정 때문에 생존하고 번창함 • 팀워크와 협동, 동조와 상사에 대한 복종 등이 중요한 가치임
냉담문화	• 인간과 성과 모두에 대하여 무관심한 조직으로 특별한 상황과 환경에 의해 보호를 받지 못하면 생존할 수 없는 조직 • 사기저하와 냉소주의가 퍼져 있고, 이는 관리자의 방임적인 지도성에 의해 확산됨 • 음모, 파당, 분열이 만연하고, 불신, 불확실, 혼란이 조직문화를 조장함 • 이러한 조직은 효과성과 능률성에 대한 관심보다는 기득권과 이해관계에 의해서 운영됨
실적문화	• 구성원들의 복지에 대해서는 소홀하지만 그들에게 높은 성과를 요구함 • 실적문화는 성공추구 문화의 대표적인 예임 • 인간은 소모품으로 간주되며, 보상은 개인의 성과가 높을 때만 주어짐 • 성공, 경쟁, 모험, 혁신, 적극성 등이 이 문화의 기본적 가치임
통합문화	• 성과와 인간에 대한 높은 관심을 나타내는 조직 • 이 조직에서 인간에 대한 관심은 온정적인 것이 아니라 인간의 존엄성을 바탕으로 한 진지한 관심임 • 인간은 조직 발전에 대한 큰 공헌을 할 수 있고, 꼭 그렇게 하기를 기대함 • 협동, 창의성, 모험, 자율 등이 기본적인 가치임 • '사람들이 할 수 있는 모든 것을 할 수 있도록 자유를 허용하라.'는 것이 기본적인 원칙

2. 사회적 거래에 따른 조직 문화유형(Quimm & Megrath)

		체제의 지향: 내적	체제의 지향: 외적
권력의 배분	분산	합의적 문화	이념적 문화 (발전적 문화)
	집중	계층적 문화	합리적 문화

[그림 14-12] 사회적 거래에 따른 조직 문화유형

17 합의적 문화는 서로 간의 협력을 통해 체제를 유지하는 데 초점을 둔 문화이다.

① 합의적 문화(consensual culture)[17]

㉠ 합의적 문화는 권한의 분산, 활동의 분화, 체제 유지를 위한 내적 초점에 특징이 있다.

㉡ 조직의 거래는 토의, 참여, 합의에 기초하고 있어 팀워크, 높은 사기, 신뢰감을 북돋우는 친밀하고도 협동적인 교환관계가 성립된다.

18 이념적 문화는 외부와 경쟁을 하지만 권력이 분산되어 조직 구성원이 자발적으로 참여하는 문화이다.

② 이념적 문화(ideological culture)[18]

㉠ 발전적 문화(developmental culture)라고도 하며 권력의 분산이 특징이다.

㉡ 조직의 초점이 외적 경쟁과 성장에 있다. 광범위한 목표와 카리스마적인 지도성을 발휘하여 조직과 조직의 가치에 헌신하도록 한다.

㉢ 조직의 확대와 거래에 필요한 외적 지원과 자원을 획득하기 위한 경쟁에 직권력, 발명, 혁신성이 가치로운 수단으로 이용된다.

㉣ 발전적 문화는 강력하고 효과적인 여러 문화적 특성을 가지고 있다.

19 계층적 문화는 체제유지를 위해 권력을 집중시킨 문화이다.

③ 계층적 문화(hierarchical culture)[19]

㉠ 계층적 문화의 특징은 체제유지에 대한 내적 초점뿐만 아니라 권력의 집중과 활동의 통합에 있다.

㉡ 공식적 규칙과 규정의 집행에 따라 행동이 추진된다. 안정성, 통제, 예측성, 조정, 책무성 등이 중요한 가치이다.

㉢ 통합과 균형을 추진하는 정보처리 과정에 있어서 정확한 평가, 기록, 계산이 책임적 특징이다.

20 합리적 문화는 외부와의 경쟁을 위해 권력이 집중된 문화이다.

④ 합리적 문화(rational culture)[20]

㉠ 권력의 집중화, 통합된 활동, 타조직과의 경쟁을 유발하는 대외적 초점으로 특징지어진다.

㉡ 효율성, 생산성, 이익이나 영향이 중심적 가치가 된다. 조직의 성과를 극대화시키는 수단으로는 목표의 명료화, 개인의 판단력, 결정력 등이다.

3. 학교조직 문화의 유형(Steinhoff & Owens) 기출 2020 중등

① 가족문화(family culture)

㉠ 이 학교는 가정이나 팀의 비유를 통해 설명된다.

㉡ 교장이 부모나 코치로 묘사되며, 구성원들은 의무를 넘어 서로에 대한 관심을 가지고 가족으로서 제몫을 다하기를 요구한다.

㉢ 가족으로서 학교는 애정이 있고, 우정적이며 때로는 협동적이고 보호적이다.

② 기계문화(machine culture)

㉠ 이 학교는 기계의 비유로 설명되며, 모든 것을 기계적인 관계로 파악한다.

㉡ 교장은 일벌레부터 느림보에 이르기까지 기계공으로 묘사된다.

㉢ 학교의 원동력은 조직 자체의 구조로부터 나오고, 행정가는 지원을 획득하기 위하여 시시각각으로 변화하는 능력가로 묘사된다.

㉣ 학교는 목표달성을 위해 교사들을 이용하는 하나의 기계이다.

③ 공연문화(cabaret culture)

㉠ 이 학교는 서커스, 브로드웨이 쇼, 연회 등을 시연하는 공연장으로 비유된다.

㉡ 교장은 곡마단 단장, 공연의 사회자, 안무가 등으로 간주된다.

㉢ 공연과 함께 청중의 반응이 중시된다.

㉣ 구성원들이 훌륭한 교장의 관리 아래 탁월하고 멋진 가르침을 추구한다.

④ 공포문화(horrors culture)

㉠ 교장은 자신의 위치를 유지하기 위해 무엇이든지 희생의 제물로 바칠 준비가 되어 있다.

㉡ 교사들은 자신의 학교를 밀폐된 상자 또는 형무소라고 표현한다.

㉢ 교사들은 고립된 생활을 하고 사회적 활동이 거의 없다.

㉣ 구성원들은 서로를 비난하며 적의를 가지고 있다.

기출콕콕

스타인호프와 오웬스가 분류한 학교문화 유형에 따른 학교문화 유형의 명칭과, 학교 차원에서 그러한 학교문화를 개선하는 방안 2가지를 제시하시오.
2020 중등

07 교육조직 관리기법

21 PERT는 일의 과정을 시행할 때 평가해서 계속적으로 검토한다.

1. 과업평가검토기법(PERT: Program Evaluation and Review Technique)[21]

(1) 개념

① 과업의 수행과정을 도표화하여 과업을 합리적이고 체계적으로 수행하도록 하는 방법이다.

② 과업의 단계(원)와 활동(화살표)은 도표로 표시되는데, 이들 단계와 활동 간의 관계를 인과관계 흐름으로 표시하는 플로차트를 작성한다.

22 1이 끝난 후 2, 3을 같이 하는데, 3이 먼저 끝나면 2와 함께 4를 실시한다.

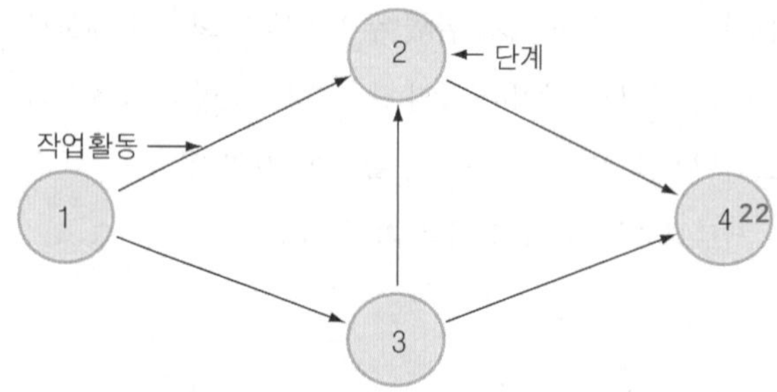

[그림 14-13] 과업평가검토기법의 플로차트

(2) 특징

① 과업진행 중에 평가와 조정(evaluation and review)이 가능하여 작업을 질서정연하게 해준다.

② 과업을 추진공정에 따라 순차적으로 수행할 수 있도록 자원과 예산분배 등을 체계화해준다.

③ 관리자와 과업수행자가 과업의 진전상황을 쉽게 파악할 수 있어 시간에 맞추어 과업을 완수할 수 있도록 해주는 합리적인 접근방법이다.

2. 목표관리기법(MBO: Management by Objectives)[23]

(1) **개념**

① 구성원의 참여를 통해서 활동목표를 명료화하고 체계화하여 관리의 효율성을 높이는 관리기법이다.

② 조직의 상위 관리자와 하위 관리자가 공동목표를 함께 규정하고 기대되는 결과의 측면에서 각 개인의 주요 책임영역을 설정하며, 거기에서 정해진 기준에 따라 부서활동과 각 구성원의 기여도를 측정하고 평가하는 총체적인 과정이다.

(2) **특징**

① 목표설정에서부터 관계자들이 참여함으로써 각 개인은 보다 분명하고 구체적으로 목표를 인식할 수 있게 되고, 적극적인 협조를 이끌어 낼 수 있다. 더 나아가서 구성원들의 직무만족도를 높여주고, 생산성 향상에 긍정적인 영향을 미칠 수 있게 된다.

② 학교경영에서 목표에 의한 관리기법은 학교교육활동을 학교교육의 목표에 집중시킴으로써 교육의 효과성과 효율성을 높일 수 있다.

③ 교직원들의 참여를 통해 사기와 직무만족도를 높일 수 있어, 학교조직의 관료화를 방지하고 그 결과 교직의 전문성을 높일 수 있다.

[23] MBO는 학교나 학급에서 사용하기에 가장 좋은 방법이다.

3. 정보관리체제(MIS: Management Information System)[24]

(1) **개념**

① '정보관리체제'란 의사결정자가 합리적인 결정을 내릴 수 있도록 필요한 정보를 적절한 시기에 신속하고 정확하게 제공하는 체제를 말한다.

② 합리적인 결정을 내릴 수 있도록 관련된 경영 정보나 회계자료 등을 수집, 처리, 보관, 평가하였다가 적시에 효율적으로 제공하는 종합적인 정보관리체제인 것이다.

(2) **특징**

① 정보관리체제가 필요한 이유는 의사결정의 질은 다양하고 질적 수준이 높은 정보에 좌우되기 때문이다.

② 정보관리체제는 사무량이 증대하고, 사무처리의 신속화가 요청되고, 행정관리의 고도화가 요구되기 때문에 발달한 개념이며, 특히 컴퓨터의 사용이 필수적이다. 따라서, 정보관리 체계의 발달로 중간관리자의 필요성이 감소된다.

③ 학교에서 예산과 경비의 내역, 학생관련 정보, 시설목록, 성적관리 등과 같은 자료를 정보화하면 학교관리를 보다 효과적이고 효율적으로 행할 수 있다.

[24] MIS는 정보를 통해 조직을 관리하는 것이다.

25 OD는 '개인의 욕구가 달성되면, 조직의 목표도 달성된다(조직의 목적 = 개인의 욕구).'고 보는 기법이다.

4. 조직개발기법(OD: Organization Development)[25]

(1) 개념

① '조직개발'이란 조직구조 전체를 하나의 시스템으로 보고 인력자원과 관련된 여러 가지 조직변수인 조직구조, 문화, 과정, 전략 등의 상호작용을 분석하여 그들 변수와 업무에 관한 문제들을 해결함으로써, 전체 조직을 새롭고 창조적인 체제로 개선하여 나가는 방법이다.

② 조직개발기법으로는 여러 가지 다각적 방법이 있으며 주로 조직진단, 종업원 태도 의견조사 등을 통하여 조직의 건강상태를 파악하고, 문제점이 도출되면 그것을 해결하기 위한 조직처방을 시도하게 된다.

(2) 특징

① **목표**: 구성원의 잠재능력을 개발하여 정적이고 경직성을 띤 조직을 더 효율성이 높고 동태적이며 적응력이 있는 조직으로 만들어 시너지 효과를 극대화하는 것이며, 조직의 자기혁신역량을 개발하는 것이다.

② 행동과학적인 지식과 기술을 활용하여 조직의 목적과 개인의 욕구를 결부시킴으로써 조직 전체의 변화와 발전을 도모하려는 노력이다.

③ 조직개발은 인간자원적 관점으로서, 새롭고 급격히 변화하는 기술 시장의 도전에 잘 적응할 수 있도록 조직의 태도, 가치, 신념, 구조 등을 변화시키기 위해 고안된 복합적인 교육전략이다.

26 TQM은 신자유주의 맥락으로 하여 단위학교 책임경영제와 관련되어서 자율권을 주고 그에 따라 평가를 하고자 하는 것으로 변혁적 지도성을 사용한다.

5. 학교의 총체적 질 관리(TQM: Total Quality Management)[26]

(1) 기원

교육에 대한 비용은 증가한 반면 정부나 기업의 교육의 성과에 대한 불만이 높아지고, 국가 간의 경쟁전략으로 교육투자와 성과에 대한 인식이 증대됨에 따라 교육경영의 질을 높이기 위한 방안으로 TQM을 학교에 적용하게 되었다.

(2) 목표 – 질 개선

① 구성원들이 높은 수준을 달성할 수 있도록 경영자 · 지도자가 끊임없이 노력하여야 하며, 지도자는 모든 구성원이 도전적인 목표를 성취할 수 있도록 구성원들의 요구를 수렴하고 구성원들의 업무를 독려해야 한다.

② TQM이 강조하고 있는 바는 고객 중심의 교육실천, 비전의 설정과 공유, 결과보다는 과정 중시, 권한 위임, 팀워크, 헌신과 신뢰성, 전문성 개발, 지속적인 평가와 피드백 등이다.

(3) 기본원리

① 조직 구성원들이 공유된 비전에 몰두하고 헌신하도록 한다.

② 소비자 중심적이고 과정 지향적인 질의 개념을 충분히 이해한다.

③ 조직활동의 기초로써 팀워크를 중요시한다.

제4절 학교조직의 지도성

01 상황적 리더십[1]

1. 개요

① 다양한 상황에서 운영되고 있는 조직이나 집단에서 어느 하나의 지도성 행동만이 이상적이거나 효과적이라고 할 수 없다는 인식에 기초한다.

② 효과적인 지도성은 지도자의 개인적 특성, 지도자의 행위, 지도성 상황요인들 간의 상호작용에 의해서 결정된다고 본다.

2. 피들러(Fiedler)의 상황이론[2]

(1) 개요

① 피들러의 상황이론은 지도성 유형과 효과성의 관계는 상황적 요소인 지도자–구성원의 관계, 과업구조, 지도자의 지위권력의 3가지 요소에 따라 달라진다고 보았다.

② 상황적 요소

구분	내용
지도자–구성원 관계	지도자와 구성원 간 관계의 정도, 지도자가 가지는 부하직원에 대한 신뢰, 지도자에 대한 구성원의 존경 등을 말함
과업구조	부하들의 과업특성을 말하는 것으로, 과업이 명확하게 규정되고 수행방법이 체계화되어 있으면 구조화되었다고 할 수 있음
지위권력	지도자가 합법적 · 보상적 · 강압적 권력을 가지고 부하의 행위에 영향을 줄 수 있는 능력을 소유한 정도를 말함

[1] 상황적 리더십은 상황에 따라서 효과적인 지도성 유형이 달라져야 한다고 보는 이론이다.

[2] 피들러의 상황이론은 지도자 - 구성원 관계, 과업구조, 지위권력의 상태에 따라 각기 다른 지도성을 발휘해야 효과적이라고 보는 이론이다.

(2) 효과성

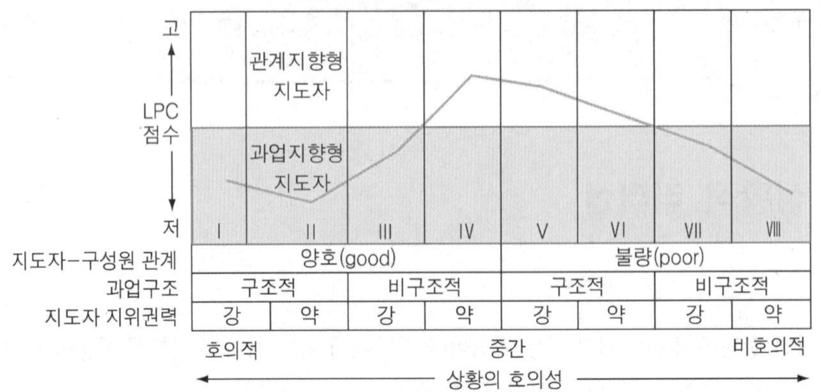

[그림 14-14] 피들러의 상황이론

① 상황이 호의적일 때는 과업지향적 지도자가 관계지향적 지도자보다 효과적이다.

② 상황이 중간 정도 호의적일 때는 관계지향적 지도자가 더 효과적이다.

③ 상황이 비호의적일 때는 과업지향적 지도자가 더 효과적이다.

3. 하우스(House)의 행로 - 목표이론

(1) 개요

하우스의 행로-목표이론은 동기에 대한 기대이론에 근거를 두고 있다.

(2) 효과성

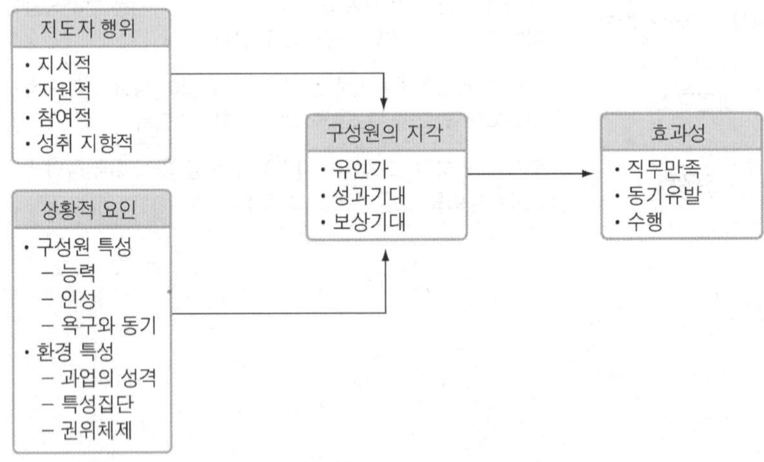

[그림 14-15] 하우스의 행로-목표이론[3]

지도자가 상황적 요인을 고려하여 목표달성을 위한 적절한 행로를 제시할 때, 구성원들이 그것을 어떻게 지각하느냐에 따라 효과성이 달라진다고 보았다. 궁극적으로 지도성의 효과성을 결정하는 것은 유인가, 성과기대, 보상기대 등에 대한 구성원의 지각으로 보았다.

3 지도자 행위와 상황적 요인은 독립변인이고, 구성원의 지각은 매개변인, 효과성은 종속변인이다. 이 하우스의 행로-목표이론은 지도자의 행위가 상황에 맞는다고 구성원이 지각하면 효과가 생기며, 상황에 맞지 않다고 느끼면 효과가 나타나지 않는다고 보는 이론이다.

4. 레딘(Reddin)의 3차원 지도성 유형[4]

[4] 레딘의 3차원 지도성 유형은 기본 유형이 상황에 적합하면 효과적 유형이 되고, 상황에 적합하지 않으면 비효과적인 유형이 된다고 본다.

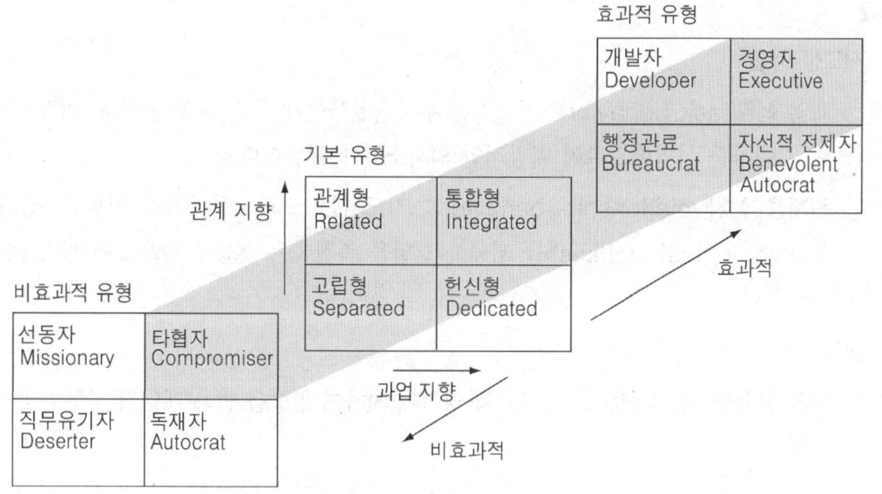

[그림 14-16] 레딘의 3차원 지도성 유형

(1) 개요

레딘의 3차원 지도성 유형은 구조성 차원, 배려성 차원, 효과성 차원의 지도성 3차원 모델을 제시하였는데, 지도자 유형이 상황에 적절할 경우에는 효과적이라고 하고, 지도자 유형이 상황에 부적절할 경우에는 비효과적이라고 한다.

(2) 효과성

① 모델의 중간 부분은 기본적인 지도성 유형을 나타내는데, 여기에는 관계형, 통합형, 고립형, 헌신형의 4가지가 있으며, 이 4가지 기본적인 지도성 유형은 상황에 따라 효과적일 수도 있고 비효과적일 수도 있다고 본다.

② 효과성은 지도자가 그의 역할에 요구되는 산출을 달성함에 있어서 성공의 정도를 의미하지만, 효과적인가 아닌가는 과업 · 인간에 관심이 있느냐가 아니라, 기본적 유형이 상황에 적절히 부합하느냐 아니냐에 달려 있다.

5. 허쉬(Hersey)와 블랜차드(Blanchard)의 상황적 지도성 유형

(1) 개요

① 지도성 행위

㉠ 과업 행위(task behavior): 지도자는 부하직원들에게 무슨 과업을 언제, 어떻게 수행해야 할 것인가를 설명함으로써 일방적인 의사소통에 전념한다.

㉡ 관계성 행위(relationship behavior): 지도자는 사회 · 정서적인 지원인 '심리적 위로(psychological strokes)'를 제공하고 일을 촉진하는 행동을 함으로써 쌍방 의사소통에 전념한다.

② 상황 변인

㉠ 직무 성숙도(job maturity): 교육과 경험에 의하여 영향을 받는 개인적 직무수행 능력을 의미한다.

㉡ 심리적 성숙도(psychological maturity): 성취욕구와 책임을 수용하려는 의지를 반영한 개인적 동기수준을 의미한다.

(2) 상황지도성 모델[5]

5 허쉬와 블랜차드의 상황적 지도성 유형은 구성원의 성숙도에 따라 지도자의 유형이 바뀐다고 본다.

① 두 종류의 지도성 행위와 구성원의 성숙도의 조합으로 모델을 개발하였다.

② 이 모델에서 지도성의 효과성을 결정하는 것은 상황과 적절한 지도성 유형을 결합시키는 것이다.

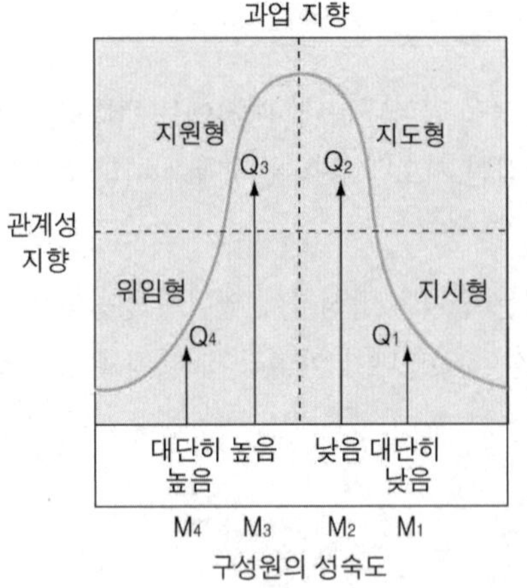

[그림 14-17] 허쉬와 블랜차드의 상황적 지도성 유형

③ 기본적 지도성 유형

지도성 유형	내용
지시형 (directing, Q_1)	높은 과업, 낮은 관계성 유형이며, 구성원의 동기와 능력이 낮을 때 효과적임
지도형 (coaching, Q_2)	높은 과업, 높은 관계성 유형이며, 구성원이 적절한 동기를 갖되 낮은 능력을 갖고 있는 경우에 효과적임
지원형 (supporting, Q_3)	낮은 과업, 높은 관계성 유형이며, 구성원이 적절한 능력을 갖되 낮은 동기를 갖고 있는 경우에 효과적임
위임형 (delegating, Q_4)	낮은 과업, 낮은 관계성 유형이며, 구성원이 높은 능력과 동기를 갖고 있는 경우에 효과적임

④ 지도자 행동

구성원의 상황	상황적 지도성(지도자 행동)
낮은 동기와 능력을 가지고 있을 때(M_1)	집단 구성원의 역할을 규정하고, 행동을 지시함(Q_1)
능력은 낮으나, 적절하게 높은 동기를 가지고 있을 때(M_2)	약간의 방향을 제시하되 구성원들이 지도자의 결정과 방향을 수용토록 지도함(Q_2)
적절하게 높은 능력을 가지고 있으나, 낮은 동기를 가지고 있을 때(M_3)	지도자 주도의 방향제시는 불필요하되, 집단 구성원들이 동기화될 수 있도록 의사결정에 참여시킴(Q_3)
높은 능력과 동기를 가지고 있을 때(M_4)	집단 구성원들에게 과업을 위임함으로써 집단에 대한 신뢰를 나타냄(Q_4)

기출콕콕

교사 지도성 행동 측면에서 학생들의 학습 동기를 유발하기 위한 방안 2가지를 논하시오.

2014 중등

02 새로운 리더십(지도성) 이론 기출 2014 중등

1. 리더십 대용 상황모형 – 케르(Kerr)와 제메르(Jermier) 모형

(1) 기본 틀

① 기존의 상황적 리더십 이론을 구성하고 있는 기본 틀은 지도자 행동, 상황, 효과성(결과)의 개념이며, 상황은 크게 두 가지 상황으로 구분할 수 있는데, 하나는 대용(substitute) 상황이고, 다른 하나는 억제(neutralizer) 상황이다.

② **대용 상황**: 지도자의 행동을 불필요하게 만들고 때로는 과다하게 만드는 사람 또는 사물 등과 관련된 상황이다. 다시 말해, 대용 상황은 구성원의 태도, 지각, 행동에 영향을 미치는 지도자의 능력을 대신하거나 감소시키는 상황적 측면을 말한다.

③ **억제 상황**: 지도자의 행동을 대체하는 것이 아니라 지도자가 특정한 방식으로 행동하지 못하게 하거나 지도자 행동의 영향력을 무력화시키는 상황적 측면을 말한다. 우수한 교사를 보상할 수 있는 권력을 가지고 있지 못한 것은 학교장의 지도자 행동을 제약하는 상황적 조건인 반면, 학교장이 제공하는 인센티브에 대해 교사들이 무관심한 것은 학교장의 행동을 무력화하는 상황적 조건이다.

(2) 상황변인

① **구성원**: 구성원의 능력, 훈련, 경험과 지식, 전문 지향성, 보상에 대한 무관심 등을 말한다.

② **과업**: 구조화된 일상적 과업, 내재적 만족을 주는 과업, 과업에 의해 제공되는 피드백 등을 말한다.

③ **조직**: 역할과 절차의 공식화, 규정과 정책의 신축성, 작업집단의 응집력, 행정가와 구성원 사이의 공간적 거리 등을 말한다.

(3) 특징

① 리더십 대용 상황모형은 과업수행이 지도자가 가지고 있는 그 어떤 것에도 의존하지 않고 구성원, 과업, 조직 특성 등에 달려 있다는 점을 강조한다. 예컨대, 구성원이 높은 능력과 경험, 식견을 가지고 있고, 수행 절차가 분명하며 일상적으로 수행하는 과업일 경우에는 지도자의 리더십이 거의 필요가 없을 것이다.

② 이 이론은 지도자의 행동이 어떤 상황에서는 중요한 영향을 주는 데 반해, 다른 상황에서는 왜 아무런 영향을 주지 못하는지를 이해하는 데 많은 도움을 주고 있다.

③ 리더십 대용 상황모형은 구성원의 태도, 행동, 역할 지각 등이 어떻게 결정되는지를 이해하기 위해서는 지도자 행동과 그 대용 상황을 모두 고려하는 것이 필요하다는 점을 제시하고 있기 때문에 유용성이 크다.

2. 변혁적(변화 지향적) 리더십(transformational leadership)[6] 기출 2019 중등

(1) 개념

① 변혁적 리더십 이론은 바스(B. Bass)에 의해 발전된 것으로, 넓은 의미에서 교환적 지도성과 대비된다.

② 교환적 지도성이 지도자가 부하에게 순종을 요구하고 그 대가로 보상을 제공하는 반면, 변혁적 지도성은 지도자가 부하의 잠재능력을 개발(transformation)하도록 도움을 주고 내재적 만족감을 갖게 하는 것이다.

③ 변혁적 지도자는 추종자의 신념, 가치관, 목적과 조직문화를 변혁시켜 그들이 기대 이상의 직무수행을 하도록 동기를 유발시킨다.

④ 지도자와 추종자들이 상대방을 더 높은 수준의 동기유발과 도덕성을 갖도록 고양시키는 지도성이다.

(2) 구성요소

① 이상적 영향력(idealized influence)

㉠ 높은 윤리적 · 도덕적 기준을 설정하고, 목적설정에서부터 달성에 이르기까지 구성원들과 고난을 함께 하며, 자신의 욕구를 초월하여 타인의 욕구를 고려할 줄 알고, 개인과 조직 전체가 조직의 사명, 비전, 대의를 완수할 수 있도록 권력을 행사하면서도 자신의 이익을 추구하지는 않는다.

㉡ 구성원들로부터 존경과 신뢰, 찬사(인지적 감화)를 받게 되고, 구성원들은 리더를 추종하고자 하게 된다.

㉢ 이상적 영향력은 구성원들로부터 신뢰와 존경을 받고 개인 및 조직 전체가 업무를 수행하는 과정에서 급격하면서도 근본적인 변화를 수용할 수 있는 토대를 마련해 준다.

② 영감적 동기화(inspirational motivation)

㉠ 변혁적 리더는 조직의 미래와 비전을 설명하고 사명감을 고취시켜 구성원들을 참여시키고, 구성원들은 조직의 비전에 대해 바라는 기대를 분명하게 전달한다.

㉡ 영감적 동기화는 조직의 문제들이 해결될 수 있다고 구성원들이 믿도록 구성원들의 기대를 변화시킨다.

③ 지적 자극(intellectual stimulation)

㉠ 문제를 재구조화하며, 기존의 상황을 새로운 방식으로 접근함으로써 구성원들도 혁신적이면서 창의적인 접근을 할 수 있도록 자극한다.

㉡ 변혁적 리더는 새로운 절차, 프로그램, 문제해결에서 창의성을 격려하고, 시행착오를 통한 학습을 강조하며, 고착화된 기존의 일 처리방식을 제거하면서도 구성원 개개인의 잘못을 공개적으로 비난하지는 않는다.

기출콕콕

바스(Bass)의 지도성 명칭, 동료교사와 함께 이 지도성을 신장할 수 있는 방안 2가지를 논하시오. 2019 중등

6 변혁적 리더십은 추종자들의 욕구와 능력을 인정하고 그들의 잠재력을 일깨워(자아실현) 사람들로 하여금 보다 더 훌륭한 사람으로 향상시키는 지도성이다.

④ 개별적 고려(individualized consideration)

㉠ 개별적 고려는 변혁적 리더가 성취나 성장욕구가 강한 개인에게 특별한 관심을 기울이는 것을 의미한다.

㉡ 개별적 고려를 신중하게 행하는 리더는 다른 사람들의 소리에 적극적이고 효과적으로 경청한다.

(3) 장점

변혁적 리더는 단순히 거래적 행동으로 시간을 소비하는 것이 아니라 구성원의 기대와 동기를 지속적으로 자극하여 높은 수행과 발전을 유도한다.

3. 카리스마적 리더십

(1) 개념

① 탁월한 비전, 가능성 있는 해결책, 압도하는 인간적 매력을 소유한 지도자가 구성원의 헌신적인 복종과 충성을 바탕으로 나타내는 강력한 영향력을 카리스마적 리더십으로 본 것으로, 이러한 리더십에 대한 연구는 최근 하우스 등에 의해 정교하게 발전되었다.

② 카리스마적 리더십은 카리스마적 특성을 가진 지도자와 그에 영향을 받는 구성원의 관계에서 나오는 것으로 보고 있다. 이에 따라 카리스마적 지도자는 지도자가 성공하고 있는 능력을 가지고 있다는 느낌을 구성원 사이에 불러일으키는 행동을 하는 것이다.

(2) 카리스마적 지도자의 인성 특성

① 하우스(House)와 하우웰(Howell)은 카리스마적 지도자의 인성 특성에는 성취 지향성, 창의성과 혁신성, 높은 열정과 참여, 자신감, 높은 사회적 욕구, 높은 수준의 업무 참여와 모험 성향, 민감성과 배려심이 있다고 제시하였다.

② 그렇지만 이러한 것만이 카리스마적 리더십을 형성하는 것은 아니며, 카리스마는 다른 사람들의 신념, 가치, 행동, 수행에 강력한 영향력을 행사하고 확산시키는 지도자의 능력을 말한다.

4. 분산적 리더십(distributed leadership)

(1) 개념

① 분산적 리더십은 한 개인의 특성이나 소유물이 아닌, 조직 구성원들과 안팎의 환경에 분산되어 있다는 관점을 갖고 출발한다.

② 분산적 리더십은 지도성에 대한 중앙집권적 사고를 부정하는 것으로서 지도성 과업은 개별지도자의 능력에 의한 성취가 아닌 다중적인 환경요인과 상황과 환경에 의해서 분산적으로 이루어진다는 것이다.

(2) 구성요소(특징)

① 상황

㉠ 상황은 정례화된 활동, 도구, 인공물, 조직문화 등을 포함하는 요소이며, 상황은 리더십의 실행을 규정하는 동시에 실행을 가능하게 하는 요소이기도 하다. 학교 리더는 교직원들뿐만 아니라 상황과도 상호작용하게 된다.

㉡ 상황의 하위 요소 중에 하나로 분류될 수 있는 학교문화는 분산적 리더십 실행의 사회적 · 문화적 맥락을 포괄적으로 정의하는 개념으로 상황에 따라 달라질 수 있음을 의미한다.

② 리더: 분산적 리더십의 리더는 구성원을 포함하는 요소이다. 이는 리더십의 경계가 해체되고 리더십의 범위가 확대된 것으로써 공식적으로 지명된 학교장뿐 아니라 전문적 지식과 능력을 갖춘 교사들도 리더십의 영역으로 포함해야 한다는 의미이다.

③ 구성원

㉠ 리더십의 분산적 관점에서 학교 내 구성원들의 상호의존 및 신뢰, 협력 등의 조직문화가 분산적 리더십 실행을 위해 전제되며, 교사의 높은 효능감과 상호신뢰가 분산적 리더십 실행에서 중요한 요소로 알려지고 있다.

㉡ 상호협력과 신뢰, 소통과 개방, 자율성과 능동성 등에 기반을 둔 긍정적인 조직문화는 분산적 리더십의 핵심적인 요소로서 교사들의 전문성 개발과 교수-학습 개선을 핵심으로 하는 전문가 학습공동체 형성에 있어서도 중요하다고 볼 수 있다.

5. 서번트 리더십(servant leadership)

(1) 개념

서번트 리더십 이론은 다른 구성원들이 공동의 목표를 이루어 나가는 데 있어 정신적 · 육체적으로 지치지 않도록 환경을 조성해 주고 도와주는 리더십으로, 결국 인간 존중을 바탕으로 다른 구성원들이 잠재력을 발휘할 수 있도록 도와주고 이끌어 준다.

(2) 특징

① 서번트 리더십을 가진 리더와 구성원 간의 관계는 상하관계보다 수평적인 동료관계에 가깝다.

② 서번트 리더는 구성원들이 자율적으로 업무를 수행하도록 권한과 책임을 위임하고 그들을 지원하며, 이 과정에서 질책보다 격려를 통해 구성원들이 업무를 잘 수행할 수 있도록 동기를 부여한다.

③ 이런 과정을 통해 구성원들은 자신의 다양성과 창의성을 자유롭게 발휘할 수 있게 되며, 업무에 대해 주인의식과 책임감을 가지고 환경변화에 능동적으로 대처하게 된다.

6. 문화적 리더십(cultural leadership)[7]

7 문화적 리더십은 학교로 하여금 독특한 정체성을 갖도록 하는 가치와 믿음을 갖고 있다.

(1) 개념

① 서지오바니가 제시한 문화적 리더십은 조직의 문화를 올바른 방향으로 개선하는 것을 수반함으로써 리더의 영향력이 구성원들에게 전달되는 리더십이다.

② 문화적 리더십은 조직 구성원 개개인에게 초점을 두기보다는 조직의 문화에 초점을 두는 관점으로, 이는 조직 구성원의 사고방식과 행동에 영향을 미치는 것은 조직의 문화가 어떠하냐에 따라 달라지기 때문이다.

(2) 특징

① 학교의 리더라고 할 수 있는 교장이 이러한 부정적인 학교의 문화를 변화시킴으로써 리더십을 발휘하고 싶다면, 먼저 학교의 문화를 체계적으로 파악해야 한다.

② 즉, 학교 구성원들의 가치관, 언어(이야기), 관습, 행동양식, 상징, 신념, 규범, 비공식조직 등을 구체적으로 파악해야 하고, 이러한 문화의 하위 구성요소들의 변화를 이끌어 문화적 리더십을 발휘해야만 한다.

7. 초우량적 리더십(super-leadership)[8]

(1) 개념

초우량적 리더십은 만츠(Manz)와 심즈(Sims)가 제안한 것으로, 구성원들의 자발적인 리더십을 개발하고 활용하여 각자 지도자로 성장시키는 새로운 방식의 슈퍼리더십을 토대로 한 조직관리 방식이다.

(2) 특징

① 지도자만의 독특한 특성이나 능력보다는 구성원들이 스스로 지도자로서의 능력을 계발·활용할 수 있도록 하는 지도자의 능력에 초점을 맞추고 있다.

② 지도자는 조직의 모든 구성원들이 스스로 자율적 리더십(self-leadership)을 개발하고 이를 통해 조직의 과업수행을 효율화하고 조직의 생산성을 제고하는 방향으로 일할 수 있도록 역량을 발휘한다.

③ 초우량적 리더십은 조직 구성원 각자가 스스로를 통제하고 자신의 삶의 진정한 주인이 될 수 있도록 자율적 리더십을 개발하는 데 중점을 두는 리더십 개념으로, 단순히 '구성원의 지도자'가 아니라 '지도자의 지도자'가 되게 하여 모든 구성원을 지도자로 변혁시키는 리더십이다.

8. 도덕적 리더십(moral leadership)[9]

(1) 개념

① 에치오니가 제안한 도덕적 리더십은 리더의 도덕성 및 윤리성을 강조하는 리더십이다.

② 도덕적 리더는 구성원들에 대한 자신의 언행에 있어 도덕적으로 모범적이어야 하고, 구성원들에게 기대하거나 요구하는 과업 또한 도덕적·윤리적으로 문제가 없는 것이어야 한다.

③ 예를 들면, 교사가 자기 반의 학생들에게 말과 행동을 도덕적으로 할 뿐만 아니라 그 외의 상황에서도 항상 도덕적인 언행을 함으로써 자신과 학생들을 대한다면, 학생들도 교사를 존경하게 되고 교사의 리더십에 높은 호응을 보이게 되는 것이다.

(2) 특징

① 도덕적 리더십은 가식적이거나 의도적으로 행한다고 효과가 있는 것이 아니라, 리더 자신의 내면으로부터 자연스러운 과정으로 나타나야 하기 때문에 도덕적 리더의 내면적인 자질을 특히 강조하는 특징을 지닌다.

② 도덕적 리더십과 관련하여 학교현장의 문제점을 관련시켜 보면, 비록 일부 교사의 문제일지 모르지만 교사는 촌지 문제에 있어 자유로워야 하고, 수업시간에는 수업에만 충실해야 하며, 사소한 학교규칙일지라도 지켜야 하며, 불법 찬조금 등 학교 차원의 비도덕적인 관행이 발생하면 교사는 그 문제를 개선하기 위해 노력해야 한다는 시사점을 얻을 수 있다.

8 초우량적 리더십은 구성원들이 스스로 지도자로서의 능력을 계발·활용할 수 있도록 하는 지도자의 능력에 초점을 맞춘 리더십이다.

9 도덕적 리더십은 관리적 차원의 성공보다 도덕적 차원의 선의를 강조하는 형태이다.

제 5 절 학교조직의 동기부여

01 동기부여의 접근방법

[1] 과학적 관리론적 관점에서 동기부여 방법은 경제적 인간관에 기반을 두고 효율성을 강조하는 것이다.

(1) 과학적 관리론적 관점[1]

① 고용인은 주로 경제적 유인에 의해서 동기부여가 되므로, 그들에게 최대의 경제적 소득을 제공하면 최고로 동기부여될 것으로 간주한다.

② 즉, 인간은 금전적 보상이나 처벌의 위험에서 일할 동기를 얻는 것으로 이해될 수 있다.

[2] 인간관계론적 관점의 동기부여 방법은 사회적 인간관에 근거하여 대인관계를 개선시켜 주어야 한다는 것이다.

(2) 인간관계론적 관점[2]

① 인간은 사회적 욕구에 의해서 행동하도록 동기부여되고, 대인관계를 통하여 일체감을 얻는 존재이다.

② 관리자는 조직 구성원인 근로자가 자신이 맡고 있는 직무에서 유능하고 중요한 존재라고 느끼게 해주어야 하며, 그들의 사회적 욕구를 충족시켜야 한다.

[3] 인간자원론적 관점의 동기부여 방법은 구성원의 자아실현을 도와주어야 한다는 것이다.

(3) 인간자원론적 관점[3]

① 인간은 성숙을 추구하는데, 인간은 스스로 동기를 부여할 수 있고 자기 규제를 할 수 있는 존재이기 때문에, 외적인 동기부여와 통제는 오히려 위협이 될 수 있으며, 덜 성숙한 적응을 하게 만든다.

② 인간의 동기는 계층화된 몇 개의 욕구로 부과되며, 가장 기본적인 욕구가 충족되어야 보다 높은 수준의 욕구가 동기화되는데, 궁극적 욕구는 자아실현이다. 결국 관리자는 구성원들의 자아실현을 도와야 한다.

02 동기의 내용이론

1. 매슬로(Maslow)의 욕구계층이론[4]

(1) 개요

인간의 욕구는 5가지 욕구가 계층을 이루고 있으며, 저수준의 욕구로부터 고수준의 욕구로 충족된다. 또한 일단 충족된 욕구는 약해져서 동기유발 요인으로서의 의미를 상실한다.

(2) 욕구위계

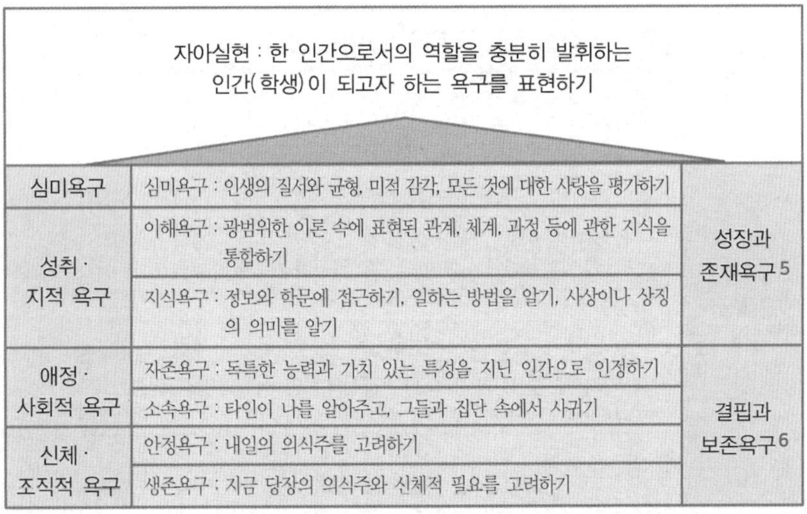

자아실현 : 한 인간으로서의 역할을 충분히 발휘하는 인간(학생)이 되고자 하는 욕구를 표현하기		
심미욕구	심미욕구 : 인생의 질서와 균형, 미적 감각, 모든 것에 대한 사랑을 평가하기	성장과 존재욕구[5]
성취·지적 욕구	이해욕구 : 광범위한 이론 속에 표현된 관계, 체계, 과정 등에 관한 지식을 통합하기	
	지식욕구 : 정보와 학문에 접근하기, 일하는 방법을 알기, 사상이나 상징의 의미를 알기	
애정·사회적 욕구	자존욕구 : 독특한 능력과 가치 있는 특성을 지닌 인간으로 인정하기	결핍과 보존욕구[6]
	소속욕구 : 타인이 나를 알아주고, 그들과 집단 속에서 사귀기	
신체·조직적 욕구	안정욕구 : 내일의 의식주를 고려하기	
	생존욕구 : 지금 당장의 의식주와 신체적 필요를 고려하기	

[그림 14-18] 매슬로의 욕구위계

(3) 결핍욕구와 성장욕구

① 결핍욕구는 욕구의 위계 중 우선적으로 만족되어야 하는 욕구로 생리적 욕구부터 안전에 대한 욕구, 소속감과 애정에 대한 욕구, 자존심의 욕구를 포함하며, 성장욕구는 욕구의 위계 중 자신의 잠재력을 발휘하려는 자아실현의 욕구, 심미적 욕구와 지적 욕구를 포함한다.

② 결핍욕구는 긴장을 해소하고 평형을 복구하려고 하지만, 성장욕구는 결코 완전히 만족되지 않는 욕구이며 긴장의 즐거움이 지속되길 원하기 때문에 절정경험을 맛보는 것이 필요하다.

③ 성장욕구가 강한 사람은 자율적이고 자기 지시적이기 때문에 스스로를 도울 수 있지만, 결핍욕구는 주로 다른 사람에 의해서 욕구가 충족되는 경향이 있기 때문에 결핍욕구가 강한 사람은 타인 지향적이고 곤경에 처했을 때 다른 사람의 도움에 의지한다.

(4) 학교조직에의 시사점

매슬로의 욕구체계가 학교조직의 경영자들에게 주는 보다 핵심적인 시사점은 '인간 중심 경영(자아실현)'의 중요성과 그 토대적 논리를 제공하였다는 사실이다.

4 매슬로의 욕구계층이론에서는 2가지 욕구가 동시에 나타나지 않는다(만약 2개의 욕구가 나타났다면, 미래의 욕구가 충족되지 않음을 의미함).

5 성장욕구는 결핍의 욕구와는 상관없이 나타난다.

6 결핍과 보존욕구
- 하위욕구가 해결되어야 상위욕구를 해결하려 한다.
- 하위욕구가 해결되지 않으면 상위욕구가 나타나지 않는다.
- 이미 해결된 욕구에는 관심이 없어진다.

2. 포터(Porter)의 욕구계층 수정이론

① 포터는 매슬로의 욕구계층에서 생리적 욕구에 의해 동기유발이 되는 조직 구성원이 없을 뿐만 아니라, 이를 사용하여 동기부여를 하는 관리자가 있다고 생각할 수 없기 때문에 생리적 욕구를 제거하고, 매슬로의 욕구계층이론에서 소속 및 애정의 욕구와 자아실현의 욕구 사이에 자율욕구를 삽입하였다.

② '자율욕구(need for autonomy)'는 중요한 의사결정에의 참여, 작업환경에 대한 통제력 발휘, 목표설정에의 관여, 자유재량권의 행사, 자원을 활용할 수 있는 권한의 행사 등 자신의 환경이나 운명을 통제하고자 하는 욕구를 말하는 것이다.

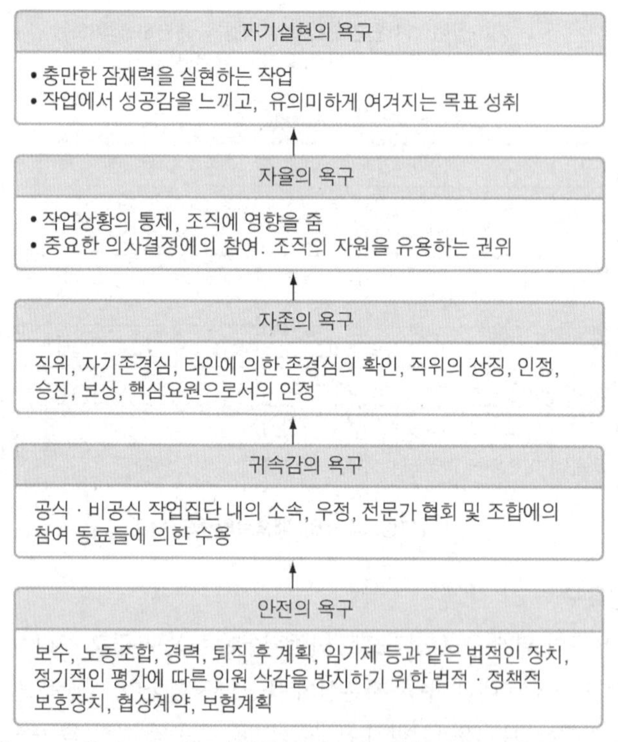

출처: Robert G. Owens, Organizational Behavior in Education, 3rd, p.102

[그림 14-19] 포터 모형에 근거한 작업동기의 계층

3. 알더퍼(Alderfer)의 ERG 이론[7]

(1) 개요

수준	욕구	내용
고 ↑	성장욕구 (G, Growth)	개인적 성장을 위한 개인의 노력과 관계된 모든 욕구로, 매슬로의 자아실현과 일부의 존경의 욕구에 해당함
	관계욕구 (R, Relativeness)	사회적 존재로서 타인과 인간관계를 맺으려고 하는 욕구로, 매슬로의 안전의 욕구, 애정 및 소속의 욕구, 그리고 존경욕구의 일부에 해당함
↓ 저	존재욕구 (E, Existence)	인간이 생존을 유지하기 위해 필요한 욕구로, 매슬로의 생리적 욕구와 안전욕구의 일부에 해당함

(2) 매슬로의 욕구계층이론과의 비교

욕구계층이론	ERG 이론
만족-진행접근법에 근거	욕구가 충족되지 않을 경우 그보다 낮은 단계의 욕구로 이행한다는 좌절-퇴행접근법을 주장함 예 전문직으로 진출하기 위해 대학원에 진학했다가 좌절되면, 취미활동에만 관심을 기울이게 됨
강도가 큰 우세한 욕구만 동기요인으로 작용	3가지 욕구가 강도의 차이는 있을지라도 동시에 나타날 수 있다고 주장함 예 사진작가가 되고자 하는 자아실현이 직업인으로서의 생리적 욕구와 결부되어 나타나기도 함
하위단계의 충족이 상위단계 충족의 전제	하위단계의 욕구가 충족되지 않아도 상위단계의 욕구가 발생할 수 있다고 지적함 예 존재욕구가 충족되지 않아도, 일 자체에 흥미를 느끼고 동기화될 수 있음

(3) 학교조직에의 시사점

① 2가지 이상의 욕구가 동시에 작용할 수 있으며, 순서 없이 나타날 수도 있다.

② 예를 들어, 학교조직에서 교사들이 자아실현의 욕구를 충족시키는 기회가 제한되어 있다고 할지라도, 직무를 수행하는 데 있어서 자존심이나 자율감을 경험하도록 할 때 교사들은 만족감을 갖고 직무를 만족스럽게 수행할 수 있게 된다.

7 알더퍼의 ERG 이론은 2가지 이상의 욕구가 동시에 작용할 수 있다고 본다.

8 허즈버그의 동기 - 위생이론에 따르면 위생요인이 높아져도 직무동기는 높아지지 않는다. 따라서, 직무동기를 높이려면 동기유발요인을 파악해서 해결해야 하는데, 이는 직무 재설계와 관련이 깊다.

9 동기요인에서 '인정'은 외부에서 나에게 주어진 인정을 통해서 내가 기쁨을 느끼는 것이다(만족감).

4. 허즈버그(Herzberg)의 동기 – 위생이론[8]

(1) 개요

① 허즈버그는 직무만족에 기여하는 요인과 직무 불만족에 기여하는 요인이 별개로 존재한다는 사실을 발견하였다.

② 이에 따라 만족요인이 존재할 경우에는 만족하겠지만 만족요인이 없다고 해서 불만족하지 않으며, 불만족요인이 존재할 경우에는 불만을 갖게 되지만 이런 요인이 없다고 해서 만족에는 크게 기여하지 못한다는 결론을 내렸다.

(2) 동기–위생요인

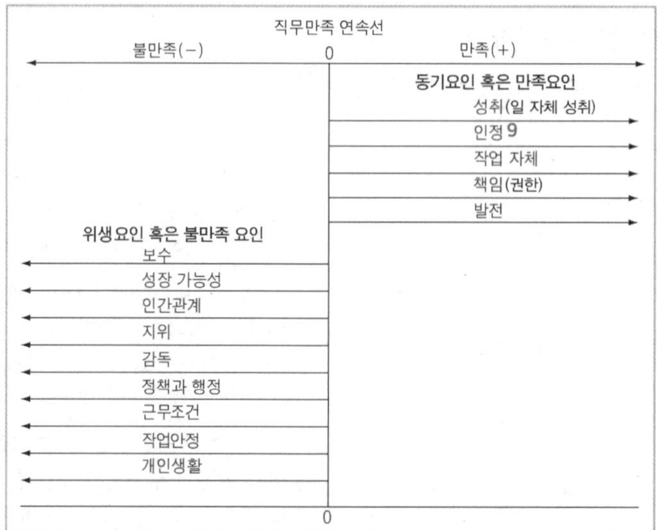

[그림 14-20] 직무만족 연속선상의 동기–위생이론

동기요인	위생요인
• 직무에 대해 만족하고 긍정적인 태도를 갖게 하며, 열심히 일하게 하는 요인	• 직무 불만족을 초래하는 요인과 관계가 있음
• 성취, 인정, 작업 자체, 책임, 발전 등이 이에 속함	• 회사정책과 행정, 감독, 임금, 대인관계, 작업 조건 등이 이에 속함
• 이 요인들은 모두 실제 직무나 직무내용과 연관됨	• 종업원이 직무를 수행하는 상황 또는 환경, 종업원들 간의 관계에 대한 요인을 말함
• 동기요인은 이러한 요인이 충족되지 않아도 불만은 없지만 일단 충족되면 직무만족에 적극적인 영향을 줄 수 있고 일에 대한 긍정적인 태도를 유도할 수 있음	• 위생요인은 그것의 충족이 단지 직무에 대한 불만족의 감소만을 가져올 뿐이지 적극적으로 직무만족에 작용하지는 못함
• 주로 직무 내재적인 성격을 지니고 있음 • 매슬로의 상위욕구에 해당함	• 주로 직무 외재적인 성격을 지니고 있음 • 매슬로의 하위욕구에 해당함

(3) 학교조직에의 시사점

① 교사들이 직무를 통해 만족과 성과를 제고하도록 할 수 있는 철학적 토대를 제공한다. 교사의 동기화 전략으로 일 그 자체와 관련된 직무 재설계(job redesign)[10]의 중요성을 강조한다.

② 봉급수준이나 근무조건의 개선 등에 의해서 교사들이 동기유발되는 것이 아니라 직무 그 자체를 통한 안정감, 발전감, 책임감 등에 의해 동기부여되는 직무 풍요화(job enrichment) 전략이 중요하다.

③ 결국 직무 풍요화는 교사들로 하여금 직무수행상의 책임을 증가시키고 권한과 자유재량권을 부여하며, 구성원들이 자신의 능력을 발휘할 수 있는 기회를 가지도록 하여 직무 속에서 도전, 보람, 흥미, 심리적 보상 등을 얻도록 하는 것이다.

④ 이를 위해 수석교사제 도입 등 교육조직에서 교사들이 직무 자체를 통해 만족을 얻을 수 있도록 인사체계를 개선할 필요가 있는데, 이는 교감이나 교장이 아닌 전문직으로서의 자기연마의 중요성을 의미한다. 결국 교사들에게 의사결정의 권한과 자율성을 주면 스스로 동기를 부여하여 조직의 생산성이 높아질 수 있다고 본다.

[10] 직무 재설계는 직무의 내용과 과정을 바꾸어 구성원들의 내재적 동기를 유발하고자 하는 방안이다.

(4) 동기이론의 비교

	매슬로의 욕구계층	허즈버그의 양요인설	알더퍼의 ERG 욕구	
고차적 욕구	자아실현 욕구	동기요인	성장	내재적 동기부여
↑	존경욕구			↑
↓	소속과 애정욕구		관계	↓
	안전욕구	위생요인		
저차적 욕구	생리적 욕구		존재	외재적 동기부여

[그림 14-21] 매슬로, 허즈버그, 알더퍼 이론의 비교

11 맥그리거의 X-Y 이론은 인간관에 따른 동기부여방법으로 X이론은 성악설적 입장, Y이론은 성선설적 입장이다.

5. 맥그리거(McGregor)의 X-Y 이론[11]

(1) X-Y 이론의 기본 가정과 경영전략

구분	X이론	Y이론
기본 가정	• 보통의 인간은 선천적으로 일하기를 싫어하며, 가능한 한 일을 회피하려 함 • 일을 싫어하는 이러한 인간의 특성 때문에 조직목표 달성을 위하여 적절한 노력을 발휘하도록 하기 위해서는 대부분의 인간은 벌을 주고 강압, 통제, 지시, 위협하여야만 함 • 보통의 인간은 지시받기를 좋아하고, 책임을 회피하려고 하고, 야망이 없고, 무엇보다도 안전을 원함	• 일에 대하여 신체적 · 정신적 노력을 경주하는 것은 놀거나 휴식을 갖는 것처럼 자연스러운 것임 • 외적 통제와 벌로 위협하는 것만이 조직목표 달성을 위한 노력을 유발하는 유일한 수단은 아니다. 인간은 자기가 맡은 일을 수행하기 위하여 자기 지시와 자기 통제를 행사할 수 있음 • 목표에 대한 헌신 정도는 성취에 대한 보상과 함수관계에 있음 • 적절한 조건이 부여되면 보통의 인간은 책임을 수용할 뿐만 아니라 책임을 얻으려고 하는 것을 배움 • 조직문제를 해결하는 데 있어 비교적 높은 수준의 상상력, 독창력, 창의성을 발휘할 수 있는 능력은 모든 사람에게 광범위하게 배분되어 있음
경영 전략	• 경영은 경제적 목적을 위하여 생산요소인 자금, 자재, 장비, 인력을 조직해야 함 • 경영은 조직목적에 부합하도록 구성원의 행동을 지시하고, 그들에게 동기를 부여하며, 그들의 행동을 통제 · 수정하는 과정임 • 따라서 경영자는 구성원을 설득하고, 보상을 주며, 처벌하고 통제하여야 함	• 조직의 요구에 대하여 구성원이 수동적 · 저항적인 것은 조직 내에서 얻은 경험의 소산임 • 구성원이 가지고 있는 잠재력, 작업동기, 책임수행능력 등을 발전시키는 것은 경영의 책임임 • 따라서 경영자는 조직의 제반 여건과 운영방법을 개선하여 구성원으로 하여금 조직목표를 위해 스스로 노력하도록 유도해야 함

6. 아지리스(Argyris)의 미성숙 – 성숙이론

(1) 미성숙 – 성숙의 연속체[12]

미성숙 단계	성숙 단계
1. 피동적 행위 →	능동적 행위
2. 의타심 →	독립심(자율적 존재)
3. 단순하고 한정된 행동 →	복잡하고 다양한 행동
4. 단기적 관심 →	장기적 전망
5. 종속적 지위 →	대등한 또는 우월한 지위
6. 자아의식 결여 →	자아의식과 자기통제

[그림 14-22] 아지리스의 미성숙 – 성숙이론

① 아지리스는 개인의 미성숙과 성숙을 하나의 연속적인 발전과정으로 파악한다.

② 미성숙한 인간으로 취급받게 되면 사람들은 공격적으로 변하거나 냉담한 반응을 나타내며, 그에 따라 관리자는 더욱 통제를 가하게 되어 결과적으로 조직의 효율성이 저하된다.

③ 따라서 조직관리자는 구성원을 성숙한 인간으로 취급하고 그러한 문화풍토를 조성하는 데 최선의 노력을 기울여야 한다.

(2) 성숙한 사람으로 발전시키는 요인

① 상호관계의 대인능력을 증가시키며, 지시적 지도성을 고용인 중심의 지도성으로 바꾼다.

② 과업의 전문화로부터 오는 단조로움과 지루함을 떨쳐 버리고 작업과 그 작업의 수행에 따른 책임의 폭을 넓힘으로써 동기부여를 개선해 나간다.

12 아지리스의 미성숙 - 성숙이론에서는 동기를 성숙 쪽으로 유발시켜야 한다고 주장한다(미성숙 ⇨ 성숙).

03 동기의 과정이론

1. 브룸(Vroom)의 기대이론(expectancy theory)

(1) 개요

기대이론은 브룸에 의하여 발전되고 널리 알려진 이론으로, 이 이론은 유인가(valence), 보상기대(instrumentality), 성과기대(expectancy)의 개념을 중심으로 이론의 틀을 구성하였기 때문에 유인가-보상기대-성과기대이론(VIE theory) 또는 가치이론(value theory)이라고도 한다.

13 브룸의 기대이론은 성과와 보상이 노력하는 사람에게 의미가 있어야 하는데, 이는 자신이 노력하면 성과를 낼 수 있고 보상을 받을 수 있다는 기대감이 있어야 동기가 유발된다는 것이다.

(2) 동기과정[13]

[그림 14-23] 브룸의 기대이론

① **유의성(목표 매력성)**: 보상에 대하여 가지는 매력 또는 인지된 가치로서, 이는 사람들이 자신의 이익을 위해 유익하거나 자신들의 권리에 대해 중요하다고 생각하고 믿는 정도를 말한다.

② **성과기대(노력과 성과의 연계)**: 과업에 관련된 노력이 어떤 수준의 성과를 가져올 것인가에 대한 신념의 강도를 말하는 것이다.

③ **보상기대(성과와 보상의 연계)**: 좋은 과업수행은 주목을 받고 또 보상을 받을 것이라고 지각된 확률이다.

④ **결론**: 가장 큰 동기를 유발할 수 있는 3가지 요인의 조합은 높은 긍정적 유인가, 높은 성과기대, 높은 보상기대이다.

(3) 학교조직에의 시사점

① 학교경영자는 교사들이 노력만 하면 성과를 얻을 수 있다는 믿음을 크게 심어주어야 한다.

② 보상기대, 즉 성과와 보상의 연결 정도를 분명히 하고 이를 구체화해야 하는데, 학교조직에서 직위배분 결정에 교사들의 참여와 투명한 결정과정이 중요하다.

③ 교사들이 생각하는 보상에 대한 유의성인 보상에 대한 매력의 정도를 증진시켜야 한다.

④ 역할기대를 분명히 할 필요가 있다. 자신의 역할이 분명해지면 노력을 집중할 수 있고 성과가 높아져 보다 나은 보상을 받을 수가 있다.

2. 아담스(Adams)의 공정성 이론(equity theory)[14]

(1) 개요

① 공정성 이론은 한 개인이 다른 사람에 비해 어느 정도 공정하게 대우를 받고 있는가에 관한 지각의 중요성을 강조하는 일종의 사회적 비교이론이다.

② 이 이론은 조직 속에서 개인은 자신이 투자한 투입과 여기서 얻어지는 결과를 다른 개인이나 집단의 그것들과 비교한다고 가정한다.

③ 자신이 투자한 투입 대 결과의 비율이 타인과 동일하다면 공정하다고 느끼며 만족하고, 불공정성을 지각하게 되면 공정성을 회복하는 쪽으로 노력을 기울이게 된다.

(2) 학교조직에의 시사점

① 학교조직에서 교사들은 사회적 비교과정을 통해 만족, 불만족을 경험한다는 사실에 비추어 학교경영자들이나 정책집행자들은 교사들을 공정하게 대우하도록 노력해야 한다.

② 학교조직에서 교사들은 자신들이 받는 보상을 조직 내의 다른 사람뿐만 아니라 '보수체계가 다른 직종과 비슷한가?'와 같이 교직 이외의 직종에 종사하는 사람들과도 비교한다.

14 아담스의 공정성 이론은 '내가 받는 대우가 공정한가'에 대한 지각이론이다. 조직 내에서는 '다른 선생님에 비해', '조직 간은 다른 직종보다'의 공정성을 지각한다.

제 6 절 교육기획과 정책

01 교육기획

기출콕콕
교육기획의 개념과 효용성 2가지를 제시하시오. 2017 중등

1. 개념 기출 2017 중등

① 교육기획(educational planning)은 미래의 교육활동에 대한 사전준비 과정이라 할 수 있다. 즉, 미래의 교육활동에 대비하여 교육목표 달성을 위한 효과적인 수단과 방법을 제시함으로써 교육정책 결정의 효율성과 안정성을 보장해 주는 지적 · 합리적인 과정이다.

② 이러한 교육기획은 국가수준에서부터 단위학교에 이르는 다양한 교육단계와 활동 영역에서 장래의 불확실성을 제거하고 교육의 합리성과 효율성을 극대화하기 위한 준비과정으로 이루어지고 있다.

2. 특성

① **미래지향적인 행동 과정**: 기획은 미래를 구상하는 것으로, 앞으로의 활동을 준비하는 과정이다.

② **지적인 활동**: 기획은 어떤 일을 구체적으로 시행하기 전에 목표와 내용, 절차와 방법, 기대되는 성과에 대해 미리 생각해 보는 것이기 때문에 고도의 지성과 전문성을 요구하는 계획 과정이다.

③ **합리적인 활동**: 기획은 목표와 수단 및 방법을 합리적으로 연결하고 이를 통해 목표 달성을 효율화하는 활동이기 때문에 합리적인 정보수집과 판단, 문제해결능력을 필요로 한다.

④ **사전의 준비과정**: 기획은 사전의 준비과정이지 실제적인 집행이 아니기 때문에 상황의 변화에 따라 언제든지 수정하거나 보완할 수 있는 특징을 가지고 있다.

3. 효용성 기출 2017 중등

> 기출콕콕
> 교육기획의 개념과 효용성 2가지를 제시하시오. 2017 중등

① **교육정책 수행과 교육행정의 안정화에 기여:** 뚜렷한 목표와 방향을 설정하고 장기적인 교육계획에 따라 일관성 있게 교육체제를 운영한다면 정책 변경이나 방침 변경은 일어나지 않을 것이다.

② **교육행정 또는 교육경영의 효율성과 타당성 제고:** 교육목표와 이를 달성하기 위한 수단을 합리적으로 연결시킴으로써 교육행정 활동의 합목적성과 타당성을 제고할 수 있다.

③ **한정된 재원을 합리적으로 배분:** 교육투자 지출의 우선순위를 합리적으로 설정하고 그 효과를 극대화하도록 배분함으로써 투자의 효율성을 제고할 수 있다.

④ **교육개혁과 교육적 변화를 촉진하는 역할 수행:** 단순히 여건의 변화에 따라 수동적으로 대응책을 강구하는 것이 아니라 상황과 여건의 변화를 미리 예견하여 그에 민첩하게 대처하고, 나아가 개혁과 변화를 계획함으로써 교육발전을 촉진시킨다.

⑤ **합리적인 통제를 가능하게 함:** 교육계획의 실천 후에는 반드시 평가 또는 심사 분석이 수반된다. 그 결과를 토대로 목표를 수정하거나 진도를 조절할 수도 있다.

4. 한계성

① **미래 예측의 어려움:** 교육기획은 미래에 관한 정확한 예측을 기초로 하는데, 인간의 예측 능력은 불완전하기 때문에 그 효용에 한계가 있다.

② **정보 및 자료의 부족:** 교육기획을 수립하기 위해서는 교육의 현황과 문제, 인적 · 물적 자원의 규모와 능력 등에 관한 많은 정보와 자료가 필요하다. 그러나 정확한 미래 예측을 위해 필요한 가용할 정보와 자료의 취득에는 항상 한계가 있다.

③ **전제 설정의 불확실성:** 급변하는 현대에는 이러한 전제 설정이 매우 어려운 일이고, 설정했다 하더라도 그 변화를 예상하기 어렵기 때문에 정확한 미래 예측을 통한 교육기획에는 많은 한계가 있다.

④ **시간과 비용 및 노력의 제약:** 교육기획 수립에 필요한 시간과 비용, 노력 등은 항상 한정되어 있기 때문에 완전한 교육기획의 수립을 저해한다.

⑤ **정치적 · 사회적 압력:** 교육전문가에 의해 합리적으로 수립된 교육기획의 경우도 정치적 · 사회적 압력에 의해 변경되거나 실현되지 못하는 경우가 많다.

⑥ **목표 계량화의 곤란:** 교육기획의 목표설정은 명확하게 계량화하기가 곤란하기 때문에 목표설정 자체가 어렵고 그 달성 수단을 강구하거나 달성 여부를 평가하기가 대단히 어렵다.

⑦ **교육운영의 경직성으로 인한 개인의 창의성 위축:** 교육은 자율적인 활동에 의존하므로 지나치게 세부적인 교육기획은 자율성의 침해를 가져오고 창의성을 위축시킬 수 있다.

02 교육정책

1. 개념

① **정치적 과정을 통해 결정되는 국가의 통치작용:** 정치권력에 의한 특정 목적 달성이나 산출을 위해 결정되는 통치행위의 의미를 갖는다.

② **교육제도와 그 운영에 관한 기본 지침:** 이를 통하여 수립되거나 개편 · 운용되는 교육제도의 지침이 된다.

③ **교육문제 해결을 위한 대안의 선택 과정:** 교육문제의 해결을 위한 적절한 수단을 강구하는 일, 여러 가지 수단 또는 대안 중에서 가장 합리적인 대안을 선택하는 과정이라고 할 수 있다.

④ **교육이념의 구현:** 교육목적의 실현을 위한 수단을 강구하여 교육발전을 도모함으로써 궁극적으로 교육이념을 구현하는 역할을 한다.

⑤ **교육행정에 대한 기본 지침:** 이를 기본지침으로 삼아 그 구체적 목표를 실현하게 하는 교육행정 활동의 기초가 된다.

2. 정책형성을 위한 의사소통 원칙

① **명료성(clarity)의 원칙:** 의사소통에 있어서 전달하는 내용이 보다 분명하고 정확하게 이해될 수 있도록 표시되어야 한다. 그러기 위해서는 그 내용이 체계적이어야 하고 과거, 현재, 미래가 명료하게 비교될 수 있어야 한다.

② **일관성(consistency)의 원칙:** 의사소통에 있어서 전달내용은 전후가 일치되어야 한다. 명령이나 지시에 있어서 1차와 2차의 모순이 있을 수 없으며 고위 관리층의 명령이나 지시에 위배되는 중간 관리층으로부터의 명령이나 지시는 있을 수 없다.

③ **적시성(timeliness)의 원칙:** 의사소통은 적시에 이루어져야 한다. 즉, 필요한 정보는 필요한 시기에 적절히 입수되어야 한다는 것이다.

④ **적정성(adequacy)의 원칙:** 전달하고자 하는 정보의 양과 규모는 적당해야 한다는 것으로, 정보의 양이 너무 많거나 빈약해서도 안 된다. 정보의 양이 너무 많을 경우에는 복잡하여 이해하기가 곤란하며, 너무 빈약할 경우에는 자료로서의 가치를 상실하게 된다.

⑤ **배포성(distribution)의 원칙:** 의사전달의 내용은 비밀을 요하는 특별한 경우를 제외하고는 모든 사람들이 알 수 있도록 공개해야 한다. 특히, 공식적인 의사소통에서는 배포성의 원칙이 중요시된다.

⑥ **적응성(adaptability)의 원칙**: 의사소통의 내용이 환경에 적절히 적응해야 한다. 그 내용이 지나치게 세밀하게 규정되어 있을 경우에는 환경에 적응하기 곤란하기 때문에 의사소통의 내용은 구체적인 상황에 따라 융통성과 신축성이 있어야 한다.

⑦ **수용성(acceptability)의 원칙**: 의사소통은 피전달자가 수용할 수 있어야 하기 때문에, 수용성은 의사소통의 최종 목표가 된다. 그러므로 피전달자가 적극적인 반응을 보일 수 있도록 수용성이 있어야 한다.

3. 의사소통의 기법 – 조하리의 창(Johari window)

(1) 개요

대인관계의 유형을 설명한 이론으로 조셉 러프트(Joseph Luft)와 하리 잉햄(Harry Ingham)에 의해 개발되었으며, 정보가 자신과 타인에게 알려졌는가 알려지지 않았는가를 기준으로 의사소통 영역을 4가지로 구분하였다.

(2) 조하리의 창

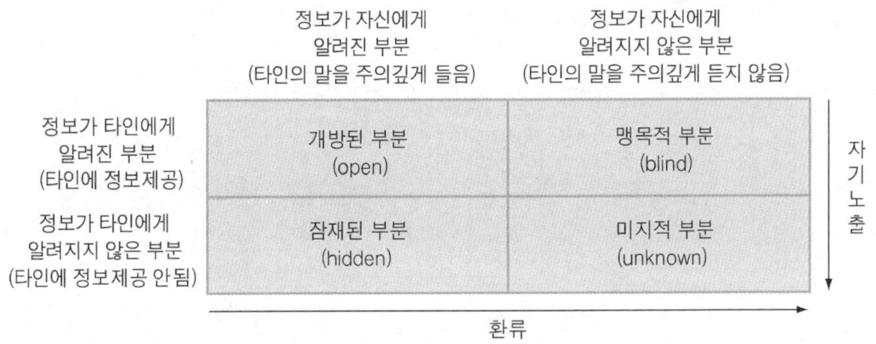

	정보가 자신에게 알려진 부분 (타인의 말을 주의깊게 들음)	정보가 자신에게 알려지지 않은 부분 (타인의 말을 주의깊게 듣지 않음)
정보가 타인에게 알려진 부분 (타인에 정보제공)	개방된 부분 (open)	맹목적 부분 (blind)
정보가 타인에게 알려지지 않은 부분 (타인에 정보제공 안됨)	잠재된 부분 (hidden)	미지적 부분 (unknown)

자기노출 (↓)

환류 (→)

[그림 14-24] 조하리의 창

① 개방적 부분

㉠ 자신에 대한 정보가 자신이나 타인에게 잘 알려져 있는 부분으로, 서로 잘 알고 상호작용하기 때문에 일반적으로 개방적이고 효과적인 의사소통이 이루어진다.

㉡ 효과적인 의사소통을 위해서는 이 부분의 영역을 넓혀가야 하며, 이는 자기를 노출하고 피드백을 많이 받을 때 가능하다.

② 맹목적 부분

㉠ 자신에 대한 정보가 타인에게는 알려져 있지만 자신에게는 알려져 있지 않은 부분이다.

㉡ 타인으로부터 피드백을 받지 못할 때는 이 부분이 더 넓어져 효과적인 의사소통이 이루어지기 어렵다.

③ 잠재적(비공개된) 부분

㉠ 타인에게는 알려져 있지 않지만 자신에게는 잘 알려져 있는 경우이다.

㉡ 타인이 어떻게 반응할지 몰라 자기의 감정과 태도를 비밀에 붙이고 타인에게는 방어적 태도를 취하기 때문에, 의사소통에서 자신의 의견이나 감정을 표출시키지 않고 타인으로부터 정보를 얻으려는 경향이 있다.

④ 미지적 부분

㉠ 자신에 대한 정보가 자신과 타인에게 모두 알려져 있지 않은 부분이다.

㉡ 이러한 경우에는 자신에 대한 견해를 표출하지 않을 것이며, 타인으로부터 피드백을 받지 못할 것이다. 이런 상태가 지속되면 미지적 부분의 넓이가 더 커지고 일상적인 의사소통이 어려워 자기폐쇄적으로 가기 쉽다.

(3) '조하리의 창'의 구조적 변화[1]

개방 맹목
잠재 패쇄
민주형

개방 맹목
잠재 패쇄
독단형

개방 맹목
잠재 패쇄
과묵형

개방 맹목
잠재 패쇄
폐쇄형

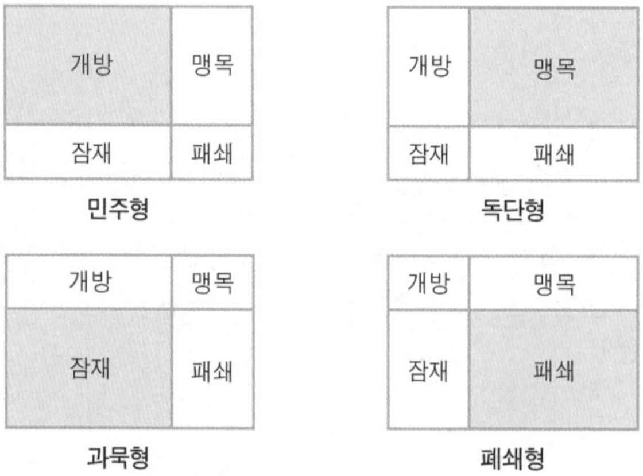

[그림 14-25] '조하리의 창'의 구조적 변화

[1] '조하리의 창'은 결국 개방된 부분을 더 넓혀서 민주형의 의사소통이 되도록 하는 것이 목적이다.

4. 의사결정 4가지 관점 – 에스더(Esther, 1988)의 분류

의사결정의 용어, 정의, 의도, 범위, 결과를 구체화하여 다음과 같이 4가지 유형으로 구분한다.

구분	내용
합리적–관료적 유형 (합리적 관점)	• 결집된 관료적 조직 내에서 명확한 목표달성을 위한 합리적인 의사결정절차를 토대로 하기 때문에 상당히 규범적이라고 할 수 있음 • 교육조직 내에서 예산, 기획, 학교감독, 학교운영지원 등의 본질적인 운영사업에 필요한 의사결정문제를 해결하는 데는 유용하지만 애매모호한 목적, 대립적 이해관계, 비합리적인 구조에서는 적용되기 힘든 의사결정 유형 • 이 유형은 합리성을 구현하기 때문에 관료적이고 체계화된 조직을 운영하는 중앙집권적 조직에 적합한 의사결정 유형
참여적 유형 (참여적 관점)	• 조직의 세분화된 목표를 성취하기 위해 참여자 사이에 합의를 토대로 폐쇄적 조직 내에서 목표의 최적화를 반영하는 유형 • 기대하는 유형이나 목표성취 전략을 구조보다 인간과정으로 보는 것을 특징으로 하고 있음 • 규범적 · 관료적인 조직보다는 인간의 능력과 자율성이 보장되는 전문적 조직에 적합함 • 소규모 조직이나 대규모 조직 내 산하 전문가 집단 등의 결정행위를 분석하는 데 적합한 의사결정 유형
정치적 유형 (정치적 관점)	• 조직 내에서 이루어진다기보다는 조직 외부세력이나 여러 요인들에 의해 그 의사가 결정되고 그것에 의해 움직이고 있다는 현실적 측면에 입각한 유형 • 조직에 영향력을 행사하는 이익집단들 간의 타협의 결과로 보는 데 그 특징이 있음 • 규범적이기보다 기술적이며, 조직에 있어서도 폐쇄적이기보다는 개방적임 • 목표달성을 위한 조직 간의 경쟁으로 항상 갈등이 존재하고, 이를 해결하기 위한 대안의 탐색과 관련된 집단이나 세력과 타협하게 됨
조직화된 무정부 유형 (우연적 관점)	• 확실한 목표나 일정한 절차에 따른 결과가 아니라 우연적인 상태에서 의사결정이 이루어지는 형태 • 조직에서 의사결정이 합리적이고, 체계적으로 이루어지는 것이 아니라 그때그때 별생각 없이 수집됨 • 합리적 선택이 이루어진 후에 이를 행동에 옮기는 것이 아니라 우선 행동부터 하고 나서 선택을 강구함 • 문제와 해결책이 뒤섞여 있다가 우연히 하나의 해결책을 선택한다고 해서 쓰레기통 모형(garbage can model)이라고 함

기출콕콕

합리모형, 점증모형의 단점 각각 1가지와, 점증모형에서 학생들의 요구 반영을 위한 구체적인 방안 1가지를 제시하시오. 2021 중등

2 합리모형은 최선책을 강구하기 위한 것으로 인간의 이성적 판단을 신뢰하는 모형이다.

03 의사결정(정책형성)모형 기출 2021 중등

1. 합리모형(rational model)[2]

(1) 개요

① 규범적 · 이상적 방법으로 인간의 전능성을 전제로 인간은 이성에 의해 결정한다는 합리적 결정 이론이다.

② 인간을 그 이성과 합리성에 근거하여 결정하고 행동하는 존재라고 전제하고, 정책결정자가 문제를 명확히 인식하고 명확한 목표를 세우며, 문제를 해결하기 위한 종합적 관점에서 모든 정책대안을 비교 · 검토하여 최선의 대안을 선택한다고 본다.

③ 목표를 명확히 규정하고, 그것을 달성하기 위하여 종합적 관점에서 합리적으로 결정함으로써 최소의 경비로 최대의 효과를 기대하는 것이다.

(2) 한계점

① 지나치게 이상적 · 규범적이기 때문에 세계의 정책결정 상황에는 실질적으로 잘 부합하지 않는다.

② 합리모형은 일상적이고 반복적인 정형적 문제해결에는 적용될 수 있을지 모르지만, 전례가 없는 새롭고 비구조적이며 비정형적인 문제해결에는 적용 가능성이 매우 희박하다.

3 만족모형은 합리모형이 불가능하기 때문에 차선책으로 등장한 모형이다.

2. 만족모형(satisfying model)[3] – 사이몬과 마치 모형

(1) 개요

① 현실적 · 실증적 방법으로 사이몬과 마치(Simon & March)에 의해 제시되었다.

② 행동 과학적 접근방법으로 의사결정자의 사회 · 심리적 측면을 중요시하는 현실적이고 실증적인 모형이다.

③ 정책결정에 대한 합리성을 부정하는 것도 아니고, '완전한 합리성'을 추구하는 것도 아니다.

④ 어떤 상태의 필요성을 만족시키는 정도의 수준에서 결정을 보는 이론으로, 최적의 대안보다는 만족스러운 대안을 추구한다.

(2) 한계점

① 정책결정 과정을 지나치게 주관적인 과정으로 본다.

② 만족모형에서 말하는 대안 선택은 현실 만족적인 것이며, 습관적으로 이루어지기 때문에 다분히 보수적인 경향을 나타내며 급격히 변동하는 상황 속에서 보다 혁신적인 문제해결을 요하는 경우에는 적용하기 어렵다.

③ 보편타당성이 문제가 되며, 현상 유지적인 보수주의에 빠질 우려가 있다.

3. 점증모형(점진모형, incremental model)[4] – 린드블롬 모형

(1) 개요

① 반필드(Banfild), 브레이브루케(Braybrooke)와 린드브롬(Lindblom), 윌다브스키(Wildavasky) 등에 의해 주장되었다.

② 합리모형의 비현실성에 대하여 강하게 비판하고, 현실적인 정책결정 과정을 제안하면서 동시에 정책의 실현 가능성을 높이기 위한 방안을 제시하였다.

③ '점증'은 정책결정자가 단지 몇 가지의 한정된 수의 정책 대안을 선택하며, 이렇게 현재보다 다소 향상된 선택된 대안은 현 상태에 비해 지극히 미미한 변화를 담고 있다는 것을 의미한다.

(2) 특징

① 대안 탐색에 있어서 기존의 정책과 크게 다르지 않은 몇 개만을 추출하여 달라진 부분을 토대로 선택한다.

② 여러 대안들을 분석 · 평가할 경우 정보가 충분한 몇 개의 대안에 국한시키며, 각 대안에 대하여 예상되는 결과도 몇 가지에 한정시켜 분석한다.

③ 대안의 탐색 · 평가과정에서 나타나는 새로운 정보와 자료를 처리하거나 재구성하여 활용한다.

예 대부분의 국가 예산은 전년도의 예산에 준하여 작성되며, 해당 연도의 예산은 전년도 예산에 비해 그리 큰 차이가 없는 것이 보통이다.

(3) 한계점

① 과거의 정책이 바람직한 것이 아니거나, 급격한 사회 변동의 결과로 새로운 정책의 토대가 될 과거의 정책을 발견할 수 없을 경우에는 적용하기 어렵다.

② 오늘날 컴퓨터를 통해 급속히 발전하고 있는 정보처리 기술이 인간 능력의 한계를 확장시키고 있기 때문에 이 모형의 전제에 변화가 필요하다.

③ 의지성이 결핍되어 보수주의에 빠지기 쉽고, 기본적인 쇄신과 혁신을 설명하기가 곤란하다.

4 점증모형은 기존의 정책에서 한 발짝 더 수정하여 보다 개선된 대안을 추구하는 개선책 모형이다.

5 최적모형은 가장 이상적인 모형으로, 합리모형보다 더 이상적인 모형이다.

4. 최적모형(optimal model)[5] – 드로어 모형

(1) 개요

① 합리성 모형이나 점증모형과 같은 보수주의적인 모형에 대한 비판에서 나온 것으로 드로어(Dror)가 제안하였다.

② 드로어는 의사결정은 합리적인 고려만으로 이루어지는 것이 아니며, 정책결정과정에 있어서 초합리적인 것, 즉 직관 · 판단 · 창의와 같은 잠재의식이 개입된다고 본다.

③ 드로어의 최적(optimal)의 개념은 양적인 것보다 질적인 것으로, 최적지(optimality)란 '모든 것이 고려되어 있다.'라는 뜻으로 어떤 주어진 목표에 도움이 되는 가장 알맞은 상태를 뜻한다.

(2) 혼합 · 합리모형과의 비교

① 종합적 합리성에 기초하고 있는 합리모형과 지속적인 제한적 비교에 기초하고 있는 점증모형의 혼합을 주장하고 있다는 점에서 혼합모형과 유사하다.

② 양자의 단순 합계식 혼합이 아니라, 합리성과 초합리성을 동시에 고려하는 최적지 중심의 규범적 최적을 지향하고 있다는 점에서 혼합모형과 다르며, 오히려 합리모형에 가깝다고 할 수 있다.

(3) 공헌점과 비판

① 공헌점: 초합리성의 개념을 도입함으로써 합리모형을 한층 더 체계적으로 발전시키는 데 공헌하였다.

② 비판점: 최적모형은 정책결정에 있어 사회적 과정에 대한 고찰이 불충분하며, '초합리성'의 구체적인 달성 방법도 명확하지 않으며 지나치게 유토피아적인 모형이다.

6 혼합모형은 정책이나 기본적인 방향 설정은 합리모형에 의해 결정하고, 기본 방향이 설정된 후의 세부적인 문제는 점증모형을 따르는 모형이다.

5. 혼합(관조)모형(mixed scanning model)[6] – 에치오니 모형

(1) 개요

① 합리모형의 합리성과 점증모형의 실용성을 혼합한 것으로 에치오니(Etzioni)가 제시한 제3의 모형이다.

② 합리모형은 지나치게 이상적이기 때문에 비현실적이고, 점증모형은 점진적인 것만 다루어 과도하게 보수적이라 비판하면서 이들을 절충한 혼합관조 모형을 제시하였다.

③ 에치오니는 현실 사회 문제는 경우에 따라 합리모형에 입각한 정책결정도 필요하며, 동시에 점증모형에 입각한 정책결정도 필요하다고 보았다.

(2) 장점과 비판점

① 장점: 혼합관조모형은 장기적 전략과 단기적 변화를 동시에 이룰 수 있다.

② 비판점: 새로운 모형이 아니라 기존의 모형을 절충한 것에 지나지 않는다.

6. 쓰레기통 모형(garbage can model)[7] – 코헨 모형, 비합리적 모형

(1) 개요

① 이 모형은 코헨(Cohen), 마치(March), 올센(Olsen)이 제시한 모형으로, 지극히 불확실성을 내포하고 있는 조직에서 다양한 결정의 흐름에 의하여 이루어지는 조직 의사결정 모형이다.

② 그들은 이러한 조직을 조직화된 무질서 상태(organized anarchies)라 하고 이러한 조직에서 이루어지는 의사결정 모형을 쓰레기통 모형이라 하였다.

(2) 전제

쓰레기통 모형은 마치 여러 가지 쓰레기가 우연히 한 쓰레기통 속에 모이듯이 개별적인 4가지 구성요소의 흐름이 서로 다른 시간에 통(can) 안으로 들어와 우연히 동시에 한 곳으로 모두 모이게 될 때 비로소 결정이 이루어지는 것으로 본다.

(3) 특징

① 코헨 등에 의하면 앞서 진술한 모형들의 경우, 자체 내의 갈등은 협상이나 투표를 통해 결정하기 때문에 복잡하고 급격한 변화가 일어나는 사회에서 현실문제들을 잘 설명하기 어려우나, 이 쓰레기통 모형은 이런 문제를 설명하는 데 적합하다고 주장한다.

② 이 모형이 전제하고 있는 조직화된 혼란상태는 오늘날 조직, 교육기관, 불법조직 등에서 쉽게 발견할 수 있는 만큼 그 실용성이 인정된다는 장점이 있다.

[7] 쓰레기통 모형은 미래가 불확실한 상황에서 이루어지는 모형이다.

제 7 절 학교예산

01 학교예산 회계제도

1. 개념

① '학교예산 회계제도'란 단위학교를 중심으로 예산편성, 예산심의, 예산집행, 결산 등의 예산과정이 이루어지는 것이다.

② 학교회계의 회계연도는 매년 3월 1일에 시작하여 다음해 2월 말에 종료된다.

2. 예산편성과정의 문제점

① **학교예산 편성시기의 부적절성:** 학교예산편성은 11월 중에 시달된 학교예산 편성지침을 참고하여 12월 중에 예산요구서를 제출받아 1월에 예산안을 작성하여, 회기 개시 30일 전까지 학교운영위원회에 제출하여야 한다. 그러나 대부분의 학교는 12월 중순부터 방학이 이루어지고, 교원들이 각종 연수나 다른 활동으로 학교에 출근을 하지 못하기 때문에 적극적으로 예산편성과정에 참여하기 힘든 실정이다.

② **학교교육계획과 예산의 연계 미흡:** 학교교육계획서를 기본으로 학교 구성원은 예산을 편성 · 운영하여야 하지만 대부분의 학교가 예산이 결정된 후에 예산에 맞추어 교육계획을 수립하는 실정이다. 이로 인해 각종 추가 결정요인이 수시로 발생하고, 이로 인해 교원과 행정실 간의 갈등요인이 발생하기도 한다.

③ **교원의 소극적인 예산편성과정에의 참여:** 교원들은 다음 학년도 인사이동, 학년변동, 부서변동 예상으로 예산요구에 미온적인 경향이 있으며, 교원들의 경우 예산에 대한 이해가 깊지 않고, 대부분의 예산업무가 행정실 고유의 업무라고 생각하는 경향이 있다.

02 학교예산의 여러 기법

1. 품목별 예산제도(LIBS: Line Item Budgeting System)

(1) 개념

① 품목별 예산제도란 예산을 편성할 때 지출 대상, 즉 구입하고자 하는 품목별로 지출항목을 세분한 다음 지출 대상과 금액을 규정하여 놓은 예산제도이다.

② 예를 들어, 학교에서 인건비, 운영비 등 지출 대상별로 얼마씩 쓰도록 예산을 지정해 주는 것으로 비교적 예산 편성과정이 단순하다.

(2) 장점

① 품목별 예산은 품목별 분류, 통제 중심, 투입에 초점을 맞추고, 계획에 대해서는 상대적으로 무관심하다는 특징이 있다.

② 회계 책임을 명확히 하며, 공무원의 재량권을 제한함으로써 예산의 낭비를 방지할 수 있다.

③ 예산편성이 용이하고, 회계감사가 용이하며, 엄격한 사전 · 사후 통제가 가능하다.

(3) 단점

성과를 파악하기 곤란하고, 예산 운영의 탄력성이 부족하여 자원이 비효율적으로 사용될 수 있다.

2. 학교단위 예산제도(SBBS: School Based Budgeting System)

① 단위학교 경영책임이 강조되면서 도입된 방법으로, 단위학교에서 교장이 예산 과정의 중심적인 역할을 담당하는 분권화된 예산제도이다.

② 의의: 학교예산의 책무성이 증가되며, 특별한 교육적 배려가 필요한 학생들의 요구가 반영되며, 학교운영위원회의 심의를 통해 예산편성과정에 교직원과 학부모들의 참여 또한 증대된다.

③ 이 예산제도의 대표적인 방법으로는 성과주의 예산제도, 기획 예산제도, 영기준 예산제도 등이 있다.

[1] 성과주의 예산제도의 대표적 예는 성과급을 주는 제도로, '당근과 채찍'이라는 표현으로 나타낸다.

3. 성과주의 예산제도(PBS: Performance Budgeting System)[1]

(1) 개념

예산 과목을 사업 계획별, 활동별로 분류한 다음 각 세부 사업별로 단위 원가에 업무량을 곱하여 예산액을 표시하고, 그 집행의 성과를 측정 · 분석 · 평가하여 재정을 통제하는 방법이다.

(2) 장점

달성하려는 목표와 사업이 무엇인가를 표시하고 이에 필요한 소요 비용을 명시해 줄 뿐 아니라 통제 기능도 수행하기 때문에 집행 감독이 편리하도록 기존의 조직별, 비목별 분류 방식도 병행하고 있다.

(3) 단점

예산 관리에 너무 치중하기 때문에 계획을 소홀히 하는 문제가 있고 너무 회계적인 측면을 강조하는 경향이 있는 것으로 분석된다.

[2] 기획 예산제도는 계획의 재정적 측면(예산편성)과 실질적 측면(목적과 목표)을 결합시키는 것이다(목표한 바에 따라 예산을 편성함). 이것은 타일러가 목표에 따라 학습내용과 경험을 조직하여 합리성을 추구한 것처럼, 목표에 부합하는 예산제도로 가장 합리적이다.

4. 기획 예산제도(PPBS: Planning Programming Budgeting System)[2]

(1) 개념

① 합리적인 조직목표를 설정하고 이를 성취하기 위한 계획과 행동과정, 자원배분을 과학적으로 수립 · 설계함으로써 조직목표 달성의 효율성과 효과성을 향상하려는 체계적 기법이다.

② 이는 장기적인 계획의 수립(planning)과 단기적인 예산편성(budgeting)을 실행계획(programming)을 통하여 유기적으로 통합 · 연결시킴으로써 정책의 기획, 집행, 평가를 합리화하고, 자원배분에 관한 의사결정을 합리화하여 일관성 있게 행하고자 하는 예산제도이다.

(2) 접근방법

① 기획(planning): 조직 전반에 걸친 장기적 목표를 수립 · 선택하고 비용과 이익면에서 다양한 행동과정을 체계적으로 분석하는 과정이다.

② <u>프로그래밍</u>(programming): 기획을 통해 결정된 계획을 수행하는 데 따라야 할 특정한 행동과정을 결정하는 과정이다.

③ 예산편성(budgeting): 계획과 프로그래밍을 실현할 수 있는 특정한 재정계획을 수립하는 과정이다.

(3) 특징

① 예산의 편성과 목표하는 바를 결합시켜 제한된 재원을 가장 적절하게 배분하는 예산편성기법이다.

② 최고의 만족을 얻기 위해 희소자원을 효율적으로 배분하는 최상의 방법이다.

③ 조직목표를 설정 및 계획하고, 자원배분을 과학적으로 수립함으로써 조직목표 달성의 효율성과 효과성을 향상시키려는 체계적 기법이다.

(4) 장점

① 학교의 목표, 프로그램, 예산을 체계화할 수 있고, 연도별 교육목표와 이를 달성하기 위한 교육 프로그램의 소요자원을 확인할 수 있다.

② 목표나 과목, 시간에 따라 자원을 적정하게 배분할 수 있으며, 특히 교육목표의 우선순위에 따라 자원을 합리적으로 조정할 수 있기 때문에 예산을 절약할 수 있다.

5. 영기준 예산제도(ZBBS: Zero Based Budgeting System)[3]

(1) 개념

① 예산편성 시 전년도 예산에 구애받지 않고 모든 사업이나 활동에 대해 새롭게 검토하여 우선순위를 설정한 후 이에 따라 자원을 배분하는 방식을 말한다.

② 전년도 예산은 아주 없는 것으로 보거나 전혀 고려하지 않고 모든 사업을 계획목표에 맞추어 재평가하며, 그 우선순위에 따라 예산을 편성하는 예산편성기법을 의미한다.

(2) 목적

영기준 예산제도는 점증주의적 예산과정에서 탈피하여 합리적으로 예산을 편성하고, 기획예산제의 약점을 보완하며, 급변하는 경기변동에 신축성 있게 대응하려는 데 목적이 있다.

(3) 장 · 단점

구분	내용
장점	• 학교경영에 전 교직원의 참여 유도가 가능함 • 교직원들의 창의적이고 자발적인 사업구상과 실행의 유인이 가능함 • 사업에 타당한 예산계획의 합리적이고 효율적인 수립이 가능함 • 학교경영계획과 예산이 일치함으로써 교장은 합리적이고 과학적으로 학교를 경영하는 것이 가능함 • 교원들의 학교경영 책임이 증대됨에 따라 교원과 사무직원 간의 원활한 협조관계를 기대할 수 있음
단점	• 교원들에게 새로운 과업을 부과하게 됨 • 제도에 숙달되기 전 많은 시행착오를 감수해야 함 • 사업이 기각되거나 평가절하되면 비협조적 풍토가 야기될 수 있음 • 의사결정에 전문성이 부족하면 비용 및 인원 절감에 실패할 수 있는 문제가 있음

6. 표준교육비[4]

일정 규모의 단위학교가 그에 상응하는 표준적인 교육여건(교직원 수, 교구, 시설, 설비 등)을 확보한 상태에서 교육과정이 제시하는 정상적인 교육활동을 수행하는 데 필요한 인건비, 관리운영비 등의 최저 소요경비를 가리킨다.

7. 단위교육비

교육의 최종 생산단위가 학생임을 전제로 하고, 학생 1인에게 소요되는 평균 경비이다.

[3] 영기준 예산제도는 예산편성을 영(zero)에서부터 시작하기 때문에 비록 계속되던 사업일지라도 신규사업보다 중요하지 않거나 필요가 없을 경우에는 예산을 줄이거나 폐지하자는 제도이다.

[4] 표준교육비는 일정한 학교에서 일정한 교육을 위해 평균적으로 들어가는 돈을 말한다.

제 8 절 교원론

01 현직교육

1. 현직교육의 중요성

① 현직교육은 직전 교육의 미비 또는 결함을 보완하거나, 새로운 지식과 기능, 태도를 습득한다는 측면에서 중요하다.

② 교원에게는 교육전문가로서의 계속적인 연찬이 요구되는데, 교사는 풍부한 지식 및 교수기술과 함께 독창적인 방법을 활용하여 학생의 성장 · 발달을 돕는 능력을 가져야 한다.

2. 교원 현직교육의 종류

(1) 직무연수

교육의 이론 · 방법 및 직무수행에 필요한 능력을 배양하기 위하여 실시되며, 직무연수의 연구과정과 내용 및 기간은 당해 연수원장이 정한다.

(2) 자격연수

교원의 자격을 취득하기 위하여 실시되며 2급 정교사과정, 1급 정교사과정, 1급 전문상담교사과정, 1급 사서교사과정, 1급 보건교사과정, 1급 영양교사과정, 원감과정, 원장과정, 교감과정 및 교장과정으로 구분된다. 자격연수의 연수기간은 30일 이상으로 하되 그 이수기간은 180시간 이상이어야 한다.

(3) 특별연수

전문지식의 습득을 위한 국내외 특별연수 프로그램을 의미한다. 특별연수는 국내외의 교육기관 또는 연수기관에서 일정한 기간 동안 실시되는 것이 보통이다.

3. 교원 능력개발 평가

(1) 필요성

① 우수교원 확보를 통한 공교육의 내실화와 학부모와 학생의 교육만족도를 제고하기 위함이다.

② 평가주체가 많아짐에 따라 평가 자체가 신중해짐은 물론 평가의 공정성, 타당성, 신뢰성을 높일 수 있다.

③ 다면평가를 통하여 조직 내 다양한 계층들 간의 의사소통의 기회가 확대되며, 이는 인간관계의 개선과 이해증진에 도움이 된다.

④ 다면평가는 피평가자의 능력발전을 도모하여 자기반성의 기회를 제공한다.

(2) 교원평가표

<table>
<tr><th colspan="2">구분</th><th colspan="2">주요 내용</th></tr>
<tr><td colspan="2">목적</td><td colspan="2">교원전문성 신장을 통한 공교육 신뢰 회복</td></tr>
<tr><td colspan="2">평가대상</td><td colspan="2">국 · 공 · 사립, 초 · 중 · 고 및 특수학교 재직교원(보건, 영양, 사서, 상담 등 비교과교사 포함, 기간제 교사 포함)
※ 시 · 도 교육청 시행계획에 따라 일정 기준의 (전일제) 강사 포함</td></tr>
<tr><td colspan="2" rowspan="3">평가종류 및 평가 참여자</td><td>동료교원평가</td><td>교장 또는 교감 중 1인 이상+교사 3인 이상</td></tr>
<tr><td>학생 만족도 조사</td><td>직접 지도를 받은 학생 ⇨ 개별교원 대상</td></tr>
<tr><td>학부모 만족도 조사</td><td>지도받는 학생의 학부모 ⇨ 개별교원 대상</td></tr>
<tr><td colspan="2">평가시기</td><td colspan="2">매년 1회 이상(학생 · 학부모 만족도 1학기말 권장, 동료교원평가 10월 말까지)</td></tr>
<tr><td colspan="2">평가시행 주체(주관)</td><td colspan="2">• 단위학교장이 소속 교사에 대하여 실시
• 시 · 도 교육감(지역교육청 교육장)이 교장 · 교감에 대하여 실시</td></tr>
<tr><td rowspan="3">평가 영역 · 요소 · 지표</td><td rowspan="2">교사</td><td>학습지도</td><td>• 수업준비, 수업실행, 평가 및 활용 등 평가요소
• 교수－학습전략 수립 등 12개 지표</td></tr>
<tr><td>생활지도</td><td>• 개인생활지도, 사회생활지도
• 비교과교사의 경우, 담당직무를 영역으로 '학생지원'을 평가요소로 함
• 가정연계지도 등 6개 지표</td></tr>
<tr><td>교장 · 교감</td><td>학교경영</td><td>• 학교교육계획, 교내장학, 교원인사, 시설관리 및 예산운용
• 교감은 시설관리 및 예산운용지표 제외
• 학교경영목표 관리 등 8개 지표</td></tr>
<tr><td colspan="2">평가문항</td><td colspan="2">평가지표당 각 2~5문항으로 구성(단위학교 선택 및 개발)</td></tr>
<tr><td colspan="2">평가방법</td><td colspan="2">5점 척도 절대평가방식과 서술형 응답식 병행</td></tr>
<tr><td colspan="2">결과통보</td><td colspan="2">• 교육감 · 학교장은 개별교원에게 평가지표별 · 평가종류별 환산점 및 합산점수를 통보
• 단위학교 전체 평가결과값은 학교정보공시제를 통하여 공개</td></tr>
<tr><td colspan="2">결과활용</td><td colspan="2">• 능력개발지원을 위한 맞춤형 연수 등 자료활용
• 우수교원에 대한 별도 프로그램 제공
• 미흡교원에 대한 단계별 연수 부과</td></tr>
<tr><td colspan="2">평가관리기구</td><td colspan="2">• 교육청 및 학교에 교원능력개발평가관리위원회 설치
• 교원, 학부모, 외부전문가 등 5인 이상 11인 이내로 구성</td></tr>
</table>

(3) 교사의 노력

① 취지에 대한 철저한 이해가 필요하다.

② 평가 결과를 토대로 전문성을 개발하는 노력이 필요하다.

③ 평가자로서의 전문성과 책임성을 구비하는 것이 요구된다.

(4) 교원평가의 문제점과 해결책

① 동료교사

㉠ 문제점: 감정이나 개인적인 친분관계에 얽매인 온정적인 평가나 인신공격적 평가를 할 수 있다.

㉡ 해결책: 수업공개와 더불어 수시로 수업과 생활지도를 참관할 필요가 있으며, 교사로서의 윤리의식을 강화해 평가의 취지에 맞도록 한다.

② 학부모

㉠ 문제점: 학교생활에 접촉할 기회가 적어 자녀의 말에 근거해서 평가하고 평가기준이 학력신장으로만 흐르기 쉽다.

㉡ 해결책: 학부모회나 학부모 연수를 통한 교원평가의 취지, 내용, 평가방법 등을 알려주고, 공개수업뿐만 아니라 학교나 학습의 홈페이지를 통해서도 교사와 접할 수 있는 기회를 제공해 주어야 한다.

③ 학생

㉠ 문제점: 자신에게 잘 해주는 선생님을 좋아하는 인기투표식 참여가 될 수 있다.

㉡ 해결책: 교원평가의 취지에 대한 올바른 이해를 도와 타당한 평가가 이루어지도록 교육하여야 한다.

| 탐구문제 |

01 2005 행정고등고시 교육학

현재 교육인적자원부는 교원평가제를 계획하고 있다. 그 필요성과 추진방법에 대해 다양한 의견이 제시되고 있다. 교원평가에 대한 다음의 질문에 답하시오.

(1) 교원평가의 목적에 대한 자신의 견해를 제시하시오.

(2) 어떤 평가방법(평가의 주체, 준거, 활용방법 등)이 적절하다고 생각합니까?

(3) 성공적인 정착을 위한 과제를 제시하시오.

02 교원의 권리와 의무

구분		내용	
교원의 권리	적극적 권리 (조성적 권리)	• 복지후생제도의 확충 • 생활보장권	• 근무조건 개선 • 교육자유권(자율성 신장)
	소극적 권리 (법규적 권리)	• 쟁송제기권 • 교직단체활동권	• 신분보장권 • 불체포특권
교원의 의무	적극적 의무	• 교육 및 연구활동의 의무 • 청렴의 의무 • 비밀엄수의 의무 • 외국 정부의 영예 등을 받을 경우 대통령의 허가를 받을 의무	• 전문직으로서의 품위유지의 의무 • 친절공정의 의무 • 선서 · 성실 · 복종의 의무
	소극적 의무	• 정치활동 금지의 의무 • 집단행위의 제한 • 영리업무 및 겸직금지 의무	• 직장이탈 금지 의무 • 영예 제한[1]

[1] 직무전념의 의무로 대통령의 허가 없이 외국 정부로부터 영예 또는 증여를 받지 못한다.

03 단위학교 책임경영[2]

[2] 단위학교 책임경영은 신자유주의 관점에서 등장한 개념이다.

1. 의미

① 이 방법은 국 · 공립학교의 자율적 · 창의적인 운영을 통해 교육의 성과를 높이는 학교경영으로, 국가교육기관이나 지역교육청이, 특히 자원배분에 관한 결정권한을 단위학교에 부여함으로써 학교에 자율성과 책무성을 동시에 요구한다.

② 우리나라에서는 단위학교의 교육자치를 활성화하고, 지역의 실정과 특성에 알맞은 다양한 교육을 창의적으로 실시하도록 단위학교 책임경영을 강조하고 있다.

2. 신자유주의와 관련된 필요성

① 신자유주의는 공급자보다는 수요자의 자율성을 강조하는 사상으로 자율성과 함께 책무성을 강조하게 된다.

② 우리나라에서는 단위학교의 교육자치를 활성화하고, 지역의 실정과 특성에 알맞은 다양한 교육을 창의적으로 실시하도록 단위학교 책임경영을 강조하고 있다.

3. 특징

① 교육재정론 측면에서 단위학교 예산제도를 채택하여, 교장이 예산편성의 중심적인 역할을 담당하는 예산제도로서 특별한 교육적 배려가 필요한 학생들의 요구가 쉽게 반영될 수 있으며, 교직원과 학부모들이 예산편성과정에 참여할 수 있도록 하기 위한 제도이다.

② 참여적 의사결정 측면에서 학교운영위원회를 통해 학부모, 교직원들이 적극적으로 학교운영에 참여하게 되며, 교사들이 의사결정에 참여함으로써 개인적인 만족감을 불러일으킬 수 있다.

③ 교사전문성 측면에서 학교의 자율성이 강조됨으로써 학교교육의 일차적 당사자인 교사들의 자율성이 요구되는데, 이는 교사들의 전문성 신장과 맥을 같이한다. 따라서 교사들이 전문성을 계발하고자 하는 지속적인 노력이 필요하다.

④ 학교경영평가로서의 교육과정 질 관리 측면 중 책무성의 차원에서 수요자들에게 질적인 관리가 필요한데, 이는 학생들이 배워야 할 것을 제대로 배웠는지를 확인하는 작업이다. 이를 위해 최소한의 수준(standards)을 성취할 수 있도록 하는 교육과정 질 관리가 필요하다.

| 탐구문제 |

01 2004 행정고등고시 교육학

교육당국은 평생학습사회의 구현을 중심적 정책목표로 하여 교육체제의 전면적인 혁신을 위해 노력함과 동시에 학교교육의 발전을 위한 정책적 노력을 배가하고 있으나, 교육당국의 노력에도 불구하고 최근 공교육의 위기에 대한 목소리는 증가하고 있다. 이러한 사회적 상황을 전제로 다음 물음에 답하시오.

(1) 평생학습사회에서의 학교교육의 의의를 이론적 근거와 법적 근거를 들어 논의하시오.
(2) 공교육의 위기에 대한 주장을 사례를 들어 분석 · 평가하시오.
(3) 학교교육의 발전을 위해 논의되는 단위학교 책임경영제(SBM: School Based Management)의 의의와 구현의 전제조건들을 약술하시오.

제 9 절 장학론

01 개요

1. 개념

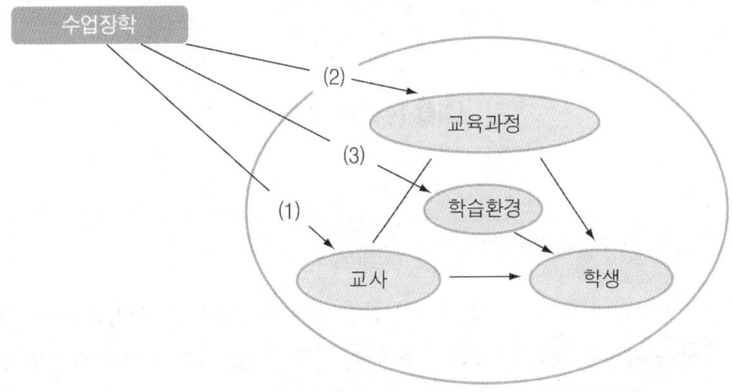

[그림 14-26] 수업장학

① 장학의 본질은 장학에 의해 교사의 교수행위에 변화를 일으켜 학생의 학습을 향상시기며, 교육과정과 내용을 개발 · 수정 · 보완하여 학생의 학습을 높이고, 교육자료와 학습환경을 개선하여 학생의 학습을 촉진하기 위한 것이다.

② 궁극적으로 장학은 수업개선에 있다.

2. 목적

① 학생성장의 증진과 그 결과로 사회발전을 가져오려는 것이며, 장기적인 교육계획을 지속적이고 효과적으로 추진하기 위해 지도성을 발휘하게 하는 것이다.

② 결국, 상호협력을 통해 바람직한 교수-학습의 장을 개선하는 것으로 보아야 한다.

기출콕콕

교사 전문성 개발을 위한 장학 활동 2가지 방안을 논하시오.
2014 중등 추가

02 장학모형 기출 2014 중등 추가

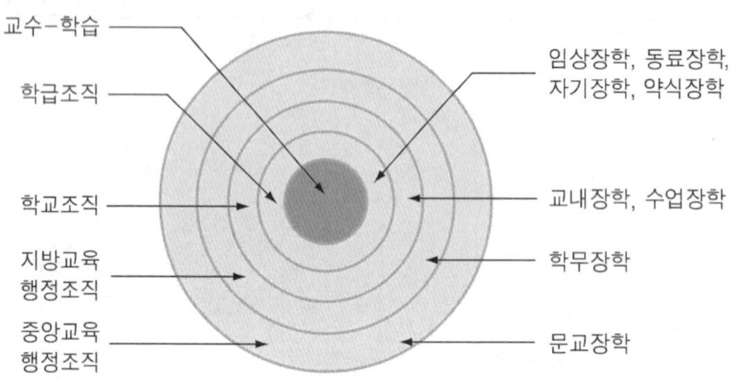

[그림 14-27] 장학모형

1 임상장학은 교사를 환자로 보고, 교사의 문제행동이나 부족한 수업기술을 개선해 주기 위한 장학이다.

1. 임상장학[1]

(1) 개요

① 교실현장에서 장학자와 교사가 일대일의 친밀한 관계 속에서 교사의 교수기술 향상과 계속적인 전문적 성장을 위하여 계획협의회, 수업관찰, 피드백협의회의 과정을 거치는 하나의 대안적 장학이다.

② 교사의 필요에 의해, 교사의 요청에 의해, 교사를 중심으로 이루어지는 장학이다.

③ 장학의 범위를 교실로 좁히며 그중에서도 수업에 초점을 맞추고, 수업 중에서도 교사가 문제점으로 삼는 부분으로만 제한한다.

(2) 과정

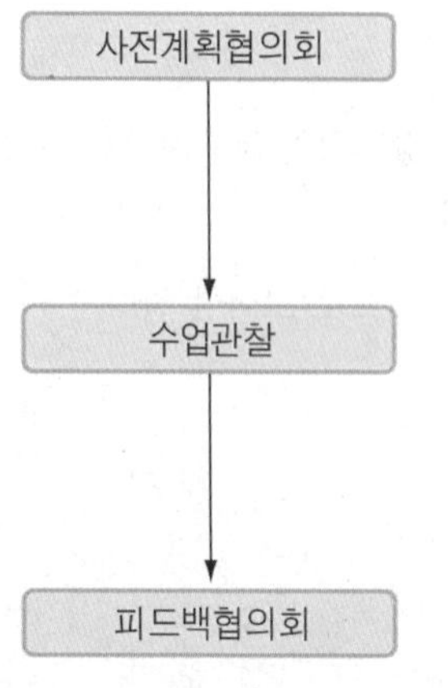

계획협의회에서 친밀한 관계를 형성하여 교사, 학급, 수업, 장학의 필요성 등에 대하여 상호이해를 같이 하고 사전 계획을 세우며, 상호약속을 하여 일종의 계약을 하는 단계이다.

계획협의회의 약속대로 필요한 객관적 자료를 수집하기 위해 교실을 방문하여 실제로 수업을 관찰하는 단계이다.

수업한 자료를 놓고 협의하여 수업개선과 수업기술 향상의 전략을 모색하는 단계이다.

[그림 14-28] 임상장학의 과정

2. 마이크로티칭(micro-teaching)[2]

① 마이크로티칭은 4~5명의 학생을 대상으로 5~15분간 한 가지 내용을 가르치는 축소된 수업에서 장학담당자가 교사들에게 실제적인 수업사태를 기술하고 분석하여 교수기술을 제공해 주는 기회를 가지는 절차이다.

② '수업-장학지도-재수업'으로 연결되는 순환과정에서 교수방법, 수업절차 등을 수정해 나가는 것이다.

[2] 마이크로티칭은 수업시간, 학생 수, 수업기술 등을 모두 줄여서 실시하는 수업이다.

3. 발달장학(발전장학)

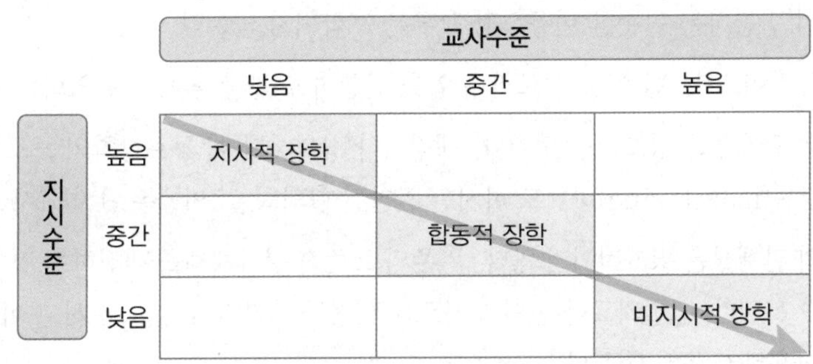

[그림 14-29] 발달장학의 모형

① 교사의 발전 정도에 따라 다른 장학방법을 적용하고 장학에 의하여 발전 수준을 높여 나가는 장학 방법이다.

② 낮은 수준의 교사에게는 지시적 장학을, 중간 정도의 교사에게는 협동적 장학을, 높은 수준의 교사에게는 비지시적 장학을 적용한다.

③ 교사의 발전 정도, 참여 정도를 높여 나간다는 의미에서 발전장학이다.

기출콕콕

교내장학 유형의 명칭과 개념, 그 활성화 방안 2가지를 논하시오. 2018 중등

4. 협동적 동료장학(collegial supervision) 기출 2018 중등

(1) 개요

① 둘 이상의 교사가 상호 간의 교실수업을 관찰하고 피드백을 주며 공통된 전문적 관심사를 토론함으로써 그들의 전문적 성장을 위해 협동하기로 동의하는 공식화된 과정이라고 할 수 있다.

② 바꾸어 말하면, 교수-학습의 제반 과정에 전문적인 안목과 능력을 소유한 교사들이 상호 간의 전문적 성장과 발전을 위해 협동하는 장학의 한 유형이라고 볼 수 있을 것이다.

(2) 특성

① 비교적 반형식적이고 반제도적 관계성을 가지며, 이것은 친밀한 관계에 있는 둘 이상의 교사들이 우연히 방문하는 단순한 비공식적 교류는 포함되지 않는다.

② 교사들은 적어도 두 번 이상 서로의 수업을 관찰하고 관찰 후에는 협의회를 개최한다.

③ 교사 간의 관계성은 상호 동료적이다. 행정가나 장학사가 이 동료장학의 프로그램에 참여하고 때때로 감독(monitoring)하기도 하지만 관찰된 협의회, 토의에는 단지 교사들만이 참여한다.

④ 교사 간의 관계성은 평가적이지 않다. 기존의 표준적 평가체제를 대신하는 것이 아니라 보완적 의도를 갖고 있다. 관찰자료나 협의회 자료는 행정가가 가질 수 없도록 하고 이것을 평가과정의 일부로 사용하지 못하게 한다.

(3) 발전

① 동료장학을 실시하는 것에 대한 특별한 규칙은 없으며 다양한 방법으로 팀을 이루어 진행할 수 있다. 예를 들어 초등학교에서는 같은 학년의 교사끼리 수업기술의 향상을 위하여 수행하거나, 중등학교에서는 같은 교과의 교사끼리 수업기술의 향상을 위하여 수행한다.

② 비슷한 문제와 관심을 갖고 있는 3~4명의 교사끼리 팀을 구성하여 협동적으로 문제를 해결하는 방안 등이 있다. 팀의 구성원들은 단순히 서로의 교실을 관찰하고, 관찰된 교사의 바람에 따라 도움을 줄 수도 있다. 또한 교사들이 동의한다면 그들이 중요하다고 생각하는 교수의 문제를 토론하고 비공식적인 피드백을 제공할 수도 있다.

③ 최근에는 동료코치라고 하여 운동코치처럼 수업기술 향상을 위하여 코치하도록 하는 방안이 외국에서 널리 퍼지고 있다.

5. 자기장학

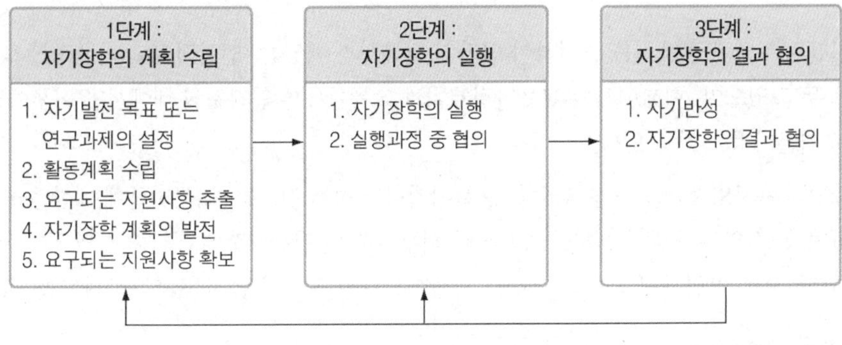

[그림 14-30] 자기장학의 모형

(1) 개념

① 임상장학을 필요로 하지 않거나 원하지 않는 교사가 혼자 독립적으로 자신의 전문적 성장을 위하여 연구하는 과정이라고 볼 수 있으며, 자기장학은 원칙적으로 교사 자신의 필요와 요구를 존중하여 다양한 방법으로 전개되어야 한다.

② 교사 개인이 자신의 전문적 발달을 위하여 스스로 체계적인 계획을 세우고 실천하는 과정이다.

(2) 특징

① 자기장학은 시간활용에 있어 효율적이며, 비용이 적게 들고, 다른 장학과는 달리, 다른 사람에게 의존할 필요가 별로 없다는 장점이 있다.

② 자신의 시간을 잘 활용할 수 있는 유능한 교사들에게 특히 적합한 장학이라고 할 수 있다.

③ 성공적인 자기장학을 위해서는 교장이나 교감이 필요한 지원과 격려를 해야 한다는 것을 유념할 필요가 있다.

6. 전통적 장학(약식장학)

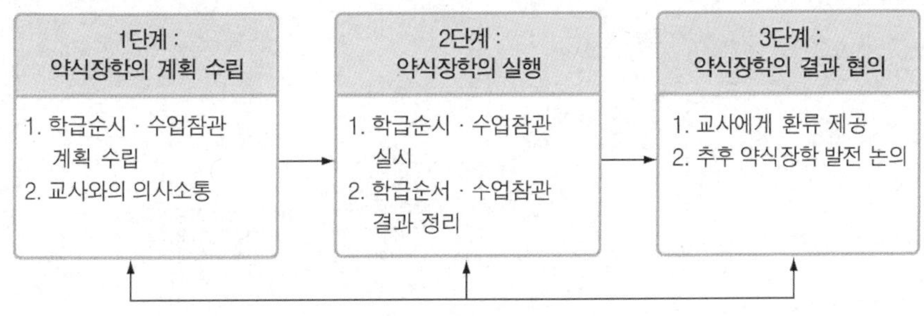

[그림 14-31] 약식장학의 모형

단위학교의 교장이나 교감이 간헐적으로 짧은 시간 동안 학급순시나 수업참관을 통하여 교사들의 수업 및 학급경영 활동을 관찰하고 이에 대해 교사들에게 지도 · 조언을 제공하는 활동이다.

3 인간자원장학은 교사의 능력을 최대한 발휘하게 하는 것이 목표인데, 이는 곧 자아실현을 의미한다.

7. 인간자원장학(human resources supervision)[3]

(1) 개념

① 인간의 무한한 잠재력을 중시하여 인간의 활동성과 책임감, 인간적이고 전문적인 성장에 기반을 두고 있으며, 학교에서의 교육과정계획과 교육활동은 인간조직 내에서만 이루어질 수 있다는 기본가정을 하고 있다.

② 개인의 욕구와 학교목표 및 과업을 통합시키려고 하는 것으로, 직무만족에 대한 중요성을 강조하며, 조직의 목표달성을 위한 효과성과 직무만족 및 인간성장에 대한 인간의 무한한 잠재력을 최대한으로 발휘하게 하도록 환경을 조성함으로써 장학의 발전을 추구하려고 한다.

(2) 인간관계장학과 비교

① 인간관계장학에서는 교사들을 의사결정에 참여시킴으로써 교사들의 직무만족을 증가시키고 이로써 조직목표 달성을 위한 효과성을 증가시킬 수 있다는 가정을 하게 된다.

② 인간자원장학은 학교의 효과성을 증대시킬 목적으로 교사들을 의사결정에 참여시키고, 그 결과 교사들은 중요하고 뜻있는 일을 성취하는 경험을 통하여 직무만족을 느끼게 된다고 보며, 이러한 교사의 성취감이나 직무만족감은 학교의 효과성 증대에 중요한 요소가 된다고 본다.

8. 선택적 장학(differentiated supervision)

(1) 개념

교사들이 스스로 판단하여 자신에게 필요한 장학방법을 선택하는 장학모형으로서, 발달장학이 가지고 있는 현실적 제약을 극복할 수 있다는 강점을 가지고 있다.

(2) 선택적 장학의 예

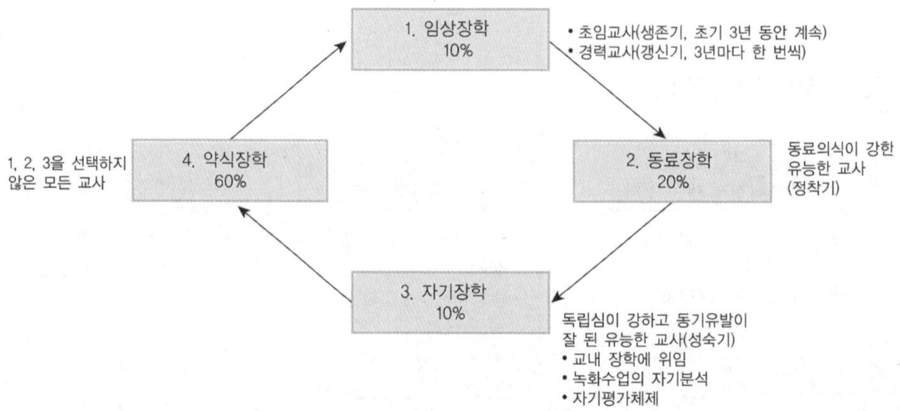

[그림 14-32] 선택적 장학의 예

글라트혼(Glatthorn)은 50명의 교사로 구성된 학교라면, 5명은 임상장학, 10명은 동료장학, 5명은 자기장학, 30명은 행정적 장학(전통적 장학)을 수행하는 것을 제시하였다.

9. 교내자율장학 기출 2022 중등

(1) 개념

단위학교에서 전 교원이 참여하는 자율장학을 실시하여 교육의 질 개선을 유도하고 시 · 도 교육청 역시 학교장 중심 단위학교 책임운영제 정착을 최우선 장학기능으로 해서 자율장학의 활성화를 유도하는 장학이다.

(2) 특징

① 수업장학이라는 용어 대신에 자율장학이라는 용어가 널리 통용되고 있는 이유는 학교 현장에 초점을 둔 장학을 실시해야만 장학의 실효성이 높아질 수 있다는 필요성에 기인하고 있다고 볼 수 있다.

② 자율장학은 전문성을 신장시키고 교수행위를 개선하기를 원하는 교사가 자신의 능력과 자질을 향상시키는 데 필요한 장학적 활동을 스스로 또는 동료나 장학담당자와 협력해서 계획, 실천, 평가해 나가는 과정이라고 볼 수 있는데, 이러한 자율장학의 효과성을 높이기 위하여 장학담당자나 교사는 상호밀접한 관련을 맺어야 할 것이다.

10. 지구별 자율장학

(1) 개념

지구별 자율장학이란 지구 내 인접한 학교들 또는 교원들 간에 교육활동의 개선을 위하여 상호협력하는 활동이라고 할 수 있다.

(2) 특징

① 지구 내 학교 간의 협의를 통해 장학활동 과제 및 과제별 주관학교를 선정한 후 지역 특성에 맞게 자율적으로 추진한다.

② 각 지구별 특성을 살린 역점사업과 다양한 협동적 교육활동, 수업연구, 수업공개 등을 추진하고 그 결과를 일반화함으로써 창의적 학교경영을 하도록 하는 것이 주목적이다.

기출콕콕

학교 중심 연수의 종류를 제시하시오. 2022 중등

11. 책임장학

(1) 개념

메닐(MeNeil)이 말하는 책임장학은 교사가 무엇을 하는가에 관심을 가지는 것이 아니라 학생이 무엇을 배우느냐에 관심을 가지는 것으로 학생의 학습에 중점을 둔다.[4]

[4] 책임장학은 교사가 학생의 학업을 책임지듯이 장학사가 학생의 학업성취와 관련된 교사의 교수행위를 책임지고 장학활동을 하는 것이다.

(2) 특징

① 장학사는 주어진 학습에서 어떤 학습목표를 강조할 것인가를 교사가 스스로 결정하도록 도와줌으로써 장학을 시작한다.

② 장학사는 주로 학생이 의도한 목적을 달성하였는지 알아보기 위한 관찰을 한다. 교수방법의 문제는 학생의 성취도와 관련시켜 고려한다.

12. 요청장학

(1) 개념

일선 학교나 교사가 장학의 필요성을 느껴 장학담당자를 초청함으로써 이루어지는 것으로 장학의 내용이나 방법 측면의 분류가 아니고 장학이 이루어지는 원인과 형식에 의한 분류이다.

(2) 특징

① 학교의 필요에 의한 장학을 할 수 있으며, 필요한 교과와 필요한 영역의 장학전문가로 장학반을 구성하여 철저한 사전준비를 통해 질 높은 장학을 할 수 있다.

② 요청장학은 교수-학습방법과 관련하여 전문적인 지도와 지원이 필요할 때 실시한다.

13. 컨설팅 장학

(1) 개념

① 컨설팅 장학은 교사의 자발적 의뢰를 바탕으로 교수-학습과 관련된 전문성을 계발하기 위해 교내·외의 전문성을 갖춘 사람들이 제공하는 조언활동이다.

② 전문성을 갖춘 장학요원들이 교사의 의뢰에 따라 그들이 직무 수행상 필요로 하는 문제와 능력에 관해 진단하고, 그것의 해결과 계발을 위한 대안을 마련하며, 대안을 실행하는 과정을 지원 또는 조언하는 활동이다.

③ 학교 컨설팅은 학생들(고객)의 학습과 적응을 증진시키기 위해서 전문가(컨설턴트)가 교직원(의뢰인)에게 협력적인 방식으로 제공하는 심리적·교육적 서비스를 의미한다.

(2) 구성요소

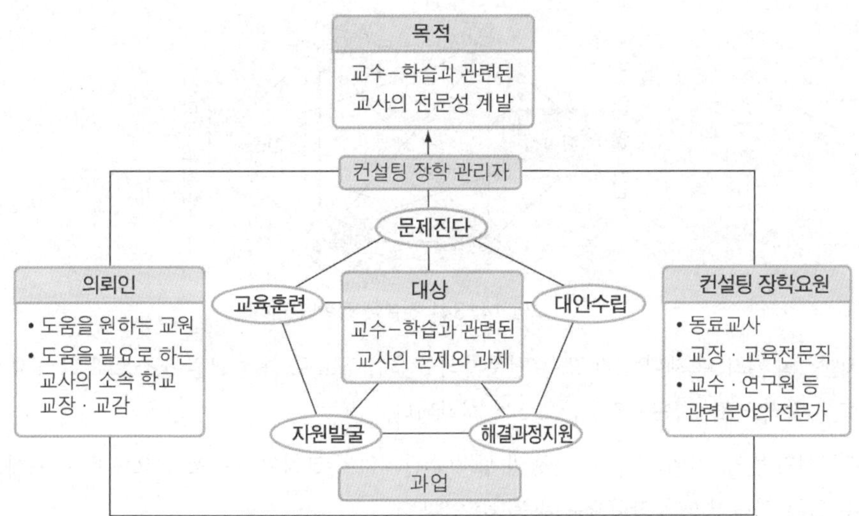

[그림 14–33] 컨설팅 장학의 구성요소

① 목적: 교사들의 교수–학습과 관련된 전문성 계발에 일차적인 목적이 있으며, 이를 통해 학교교육의 질을 개선하는 데에 있다.

② 대상(영역)[5]: 교사의 교수–학습에 직 · 간접적으로 관련된 문제 또는 과제와 교수–학습에 간접적으로 관련된 문제를 대상으로 한다.

예 교과지도, 생활지도, 학급경영, 특별활동지도 등

③ 의뢰인: 컨설팅 장학의 의뢰인은 교원으로, 주로 교사가 될 것이다.

④ 컨설팅 장학요원

㉠ 원칙적으로 의뢰인의 문제를 해결하는 데 전문적인 지원을 할 수 있다면 누구라도 장학요원이 될 수 있다.

㉡ 예를 들어, 중학교에서는 '동교과 교사'가 유력한 장학요원 후보이며 교사 이외에 교수, 연구원, 의사, 변호사 등 교사의 문제를 해결하는 데 도움을 줄 수 있는 각종 전문가와 교장, 교감, 교육전문직, 퇴임 교원 등도 컨설팅 장학요원이 될 수 있다.

5 컨설팅 장학의 대상은 교수 - 학습과 직 · 간접적으로 관련된 것으로 한다.

(3) 컨설팅 장학의 원리

6 독립성은 의뢰인과 장학요원 간의 평등을 말하는 것이다.

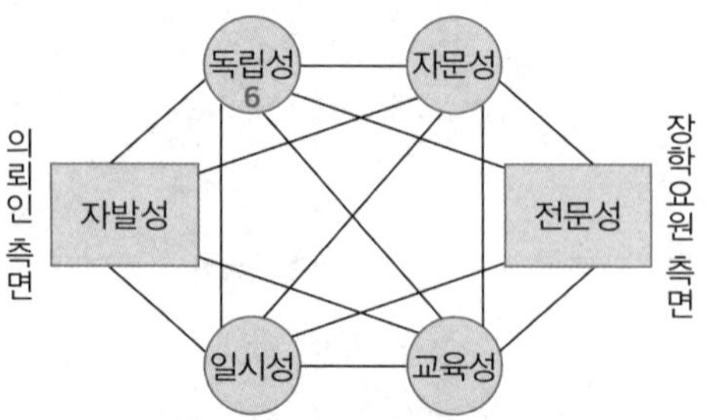

[그림 14-34] 컨설팅 장학의 원리

① **자발성의 원리**: 문제나 과제 또는 전문가의 도움을 필요로 하는 교원이 스스로 그 필요성을 느끼고 자발적으로 도움을 요청함으로써 시작된다.

② **전문성의 원리**: 지위의 고하, 직책의 성격에 관계없이 교원이 도움을 필요로 하는 문제를 해결할 수 있는 사람이라면 장학요원이 될 수 있다.

③ **자문성의 원리**: 컨설팅 장학에서 컨설팅 장학요원은 교원을 대신하여 문제를 직접 해결하는 것이 아니라 교원이 그 문제를 해결하도록 자문하고 조언하는 역할을 수행해야 한다. 따라서 장학의 결과에 대한 최종적인 책임은 컨설팅 장학요원에게 있지 않고 자문을 의뢰한 교원에게 있다.

④ **독립성의 원리**: 도움을 요청한 교원과 컨설팅 장학요원은 상－하급자의 관계가 아니라 '의뢰인과 장학요원'이라는 평등한 관계에서 상호작용을 해야 하므로 컨설팅 장학요원은 의뢰인인 교원과의 합의에 따라 독립적으로 객관적인 조언과 도움을 제공해야 한다.

⑤ **일시성의 원리**: 교원에게 제공되는 컨설팅 장학은 계약기간 동안 제공되는 일시적인 서비스가 되어야 한다. 의뢰인과 컨설팅 장학요원 간에 약속된 문제가 해결되면 컨설팅 장학은 종료된다.

⑥ **교육성의 원리**: 교원에게는 컨설팅 장학의 전 과정이 장학요원으로부터 배우는 컨설팅 장학 자체에 관한 학습의 과정이 되어야 한다. 컨설팅 장학요원도 컨설팅 장학활동을 통해 의뢰인의 문제를 해결해 줄 뿐만 아니라 스스로도 컨설팅 장학의 새로운 기법이나 방법, 사례를 배울 수 있어야 한다.

(4) 의의

① 교육계 안에서만 행해지던 폐쇄적인 장학에서 탈피하여 교과 및 교육활동 영역별로 교사, 학부모, 지역인사 등의 장학요원을 위촉함으로써 일선 학교의 장학수요 증가에 적극 대처하고 학교 현장의 요구에 적합한 장학활동을 펼쳐 교실수업 개선에 기여할 수 있도록 하는 것이다.

② 장학 담당자와 교사 간의 수평적 관계 속에서 이루어지고 교사의 자발성을 최대한 보장할 수 있다.

③ **기본 입장**: 교사가 자신에게 필요한 도움을 자신이 원하는 전문성을 가진 사람으로부터 받을 수 있게 함으로써 전문성 계발에 스스로 책임을 지도록 하면 많은 교원들이 자긍심을 가지고 여기에 참여한다는 것이다.

14. 멘토링 장학

(1) 기본 전제

① 멘토: 인간적 교감과 신뢰성을 바탕으로 한 진심어린 소통과 도움, 멘티의 입장에서 도움을 주고자 하는 비관료적 태도를 가져야 한다.

② 멘티: 멘토에 대한 존경을 바탕으로, 스스로에게 필요한 것을 배우고자 하는 자발적 의지가 필요하다.

(2) 필요성

교사의 전문성 신장과 학교 근무와 관련지은 인간적 관계의 정서적 안정 도모에 있다.

부록 1
교육학 기출문제

2013학년도 교육학 기출문제(특수 추시)
2014학년도 교육학 기출문제
2014학년도 교육학 기출문제(전문상담 추시)
2015학년도 교육학 기출문제
2015학년도 교육학 기출문제(전문교과 추시)
2016학년도 교육학 기출문제
2017학년도 교육학 기출문제
2018학년도 교육학 기출문제
2019학년도 교육학 기출문제
2020학년도 교육학 기출문제
2021학년도 교육학 기출문제
2022학년도 교육학 기출문제

Tip!
2013~2022학년도 중등 임용시험 교육학 과목의 논술형 기출문제를 실제 형식 그대로 수록하였으며, 문제에 대한 답을 개요도 형식으로 간략하게 수록하였습니다. 실제 시험상황을 상상하며 실전처럼 문제를 풀어봄으로써 실전감각을 익혀보세요.

교육학 기출문제를 풀기 전에 아래 사항을 확인하세요.
□ 휴대전화의 전원을 꺼주세요.
□ 번지지 않는 검정색 펜을 준비하세요.
□ 교육학 답안지를 활용해서 실전처럼 답안을 작성해 보세요.
답안지는 해커스임용 홈페이지(teacher.Hackers.com)의 '[학습자료실] - [과년도 기출문제]'에서 다운받으실 수 있습니다.

2013학년도 특수학교교사 추가 임용후보자 선정경쟁시험 **교 육 학**			
1차 시험	1교시	1문항 20점	시험 시간 60분

다음은 박 교사가 담당학급의 쌍둥이 남매인 철수와 영희의 어머니와 상담을 실시한 사례이다. 박 교사가 ㉠에서 말했을 법한 영희의 IQ에 대한 올바른 해석에 기반을 두고 영희의 문제를 해결하고자 할 때, '기대×가치 이론'과 Maslow의 '욕구위계이론'을 각각 활용하여 영희가 학습동기를 잃게 된 원인과 그 해결 방안을 논하시오.

어머니 : 선생님, 얼마 전에 외부 상담기관에서 받은 철수와 영희의 지능검사 결과에 대해 상의하고 싶어서 왔어요. 철수는 IQ가 130이라고 나왔는데 자기가 생각한 것보다 IQ가 높지 않다며 시무룩해 있네요. 영희는 IQ가 99로 나왔는데 자신의 IQ가 두 자리라고 속상해하고, 심지어 초등학교 때부터 늘 가지고 있던 간호사의 꿈을 포기한다면서 그동안 학교 공부는 철수보다 오히려 성실했던 아이가 더 이상 공부도 안 하려고 해요.

박 교사 : 그런 일이 있었는지 몰랐습니다. 사실 IQ의 의미에 대한 자세한 설명 없이 검사 점수만 알려주게 되면 지금 철수나 영희처럼 IQ의 의미를 오해하는 경우가 많습니다. 아이들은 물론이고 일반 어른들도 IQ의 개념을 정확히 이해하기는 좀 어렵거든요.

어머니 : 선생님, 그러면 아이들에게 어떻게 이야기해 주어야 할까요? 영희의 IQ가 두 자리라면 문제가 있는 건가요?

박 교사 : 10부터 99까지가 다 두 자리인데, IQ가 두 자리라고 무조건 문제가 있는 것은 아닙니다.

어머니 : 그럼, 영희의 IQ는 대체 어느 정도인가요?

박 교사 : ______________________㉠______________________

어머니 : 아, 그렇군요. 더 높았으면 당연히 좋겠지만 그렇게 실망할 일은 아니네요. 그럼, 철수의 IQ는 어떤가요?

박 교사 : 철수의 IQ 130은 철수의 지능검사 점수가 자기 또래 학생들 중에서 상위 2% 정도에 해당한다는 것을 말해줍니다. 따라서 철수가 매우 높은 수준의 지능을 가지고 있다는 것을 알 수 있습니다. 철수가 시무룩해 할 이유가 전혀 없는 것이죠.

어머니 : 그렇군요. 하여튼 요즈음 영희 때문에 걱정인데, 수업 시간에는 잘하고 있나요? 선생님이 보시기에는 어떤 가요?

박 교사 : 사실 영희의 경우에는 학습에 더 신경을 써야 할 것으로 보입니다. 그저께 실시했던 중간고사를 채점하는 중 인데, 영희의 성적이 많이 떨어졌더라고요. 오늘 어머님의 말씀을 듣고 보니 그 이유를 알겠네요.

〈배 점〉

- 논술의 체계 [총 5점]
- 논술의 내용 [총 15점]
  - IQ의 해석 [3점]
  - 기대×가치 이론에 따른 원인 및 해결 방안 [6점]
  - 욕구위계이론에 따른 원인 및 해결 방안 [6점]

초 안 작 성 용 지

IQ의 해석	— 오차의 문제: 평균 지능 수준
기대×가치 이론	원인: 기대감 없음 해결책: 난이도 조절, 사회적 지원(격려, 칭찬), 모델링
욕구위계이론	원인: 절정경험 없음 해결책: 난이도 조절을 통한 절정경험

2014학년도 중등학교교사 임용후보자 선정경쟁시험 **교 육 학**			
1차 시험	1교시	1문항 20점	시험 시간 60분

다음은 A중학교 초임 교사인 박 교사와 경력 교사인 최 교사의 대화 내용이다. 다음 대화문을 바탕으로 학생들이 수업에서 소극적으로 행동하는 문제를 2가지 관점(① 잠재적 교육과정, ② 문화실조)에서 진단하고, 수업에 소극적인 학생들의 학습 동기를 유발하기 위한 방안을 3가지 측면(① 협동학습 실행, ② 형성평가 활용, ③ 교사지도성 행동)에서 각각 2가지씩만 논하시오.

박 교사 : 선생님께서는 교직 생활을 오래 하셨으니 학교의 일상적인 업무뿐만 아니라 가르치는 일에서도 큰 어려움이 없으시죠? 저는 새내기 교사라 그런지 아직 수업이 힘들고 학교 일도 낯섭니다.

최 교사 : 저도 처음에는 선생님과 마찬가지로 교직 생활이 힘들었지요. 특히 수업 시간에 반응을 잘 보이지 않으면서 목석처럼 앉아 있는 학생이 있을 때는 어떻게 해야 할지 모르겠더군요.

박 교사 : 네, 맞아요. 어떤 학급에서는 제가 열심히 수업을 해도, 또 학생들에게 질문을 던져도 몇몇은 그냥 고개를 숙인 채 조용히 있습니다. 심지어 어떤 학생은 수업 시간에 아예 침묵으로 일관하기도 하고, 저와 눈도 마주치지 않으려고 해요. 또한 가정환경이 좋지 않은 몇몇 학생은 다양한 문화적 경험을 가질 기회가 상대적으로 부족해서 그런지 수업에 관심도 적고 적극적으로 참여하지도 않는 것 같아요.

최 교사 : 선생님의 고충은 충분히 공감해요. 그렇다고 해서 수업 시간에 학생들을 그대로 방치해서는 안 됩니다. 교육적으로 바람직하지 않아요.

박 교사 : 그럼 수업에 소극적인 학생들을 적극적으로 참여시킬 수 있는 동기 유발 방안을 고민해 보아야겠네요. 이를 테면 수업 방법 차원에서 학생들끼리 서로 도와 가며 학습하는 형태로 수업을 진행하면 어떨까요?

최 교사 : 그거 좋은 생각이네요. 다만 학생들끼리 함께 학습을 하도록 할 때는 무엇보다 서로 도와주고 의존하도록 하는 구조가 중요하다는 점을 유의해야겠지요. 그러한 구조가 없는 경우에는 수업활동에 열심히 참여하지 않는 학생들이 많아진다는 문제가 발생할 수 있어요.

박 교사 : 아, 그렇군요. 그런데 선생님, 요즘 저는 수업방법뿐만 아니라 평가에서도 고민거리가 있어요. 저는 학기 중에 수시로 학업성취 결과를 점수로 학생들에게 알려 주고 있는데요. 이렇게 했을 때 성적이 좋은 몇몇 학생 들을 제외하고는 나머지 학생들은 자신의 성적을 보고 실망하는 것 같아요.

최 교사 : 글쎄요, 평가결과를 선생님처럼 그렇게 제시할 수도 있겠죠. 하지만 학습 동기를 유발하기 위해서는 평가를 어떻게 활용하느냐가 중요해요.

박 교사 : 그렇군요. 그런데 제가 보기에는 학생들의 수업 참여 정도가 교사의 지도성에 따라서도 다른 것 같아요.

최 교사 : 그렇죠. 교사의 지도성 행동에 따라 달라질 수 있죠. 그래서 교사는 지도자로서 학급과 학생의 상황을 고려하여 학생들의 학습동기를 불러일으킬 수 있는 지도성을 발휘해야겠지요.

박 교사 : 선생님과 대화를 하다 보니 교사로서 더 고민하고 노력해야겠다는 생각이 듭니다.

최 교사 : 그래요, 선생님은 열정이 많으니 잘하실 거예요.

〈배 점〉

- 답안의 논리적 구성 및 표현 [총 5점]
- 논술의 내용 [총 15점]
  - 잠재적 교육과정 관점에서의 진단 [3점]
  - 문화실조 관점에서의 진단 [3점]
  - 협동학습 실행 측면, 형성평가 활용 측면, 교사지도성 행동 측면에서의 동기 유발 방안 논의 [9점]

초안작성용지

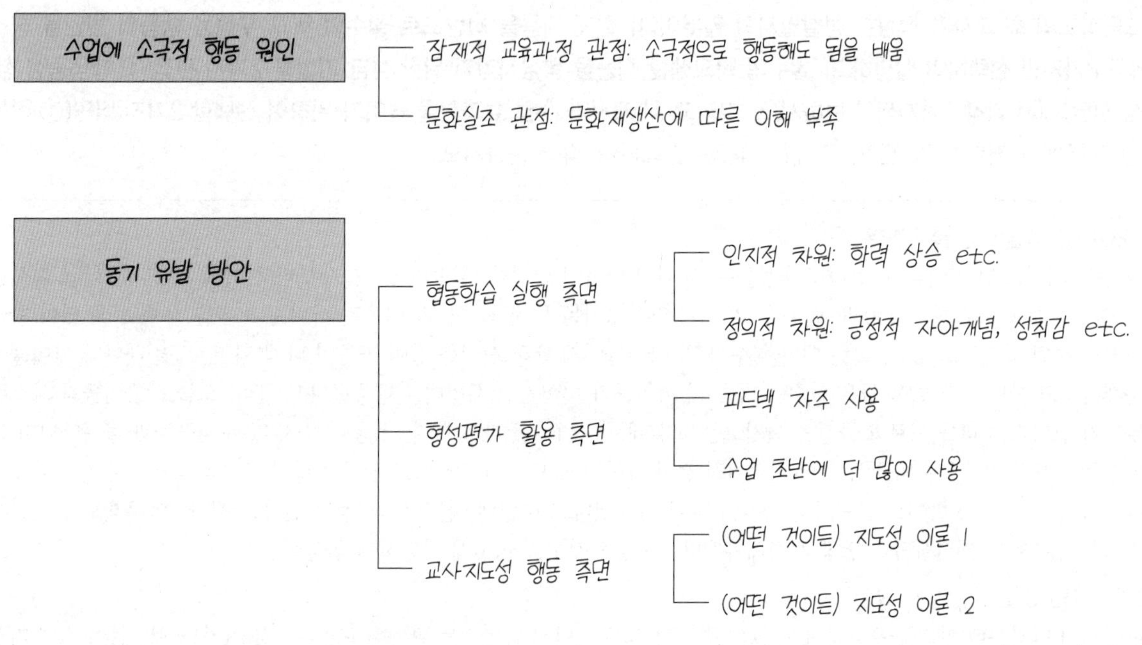

수업에 소극적 행동 원인
잠재적 교육과정 관점: 소극적으로 행동해도 됨을 배움
문화실조 관점: 문화재생산에 따른 이해 부족
동기 유발 방안
협동학습 실행 측면
인지적 차원: 학력 상승 etc.
정의적 차원: 긍정적 자아개념, 성취감 etc.
형성평가 활용 측면
피드백 자주 사용
수업 초반에 더 많이 사용
교사지도성 행동 측면
(어떤 것이든) 지도성 이론 1
(어떤 것이든) 지도성 이론 2

2014학년도 중등학교교사 추가(전문상담) 임용후보자 선정경쟁시험

교 육 학

1차 시험	1교시	1문항 20점	시험 시간 60분

다음은 A고등학교의 최 교사가 작성한 성찰일지의 일부이다. 일지 내용을 바탕으로 철수의 학교 부적응 행동의 원인을 청소년 비행이론에서 2가지만 선택하여 설명하고, 철수의 학교생활 적응을 향상시키기 위한 상담 기법을 2가지 관점(① 행동중심 상담, ② 인간중심 상담)에서 각각 2가지씩만 논하시오. 그리고 최 교사가 수업 효과성을 높이기 위하여 선택한 2가지 방안(① 학문중심 교육과정 이론에 근거한 수업 전략, ② 장학 활동)에 대하여 각각 논하시오.

일지 #1 2014년 4월 ○○일 ○요일

우리 반 철수가 의외로 반 아이들과 잘 지내지 못하는 것 같아 마음이 쓰인다. 철수와 1학년 때부터 친하게 지냈다는 학급 회장을 불러서 이야기를 해 보니 그렇지 않아도 철수가 요즘 거칠어 보이는 동네 친구들과 어울려 다니는 모습을 자주 보게 되어 학급 회장도 걱정을 하던 중이라고 했다. 그런 데다 철수가 반 아이들에게 괜히 시비를 걸어 싸움이 나게 되면, 그럴 때마다 아이들이 철수를 문제아라고 하니까 그 말을 들은 철수가 더욱 더 아이들과 멀어지고 제멋대로 행동한다고 한다. 오늘도 아이들과 사소한 일로 다투다가 갑자기 소리를 지르고 물건을 던지고는 교실에서 나가 버렸다고 한다. 행동이 좋지 않은 친구들과 몰려다니며 그 아이들의 행동을 따라 해서 철수의 행동이 더 거칠어진 걸까? 1학년 때 담임선생님 말로는 가정 형편이 그리 넉넉하지 않고 부모님이 철수에게 신경을 쓰지 못함에도 불구하고 행실이 바른 아이였다고 하던데, 철수가 왜 점점 변하는 걸까? 아무래도 중간고사 이후에 진행하려고 했던 개별상담을 당장 시작해야겠다. 그런데 철수를 어떻게 상담하면 좋을까?

일지 #2 2014년 5월 ○○일 ○요일

중간고사 성적이 나왔는데 영희를 포함하여 몇 명의 점수가 매우 낮아서 답안지를 확인해 보았다. OMR카드에는 답이 전혀 기입되어 있지 않거나 한 번호에만 일괄 기입되어 있었다. 아이들이 시험 자체를 무성의하게 본 것이다. 점심시간에 그 아이들을 불러 이야기를 해 보니 학교에서 배우는 내용이 대학 진학을 하지 않고 취업할 본인들에게는 전혀 쓸모없이 느껴진다고 했다. 특히 오늘 내 수업 시간에 휴대전화만 보고 있어서 주의를 받았던 영희의 말이 아직도 귀에 생생하다. "저는 애견 미용사가 되려고 하는데, 생물학적 지식 같은 걸 배워서 뭐 해요? 내신 관리를 해야 하는 아 이들조차 어디 써먹을지도 모르는 개념을 외우기만 하려니까 지겹다고 하던데, 저는 얼마나 더 지겹겠어요."라고 말 하는 것이었다. 학교에서 배우는 기초 지식이나 원리가 직업 활동의 근간이 되기도 한다는 것을 어떻게 아이들이 깨닫게 할 수 있을까? 내가 일일이 다 설명해 주지 않아도 아이들이 스스로 교과의 기본 원리를 찾을 수 있게 하려면 어떤 종류의 과제와 활동이 좋을까? 이런 생각들로 머릿속이 복잡하던 중에, 오후에 있었던 교과협의회에서 수업 전문성 개발을 위한 장학 활동을 몇 가지 소개받았다. 이제 내 수업에 대해 차근차근 점검해 봐야겠다.

〈배 점〉

- 답안의 논리적 구성 및 표현 [총 5점]
- 논술의 내용 [총 15점]
  - 청소년 비행이론 관점에서의 설명 [3점]
  - 행동중심 상담 관점에서의 기법 논의 [3점]
  - 인간중심 상담 관점에서의 기법 논의 [3점]
  - 학문중심 교육과정 이론에 근거한 수업 전략 논의 [3점]
  - 교사 전문성 개발을 위한 장학 활동 논의 [3점]

초 안 작 성 용 지

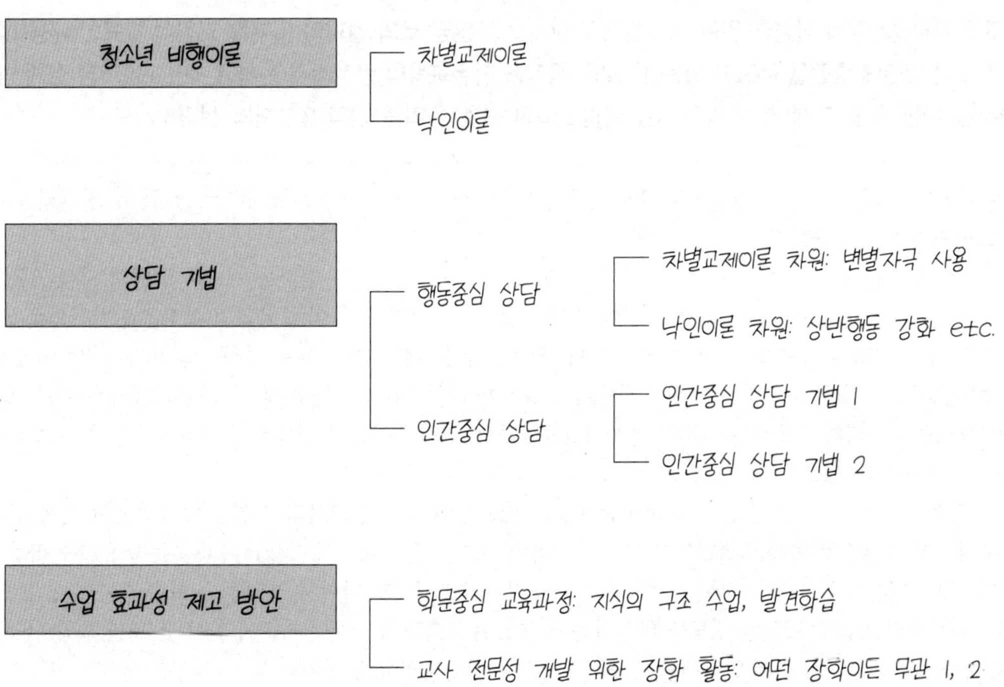
청소년 비행이론
차별교제이론
낙인이론
상담 기법
행동중심 상담
차별교제이론 차원: 변별자극 사용
낙인이론 차원: 상반행동 강화 etc.
인간중심 상담
인간중심 상담 기법 1
인간중심 상담 기법 2
수업 효과성 제고 방안
학문중심 교육과정: 지식의 구조 수업, 발견학습
교사 전문성 개발 위한 장학 활동: 어떤 장학이든 무관 1, 2

2015학년도 중등학교교사 임용후보자 선정경쟁시험 **교 육 학**			
1차 시험	1교시	1문항 20점	시험 시간 60분

다음은 A중학교의 학교교육계획서 작성을 위한 워크숍에서 교사들의 분임 토의 결과의 일부를 교감이 발표한 내용이다. 이 내용을 바탕으로 A중학교가 내년에 중점을 두고자 하는 1) 교육 목적을 자유교육의 관점에서 논하고, 2) 교육과정 설계 방식의 특징, 3) 학습 동기 향상을 위한 학습 과제 제시 방안, 4) 학습조직의 구축 원리를 각각 3가지씩 설명하시오.

이번 워크숍은 우리 학교의 교육에서 드러난 몇 가지 문제점을 확인하고, 개선 방안을 제시하는 방식으로 진행되었습니다. 주요 내용을 말씀드리면 다음과 같습니다.

먼저, 교육 목적에 관한 문제점과 개선 방안입니다. 우리 학교는 학생들의 합리적 정신을 계발하기 위해 지식 교육을 추구해 왔습니다. 그런데 지난해 도입된 국어, 수학, 영어 교과에 대한 특별 보상제 시행으로 이들 교과의 성적은 전반적으로 상승하였지만, 학교가 추구하고자 한 것과 달리 반별 경쟁에서 이기거나 포상을 받기 위한 것으로 교육 목적이 왜곡되는 경향이 있었습니다. 이러한 교육 목적의 왜곡으로 인하여 교사는 주로 문제풀이식 수업이나 주입식 수업을 하게 되었고, 학생들은 여러 교과에 스며 있는 다양한 사고방식을 내면화하지 못하는 결과가 초래되었습니다. 이러한 문제점을 보완하기 위하여 내년에는 교육 개념에 충실한 지식 교육, 즉 자유교육(liberal education)의 이상을 구현하는 데 중점을 두고자 합니다.

다음으로, 교육과정 설계 방식 및 수업 전략에 관한 문제점과 개선 방안입니다. 교육과정 설계 방식 측면에서, 종전의 방식은 평가 계획보다 수업 계획 중심으로 설계되어 있어서 교사가 교과의 학습 목표에 비추어 학생들이 배우는 내용을 올바르게 이해하였는지를 확인하는 데 한계가 있었습니다. 교사는 계획한 진도를 나가기에 급급한 나머지, 학생들의 학습 결손을 예방하지 못하였습니다. 내년에는 학생들의 학습 목표 달성 정도를 확인하는 데 유용한 교육과정 설계를 하고자 합니다. 또한 수업 전략 측면에서 볼 때, 수업에 흥미를 잃어 가는 학생들이 있음에도 불구하고 교사는 학생들의 학습 동기를 높일 수 있는 전략을 적극적으로 사용하는 데 소홀했습니다. 수업 상황에서 학생들이 배워야 할 학습 과제 그 자체는 학생들에게 흥미로울 수도 있고 그렇지 않을 수도 있습니다. 교사가 수업에 흥미를 잃은 학생들에게 학습 과제를 어떻게 제시하느냐에 따라 학습 동기를 높일 수 있습니다. 내년에는 이들의 학습 동기를 향상할 수 있는 학습 과제 제시 방안을 마련하는 데 관심을 기울이고자 합니다.

내년에 우리 학교는 교육 개념에 충실한 지식 교육을 하고, 학생들의 학업 성취와 학습 동기를 향상하는 데 좀 더 세심한 관심을 가져야 할 것입니다. 이 일의 성공 여부는 교사가 변화의 주체로서 자발적인 노력을 얼마나 기울이느냐에 달려 있습니다. 그래서 우리 학교는 교사 모두가 교육 활동에 능동적으로 참여하여, 지식과 학습 정보를 서로 공유하면서 지속적으로 변화해 가는 학습조직(learning organization)을 구축하고자 합니다.

〈배 점〉

- 논술의 내용 [총 16점]
  - 자유교육 관점에서의 교육 목적 논술 [4점]
  - 교육과정 설계 방식의 특징 3가지 설명 [4점]
  - 학습 동기 향상을 위한 학습 과제 제시 방안 3가지 설명 [4점]
  - 학습조직의 구축 원리 3가지 설명 [4점]
- 답안의 논리적 구성 및 표현 [총 4점]

초 안 작 성 용 지

- 자유교육 차원 목적
  - 교양교육
  - 전인교육

- 교육과정 설계 방식 (백워드 설계)
  - 기본 가정: 타일러 모형
  - 목표: 영속한 이해
  - 평가 지위 상승

- 학습 동기 향상을 위한 학습 과제 제시 방안 (켈러 ARCS 이론)
  - 변화성 전략
  - 적절성 전략
  - 자신감 전략

- 학습조직의 구축 원리
  - 개인적 숙련
  - 정신모형
  - 공유된 비전
  - 시스템적 사고
  - 팀 학습

2015학년도 중등학교교사 추가(전문교과) 임용후보자 선정경쟁시험 **교 육 학**			
1차 시험	1교시	1문항 20점	시험 시간 60분

다음은 A고등학교 초임 교사들을 대상으로 진행한 학교장의 특강 내용 중 일부를 발췌한 부분이다. 발췌한 특강 부분은 학교에 대한 이해 차원에서 1) 학교 교육의 기능과 2) 학교 조직의 특징, 수업에 대한 이해 차원에서 3) 수업 설계와 4) 학생 평가에 대한 내용이다. 이를 바탕으로 1)~4)의 요소를 활용하여 '다양한 요구에 직면한 학교 교육에서의 교사의 과제' 라는 주제로 서론, 본론, 결론의 형식을 갖춰 논하시오.

여러분들도 잘 아시겠지만 최근 우리 사회는 학교가 다양한 역할을 수행하도록 요구하고 있습니다. 이에 따라 선생님들께서는 학교 및 수업에 대한 기본적인 이해가 필요하다고 생각합니다.

먼저 교사로서 우리는 학교 교육의 기능을 이해해야 합니다. 지금까지 학교는 학생들이 사회 구성원으로서 올바로 성장할 수 있는 보편적 가치와 규범을 가르쳐 왔습니다. 그러나 최근 사회는 학교 교육에 다양한 요구를 하게 되면서 학교가 세분화된 직업 집단의 교육 요구를 충족시켜 주기를 원하고 있고, 학교 교육의 선발 · 배치 기능에 다시 주목 하고 있습니다. 그러므로 여러분은 학교 교육의 선발 · 배치 기능을 이해하는 한편, 이것이 어떤 한계를 갖는지도 생각해야 할 것입니다.

이와 함께 학교에 대한 사회의 요구에 효율적으로 대응하기 위해서 학교장을 포함한 모든 학교 구성원들은 서로의 행동 특성을 이해해야 합니다. 이를 위해서 학교 조직의 특징을 먼저 파악해야 합니다. 학교라는 조직을 합리성의 측면에서만 파악하면 분업과 전문성, 권위의 위계, 규정과 규칙, 몰인정성, 경력 지향성의 특징을 갖는 일반적 관료제의 틀로 설명할 수 있습니다. 그러나 교사들의 전문성이 강조되는 교수 · 학습의 측면에서 보면 학교 조직은 질서 정연하게 구조화되거나 기능적으로 분명하게 연결되어 있지 않은 이완결합체제(loosely coupled system)의 특징을 지닙니다. 따라서 우리는 관료제적 관점과 이완결합체제의 관점으로 학교 조직의 특징을 이해할 필요가 있습니다.

한편, 사회가 학생들에게 새로운 역량을 요구하고 있고, 이를 키우기 위해 교사는 다양한 수업을 설계할 수 있어야 합니다. 제가 경험했던 많은 교사들은 다양한 수업을 시도해 보고자 하는 열정은 높았지만 새로운 수업 방법이나 모 형을 활용하여 수업을 설계하거나 수업 상황에 맞게 기존의 교수 · 학습지도안을 적용하는 데 어려움을 느꼈습니다. 다양한 교수체제설계 이론과 모형이 있지만 분석, 설계, 개발, 실행, 평가의 과정은 일반적이라고 생각합니다. 이 중 분석과 설계는 다른 과정의 기초가 되기 때문에 중요합니다. 수업 요소들이 서로 어떻게 관련되어 있는지 파악하여 여러분의 수업에 적용해 보시기 바랍니다.

수업 설계를 잘 하는 것 못지않게 수업 결과를 평가하는 것 또한 중요합니다. 여러분이 어떤 평가 기준을 활용하느냐에 따라 평가 유형이 달라질 수 있습니다. 자칫하면 평가로 인해 학생들 사이에 서열주의적 사고가 팽배하여 서로 경쟁만 하는 문제가 발생할 수 있습니다. 이를 보완할 수 있는 평가 유형에 대해 고민해 볼 필요가 있습니다.

〈배 점〉

- 논술의 내용 [총 15점]
  - 기능론적 관점에서 학교 교육의 선발 · 배치 기능 및 한계 각각 2가지만 제시 [4점]
  - 학교 조직의 관료제적 특징과 이완결합체제적 특징 각각 2가지만 제시 [4점]
  - 일반적 교수체제설계에서 분석 및 설계 과정의 주요 활동 각각 2가지만 제시 [4점]
  - 준거지향평가의 개념을 설명하고, 장점 2가지만 제시 [3점]
- 논술의 구성 및 표현 [총 5점]
  - 논술의 내용과 '학교 교육에서의 교사의 과제'와의 연계 및 논리적 형식 [3점]
  - 표현의 적절성 [2점]

초안작성용지

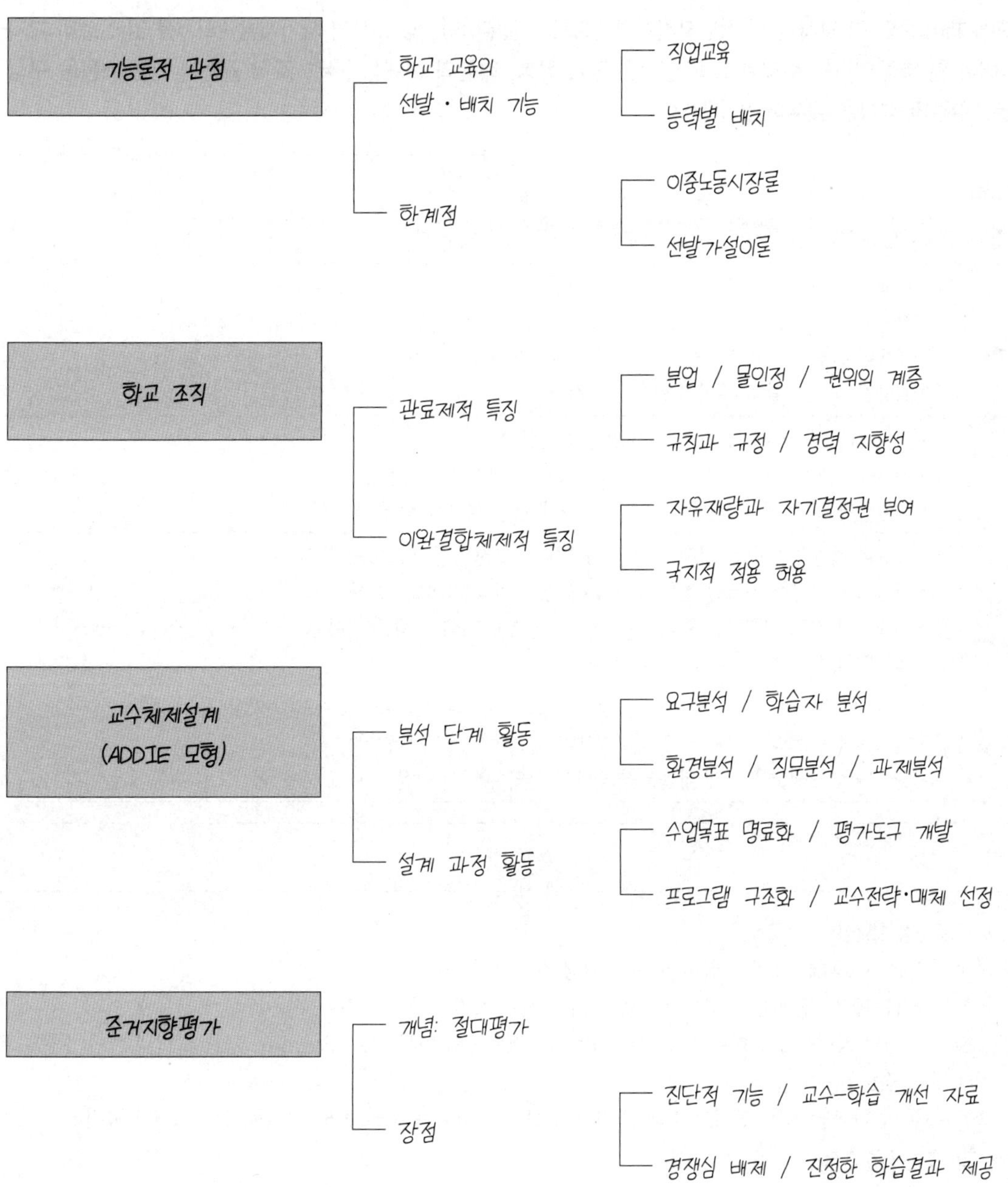

기능론적 관점
학교 교육의 선발 · 배치 기능
직업교육
능력별 배치
한계점
이중노동시장론
선발가설이론
학교 조직
관료제적 특징
분업 / 몰인정 / 권위의 계층
규칙과 규정 / 경력 지향성
이완결합체제적 특징
자유재량과 자기결정권 부여
국지적 적용 허용
교수체제설계 (ADDIE 모형)
분석 단계 활동
요구분석 / 학습자 분석
환경분석 / 직무분석 / 과제분석
설계 과정 활동
수업목표 명료화 / 평가도구 개발
프로그램 구조화 / 교수전략·매체 선정
준거지향평가
개념: 절대평가
장점
진단적 기능 / 교수-학습 개선 자료
경쟁심 배제 / 진정한 학습결과 제공

2016학년도 중등학교교사 임용후보자 선정경쟁시험 **교 육 학**			
1차 시험	1교시	1문항 20점	시험 시간 60분

다음은 A중학교에 재직 중인 김 교사가 작성한 자기개발계획서의 일부이다. 김 교사의 자기개발계획서를 읽고 예비 교사 입장에서 '교사가 갖추어야 할 역량'이라는 주제로 교육과정 및 평가 유형, 학생의 정체성 발달, 조직 활동에 대한 내용을 구성 요소로 하여 서론, 본론, 결론의 형식을 갖추어 논하시오.

[자기개발계획서]

구분	개선사항
수업 구성	• 학생의 경험을 중시하는 교육과정을 실행할 것 • 학생의 흥미, 요구, 능력을 토대로 한 활동을 증진할 것 • 학생이 관심을 가지는 수업 내용을 찾고, 그것을 조직하여 학생이 직접 경험하게 할 것 • 일방적 개념 전달 위주의 수업을 지양할 것
평가 계획	• 평가 시점에 따라 적절한 평가 방법을 마련할 것 • 진단평가 이후 교수 · 학습이 진행되는 중간에 평가를 실시할 것 • 총괄평가 실시 전 학생의 학습 진전 상황에 관한 정보를 수집 · 분석할 것
진로 지도	• 진로를 결정하지 못한 학생의 경우 성급한 진로 선택을 유보하게 할 것 • 학생에게 다양한 진로를 접할 수 있는 충분한 탐색 기회를 제공할 것 • 선배들의 진로 체험담을 들려줌으로써 간접 경험 기회를 제공할 것 • 롤모델의 성공 혹은 실패 사례를 제공할 것
학교 내 조직 활동	• 학교 내 공식 조직 안에서 소집단 형태로 운영되는 다양한 조직 활동을 파악할 것 • 학교 구성원들의 욕구 충족을 위한 자발적 모임에 적극 참여할 것 • 활기찬 학교생활을 위해 학습조직 외에도 나와 관심이 같은 동료 교사들과의 모임 활동에 참여할 것

〈배 점〉

• 논술의 구성 요소 [총 15점]
- '수업 구성'에 나타난 교육과정 유형의 장점 및 문제점 각각 2가지 [4점]
- 김 교사가 실시하려는 평가 유형의 기능과 효과적인 시행 전략 각각 2가지 [4점]
- 에릭슨(E. Erikson)의 정체성 발달이론에 제시된 개념 1가지(2점)와 반두라(A. Bandura)의 사회인지학습이론에 제시된 개념 1가지(1점) [3점]
- '학교 내 조직 활동'에 나타난 조직 형태가 학교 조직과 구성원에 미치는 순기능 및 역기능 각각 2가지 [4점]

• 논술의 구성 및 표현 [총 5점]
- 논술의 구성 요소와 '교사가 갖추어야 할 역량'과의 연계 및 논리적 형식 [3점]
- 표현의 적절성 [2점]

초 안 작 성 용 지

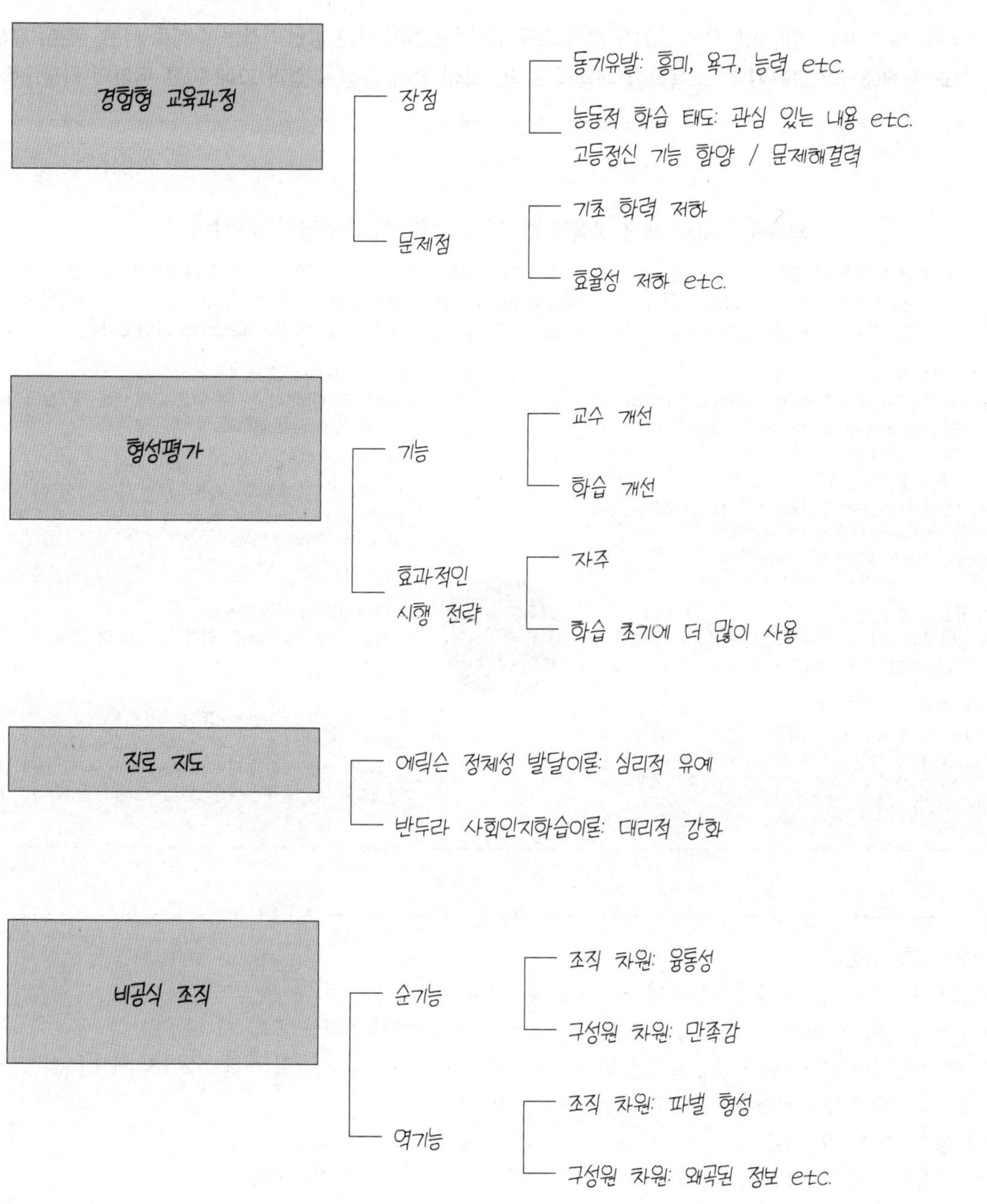
경험형 교육과정
장점
동기유발: 흥미, 욕구, 능력 etc.
능동적 학습 태도: 관심 있는 내용 etc.
고등정신 기능 함양 / 문제해결력
문제점
기초 학력 저하
효율성 저하 etc.
형성평가
기능
교수 개선
학습 개선
효과적인 시행 전략
자주
학습 초기에 더 많이 사용
진로 지도
에릭슨 정체성 발달이론: 심리적 유예
반두라 사회인지학습이론: 대리적 강화
비공식 조직
순기능
조직 차원: 융통성
구성원 차원: 만족감
역기능
조직 차원: 파벌 형성
구성원 차원: 왜곡된 정보 etc.

2017학년도 중등학교교사 임용후보자 선정경쟁시험 **교 육 학**			
1차 시험	1교시	1문항 20점	시험 시간 60분

다음은 신문 기사의 일부이다. 이를 바탕으로 '2015 개정 교육과정의 실질적 구현 방안'이라는 주제로 서론, 본론, 결론의 형식을 갖추어 단위 학교 차원에서의 교육기획, 교육과정 내용의 조직, 학생 참여 중심 수업과 그에 따른 평가의 타당도를 논하시오.

○ ○ 신문 2016년 ○○월 ○○일

교육부 『2015 개정 교육과정』 발표 이후, 학교 현장의 준비는?

교육부는 핵심역량을 갖춘 창의융합형 인재 양성을 위한 『2015 개정 교육과정』을 발표하였다. 개정 교육과정에 따르면, 학교 교육에서는 인문 · 사회 · 과학기술에 대한 기초 소양 함양을 위한 교육과정을 마련하고, 학생 참여 중심의 수업을 진행하며, 배움의 과정을 평가하는 방향으로 나아가야 한다는 것이다. 새 교육과정을 적용하기 위해 노력하고 있는 중 · 고등학교 현장의 목소리를 들어보았다.

학교 현장의 목소리

◆ 교육기회의 중요성 부각

A 교장은 단위 학교에서 새 교육과정이 체계적으로 운영되도록 돕는 교육기획(educational planning)을 강조하였다.

"새 교육과정은 교육의 핵심인 교수 · 학습 활동의 중심을 교사에서 학생으로 이동시키는 근본적인 전환을 강조하고 있습니다. 저는 실질적 의미에서 학생 중심 교육이 우리 학교에 정착할 수 있도록 모든 교육활동에 앞서 철저하게 준비할 생각입니다."

◆ 교육과정 재구성 확대

개정 교육과정의 취지에 따른 교과 내용 재구성에 대해, B 교사는 다음과 같이 말했다.

"교사는 내용 조직의 원리를 제대로 파악할 필요가 있습니다. 저는 몇 개의 교과를 결합해 교육과정을 편성 · 운영해 보려고 합니다. 각 교과의 내용이 구획화되지 않도록 교과 교사들 간 협력을 강화하고자 합니다. 이러한 시도는 교육과정 설계에서 교과 간의 단순한 연계성 이상을 의미합니다."

◆ 학생 참여 중심 수업 운영

C 교사는 학생 참여 중심의 교수 · 학습을 준비하기 위해서 교사연수 프로그램에 참여하고 있다고 말했다.

"저는 구성주의 학습환경 설계에 관한 연수에 참여하고 있습니다. 문제 중심이나 프로젝트 중심의 학습 활동을 실행하기 위해서는 적합한 학습 지원도구나 자원을 학생들에게 제공해야 한다는 것을 알게 되었고, 학습 활동 중에 교사가 수행해야 할 역할에 대해서도 이해하게 되었습니다."

◆ 학생 평가의 타당도 확보

학생 중심 수업에서의 평가와 관련하여 D 교사는 다음과 같이 말했다.

"학생 참여 중심 수업에서도 평가의 타당도는 여전히 중요합니다. 타당도에는 준거 타당도와 구인 타당도 등이 있습니다. 그러나 저는 이원분류표를 작성해 평가가 교육목표에 부 합하는지를 확인하는 방법으로 타당도를 높이는 방안을 고려하고 있습니다."

〈배 점〉

- 논술의 내용 [총 15점]
  - A 교장이 강조하고 있는 교육기획의 개념과 그 효용성 2가지 제시 [4점]
  - B 교사가 채택하고자 하는 원리 1가지와 그 외 내용 조직의 원리 2가지(연계성 제외) 제시 [4점]
  - C 교사가 실행하려는 구성주의 학습 활동을 위한 학습 지원 도구 · 자원과 교수 활동 각각 2가지 제시 [4점]
  - D 교사가 고려하고 있는 타당도의 유형과 개념 제시 [3점]
- 논술의 구성 및 표현 [총 5점]
  - 논술의 내용과 '2015 개정 교육과정의 실질적 구현 방안'의 연계 및 논리적 형식 [3점]
  - 표현의 적절성 [2점]

초 안 작 성 용 지

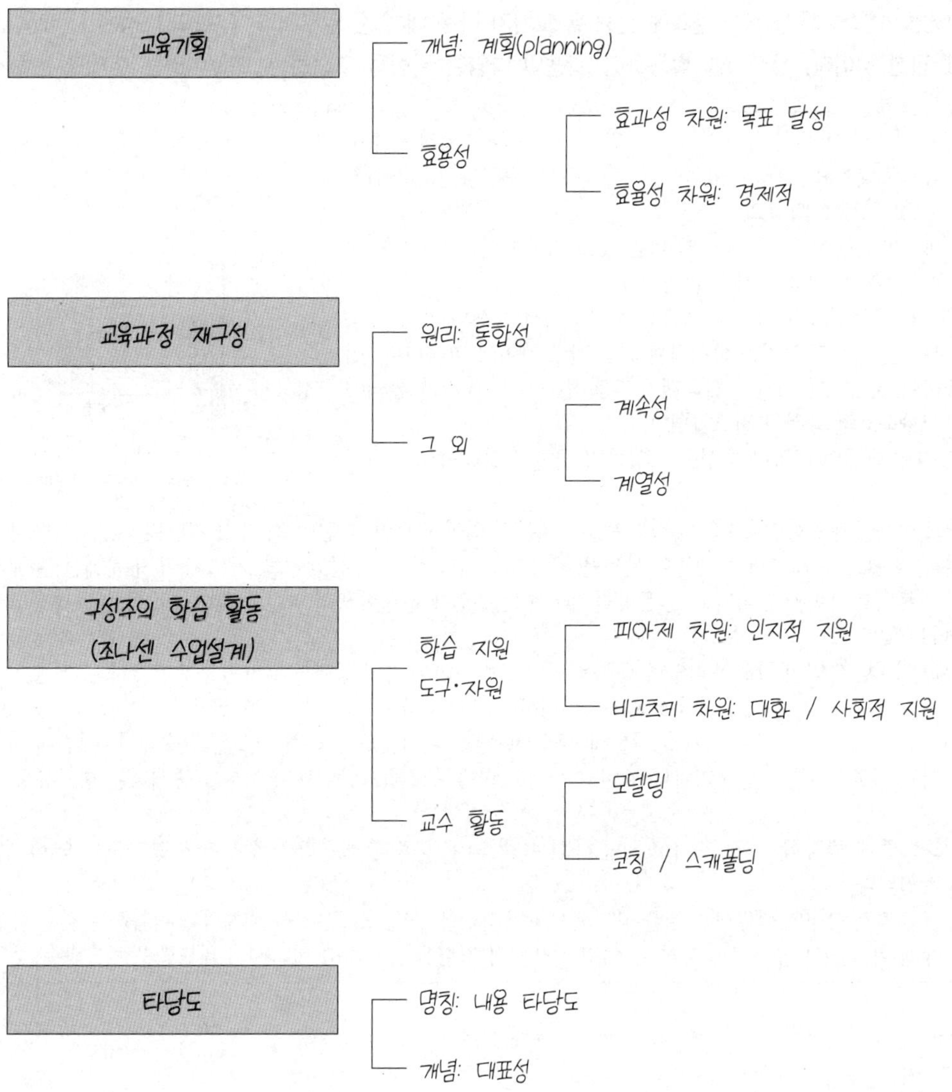

교육기획
개념: 계획(planning)
효용성
효과성 차원: 목표 달성
효율성 차원: 경제적
교육과정 재구성
원리: 통합성
그 외
계속성
계열성
구성주의 학습 활동
(조나센 수업설계)
학습 지원
도구·자원
피아제 차원: 인지적 지원
비고츠키 차원: 대화 / 사회적 지원
교수 활동
모델링
코칭 / 스캐폴딩
타당도
명칭: 내용 타당도
개념: 대표성

2018학년도 중등학교교사 임용후보자 선정경쟁시험 **교 육 학**			
1차 시험	1교시	1문항 20점	시험 시간 60분

다음은 A 중학교 학생들의 학업 특성 조사 결과에 관해 두 교사가 나눈 대화 중 일부이다. 대화의 내용은 1) 교육과정, 2) 수업, 3) 평가, 4) 장학에 관한 것이다. 1)~4)를 활용하여 '학생의 다양한 특성을 고려하는 교육'이라는 주제로 논하시오.

박 교사 : 선생님, 우리 학교 학생의 학업 특성을 보면 학습흥미와 수업참여 수준이 전반적으로 낮아요. 그리고 학업성취, 학습흥미, 수업참여의 개인차가 크다는 것이 눈에 띄네요.

김 교사 : 학생의 개인별 특성이 그만큼 다양하다는 것을 의미하겠죠. 우리 학 교 교육과정도 이를 반영해야 하지 않을까요?

박 교사 : 그렇습니다. 그런데 교육과정을 개발하는 과정에서 학생의 개인별 특성을 중시하는 의견과 교과를 중시하는 의견 간에 차이가 있습니다. 이를 조율하기 위해서는 시간이 걸리겠지만 적절한 논쟁을 거쳐 합의에 이르는 심사숙고의 과정이 필요합니다.

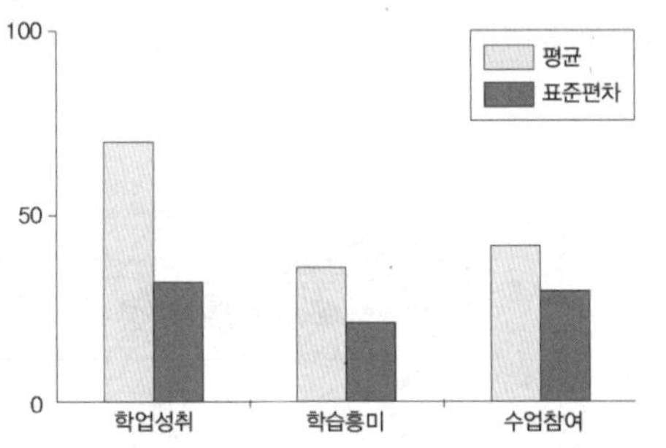

[그림] A 중학교 학생들의 학업 특성
(* 3가지 변인의 점수는 서로 비교 가능한 것으로 가정함)

김 교사 : 네, 그렇다면 학생의 다양한 특성을 반영하기 위한 수업방법으로 어떤 것이 있을까요?

박 교사 : 우리 학교 학생에게는 학습흥미와 수업참여를 높이는 수업이 필요할 것 같아요. 제가 지난번 연구수업에서 문제를 활용한 수업을 했는데, 수업 중에 학생들이 무엇을 해야 하는지 모르는 것 같았어요. 게다가 제가 문제를 잘 구성하지 못했는지 별로 흥미를 보이지 않더라고요. 문제를 활용하는 수업에서는 학생의 역할을 안내하고 좋은 문제를 개발하는 것이 중요하다는 것을 알게 되었어요.

김 교사 : 그렇군요. 이처럼 수업이 학생의 다양한 특성을 반영하게 되면 평가의 방향도 달라질 필요가 있습니다. 앞으로의 평가에서는 학생의 능력, 적성, 흥미에 적합한 목표를 설정하고 그에 따라 수업과 평가가 이루어지는 것도 의미가 있어 보입니다.

박 교사 : 동의합니다. 그러기 위해서는 평가결과를 해석하고 판단하는 기준도 달라질 필요가 있습니다. 예컨대 학생의 상대적 위치가 어느 정도인지를 판단하기보다는 미리 설정한 학습목표에 도달했는지 여부를 중시하는 평가유형이 적합해 보입니다.

김 교사 : 네, 저도 그렇게 생각합니다. 그리고 말씀하신 유형 외에 능력참조평가와 성장참조평가도 제안할 수 있겠네요.

박 교사 : 좋은 생각입니다.

김 교사 : 그런데 저 혼자서 학생의 다양한 특성을 고려해서 교육과정을 개발하고 수업을 설계하고 평가하는 것은 힘들어요. 선생님과 저에게 이 문제가 공동 관심사이니, 여러 선생님과 경험을 공유하고 협력해서 피드백을 주고받는 것이 좋겠어요.

〈배 점〉

- 논술의 내용 [총 15점]
  - 박 교사가 제안하는 워커(D. F. Walker)의 교육과정 개발 모형의 명칭, 이 모형을 교육과정 개발에 적용하는 이유 3가지 [4점]
  - 박 교사가 언급하는 PBL(문제중심학습)에서 학습자의 역할 2가지, PBL에 적합한 문제의 특성과 그 특성이 주는 학습효과 1가지 [4점]
  - 박 교사가 제안하는 평가유형의 명칭과 이 유형에서 개인차에 대한 교육적 해석 1가지, 김 교사가 제안하는 2가지 평가유형의 개념 [4점]
  - 김 교사가 언급하는 교내 장학 유형의 명칭과 개념, 그 활성화 방안 2가지 [3점]
- 논술의 구성과 표현 [총 5점]
  - 논술은 서론, 본론, 결론으로 구성하고 [1점], 주어진 주제와 연계할 것 [2점]
  - 표현이 적절할 것 [2점]

초 안 작 성 용 지

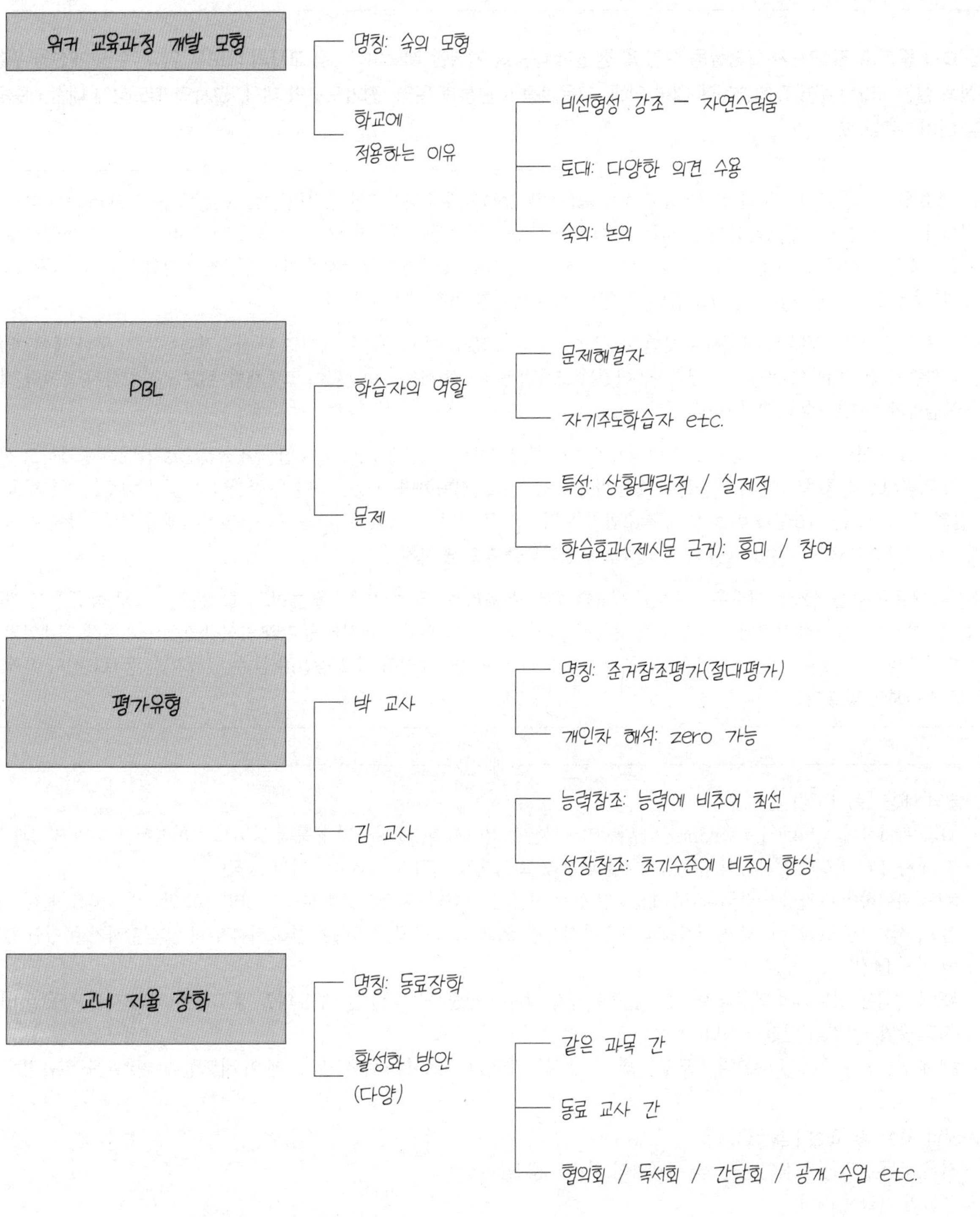

워커 교육과정 개발 모형
명칭: 숙의 모형
학교에 적용하는 이유
비선형성 강조 – 자연스러움
토대: 다양한 의견 수용
숙의: 논의
PBL
학습자의 역할
문제해결자
자기주도학습자 etc.
문제
특성: 상황맥락적 / 실제적
학습효과(제시문 근거): 흥미 / 참여
평가유형
박 교사
명칭: 준거참조평가(절대평가)
개인차 해석: zero 가능
김 교사
능력참조: 능력에 비추어 최선
성장참조: 초기수준에 비추어 향상
교내 자율 장학
명칭: 동료장학
활성화 방안 (다양)
같은 과목 간
동료 교사 간
협의회 / 독서회 / 간담회 / 공개 수업 etc.

2019학년도 중등학교교사 임용후보자 선정경쟁시험 **교 육 학**			
1차 시험	1교시	1문항 20점	시험 시간 60분

다음은 ○○ 중학교 김 교사가 모둠활동 수업 후 성찰한 내용을 기록한 메모이다. 김 교사의 메모를 읽고 '수업 개선을 위한 교사의 반성적 실천'이라는 주제로 학습자에 대한 이해, 교육과정의 편성과 운영, 평가도구의 제작, 교사의 지도성에 대한 내용을 구성 요소로 하여 논하시오.

#1 평소에 A 학생은 언어 능력이 뛰어나고 B 학생은 수리 능력이 우수하다고만 생각했는데, 오늘 모둠활동에서 보니 다른 학생을 이해하고 도와주면서 상호작용을 잘 하는 두 학생의 모습이 비슷했어. 이 학생들의 특성을 잘 살려서 모둠을 이끌도록 하면 앞으로 도움이 될 거야. 그런데 C 학생은 모둠활동에 참여하는 것을 좋아하지 않았지만 자신의 감정과 장단점을 잘 이해하는 편이야. C 학생을 위해서는 자신의 강점을 살릴 수 있는 개별 과제를 먼저 생각해 보자.

#2 모둠활동에 적극적으로 참여하지 못한 학생들이 몇 명 있었지. 이 학생들은 제대로 된 학습경험을 갖지 못한 것이 아닐까? 자신의 학습경험에 대하여 어떻게 느꼈을까? 어쨌든 모둠활동에 관해서는 좀 더 깊이 고민해봐야겠어. 생각하지 못했던 결과가 이 학생들에게 나타날 수도 있고…….

#3 모둠을 구성할 때 태도나 성격 같은 정의적 요소도 반영해야겠어. 진술문을 몇 개 만들어 설문으로 간단히 평가하고 신뢰도는 직접 점검해보자. 학생들이 각 진술문에 대한 반응을 등급으로 선택하면 그 등급 점수를 합산할 수 있게 해주는 척도법을 써야지. 설문 문항으로 쓸 진술문을 만들 때 이 척도법의 유의점은 꼭 지키자. 그리고 평가를 한 번만 실시해서 신뢰도를 추정해야 할 텐데 반분검사신뢰도는 단점이 크니 다른 방법으로 신뢰도를 확인해 보자.

#4 더 나은 수업을 위해서 새로운 지도성이 필요하겠어. 내 윤리적 · 도덕적 기준을 높이고 새로운 방식으로 학생 들을 대하자. 학생들의 혁신적 · 창의적 사고에 자극제가 될 수 있을 거야. 학생들을 적극 참여시켜 동기와 자신감을 높이고 학생 개개인의 욕구에 특별한 관심을 가지며 잠재력을 계발시켜야지. 독서가 이 지도성의 개인적 신장 방안이 될 수 있겠지만, 동료교사와 함께 하는 방법도 찾아보면 좋겠어.

〈배 점〉

- 논술의 내용 [총 15점]
  - #1과 관련하여 가드너(H. Gardner)의 다중지능이론 관점에서 A, B 학생의 공통적 강점으로 파악된 지능의 명칭과 개념, 김 교사가 C 학생에게 제공할 수 있는 개별 과제와 그 과제가 적절한 이유 각 1가지 [4점]
  - #2와 관련하여 타일러(R. Tyler)의 학습경험 선정 원리 중 기회의 원리로 첫째 물음을 설명하고 만족의 원리로 둘째 물음을 설명, 잭슨(P. Jackson)의 잠재적 교육과정의 개념을 쓰고 그 개념에 근거하여 김 교사가 말하는 '생각하지 못했던 결과'의 예 제시 [4점]
  - #3에 언급된 척도법의 명칭과 이 방법을 적용하기 위하여 진술문을 작성할 때 유의할 점 1가지, 김 교사가 사용할 신뢰도 추정 방법 1가지의 명칭과 개념 [4점]
  - #4에 언급된 바스(B. Bass)의 지도성의 명칭, 김 교사가 학교 내에서 동료교사와 함께 이 지도성을 신장할 수 있는 방안 2가지 [3점]
- 논술의 구성 및 표현 [총 5점]
  - 서론, 본론, 결론 형식의 구성 및 주제와의 연계성 [3점]
  - 표현의 적절성 [2점]

초안작성용지

가드너의 다중지능이론

- A, B 학생 공통 지능: 대인관계 지능 – 다른 사람과 관계
- C 학생 개인지각 지능
  - 개별 과제: 상담 활동 유의점 etc.
  - 이유: 타인 공감 및 배려 etc.

교육과정

- 타일러 – 학습경험 선정 원리
  - 기회의 원칙: 학습할 기회 부여
  - 만족의 원칙: 과정과 결과에 만족
- 잭슨 – 잠재적 교육과정
  - 개념: 배우지 않았지만 학습
  - 예: 싫증 / 권태감 etc.

교육평가

- 척도법
  - 명칭: 리커트 척도
  - 유의점: 긍정·부정 동일하게 etc.
- 신뢰도
  - 명칭: 문항내적 합치도
  - 개념: 문항 수만큼 반분해서 평균

바스의 지도성

- 명칭: 변혁적 지도성
- 신장 방안
  - 동료장학
  - 컨설팅 장학 etc.

2020학년도 중등학교교사 임용후보자 선정경쟁시험 **교 육 학**			
1차 시험	1교시	1문항 20점	시험 시간 60분

오늘날과 같은 초연결 사회에서는 다수의 사람이 소통하면서 협력하는 것이 중요하다. 이러한 시대적 추이를 반영하여 ○○고등학교에서는 토의식 수업 활성화를 위한 교사협의회를 개최하였다. 다음은 여기에서 제안된 주요 의견을 정리한 것이다. 그 내용은 지식관, 교육내용, 수업설계, 학교문화의 변화 방향에 관한 것이다. 이를 바탕으로 '토의식 수업 활성화 방안'이라는 주제로 서론, 본론, 결론을 갖추어 논하시오.

구분	주요 의견
A 교사	• 토의식 수업을 활성화하려면 먼저 지식을 보는 관점의 변화가 필요함 • 교과서에 주어진 지식이 진리라는 생각이나, 지식은 개인이 혼자 만드는 것이라는 생각에서 벗어나는 것이 중요하며, 이와 관련하여 비고츠키(L. Vygotsky)의 지식론이 많은 시사점을 줄 수 있음 • 이 지식론의 관점에서 보면, 교사와 학생의 역할도 기존의 강의식 수업에서의 역할과는 달라질 필요가 있음
B 교사	• 교육과정 분야에서는 교육내용의 선정과 조직방식에 대한 교사의 전문성이 강화될 필요가 있음 • 교육내용 선정과 관련해서는 '영 교육과정'에 관심을 가지는 것이 도움이 됨 • 교육내용 조직과 관련해서는 생활에 필요한 문제를 토의의 중심부에 놓고 여러 교과를 주변부에 결합하는 방식을 활용할 필요가 있음
C 교사	• 토의식 수업이 활발하게 이루어지기 위해서는 수업방법과 학습도구도 달라져야 함 • 수업방법 측면에서는 학생이 함께 다양한 관점에서 문제를 탐색하며 해답을 찾아가는 데 있어서 정착수업(Anchored Instruction)을 활용할 수 있음 • 학습도구 측면에서는 학생이 상호 협력하여 지식을 생성하기 위해 인터넷에서 수집한 정보를 공유하고, 공동으로 수정, 추가, 편집하는 데 위키(Wiki)를 이용할 수 있음(예: 위키피디아 등) – 단, 위키를 활용할 때 발생할 수 있는 문제점에 유의해야 함
D 교사	• 학교문화 개선은 토의식 수업 활성화를 위한 토대가 됨 • 우리 학교의 경우, 교사가 학생의 명문대학 합격이라는 목표 달성에 필요한 수단으로 간주되는 학교문화가 형성되어 있어 우려스러움 • 이런 학교문화에서는 활발한 토의식 수업을 기대하기 어려움

〈배 점〉

• 논술의 내용 [총 15점]
– A 교사가 언급한 비고츠키 지식론의 명칭, 이 지식론에서 보는 지식의 성격 1가지와 교사와 학생의 역할 각각 1가지 [4점]
– B 교사가 말한 '영 교육과정'이 교육내용 선정에 주는 시사점 1가지, B 교사가 말한 교육내용 조직방식의 명칭과 이 조직방식이 토의식 수업에서 가지는 장점과 단점 각각 1가지 [4점]
– C 교사의 의견에서 제시된 토의식 수업을 설계할 때 활용할 수 있는 정착수업의 원리 2가지, 위키를 활용할 때 발생할 수 있는 문제점 2가지 [4점]
– 스타인호프와 오웬스(C. Steinhoff & R. Owens)가 분류한 학교문화 유형에 따를 때 D 교사가 우려하는 학교문화 유형의 명칭과 학교 차원에서 그러한 학교문화를 개선하는 방안 2가지 [3점]

• 논술의 구성 및 표현 [총 5점]
– 논술의 내용과 '토의식 수업 활성화 방안'의 연계 및 논리적 형식 [3점]
– 표현의 적절성 [2점]

초안작성용지

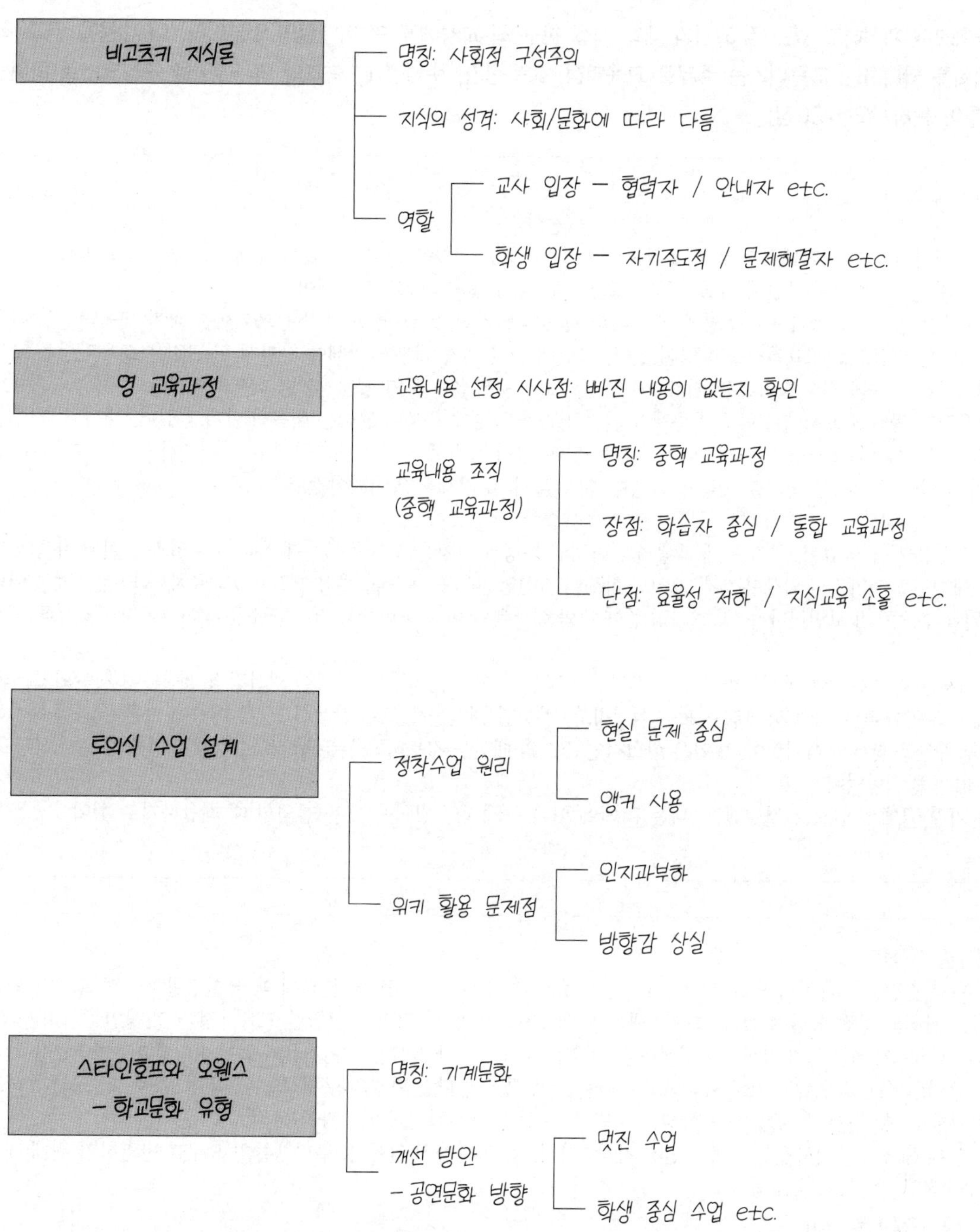
비고츠키 지식론
명칭: 사회적 구성주의
지식의 성격: 사회/문화에 따라 다름
역할
교사 입장 – 협력자 / 안내자 etc.
학생 입장 – 자기주도적 / 문제해결자 etc.
영 교육과정
교육내용 선정 시사점: 빠진 내용이 없는지 확인
교육내용 조직
(중핵 교육과정)
명칭: 중핵 교육과정
장점: 학습자 중심 / 통합 교육과정
단점: 효율성 저하 / 지식교육 소홀 etc.
토의식 수업 설계
정착수업 원리
현실 문제 중심
앵커 사용
위키 활용 문제점
인지과부하
방향감 상실
스타인호프와 오웬스
– 학교문화 유형
명칭: 기계문화
개선 방안
– 공연문화 방향
멋진 수업
학생 중심 수업 etc.

2021학년도 중등학교교사 임용후보자 선정경쟁시험 **교 육 학**			
1차 시험	1교시	1문항 20점	시험 시간 60분

다음은 ○○ 고등학교에 재직하고 있는 김 교사가 대학 시절 친구 최 교사에게 쓴 이메일의 일부이다. 이 내용을 읽고 '학생의 선택과 결정의 기회를 확대하는 교육'이라는 주제로 교육과정, 교육평가, 수업설계, 학교의 의사결정을 구성요소로 하여 서론, 본론, 결론을 갖추어 논하시오. [20점]

보고 싶은 친구에게

… (중략) …

학생의 선택과 결정의 기회를 확대하기 위해 우리 학교가 학교 운영 계획을 전체적으로 다시 세우고 있어. 그 과정에서 나는 교육과정 운영, 교육평가 방안, 온라인 수업설계 등을 고민했고 교사 협의회에도 참여했어.

그동안의 교육과정 운영을 되돌아보니 운영에 대한 나의 관점이 달라진 것 같아. 교직 생활 초기에는 국가 교육과정의 내용을 있는 그대로 실행하는 관점으로 교육과정을 운영해 왔어. 그런데 최근 내가 새롭게 관심을 가지게 된 관점은 교육과정을 교사와 학생이 함께 생성하는 교육적 경험으로 보는 거야. 이 관점으로 교육과정을 운영하는 방안을 찾아봐야겠어.

오늘 읽은 교육평가 방안 보고서에는 학생이 주체가 되는 평가가 학습에 도움이 된다는 내용이 담겨 있었어. 내가 지향해야 할 평가의 방향으로는 적절한데 그 내용이 구체적이지는 않더라. 학생이 스스로 자신을 평가하게 하면 어떠한 효과를 거둘 수 있을지, 그리고 내가 수업에서 이러한 평가를 어떻게 실행할 수 있을지 더 자세히 알아봐야겠어.

… (중략) …

요즘 온라인 수업을 하게 되었어. 학기 초에 학생의 일반적인 특성과 상황은 조사를 했는데 온라인 수업과 관련된 학생의 특성과 학습 환경에 대해서도 추가로 파악해야겠어. 그리고 학생이 자신만의 학습 목표를 설정하고 학습의 주체가 되는 수업을 어떻게 온라인에서 지원할 수 있을지 고민하다가, 학습 과정 중에 나와 학생뿐만 아니라 학생들 간에도 소통이 이루어지도록 토론 게시판을 활용하려고 해.

교사 협의회에서는 학교 운영에 학생들의 요구를 반영하는 방안에 대해 논의했어. 다양한 의사결정 방식들이 제안되었는데 그 중 A 안은 문제를 확인한 후에 목적과 세부 목표를 설정하고, 가능한 대안들을 모두 탐색하고, 각 대안에 따른 결과를 예측하고 비교해서 최적의 방안을 찾는 방식이었어. B 안은 현실적인 소수의 대안을 검토하고 부분적으로 수정해서 현재의 문제 상황을 조금씩 개선해 나가는 방식이었어.

많은 논의를 거친 끝에 B 안으로 결정했어. 나는 B 안에 따른 구체적인 방안을 다음 협의회 때 제안하기로 했어.

… (하략) …

〈배 점〉

- 논술의 내용 [총 15점]
  - 교육과정 운영 관점을 스나이더 외(J. Snyder, F. Bolin, & K. Zumwalt)의 분류에 따라 설명할 때, 김 교사가 언급한 자신의 기존 관점의 장점과 단점 각각 1가지, 새롭게 관심을 가지게 된 관점에 적합한 교육과정 운영 방안 2가지 [4점]
  - 김 교사가 적용하고자 하는 평가 방식이 학생에게 줄 수 있는 교육적 효과 2가지, 이 평가를 수업에서 실행하는 방안 2가지 [4점]
  - 김 교사가 온라인 수업을 위해 추가로 파악하고자 하는 학생 특성과 학습 환경의 구체적인 예 각각 1가지, 김 교사가 하고자 하는 수업에서 토론 게시판을 활용하여 학생을 지원할 수 있는 구체적인 방안 2가지 [4점]
  - A 안과 B 안에 해당하는 의사결정 모형의 단점 각각 1가지, 김 교사가 B 안에 따라 학생들의 요구를 반영하기 위해 제안할 수 있는 구체적인 방안 1가지 [3점]
- 논술의 구성 및 표현 [총 5점]
  - 논술의 내용과 '학생의 선택과 결정의 기회를 확대하는 교육'의 연계 및 논리적 형식 [3점]
  - 표현의 적절성 [2점]

초안작성용지

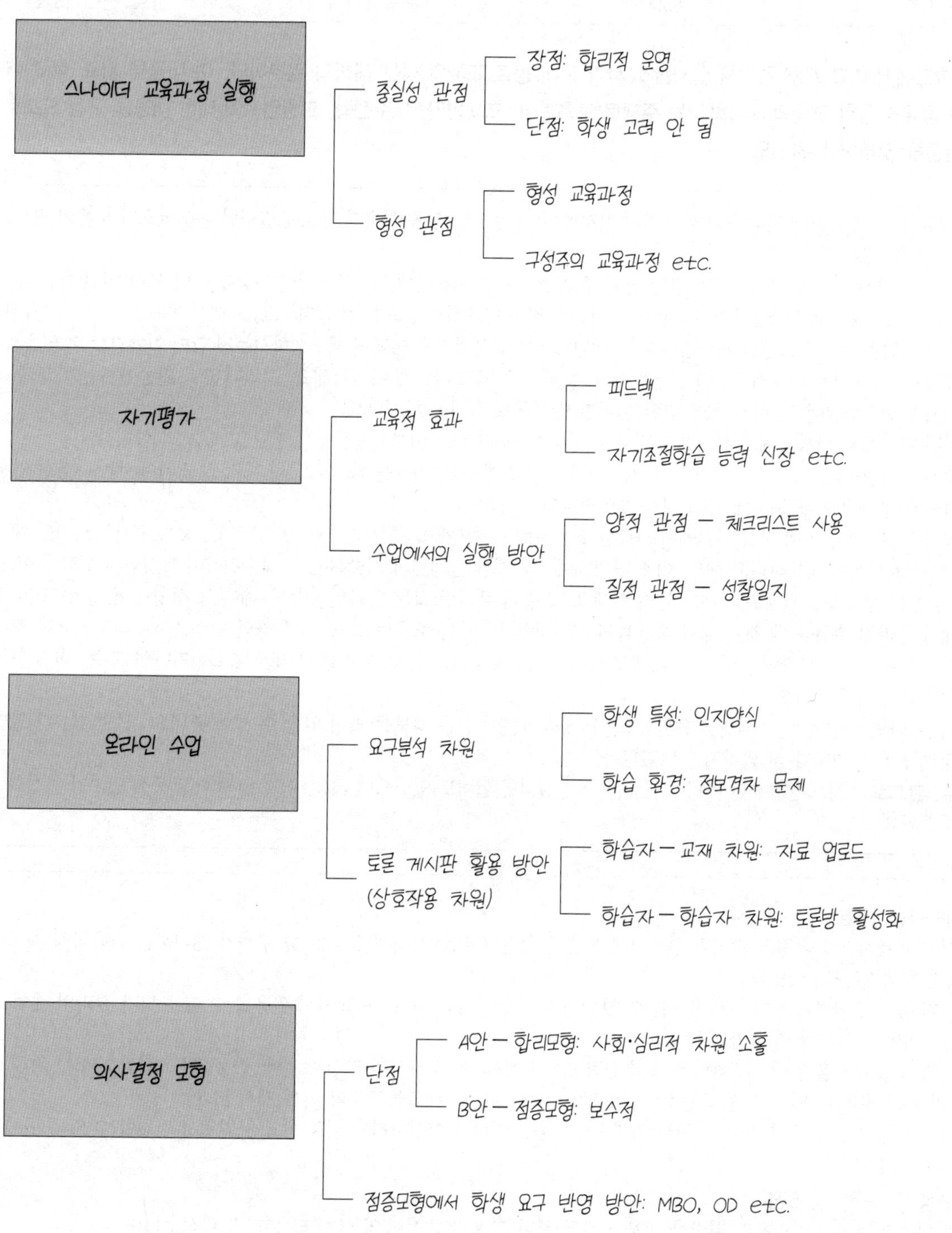
스나이더 교육과정 실행
충실성 관점
장점: 합리적 운영
단점: 학생 고려 안 됨
형성 관점
형성 교육과정
구성주의 교육과정 etc.
자기평가
교육적 효과
피드백
자기조절학습 능력 신장 etc.
수업에서의 실행 방안
양적 관점 – 체크리스트 사용
질적 관점 – 성찰일지
온라인 수업
요구분석 차원
학생 특성: 인지양식
학습 환경: 정보격차 문제
토론 게시판 활용 방안 (상호작용 차원)
학습자 – 교재 차원: 자료 업로드
학습자 – 학습자 차원: 토론방 활성화
의사결정 모형
단점
A안 – 합리모형: 사회·심리적 차원 소홀
B안 – 점증모형: 보수적
점증모형에서 학생 요구 반영 방안: MBO, OD etc.

2022학년도 중등학교교사 임용후보자 선정경쟁시험

교 육 학

1차 시험	1교시	1문항 20점	시험 시간 60분

다음은 ○○중학교에서 학교 자체 특강을 실시한 교사가 교내 동료 교사와 나눈 대화의 일부이다. 이 내용을 읽고 '학교 내 교사 간 활발한 정보 공유를 통한 교육의 내실화'라는 주제로 교육과정, 교육평가, 교수전략, 교원연수에 대한 내용을 구성 요소로 하여 서론, 본론, 결론을 갖추어 논하시오.

김 교사 : 송 선생님, 제 특강에 관심을 가져 주셔서 감사합니다. 선생님은 올해 우리 학교에 발령받아 오셨으니 도움이 필요하시면 말씀하세요.

송 교사 : 정말 감사합니다. 그동안은 교과 간 통합에 주로 관심을 가져왔는데, 김 선생님의 특강을 들어 보니 이전 학습 내용과 다음 학습내용이 자연스럽게 연결되어야 한다는 수직적 연계성도 중요한 것 같더군요. 그래서 이번 학기에는 교과 내 단원의 범위와 계열을 조정할 계획입니다. 선생님께서는 교육과정을 어떻게 재구성하시는지 함께 이야기할 수 있을까요?

김 교사 : 그럼요. 제가 교육과정 재구성한 것을 보내 드릴 테니 보시고 다음에 이야기해요. 그런데 교육 활동에서는 학생에 대한 이해가 중요하잖아요. 학기 초에 진단은 어떤 방식으로 하려고 하시나요?

송 교사 : 이번 학기에는 선생님께서 특강에서 말씀하신 총평(assessment)의 관점에서 진단을 해 보려 합니다.

김 교사 : 좋은 생각입니다. 그리고 우리 학교에서는 평가 결과로 학생 간 비교를 하지 않으니 학기 말 평가에서는 다양한 기준을 활용해 평가 결과를 해석해 보실 것을 제안합니다.

송 교사 : 네, 알겠습니다. 이제 교실 수업에서 사용할 교수전략을 개발해야 하는데 딕과 캐리(W. Dick & L. Carey)의 체제적 교수설계모형을 적용하려고 해요. 이 모형의 교수전략개발 단계에서 개발해야 할 교수전략이 무엇인지 생각 중이에요.

김 교사 : 네, 좋은 전략을 찾으시면 제게도 알려 주세요. 그런데 우리 학교는 온라인 수업을 해야 될 상황이 생길 수도 있어요. 제가 온라인 수업을 해 보니 일부 학생들이 고립감을 느끼더군요. 선생님들이 온라인 수업을 하는 데 필요한 정보를 공유하는 학교 게시판이 있어요. 거기에 학생의 고립감을 해소하는 데 효과를 본 테크놀로지 기반의 교수 · 학습 활동을 정리해 올려 두었어요.

송 교사 : 네, 온라인 수업을 하게 되면 활용할게요. 선생님 덕분에 좋은 정보를 많이 얻을 수 있어 좋네요. 선생님들 간 활발한 정보 공유의 기회가 더 많아지길 바랍니다.

김 교사 : 네. 앞으로는 정보 공유뿐만 아니라 교사들 간 실질적인 협력도 있었으면 해요. 이를 위해 학교 중심 연수가 활성화되면 좋겠어요.

〈배 점〉

- 논술의 내용 [총 15점]
  - 송 교사가 언급한 교육과정의 수직적 연계성이 학습자 측면에서 갖는 의의 2가지, 송 교사가 계획하는 교육과정 재구성의 구체적인 방법 2가지 [4점]
  - 송 교사가 총평의 관점에서 학생을 진단할 수 있는 실행 방안 2가지 제시, 송 교사가 활용할 수 있는 평가 결과의 해석 기준 2가지를 각각 그 이유와 함께 제시 [4점]
  - 송 교사가 교실 수업을 위해 개발해야 할 교수전략 2가지 제시, 송 교사가 온라인 수업에서 학생의 고립감 해소를 위해 활용할 수 있는 구체적인 교수 · 학습 활동 2가지를 각각 그에 적합한 테크놀로지와 함께 제시 [4점]
  - 김 교사가 언급한 학교 중심 연수의 종류 1가지, 학교 중심 연수를 활성화하기 위해 학교 차원에서 지원할 수 있는 구체적인 방안 2가지 [3점]
- 논술의 구성 및 표현 [총 5점]
  - 논술의 내용과 '학교 내 교사 간 활발한 정보 공유를 통한 교육의 내실화'의 연계 및 논리적 형식 [3점]
  - 표현의 적절성 [2점]

초 안 작 성 용 지

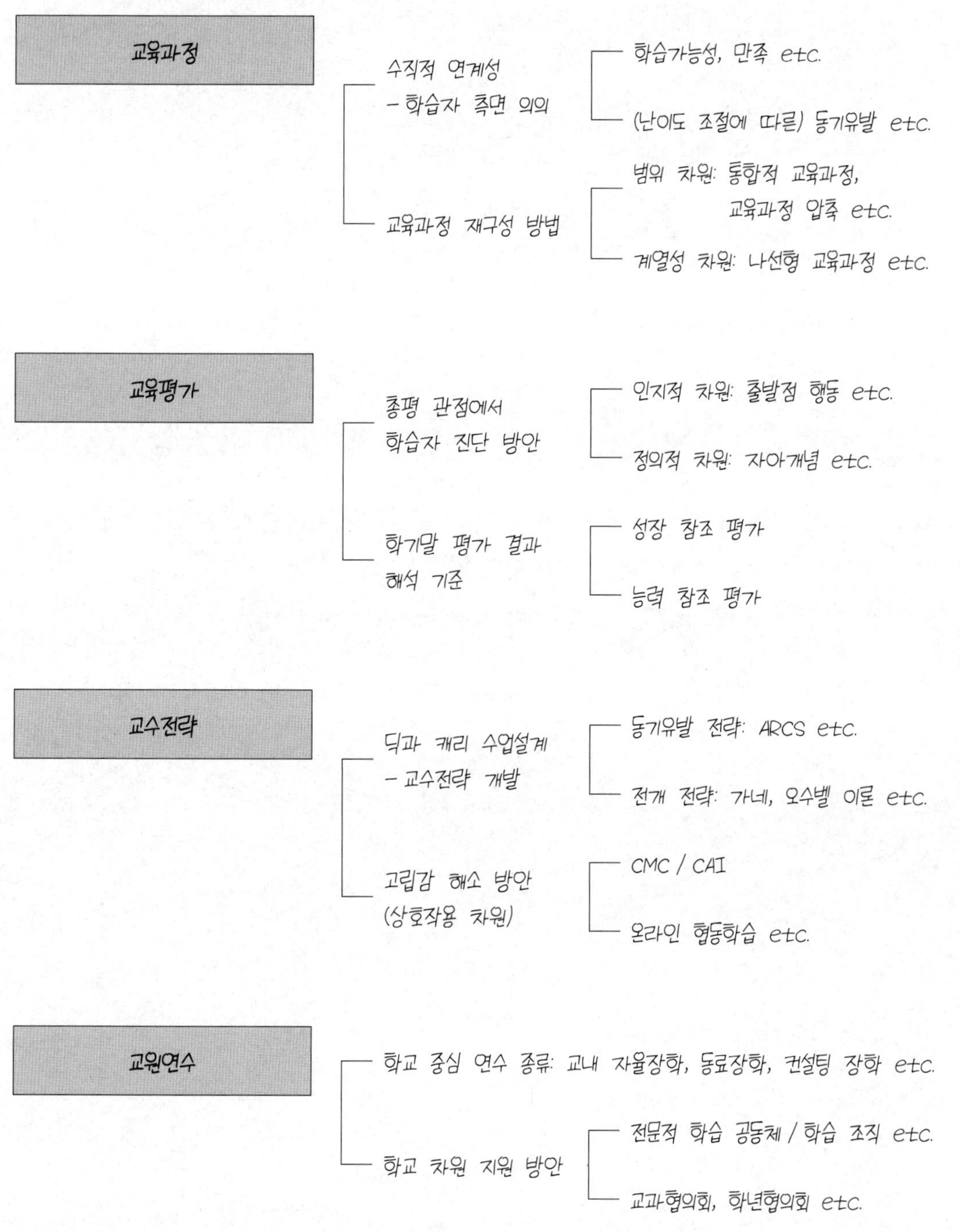

교육과정
수직적 연계성
- 학습자 측면 의의
학습가능성, 만족 etc.
(난이도 조절에 따른) 동기유발 etc.
교육과정 재구성 방법
범위 차원: 통합적 교육과정,
교육과정 압축 etc.
계열성 차원: 나선형 교육과정 etc.
교육평가
총평 관점에서
학습자 진단 방안
인지적 차원: 출발점 행동 etc.
정의적 차원: 자아개념 etc.
학기말 평가 결과
해석 기준
성장 참조 평가
능력 참조 평가
교수전략
딕과 캐리 수업설계
- 교수전략 개발
동기유발 전략: ARCS etc.
전개 전략: 가네, 오수벨 이론 etc.
고립감 해소 방안
(상호작용 차원)
CMC / CAI
온라인 협동학습 etc.
교원연수
학교 중심 연수 종류: 교내 자율장학, 동료장학, 컨설팅 장학 etc.
학교 차원 지원 방안
전문적 학습 공동체 / 학습 조직 etc.
교과협의회, 학년협의회 etc.

부록 2
키워드 찾아보기

키워드 찾아보기

ㄷ

ㄹ

ㅁ

ㅂ

키워드 찾아보기

ㅅ

ㅇ

ㅈ

키워드 찾아보기

ㅎ

기타

교사의 길

01 사도헌장

오늘의 교육은 개인의 성장과 사회의 발전과 내일의 국운을 좌우한다. 우리는 국민교육의 수임자로서 존경받는 스승이요, 신뢰받는 선도자임을 자각한다. 이에 긍지와 사명을 새로이 명심하고 스승의 길을 밝힌다.

1. 우리는 제자를 사랑하고 개성을 존중하며 한 마음 한 뜻으로 명랑한 학풍을 조성한다.
1. 우리는 폭넓은 교양과 부단한 연찬(研鑽)으로 교직의 전문성을 높여 국민의 사표(師表)가 된다.
1. 우리는 원대하고 치밀한 교육계획의 수립과 성실한 실천으로 맡은 바 책임을 완수한다.
1. 우리는 서로 협동하여 교육의 자주 혁신과 교육자의 지위 향상에 적극 노력한다.
1. 우리는 가정교육, 사회교육과의 유대를 강화하여 복지국가 건설에 공헌한다.

02 사도강령

민주 국가의 주인은 국민이므로 나라의 주인을 주인답게 길러내는 교육은 가장 중대한 국가적 과업이다.

우리 겨레가 오랜 역사와 찬란한 문화를 계승 · 발전시키며, 선진제국과 어깨를 나란히 하여 인류 복지 증진에 주도적으로 기여하려면 무엇보다도 문화 국민으로서의 의식 개혁과 미래 사회에 대비한 창의적이고 자주적인 인간 육성에 온 힘을 기울여야 한다.

그러기 위하여 우리 교육자는 국가 발전과 민족중흥의 선도자로서의 사명과 긍지를 지니고 교육을 통하여 국민 각자의 능력을 최대한으로 계발하여 개인의 자아실현과 국력의 신장, 그리고 민족의 번영에 열과 성을 다하여야 한다. 또한 교육자의 품성과 언행이 학생의 성장 발달을 좌우할 뿐만 아니라 국민 윤리 재건의 관건이 된다는 사실을 명심하고 사랑과 봉사, 정직과 성실, 청렴과 품위, 준법과 질서에 바탕을 둔 사도 확립에 우리 스스로 헌신하여야 한다. 이러한 우리의 뜻은 교직에 종사하는 모든 교육자가 공동체 의식을 가지고 노력하여야만 이루어질 수 있다는 것을 인식하고, 사도헌장 제정에 때맞추어 우리의 행동지표인 현행 교원윤리강령으로 개정하여 이를 실천함으로써 국민의 사표가 될 것을 다짐한다.

제1장 스승과 제자

스승의 주된 임무는 제자로 하여금 고매한 인격과 자주정신을 가지고 국가 사회에 봉사할 수 있는 유능한 국민을 육성하는 데 있다. 그러므로,

1. 우리는 제자를 사랑하고 그 인격을 존중한다.

2. 우리는 제자의 심신 발달이나 가정의 환경에 따라 차별을 두지 아니하고 공정하게 지도한다.
3. 우리는 제자의 개성을 존중하며, 그들의 개인차와 욕구에 맞도록 지도한다.
4. 우리는 제자에게 직업의 존귀함을 깨닫게 하고, 그들의 능력에 알맞은 직업을 선택하도록 지도한다.
5. 우리는 제자 스스로가 원대한 이상을 세우고, 그 실현을 위하여 정진하도록 사제동행한다.

제2장 스승의 자질

스승은 스승다워야 하며 제자의 거울이 되고 국민의 사표가 되어야 한다. 그러므로,

1. 우리는 확고한 교육관과 긍지를 가지고 교직에 종사한다.
2. 우리는 언행이 건전하고 생활이 청렴하여 제자와 사회의 존경을 받도록 한다.
3. 우리는 단란한 가정을 이룩하고 국법을 준수하여 사회의 모범이 된다.
4. 우리는 학부모의 경제적 · 사회적 지위를 이용하지 아니하며 이에 좌우되지 아니한다.
5. 우리는 자기 향상을 위하여 전문적인 지식과 전문화된 기술을 계속 연마하는 데 주력한다.

제3장 스승의 책임

스승은 제자교육에 열과 성을 다하여 맡은 바 책임을 다하여야 한다. 그러므로,

1. 우리는 사회의 일원으로서 모든 책임과 임무를 다한다.
2. 우리는 교재 연구와 교육 자료 개발에 만전을 기하여 수업에 최선을 다한다.
3. 우리는 생활지도의 중요성을 인식하여 제자들이 올바른 사람이 될 수 있도록 지도의 철저를 기한다.
4. 우리는 교육의 성과를 공정하게 평가하고 이를 교육에 충분히 활용한다.
5. 우리는 제자와 성인들을 위한 정규교과 외의 활동에 적극 참여한다.

제4장 교육자와 단체

교육자는 그 지위의 향상과 복지의 증진을 위하여 교직단체를 조직하고 적극 참여함으로써 단결된 힘을 발휘할 수 있다. 그러므로,

1. 우리는 교직단체의 활동을 통하여 교육자의 처우와 근무 조건의 개선을 꾸준히 추진한다.
2. 우리는 교직단체의 활동을 통하여 교육자의 자질 향상과 교권의 확립에 박차를 가한다.
3. 우리는 편당적 · 편파적 활동에 참가하지 아니하고 교육을 그 방편으로 삼지 아니한다.
4. 교직단체는 교육의 혁신과 국가의 발전을 위하여 다른 직능단체나 사회단체와 연대 협동한다.

제5장 스승과 사회

제자의 성장발달을 돕기 위하여 학부모와 협력하며, 학교와 사회와의 상호작용의 원동력이 되고 국가발전의 선도자가 된다. 그러므로,

1. 우리는 학교의 방침과 제자의 발달 상황을 가정에 알리고, 학부모의 정당한 의견을 학교교육에 반영시킨다.
2. 우리는 사회의 실정을 정확하게 파악하고 지역사회의 생활과 문화 향상을 위하여 봉사한다.
3. 우리는 사회의 요구를 교육계획에 반영하며 학교의 교육활동을 사회에 널리 알린다.
4. 우리는 국민의 평생교육을 위하여 광범위하게 협조하고 그 핵심이 된다.
5. 우리는 확고한 국가관과 건전한 가치관을 가지고 국민의식 개혁에 솔선수범하며, 국가 발전의 선도자가 된다.

03 교사의 기도(G. Frank)

오! 학문과 학생의 주님이시여, 저희들은 이 엄숙한 가르치는 사업에 실패한 자들입니다. 저희들의 부족을 부끄럽게 생각합니다. 저희들의 잘못으로 저희들 자신이 벌을 받을 뿐만 아니라 저희들의 과오 때문에 잘못 인도된 많은 사람들의 마음에 영원한 슬픔을 가지게 했습니다. 저희들은 다가올 내일을 위해 지침(指針)이 되어야 할 때 죽어버린 어제를 파(賣)는 데 만족해 왔습니다. 저희들은 새로운 사상(思想)을 위한 호기심 이상으로 낡은 습관에 머물러 왔습니다.

또 저희들의 대상인 학생보다도 저희들의 과목을 더 많이 생각했고 풍부한 삶의 예언자나 목자(牧者)가 되었어야 할 때 조그마한 정확성을 파는 행상인(行商人)이 되었습니다. 저희들은 있어야 할 세계를 만드는 데 창의적인 협조자가 되도록 학생들을 도왔어야 할 때 오히려 학생들로 하여금 현실세계의 영리한 경쟁자가 되도록 가르쳐 왔습니다. 저희들의 학교를 발전하는 사회를 이끌어 갈 인재들을 키우는 교육의 장이 되게 하지 못하고 기성사회를 위한 훈련장으로 생각해 왔습니다. 저희들은 지혜(知慧)보다도 지식(知識)을 더 귀중한 것으로 생각했습니다.

저희들의 학생들에게 그들의 마음을 자유롭게 하기 위해 노력해야 했을 때 오히려 그들의 마음에 굴레를 씌우는 것을 저희들의 일로 생각했습니다. 그것은 학생들과 함께 협조하여 매일 아침 신선하게 배워야 할 움직이는 현재를 이해하기보다는 움직이지 않는 과거에 대해서 학생들에게 가르치는 것이 더욱 용이했기 때문입니다. 저희들은 이러한 나태(懶怠)의 죄에서 해방되길 원합니다. 저희들로 하여금 과거를 아는 것이 중요하다는 것은 현재에 살기 위함이라는 것을 알게 하옵시고 옛 성전(聖殿)의 영광을 학생들의 머릿속에 넣어 주기보다는 현대식 대가람의 건축가를 만드는 데 흥미를 가지도록 도와주시옵소서.

학생의 기억이 보물상자가 되는 동시에 또한 도구가 되지 않으면 안 된다는 것을 깨닫도록 하여 주시옵고, 저희들로 하여금 '하지 마라'라는 말보다 '하라'라는 말을 더 자주 하도록 도와주시옵소서. 훈계(訓戒)가 점점 필요 없다는 것을 저희들 스스로 알게 하옵소서. 엄격한 의미에서는 아무에게도 그 무엇을 가르칠 수 없다는 것을 저희들이 깨닫게 해주시고, 다만 저희들이 할 수 있는 일이란 그들이 스스로 배우게 도와주는 것밖에 없음을 알게 하옵소서.

특수한 방면의 결실을 맺게 하는 저희들의 자료가 소중하나 모든 사실은 그들이 다른 나머지 지식과 관련된 때 비로소 가치가 있다는 것을 알게 하여 주시옵소서. 결국 교육이라는 것은 현대 세계를 살아가기 위한 탐험이라는 것을 알게 하여 주시고, 저희들로 하여금 마음의 교사인 동시에 영(靈)의 목자가 되게 하옵소서.

오! 교사의 주님이시여, 우리들이 하는 일의 거룩함을 깨닫게 하옵소서.

아멘!

해커스임용 김인식 ET Excellent Teacher 교육학 논술 콕콕 2

개정 2판 1쇄 발행	2022년 1월 24일
지은이	김인식
펴낸곳	해커스패스
펴낸이	해커스임용 출판팀
주소	서울특별시 강남구 강남대로 428 해커스임용
고객센터	02-566-6860
교재 관련 문의	teacher@pass.com 해커스임용 사이트(teacher.Hackers.com) 1:1 고객센터
학원 및 동영상 강의	teacher.Hackers.com
ISBN	979-11-6662-788-0(13370)
Serial Number	02-01-01

ET

김인식 교육학 논술

콕콕 2

핵심 키워드로
교육학 뼈대를
잡는다!

✓기출에 근거한

교육학 논술 Key-Word

해커스임용

PART 8 교육과정

01 교육과정 기초

전통주의
- 목표(합리성, 효율성) - 대표자: 타일러
- (수업)개발 - 수업의 실제 개발

개념적 경험주의자
- 실제
- 내용

재개념주의자
- 목적: 이해
- 내용: 이데올로기 분석
- 방법: 현상학 · 해석학(질적 접근)
- 예 파이너: 쿠레레(행위과정 자체 중시)
  - 개인적 경험
  - 이데올로기적 관점
    - 소외비판
    - 해방
  - 회귀, 전진, 분석, 종합

파이데이아
- 실업교육(진보주의) 비판
- 교양교육, 주지교육 강조
- 국민공통교육과정 운영

02 교육과정 층위와 수준

잠재적 교육과정

- 주로 정의적
- 바람직 + 비바람직
- 은연중
- 문화풍토
- 장기적 · 반복적

cf 잭슨의 잠재적 CU 원천
- 목적성
- 강요성
- 군집성
- 위계성

영 교육과정

- 소극: 기회학습 – 선택
- 적극: 배제시킨 – 의도(특히 하류문화)

국가수준 CU

- 일반적 · 공통적

지역수준 CU

- 지역의 특성

학교수준 CU

- 학교실태, 학생 다양성, 교사 핵심역할(교사 배제 ×)
- 탄력적 운영(= CU 재구성 · 재편성), 교사의 전문성 필요

교육과정의 유형

교과중심 CU

- 문화유산 전달, 교과중심 CU은 분과형 조직방법 사용
- 교과의 통합적 운영
  - 다학문
  - 학문 간
  - 탈학문
  - * 사용 이유(통합)
    - 정보화사회
    - 창의성(창의융합)
    - 그러므로 교사가 교육적 가치가 있는 내용 통합화
- 교육적 가치(통합)
  - 교사 입장: 많은 지식 단순화 · 관련성
  - 학생 입장: 학생 중심 활동(PM법), 혼합적 사고

경험중심 CU

- 현성 CU
  - 사전에 계획 ×
  - 가장 동적
- 학교의 지도하에 모든 경험
- 전인적 발달: 잠재적 CU 인정
- 학생 중심 CU
- 학생 흥미 · 필요 · 욕구 강조
- 중핵 교육과정

학문중심 CU

- 지식의 구조 – 표현방식, 경제성, 생성력
- (안내된) 발견학습 – 처방적 & 규범적

↓ 中

나선형 CU

- 개념: 지식의 구조 강조
- 계열성 중시: 범위 + 난이도

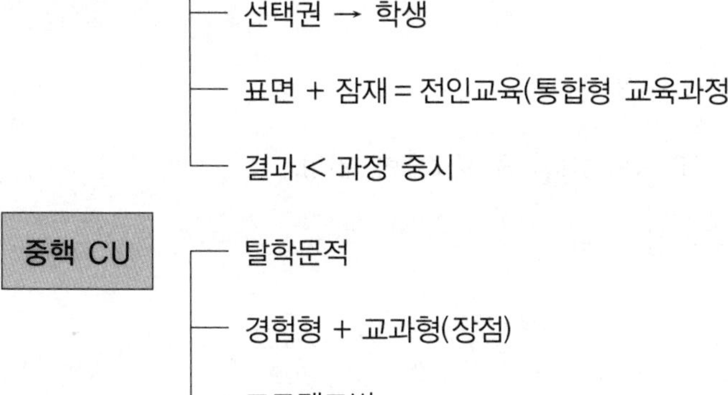

인간중심 CU

- 자아실현
- 선택권 → 학생
- 표면 + 잠재 = 전인교육(통합형 교육과정)
- 결과 < 과정 중시

중핵 CU

- 탈학문적
- 경험형 + 교과형(장점)
- 프로젝트법

04 학교 교육과정 개발

학교중심 CU 개발

- 철학적 배경: 포스트모더니즘으로…
- 학생: 다양성, 적합성 So 선택권
- 교사: 자율성, 전문성

결론 ⇒ 교육의 효율성

05 교육과정의 개발모형

타일러 합리적 모형

- 목표 – 구체적, 내용 × 행동
- 학습경험 선정 – 기만학일
- 학습경험 조직
  - 계열성(시간 + 난이도)
  - 계속성(시간 + 동일내용)
  - 통합성(묶는 것, 함께)
- 평가 – 책무성

타바 CU 개발모형

- 교사 중심 → 시험적 단원 생산
- 타일러보다 학습자 고려(학습내용 & 학습경험 분리)
- 요구진단(학교의 특수성 고려)

백워드 CU

- 배경: NCLB
- 성취기준(이상!) * 학습자가 반드시 알아야 하고 수행하여야 하는 일반적 정보
- 목표(영속한 이해) – 평가계획 – 수업계획
- 특징: 평가지위 상승, 타일러 논리적 틀, 부르너 영속한 이해

워커 숙의모형 (= 자연스러운)

- 숙의(검토, 논의, 토의 → 합의)
- 강령(토대) – 구성원들의 기본 입장(공감대 형성)
- 목표 × – 덜 선형적(자연스러운)

아이스너 예술적 모형

- 교육적 상상력(목표와 내용을 변화시킬 수 있는 능력)
- CU 개발 주축 → 교사
- 목표설정 분류
  - 행동적 목표(정해진 대로)
  - 문제해결 목표(정해진 + 안 정해진)
  - 표현적 활동 → 결과(목표)
    - ↳ 목표 × 이루어지는 활동(사전 설정 ×)

스킬벡 학교중심 CU

- 학교라는 상황분석(내 · 외)
- 비선형적(순서 ×), 역동적

CU 압축

- 개념: 재구성(핵심화) → 지식의 구조를 활용
- 목적: 심화학습활동(영재아 대상)
- 결과: 시간낭비 방지

06 교육과정의 구성, 실행

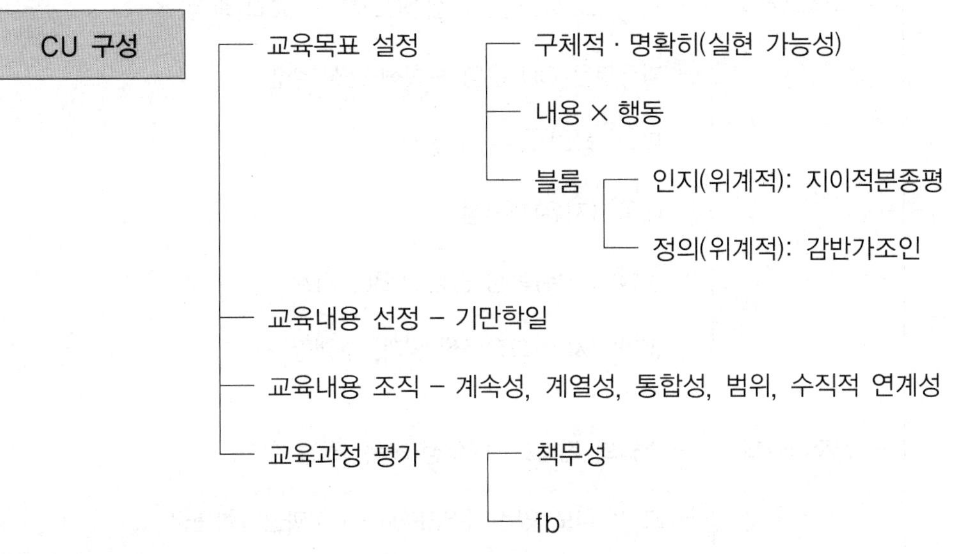

CU 실행 by 스나이더

- 충실성 관점: 국가 CU에서 정한 목표
- 상호적응 관점: 설계자 & 교사 – 의견 조정
- 형성(enactment) 관점: 교사 & 학생 공동, 학생 고려

07 2015 개정교육과정

2015 개정 CU 실제

- 전제
  - 창의 · 융합형 인재 양성
  - 학생 중심
  - 교사 자율성 · 전문성 → CU 재구성
- 역량중심 CU – 전인 + 창의 · 융합
- 창의적 체험활동
- 자유학년제
  - 편제: 교과(오전) + 체험(오후) ← 교과 중점 ×
  - 자유로운 CU 운영 + 학생 중심 수업
  - 목적: 창의 · 융합 + 진로
  - 내용: (자유)재편성
  - 방법: (자유)학생 중심, PBL, PM
  - 평가: (자유)과정중심 평가, 수행평가
- 집중이수제
  - 수업의 집중도 ↑(특정 과목, 특정 학기)
  - 교사: 심도 있는 수업(PM) ← 교과군 · 학년군
  - 학생: 학습부담 경감 → 최종: 수업 질 개선
- 교과 교실제 – 교과의 특성에 맞는 환경
- 블록 타임제 – 수업 질 개선, 활동중심 수업 OK (PM, PBL, 협동)
  ↓
  심도 있는 수업

PART 9 교육평가

01 평가도구의 양호도

타당도

- 목표 & 골고루(대표성) · 도구 자체
- 종류
  - 내용V
    - 수업목표와의 합치성(형성평가)
    - 골고루 표집(대표성 · 총괄평가) 예 이원목적 분류표 사용
    - 전문가 입장(주관적 판단), 질적 입장
  - 준거V
    - 공인V
      - 준거: 현재
      - 목적: 대체
    - 예언V
      - 준거: 미래
      - 목적: 예측
  - 구인V
    - 정의적 특성 · 심리적 구성요인 확인
    - 비교 집단법
    - 요인 분석법
  - ※ 결과V – 원하는?, (영향V – 긍정적?)

* 내용V ←→ 결과V
실시 × (계획) / 실시 ○

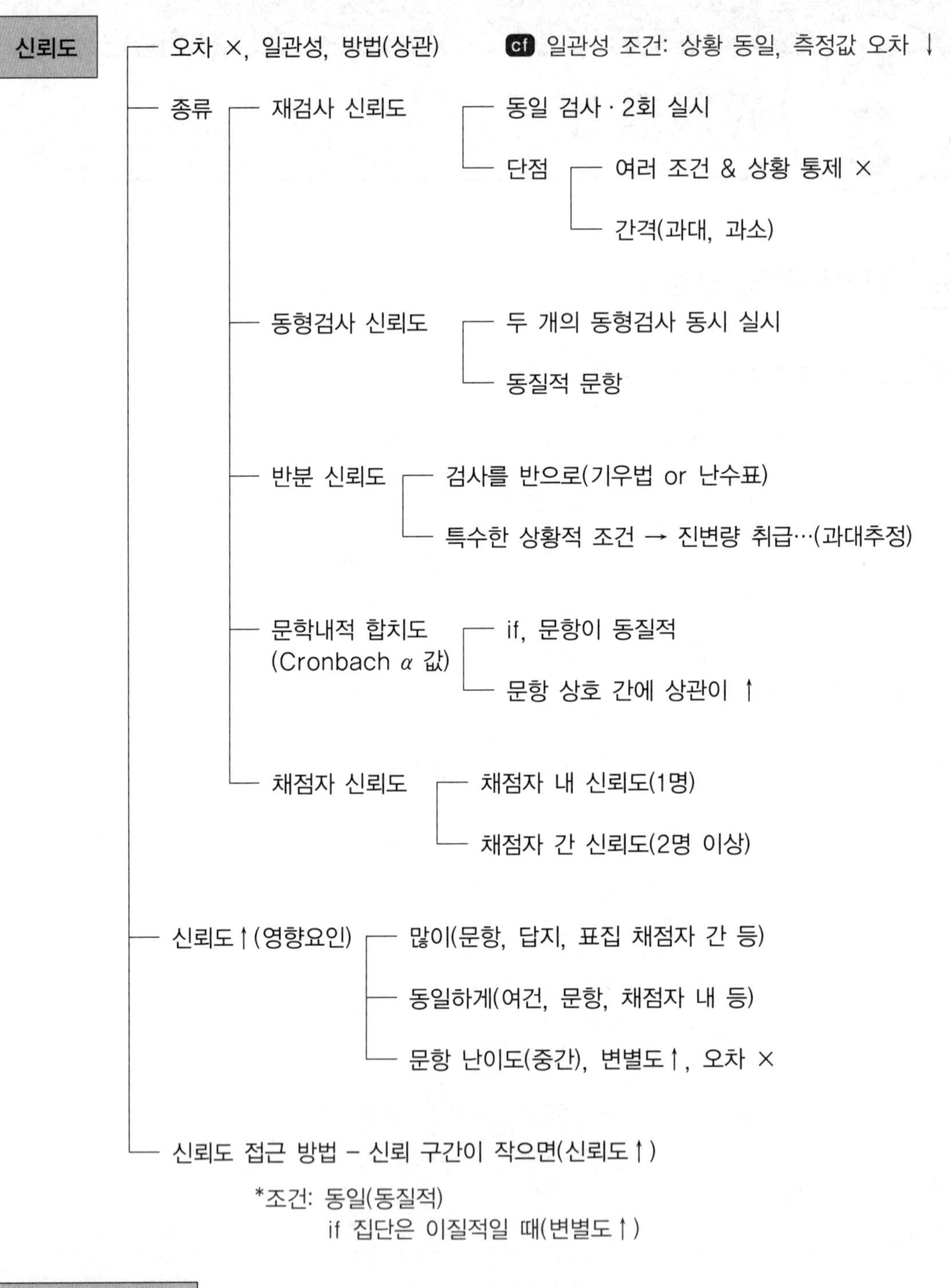
신뢰도
오차 ×, 일관성, 방법(상관)
cf 일관성 조건: 상황 동일, 측정값 오차 ↓
종류
재검사 신뢰도
동일 검사 · 2회 실시
단점
여러 조건 & 상황 통제 ×
간격(과대, 과소)
동형검사 신뢰도
두 개의 동형검사 동시 실시
동질적 문항
반분 신뢰도
검사를 반으로(기우법 or 난수표)
특수한 상황적 조건 → 진변량 취급…(과대추정)
문학내적 합치도
(Cronbach α 값)
if, 문항이 동질적
문항 상호 간에 상관이 ↑
채점자 신뢰도
채점자 내 신뢰도(1명)
채점자 간 신뢰도(2명 이상)
신뢰도↑(영향요인)
많이(문항, 답지, 표집 채점자 간 등)
동일하게(여건, 문항, 채점자 내 등)
문항 난이도(중간), 변별도↑, 오차 ×
신뢰도 접근 방법 - 신뢰 구간이 작으면(신뢰도↑)
*조건: 동일(동질적)
if 집단은 이질적일 때(변별도↑)
신뢰도 & 타당도 관계
신뢰도는 타당도의 필요조건, 충분조건 ×

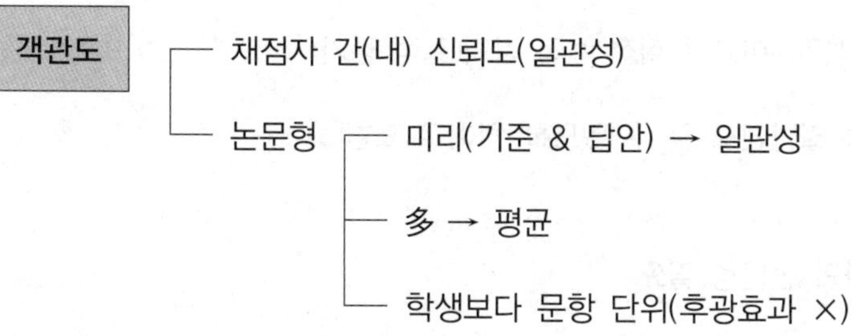

실용도 — 얼마나 쓸모?

02 교육평가의 모형

평가모형

- 목표 중심(타일러)
  - 목표 → 평가기준
  - ↓
  - 구체적 · 논리적 일관성(목표 – 내용 선정 – 조직 – 평가)
  - (교사)책무성
  - 단점: 부수적 결과 ×, 정의적 교과 ×
- ↕ 비교
- 스터플빔 CIPP (전 과정)
  - 의사결정(개선)
  - 전 과정(※ 타일러: 목표와 비교해서 평가)
  - 전문가가 평가 → 선생님이 수업실행(의사결정 조언)
- 탈목표(스크리븐)
  - 잠재적 CU(부수적)
  - 형성평가
  - ↔ ※ 타일러 표면적 CU 총괄평가

반응평가 (스테이크)

- 반응평가 – 소비자 요구 따라(평가 과정참조), 지속적 상호작용
- 종합실상평가
  - 유관성(선행조건 ↔ 실행과정 ↔ 결과)
  - 합치성 — 의도된 것 ↔ 실행(관찰)

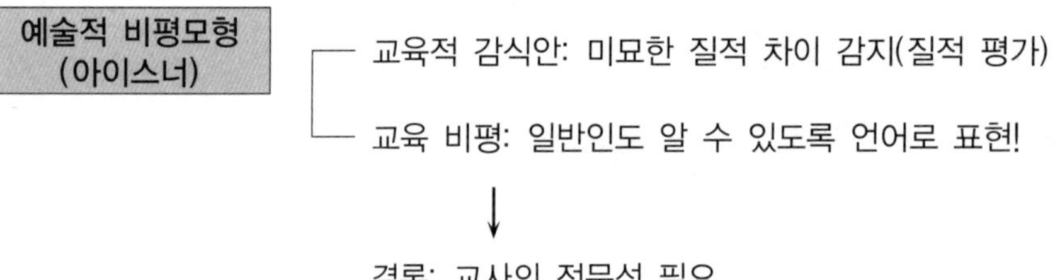

03 교육평가의 유형

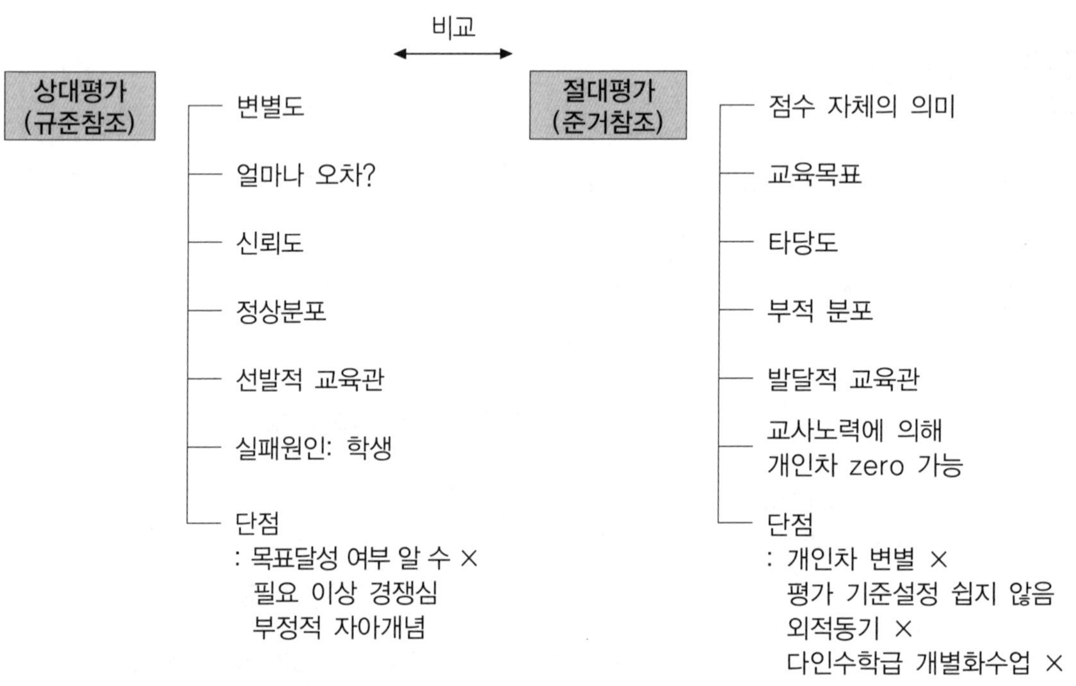

*상대 · 절대평가 보완 · 대안책 → 성취기준 평가

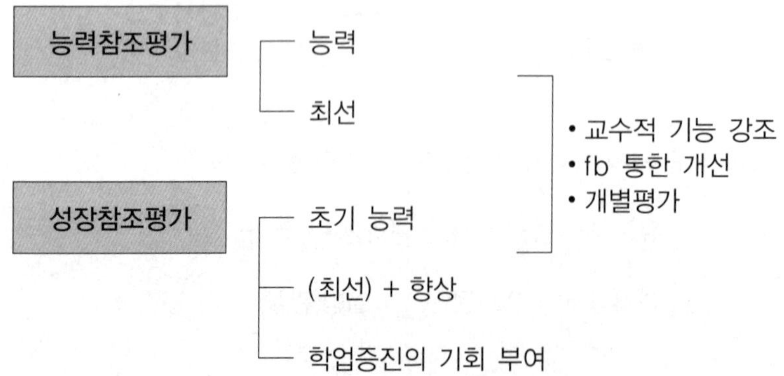

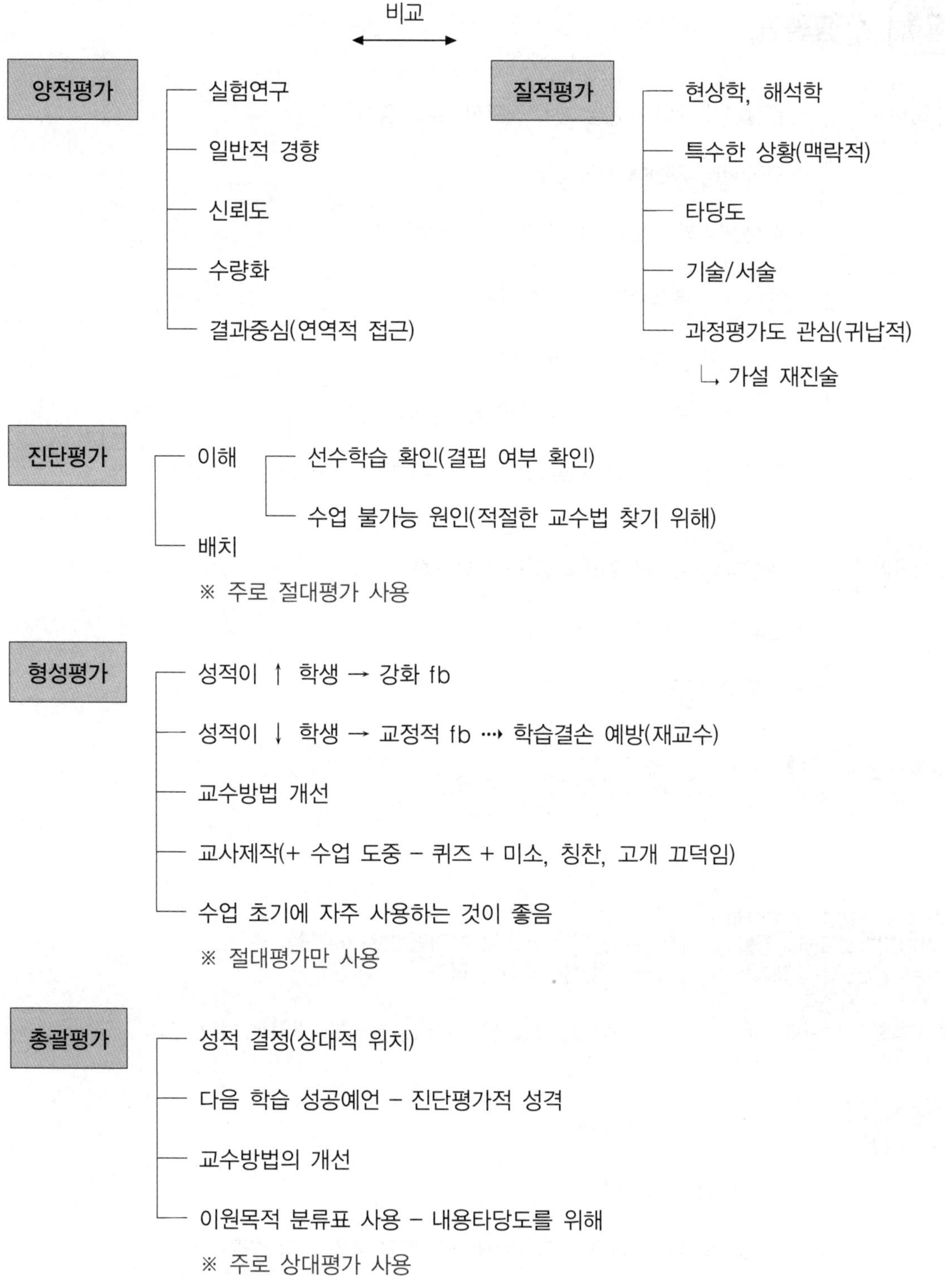
비교
양적평가
실험연구
일반적 경향
신뢰도
수량화
결과중심(연역적 접근)
질적평가
현상학, 해석학
특수한 상황(맥락적)
타당도
기술/서술
과정평가도 관심(귀납적)
가설 재진술
진단평가
이해
선수학습 확인(결핍 여부 확인)
수업 불가능 원인(적절한 교수법 찾기 위해)
배치
※ 주로 절대평가 사용
형성평가
성적이 ↑ 학생 → 강화 fb
성적이 ↓ 학생 → 교정적 fb ··· 학습결손 예방(재교수)
교수방법 개선
교사제작(+ 수업 도중 − 퀴즈 + 미소, 칭찬, 고개 끄덕임)
수업 초기에 자주 사용하는 것이 좋음
※ 절대평가만 사용
총괄평가
성적 결정(상대적 위치)
다음 학습 성공예언 − 진단평가적 성격
교수방법의 개선
이원목적 분류표 사용 − 내용타당도를 위해
※ 주로 상대평가 사용

04 수행평가

수행평가

- 총괄평가 대안 – 지필고사, 객관식, 결과 중심
- 과정: fb, 개선에 사용
- 수행(암기가 아닌) 현실에 적용 → 실생활 적용
- 특징
  - 실생활에 적용: 타당도가 ↑
  - 과정을 평가: fb, 개선
  - 수행은 암기 ×, 전인적 · 종합적 평가
- 단점 – 신뢰도 확보 ×(루브릭으로 해결 가능), 채점기준 설정이 용이 ×

루브릭

- 수행기준 · 수행수준에 대한 정보 명세화
- 신뢰도 제고시키기 위해 사용
- 수행 전 만들기

포트폴리오 (= 수행평가)

- 성장 & 변화과정을 알 수 있음
  예 성장참조평가 사용 가능

자기평가보고서작성법 (= 자서전적 글쓰기) = 자전적 = 동료평가(대상에 따라)

- 수행 이후 스스로 자기평가 보고서 씀
  → 이것을 교사가 평가
- 학습동기, 성실성, 만족도, 성취도, 반성할 기회 제공

역동적평가 (≠수행평가)

- ↔ 정적평가(총괄평가)
- 개개인 특성 강조
- 향상도 평가, 학습 잠재력까지 평가(발달 중인 능력 측정)
- 힌트의 양과 질로 평가 → 구체적 방법

※ 수행평가로 사용 가능

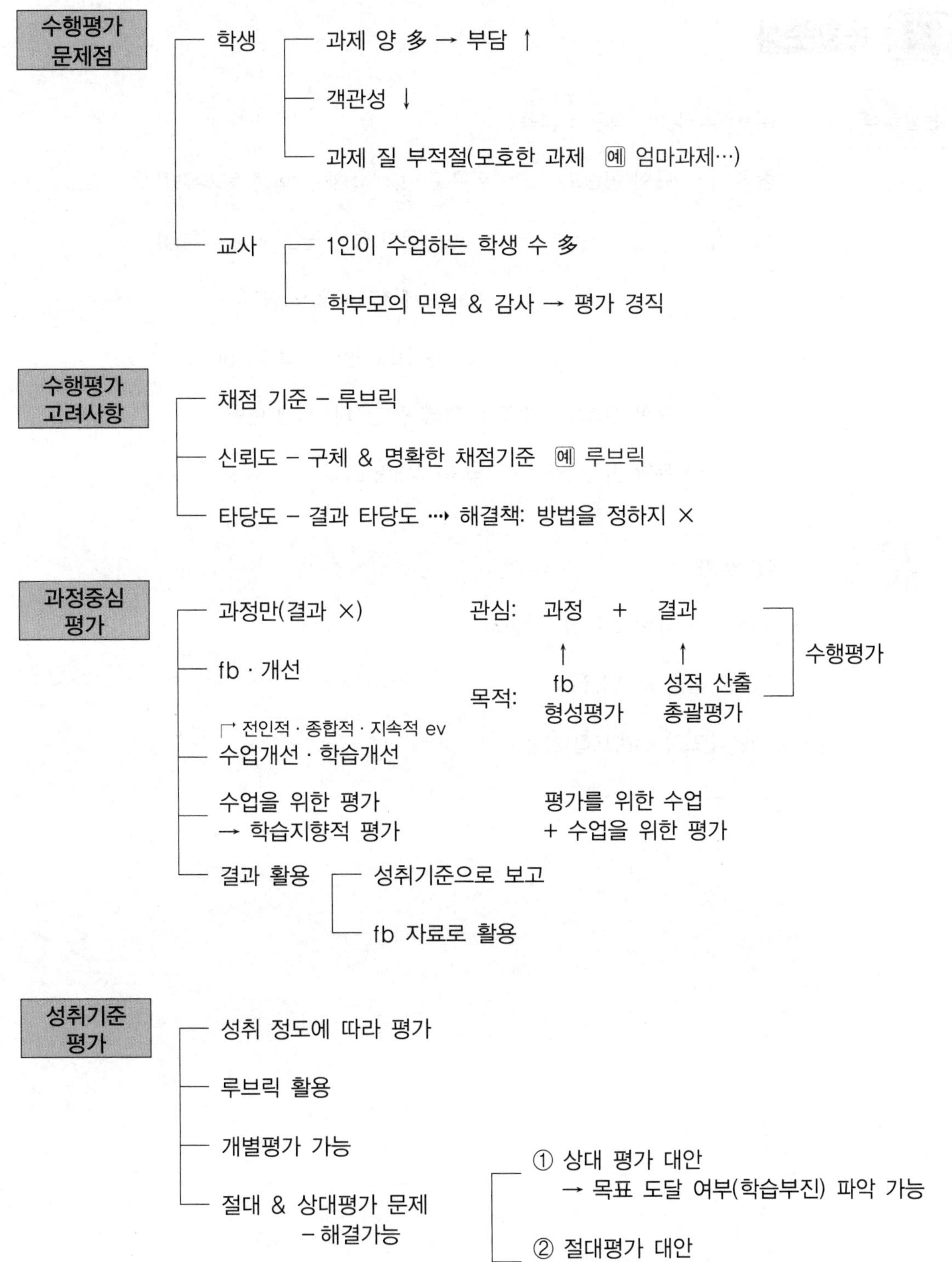
수행평가 문제점
학생
과제 양 多 → 부담 ↑
객관성 ↓
과제 질 부적절(모호한 과제 예 엄마과제…)
교사
1인이 수업하는 학생 수 多
학부모의 민원 & 감사 → 평가 경직
수행평가 고려사항
채점 기준 – 루브릭
신뢰도 – 구체 & 명확한 채점기준 예 루브릭
타당도 – 결과 타당도 ⋯→ 해결책: 방법을 정하지 ×
과정중심 평가
과정만(결과 ×)
fb · 개선
→ 전인적 · 종합적 · 지속적 ev
수업개선 · 학습개선
수업을 위한 평가
→ 학습지향적 평가
결과 활용
성취기준으로 보고
fb 자료로 활용
관심: 과정 + 결과
목적: fb 성적 산출
형성평가 총괄평가
수행평가
평가를 위한 수업
+ 수업을 위한 평가
성취기준 평가
성취 정도에 따라 평가
루브릭 활용
개별평가 가능
절대 & 상대평가 문제
– 해결가능
① 상대 평가 대안
→ 목표 도달 여부(학습부진) 파악 가능
② 절대평가 대안
→ (어느 정도에서) 성공 · 실패 정보 제공

05 문항분석

문항분석

- 주로 상대평가, 객관식 사용
- 종류
  - 문항 곤란도
    - 쉬운 문항(성적 낮은 학생 동기유발)
    - 어려운 문학(성적 높은 학생 성취감)
    - 쉬운 문제부터 배열(시험지)
    - 20% ~ 80%(평균 난이도: 50%)
  - 문항 변별도 - 성적↑ 학생 & 성적↓ 학생 변별
  - 문항 반응 분포 - 오답지의 매력도

표준화 검사

- 상대평가
- 현재의 것 사용(플린 효과) 방지
- 사생활 침범 ×, 남용 ×
- (일반적으로) 유층표집 사용
- 예 지능 검사, 전국 모의고사

PART 10 교육통계

01 교육통계

변인

- 독립변인, 종속변인
- 양적 변인, 질적 변인

집중 경향치

- 종류
  - 최빈치: 가장 최대 빈도
  - 중앙치: 순서로 중앙
  - 평균: 무게중심
- 분포모양
  - 정적(문제 어려움, 열등 집단) – 극단 오른쪽
  - 부적(문제 쉬움, 우수 집단) – 극단 왼쪽
  - 정상(좌우대칭, 최빈 = 중앙 = 평균)

변산도 (= 표준편차)

- 학생들 개인차 파악 OK
- 흩어진 정도 → 이질성 & 동질성 파악
- 점수: 변산도 높으면, 점수 간 이질성 높음
  변산도 낮으면, 점수 간 동질성 높음
- 신뢰도 파악 OK

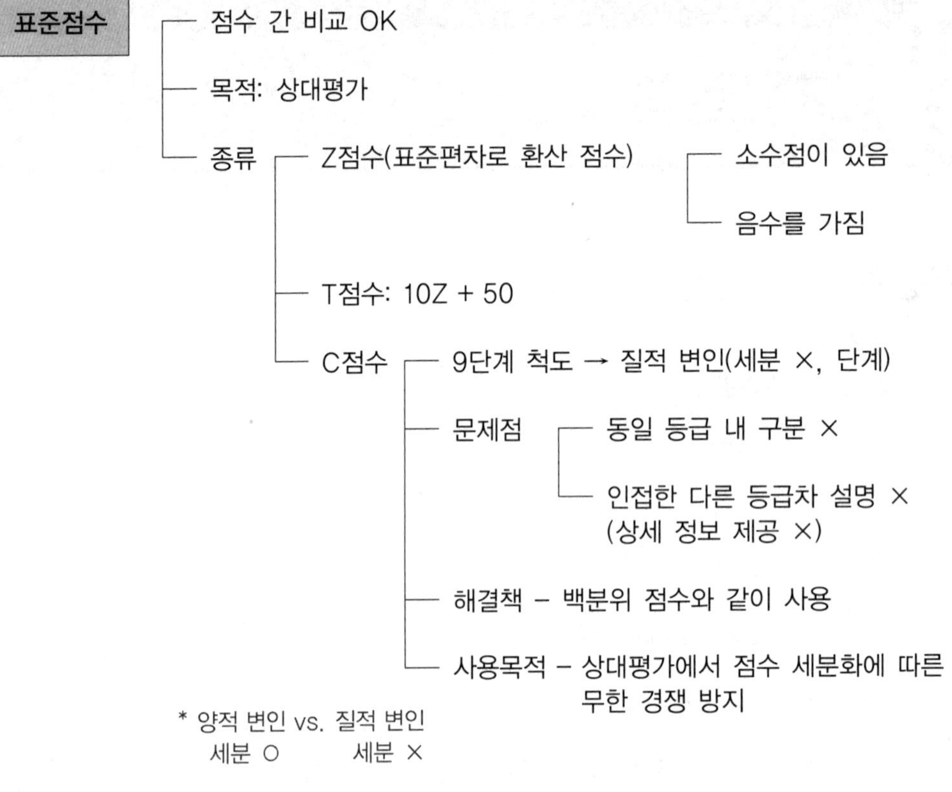

상관

- 상관계수: 두 변인 간 공통요인 있음
- r^2 – 결정계수(설명력, 예언력)
- 인과는 분명하지 ×

통계방법

- t검증
  - 두 집단(점수) 간 평균차 검증
  - 독립변인 1개, 비교집단 2개일 때 사용
  - 독립 표본: 서로 다른 집단 표집
    종속 표본: 서로 상관있는 집단 표집
- 변량분석
  - 일원변량분석: 독립변인 1개일 때
  - 이원변량분석
    - 독립변인 2개일 때
    - 독립변인 간 상호작용 검증
      예 적성 × 처치 상호작용
  - 공변량분석 : 통제되지 않은 변인을 공통변인으로
- 경로분석 (= 회로)
  - 한 변인으로 다른 변인 예언(인과순서)
    예 블라우 & 던컨
- 요인분석
  - 구인타당도에 사용

PART 11 교육연구

01 교육연구

영가설 검증

- $p < .05$(p 확률, .05 유의도 수준)
- 영가설 5% 이하 → 영가설 기각(대립가설 채택) 수준

표집

- 확률적
  - 단순무선표집
    - 난수표 사용
    - 표집오차 ↓ 위해 사용
    - 조건
      - 표집될 확률이 동일
      - 이전 선택이 후에 영향 ×
  - 유층표집
    - 전집이 가진 중요 특성을 기준(if)
      ↓
      여러 개의 하위 집단 구분
    - 대표성 확보(편파 ×)로 표집오차 ↓
  - 군집표집
    - 집단을 단위로 표집
- 비확률적
  - 의도적, 할당, 우연적 표집
  - 사용하면 ×

연구

- 질적연구
  - 현상학, 해석학(관찰 → 자료수집 방법)
  - 타당도: 자연스러운 상황
  - 신뢰도: 채점자 간
  - 특징
    - 자연스러운 상황
    - 연구자 = 자료수집하는 도구 역할; 관찰
    - 행위자 행동 이해
    - 총체적, 맥락적, 미시적
- 양적연구
  - 발달 연구: 유기체 변화 연구(종적 · 횡적 연구)
  - 상관 연구: 예언, 실험연구 할 수 ×
  - 델파이 조사: 전문가 의견 종합 ⇒ 합의 도출
  - 메타분석: 분석한 것들 → 종합하여 일반적 결론
  - 실험연구: 인과관계 규명(변인통제가 관건)

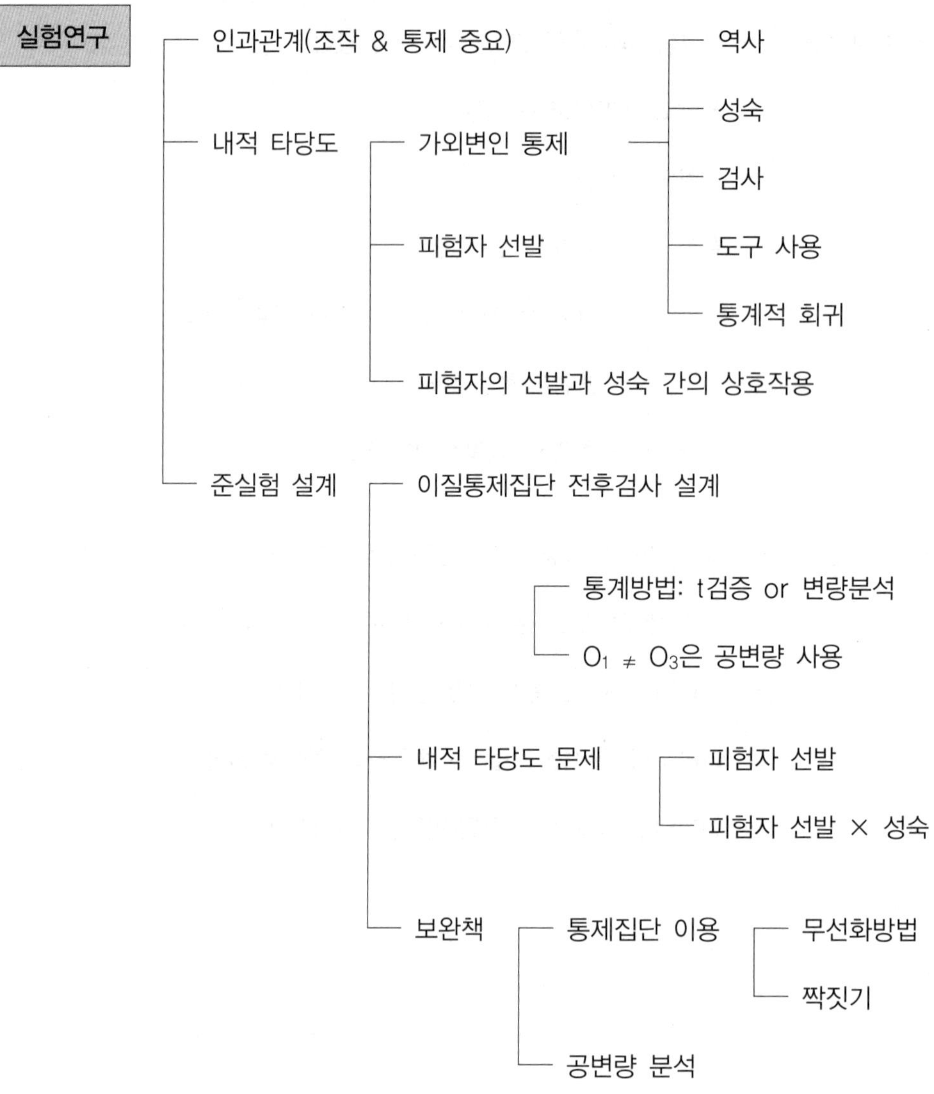

현장 연구

- 목적: 교육 현장 개선
- 전제: 연구의 윤리성 확보

자료수집

- 정의적 특성 관련
- 모두 신뢰도 & 타당도 문제 생김
- 관찰법
  - 행동관찰
  - 측정대상에 영향 주지 ×
  - 유의점 — 신뢰성, 타당성
  - 장점 — 심화된 자료 수집 OK
  - 단점
    - 신뢰성: 선입견
    - 타당성: 거짓된 행동
  - 관찰 단위 — 세밀한 경우(신뢰도⇑, 타당도⇓)
- 질문지법
  - 부정적 어법 ×, 어려운 표현 ×
  - 평정착오 — 후광효과, 대비의 효과, 논리적 오차 등
  - 대상 — 다수일 때 사용
- 척도법
  - 정의적 특성 평가
  - 신뢰성 판단 어려움
  - 원칙
    - 진술문의 동의 정도 → 종합적
    - 긍정 & 부정 질문 사용, 동일 분량
    - 선택지 多 → 신뢰도 ↑

  ※ 리커트 척도 – 종합평정척도
- 사회성 측정법 — 호오의 관계파악
- 의미분석법
  - 심리적 의미분석
  - 대립되는 형용사 이용
  - 차원: 평가요인, 능력요인, 활동요인
- 투사법: 자기자신의 마음 투영

PART 12 교육방법

01 교육방법의 기초

좋은 수업
- 효과성
- 효율성
- 매력성

※ 안정성

구분	수업	학습
행동변용방법	처방적 ↓ 학생 or 다양한 것들 따라 다르게	기술적 ↓ 일반적 설명 가능(동일)
변수	독립변수	종속변수

현대적 교수-학습
- 구성주의 · 학생 중심
- 목표 — 암묵적 지식, 방법적 지식(문제해결)
- 내용 — PBL
- 방법 — 자기주도학습 + 협동학습
- 평가 — 포트폴리오, 수행평가 등 다양
- 교사 역할 — 학습보조자, 안내자, 촉진자 - scaffolder

02 수업설계

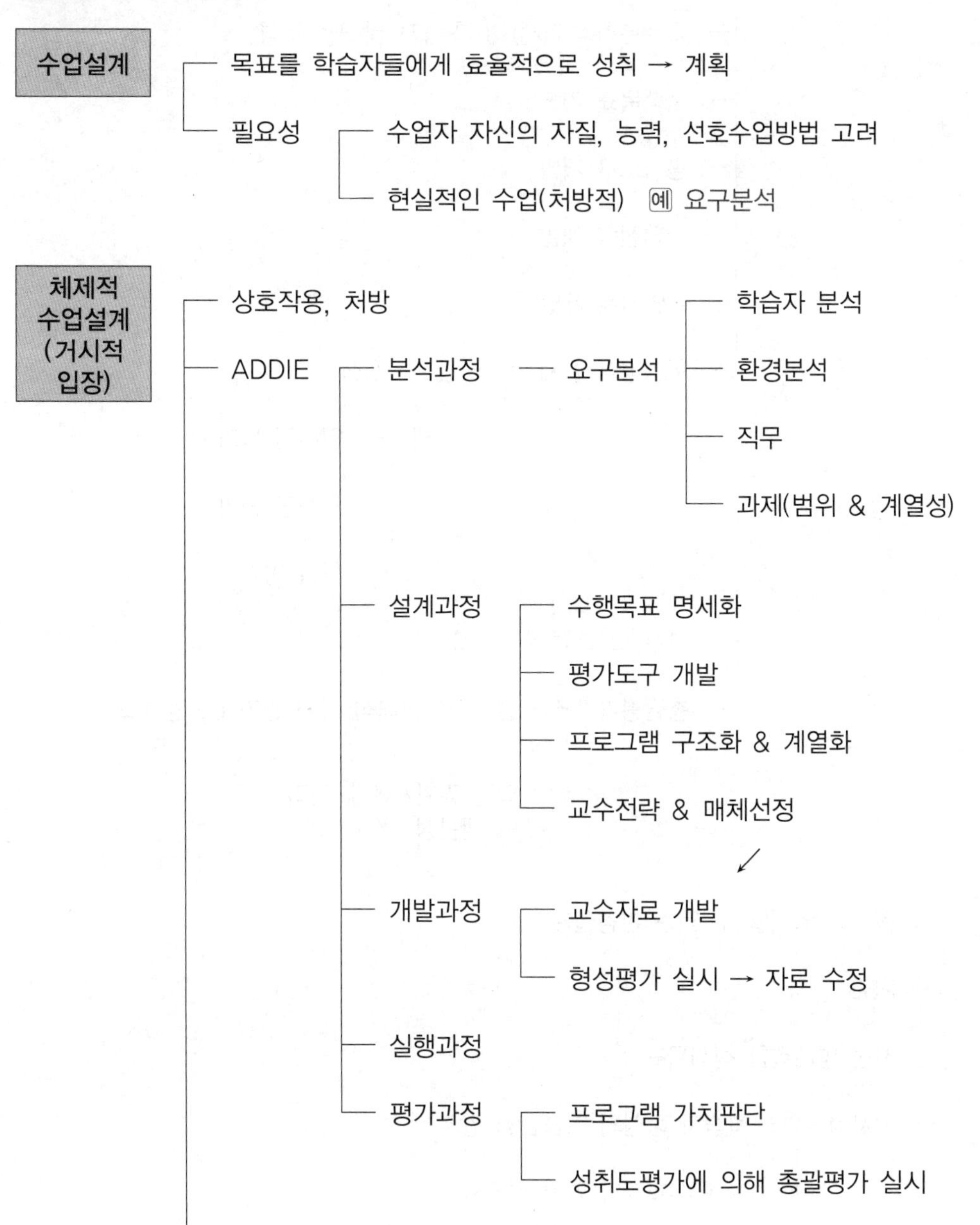
수업설계
목표를 학습자들에게 효율적으로 성취 → 계획
필요성
수업자 자신의 자질, 능력, 선호수업방법 고려
현실적인 수업(처방적) 예 요구분석
체제적 수업설계 (거시적 입장)
상호작용, 처방
ADDIE
분석과정
요구분석
학습자 분석
환경분석
직무
과제(범위 & 계열성)
설계과정
수행목표 명세화
평가도구 개발
프로그램 구조화 & 계열화
교수전략 & 매체선정
개발과정
교수자료 개발
형성평가 실시 → 자료 수정
실행과정
평가과정
프로그램 가치판단
성취도평가에 의해 총괄평가 실시

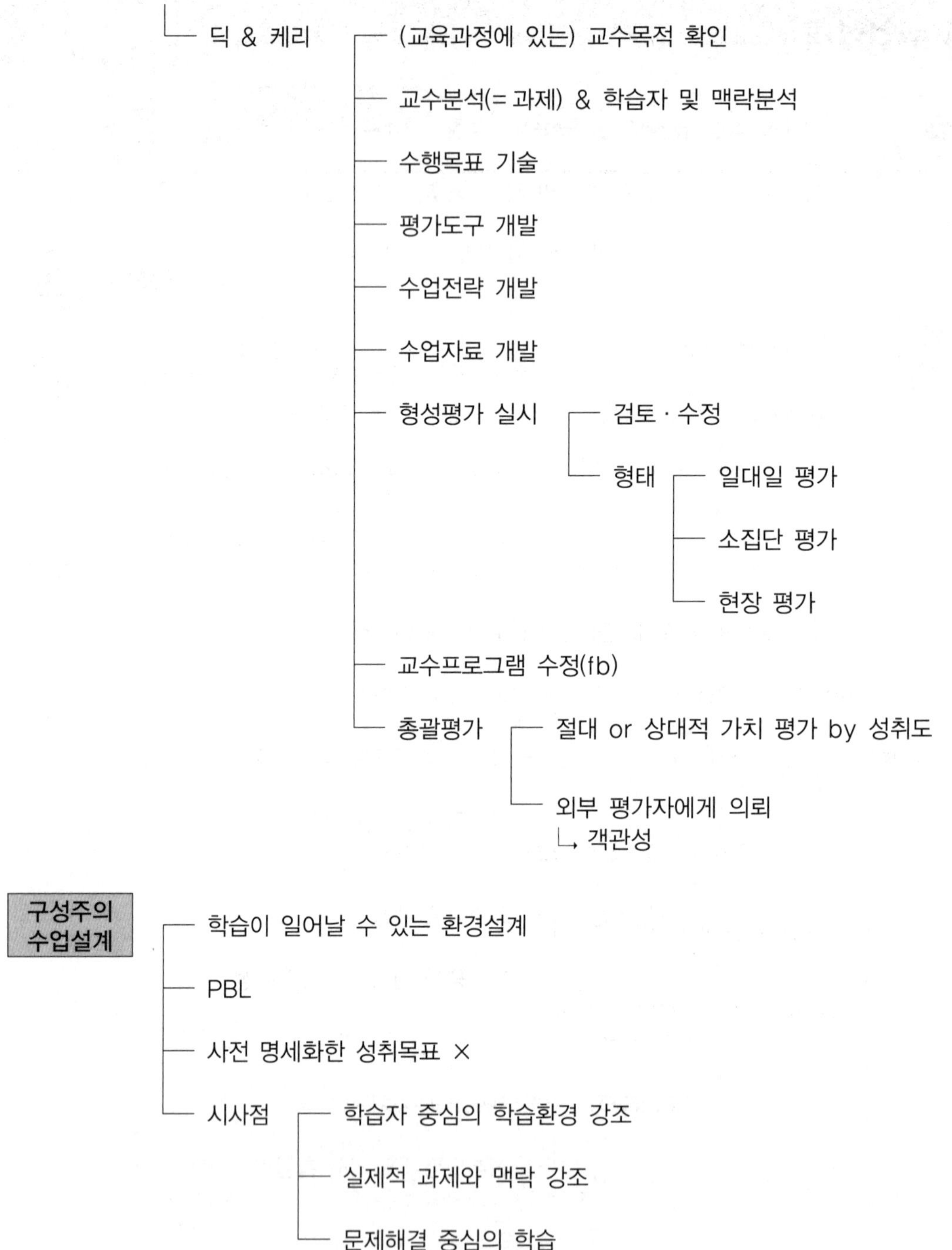
딕 & 케리
(교육과정에 있는) 교수목적 확인
교수분석(= 과제) & 학습자 및 맥락분석
수행목표 기술
평가도구 개발
수업전략 개발
수업자료 개발
형성평가 실시
검토 · 수정
형태
일대일 평가
소집단 평가
현장 평가
교수프로그램 수정(fb)
총괄평가
절대 or 상대적 가치 평가 by 성취도
외부 평가자에게 의뢰
객관성
구성주의 수업설계
학습이 일어날 수 있는 환경설계
PBL
사전 명세화한 성취목표 ×
시사점
학습자 중심의 학습환경 강조
실제적 과제와 맥락 강조
문제해결 중심의 학습

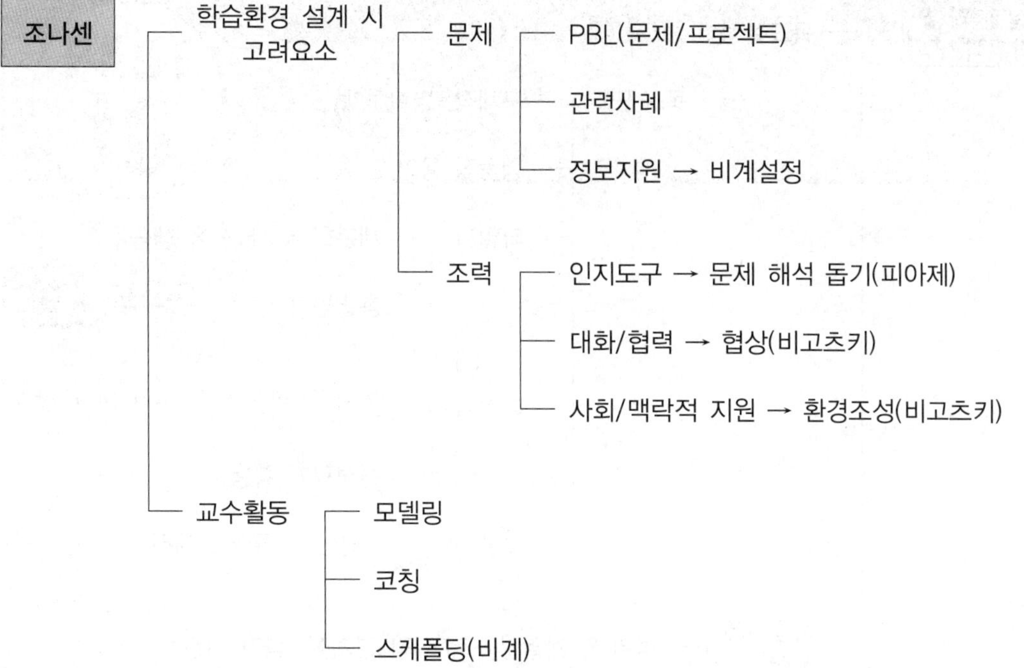

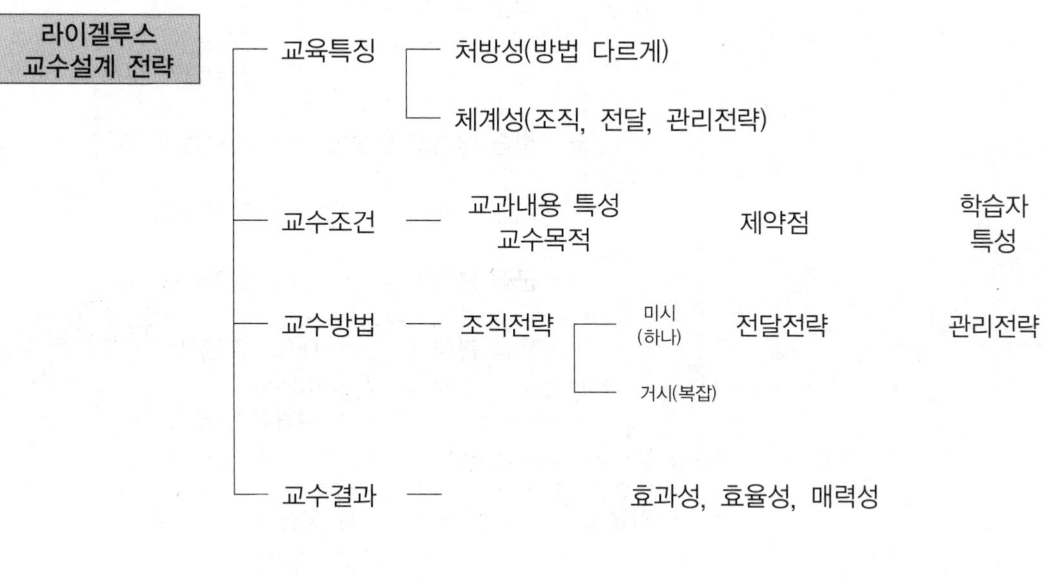

* 처방적 이론 — 교수조건 + 교수의 결과 = 교수방법

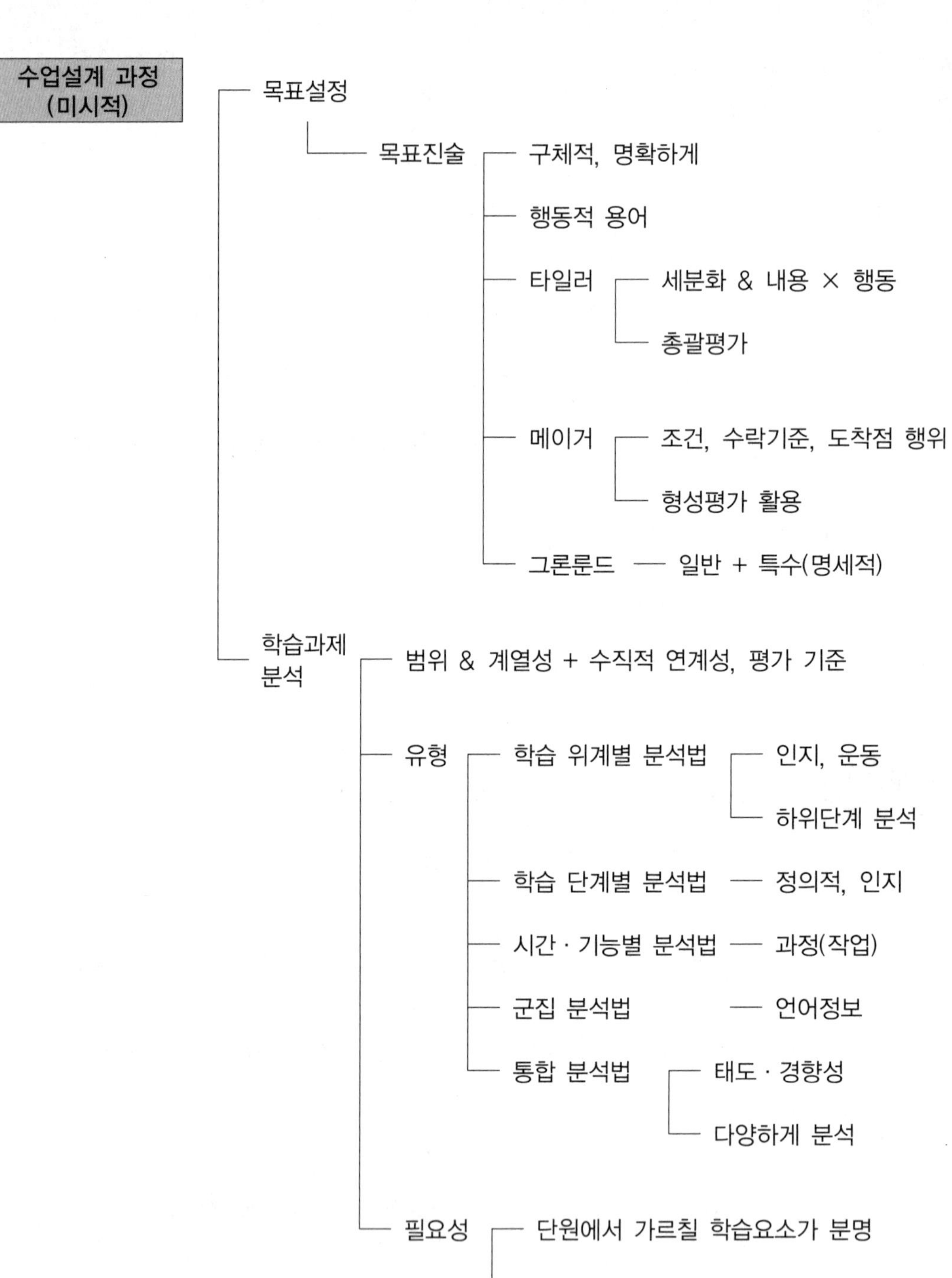
수업설계 과정
(미시적)
목표설정
목표진술
구체적, 명확하게
행동적 용어
타일러
세분화 & 내용 × 행동
총괄평가
메이거
조건, 수락기준, 도착점 행위
형성평가 활용
그론룬드
일반 + 특수(명세적)
학습과제
분석
범위 & 계열성 + 수직적 연계성, 평가 기준
유형
학습 위계별 분석법
인지, 운동
하위단계 분석
학습 단계별 분석법
정의적, 인지
시간 · 기능별 분석법
과정(작업)
군집 분석법
언어정보
통합 분석법
태도 · 경향성
다양하게 분석
필요성
단원에서 가르칠 학습요소가 분명
학습의 순서 밝힐 수 있음
누락 & 중복을 찾을 수 있음
형성 평가 실시기준 파악,
필요 선수 능력 파악

03 교수-학습 이론

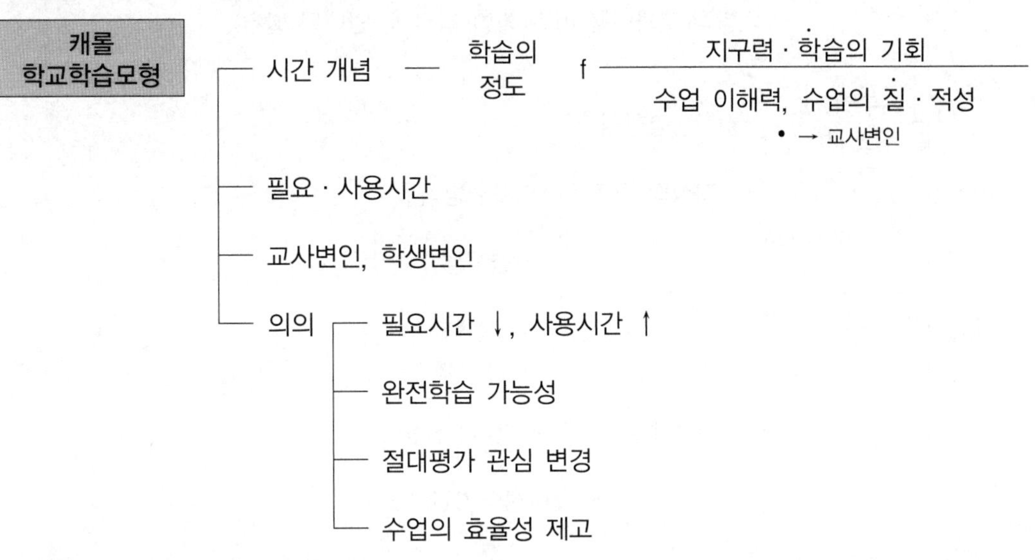
캐롤
학교학습모형
시간 개념
학습의
정도
f
지구력 · 학습의 기회
수업 이해력, 수업의 질 · 적성
→ 교사변인
필요 · 사용시간
교사변인, 학생변인
의의
필요시간 ↓, 사용시간 ↑
완전학습 가능성
절대평가 관심 변경
수업의 효율성 제고

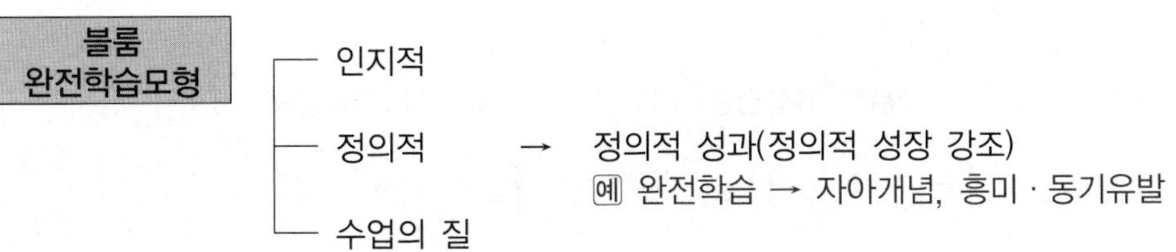
블룸
완전학습모형
인지적
정의적
→
정의적 성과(정의적 성장 강조)
예 완전학습 → 자아개념, 흥미 · 동기유발
수업의 질

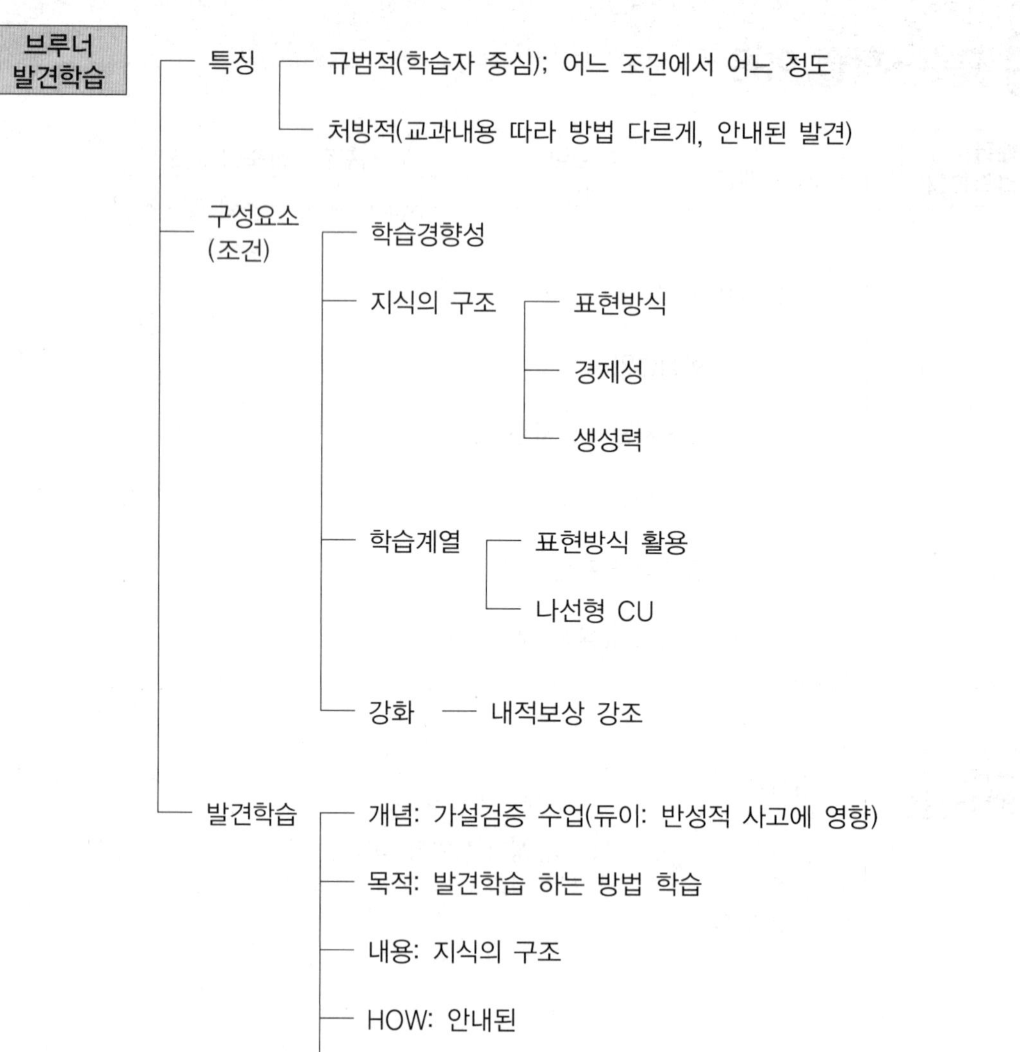
브루너
발견학습
특징
규범적(학습자 중심); 어느 조건에서 어느 정도
처방적(교과내용 따라 방법 다르게, 안내된 발견)
구성요소
(조건)
학습경향성
지식의 구조
표현방식
경제성
생성력
학습계열
표현방식 활용
나선형 CU
강화
내적보상 강조
발견학습
개념: 가설검증 수업(듀이: 반성적 사고에 영향)
목적: 발견학습 하는 방법 학습
내용: 지식의 구조
HOW: 안내된
전이 강조
적극적: 학습하는 방법
소극적: 지식의 구조
(생활 전이×)

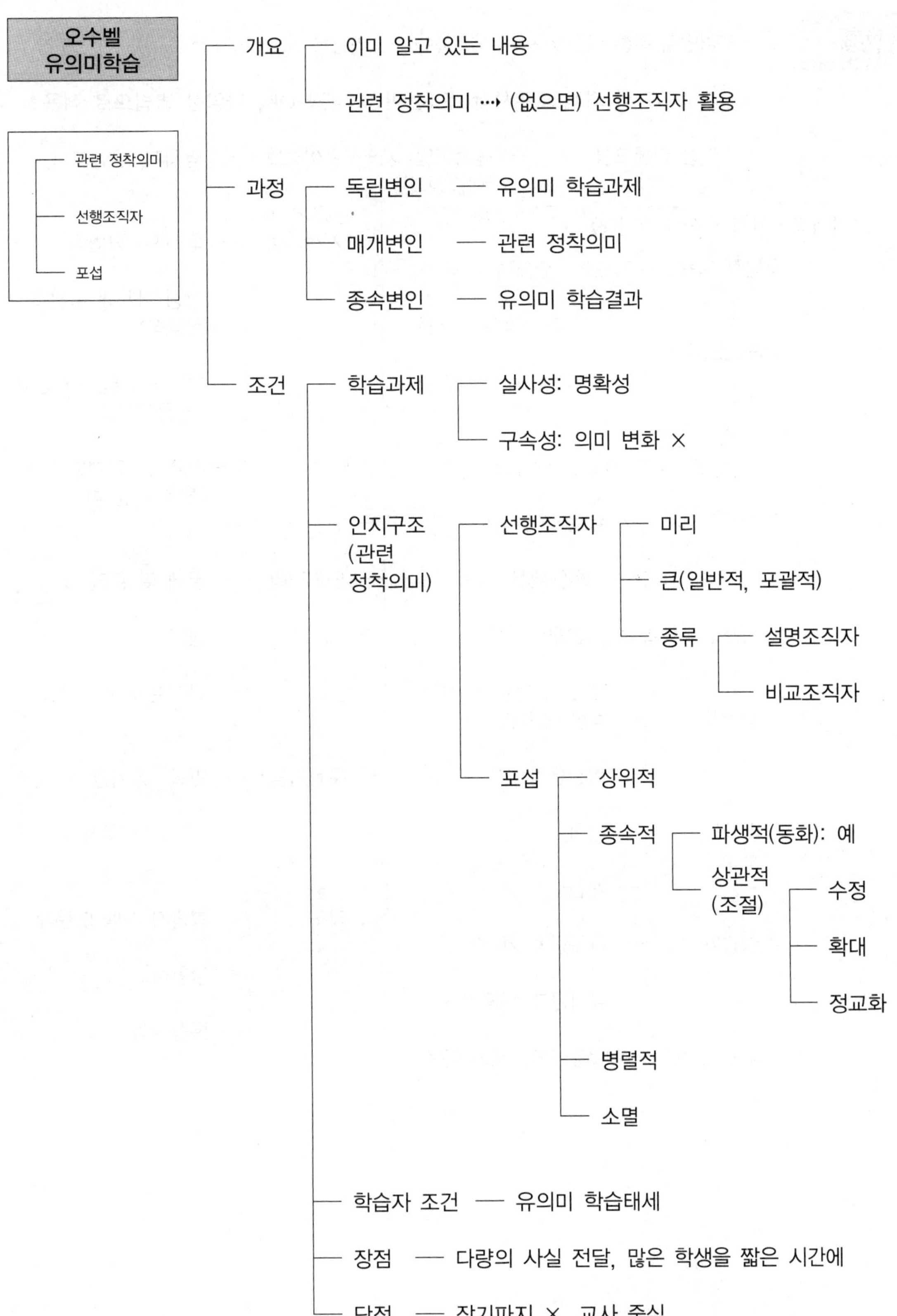
오수벨
유의미학습
관련 정착의미
선행조직자
포섭
개요
이미 알고 있는 내용
관련 정착의미 ⋯→ (없으면) 선행조직자 활용
과정
독립변인 — 유의미 학습과제
매개변인 — 관련 정착의미
종속변인 — 유의미 학습결과
조건
학습과제
실사성: 명확성
구속성: 의미 변화 ×
인지구조 (관련 정착의미)
선행조직자
미리
큰(일반적, 포괄적)
종류
설명조직자
비교조직자
포섭
상위적
종속적
파생적(동화): 예
상관적 (조절)
수정
확대
정교화
병렬적
소멸
학습자 조건 — 유의미 학습태세
장점 — 다량의 사실 전달, 많은 학생을 짧은 시간에
단점 — 장기파지 ×, 교사 중심

가네

- 처방적 이론
- 가네 9가지 외적 교수사태: 순서 변경, 생략 OK, 다양한 방법으로 적용
- 학습 이론모형 — 종속변인 (학습성과)
  - 언어정보 — 명시지, 군집분석
  - 지적기능
    - 묵시지 · 방법적
    - 상징 사용해 환경과 상호작용
    - 변별 → 개념 → 법칙 → 문제해결
    - 위계 or 단계별 분석 (하향식 분석)
  - 인지전략
    - 통제 및 관리
    - 창안
    - 과제분석 ×
  - 운동기능
    - 반복 · 장기간
    - 시간기능 분석
  - 태도
    - 학습자 선택의 문제
    - 경향성
    - 통합분석

〈가네의 9가지 외적 교수사태〉

주의력 획득

↓

학습목표제시

↓

선수학습 회상자극

↓

자극자료 제시 — 낱낱지식 / 설명, 제시

↓

학습안내 제시 — 통합교수

↓

수행유도 — 학습되었나? / 형성평가

↓

fb 제공 — 강화 / 개선

↓

수행평가 — 다음단계 가능? / 유사문제 제공(이해)

↓

파지 & 전이 증진 – 새로운 과제 제시(적용)

켈러 ARCS (학습동기유발)

- 주의력
  - 변화(탐다지)
  - 종류
    - 탐구적 주의환기 — 호기심, 탐구심
    - 다양성 전략 — 여러 방법
    - 지각적 주의환기 — 시청각
- 관련성
  - 적절성(친목동)
  - 종류
    - 친밀성 — 배경지식 활용
    - (자신)목표지향성 — 예 직업 등
    - 학습의 동기나 특성에의 부합 — 필요 or 동기
- 자신감
  - 능력(성필통)
  - 종류
    - 성공의 기회 제시 — 난이도 조절
    - 학습 필요조건제시 — 평가기준 & fb 제시
    - 개인적 통제감 제시 — 선택권 부여 (스스로)
- 만족감
  - 기대 & 결과 일치
  - 종류
    - 자연적 결과 강조의 전략 (일반화) — 적용해볼 기회
    - 긍정적 결과 강조의 전략(fb)
    - 공정성 강조의 전략 — 목표 & 내용 일관성

메릴 내용요소 제시 이론 ↕ 라이게루스 (거시적)

- 특징
  - 미시(낱낱), 처방성
  - 학습자 강조 → 수행수준 강조(학습활동 부각)
- 수행-내용 매트릭스 — 수업방법 결정(학습결과 얻기 위해 어떤 교수?)

수행의 수준(학습자)				
발견	×			
활용	×			
기억				
	사실	개념	절차	원리

내용의 유형(수업내용)

- 자료의 제시 형태 (교수방법) — 1차적 자료제시 형태

교과내용 \ 자료제시	설명	질문
일반성	법칙	회상
사례	예	연습

라이게루스 정교화 이론 ↓ 메릴(미시)

- 거시적 이론
- zooming 개념 → 정교화 → 주기적인 복습을 통한 파지 & 전이
- 인지적 교수-학습 전략
  - 정교화 계열
  - 선행학습 요소의 계열화 — 넓게
  - 요약자 — 복습 — 좁게
  - 종합자 — 통합 — 넓게
  - 비유(유추) — 새로운 것 & 기존의 것 관련짓기

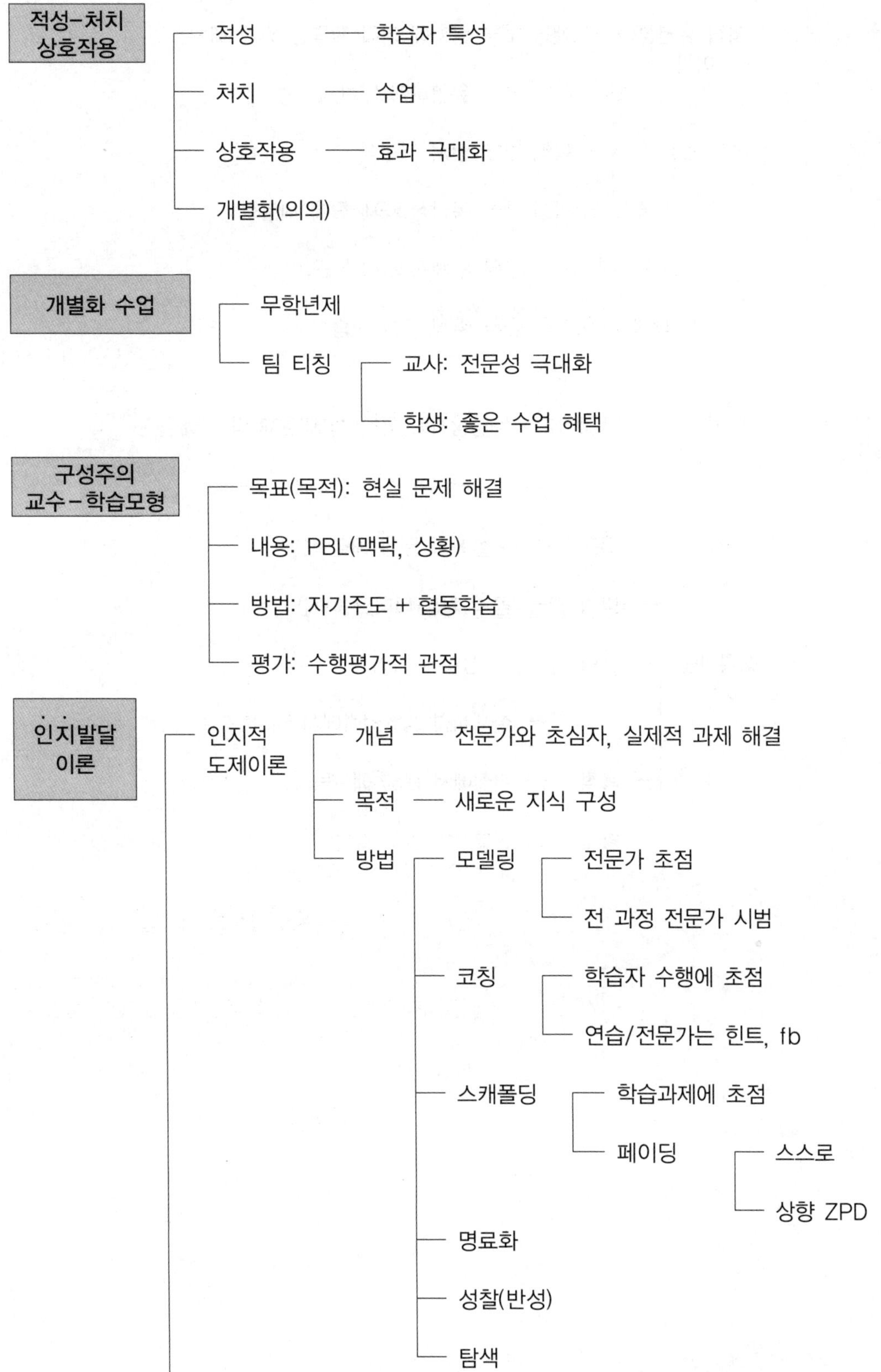

적성-처치 상호작용
적성 — 학습자 특성
처치 — 수업
상호작용 — 효과 극대화
개별화(의의)
개별화 수업
무학년제
팀 티칭
교사: 전문성 극대화
학생: 좋은 수업 혜택
구성주의 교수-학습모형
목표(목적): 현실 문제 해결
내용: PBL(맥락, 상황)
방법: 자기주도 + 협동학습
평가: 수행평가적 관점
인지발달 이론
인지적 도제이론
개념 — 전문가와 초심자, 실제적 과제 해결
목적 — 새로운 지식 구성
방법
모델링
전문가 초점
전 과정 전문가 시범
코칭
학습자 수행에 초점
연습/전문가는 힌트, fb
스캐폴딩
학습과제에 초점
페이딩
스스로
상향 ZPD
명료화
성찰(반성)
탐색

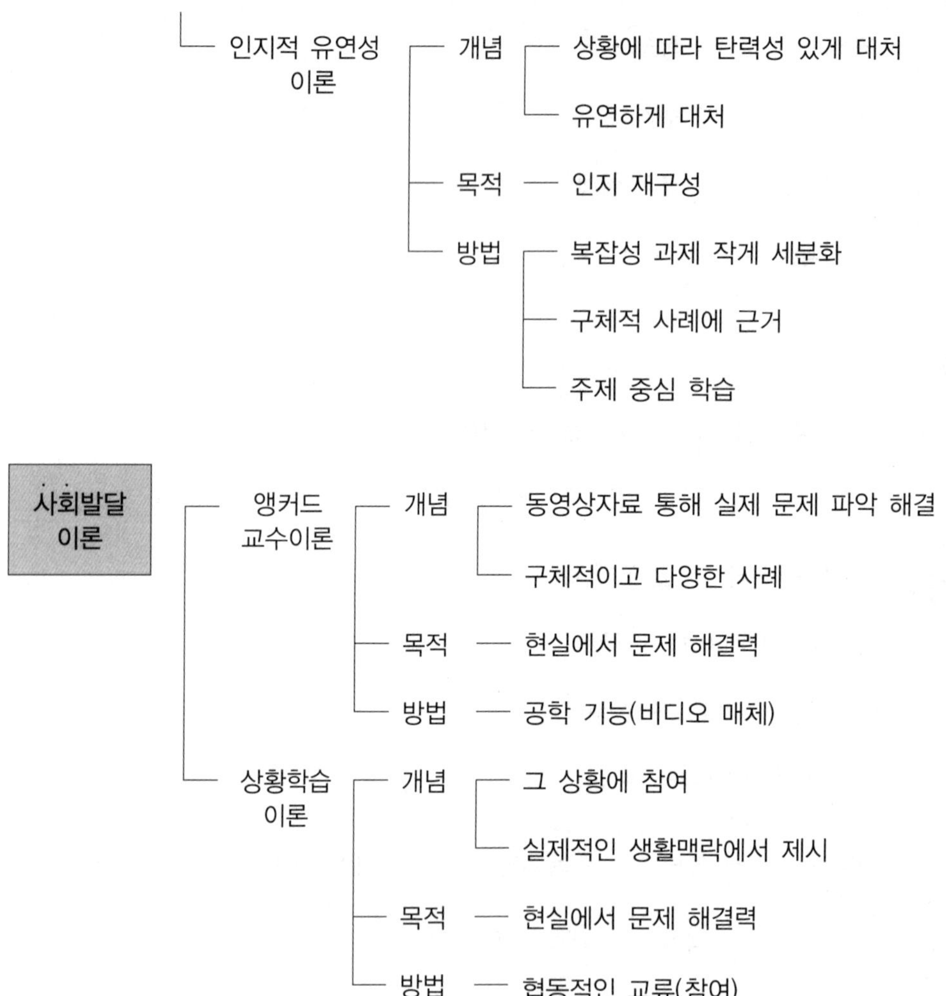

인지적 유연성 이론
개념
상황에 따라 탄력성 있게 대처
유연하게 대처
목적
인지 재구성
방법
복잡성 과제 작게 세분화
구체적 사례에 근거
주제 중심 학습
사회발달 이론
앵커드 교수이론
개념
동영상자료 통해 실제 문제 파악 해결
구체적이고 다양한 사례
목적
현실에서 문제 해결력
방법
공학 기능(비디오 매체)
상황학습 이론
개념
그 상황에 참여
실제적인 생활맥락에서 제시
목적
현실에서 문제 해결력
방법
협동적인 교류(참여)
예 학습자 간 상호작용을 강조

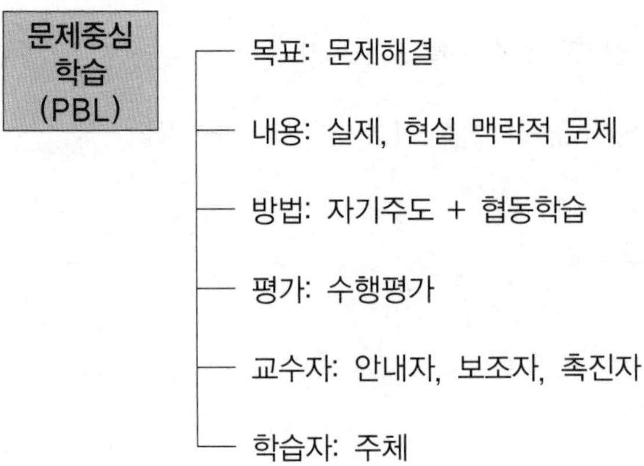

자원 기반학습
↑
인터넷

- 교과서 의존 ×, 다양한 자원 활용(방법)
- 목표: 정보를 활용할 수 있는 능력 학습

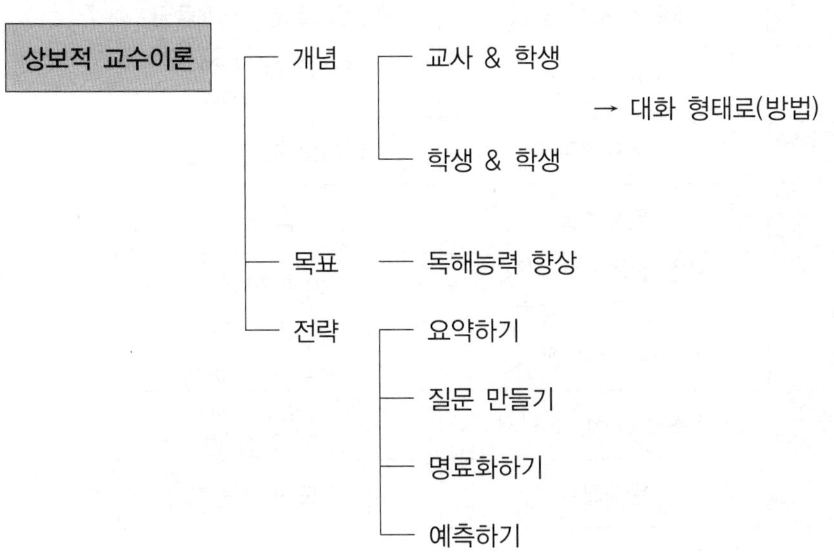

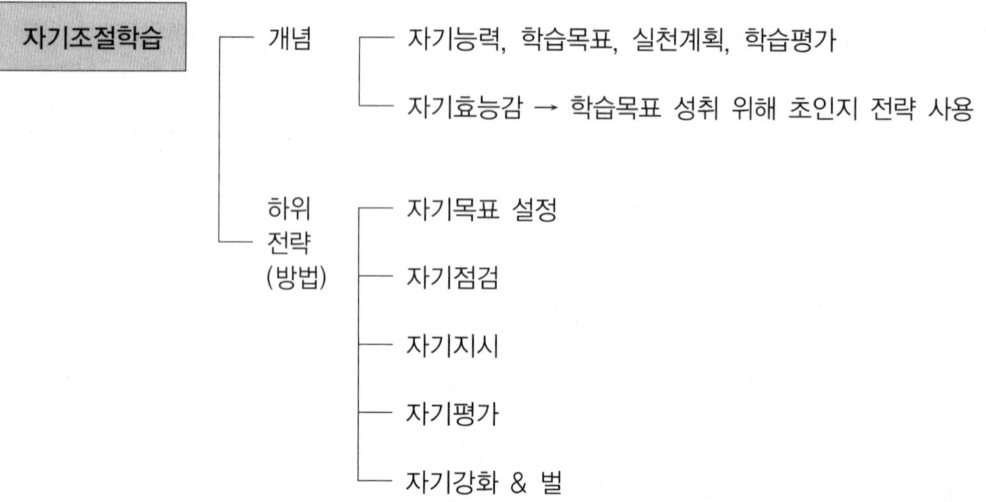

교수-학습이론	목표	방법
인지적 도제이론	새로운 지식 구성	모델링, 코칭, 스캐폴딩
인지적 유연성이론	인지재구성	주제중심, 사례, 복잡 → 세분
앵커드 교수이론	문제해결	비디오 매체 사용
상황학습 이론	문제해결	참여
자원기반 학습	자원 활용능력 신장, 학습하는 법 습득	자원 활용
상보적 교수이론	독해력 증진	대화(요약 → 질문 → 명료화 → 예측)
자기조절학습	스스로 조절, 초인지	목표, 점검, 지시 평가, 강화/벌
PBL	문제해결	자기주도 + 협동학습

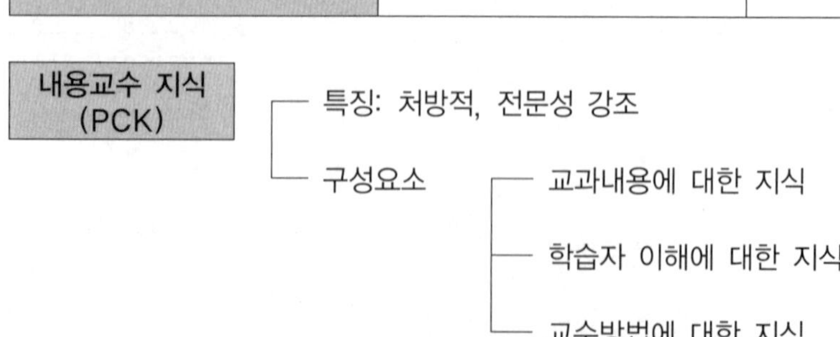

04 수업방법

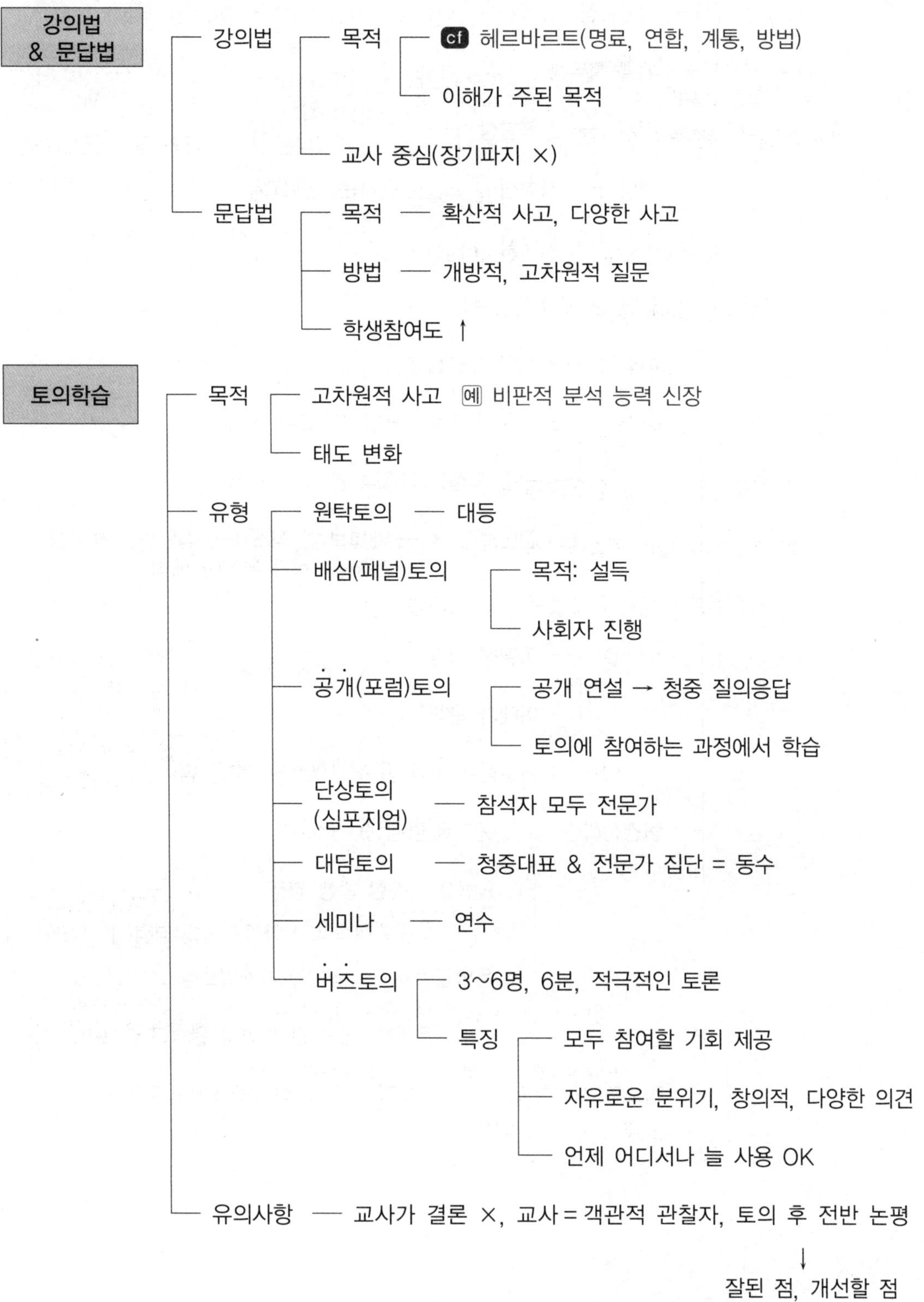
강의법
& 문답법
강의법
목적
cf 헤르바르트(명료, 연합, 계통, 방법)
이해가 주된 목적
교사 중심(장기파지 ×)
문답법
목적
확산적 사고, 다양한 사고
방법
개방적, 고차원적 질문
학생참여도 ↑
토의학습
목적
고차원적 사고
예 비판적 분석 능력 신장
태도 변화
유형
원탁토의
대등
배심(패널)토의
목적: 설득
사회자 진행
공개(포럼)토의
공개 연설 → 청중 질의응답
토의에 참여하는 과정에서 학습
단상토의
(심포지엄)
참석자 모두 전문가
대담토의
청중대표 & 전문가 집단 = 동수
세미나
연수
버즈토의
3~6명, 6분, 적극적인 토론
특징
모두 참여할 기회 제공
자유로운 분위기, 창의적, 다양한 의견
언제 어디서나 늘 사용 OK
유의사항
교사가 결론 ×, 교사 = 객관적 관찰자, 토의 후 전반 논평
↓
잘된 점, 개선할 점

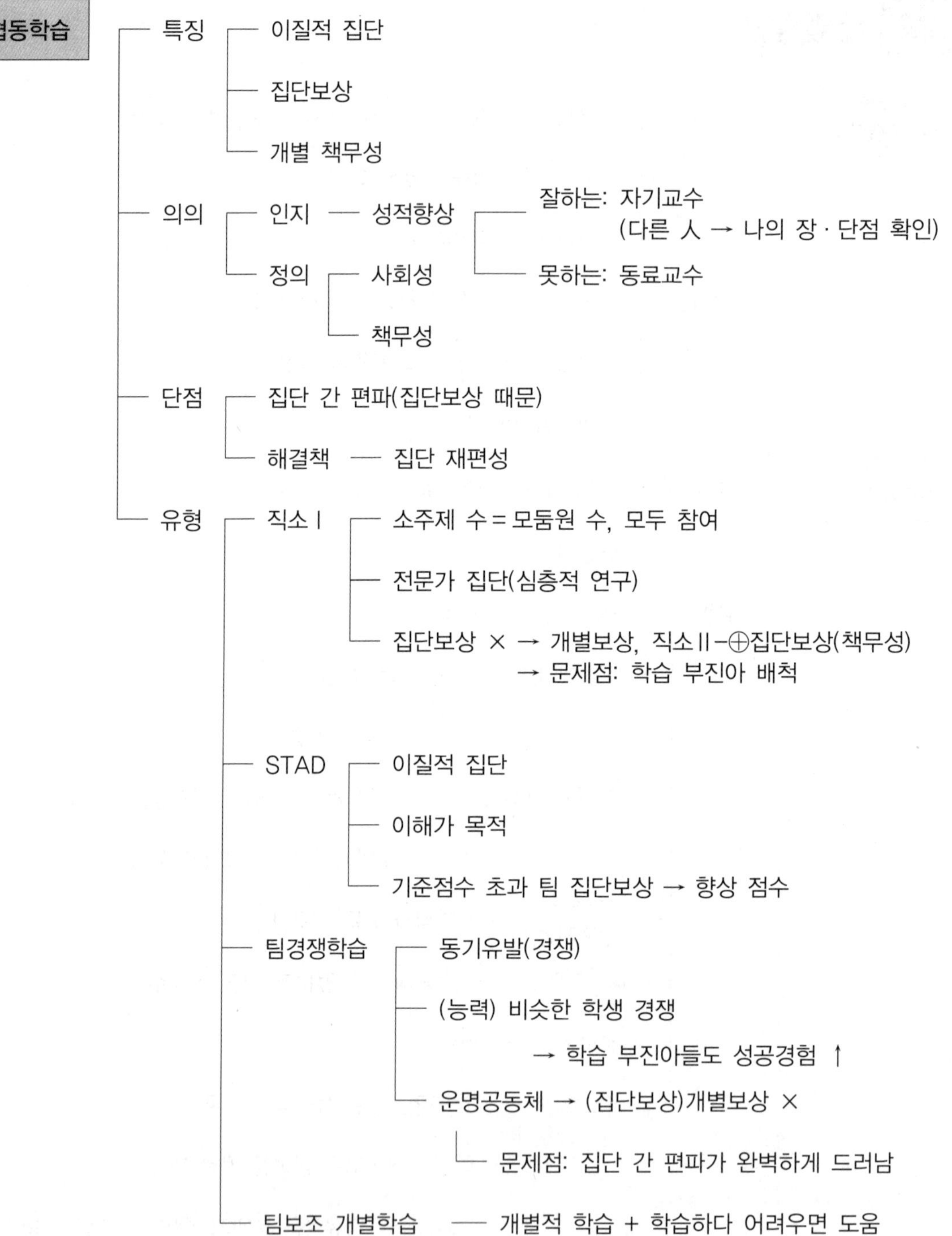
협동학습
특징
이질적 집단
집단보상
개별 책무성
의의
인지
성적향상
잘하는: 자기교수
(다른 人 → 나의 장 · 단점 확인)
못하는: 동료교수
정의
사회성
책무성
단점
집단 간 편파(집단보상 때문)
해결책
집단 재편성
유형
직소 I
소주제 수 = 모둠원 수, 모두 참여
전문가 집단(심층적 연구)
집단보상 × → 개별보상, 직소 II -⊕집단보상(책무성)
→ 문제점: 학습 부진아 배척
STAD
이질적 집단
이해가 목적
기준점수 초과 팀 집단보상 → 향상 점수
팀경쟁학습
동기유발(경쟁)
(능력) 비슷한 학생 경쟁
→ 학습 부진아들도 성공경험 ↑
운명공동체 → (집단보상)개별보상 ×
문제점: 집단 간 편파가 완벽하게 드러남
팀보조 개별학습
개별적 학습 + 학습하다 어려우면 도움

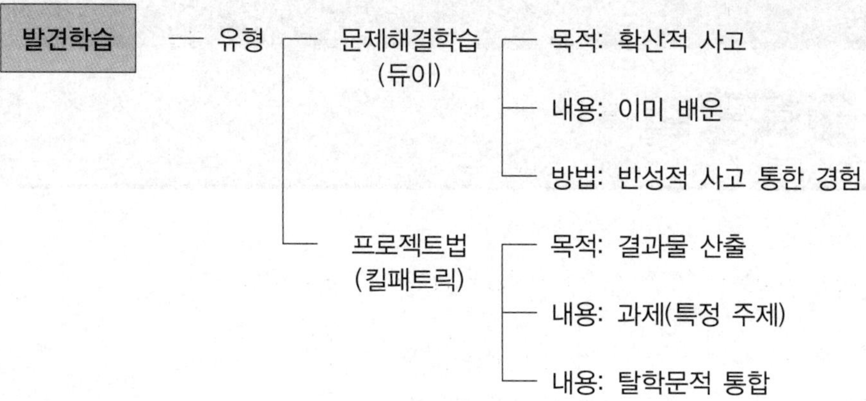
발견학습
유형
문제해결학습
(듀이)
목적: 확산적 사고
내용: 이미 배운
방법: 반성적 사고 통한 경험
프로젝트법
(킬패트릭)
목적: 결과물 산출
내용: 과제(특정 주제)
내용: 탈학문적 통합

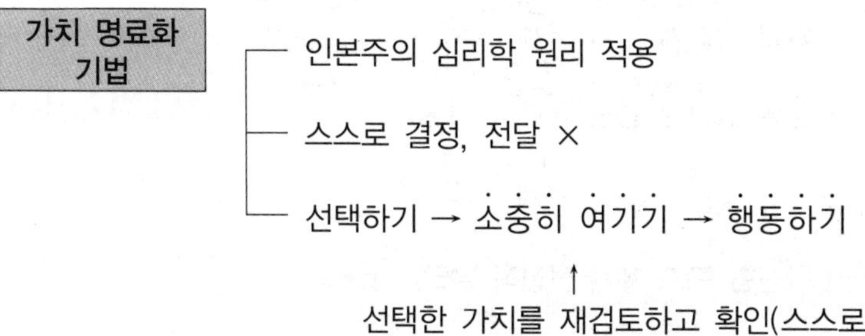
가치 명료화
기법
인본주의 심리학 원리 적용
스스로 결정, 전달 ×
선택하기 → 소중히 여기기 → 행동하기
선택한 가치를 재검토하고 확인(스스로)

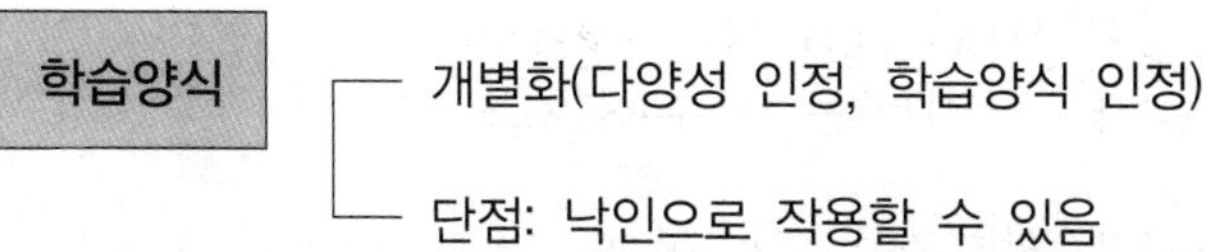
학습양식
개별화(다양성 인정, 학습양식 인정)
단점: 낙인으로 작용할 수 있음

05 수업의 실제(2차)

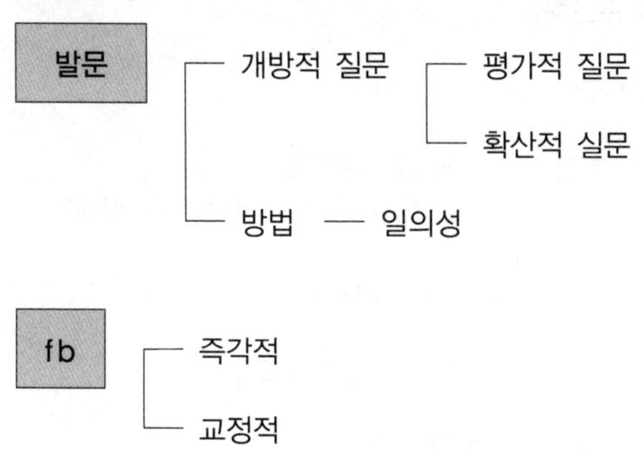
발문
개방적 질문
평가적 질문
확산적 실문
방법
일의성
fb
즉각적
교정적

01 교육공학

시청각 교육모델

- 경험의 원추(데일)
  - 어떤 경험을 시킬 것인가
  - 발달 수준에 따라 구체 → 추상
  - 상황에 맞게 통합(효과 + 효율)
    - 효과 ↓ 구체
    - 효율 ↓ 추상
- 지적과정이론(킨더)
  - 나선형 구조 제시(점진적 발달)
  - 위계성 강조(준비성 강조)

시청각 통신이론

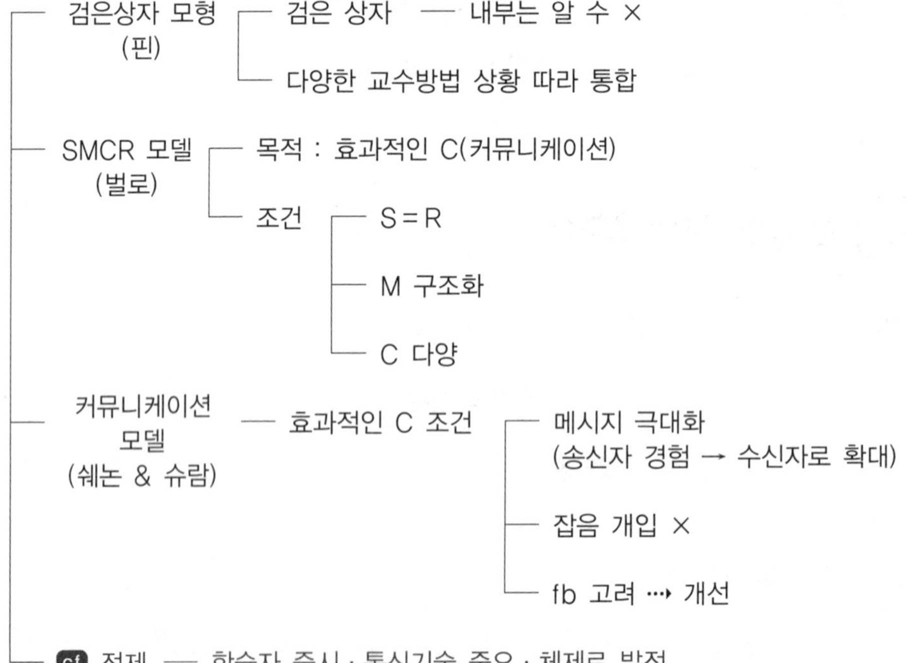

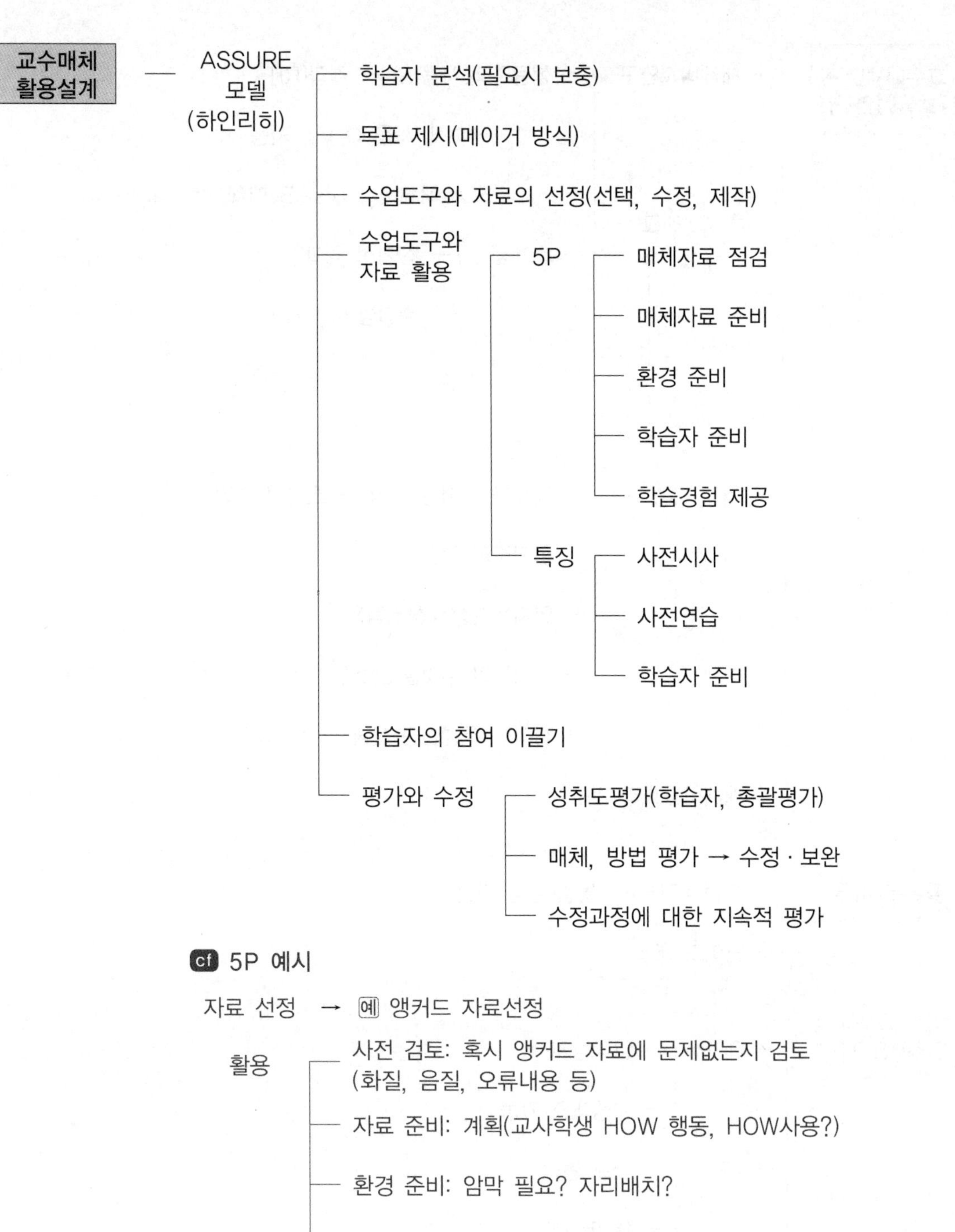

cf 5P 예시

자료 선정 → 예 앵커드 자료선정

활용
- 사전 검토: 혹시 앵커드 자료에 문제없는지 검토 (화질, 음질, 오류내용 등)
- 자료 준비: 계획(교사학생 HOW 행동, HOW사용?)
- 환경 준비: 암막 필요? 자리배치?
- 학습자 준비: 동기유발(내용개요 설명, 목표제시, 평가기준 제시)
- 경험 제공: 실제 수업(강의 or 탐구? 결정 → 실제 수업)

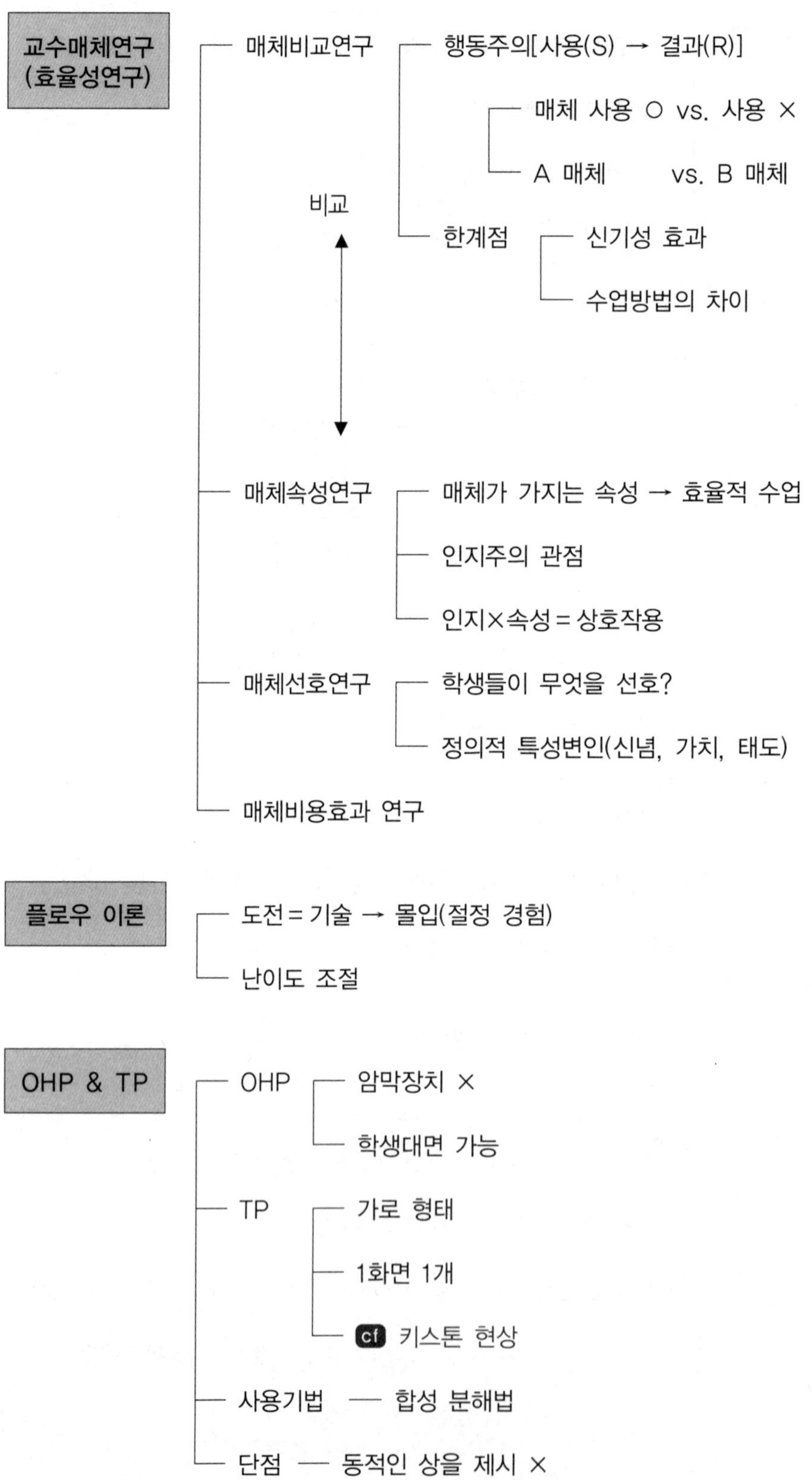
교수매체연구
(효율성연구)
매체비교연구
행동주의[사용(S) → 결과(R)]
매체 사용 O vs. 사용 ×
A 매체 vs. B 매체
비교
한계점
신기성 효과
수업방법의 차이
매체속성연구
매체가 가지는 속성 → 효율적 수업
인지주의 관점
인지×속성 = 상호작용
매체선호연구
학생들이 무엇을 선호?
정의적 특성변인(신념, 가치, 태도)
매체비용효과 연구
플로우 이론
도전 = 기술 → 몰입(절정 경험)
난이도 조절
OHP & TP
OHP
암막장치 ×
학생대면 가능
TP
가로 형태
1화면 1개
cf 키스톤 현상
사용기법
합성 분해법
단점
동적인 상을 제시 ×

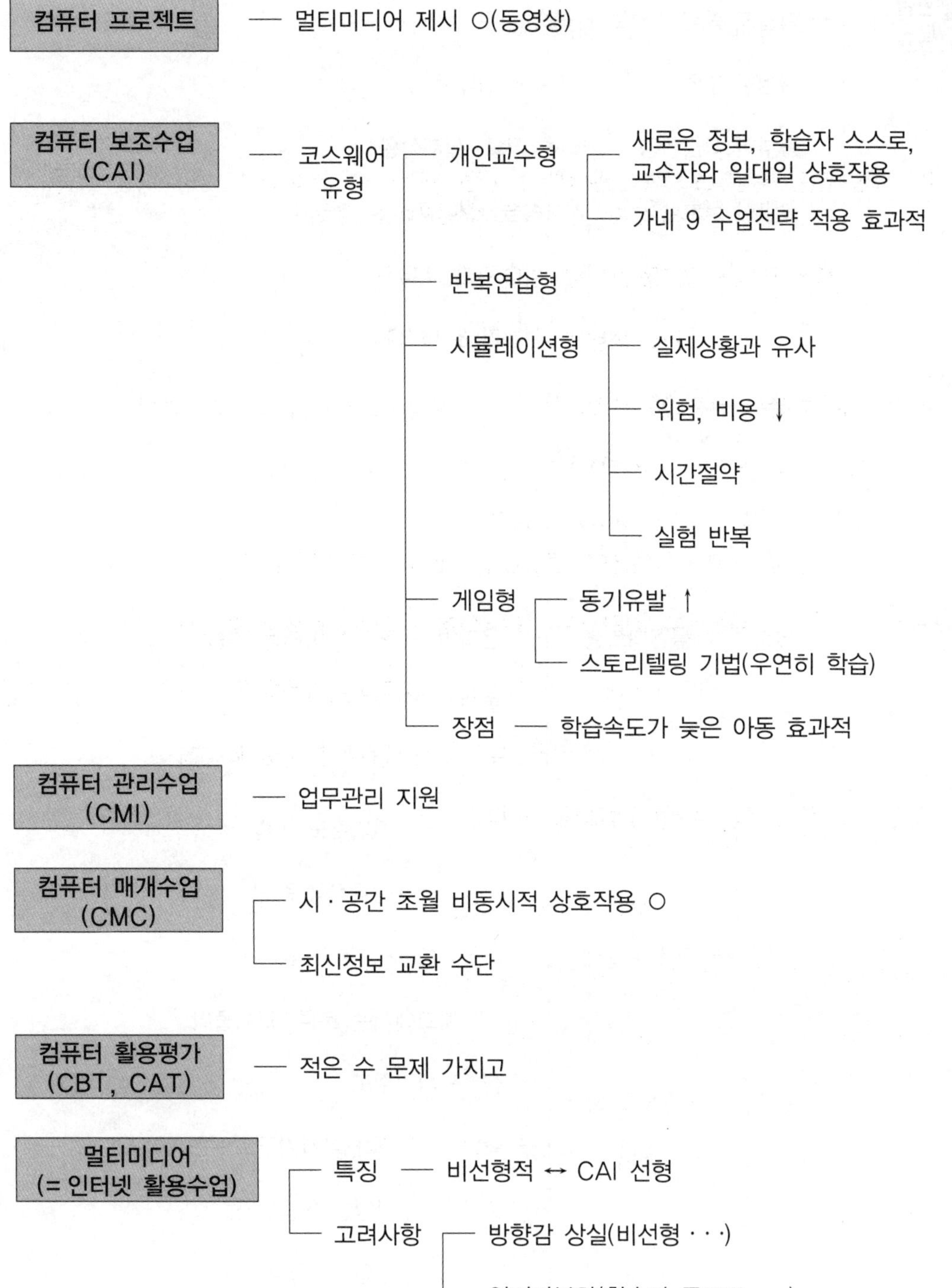
컴퓨터 프로젝트
멀티미디어 제시 ○(동영상)
컴퓨터 보조수업 (CAI)
코스웨어 유형
개인교수형
새로운 정보, 학습자 스스로, 교수자와 일대일 상호작용
가네 9 수업전략 적용 효과적
반복연습형
시뮬레이션형
실제상황과 유사
위험, 비용 ↓
시간절약
실험 반복
게임형
동기유발 ↑
스토리텔링 기법(우연히 학습)
장점
학습속도가 늦은 아동 효과적
컴퓨터 관리수업 (CMI)
업무관리 지원
컴퓨터 매개수업 (CMC)
시 · 공간 초월 비동시적 상호작용 ○
최신정보 교환 수단
컴퓨터 활용평가 (CBT, CAT)
적은 수 문제 가지고
멀티미디어 (= 인터넷 활용수업)
특징
비선형적 ↔ CAI 선형
고려사항
방향감 상실(비선형 · · ·)
인지과부하(학습자 주도로 · · ·)

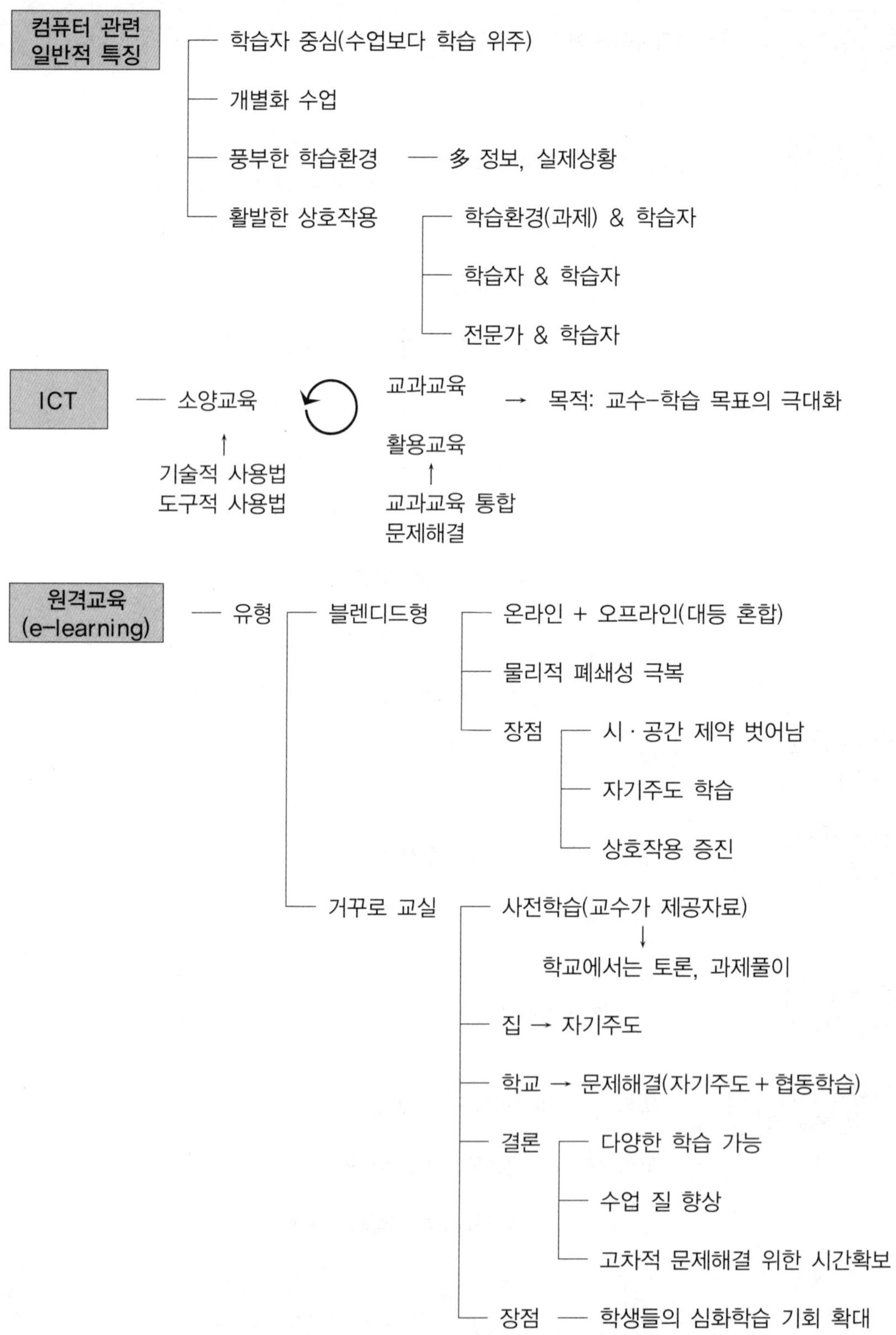
컴퓨터 관련 일반적 특징
학습자 중심(수업보다 학습 위주)
개별화 수업
풍부한 학습환경
多 정보, 실제상황
활발한 상호작용
학습환경(과제) & 학습자
학습자 & 학습자
전문가 & 학습자
ICT
소양교육
기술적 사용법
도구적 사용법
교과교육
활용교육
교과교육 통합
문제해결
→ 목적: 교수-학습 목표의 극대화
원격교육 (e-learning)
유형
블렌디드형
온라인 + 오프라인(대등 혼합)
물리적 폐쇄성 극복
장점
시 · 공간 제약 벗어남
자기주도 학습
상호작용 증진
거꾸로 교실
사전학습(교수가 제공자료)
학교에서는 토론, 과제풀이
집 → 자기주도
학교 → 문제해결(자기주도 + 협동학습)
결론
다양한 학습 가능
수업 질 향상
고차적 문제해결 위한 시간확보
장점
학생들의 심화학습 기회 확대 (협동학습)

PART 14 교육행정

01 교육행정의 기초

일반적 관점

- 조직 — 관료제 or 전문성 ⇒ 전문성(참여, 예 MBO)
- 지도성 — 과업 + 인간관계 = 통합
  - ↑ 과업: 관료적 조직
  - ↑ 인간관계: 전문적 조직

개념

- 교육에 관한 행정(= 국가공권설)
- 교육을 위한 행정(= 기능설, 조건정비설)
- 교육의 행정(= 경영설)
  - 교육 + 행정 위해 조정 필요
    - ↓ 예 직무재설계, 수석교사제
  - 예 단위학교 책임경영제

원리

- 민주성(= 참여, 누구든지) 예 지방분권, 학운위
- 자주성 — 일반행정, 종교 · 정치로부터 중립

02 교육행정의 이론

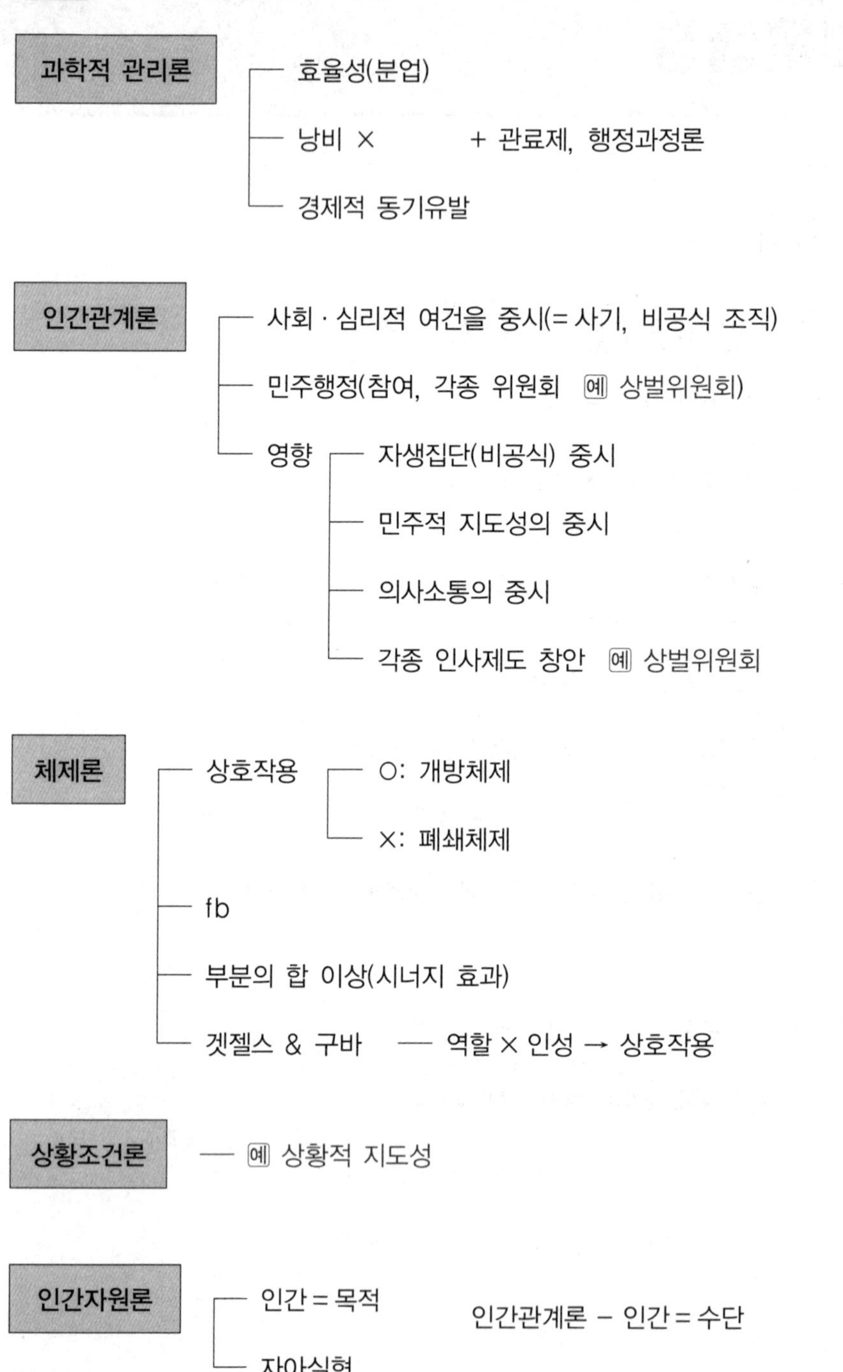

과학적 관리론
효율성(분업)
낭비 ×
+ 관료제, 행정과정론
경제적 동기유발
인간관계론
사회 · 심리적 여건을 중시(= 사기, 비공식 조직)
민주행정(참여, 각종 위원회 예 상벌위원회)
영향
자생집단(비공식) 중시
민주적 지도성의 중시
의사소통의 중시
각종 인사제도 창안 예 상벌위원회
체제론
상호작용
O: 개방체제
×: 폐쇄체제
fb
부분의 합 이상(시너지 효과)
겟젤스 & 구바
역할 × 인성 → 상호작용
상황조건론
예 상황적 지도성
인간자원론
인간 = 목적
자아실현
인간관계론 – 인간 = 수단

03 학교교육 조직론

학교 조직

공식조직	비공식조직 예 학습조직
능률	감정
권위	사적목표 달성
과학적 관리	인간관계
	순기능 — 융통성, 정보교환
	역기능 ┌ 파벌조성 └ 왜곡된 정보

계선조직	참모조직
수직적	수평적
현실적	이상적
결정, 실제 집행	조언, 지원, 보조

집권조직	분권조직
능률	민주행정, 참여
통일성 도모	지방재정에 따른 불균형
반민주적 행정, 획일적 지나친 통제	지휘, 감독 기능 약화

조직유형

- 블라우 & 스코트
  - 수혜자에 의한 분류
  - 봉사조직 – 수혜자: 고객
- 칼슨 ─ 봉사조직 재분류

		고객 참여 결정권	
		O	×
조직 고객 선발권	O	야생조직(경쟁) 예 비평준화 지역의 고등학교	
	×		온상(사육)조직(법에 의해) 예 평준화 지역의 공립고등학교

- 카츠 & 칸
  - 기능에 의한 분류
  - 유지조직
    - 사회 안정성
    - 인간 사회화
- 에치오니
  - 어떤 권력? 그래서 어떤 참여?
  - 규범조직(규범적 – 권력, 도덕적 – 참여)
- 민츠버그 ─ 관료제 + 전문직 = 전문적 관료제
  - 관료제 ↑ 전문성 가진 관료제 집단
  - 전문적 관료제 ↑
    - 재량권 O
    - 엄격감독 ×
    - 직무수행표준 ×

학교조직 성격

- 관료적 성격
  - 예 출결, 생활기록부
  - 규칙강조 → 본말전도(역기능)
  - 특징 – 분업, 몰인정, 권위의 계층, 규칙 & 규정, 경력지향
- 전문적 성격 – 자율성(책임) ← 전문적 지식 → 장기적 현직교육
  - 자율성(책임) ↓ 봉사(고객에게)
  - 전문적 지식 ↘ 자격증 제도
- 조직화된 무질서(코헨)
  - 조직은 되어 있지만 전문성으로 인해 통제 ×
  - 특성
    - 목표의 모호성 – 학교마다 목표가 다름
      = 불분명한 목표
    - 불분명한 과학적 기법 – 적용 人 따라 개인차
      = 불확실한 기술
    - 유동적 참여 – 졸업, 정근
- 이완결합체 조직(와익)
  - 서로 연결 O But, 각자 독자성 유지 → 어느 정도 분리
  - 특징
    - 전문성 – 자유재량권, 자기결정권
    - 이질적 요소 공존(지엽적 적용을 인정)
- 이중조직 – 관료제 + 전문직

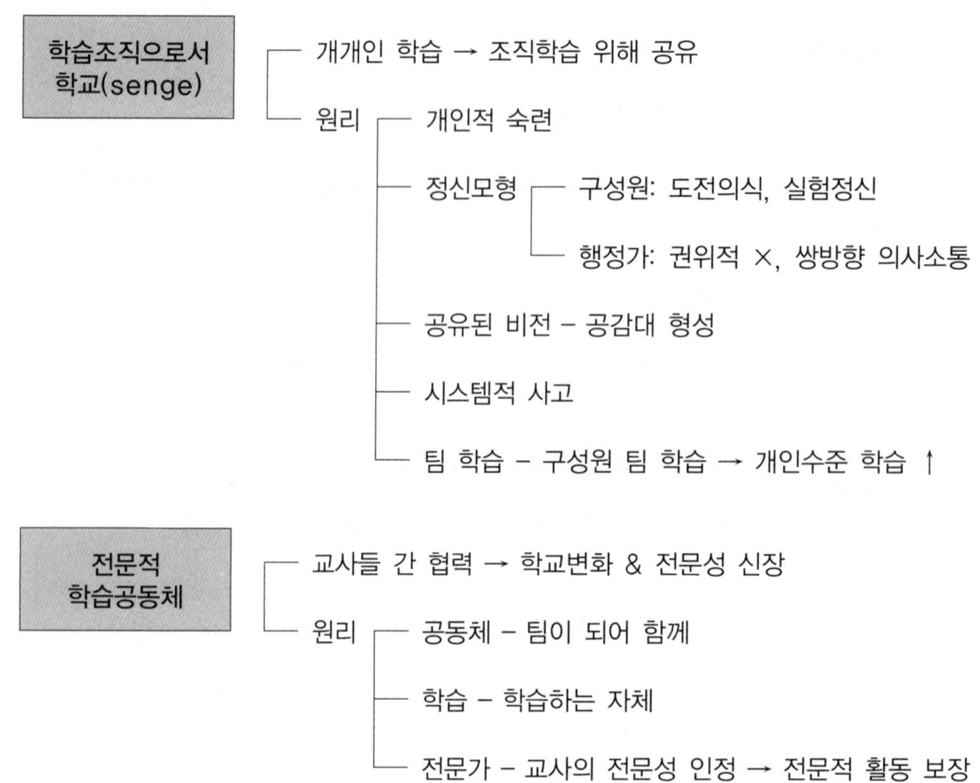

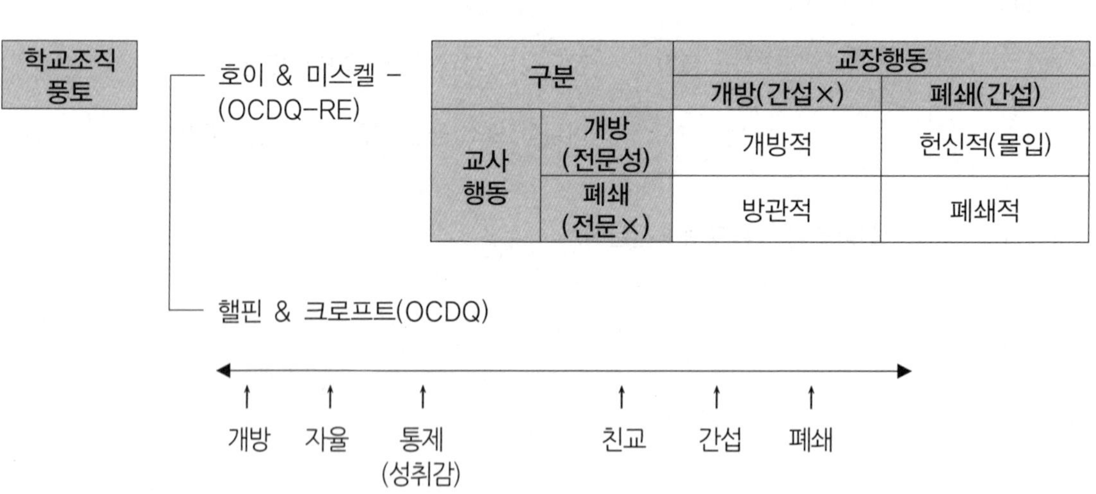

구분		교장행동: 개방(간섭×)	교장행동: 폐쇄(간섭)
교사 행동	개방 (전문성)	개방적	헌신적(몰입)
	폐쇄 (전문×)	방관적	폐쇄적

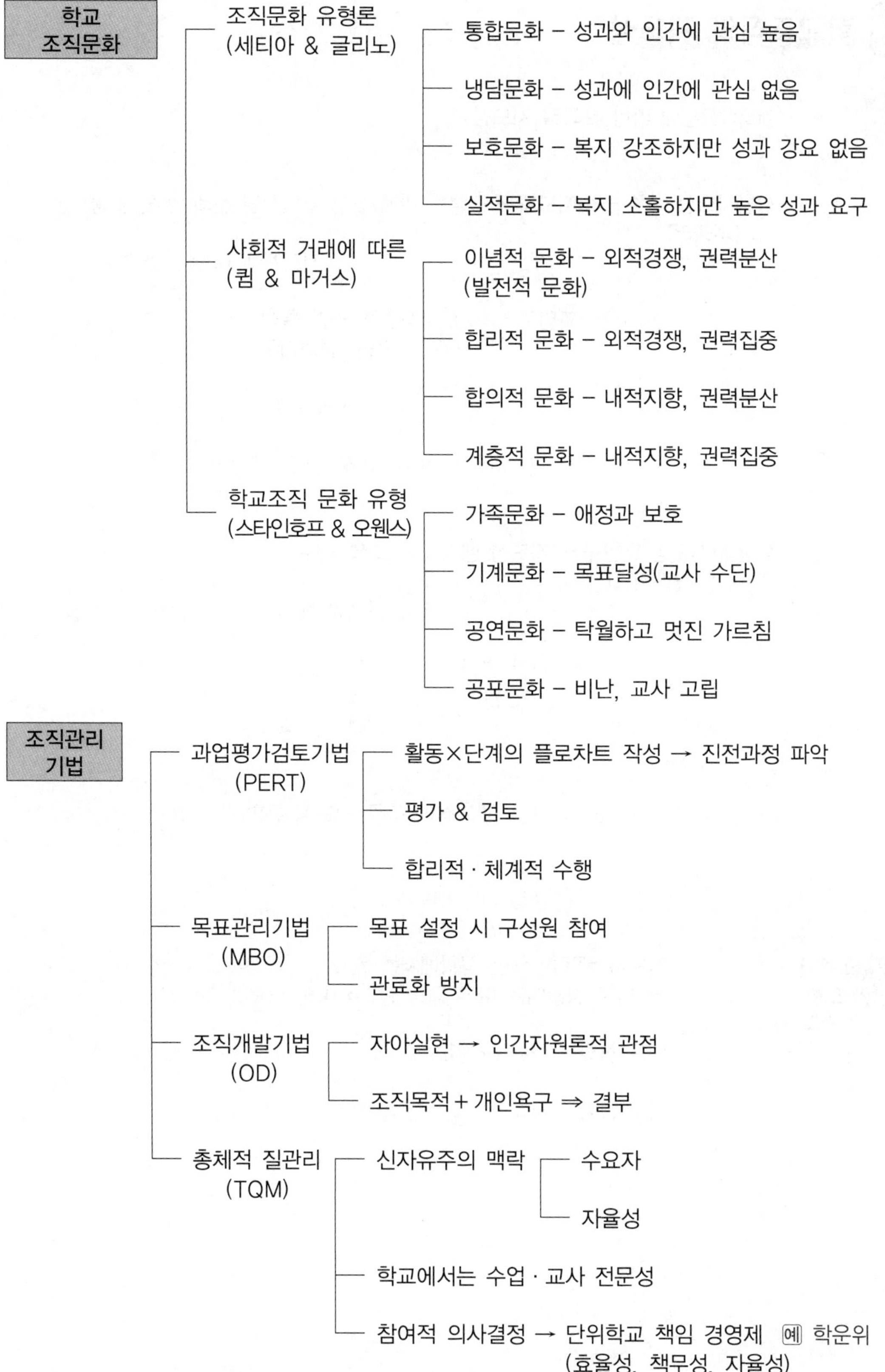
학교
조직문화
조직문화 유형론
(세티아 & 글리노)
통합문화 – 성과와 인간에 관심 높음
냉담문화 – 성과에 인간에 관심 없음
보호문화 – 복지 강조하지만 성과 강요 없음
실적문화 – 복지 소홀하지만 높은 성과 요구
사회적 거래에 따른
(퀸 & 마거스)
이념적 문화 – 외적경쟁, 권력분산
(발전적 문화)
합리적 문화 – 외적경쟁, 권력집중
합의적 문화 – 내적지향, 권력분산
계층적 문화 – 내적지향, 권력집중
학교조직 문화 유형
(스타인호프 & 오웬스)
가족문화 – 애정과 보호
기계문화 – 목표달성(교사 수단)
공연문화 – 탁월하고 멋진 가르침
공포문화 – 비난, 교사 고립
조직관리
기법
과업평가검토기법
(PERT)
활동×단계의 플로차트 작성 → 진전과정 파악
평가 & 검토
합리적 · 체계적 수행
목표관리기법
(MBO)
목표 설정 시 구성원 참여
관료화 방지
조직개발기법
(OD)
자아실현 → 인간자원론적 관점
조직목적 + 개인욕구 ⇒ 결부
총체적 질관리
(TQM)
신자유주의 맥락
수요자
자율성
학교에서는 수업 · 교사 전문성
참여적 의사결정 → 단위학교 책임 경영제 예 학운위
(효율성, 책무성, 자율성)

04 학교조직의 지도성

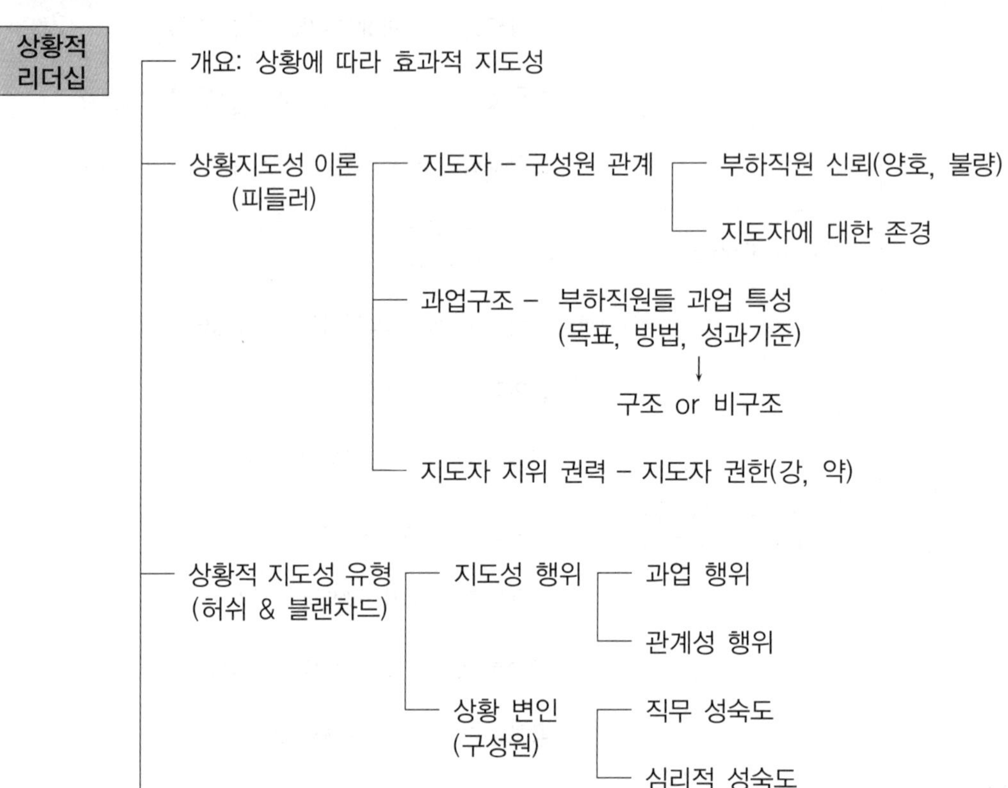

리더십 대용 상황 모형 (케르 & 제메르)

- 지도자 행동이 어떤 상황에서는 중요 or 다른 상황에는 아무 영향 × ⇒ 이해 필요
- 대용 상황 - 대신 or 감소
- 억제 상황 - 무력화 예 헌신적 풍토

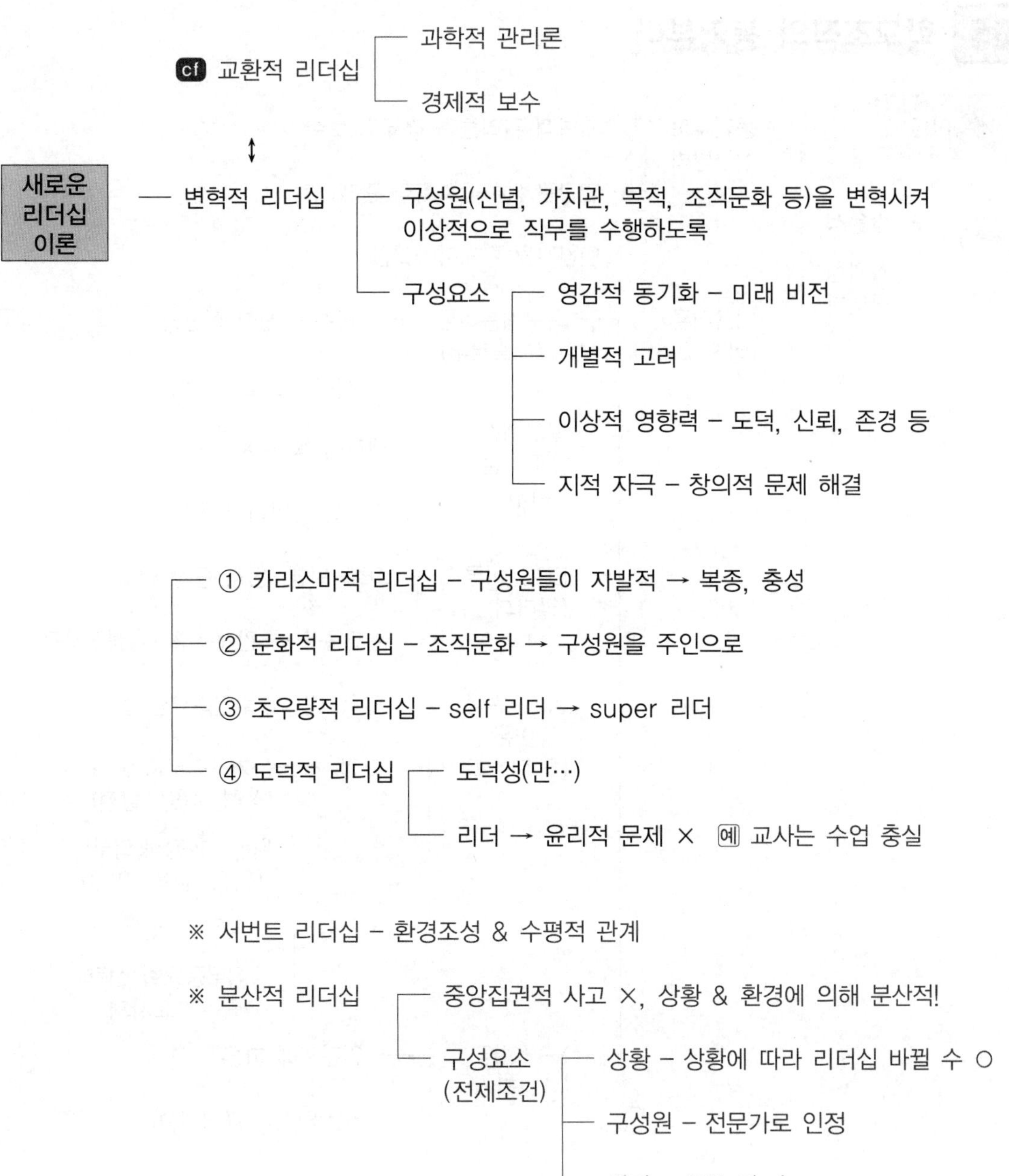
cf 교환적 리더십
과학적 관리론
경제적 보수
↕
새로운 리더십 이론
변혁적 리더십
구성원(신념, 가치관, 목적, 조직문화 등)을 변혁시켜 이상적으로 직무를 수행하도록
구성요소
영감적 동기화 – 미래 비전
개별적 고려
이상적 영향력 – 도덕, 신뢰, 존경 등
지적 자극 – 창의적 문제 해결
① 카리스마적 리더십 – 구성원들이 자발적 → 복종, 충성
② 문화적 리더십 – 조직문화 → 구성원을 주인으로
③ 초우량적 리더십 – self 리더 → super 리더
④ 도덕적 리더십
도덕성(만…)
리더 → 윤리적 문제 × 예 교사는 수업 충실
※ 서번트 리더십 – 환경조성 & 수평적 관계
※ 분산적 리더십
중앙집권적 사고 ×, 상황 & 환경에 의해 분산적!
구성요소 (전제조건)
상황 – 상황에 따라 리더십 바뀔 수 ○
구성원 – 전문가로 인정
리더 – 모두 다~!

05 학교조직의 동기부여

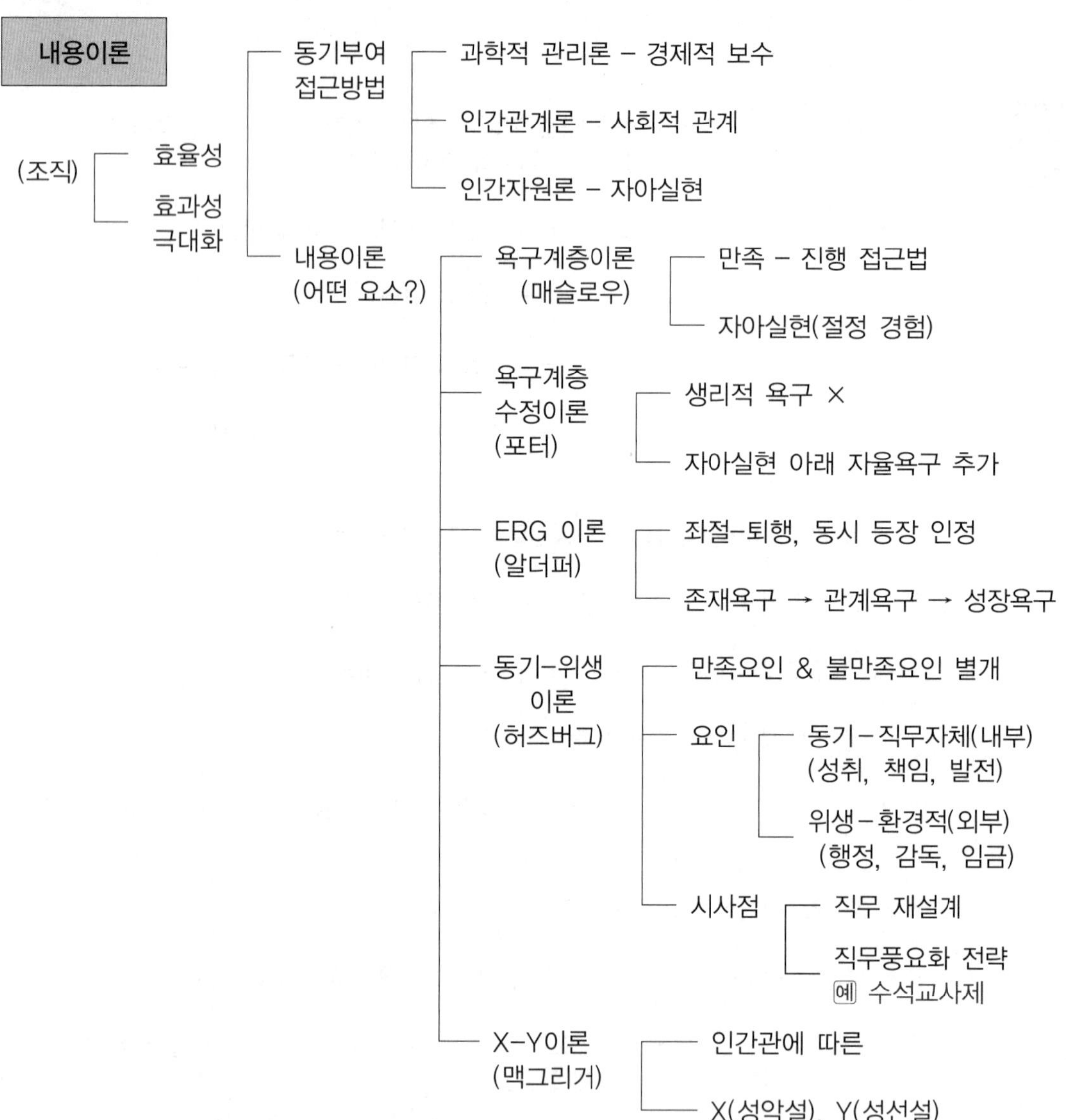

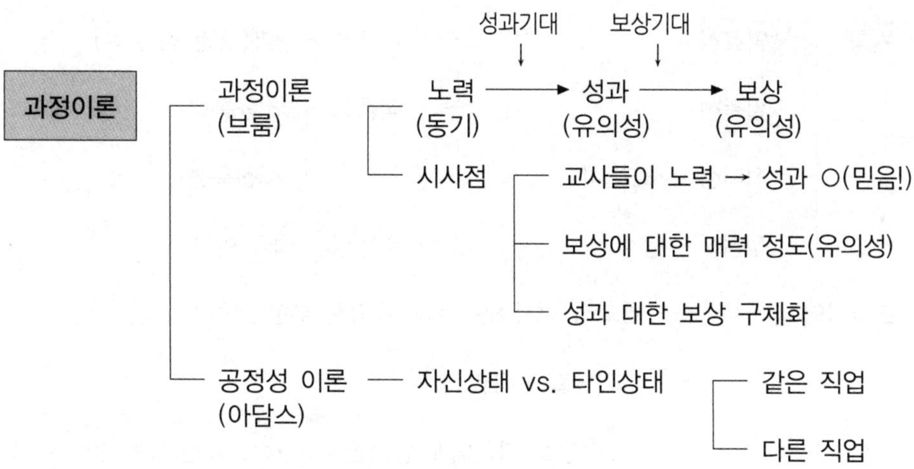

06 교육기획과 정책

교육기획

- 효과성 – 목표 달성(타당성 제고)
- 효율성 – 예산 적재적소(합리적 배분)
- 목표에서 → 사후처리까지(계획)

교육정책

- 국가의 통치 · 교육 이념 구현

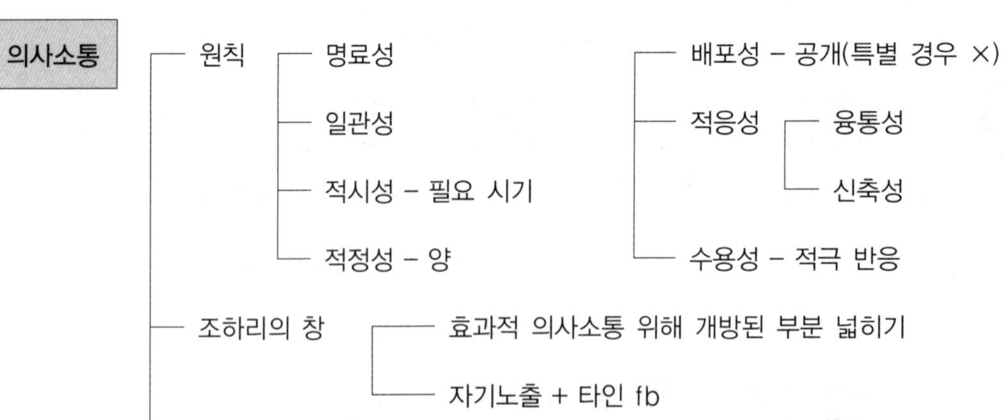

- 조하리의 창
  - 효과적 의사소통 위해 개방된 부분 넓히기
  - 자기노출 + 타인 fb

	정보 자신에게 알려진 (타인 말 주의 깊게 ○)	정보 자신에게 알려 × (타인 말 주의 깊게 ×)
정보가 타인에게 알려진 (타인에 정보 제공)	개방된 부분 (민주)	맹목적
정보가 타인에게 × (타인에 정보 제공 ×)	잠재	미지적 (폐쇄)

- 에스더 분류 - 참여적 유형 - 참여자 사이 합의(전문성 인정)
  *경영 → 참여 = 전문성

의사결정 모형

- 합리모형 - 지나치게 이상적
- 만족모형 - 감정 중시(차선책), 현실적(실증적)
- 점증모형 - 현재보다 진일보(가장 현실적 예 조형, WDEP)
  (↱ 다소 향상된 / 보수주의 빠질 우려…)
- 최적모형 - 합리 + 초합리… + 직관; 질적
- 혼합모형 - 목표(합리) + 실행(점증); 양적
- 쓰레기통모형
  - 그때그때(지금 - 여기)
  - 불확실한 사회(정보화 사회)
  - 조직화된 무질서

07 학교예산

- 학교예산
  - 품목별 예산제도 (LIBS)
    - 합리적(자유재량 ×, 엄격 사전사후 통제), 예산낭비 방지
    - 탄력성 ×
  - 단위학교 예산제도 (SBBS) ↑ 신자유주의 관점
    - 학교특성 고려, 단위학교 책임경영제 개념
    - 총액 배분
    - 학교예산 책무성 ↑, 학생 요구 ○, 학부모 참여 多
    - 유형
      - 영기준 예산제도 (ZBBS)
        - 전년도 구애 ×
        - 창의적, 의욕적 환경 ○
        - 교직위원회의 → 우선순위 (전교직원 적극 참여) ↓ 단, 평가 절하되면 비협조
      - PPBS
        - 목표 따라 자원 배분
          - 효과성
          - 효율성
          - 가장 합리적
        - 기획(목표) → 프로그래밍 → 예산 편성
          - ↑ 예 CU, 학교행사, 수업 등
      - PBS — 성과에 따라 차등 지급

08 교원론

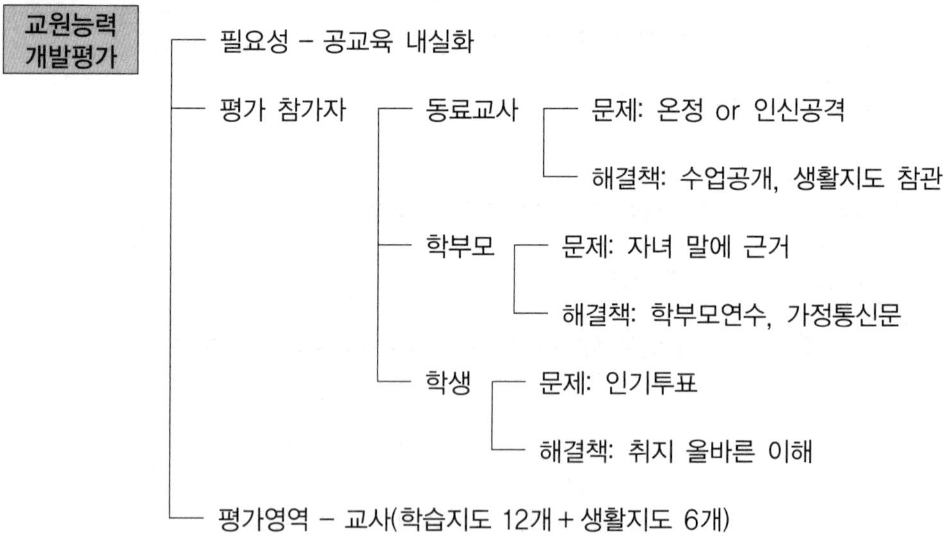

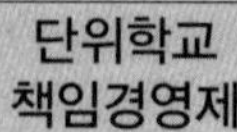

- 신자유주의: 수요자의 다양성 인정
- 학교 자율성 + 책무성

09 장학론

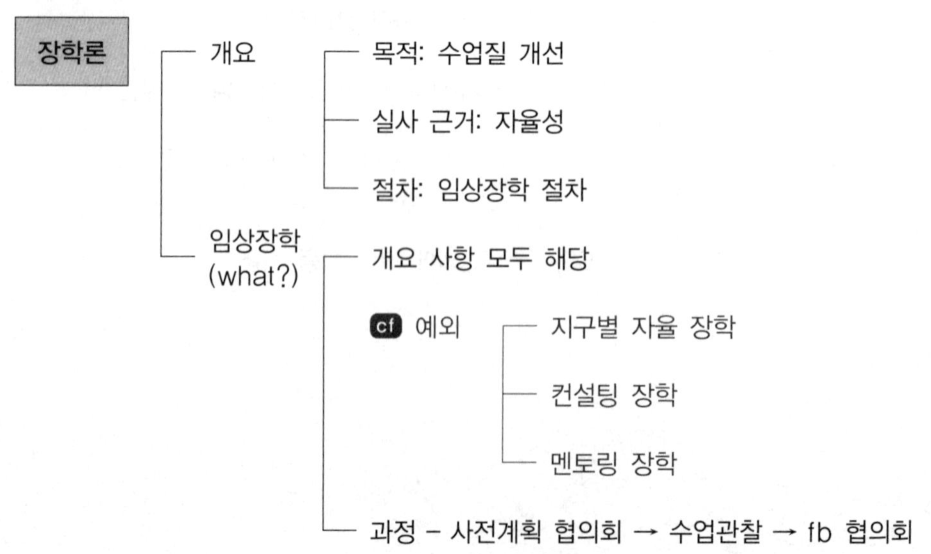

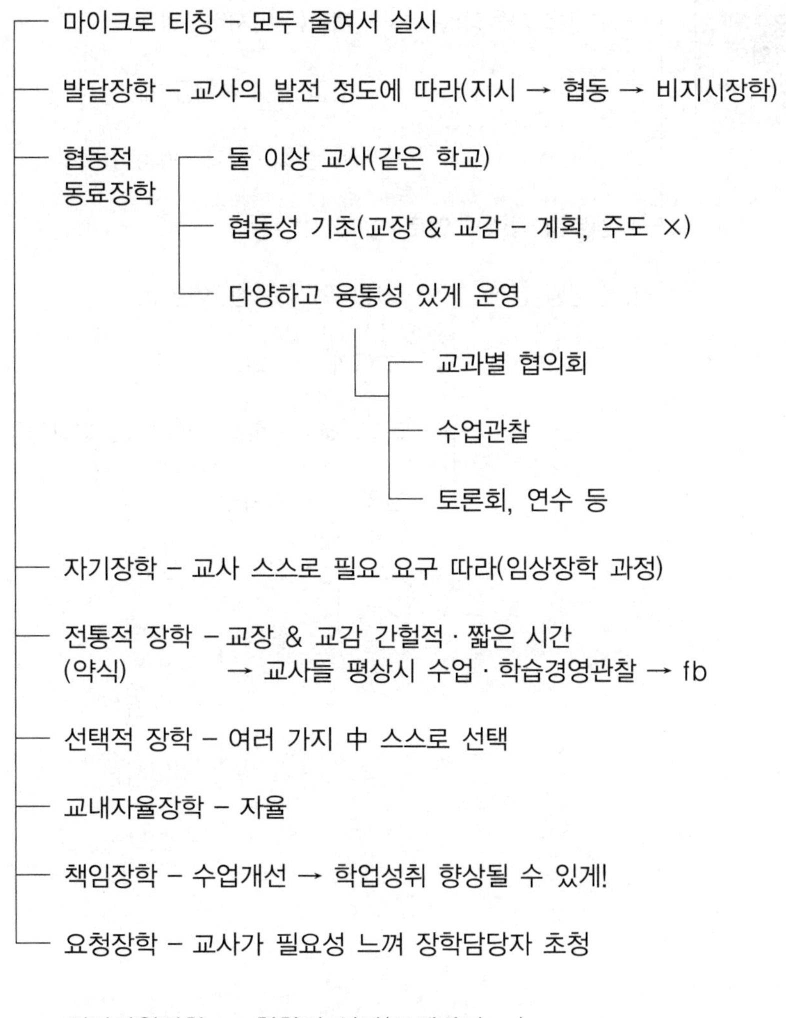

※ 인간자원장학 → 철학적 입장(구체방법 ×)
↳ 목적: 자아실현

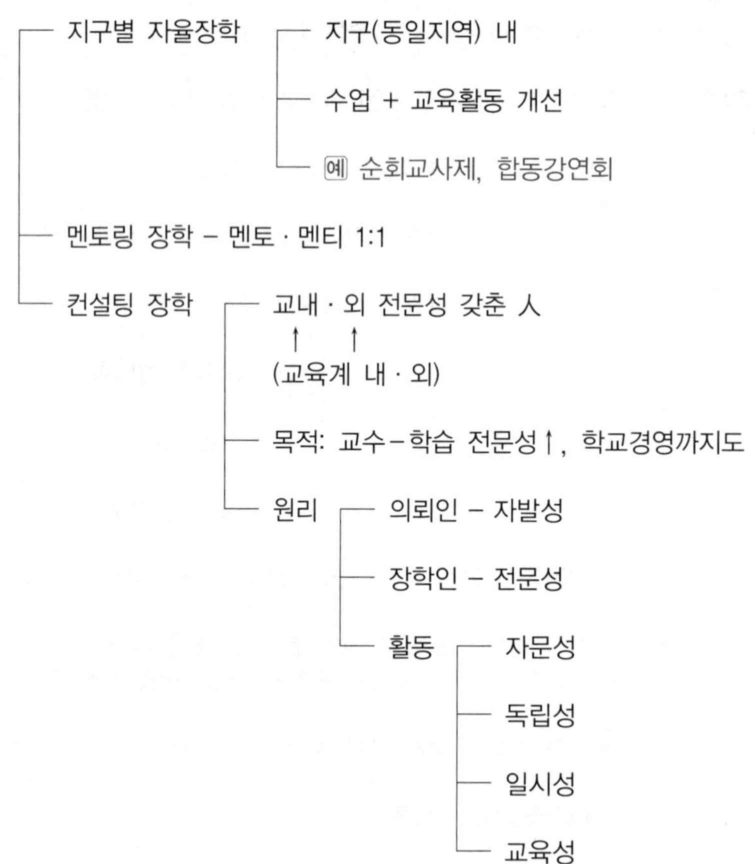

예외
(수업이외의
부분들까지…)
지구별 자율장학
지구(동일지역) 내
수업 + 교육활동 개선
예 순회교사제, 합동강연회
멘토링 장학 – 멘토 · 멘티 1:1
컨설팅 장학
교내 · 외 전문성 갖춘 人
↑ ↑
(교육계 내 · 외)
목적: 교수–학습 전문성↑, 학교경영까지도
원리
의뢰인 – 자발성
장학인 – 전문성
활동
자문성
독립성
일시성
교육성

MEMO.

MEMO.